Management Administration Political Science

경영행정학

Management Administration Political Science

경영행정학

한 만 봉 지음

경영행정이란 경영과 행정의 혼합에 의한 연합을 의미하며, 상호 보완에 의한 발전을 주 목적으로 한다.

- 경영학 : 경영체의 경영활동을 합리적으로 수행하기 위한 제반법칙을 연구하는 학문이라고 할 수 있다.
- 행정학 : 국가의 관료와 기업의 관료를 연구하는 것이며, 리더쉽과 인적자원관리, 법적인 면과, 사무적인면, 기획적 인면, 정책적인 면에서 일치함을 보인다.

ICSI 한국학술정보(주)

머리말

경영과 행정은 떼려야 뗄 수 없는 관계를 가지고 있다. 상호 입장 차이가 있을 뿐이지 그 내용과 운영 방식은 같거나 비슷하다고 할 수 있다. 학자들은 때로는 자기 연구 부문만 정답인 양 주장하며 타 학문의 연결과 연합을 싫어한다. 그런 입장 차이로 각 학문 분야가 발전하기도 하였지만 이젠 서로 연합하여야 할 때가 온 것 같다. 이에 학문의 독립성에도 불구하고 책을 펴내게 되었다. 이 책은 행정학 책이며, 또한 경영학 책이다. 어느 파트에서 다루어도 거부감이 없을 이론들을 실무적인 측면에서 다루었다.

소크라테스가 "늦었다고 생각할 때가 가장 빠른 때이다"고 했듯이 지금부터라도 학문의 벽을 허물고 이념과, 가치관을 합일하여 상생의 발전 있는 학문으로 나아가야 할 것이다. 세계 평화와, 발전, 지식인들이 함께하는 공동체가 형성되어야 할 것이다.

알다시피 시중에는 많은 종류의 책들이 즐비하게 출판되고 있다. 그 많은 책들을 다 읽는다는 것은 무리일 것이다. 행정학 원론에서부터 총론까지, 경영학 원론에서부터 총론까지 그 수도 다양하다. 때로는 지식의 홍수 속에서 익사할 지경인 세상에 살고 있다고도 할 수 있다. 그러나 이 책인 경영행정학을 읽어보는 순간 세상 살아가는 이치를 알 수 있는 예지력과 통찰력이 이 책에 있다는 것을 발견하고 감동할 것이다.

살아온 날들보다 살아갈 날이 더 많은 여러분의 삶 속에 새로운 빛을 선사할 것이다. 우리가 가져야 할 것이 무엇인가? 권력? 재물? 사람들은 무엇인가를 늘 찾고 있다. 그것들을 찾기 위해 직접 경험, 또는 간접 경험을 한다. 경험을 하는 데 가장 전통적이고 확실한 방법은 책을 통해 얻는 것이다.

경영행정학을 통하여 여러분 인생의 빛을 찾기를 바란다.

이 책이 출판되기까지 도움을 주신 모든 분들께 감사를 드린다. 모쪼록 이 책을 통하여 학문의 새로운 장이 열리길 바라며, 경영행정학이라는 학문이 정착되기를 바란다.

2007년 10월
고려대학교 중앙도서관에서 저자 씀

contents

contents

I. 경영행정의 개념

1. 조직화활동

경영행정이란 경영과 행정의 혼합에 의한 연합을 의미하며, 상호 보완에 의한 발전을 주목적으로 한다. 우선 경영학에 대한 이해와 행정학에 대한 이해를 해보도록 하겠다.

경영학: 경영체의 경영 활동을 합리적으로 수행하기 위한 제반법칙을 연구하는 학문이라고 할 수 있다.

1) 경영학의 학문적 성격

학문: 새로운 지식을 추구하는 데 그 사명이 있으며 개념적인 이론개발에 중점을 둔다.

(1) 일반적인 과학(Science)으로서, 특수한 기술(ant)로서의 경영학

－경영 또는 기업이라는 고유한 영역을 가지고 있으므로 이에 필요한 규범과 가치를 창출하는 하나의 사회화이다. 개발된 이론을 어떻게 현실에 적용하는 가를 다루기 때문에 특수한 방법론을 추구하는 기술이다.

(2) 이론과학과 실천과학으로서의 경영학

－경영학은 경영의 경험적 사실을 분석하여 거기서 새로운 경영의 법칙을 추구, 발전하며 구축해 가는 것을 주된 목적으로 하는 이론적 경영학이다. 기업의 경영목적을 합리적으로 달성하기 위한 여러 가지 경영기술이나 관리방법을 모색하는 것을 사명으로 하는 실천적 경영학이다.

2) 경영학의 연구대상

조직체로 보는 입장과 활동 행대로 보는 입장으로 구분하는데 전자는 경영학의 연구대상을 조직체로 보아 조직체의 구조와 기능을 밝히려는 조직론적 경영학의 입장이며, 후자는 경영학의 연구대상을 조직체를 운영하기 위한 경영관리 활동으로 파악하려는 관리론적 경영학이다.

① 조직체 - 영리조직체: 기업 / 비영리 조직체: 정부, 교회, 단체, 정당, 군대, 학교, 경찰 등이 있다.
② 경영관리활동 - 경영기능: 생산, 마케팅, 재무, 인사 등 / 관리과정: 계획, 조직, 지휘, 조정, 통제를 말한다.

3) 경영학의 인접 과학

(1) 경제학(Economics)
경영학의 개별경제, 경제학은 전체 경제를 취급하기 때문에 대등함, 독일의 경우 경영학은 상업학에서 경영 경제학으로 형성되어 발달하였다.

(2) 회계학(Accounting)
독일의 경우 회계학은 경영계산의 문제로 인식되어 경영학에 포함되어 있으나 미국의 경우 회계학은 기업 외부의 이해 관계자들에게 기업의 경영성과를 보고하기 위해 독자적 지식체계로 인식하여 경영학과 구분한다.

(3) 경영통계학(Business Statistics)
경영 수학 및 경영 통계학을 대량 통계분석의 바탕이 되는 OR(Operations Research)의 기초를 이루고 있다.

(4) 산업공학
생산 면에서 인간 - 기계 시스템(man - machine system)의 효율을 높이고자 인간이 가장 효율적으로 활동할 수 있도록 인간적 요소를 고려하여 기계설비나 작업 조건을 설계 조성하고 있는데 이에 따른 성과를 설계하고 예측하고 평가하는 데 산업공학이 응용되고 있다.

(5) 행정학

국가의 관료와 기업의 관료를 연구하는 것이며, 리더십과 인적 자원 관리, 법적인 면과, 사무적인 면, 기획적인 면, 정책적인 면에서 일치함을 보인다.

(6) 기 타

노동과학, 노동학, 노동경제학, 산업 심리학, 정보 관리학, 행동과학, 경영법학 및 국제 경영학이다. 이러한 경영학과 행정은 조직의 이해 없이는 이루어질 수 없다.

이를 좀더 구체적으로 경영학에 대해서 살펴보면 다음과 같다.

경영은 목적을 달성하기 위하여 인적, 물적, 지적 자원을 계획, 조직, 지휘, 통제하는 일련의 과정이다. 다시 말하자면 경영은 개인으로서는 달성할 수 없는 조직목표를 달성하기 위하여 집단 속에서 함께 일하는 환경을 조성하고 유지, 발전해 나가는 과정을 말한다. 즉 다른 사람과 함께 또는 다른 삶을 통해 일을 효율적으로, 그리고 효과적으로 하는 과정을 말한다.

효율성은 경영의 핵심적인 부분이다. 효율성은 투입과 산출과의 관계를 의미한다.

만약 경영자들이 주어진 투입에 비해 더 많은 산출을 얻어낸다면 효율성을 개선한 것이 된다. 경영자는 주로 인원, 자금, 장비와 같은 한정된 자원을 운용하게 되므로 이들 자원에 대한 효율적인 사용에 관심을 갖는다. 그러므로 경영은 자원 비용의 최소화와 관련된 것이다. 효율성은 '일을 올바르게 수행하는 것'을 말한다.

그러나 단순히 효율적인 것만으로는 충분하지 않다.

경영은 또한 업무를 달성하는 것과 깊은 관련이 있다. 다시 말해, 효과적이어야 한다. 경영자가 조직의 목표를 달성할 때, 우리는 그들이 효과적이라고 말한다.

효과적이란 말은 '올바른 일을 수행하는 것'을 말한다. 또한 효과적이란 적절한 목표를 선택할 수 있는 능력과도 관련이 있다. 따라서 효율적이라는 것은 수단과 관련된 것이고 효과적이라는 것은 결과와 관련된 것이다. 효율성과 효과성은 밀접한 관계가 있다. 효율성을 무시한다면 효과적이기는 더 수월해질 수 있다. 그러나 경영은 효과적으로 업무를 완수하는 것뿐만 아니라 가능하면 효율적으로 수행하는 것에도 관심을 갖는다. 물론 높은 효율성은 흔히 높은 효과성과 관련이 있다.

미국의 영화감독 스티븐 스필버그는 그의 작품에 스타를 출연시키지 않는다. 그러나 그의 작품에 출연한 영화배우는 스타가 된다. 스필버그 감독은 효율적으로 그리고 효과적으로 경영을 하는 것이다. 형편없는 경영은 대부분 비효율적이고 비효과적인 이유 때문에 발생하거나 또는 비효율성을 통해 효과를 달성하기 때문에 발생한다. 여기에서 효과성은 유효성과 같은 의미이다. 통계적인 의사(意思) 아래에서 일정한 계속적 시설을 기초로 하여 활동하는 조직체의 구조와 행동의 원리를 연구하는 사회과학이다. 이러한 의미의 경영학에는 이 정의에 해당하는 조직체 일반(기업·관청·학교·교회·노동조합·군대 등)을 연구하는 넓은 의미의 경영학, 즉 일반경영학과 기업(企業)이라는 특정조직체이 생산조직체만을 연구하는 좁은 의미의 경영학, 즉 기업경영학이 있다. 일반경영학에는 각종 개별 조직체를 따로따로 연구하는 특수경영학이 포함되며, 최종 과제는 모든 조직체에 보편적으로 타당한 일반원리를 형성하는 데 있다. 경영학의 체계를 취급하는 문제에 따라 다음 몇 가지로 나뉜다. ① 경제성 또는 수익성이라는 통일 원리에 따라 기업의 본질을 논하는 기업이론, ② 기업의 외형적·내재적 특색을 설명하는 기업형태론과 기업체제론, ③ 기업에 있어서의 경영관리의 중심부분을 연구하는 경영 목적론·경영전략론·의사결정론, ④ 기업의 구조적 측면을 연구하는 경영조직론, ⑤ 기업의 경제적 측면을 연구하는 경영경제론, ⑥ 경영관리의 각 부분을 연구하는 생산관리론·재무관리론·노무관리론 등이 있다.

그러면 행정학이란 무엇인가를 살펴보도록 하겠다.

행정학 science of public administration 행정을 연구대상으로 하는 학문이라 할 수 있다. 역사는 19세기 후반부터 사회적·역사적 요청에 의해 발달하기 시작하였다. 특히 대륙형 행정법학과 구별된 신흥과학으로서의 현대행정학은 20세기로의 전환기 이후 미국에서 확립되어 발전하였다. 현대행정에 관한 경험적 사실로부터 그 본질을 이루는 현실적 계기를 파악하고, 논리적 필연성을 가진 통일적 지식체계를 구성하기 위하여 대두한 것으로서, 통일적 지식체계의 관심은 먼저 행정의 능률화에 있었다. 즉 행정부가 정치 과정의 초점으로 등장하는 등 행정의 팽창과 함께 자본주의의 진전에 따라 과학적 관리법이 발전하게 되어 19세기 중엽 이후 행정합리화에 대한 운동이 일어났고, W. 윌슨의 『행정연구(1887)』는 행정학 성립의 기초가 되었다. 그 뒤 행정을 하나의 기술적 과정으로 파악하고 능률과 절약의 원리를 중시하는 기술적 행정학 또는 관리학 행정학이 확립된 것은 L. D. 화이트의 『행정연구입문(1926)』, W. F. 윌로비의 『행정원리(1927)』가 나오면서부터였다. 이 행정학은 정치와 행정을 구별하는 이원론적 입장으로, 행정을 수립된 정책·법령의 구체화나 집행으로 보았다. 1940년대부터는 이와 같은 관리론적 행정학을 비판하고 정치와 행정의 융합·연속에 주목, 행정의 사회적 기능의 중요성을 강조하는 기능적 행정학이 대두하였다. 기능적 행정학에서의 행정은 정책결정 및 입법기능까지 담당한다. 또한 행정＝관리행동을 일련의 의사결정 과정으로 파악하고 거기에 사회심리학적 접근을 시도한 H. A. 사이먼의 『관리행동(1945)』 학파가 형성되었다. 그 뒤 60년대 행정이 급변하는 상황 아래 새로운 여건에 적응하기 위해 적극적으로 발전정책 및 발전계획을 형성·집행한다는 발전행정학이 나타났다. 현대 미국 행정학에서는 조직 휴머니즘론, 정치＝행정이론 계통의 신행정학파, 행정에 대하여 미시(微視)경제학적 접근을 시도하는 신정치경제학파, 그 자체에서 여러 가지 접근을 내포한 공공정책분석 등 다양한 조류가 형성되고 있다. [행정의 기능] 사회변동을 촉진하면서 사회 안정을 확보하는 기능을 한다. 행정체제가 사회 안정을 확보하고 나아가 사회진화를 보장하기 위해서는 체제 내외로부터 야기되는 긴장요인을 분석하여 행정지도 및 정책결정과정에서 이를 적절히 흡수하고 적응해야 한다. [연구방법] 초기단계에서는 구조 중심의 접근방법이 지배적이었다. 인간의 행동을 합리적·이성적인 것으로 보아 제도적 변혁으로 의도된 목적을 달성할 수 있는 것으로 생각하였으며, 행정체제를 하나의 폐쇄된 체제로 이해하였다. 1930년대에는 인간은 반드시 경제적·합리적 기준에 따라 움직이는 것은 아니고 불합리하게 움직이기도 한다는 것을 이해하게 되어 제도적 장치와 인간을 모두 독립변수로 취급하여야 한다는 견해가 나타났다. 40년대에는 조직과 환경의 관계에 착안해야 한다는 생태론적 접근법이 제기되었고, 이는 다시 체제론적 접근법으로 이어졌다. 이러한 접근법은 50년대의 행태론적(行態論的) 접근법과 함께 오늘날까지 연구방법론의 주류를 형성하고 있다. [한국의 행정학] 8·15 뒤 미국·일본의 행정학이 도입되었으며, 55년 무렵부터는 정부행정의 비능률·불합리성을 시정할 현실적 필요에서 행정연구에 대한 관심이 증대되었다. 70년대 이후 미국 학풍의 압도적 영향에서 벗어나 한국적 독자이론을 추구하려는 노력이 전개되어 한국행정사연구와 고전에 관한 연구, 과학적 방법에 준거한 새로운 이론이 만들어졌다. 최근에는 행정과정의 체계화·사무처리기술, 후진국 행정연구 발전에 따른 사회체제 전반의 비교·연구, 국제행정, 도시

문제, 사기업조직과 비정부부문 조직에 관한 경험 연구, 정책과학 등이 관심사가 되었다.[1]

　1. 규범적 행정학과 실증적 행정학: 사회문제의 해결과 이를 위한 이론적 기반을 말한다. 행정학은 사회과학의 한 분야로서, 여타의 사회과학과 마찬가지로 사회문제의 해결에 그 취지가 있다고 할 수 있습니다. 행정학은 '행정'이라는 주목적을 다루므로 사회문제 중에서도 특히 행정문제의 해결을 목표로 하고 있다고 할 수 있다. 오늘날의 행정현상을 보면 혼란스럽기 그지없다. 나아가 행정국가화 현상에 따라 행정작용이 민간에 미치는 영향이 매우 커져서, 잘못된 행정이 미칠 부작용의 수준은 과거와 달리 엄청난 수준에 이르게 된다. 행정이 제대로 이루어지게 하기 위해서는 행정학은 무언가 '처방'을 내릴 수 있어야 한다. 이를 위해 필요한 것은 '규범적 행정학'이다. 그런데 아무 이론적 근거도 없는 처방 투성이의 행정학은 일찍이 사이먼(H. Simon)이 원리주의 학파를 공격했던 것처럼 "검증도 되지 않은 격언들(proverbs)"만 난무할 가능성이 크다. 따라서 제대로 된 처방, 과학적인 분석에 근거한 규범적 행정학이 정립하기 위해서는 이론을 세우는 등 '과학성'에 기초한 '실증적 행정학'이 전제되어야 합니다. 실증적 행정학을 세우는 방법은 주로 행정현상에 대한 가설을 세우고 실제 사례를 통해 검증함으로써 이 가설을 이론으로 전환하는 것입니다. 규범적 행정학은 이 이론을 기반으로 하여 현실 행정문제의 문제점을 지적하고, 그 대안을 제시하게 되어야 한다. 이렇게 보면 실증적 행정학과 규범적 행정학이라는 것이 분리될 수 없는 행정학의 양 측면이라는 점을 알 수 있다.

4) 행정학의 로커스와 포커스

　행정문제에 대한 처방과 이론적 근거를 마련하기 위해 규범적 행정학과 실증적 행정학이라는 양면성이 나타난다고 할 때, 그러면 어디까지를 행정문제의 영역으로 볼 것이고 어떤 관점에서 행정현상에 문제가 있고 처방이 무엇이라는 점을 제시할 것이냐의 문제가 대두한다. 행정문제의 영역 문제는 요컨대 선거구 관련 문제를 행정학이 다루어야 할 문제로 포함시킬 것이냐 등의 문제입니다. 행정

---

1) http://kr.ks.yahoo.com/service/wiki_know/know_view.html?tnum =101027

학은 특히 정치학과 많은 영역이 겹치기 때문에 영역(Locus) 문제가 걸립니다. (사실 행정학은 20세기 초반만 해도 정치학과 경영학의 한 분야로 인식되는 경우가 많았다.) 오늘날에는 대략 행정 / 정치체제에 있어 투입을 중심으로 한 분야는 주로 정치학에서 다루고 전환과 산출을 중심으로 한 분야는 행정학에서 다루는 것으로 정리된 것 같다. 보다 세밀히 하면 관료제나 행정조직을 중심으로 한 영역이 행정학의 가장 고유한 영역으로 인식되고 있고, 공행정이라는 관점에서 공식적 행정조직 이외의 분야로 행정학이 확산되고 있다고 볼 수 있다. 행정학의 관점(focus) 문제는 주로 행정이념의 문제와 관련된다. 현실 문제를 진단하고 처방을 내릴 때에는 어떤 관점 혹은 행정이념에 의할 것이냐가 전제되어야 한다. 예컨대 한국의 직업공무원제를 놓고 볼 때, 효율성의 관점에서라면 분명 이는 문제이고 그 처방으로는 실적주의적 공무원제를 언급하기 쉽습니다. 그러나 공평성의 관점에서 보면 문제이기는 한데, 그 처방이 대표관료제 등으로 이어지기 쉽습니다. 혹은 행정의 안정성이나 지속성을 가장 중시하는 관점에서는 직업공무원제에 본질적인 문제는 없다고 말할지도 모른다. 이처럼 동일한 현상을 놓고도 관점에 따라 진단이 달라지고 처방도 달라진다.

이를 위해 필요한 것은 행정이념들 간의 우선순위이다. 대략적으로는 민주행정을 근간으로 한다는 점에 입각하여 민주성을 행정의 가장 근본적 목적으로 하고 이를 위한 수단으로 효율성을 자리매김한다고 말할 수 있다. 그럼에도 충돌이 있으면, 장 / 단기목표를 달리 설정하거나 상충되는 이념을 포괄하는 상위 이념을 개발하거나 현 상황에서 가장 중시되는 이념을 순차적으로 강조하거나 하는 등의 방법이 있을 수 있다.

그러므로 행정학과 경영학은 조직의 이해를 기초로 한다. 두 학문이 공통적으로 주장하는 조직에 대한 이론을 살펴보도록 하겠다.

2. 조직에 대한 이해

경영과 행정의 목표를 최상의 방법으로 실현할 수 있도록 어떠한 형태로 조직을 구성할 것인가를 결정하고 각종 경영자원을 배분하고 조정하는 활동을 조직활동이라고 할 수 있다. 이것은 경영자가 조직의 목적 달성을 위해 조직의 내적 환경 요소들을 직질히 구성시켜 나가는 과정으로 표현하기도 한다.

1) 조직설계와 조직구조

조직설계: 조직화하는 과정에서 조직의 틀을 어떻게 구성할 것인가를 결정하는 것을 말한다.
조직구조: 조직설계의 결과물로 나타난 조직의 틀을 말한다.

2) 조직화 4단계

(1) 해야 할 업무를 구분
해야 할 업무를 어떻게 구분하는가?! 아담 스미스(Adam Smith)의 〈국부론(Wealth of Nation)〉

분업의 원칙(division of labor): 업무를 가능한 한 세분하여 단순화시킨다.
전문화의 원칙(specialization): 작업자들을 단순화된 업무에 대하여 전문화시켜 높은 생산성을 이룬다.

(2) 업무를 수행할 부서를 결정

해야 할 업무를 구분	부서에 책임과 권한을 부여	업무를 수행할 부서를 결정	업무와 부서의 전체적 조정

서로 유사하거나 관련이 있는 업무나 작업 활동이 함께 이루어질 수 있도록 그 담당자들을 부서별로 묶게 된다.(수행할 업무를 집단화, 단위화)

*기능별 부서화(functional departmentation)
• 기능적으로 서로 관련이 있거나 동일한 작업이나 업무를 담당하는 사람들을 한 부서에서 일하게 하는 것
ex) 제조, 영업, 연구 개발, 구매, 재무, 인사, 경리 등

*사업별 부서화(divisional departmentation)
• 동일하거나 유사한 성격의 제품을 생산·판매하는 종업원, 동일한 지역 내에서 활동하거나 동일한 고객을 상대로 하는 종업원들을 한데 모아 집단화시키는 방법.
ex) 전자회사의 경우 TV 사업부, 에어컨 사업부, 냉장고 사업부. 유통회사의 경우 서울 사업부, 대전 사업부, 부산 사업부, 대구 사업부.

*매트릭스형 부서화(matrix departmentation)
• 기능별 부서화+사업별 부서화
• 사업부에 따라 종업원들을 집단화시킨 다음 특정사업이나 프로젝트별로 기능에 따라 다시 집단화시킨다.
ex) 건설회사의 경우에 서울현장, 부산 현장, 대구 현장 등으로 나누고 각 현장별로 설계부, 감리부, 토목부, 건축부 등으로 나누는 방식이다.

(3) 부서에 책임과 권한을 부여

부서 또는 부서의 구성원들에게 업무수행과 관련된 책임을 부여하고 그에 따른 권한도 부여하여야 한다. 이때 권한을 부서 내에서 어떻게 배분할 것인가에 관한 문제가 발생한다.

*권한 배분에서 따라야 할 네 가지 원칙
- 명령연쇄의 원칙: 최고경영자에서부터 현장종업원까지 하나의 명령체계에 의해 연쇄적으로 연결되어야 한다.
- 명령일원화의 원칙: 오로지 한 사람의 상급자에게 명령을 받아야 하며 한 사람의 상급자에게 보고해야 한다.
cf) 매트릭스형 조직은 두 사람 이상의 상급자를 갖게 된다.
- 통제범위의 원칙: 상급자 한 사람이 적정수의 하급자를 통제하도록 해야 효과적으로 기업을 경영할 수 있다.
- 책임-권한 동등의 원칙: 주어진 책임과 권한은 동등하여야 한다.
cf) 책임이 권한보다 많으면 과중한 업무 부담으로 생산성이 낮아지고 권한보다 책임이 많으면 비효율적인 의사결정이 이루어질 수 있다.

(4) 업무와 부서의 전체적 조정

적절한 의사소통, 서로 간의 활동을 이해하고, 작업의 흐름 속에서 협동이 이루어지도록 관리. → 성원 개인 간, 각 부서 간의 마찰 및 분쟁이 일어나지 않도록 조정한다.
ex) 자동차 회사의 생산부와 마케팅부의 마찰

3) 조직구조의 유형

(1) 라인-스태프(line-staff) 조직
- 라인(line): 생산이나 판매와 같이 기업 목표 달성에 필요한 핵심적인 활동을 책임지고 수행하는 구성원.
- 스태프(staff): 기획, 회계, 재무, 인사와 같이 전문적인 지식이나 기술을 사용

하던 라인의 활동이 원활히 이루어질 수 있도록 도와주는 역할을 담당하는 구성원.

가. 라인조직

- 최고 경영자에서부터 하위계층에 이르기까지 명령권한이 직선적으로 연결되는 조직구조.(관료제의 원칙을 수용한 중앙집권적 조직)
- 직계조직 또는 군대식 조직이라고도 불리는 것으로 업무의 부서화가 이루어지지 않은 매우 단순하고 초보적인 형태이다.(중소기업·창업단계의 작은 기업)
- 라인조직의 장·단점

장 점	단 점
• 명령계통의 단순화 • 책임과 권한의 한계의 명확화 • 통솔력이 강해 경영 전체의 질서가 확립됨 • 의사결정의 신속성	• 경영자의 만능 관리자화(전문성 결여) • 하위 관리자의 의욕상실과 창의력 결여 (보고 중심) • 환경변화에 신속한 대처 불가능

나. 라인-스태프 조직

- 생산이나 판매와 같이 기업목표를 달성하는 데 필요한 핵심적인 활동을 수행하는 단순한 라인조직에 전문적인 지식이나 기술(기획·인사·회계·재무 등)을 가지고 라인의 활동을 도와주고 지원해 주는 조직으로 기업의 규모와 복잡성이 증대됨에 따라 필요.
- 스태프는 참모의 역할을 하여 효과적인 경영 활동 지원.
- 가장 일반적인 조직구조(대부분의 기업의 조직 형태)
  단, 스태프 활동은 조언의 역할일 뿐 라인 부서에 직접적인 명령

장 점	단 점
• 전문적 스태프의 도움으로 효과적인 경영 활동이 가능. • 라인조직이 유지되고 있어 라인조직의 장점을 지님.	• 라인조직의 단점. • 라인의 명령과 스태프의 조언계통의 혼란이 가능함. • 스태프 조직의 설치로 인해 제비용이 증대됨.

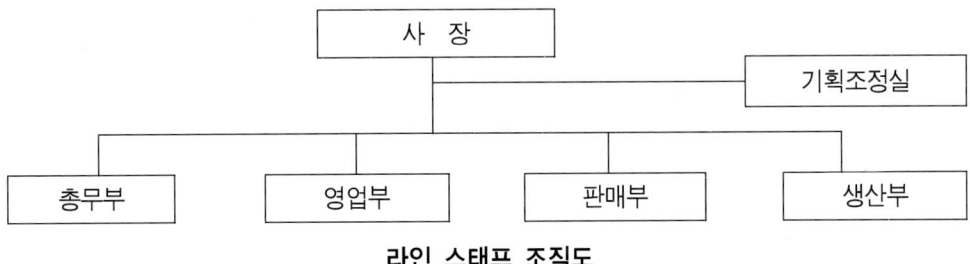

라인 스태프 조직도

(2) 사업부제 조직

- 기업이 대규모화함에 따라서 조직을 제품별, 시장별 또는 지역별로 나누어 이를 독립적인 사업처럼 운영하도록 사업부장에게 일체의 권한과 책임을 위임하여, 관리적 효과를 거두게 하는 조직.
- 세계적인 대기업들이 지역적으로 분산되어 있는 자회사들을 경영하기 위하여 가장 보편적으로 채택하고 있는 조직 형태.

장 점	단 점
• 최고 경영자의 과도한 업무 경감 • 사업의 성패에 대한 책임소재가 분명 • 시장의 새로운 요구에 신속한 대처	• 최고 경영자의 하부구조 통제의 어려움 • 사업부 간의 기능 중복으로 인한 자원 낭비초래 • 기업 전체의 목적보다 각 부서만의 목적 달성에 관심

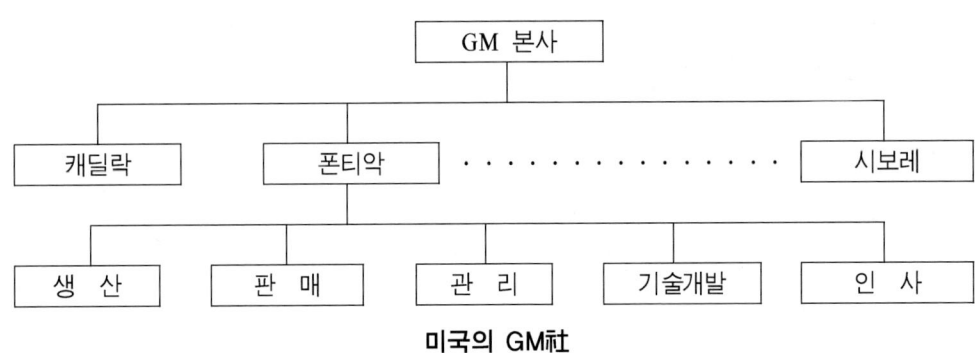

미국의 GM社

(3) 매트릭스 조직

- 한쪽에는 생산, 재무, 마케팅, 인사, 공정, 노무 등과 같은 전통적인 기능별 혹은 업무별 부문이 있고, 또 한쪽에는 프로젝트별 또는 지역별 부문이 있어

서 이들을 바둑판처럼 엮어서 만든 조직.
- 원래의 기능별 부문경영자는 종적인 권한을 행사하게 되고, 프로젝트팀의 경영자는 각 기능별 부문을 초월하여 횡적인 권한을 행사.
- 프로젝트 관리자를 상존시키고 프로젝트 사업을 지속한다는 의미에서 단기적인 프로젝트 조직과는 차이가 있다.

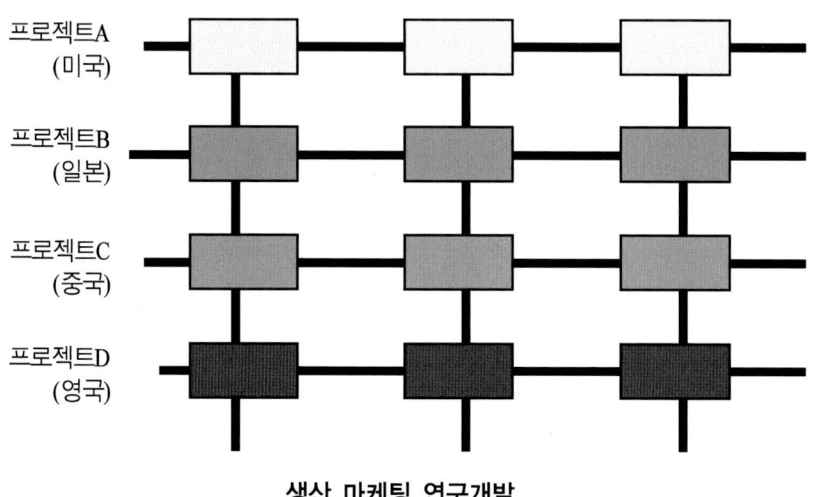

프로젝트A
(미국)

프로젝트B
(일본)

프로젝트C
(중국)

프로젝트D
(영국)

생산 마케팅 연구개발

장 점	단 점
• 인적 자원을 효율적으로 사용 • 시장의 새로운 변화에 융통성 있게 대처 • 개인의 창의력 및 능력을 발휘할 기회를 마련 • 팀 단위로 이루어지므로 조직구성원 사이의 협동관계 형성	• 이중 명령구조로 지휘체계가 혼란. • 책임 소재가 불분명하다. • 이중적 부문화로 관리 인력이 늘어나 관리 비용이 증대

EX) 대우 인터내셔널(지역별, 품목별)

(4) 팀 조직
- 상호 보완적인 기술이나 지식을 가진 소수의 구성원들이 자율권을 갖고 기업의 목표를 달성하도록 구성된 조직을 말한다.

가. 업무단위형 팀 조직
- 기업 전체의 업무를 일정한 기준으로 세분화하여 작은 단위를 하나의 팀으

로 형성하는 것을 말한다. 지속적으로 운영.

나. 프로젝트형 팀 조직

- 태스크포스(task force) 조직이라고도 불리는데 어떤 구체적인 문제를 다루기 위해 만들어지고 일단 문제가 해결되거나 임무가 완성되면 해체되어 버리는 조직을 말한다.
- 기업의 일시적인 특별업무를 수행하기 위해 조직 전체를 대대적으로 재개편하지 않아도 되는 장점.

장 점	단 점
• 신속한 의사결정 체계 • 이중적인 명령구조 탈피 • 팀원의 성과에 대한 평가가 쉬워 동기부여가 확실	• 팀원의 능력에 크게 의존 • 팀원의 교육훈련에 많은 비용과 시간을 들여야 하는 부담

★ 모든 조직에는 장·단점이 있으므로 각 기업의 환경에 맞는 조직을 구성하는 것이 가장 중요하다.

- 팀제(래프팅) VS 사업부제(조정경기)
  왜 팀제인가? - 스티븐 코비

조정 경기	항 목	래프팅
잔잔한 물	경기장 환경	급 류
리더에 고정	구성원 시선	전방 및 주위환경
일사분란하게 노만 저음	구성원 역할	수시로 변하는 상황에 대해 스스로 판단, 역할 수행
모두 똑같음	노 방향, 타이밍	제각기 모두 다름
정 지	노를 안 저으면	전 복
속 도	우승의 조건	생존 + 속도

★ 다운사이징

슬림화, 효율화를 추구하기 위해 조직을 가볍게 만드는 기법을 말한다.

1) 비즈니스 다운사이징 불필요한 낭비조직(임원, 지원부서, 중간경영층 등)을 제거

    ex)크라이슬러의 다운사이징(노사문제 극복)

    대한항공과 아시아나항공의 국내선 노선 축소

    GE社의 SUB(전략사업단위)

2) 정보시스템 다운사이징

- 대형컴퓨터에 의해 이루어지던 정보처리 기능 소형컴퓨터로 이전
- 대형컴퓨터 중심의 정보시스템 개발과 관리에 쓰이는 막대한 비용절감
- 조직구성원의 신속한 의사결정도 가능

예) 미국 유나이티드 항공사

  대형컴퓨터 메인 프레임 증설에 따른 문제, 다양한 요구의 충족을 위해 다운사이징

  효율적인 승무원 스케줄 운영 연간 150만$ 비용절감, 승무원의 작업 만족도 높임

대한 페인트잉크㈜ 메인 프레임 이용을 개인 컴퓨터로 다운사이징

    20% 인원 절감 시스템 운영비 5억 원 절감

- 참고: BPR Business Process Re / Engineering

'할 수 있는 것'에서 '해야 하는 것'으로의 혁신적인 사고 전환을 통해 회사 업무 처리 프로세서를 목적 추구형, 병렬 처리형 등으로 혁신시킴은 물론 이와 관련된 Infrastructure 및 Technology, Organization을 동시에 혁신시켜 기업의 경쟁력을 세계 초일류 수준으로 끌어올리는 기법이다.

기존의 가치관과 경영원칙을 타파하고, 정보처리기술의 도움을 받아 비즈니스 프로세스의 혁신적 재구성을 통하여 보다 적은 인원과 노력 및 투자로 생산성과 품질 서비스와 속도에 혁신을 가져오는 기업의 재창조 혁명이다.

*성공사례

사진기 생산회사인 코닥사는 1987년 후지사가 선점한 일회용 카메라 시장에 침투하기 위해 기존의 시장조사에서 신제품 출하까지 75주가 걸리던 연구개발 프로세스를 공동 데이터베이스라는 정보기술을 통해, 설계, 생산, 구매의 관련 업무를 동시에 진행하도록 리엔지니어링 하였다. 그 결과로 예상보다 50%가 향상된

37주 만에 일회용 카메라를 시장에 출시하여 후지사의 독점시장에서 경쟁력을 확보하였다.

베네통사 이탈리아의 전문의류업체인 베네통사는 고객의 색깔에 대한 다양화라는 욕구를 충족시키기 위하여 염색된 옷감으로 옷을 만드는 기존의 업무절차를 버리고, 만들어진 옷을 고객이 지정하는 색깔로 염색해 주는 획기적인 작업순서의 리엔지니어링으로 엄청난 실적을 올렸다. 또한 컴퓨터로 특정 지역에서 선호되는 색깔과 유행의상을 추적하여 하루 만에 옷을 제조해 판매하는 방식을 택하여 고객의 욕구에 빠르게 대응하는 시장전략을 사용하고 있다.

• 나아가야 할 방향

공식적, 비공식적 조직의 적절한 조화
1. 공식적 조직: 공식적으로 권위가 부여된 집단
   공동 목표수행을 위해 효율적으로 직무와 권한이 배분된 조직
2. 비공식적 조직: 권한이나 직무와 무관하게 친교나 감정에 의해 생겨난 조직

*장점 유용한 정보를 제공해 주면서 상호 원활한 의사소통을 가능하게 함
       공식적 조직에서 제한될 수 있는 사회적 욕구를 충족
       예상치 못한 환경변화에 보다 원활하게 대처

신속한 의사결정을 위한 수평조직의 모색
*중간경영층이 많은 조직 의사소통이 원활하지 못함, 의사결정의 지연, 환경변화에 신속히 대응하지 못함
*수평조직 정보전달 체계의 간편화─현장의 목소리가 왜곡 없이 경영층에 전달
결재 단계축소 신속한 의사결정이 가능
업무수행의 효율화 실무담당계층 확대
ex)오케스트라, GE社(결재 단계간소화)

네트워크형 조직구조 설계
*혼자서 모든 것을 다 잘할 수는 없다.(델 컴퓨터)

*핵심역량부분에 경영자원을 집중 비핵심부분에 아웃소싱 전략적 제휴
*상호 협조를 통해 시너지 효과를 얻기 위한 수평적 개념의 조직

예) *나이키
본사 핵심 업무 수행(제품기획. 디자인)
나머지 전략적 제휴 아웃소싱(제조-임금이 낮은 국가, 광고-광고대행사, 시장조사 전문기관)
자사소유의 공장을 고집하지 않고 자신이 설계한 상품기획을 외부의 공장에 발주하여 자사의 상표로 판매하는 무공장 생산방식(파브레스: Fabless, Fabrication-less)

*도요타
도요타자동차는 자동차의 내부제조율을 25% 정도만 유지하고 나머지 자동차관련부품은 세분된 가치 활동의 외부파트너인 부품업체들과의 분업적 네트워크를 통해 시스템상품인 자동차를 생산하고 있다.
도요타 상표인 자동차의 경쟁력은 도요타 회사를 중심으로 구축된 도요타 부품업체들의 네트워크 시스템이다. 결국 도요타 상표 자동차의 경쟁력은 시스템경쟁력이라 할 수 있다.

*팀제의 도입 배경은 세 가지 측면에서 고려해 볼 수 있다.
첫째, 인력 구조상의 문제를 들 수 있다. 전체 인력은 일정하게 유지되고 있는 반면 종래의 연공 서열주의에 의한 관리자 계층의 증가와 실무 계층의 상대적 감소에 의한 인력 구조상의 문제가 발생한 것이다.
둘째, 기업의 성장 둔화에 따른 포스트 부족과 이에 따른 인사 적체의 문제를 들 수 있다.
셋째, 급속한 기업 환경변화에 대해 조직이 탄력적으로 대응할 수 있는 조직체계가 필요하게 되었다.

*팀제 조직 도입의 목적은 다음과 같다.
① 기업 환경변화에 탄력적으로 대응할 수 있는 조직을 운영한다.
② 경영혁신을 위한 낭비 요소를 과감히 제거한다.
③ 책임과 권한을 명확히 한다.

④ 능력에 따라 탄력적으로 인재를 등용한다.

(5) 팀제란?

정보화 시대로 접어들면서부터 기업조직은 주어진 일의 능률적 수행보다는 새로운 정보, 지식, 기술의 창조에 비중이 더 주어지고 있는 실정이다. 그런데 이러한 창조는 한 사람의 머리로는 한계가 있게 된다. 여러 사람이 서로 정보교류, 의사소통을 하다 보면 자기도 미처 생각 못했던 참신한 아이디어들이 개선되어 나간다. 여기서 우리는 분업을 하면서도 통합이 필요하다는 사실을 알게 되고 이러한 통합 움직임의 하나가 팀제의 강조추세로 변모했다고 볼 수 있다.

결국 팀제란 종래의 자리중심의 계층별 조직이나 일과 사람이 획일적으로 정해지는 부, 과제의 모순에서 탈피하여 능력과 적성에 따라 탄력적으로 인재를 팀에 소속시키면서 팀장을 중심으로 일을 해나가는 것이다. 조직체계도 담당-대리-과장-부서장에서 이제는 담당자-팀장으로 간소화되어 팀 내에서는 모든 정보가 공유된다.

*이러한 팀제 운영의 취지는 다음과 같이 요약될 수 있다.
① 개개인의 능력과 적성에 따른 인재활용이 가능하다.
② 의사결정의 신속성과 기동성을 제고한다.
③ 중간 간부사원의 전문능력 발휘가 가능하다.
④ 소수정예의 인력운영 취지에 적합한 조직구조이다.
⑤ 각 전문능력 간의 유기적 교류가 쉬워진다.
⑥ 이질성과 다양성의 상호 자극과정을 거침으로써 새로운 정보지식의 창조가 쉬워진다.

재즈 악단 같은 조직-복식 테니스 조직
☞ 각기 임무에 따라 조직의 형태는 달라지지만 공통적인 것은 모두가 목표와 가치를 공유하고 있다는 것!

가. 대부대과(大部大課)형

이는 전통적인 부, 과의 체제와 기능을 유지하되 유사한 기능을 하면서도 여러 개의 부나 과로 나뉘어져 있는 것을 통폐합시킨 형태이다. 주로 영업직이나 생산직에서 볼 수 있으며 조직을 대그룹으로 운영하며 유동성을 갖는 형태라고 볼 수 있다. 판매과 조직이나 생산직 조직체계를 팀제라고 해서 무조건 계층을 없애고 플랫화시키면 기능이 마비될 수 있다. 따라서 어느 정도의 하이어라키를 유지하면서 조직을 슬림화시킨 것이 대부대과제 팀제라고 할 수 있다. 지나치게 전문화되고 분업화된 종합병원 의료서비스 조직에 적용될 만하다.

※ 팀 종류의 사례

대부대과제형 팀

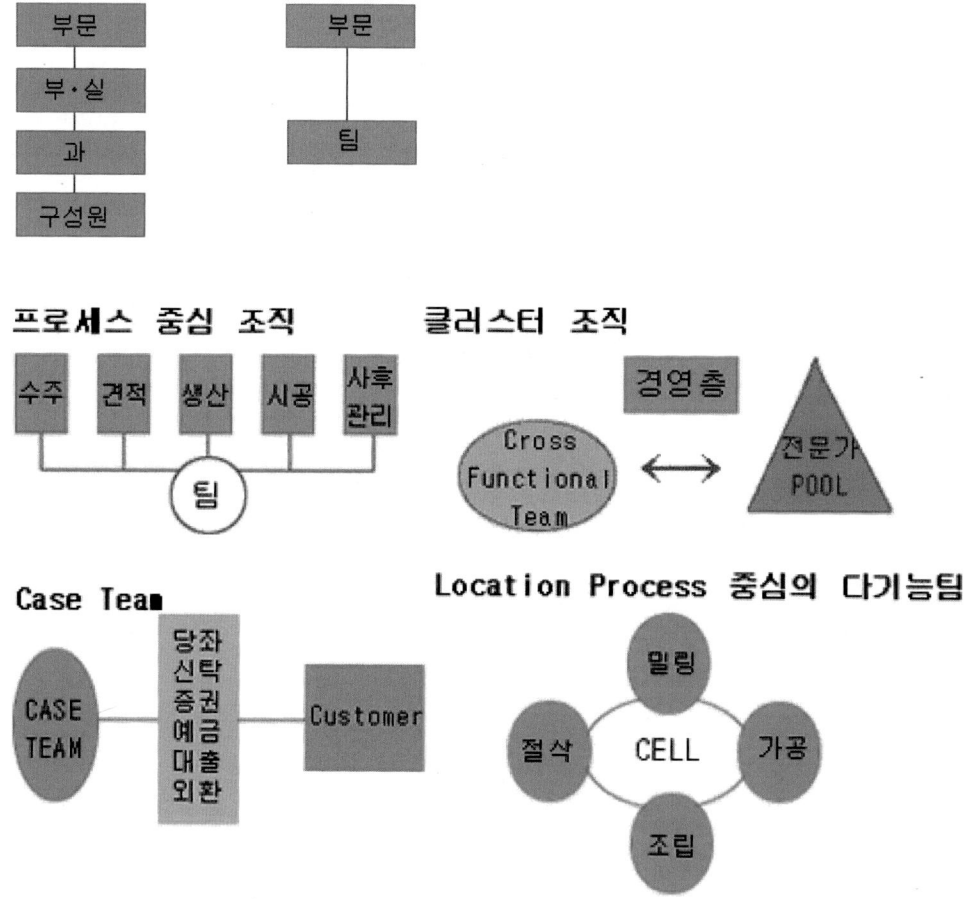

특공대 조직

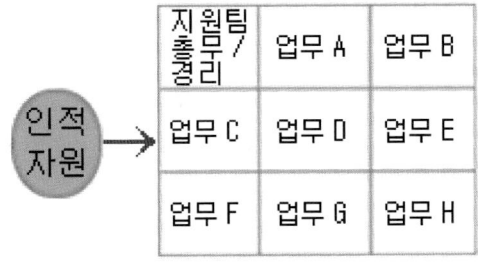

Network 형 Team

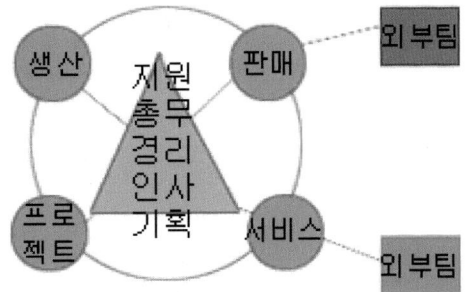

분권적 조직

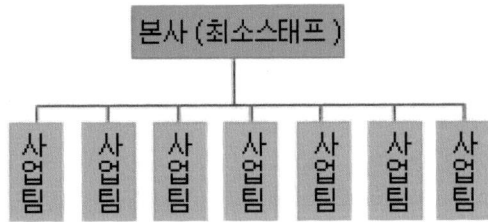

나. 플랫형(문진형: 文鎭型)

기업의 기획·인사·총무과나 병원의 원무과와 같은 행정 부서에서 많이 채용하는 형태로서 종래의 다단계 수직계층을 없애고 수평적으로 통폐합하는 것을 말한다. 한 사람의 실무자가 해 놓은 밥그릇에 여러 사람의 숟가락이 덤으로 얹혀 있는 수직조직이 아닌 플랫 조직의 장점은 결재가 빨라지고 인건비도 절약되며 소수 정예화되는 것이 장점이다. 또한 수평적 커뮤니케이션, 인력활용의 유동성 문제가 해결되는 것이며 전문화된 부서 간의 부서 이기주의를 극복할 수 있다.

다. 프로젝트팀

조직은 종래처럼 그대로 둔 채 신규사업이나 특수사업을 완수하기 위해 한시적으로 팀을 만들어 사용할 수 있다. 프로젝트팀의 구성원들은 어느 동일한 하나의 부서에서 차출된 것이 아니라 각자의 소속 부서는 다르더라도 한시적으로 몇 개월, 1년 혹은 수년간 파견근무를 하는 형태이다. 작업장은 종래대로 흩어져 있으면서 프로젝트 팀원끼리 정례미팅을 가질 수도 있고 또는 한곳에 모여서 일정기간 근무할 수도 있다. 이 팀의 생명은 기동성과 다양성이라고 볼 수 있다.

라. 통합기능(cross functional team)형

이는 조직 자체를 기능별로 분류하지 않고 연구개발, 생산, 기획, 마케팅의 기능을 모두 수행하거나 병원의 검진, 수술, 회복 등 일련의 서비스 업무를 함께 맡는 팀으로 구성하는 형태로서 비교적 새로운 팀 유형이라고 할 수 있다. 기업 내에 여러 개의 소기업을 만들어 놓은 것과 비슷한 데 핵심역할을 하는 몇 사람이 있고 주변에 각 부문별로 더 작은 기능별 팀을 거느리면서 서브 팀 간의 연결을 생명으로 하는 조직이다. 이런 유형의 것은 기존 조직에서 수용하지 못하거나 혹은 효율적으로 수행하지 못하는 목표를 달성하기 위해 여러 관련 부서의 전문가들을 한데 묶어놓은 것이다.

(6) 제도적 장치

팀제는 집단을 강조하는 것이다. 연공에 의해 수십 년 길들여진 우리네 현실에서 팀제 열풍이 불면서 성과급이다 연봉제다 하면서 개인별 차등 지급되는 보상시스템이 받아들여지고 있다. 그런데 대부분 기업에서는 공동체와 팀워크를 강조하면서 대개의 업적평가시스템은 집단적 성과가 아닌 개인적 성과를 기초로 하는 성과급제로 가고 있다. 그러나 팀원 개개인의 보상은 개인적 성과에 비중을 많이 두더라도 적어도 팀장들의 경우에는 해당 팀의 공동성과에 따라 보상을 하는 것이 좋다.

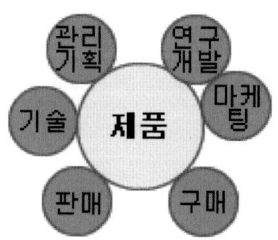

Cross Functional Organization(병렬공정)

팀장이라고 해서 급여가 모두 동일하다면 자기 팀의 팀원들의 역량을 종합하여 팀 성과를 높여야 할 만한 이유가 없기 때문이다. 팀에 대한 집단적 보상도 있다면 팀원 한 개인의 발전이 팀 업적의 발전에 보탬이 될 것이다. '같은 배에 탔다'라는 인식을 모두 가진다면 팀원 상호 간의 책임성을 강조하면서 개인주의를 배격하게 된다. 기업에서는 이러한 분위기를 고취시키기 위해서 개별적 평가와 보상을 기준으로 하면서도 우수한 팀에게 집단 보상을 하는 것을 소홀히 해서는 안 된다.

팀제이니까 인사고과권도 팀장에게 줘야 한다는 말은 틀린 말이다. 팀제로 되면서 인사권을 위에서 박탈한다고 생각하면 큰일이다. 기본적으로 팀원의 인사평가는 팀장에게 달려 있다. 또는 당사자와 팀장이 하는 것이며 파트가 있는 경우 파트원은 파트의 리더하고 일차적으로 상의해서 하고 최종적으로는 팀장이 하는 것이 바람직하다. 그러나 파트장 고과권의 크기가 정해진 것은 아니며 부서별로, 회사별로 달리 정하는 것이 당연하다.

원래 인사고과의 목적이 점수를 매기고 등수를 정해주는 것이 아닌데도 실제로 회사에서는 점수 매기는 데에만 신경을 쓴다. 고과의 목적은 어디까지나 능력개발에 비중을 더 두어야 할 것이다. 다만 상여금이나 포상을 위한 고과는 숫자에 의해 나온 결과대로 하는 것이므로 팀장이 하든 조장이 하든 팀장 위의 사람이 하든 관계없을 것이다. 정해진 계량적 목표에 미달인지, 초과 달성인지는 부하가 평가해도 상사가 평가해도 마찬가지이므로 팀장이 고집할 필요는 없다.

승진, 승격에 관련된 것은 육성과 관련되고 결과를 본인에게 알려줘야 하므로 고과권을 누가 가지느냐가 중요한 문제이다. 이것은 형편에 따라 팀 내부에서 결정하면 되고 팀제이므로 팀장이 가져야 할 필요는 없다. 행정조직에서 팀장에게 고과권을 준다면 모든 정보는 팀장에게 가고 파트장인 과장들은 허수아비가 된다. 그리고 문진형의 플랫팀에서는 팀장에게 고과의 전권을 주어도 괜찮을 것이며 대부대과제인 경우 과장에게 고과권이 가도 별문제가 없다.

직책이란 포스트로서 판매담당, 팀장, 과장, 부장 등 역할지위의 개념인데 그곳에 맞는 사람이 갖춰야 할 요건이 자격이다. 즉 자리를 놓고 나눈 것이 직책(post)이고 사람을 놓고 나눈 것이 자격(status)인데 이는 사실상 일치시켜야 하지만 과거의 관례와 우리나라 문화적인 신분특성이 있기 때문에 존속시키는 수밖에 없다. 그렇다고 과거 체제로 그대로 유지한다는 것이 아니라 분리해서 운영해야 한다. 즉 차장 등 직책이 없는 자격호칭은 없애고 과장, 부장으로 불러주되 과장도 능력 있으면 팀장 역할을 할 수 있도록 하는 것이다. 결과적으로 팀장은 적임자면 어느 직급이나 될 수 있게 한다.

과거에는 과장 한 사람 승진시키려면 자리가 없으면 못 시켰다. 그렇다고 지금까지처럼 사원들 승진시키기 위해 수많은 계, 과, 부를 늘려 놓고 장으로 모두 승진시킬 수도 없다. 그러므로 호봉체계, 급수체계로 만들어 놓고 그것은 능력과 경륜에 따라 승진시키면서 직책은 안 바뀌어도 되고 필요한 직책(예: 팀장)에 앉히려면 호봉과 급수에 관계없이 그 '일(직무)'에 적합한 사람을 앉히면 된다. 어느 부를 맡았으면 팀장, 그 팀 내의 어느 파트를 맡았으면 파트장이며 과장, 부장은 단지 봉급 주는 자격기준이다. 그러므로 과장, 부장의 명칭을 없애는 것이 가장 좋은 방법인데 한국에서는 적당한 언어표현을 찾기 어렵다. 그러므로 명함이나 호칭에 대리, 과장, 부장을 그대로 넣어주어도 별문제는 없을 듯싶다.

팀제에서 성공하려면 전결권에 대한 것을 과감하게 대폭 정리하고 그대로 지키는 일이다. 팀제하에서 결재단계는 여러 개일 수가 없다. 팀장에게 전권을 주었고 팀장은 담당자에게 많은 권한을 위임했기 때문이다. 전결규정은 많이 갖고 있으면서 지켜지지 않는 회사가 많이 있다. 그럴 경우 최고경영층을 비롯한 상급자가 주의를 한번 주면 분위기가 바뀔 것이다. 중요한 것은 도장 찍는 숫자를 세 개로 할 것인가 다섯 개로 할 것인가가 아니다. 사안에 따라서는 담당자와 팀장 둘만 찍어도 된다. 파트장에게 보일 것인가 아닌가는 파트장이 정할 것이 아니라 위임 맡은 아랫사람이 한다.

종래의 품의서 기안내용에는 결재사항, 보고사항, 고지사항도 모두 결재판 속에 넣어진 채로 회람되면서 도장을 찍어댔다. 그러나 가능하면 품의 사항은 최소한 줄여 나가고 보고사항, 정보전달은 메모와 구두와 전화를 사용하도록 해야 할 것이다. 파트 구성원은 파트장에게 보고하고 파트장은 팀장에게 보고하는 것이 절차이지만 파트장이 없는 독립 담당은 팀장에게 직접 보고한다. 만일 파트 구성원이라도 그런 일이 대부분이라면 독립 담당체제로 바뀌어야 할 것이다.

(7) 업무의 할당과 처리

팀의 모든 구성원들은 종래처럼 업무를 세분화해서 분담하지 않고 한 사람이 여러 개의 기능을 담당함으로써 팀 효율을 높일 수 있다. 예를 들면 환자서비스 업무는 의사별로, 간호사별로 또한 원무과 내에서도 각 기능별로 분리되어 있었지만 가능한 한 여러 기능을 담당한 간호팀 혹은 행정팀이 여러 가지 서비스를 겸비하여 환자에게 제공한다면 하나의 치료 또는 진단을 마친 후 환자를 다른 곳으로 옮겨야 할 필요성은 훨씬 줄어들 것이다.

그리고 훈련받지 않거나 면허를 갖지 않은 분야의 일을 하는 구성원은 아무도 없을 것이지만, 새로운 팀의 간호사들은 한때 자신보다 낮은 직원들이 해왔던 일상적인 잡무들 중의 일부를 자신들이 분담할 수 있어야 한다. 예를 들어, 혈액추출은 간호조무사뿐만 아니라 간호팀의 모든 구성원들이 할 수 있어야 하며 그렇게 되면 고임금의 직원들에게 보다 일상적인 업무들을 분담토록 함으로써 전반적인 환자 간호비용이 매우 감소될 수도 있다. 대부분의 조직과 마찬가지로, 병원에서도 환자를 이리저리로 떠넘기거나 직무기능을 경직되게 운용함으로써 생기는 비용은 전체 운영비에 막대한 영향을 미친다.

팀 운영은 고객환자에게도 또한 혜택이 돌아갈 것이다. 간호종사자들이 보다 많은 과업을 분담함에 따라, 환자들은 그들에게 가장 편리한 시간에 서비스를 받을 수 있으며 전문 인력이 시간을 낼 때까지 기다릴 필요가 없다. 또한 개별 환자를 맡는 직원 수를 줄임으로써 의료시스템은 과거보다 더욱 환자 개인에게 신경을 쏟을 수 있다. 병원관리체제도 다단계로 되어 있는 관리게층을 축소시켜 인장과 일선직원이나 간호사 사이의 중간계층을 최소화하여 한 명의 관리자로 대치되고 간호팀은 관리자에게 직접 보고한다. 이 팀장은 다양한 관리직책을 겸임하며 의료기록, 환경서비스와 엔지니어링과 같은 다양한 기능 분야를 책임지는 것이 바람직하다.

물론 병원이라는 특수한 환경에서 일반 기업체의 팀조직을 그대로 복사하기에는 많은 장애물이 그대로 남아 있다. 특히 팀의 성과에 대한 적절한 보상체계를 개발하는 일은 매우 어려운 문제인데, 팀 목표를 설정하는 일이 어떤 팀에게는 쉽고 다른 팀들에게는 어려울 수도 있으며 또한 환자의 종류와 병세도 팀에 따라 천차만별일 것이기 때문이다.

업무분장의 전권은 팀장에게 있다. 다만 팀 내에 여러 파트나 집단이 있을 경우 파트장이나 부서장이 자기 구성원들의 업무분장 초안을 마련할 것인지를 팀장이 승인하는 식으로 해야 할 것이다. 종래의 조직은 전결규정을 적용하여 매우 큰 분량으로 업무수행 규정이 미리 정해져 있었다. 그게 활용가치가 있었든지 없었든지에 관계없이 과장은 돈을 얼마까지 쓸 수 있고 얼마까지 전결권을 가지며 하는 등등의 규정이 정해져 있었다. 그러나 팀제하에서는 대개 팀장인 부장까지만 전결규정이 되어 있어서 팀장은 밑의 과장에게 얼마를 주건 상관없다. 즉 팀장은 자기에게 할당된 권한을 얼마든지 아래로 위임할 수 있다. 물론 전혀 위임하지 않아도 된다. 즉 과거 과장의 책임과 권한은 조직이 준 것이지만 팀제하의 파트장의 책임과 권한은 팀장이 주는 것이다. 각 파트가 맡아야 할 업무범위와 책임한계도 조직에 의해서 미리 정해지는 것이 아니라 팀장이 팀원과 합의하여 정해 준다.

팀 구성원들의 업무분장이 자유자재로 바뀔 수 있기 때문에 팀 내에 여러 파트가 있을 때 그 구성원의 규모가 유동적이고 각 팀 간의 인사이동이 얼마든지 있을 수 있다. 이것도 팀장이 파트장의 안을 얻어서 하든 혹은 팀장 직권으로 이동시키되 인사과의 개입은 없는 것이 좋다.

(8) 팀 구성원의 역할

감독하고 지시하고 통제하는 것이 팀장의 역할은 아니다. 팀을 활성화시키는 것은 몇 개의 규정이나 며칠간의 길들이기로 되는 것이 아니다. 팀을 활성화시켜 놓고 자기 원래의 관리 일을 해야 한다고 생각하면 안 된다. 팀을 계속해서 활성화시키는 일이 팀장의 가장 큰 할 일이다.

팀제로 이행하면서 가장 문제가 되는 계층은 종래의 부서장이 아니다. 원래 부서장은 대개가 팀장이기 때문에 역할상의 큰 변화가 없다. 그러나 종래의 중간계층들이 문제다. 예를 들면, 전통적 조직에서의 과장과 팀제하에서의 파트장의 차이가 무엇인가. 과장은 조직 내 위치로 볼 때 종래의 공식적인 과의 장이다. 그러나 파트장은 포스트가 아닌 업무추진단위의 파트장이다. 업무추진이 바뀌면 다른 사람이 파트장이 될 수도 있다. 단지 팀원으로서 직급 급수에 관계없이 누구나 파트장에 보임이 가능하다.

모든 파트장(종래의 과장)들은 자기가 공식적인 장이 아니니까 팀장의 도장을 맡으라는 식이 된다. 지금까지 자기가 찍던 것도 모두 팀장에게 미룰 수 있다. 결과적으로 권한과 결재권은 아래로 가는 것이 아니라 오히려 팀장에게 집중되어 업무의 로드만 많아질 수 있기 때문에 조심해야 한다. 그러나 팀장은 권한을 위임하면서 그 담당자를 완전히 믿지 못하고 그를 관리할 파트장을 짝 지워주고 하면 실패다.

팀제로 운영하면서 팀 속에 파트를 두고 파트장(종래의 과장)이 팀원을 통솔하는 조직으로 될 때 파트장의 책임, 권한을 어떻게 정의할 것이냐가 큰 문제로 대두된다. 파트장의 권한, 책임은 종래 과장의 권한 책임과 다르다. 자기 고유업무가 없는 파트장은 과장 역할과 비슷하여 공장제조부문, 영업 판매부문의 경우 그렇게 운영하는 것이 좋다. 그러나 전문화된 병원은 좀 다르다. 파트장도 고유의 담당업무가 있는 경우라면 책임과 권한이 달라져야 한다. 즉 전자의 경우는 파트원들의 책임, 권한을 총괄하여 가질 수 있지만 후자의 경우 파트장은 자기 고유

업무에 대해서만 일차적으로 책임을 지며 관리, 통솔의 책임은 극히 미약하고 직책수당도 안 주는 것이 형평에 맞는다.

팀의 예산을 모두 팀장에게 맡길 것인가, 위에서 쥐고 있어야 할 것인가, 아니면 팀장에게 40%, 팀원에게 60%의 식으로 할당할 것인가? 원칙은 없다. 각 팀의 형편을 잘 모르는 이상 너무 자세히 간섭할 필요는 없고 거의 모든 예산을 팀장에게 주고 자율적으로 관리하도록 하는 것이 이상적이다. 팀장의 것과 팀원의 것을 미리 나누어 배분하는 방법도 있다. 단 팀원의 것도 정하여 팀장이 관리하도록 맡기는 것도 바람직하다.

(9) 팀제 운영의 장점 및 문제점

가. 장 점
① 의사결정의 신속성과 기동력 제고
② 환경이나 업무의 변화에 내부 조직을 필요에 따라 조정
③ 적은 인원으로 많은 일을 할 수 있는 소수 정예의 인력 운용
④ 일에 대한 전문성과 책임감을 부여함으로써 인재 양성 가능
⑤ 포스트 부족에 따른 고직급 인력의 활용 가능

나. 문제점
① 포스트 상실에 따른 간부들의 사기 저하
② 팀장의 능력이 부족한 경우 팀제 운영의 근본 취지 퇴색
③ 조직 내 공감대 및 이해 부족
④ 전통적 사고와의 괴리
⑤ 관련 제도 및 업무의 재편성

(10) 팀제가 성공하려면?

팀제를 운영함에 있어서 다음과 같은 점에 유의하여야 성공을 거둘 수가 있다.

첫째, 전문 간부와 사원의 위상이나 역할이 엄연히 다르다는 것이다. 대개가 같은 팀원끼리는 직급이나 역할이 비슷해야 한다고 생각하지만 사실은 다양한 정력과 역할들이 모일 때 팀은 제 기능을 한다. 실무를 담당한다는 점에서는 간부

와 사원이 동일하다고 볼 수 있지만 전문 간부는 좀 어려운 업무 등 질적 수준이 높은 업무를 맡아야 할 것이다. 그리고 팀의 선배는 신참자들과 소그룹이 되는 것이 좋다. 즉 상급자는 권위보다는 같은 팀원을 지도해 주고 관리하는 것이 이상적이라고 하겠다.

둘째, 팀제하에서의 팀원은 권한이 없고 책임만 따르는 것으로 착각해서는 안 된다. 후배 팀원에 대한 결재권이나 고과권이 표면적으로 존재하는 것은 아니지만 실제 운영 면에서 볼 때 도장은 찍지 않더라도 업무에 대한 지도를 하게 되고, 고과표에 직접 평가하지는 않더라도 고과권자에게 동료팀원에 대한 의견을 개진하여 고과에 영향을 줄 수 있는 권한도 가지는 것이다.

셋째, 종래의 의사결정 시스템이나 결재과정은 직급, 계층별로 운영되어 왔으나, 팀제하의 의사결정은 직급중심이 아니라 업무중심이므로 매우 탄력적이다. 담당자가 소그룹 리더를 거치지 않고 팀장에게 보고하는 경우도 있고 같은 팀원이 상급 팀원의 조언과 검토를 받으면서 바로 팀장에게 올리는 경우도 있다.

넷째, 부서별로 차이는 있으나 팀원들이 제대로 훈련되지 않았다든지, 팀장이 관할해야 할 범주가 너무 넓어서, 혹은 팀원의 전문능력이 특수하기 때문에 업무통제의 누수현상이 있거나 효율성이 떨어질 수가 있다. 그러므로 이에 대한 대책이 필요한데 우선 간부팀원의 역할 중의 하나인 후배지도가 매우 중요함은 말할 것도 없다.

다섯째, 팀제가 성공하기 위해서는 업무관행과 의식개혁이 절대적으로 필요하다. 종래에는 업무를 지시하거나 보고받을 때, 또는 현황을 파악할 때 직급사다리를 건너뛰지 않고 모든 계층을 일일이 거치면서 오르내렸다. 그러다 보니 중간 관리층은 항상 현황을 파악해 놓느라고 다른 일을 할 겨를이 없었고 말단직원은 필요 이상의 자료를 작성, 수집, 정리하여 만반의 질문공세에 대비해 놓아야 하는 비능률을 초래했었다.

여섯째, 제도상의 보완이 반드시 따라 주어야 하는 점이다. 예를 들면, 팀장을 발령 내놓고 권한은 그대로 상층부에 남겨둔 채 책임만 가중시킨다든지, 평가제도나 의사결정 구조가 그대로 남아 있다면 도리어 팀을 도입하면서 자리만 잃어버리는 간부만 늘어가면서 불만만 쌓이게 된다. 팀원이나 팀장의 자질을 향상시키는 각종 교육이나 새로운 인사제도의 도입과 함께 임금제도, 평가제도의 변화와 정보시스템 도입도 같이 이루어져야 한다.

끝으로 운용측면이 중요하다. 아무리 좋은 조직이나 제도가 있어도 운영의 묘를 잘 살리지 않으면 그 효과를 보지도 못하고 엉뚱한 결과를 초래하기 일쑤다. 특히 팀제는 목적이 아니고 어디까지나 수단이기 때문에 운영 시 환경에 따라 얼마든지 신축성을 가지고 운영이 가능하도록 해야 한다. 그러므로 도입도 처음부터 과격한 변화를 요구하기보다 단계별 접근이 중요하며 중도에 절대 포기하지 않고 지속적인 보완과 연구가 되면서 발전시켜야 하며 회사, 정부, 병원, 대학 등 나름대로의 특징과 컬러를 가지는 것도 중요할 것이다. 즉 기업이나 단체에서 팀제를 도입할 때 반드시 우리식, 내식의 팀제로 고쳐진 후 도입되어야 한다. 남이 하니까 그대로 쫓아가서는 안 되며 그 조직의 역사, 전통 문화는 물론이고 내부 통제시스템, 업종, 구성원의 의식수준에 따라 도입시기와 팀 구성형태나 운영방식이 달라져야 하기 때문이다.

(11) 선진기업의 팀제 운영 사례

*보잉(Boeing)사의 팀제

보잉사는 10,000명의 직원과 500여 개의 공급사들이 관련된 보잉 777기 프로젝트를 시작하면서 팀제를 운영하였다. 보잉사는 3단계의 팀 구조를 만들어 모든 인력의 에너지를 하나의 방향으로 나갈 수 있도록 조직화하였다.

조직의 가장 하부에는 200여 개의 기능을 초월한 팀을 구성하였고, 조직의 제일 윗부분에는 각 부문을 대표하는 단일 최고 경영팀(임원 중심)을 두어서 프로젝트를 기한 내에 의도한 대로 수행하는 업무에 대한 최종적인 책임을 지게 하였다. 이 최고 경영팀 밑에는 생산과 엔지니어링 부서에서 차출된 50여 명 정도의 리더들이 포진하고 있는데, 이들은 2인 1조로 25~30개의 팀을 구성하였다.

보잉 777 프로젝트가 최종 단계에 접어들 무렵 보잉사의 임원진들은 정보와 커뮤니케이션의 상하 간 흐름에는 별문제가 없지만, 팀 간의 수평적인 정보 흐름에 문제가 있음을 발견하였고, 그 해결책으로 네 번째 단계의 팀을 조직하였다.

이른바 '기체 통합팀'이라고 명명된 이 팀은 각각의 업무팀에서 차출된 12~15명으로 구성된 5개 팀이었는데, 이들에게는 조직 내의 누구에게라도 접근하여 정보를 요구할 수 있는 권한이 부여되었다.

*도요타 자동차의 팀제 운영 사례

도요타 자동차는 1988년 8월 1일자로 기존의 계층별(직능별) 조직을 과제 폐지를 통한 팀제의 형태로 바꾸어 조직 플랫화를 추진하였다.

이렇게 조직을 플랫화한 첫째 목적은 급속히 진전하는 기술혁신, 국제화, 고객 욕구의 다양화 등 회사를 둘러싼 급격한 변화에 민첩하게 대응할 수 있는 조직을 구축하기 위한 것이다.

둘째, 사원 모두가 직위에 구애받지 않고 각자가 가지고 있는 능력을 충분히 발휘할 수 있게 유연하고 통풍이 잘되는 조직을 구축하기 위해서이다.

셋째, 업무의 체계를 근본적으로 재검토하여 권한 위양을 추진하고 인재의 최대활용을 통해 조직력을 강화하기 위한 것이다.

(12) 우리나라 기업에 팀제가 도입된 배경과 필요성

기업에 팀제가 처음으로 도입된 것은 오일쇼크 이후 일본의 대기업에서 시작되었다. 당시 일본의 대기업인 오므론에서 자사의 생산제품에 대한 시장점유율이 급격히 떨어짐에 따라 그 원인을 분석해본 결과, 그 원인이 대기업병에서 기인한다는 사실을 알게 되었다.

그런데 당면한 문제점을 해결하고 정보화 사회 등 21세기에 대응해 나가기 위해서는 기존의 조직체계로는 어렵게 되었고, 그로부터 생겨난 것이 팀제조직이다.

기업에서는 제품을 보다 빠르고 낮은 가격으로 생산하는 것이 기업활동의 핵심이라고 할 수 있다. 그러나 전통적 조직으로는 그러한 기업활동이 한계에 이르게 되었고 미래사회경쟁사회에 대비하기 위한 체제를 구축하는 것이 필요하게 되었다. 그러나 그러한 문제는 하나의 조직변화만으로는 해결되는 것이 아니고 기업자체의 변신을 요구하는 의식혁명이 요구된다. 피터 드러커는 "모든 조직은 현재 하고 있는 모든 것을 폐기할 수 있는 각오를 해야 한다"고 주장했는데, 그 말은 현재 하고 있는 것에만 매달리게 되면 미래에 생존할 수 없다는 뜻이다.

그러한 환경변화를 바탕으로 우리 기업은 1985년도에 삼성물산을 필두로 팀제를 도입하여 운영해 왔다. 그동안의 운영을 통해 우리 나름대로 한국적인 정서에 맞는 패턴으로 변화시켜 왔고, 이를 통해 무한 경쟁시대를 선도해 나갈 수 있는 길을 모색해 나가고 있다.

팀제 조직의 도입배경은 두 가지 측면에서 살펴볼 수 있다. 하나는 기존조직, 즉 대부대과제(大部大課制)의 한계성이다. 즉 조직을 계속 부(部)와 과(課)로 늘려 나가기에는 한계에 도달했다고 할 수 있다. 둘째는 기존의 피라미드 조직으로는 급변하는 경영 환경변화에 적절히 대처해 나가기에는 분명히 한계에 이르렀다

고 할 수 있다. 이러한 측면에서 기업은 기동타격대와 같은 조직이 필요하게 되었다

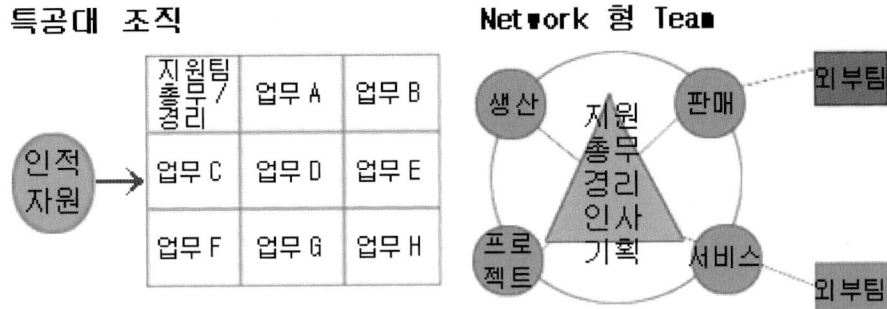

特공대 조직   Network 형 Team

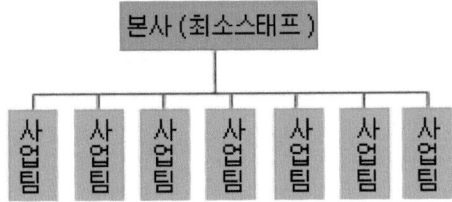

분권적 조직

조직은 위와 같은 일반적인 조직도 있지만 가상적인 조직도 존재한다.

*가상조직이란

가장 흥미로운 조직구조 중 하나가 가상기업(Virtual Corporation)이라 불리는 가상조직(Virtual Organization)이다.

가상기업(Virtual Corporation)－상품과 서비스를 생산할 목적으로 비용과 자원을 공유하는 여러 비즈니스 파트너로 구성된 조직.

하나의 최종목표를 달성하기 위해 수직적, 수평적 관계의 다수의 기업들이 각자 보유하고 있는 핵심역량을 투입, 연계하여 하나의 기업처럼 행도하는 입시적 또는 영구적 조직 형태.

*가상조직의 특징

1. 가상기업에는 독립적인 기업들, 즉 생산·공급·디자인·유통업체, 경쟁업체

까지도 참여

2. 각 파트너는 핵심능력을 제공하기 때문에 개별기업으로는 성취할 수 없는 최상급의 조직을 창출 가능
3. 첨단 정보통신망을 구축하여 부품과 디자인 업체 등 협력업체끼리 정보교환을 쉽게 하여 저렴하게 신기술을 개발
4. 참여한 기업들은 협력 기간 동안에는 강한 공동운명체 의식을 갖지만 존재의 필요성이 끝나면 가상기업은 해체
5. 기업의 전통적인 경계를 재정립하고 경쟁업체, 협력업체, 고객들과의 교류를 통해 상호 긴밀도를 한층 높이는 새로운 모델로 자리잡고 있음
6. 성공조건으로는 적합한 파트너의 선정, 공정성, 우수 인력 확보, 구체적인 목표의 설정 및 양질의 정보시스템 구축 등을 들 수 있음
7. 장점으로는 투자비용과 간접비용이 협력기업에게 분산돼 리스크를 감소시키고 조직 슬림화로 비용과 시간 절약가능
8. 창조적인 능력과 신속한 상황대처능력을 갖추고 있다

*노키아

칩과 부품생산 판매까지 모두 외부의 전문기업에 맡겨서 수백 개 협력업체가 컴퓨터 통신망으로 서로 연결하여 각 나라에 흩어져 있는 설계회사 생산공장 판매조직의 정보는 네트워크를 통해 끊임없이 교환되었고 어느 공장에서 부품을 얼마에 공급받아 몇 대를 만들고 그것을 어떤 가격에 팔지를 그 자리에서 결정

이런 가상기업 운영방식으로 사업을 시작한 지 2년도 안 된 93년 22억 5천만 달러의 수익을 올리면서 세계적인 휴대폰 공급업체로 발돋움

*하퍼그룹

단 한 척의 배도 갖지 않고 세계적인 선박운송망을 구축한 것으로 유명한 회사 세계 40여 곳에 있는 지점과 해운회사 고객들을 그물처럼 잇는 위성통신망을 갖춰서 선적운송장 선하증권 보험증명서 수취영수증 등 운송에 필요한 모든 세부 서류도 위성통신망을 통해 전송하고 고객이 안방에 앉아 인터넷을 통해 하퍼의 데이터베이스에 접속하면 자신의 화물이 지금 어디에 있는지, 어떤 단계를 밟고 있는지 바로 알 수 있게 했다.

*클릭앤리버

일본에서 내로라하는 기업으로부터 하루에도 500건이 넘는 주문을 받는 이 회사는 독특한 조직으로 유명하다. 우선 구성원들의 직종이 천차만별이다. 게임제작자에서 디자이너, 건축설계사, 시스템기술자, 심지어 의사까지 있다. 자유로운 발상과 감성을 지닌 프리랜서들이라는 게 유일한 공통점이고 하는 일도 다양하다. 고객이 원하는 것이라면 무엇이든 척척 해낸다. 임금교섭을 대신 해주거나, 각종 신고서를 작성해주고, 보험 업무를 대행하거나, 소니 같은 회사에 영상물 제작인력을 파견하기도 한다.

*선진기업의 팀제운영의 장점은 다양성에 있다.

과거 이론들처럼 편파적이거나 편협적 관점이 아니라 개방형 이론, 다원적 이론으로 현실 적응적이다. 그리고 이론의 틀 안에 갇혀 있지 않고 현장 중심이라고 할 수 있다. 또한 멀티미디어와 정보화에 의한 미래지향적이며 지속가능성이라 할 수 있다.

Ⅱ. 경영행정의 제 이론들

1. 매트릭스(Matrix) 조직과 경영행정

매트릭스(Matrix)라는 뜻에서 X축과 Y축이 교차했다는 것을 나타내는 행(Column)과 열(row)의 개념이 포함된다. 즉 기능조직이 행에 해당하면 제품조직이나 프로젝트 조직은 열이 되도록 설계되는 것이다. 매트릭스 조직 내에 있는 사람은 제품관리자에게 보고하고 동시에 기능조직 관리자에게도 보고해야 한다. 이는 전통적 명령통일화의 원칙을 파괴한 것이다. 두 사람의 통제를 받는다는 의미로 'two boss system'이라는 말을 쓰기도 한다. 기업규모가 확대되었다는 것은 그만큼 처리할 복잡성도 증가한 것이다. 매트릭스 조직은 복잡성이 높을 때 이러한 복잡성을 아주 단순화시키는 데 적합한 조직유형이다. 제품개발과 소비자욕구에 대한 반응을 좀더 좋고, 빠르게 하는 방법을 찾기 위해서 기업들은 매트릭스 조직을 선택하였다. 매트릭스 조직은 사람과 자원의 집단을 기능과 제품의 두 가지 방법으로 동시에 설계하는 것이다. 하나의 축과 다른 하나의 축을 연결하는 것을 말한다.

1) 매트릭스(Matrix)의 특성

□ 특 성

조직이 전문적 기술을 필요로 하고 제품라인의 혁신이 필요한 불확실성이 높은 환경에 처해 있는 경우, 각 기능 활동과 제품라인을 동일한 비중을 두고 관리해야 할 필요가 있다. 이때에는 조직 내에서 종적 관리와 횡적 관리가 효율적으로 이루어지도록 조직을 설계해야 한다. 매트릭스 조직은 기능조직과 제품조직이 동시에 한 부서에 속하도록 설계하여 이러한 요구를 효과적으로 충족시켜준다. 혼합형 조직에서와 같이 조직이 여러 부분으로 분리되는 것이 아니라 매트릭스 조직은 부서 내에서 수행되는 업무에 대하여 제품관리자와 기능관리자에게 동시에 보고하고 두 사람의 통제를 받도록 설계되어 있다.

□ 이중권한 구조

매트릭스 조직은 중간규모의 조직에서 제조, 설계, 영업 등 부문별로 고도의 전문 인력이 필요하고 업무수행에 필요한 인원이 충분히 확보될 필요가 있을 때 효과적이다. 그런데 매트릭스 조직에서는 두 사람의 상사에게 보고하고 그들의 통제를 받는 이중적 구조를 갖기 때문에 때로 심각한 갈등이 야기되기도 하는데, 이러한 갈등을 해결하기 위해 두 사람의 상사가 함께 노력을 기울이지 않으면 안 된다. 이와 같이 매트릭스 조직에서는 두 부문 간에 발생하는 갈등을 해결하기 위한 노력과 시간을 필요로 하지만 두 명의 상사에게 통제를 받는 지위가 실제로는 많지 않다. 그러나 이중권한 구조에 의하여 발생되는 갈등문제는 조직이 갖는 많은 장점에 비하여 미미한 수준의 문제에 불과하므로 운영의 묘를 살린다면 효과적인 조직이 될 수 있다.

□ 매트릭스 조직의 적합한 상황
■ 환경: 매우 높은 불확실성이 존재할 때 사용하면 효과를 높일 수 있다.
■ 기술: 비일상적, 높은 상호의존성을 요구한다.
■ 조직규모: 보통, 소품종 생산에 사용된다.
■ 조직목표: 제품혁신, 기술적 전문성.

□ 내부체계
■ 실제목표: 제품부문과 기능부문의 균형
■ 계획과 예산: 기능부문과 제품부문의 2중 체계
■ 공식권한: 기능부문과 제품부문의 동등한 권한 유지

2) 매트릭스(Matrix) 조직의 장점

□ 조직이 기술의 전문성과 제품라인의 혁신을 동시에 필요로 하는 경우 이 두

가지 측면을 모두 만족시킬 수 있다.

□ 조직의 내부자원을 각 제품라인에 효율적으로 사용할 수 있으며, 외부환경
  의 변화에 신속히 대응할 수 있다.

□ 조직구성원들에게 양부문의 관리기술을 습득할 기회를 제공하여 경영자로서
  의 자질을 함양시켜 준다.

□ 조직이 다수의 복잡하고 상호의존적인 활동을 수행하고 있을 때 제 활동
  간의 조정을 용이하게 할 수 있다.

□ 전문기술을 가진 사람들이 특정 기능부서나 사업부에 전속되지 않고 다양
  한 분야의 업무를 수행하게 됨으로써 규모의 경제로부터 오는 이익을 추구
  할 수 있다.

3) 매트릭스(Matrix) 조직의 단점

□ 명령일원화라는 전통적인 관리원칙을 벗어나 있다. 두 명의 상사를 갖는 직
  위에서는 역할갈등이 생기게 되므로 이들은 갈등을 해결할 수 있는 대인관
  계 기술을 습득해야 하며, 이를 위한 훈련프로그램이 필요하다.

□ 관리자들이 원활한 의사소통을 위한 활동을 할 수 있도록 하기 위해서 많
  은 시간을 필요로 한다.

□ 매트릭스 내의 사람들이 정보와 권한의 공유에 대하여 적응하지 못하는 경
  우 조직이 제 기능을 발휘하지 못하게 된다. 그러므로 모든 조직구성원들이
  서로 협조하려는 노력을 하여야 한다.

4) 매트릭스(Matrix) 조직이 필요한 경우

□ 시장 환경이 새로운 제품을 선호하고 고도의 기술적 우수성을 요구하는 경
  우에는, 제품부문과 기술부문이 적절히 연결되어 대응하여야 하므로 균형성
  있는 이중권한 구조가 필요하다.

□ 조직의 환경이 매우 복잡하고 불확실할 때에는 부서 간의 상호의존성이 커

지므로 종적 관리와 횡정 메커니즘을 동시에 효과적으로 적용하여야 한다.
☐ 조직의 내부자원 이용에 있어서 규모의 경제가 필요할 경우, 다시 말해서
인력과 설비를 공유하여 자원 이용의 합리성을 추구하고자 할 때에 매트릭
스 조직을 사용할 수 있다.

5) 국제적 매트릭스(Matrix) 조직

☐ 국제적 매트릭스 조직은 두 개의 차원, 즉 제품과 지역 차원에서 조직의 활
동과 자원을 조정한다. 제품측면과 지역측면을 동시에 관리함으로써 환경변
화에 신속히 대치할 수 있으며, 두 집단이 연결됨으로써 조직 내의 의사소
통과 그에 따른 공동의사결정이 원활히 이루어지게 된다. 이러한 구조는 위
에서 언급한 매트릭스 조직이 국제적으로 확대된 것이다. 매트릭스 조직은
제품의 범세계적 통합과 지역현지화의 문제를 동시에 해결해야 하거나, 국
내사업부와 해외사업부 간의 기술교류와 자원 공유, 신제품관련기술의 빠른
상품화를 위한 조정이 필요할 때 유용하다.
☐ 국제적 매트릭스 조직은, 많은 해외 자회사나 현지법인을 가지고 있는 다국
적기업에서 그들 간의 협력을 촉진하고, 그들에 대한 통제를 원활히 하기
위해 도입된다. 즉 매트릭스 조직 형태를 통해, 전체 사업이 범세계적으로
통합되고 동시에 신속한 현지적응이 가능해진다. 그러나 조직 전체 차원에
서 매트릭스 조직은 능력의 중복현상을 초래하여 규모의 경제와 시너지효
과를 상실할 수 있다. 복수의 명령계통으로 인해 모호성과 스트레스가 증가
함에 따라 타 기능과의 의사소통과 통합메커니즘이 더 많이 필요해진다. 이
외에도 권력투쟁, 업무처리순서에 대한 혼란, 과도한 경비, 의사결정의 지연
등의 문제점이 발생하기도 한다. 이러한 문제점으로 인해 국제적 매트릭스
조직 형태를 취했던 많은 기업들이 매트릭스구조를 포기하고, 다시 지역별,
제품별 국제조직으로 돌아가거나 다른 새로운 조직 형태를 모색하였다.
☐ 국제적 매트릭스 조직은 조직의 활동과 자원을 제품과 지역차원을 결합하
여, 양자를 동시에 조정한다. 제품과 지역차원에서 매트릭스형태로 형성된
사업부문들은 지역적인 측면과 제품적인 측면을 동시에 같은 비중으로 관

리하게 된다. 따라서 이 조직 형태는 변화하는 환경에 적절히 대응하고 해외 자회사들 간의 협력과 통제를 개선시켜주는 반면에, 능력과 기능의 중복, 규모의 경제와 시너지효과 상실, 타 기능과의 의사소통과 통합메커니즘 필요성 증대 등의 문제점을 가지고 있다.

□ 국제적 매트릭스 조직 형태는 선진국의 경우 1970년대 후반에서 80년대 초반에 많은 기업에서 도입하였으며, 대표적인 기업으로 Nestle, ABB, Dow Chemical 등을 들 수 있는데, 예를 들어 140개국에 1,300개의 자회사를 거느리고 있는 ABB(Asea Brown Boveri)는 지역적 유연성과 함께 세계적인 규모의 경제 효과를 추구하기 위해 국제적 매트릭스 조직을 적용하고 있다. 이 회사의 매트릭스 조직의 한 차원은 제품과 서비스로 구성된 사업 영역이다. ABB는 65개 이상의 사업 영역이 전세계적으로 퍼져 있다. 각 사업 영역의 리더는 국제적 규모의 사업을 관리하고 수출시장을 할당하고, 비용과 품질기준을 수립하고, 사업상의 문제를 해결하기 위한 다국적 팀을 창출하는 책임을 가지고 있다. 매트릭스의 다른 차원은 지역에 기초하고 있다. ABB에 백여 명의 경영자가 있으며, 그들 대부분은 현지인이다. 지역리더는 그 지역에 있는 모든 기업을 관리한다. 현지기업들의 경영자는 두 명의 상사, 즉 일반적으로 그 지역 밖에 있는 사업 영역리더와 현지기업을 관리하는 지역리더에게 보고한다. 매트릭스 조직의 장점이 있을진대, 그것만 믿고 다양한 상황변화를 인식하거나 추측, 예측하지 못하면 매트릭스 조직의 장점을 살리지 못할 것이다.

어느 이론이든지 그 이론이 빛을 보려면 상황에 맞게 사용하고 적용할 수 있는 능력이 있어야 한다.

6) 여러 가지 국제기업조직 형태의 장·단점

조직 형태	특　징	장　점	단　점
무역부서	한정된 수출입만 취급	국내시장 중심의 근간 유지	소극적 국제 활동
해외자회사	본사로부터 독립	최고경영층이 직접 관여 현지사정에 유연성 있게 대처	국제화에 따른 불확실성 극복 곤란

조직 형태	특 징	장 점	단 점
국제부	한 부서에서 모든 국제 활동 총괄	응집성과 통일성 제공 자원집중 조직능력 향상 해외시장에 대한 국제전략 개발 촉진	국제 활동과 국내 활동 간의 갈등 기능과 제품에 대한 지식 공유 곤란 자원할당과 사용의 비효율 초래
국제지역조직	지역단위로 집단화	현지사정에 맞는 제품과 서비스 제공	지역 간의 협력 곤란 기능상의 노력 중복
국제제품조직	제품단위로 집단화	시장기회에 유연성 있게 대처 제품과 마케팅의 통합 용이	기능적 스태프 수준에서의 일관된 노력 곤란 해외의 제품부문 간 조정곤란
혼합형조직	여러 조직 형태가 결합	기능, 지역, 제품 간의 상호의존성 조정	
매트릭스 조직	지역과 제품단위로 집단화	변화하는 환경에 적절히 대응 해외자회사들 간의 협력과 통제 개선	능력과 기능의 중복 규모경제와 시너지효과 상실 타 기능과의 외사소통 및 통합메커니즘 필요
초국적 조직	자회사가 독립적으로 활동하는 동시에, 국제적 네트워크를 통해 자회사 간의 통합이 이루어짐	글로벌통합과 현지화의 동시실현 기술과 혁신의 신속한 전파	네트워크관리체계와 협력에 대한 보상체계확립이 필요

국제 기업조직으로 인하여 세계가 공평하게 발전할 수 있으며 글로벌화, 공통화, 신속화를 이룰 수 있다.

문제발생에 있어서 다국적 대처가 가능해지며, 공조화가 가능하다고 할 수 있다.

2. 사업부제 조직(Divisional Structure)

사업부제 조직이란 용어는 때때로 제품 구조 또는 전략적 사업 단위(SBU)라고 불린다. 이 조직에서, 사업부는 개별적인 제품이나 서비스, 생산물 그룹들, 주된 프로젝트들이나 프로그램, 사업 또는 이익중심들에 따라 나누어질 수 있다. 사업부제 조직의 구별되는 특징은 조직의 분류가 조직의 산출물에 기반을 두고 있다는 것이다. 사업부 조직과 기능조직의 차이는 그림 3.8에 나타나 있다. 기능조직은 세분화된 제품 그룹으로 재설계될 수 있고, 각각의 그룹은 R & D, 생산, 회계, 마케팅 부서를 포함한다. 각 제품 그룹 내에서의 기능적 부서들 간의 대등관계를 최대화한다. 사업부 조직은 각각의 단위가 더 작고 환경의 요구에 적응할 수 있기 때문에 유연성과 변화를 활성화시킨다. 게다가 사업부제 조직은 권력라인을 권력 계층 안의 더 낮은 계층으로 모을 수 있기 때문에 의사결정을 분산시킨다. 반대로 기능조직은 몇몇 기능에 영향을 미치는 문제들이 풀리기 전에 최고 경영층이 모든 의사결정을 하도록 한다. 사업부제 구조의 장점과 단점은 표 3.9에 요약된다. 사업부제 조직은 기능 부서들 간의 조정을 달성하는 데 있어서 훌륭하다. 그것은 조직이 더 이상 전통적 수직적 계층구조를 통해 통제될 수 없거나, 목표가 적응과 변화 지향적일 때 효과적이다. General Electric, Nestle, Johnson & Johnson 같은 크고 복잡한 조직은 더 작은 조직, 스스로 통제와 조정을 할 수 있는 조직으로 세분화된다. 이런 대규모 기업들에서는 단위들은 때때로 사업부, 업무부, 전략 사업 단위로 불린다. Johnson & Johnson의 구조는 타이레놀을 만드는 McNeil Consumer Products, Retin-A와 산아제한 알약을 만드는 Ortho Pharmaceutical, 그리고 Johnson's 베이비 샴푸와 반창고를 만드는 J & J Consumer Products를 포함한 180개의 분리된 운영단위를 포함한다. Microsoft의 공동 창업자이자 회장인 Bill Gates와 CEO인 Steve Ballmer는 회사의 구조를 8개의 새로운 사업부로 나누고, 매니저들에게 전례 없는 경영권을 주었다.

1) In Practice 3.3

(1) Microsoft Corp.

외부로부터 볼 때, 마이크로소프트사는 가벼운 페이스(변화에 잘 적응한다는 의미)로 움직이는 것 같지만, 그러나 내부적으로는 너무 느리게 결정 내리는 것에 대한 불만이 쌓이고 있었다. 3만 명의 종업원, 180개 이상의 다른 제품, 적어도 다섯 개의 관리계층을 가지고 있으면서 종업원들은 red tape(관료적 형식주의)와 굼벵이 같은 의사결정에 대해 불만을 가지기 시작했다. 기업은 관료제가 정착되었기 때문에 몇몇 중요한 직원들을 잃기도 했다. 게다가 마이크로 소프트는 지금 만만찮은 인터넷 경쟁자가 될 수도 있는 AOL과 Time Waner의 합병과 거대 소프트웨어에 대항하는 법무부의 판정에 대한 새로운 도전에 직면하고 있다. 그래서 최고 경영자들은 마이크로소프트를 재창안하고 있는 중이다. 산업에서의 빠른 변화에 더 잘 대응하기 위해서 그들은 8개의 새로운 사업부를 만들었다. The Business and Enterprise 사업부는 기업 고객에게 windows 2000같은 소프트웨어를 가져다주는 데 집중할 것이고, 반면 Home and Retail 사업부는 게임, 가정용 장치, 어린이용 소프트웨어, 그리고 주변장치들을 다룰 것이다. Business Productivity Group은 워드 프레세싱 같은 것을 개발하면서 지식 근로자를 타겟으로 삼고, Sales and Support Group은 기업 회계, 인터넷 서비스 공급자, 소기업 같은 고객 세분화에 초점을 맞춘다. Developer Group(기업 프로그래머에 의해 사용되는 도구 만드는), Consumer and Commerce Group(회사의 man 웹 포탈을 통해 상인을 연결하는), Consumer Window Division을 포함한 다른 사업부들의 목표는 고객들이 PC를 좀더 사용하기 편리하게 만드는 것이다. 마지막 사업부인 Microsoft Research는 진보된 네트워킹에 언어 인식으로부터의 모든 것에 대한 기본 조사를 실행한다. 마이크로소프트의 새로운 혁신 구조를 만드는 것은 8개의 사업부의 경영자들에게 사업부를 운영하고, 세입과 이익 목표가 충족된다면 그들에게 맞는 그들의 예산을 쓰도록 자유와 권한을 준 것이다. 이전에 Gates와 Ballmer가 Windows 2000에서 주요 특징을 결정하는 데부터 고객 지원 라인에 대한 대응 기록을 검토하는 데까지 크고 작은 모든 의사결정에 관여해 왔다. 사업부의 매니저들은 새로운 권위와 책임을 가지게 되었다. 한 매니저는 "내가 내 소유의 작은 회사를 경영하는 것 같다."고 느꼈다고 말했다. "인터넷은 모든 것을 변화시켜 오고 있다.”고 Gates는 말한다. 그래서 그는 마이크로소프트 또한 변해야 한다고 생각한다. 그는 새 구조가 올바른 방향으로 가는 첫걸음이기를 바라고 있다.》 사업부제 조직은 Microsoft사의 이익처럼 몇 가지 장점을 가지고 있다. 이 구조는 불안정한 환경에서 빠른 변화에 적절하게 대응할 수 있고, 높은 생산을 제공한다. 각각의 제품이 세분화된 사업부이기 때문에 고객은 올바른 사업부에 접촉할 수 있고 높은 만족을 이루게 된다. 기능 간 조정도 우수하다. 각각의 제품은 개인고객이나 지역고객의 요구에 적합할 수 있다. 사업부제 조직은 전형적으로 다양한 제품, 서비스를 가지고 있거나, 충분한 직원을 가진 조직에서 최고의 효과를 낸다. Johnson & Johnson, PepsiCo, 지금의 Microsoft 같은 기업에서 의사결정은 낮은 계층으로 밀어내진다. 각각의 사업부는 시장에서 변화에 빠르게 대응할 수 있으면서 충분히 빠르다. 사업부제 구조를 사용함에 있어서 단점은 조직이 규모의 경제를 잃을 수도 있다는 것이다. 50명의 기술자가 기능구조에서 보통의 재주를 공유하는 대신에 10명의 기술자가 다섯 제품 사업부에 각각 배치될 수도 있을 것이다. 철저한 조사를 위해 요구되는 바람직은 필요양은 잃게 되었고, 물리적 설비도 각각의 제품라인에 대해 중복되어야만 한다. 또 다른 문제는 제품 라인이 서로서로 분리되고, 제품라인 간의 조정이 어려워질 수 있다는 것이다. “우리는 같은 회사에서 일한다고 우리자신이 마음속에 계속 상기해야 한다”고 j & j의 관리가 말한다. 새로운 독립 사업부는 서로서로 대립하는 제품과 서비스를 제공하기 시작하는 것일 수도 있다는 것이 Microsoft의 걱정이다. Hewlett−Packard, Xerox 같은 회사들은 매우 많은 부서를 가지고 있고 수평적 조정에 대해 실제 문제를 가지고 있다. 소프트웨어 사업부는 다른 사업부가 판 사업용 컴퓨터와 맞지 않는 프로그램을 만들 수 있다. 고객은 한 사업부의 판매 대표가 다른 부서에서의 개발에 대해 모르고 있을 때 소비자는 실망할 것이다. 프로젝트 팀과 다른 연결 기구들이 사업부 간의 조정을 위해 필요하다. 기술적 전문화의 부족은 또한 사업부제 구조의 문제이다. 종업원들은 기능적 특별성보다도 오히려 제품 라인과 일체감을 가진다. 예를 들면 R & D 부서 직원들은 전체 조직의 이익에 대한 기본 리서치보다는 오히려 제품라인 이익에 대한 리서치만 하는 경향이 있다. Microsoft는 기본 리서치를 하는 분리된 사업부를 만들어서 이러한 문제를 피하고 있다.

3. 지역적 조직(Geographical Structure)

구조적 그룹을 위한 다른 기초는 조직의 사용자나 소비자이다. 이 범주에서 가장 평범한 구조는 지리이다. 한 나라의 각 지역은 특징적 취향과 요구를 가지고 있다. 각 지역적 단위는 그 지역에서의 시장 제품과 생산하기 위해 요구되는 모든 기능을 포함한다. 다국적 기업에게 있어서 모든 것이 갖춰진 유닛은 세계의 다른 나라와 다른 부분을 위해 만들어진다. 몇 년 전에 Apple Computer는 세계의 고객에게 Apple Computer의 생산과 납품을 용이하게 하기 위해 기능적 조직에서 지역적 조직으로 재조직하였다. 표 3.10은 지역적 요점을 설명하는 부분적 조직구조를 포함한다. Apple사는 특정 지역의 고객과 판매 대상에 매니저와 종업원의 초점을 맞추기 위해 이 구조를 이용한다. McDonald는 그 U.S. Operation을 다섯 지역의 사업부로 나누고 그 각각은 그 자신의 사업부의 장과 인적 자원과 법적 요건 같은 직원 기능을 가지고 있다. 이 지역적 조직은 애플이나 맥도날드가 지역에서의 고객의 요구에 초점을 맞출 수 있게 해준다. 지역적 조직의 장점과 단점은 표 3.9에 나타난 사업부 조직의 특성과 비슷하다. 이 조직은 그 지역의 특별한 요구에 적응할 수 있고, 종업원이 국가적 목표보다 지역적 목표에 일체감을 가지도록 해준다. 지역 내에서 수평적 조정은 지역들 사이의 관련성이나 국가적 사무소에서 보다 오히려 더 강조된다.

◎ 사업부제 조직 & 지역적 구조 ◎

대 상	대규모의 복잡한 조직에 사용된다.
환 경	불안정하고 급속도로 변하는 환경에 필요하다
이 유	유연하게 대처하고 시장의 요구에 부흥하기 위해 사용된다 → 전통적 수직 구조에 의해 통제하기 어려울 때 사용된다 → 적응이나 변화를 요구받을 때 사용된다
방 법	각 사업부를 지역별, 제품별, 고객별로 나누고 사업부의 장에게 강력한 권한을 위임함으로써 (각 사업부 간 대등관계 → 의사결정 권한 분산)하는 효과를 누릴 수 있다.

◎ **사업부제 조직과 지역적 구조의 장점과 단점** ◎

장　점	단　점
① 불안정한 환경에서 빠른 변화에 적합 ② 제품에 대한 책임과 접촉점이 명확하기 때문에 고객만족 유도 ③ 기능 간 조정이 용이 ④ 제품, 지역, 고객의 차이에 적응하는 것 용이 ⑤ 몇몇 제품을 가지고 있는 대규모의 조직에서 최상의 효과 ⑥ 의사결정이 분산	① 기능부서에서의 규모의 경제 상실 ② 제품 라인 간 조정의 어려움 ③ 깊이 있는 능력과 기술적 전문화 상실 ④ 제품 라인 간 통합과 표준화가 어려움

1) 『사업부 조직의 의의』

오늘날 많은 기업들이 급변하고, 불안정한 환경에 대한 대처 방법으로 과거의 집권화와 달리 분권적 조직을 지향하고 있다. 분권적 조직이라 계획 및 결정 권한을 하부에 대폭 위양해 줌으로써 하부조직이 자주적으로 계획 및 결정을 내릴 수 있도록 한 조직이다. 사업부제 조직은 기업의 대규모화, 복잡화로부터 분권적 조직을 확립하고자 하는 견지에서 나타난 현대적 경영조직으로 기업이 합리적 경영을 위해 본부 권한과 제품별, 지역별 또는 시장별로 분화하게 됨에 따라 형성되었으며 다국적 기업이 발달한 미국에서는 1920년대 이후에 형성되었고 우리나라에서는 기업의 국제화, 대형화가 촉진된 1960년대 말경부터 일부 대기업에서 구개의 계열기업을 효율적으로 운영하기 위하여 채택되기 시작하였다.

2) 『사업부제의 도입배경』

기능 조직에서 사업부제 조직으로 이행되는 몇 가지 주요한 이유가 있다.

(1) 제품의 다양화
제품마다 공장설비와 생산 기술이 다르고 대상 시장이 이질적인 경우 종래 사용하던 기능조직에 의해서 이와 같은 많은 품목의 제품을 동일 공장에서 생산하고 판매한다는 것은 불합리하게 된다. 따라서 각 제품의 생산성, 기술성, 판매성의 특색을 살리기 위해서 제품별의 사업부를 취하게 된다.

(2) 마케팅 기능의 강화

다양한 제품에 대하여 획일적인 마케팅 전략을 세운다면 경쟁에서 버틸 수 없게 된다. 따라서 제품별 사업부제를 도입함으로써 판매경쟁에 대처해 나가게 된다.

(3) 생산·판매·관리의 직결

직능별 책임경영을 추구하게 되면 생산과 판매활동이 상호 조정되지 못하여 경영의 낭비가 발생하고 효율성이 감소하는 경우가 많다. 이런 상황에서 생산판매 및 관리의 노력을 한곳으로 모을 수 있는 시스템이 필요하게 되었다.

(4) 부문별 성과의 중시

이익 채산성을 전사적 입장에서 측정함으로써 각 부문 직능의 능률이나 경제성은 판단할 수 없다. 이에 이익중심점(profit center) 중심으로 운영되는 사업부제를 도입함으로써 각 사업부의 경영성과를 높이고 이것이 총합된 전 기업의 경영성과를 제고시킬 수 있게 된다.

(5) 관리의 분권화

사업부제 조직을 도입해도 분권화가 이루어지지 않으면 그 사업부제 조직은 독립적인 이익중심점으로서의 역할을 수행할 수 없게 된다. 사업부를 설치할 경우 각 사업부의 장에게는 광범위한 권한이 위양되어야 한다.

(6) 경영자의 육성

사업부제를 도입해서 각 사업부의 장에게 경영사의 모든 권한을 위양해 줄 경우 각 사업부의 장은 경영상의 모든 권한을 위양해 줄 경우 각 사업부의 장은 경영의 모든 직능을 일괄 담당하게 되므로 미래 경영자로서의 훈련 기회를 갖게 된다.

(7) 동기 유발의 촉진

권한위양이 실현되어 부하들이 스스로의 의사결정을 자발적으로 내릴 수 있게 될 때 그들의 경영에 대한 참여의식이나 귀속의식 등은 제고되고 따라서 사기도 높아질 것이기 때문이다.

3) 사업부제의 전제조건

(1) 경영자체의 조건

제품별, 지역별, 또는 시장별로 사업부를 설치하는 데 명확히 구분되거나 독립성을 갖고 있어야 하며 이 사업부가 상당한 업무량을 갖고 있어야 한다.

(2) 관리상의 조건

실질적인 이익관리의 책임과 권한에 알맞은 분권화가 필요하다. 또한 본부의 스태프기능이나 최고경영층의 전사적 관점에서 종합적 관리가 필요한 것은 두말할 필요도 없다.

(3) 인적 조건

인적 조건이 사업부제 조직의 성공에 가장 중요한데 각 사업부장을 비롯하여 사업부 내의 종업원들에게 동기부여와 적극적인 책임의식을 심어주는 것이 사업부제의 필요불가결한 전제조건이 되는 것이다.

4) 사업부제의 형태

(1) 지역별 사업부제 조직: 관리활동 전개 시 특정 지역으로 구분, 한정된 지역에서만 책임질 수 있도록 한정 짓는 형태.
(2) 제품별 사업부제 조직: 사업의 종류별로 그 특징을 인정하여 사업 단위별로 기본 조직을 분화하여 정립한 상태를 뜻한다.
(3) 고객별 사업부제 조직: 기업의 조직을 사업별 고객을 명확하게 구분하여 그 고객을 책임지고 관리하는 조직 형태. 예를 들면 공사에서 거래처로 하는 관공서 사업부와 민간사업부를 말할 수 있다.

5) 사업부와 본사와의 관계

사업부제 조직에 있어서 본사는 모든 사업부의 본부가 된다. 따라서 본사는 사업부 조직의 본부로서 기본적·전반적 관리의 직능을 수행하는 책임과 권한을 갖고, 각 사업부는 그들의 책임하에 있는 시장에 대한 전략을 결정하고 생산을 통제한다.

(1) 전사적 기본 방침 설정
(2) 예산의 최종적 결정
(3) 사업부의 본사에 대한 보고제도의 설정
(4) 사업부의 전사적은 관점에서의 업적 평가 및 내부감사
(5) 고급인사
(6) 전사적 조직 계획
(7) 중앙에서 외부기관과 교섭해서 처리해야 할 사항, 대외계약, 노동협약, 소송 및 세무를 말한다.

6) 사업부제의 기타 장단점

(1) 장 점
① 목표 관리를 위한 효과적 수단이 된다. 기업목표에 따라 스스로 통제하고 고과함으로써 자주적이면서도 민주적인 관리를 할 수 있다.
② 의사결정의 진로를 단축시키고 단순화시킨다. 하위 관리자에게 권한을 위양함으로써 의사결정구조를 개선하게 된다.
③ 하위 관리자에 대한 근로 의욕을 고취시켜 사기양양과 동기부여에 도움이 된다.
④ 최고 경영자의 경영능률이 향상된다. 최고 경영자는 자신의 직접 지휘하에 있는 소수만의 목표 수행 여부를 확인하고 스태프의 체계적인 도움을 받아 회사의 경영 전반에 대해 장악할 수 있다.
⑤ 예산통제를 효율적으로 할 수 있다. 조직 단위를 독립 기업으로 간주함으로써 예산을 분할 관리할 수 있다.

(2) 단 점

① 수평적 조직 간의 경쟁이 심화된다. 목표 달성 과정에서 때로는 횡적으로
   타부서와의 이해가 상충되므로 업무상의 불화가 빈번하게 발생될 수 있다.
② 사내 분위기의 건조, 경직화가 있을 수 있다.

7) 《사업부제 조직 사례》

(1) 기업은행, 사업부제

기업은행은 지역별 실정에 맞춰 전국 363개 지점을 사업부제로 개편하고 성과
주의 중심의 조직문화를 구축하는 내용의 **사업부제를 전면 시행했다.**

기업은행은 공단지역 등 여신 위주의 점포 36곳에는 여신 전문 지점장을, 시장
등상공업지역 점포 40곳에 소기업팀장을, 우수고객이 밀집한 지역 30곳에 종합자
산관리자(PB)를 각각 배치하기로 했다. 또 영업점 창구조직도 고객군별 팀제를
도입해 서비스를 차별화하는 한편 성과관리시스템, 종합수익관리시스템 등을 적
용해 사업부제가 원활히 운영되도록 제반여건을 구축하고 있다.

연합뉴스 2001 - 12 - 25 12:00:00

8) 《지역적 구조 사례》

(1) 세계화를 향한 해외본사제와 복합단지의 도입

1990년대 국제적인 환경변화 속에서 살아남기 위해서는 세계 일류기업이 되어
야 한다고 판단한 삼성은 1993년 신경영체계를 정립하였다. 신경영에는 국제화와
복합화 개념이 포함되어 있다. 국제화는 세계무대에서 당당히 경쟁을 펼쳐나가는
것이며, 복합화는 서로 연관성이 있는 인프라, 시설, 기능, 기술이나 소프트를 효
과적으로 결합해 이들 간에 서로 유기적인 상승효과를 내는 것이다. 이에 따라
삼성은 1994년 해외 사업부 조직을 개편하였다. 그동안 그룹 관계사나 사업부단
위에서 해월 진출하고 있었으나, 그 활동들을 '해외 본사제'나 '복합단지'의 개념

으로 통합하여 전개하도록 하였다. 해외본사제는 소속 관계사나 사업의 차이와 관계없이 해외 지역 단위로 삼성의 여러 해외사업을 통합 관리하는 것을 말한다. 해외본사제 도입에 따라 삼성은 세계를 5개 지역으로 묶어 일본, 중국, 동남아, 미주, 구주에 5개의 해외 본사를 설치했다. 해외본사의 설치에 따라 해당 지역에 별도로 존재하던 기존의 관계사 업무와 인원이 모두 해외 본사에 통합되었다. 세계가 국경이 없이 글로벌화되면서도 한편으로는 더욱더 지역적인 결속을 다지는 글로컬리제이션(Glocalization) 현상이 전개됨으로써 국내에서 개별적으로 해외 업무를 조정하거나 통제하기가 어려워졌다. 지역단위에서 통합적으로 전략을 전개하면서 동시에 사업 간 시너지 효과를 창출해 나갈 필요가 생긴 것이다. 삼성의 해외 본사제는 일단 글로벌 매트릭스 조직의 형태를 갖는다고 할 수 있다. 해외에서 사업이 이루어질 때 해외 본사와 국내 본사로부터 동시에 조정과 통제를 받는 시스템이 된 것이다. 그러나 이것은 과도기적인 체제이고 해외 본사제가 궁극적으로 노리는 것은 전세계에 제2, 제3, 제4의 삼성을 만드는 것이다. 다시 말해 중국이나 구주의 해외본사가 자기 완결적인 역량을 갖고 한국에 있는 삼성본사와 대등한 관계를 가질 수 있어야 한다는 것이다.[2]

대등한 관계는 위상문제뿐만 아니라 자부심, 자존심 문제까지 관여되는 것이기에 가치가 있다.

---

2) 김인수, 「거시조직 이론」, 무역경영사, p.353.

4. 경영행정 환경의 변화와 시장

1) 세계경영 환경의 변화와 경영문제

(1) 급변하는 세계 경영 환경

2차대전 이후: 이념대립에 의한 냉전기

1960년대 선진 자본주의 경영의 급성장

1960년대 말: 경기침체로 대량생산, 대량소비의 포디즘 체제는 위기

1970년대: 두 차례의 윤유파동과 지속되는 경기침체-새로운 포스트포디즘 체
제로의 전화

1980년대: 동구와 소련의 경영이 와해-냉전시대가 끝남

세계는 국제경쟁과 기술혁신을 기저로 자본주의의 단일시장체제로 통합되는 급
격한 변화

세계경영 환경의 가장 큰 특징이 되었다.

세계화 현상: 세계 각 지역 간의 상호의존성이 심화되면서 세계경영의 통합화
가 되었다.

미국에 이어 독일 일본이 선진공업국가로 두각을 나타냈고, 한국, 대만, 싱가포
르, 홍콩 등이 신흥공업국가로 부상 제3세계국가는 외채상황위기로 세계경영 질
서를 위협하였다.

세계경영의 주요 변화

원료에 대한 중요성이 점차 감소: 생산성의 향상으로 선진산업국가의 탈산업화
(deindustrialization), 고용창출이 없는 성장: 농업에 이어 제조업에도 나타났다.

자본의 국제적 이동이 매우 활발해졌다: 국제 간 상품교역-자본의 이동(금융,

투기자본이 생김)

(2) 세계경영의 문제

가. 환경적 제약

경영행정 체제의 성장과 생태계와의 관계

생태계로부터 기업으로 유입되는 투입요소-천연자원점차고갈-가정과 기업의
욕구충족-부산물로 나오는 폐기물이나 공해물질 배출-생태계 오염이 많아졌다.

인구의 증가와 소득수준의 향상에 따라 자원에 대한 수요가 계속 늘어남
새로운 기술혁신을 통한 생산방식이 생태계에 부정적 영향을 주었다.
결국: 대기, 수질, 토양오염 등 각종 환경오염 심화가 되었다.
지속가능한 대책마련이 시급해지고 있는 실정이다.

나. 빈부격차문제

경영행정 행위가 사회적 문제를 야기시키고 있는 이유

a. 자원의 희소성(scarcity): 인간의 욕망은 무한하나 이를 충족시킬 자원은 희소함
자원의 희소성문제는 항상 선택의 문제와 결부: 하나를 얻기 위해 하나를 포기
해야 하므로
선택의 문제에 따르는 세 가지 배문문제
어떤 재화와 용역을 생산할 것인가 하는 배합문제
어떤 생산방법을 이용하여 재화와 용역을 생산할 것인가 하는 선택문제
생산된 재화와 용역을 어떻게 분배하여 소비할 것인가 하는 소득 분배문제
따라서 사회문제는 무엇을(what) 어떻게(how) 누구를 위하여(for whom) 자원을
이용하고 생산할 것인가를 선택하여야 한다.

b. 경제력(the power of economy)의 집중
부의 편중을 초래하여 사회적 대립관계를 야기한다.

2) 경영행정의 개념과 활동의 변천

(1) 경영의 기본적 개념

경영시스템(economic system)의 순환과정

화폐의 흐름과 재화 및 생산요소의 흐름을 통해 경영이 어떻게 순환되고 있는 지를 나타낸다.

경영 활동의 기초가 되는 생산요소: 토지, 자본, 자원, 노동

전제조건-의사결정단위가 가계와 기업에만 있음(정부 제외)

토지소유자	예금주, 자본가	자원 소유자	가구(소비자)
토 지	자 본	자 원	노동력

생산요소시장

생산회로(기업)

소비재 시장

(2) 경영 활동의 변화

생산회로 시스템 내부

1차 산업: 농토, 광산, 임야, 바다로부터 자연적인 형태로 얻어진 물품(commodities)

선진국 1차 산업 종사인구 10% 미만이다.

개발도상국의 경우: 60~70% 종사

2차 산업: 제고과정을 거쳐 보다 부가가치가 높은 상품(products)으로 변형

3차 산업: 서비스업: 도, 소매업 및 각종 서비스업

상품의 거래와 관련이 없는 서비스업들 금융, 재정, 보험, 행정, 교육, 의료, 보

건서비스 및 전문적 서비스업과 같은 업종은 제4차 산업부문으로 범주화한다.

3) 경영학의 본질

(1) 경영학의 학문적 성격

가. 경영과 경제지리학의 비교
공통점: 경영행위에서 인간의 무한한 욕망을 충족시키기 위하여 희소한 자원을 합리적으로 선택하게 되는데 그 과정에서 상당히 많은 사회적, 경제적인 문제들이 야기되며 이러한 분제를 해결할 수 있는 방법을 찾는 학문이기에 상호 연관성을 갖는다.
차이점
경제학: 비공간적인 차원에서 경제현상을 다룸(자원배분의 메커니즘, 가격결정과정, 소득분배, 경제성장등을 분석)
경영학: 업무적인 차원에서 경제시스템을 다룸(어디에서, 어떻게, 왜 일어나는지 규명)
생산, 분배, 소비의 경제활동이 어떻게 공간상에 분포되어 있으며 왜 그러한 활동이 그 지역에 입지하게 되었는가의 과정을 규명하는 데 초점을 두고 운영 면에서 중요한 포커스를 둔다.

일반시스템 이론(general system theory): 모든 시스템에 적용할 수 있는 기본원리나 법칙을 추구한다.
 -세계 경영에서의 각 지역의 경제활동과 각 지역 간의 상화관련성을 설명해 주는 기틀
 -기본적인 시스템이론의 원리
조직(organization): 지리공간을 구성하는 개개의 요소들이 보다 전문화된 상태로 서로 결합하여 통일체를 이루는 것-토지이용, 산업입지, 교통, 교역 등
상호작용(interaction): 지역 간 전문화, 분업화과정을 통해 보다 효율적으로 재화나 용역을 생산, 분배, 소비할 수 있으므로 상호교류가 필요하다.

계층성(hierarchy): 지역이란 전문화된 기능을 갖추기 위한 최소한의 규모를 지닌 저차우중심지에서 고차위중심지까지 계층화(Christaller 중심지이론)

성장(growth): 지역은 성장, 정체한다. 이 과정에서 자원배분의 불균형, 생태파괴, 개발문제 등이 야기되며 이 문제를 해결하고자 이론정립을 시도한다.

a. 자본주의 경영체제

노동에 대한 의욕이 매우 높음

노동은 생존을 위한 수단이 아니라 자신의 욕망을 충족시키고 보다 나은 생활을 영위하려는 수단－개개인의 욕구충족으로 노동에 대한 의욕이 높음

b. 사회주의 경영체제

노동은 국가의 경영발전을 위한 수단으로 간주

노동에 대한 의욕이 매우 낮음: 만족감을 못 느끼고 과업을 기계적으로 함

노동생산성이 낮음

c. 개발도상국의 보수주의적 경영체제하에서 생존을 위한 필수 수단으로서의 노동

노동을 통해 의식주가 해결되면 만족한다. 더 이상 일하려는 의욕이 없다.

현상유지 수준의 생활을 누리게 되면 경영성장이나 생활수준의 향상은 없다.

나. 노동의 공간적 분업화

Adam Smith는 국부론에서 분업화는 노동생산성을 향상시키며 더 나아가 경영발전을 촉진시킨다고 주장

경영성장－소득증대－저축증가－투자확대－경기활성화－경제발전의 가속화－노동에 대한 수요확대－임금인상－기술혁신을 유도－노동의 분업화와 전문화를 촉진시켜 노동생산성은 더욱 향상된다.

노동의 분업화와 산업의 고도화는 경영성장에 따라 나타나는 경험적 결과일 뿐 경영성장과 산업구조를 설명하는 이론은 아님: 지역 간, 국가 간 분업화로 인한 불균형 확대된다.

개발도상국은 1차산업구조와 선진국가는 2, 3차 산업구조를 위주로 하는 노동의 공간적 분업화-국제무역은 필수적이며 더욱 활성화된다.

문제점: 세계무역구조는 선진국과 개발도상국 간에 교역이 불균형화된다.

노동의 공간적 분업화는 개발도상 국가는 별로 혜택을 못 누리고 선진국의 경우 노동의 분업화로 인해 생산성을 증진시키며 국제교역을 통해 상당한 혜택을 누린다.

4) 인구분포와 인구압

(1) 세계인구의 분포와 인구밀도

경영학의 출발점은 세계 인구의 분포패턴을 분석하는 것이다.

-경영 활동이란 입지 지향적이며 경영 활동이 일어나고 있는 지역에 살고 있는 인구와 관련될 때 비로소 그 의미성이 부여되기 때문이다.

세계인구의 90%는 전체 육지면적의 10%에 집중되어 분포한다.

영향을 주는 요소: 자연환경(기후, 지형) 문화적 요인, 경제, 사회, 정치적 요인, 기술의 진보 등이 있다.

인구의 59%가 아시아지역에 분포한다: 동부아시아 25%, 남부아시아 23%

유럽 13% 아프리카 12.9%, 라틴아메리카 8.4% 북아메리카 5.1%

특징: 인구 조밀지역은 주로 해안과 하천유역에 집중되어 분포 아프리카대륙의 경우 출생률이 높아서 다른 대륙에 비해 인구성장이 빠르다.

(2) 인구수용능력과 인구압

가. 세계 각국의 인구규모와 경영규모

인구의 발전상태를 상대적으로 나타내주는 지표: 국민총생산

국민총생산(GNP): 국가적 차원에서 국민들이 1년 동안의 재화와 용역을 생산량

북반구: 경영규모가 크고 인구성장이 비교적 느린 국가들이 분포

남반구: 경영규모가 적고 인구성장이 빠른 국가들이 분포

남북문제: 경영문제, 동서문제: 이념문제

나. 적정인구와 인구압

인구의 수용능력(carrying capacity): 그 나라의 가용한 자원에 의해 지지될 수 있는 인구지지능력

인구압(population pressure): 높은 인구밀도로 인해 가용한 자원에 가해지는 압력

인구수용능력이 작은 지역: 농업 위주의 산업구조를 지닌 개발도상국

선진국은 과학의 발전과 기술혁신을 통한 효율적인 농법으로 농업인구 비율은 낮으나 충분한 식량을 생산 공급한다.

같은 자원을 가진 나라도 각 나라마다 인구수용능력과 그에 따른 인구압은 달라질 수 있는데 이는 그 나라의 기술진보와 소비패턴 가치구조에 따라 주어진 자원에 대한 인구지지능력이 달라지기 때문임.: 자원의 효율적 이용능력에 따라서 달라진다.

적정인구: 일정시점에 고정되어 있는 개념이 아니라 항상 유동적이다.
- 인구가 늘면 1인당 경지규모가 감소하고 그에 따라 생산력이 저하된다.
- 반면에 인구증가에 비례해 분업화 현상이 가속화되어 노동생산성이 향상된다.
그러므로 적정인구규모는 항시 유동적

인구과잉 시 나타나는 현상
a. 인구의 증가로 국민이 생활수준이 점차 낮아진다.
b. 노동력증가로 노동투입량은 증가하나 그에 비해 노동생산성이 감소한다.
c. 기술진보가 이루어지나 1인당 자원 사용량은 증가하지 않거나 감소한다.
d. 그 지역에서 끊임없이 인구전출현상이 일어난다.

5. 경영행정 발전을 위한 혁신 이론

1) 혁신이론

○ 슘페터의 혁신이론
- 혁신이란 원료와 힘(force)이 결합되는 새로운 방법 다섯 가지 활동
- 현존하는 제품에서 새로운 제품이나 질적인 변화의 도입
- 한 산업에 새로운 공정의 도입
- 신제품의 출시(opening)
- 원료나 다른 투입요소를 위한 새로운 공급원의 개발
- 산업조직에서의 변화
  - 혁신과정(innovation process)
- 발명(invention)
- 혁신(innovation)
- 확산(diffusion)

○ 혁신의 세 가지 유형
- 제품혁신
- 공정혁신
- 조직혁신

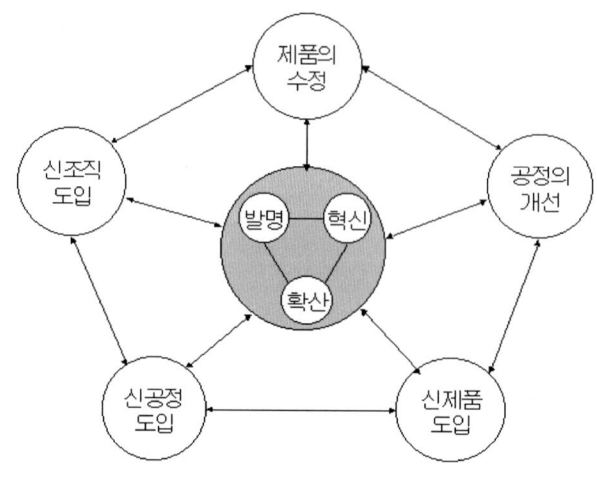

〈그림 1〉 혁신의 개념적 범위

2) 지식기반산업 집적지의 구성요소

(1) 국지화(localization)

국지화(혹은 국지화 경영행정: localization economies): '동종 또는 유사한 기업들이 한 장소에 집적함으로써 얻어지는 외부경제 효과'(도시화 경제(urbanization economies)와 대비).

마샬: 국지화의 효과로
- 전문적인 기능, 숙련노동력, 전문화된 기계 등 생산요소의 공동활용과 공급
  자 및 고객에의 근접에 따른 거래비용 감소
- 지구 내 분업

(2) 네트워킹

네트워킹: 기업 간의 분업에 의한 협력의 지속적 관계

(3) 착근성(embeddedness)과 제도적 집약(institutional thickness)

착근성: 기업 간 관계가 사회적 관계구조 속에 고착되는 것을 의미한다. 사회

관계의 공공화로 인해 기업 간의 관계에 신뢰가 형성되면 이것이 기업 간 정보 및 지식이전의 시간과 강도를 변화시켜 경영발전에 기여한다.

가. 제도적 집약
1) 다양한 연관조직의 존재
2) 지구 내에서 연관조직들 간의 높은 상호작용
3) 개별기업이나 업종의 이해에 대한 집단적 표출이나 비용의 사회화, 통제를 위한 연합
4) 공통된 사업에 연루하고 있다는 상호인식

(4) 집단 학습(collective learning)
집단학습: 혁신지구의 내부에 존재하는 공통된 지식이 공공재가 되어 해당 집단에 속한 주체는 누구든지 자유롭게 사용할 수 있는 것

가. 집단학습의 발현 조건(dynamic synergy):
－산업지구 내의 높은 전직률
－공급기업 및 수요자와의 혁신협력
－지역 내 높은 분리 창업률

(5) 혁신 시너지(innovative synergy)
혁신 시너지란 '혁신의 잠재력이 높은 지구에서 창의적인 사업아이디어가 실질적인 경제적 성과로 전화되기 위하여 필요한 제반 활동과 여건을 말한다.

3) 지식기반산업 육성논리

(1) 지식기반산업 집적지의 특성
지식기반산업은 대도시에 집중되어 있다.

가. 지식기반산업 집적지의 특징

1) 지식기반산업은 국지, 세계적 연계망에 연결되어 국지적 집적에 의해 생산, 재생산되고 있다.
2) 장소성에 바탕을 둔 산업생산의 혁신창출능력에 의존하고 있다.
3) 집적지의 산업 간 상호 신뢰와 합리적인 제휴관계에 입각한 학습활동이 활발하다.
4) 생산-분배-소비가 네트워크화된 국지적 경쟁우위를 창출

(2) 지식기반산업 집적지의 조성

가. 지식기반산업 집적지의 발전전략

1) 협회, 조합 등을 통한 기업 간 협력관계 지원
2) 개방적 상호부조체제
3) 세제혜택, 임대비 할인 등 지구 내 입지기업에 대한 각종 우대혜택
4) 네트워크 인프라 등 '기반시설' 확보
5) 대학과의 연계 강화

나. 지식기반 산업집적지 조성의 요소

1) 기술인력 양성
2) 지원기관 확충과 제도화
3) 지역 내 산업네트워크 형성
4) 지역 리더십의 제고
5) 지역혁신체제의 구축으로 산업 집적지 형성
6) 시민의 삶의 질 향상

(3) 산업집적지이론의 변천

가. 산업집적이론

집적경제는 인근 기업 또는 전문화된 자원들(예로 숙련노동, 기술하부구조)이 상대적으로 조밀한 집적지(dense cluster)와 같은 환경 속에서 한 사업체의 단위 생

산비용이 낮아질 때 발생

마샬의 집적이 주는 이익

첫째, 전문화된 숙련성을 지닌 노동시장의 풀(pool)을 제공,

둘째, 전문화된 투입물 및 서비스의 발전을 촉진,

셋째, 기술이전의 이익을 기업이 향유

후버(Hoover)는 도시화 경제와 국지화 경제를 분류

(가) 신산업공간론

신산업공간의 이론구성의 핵심: 순환적 과정으로서 산업의 수직적 분리(vertical disintegration)와 공간저 집중(spatial agglomeration)이 관계

산업조직이 보다 분화되고 네트워크화된 형태의 경제로 이행하면서 특정 지역에 (재)집중하게 된다. 그러한 공간적 집중은 다시 통합생산의 해체와 분업의 접합(articulation)을 가져온다. 공장 간 거래구조의 공간적 클러스터가 출현하면서 기업의 전문화, 기업 간 의사소통의 개선, 노동력 풀과 지원기관 등과 같은 마샬적인 '공유요소(commons)'를 통해 외부경제가 창출된다.

(나) 산업지구론과 경영행정

산업지구론의 조직론적 관점은 거래적 관점보다는 사회적 관점에 초점

산업지구론에서 주도적인 역할을 하는 경제주체는 중소기업을 선도하는 기업가와 지원제도(institution).

산업지구를 조직하는 기본요소는 거래보다는 사회적 관계와 네트워크임

산업지구의 역동성을 분석한 유형 분류

(1) 마샬(Marshall)형,

(2) 허브와 스포크(hub and spoke)형,

(3) 위성(satellite)형,

(4) 첨단기술(technopolis) 산업지구

첫째, 마샬형 산업지구에서는 공급자 연계와 고객 연계에서 국지적 네트워크가

강한 반면 다른 지역과 연결된 네트워크는 제한된다. 소기업이 중심이 되어 공급자와 소비자가 국지적 기반을 가지고 서로 연계한다. 유연생산체계, 기업분화와 창업, 기업 간 하청관계의 형성이 기업 간 분업을 이루는 주요 요소이다. 기업분화와 하청관계는 많은 경우 생산과정의 수직적 분화로 이루어진다. 이러한 산업지구에서는 주도기업이 없고 소기업들 사이에는 위계적 계층도 존재하지 않는다. 주로 이러한 소기업들은 국지적인 산업기반을 유지하며 국지적인 지역경제에서 서로 긴밀한 협력관계를 형성하고 유지한다. 지방정부, 공공기관, 무역단체, 대학은 산업지구를 유지하고 발전시키기 위한 사업서비스, 훈련, 마케팅을 지원한다.

둘째, 허브와 스포크(Hub and Spoke)형 산업지구는 선도기업(허브)과 소기업(스포크)의 관계가 기업 간 네트워크를 구성한다. 생산 네트워크에서 허브는 공급자 또는 고객기업이다. 허브는 지역경제에서 중심적 역할을 하며, 국지적, 비국지적 네트워크 모든 측면에서 강한 연계를 가지고 있다. 산업지구 내부에 있는 소기업들이 주로 고객과 공급자이며, 소기업들 사이에는 일정한 위계적 계층성이 존재한다. 이러한 허브와 스포크형에는 유연생산체계와 대량생산체계가 동시에 존재한다. 이러한 특징을 가진 산업지구 내부의 소기업들 사이의 협력관계는 상대적으로 중요성이 적지만, 선도기업과 소기업 사이에는 중요한 협력관계가 형성된다. 이러한 산업지구의 국지적, 비국지적 산업기반은 모두 중요하지만 산업지구 내 산업체계가 성숙됨에 따라 국지적 기반이 더욱 중요해진다. 산업 네트워크와 국지적 산업체계를 조직하는 데 선도기업의 역할이 중요하므로 지방정부와 공적기관의 역할은 상대적으로 중요성이 적다. 그러나 개발도상국과 선진국의 주변부 지역에서 최초의 허브를 형성하는 과정에서 중앙정부의 역할이 매우 중요하다. 미국 실리콘 앨리가 대표적인 경우인데 대규모 미디어사들을 중심으로 중소규모의 프로덕션과 광고업체 등이 포진함으로써 중소규모 기업 간의 네트워크도 성공적으로 갖추어졌다.

셋째, 위성(Satellite)형 산업지구는 공급자와 고객의 네트워크가 모두 비국지적 네트워크가 강하게 가지고 있는 반면, 국지적 네트워크는 제한적인 형태를 갖고 있다. 이러한 위성형 산업지구는 개발도상국과 선진국의 주변부 지역에서 나타나는 전형적인 산업지구이다. 이러한 산업지구는 주로 국제적 범위를 포함하는 원거리 네트워크를 가진 대규모 지역에서 다국적 기업의 자회사가 설치한 생산시설이 존재한다. 이러한 산업지구에서는 대량생산체계가 지배적이고 유연생산체계는 매우 미비하다. 개발도상국에서 중앙정부는 위성형 산업지구의 형성과 발전에 매우 중요한 역할을 수행하는 반면, 지방정부나 지방공공기관은 중요한 역할을 하지 않는다. 이러한 산업지구에서 하부구조의 조성, 훈련프로그램의 운영, 노동력의 공급, 조세감면, 저렴한 공장부지 제공은 기업의 고정비용을 절감하는 데 매우 중요하다. 생산연계가 국지적이고 대부분의 기업가와 경영자가 외부지역 출신이기 때문에 국지적 기반은 거의 중요하지 않은 반면 비국지적 기반이 더욱 중요하다. 중앙정부와 지방정부가 협력 체제를 제공하려고 하지만 산업지구 내부의 기업 간 협력관계는 충분하지 않다. 마지막으로, 선도적인 첨단기술 산업지구 유형은 완벽한 네트워크 체제를 갖춘 산업지구이다. 강한 국지적, 비국지적 네트워크가 복합되어 공급자와 고객을 연결한다. 생산, 기업 활동을 위한 서비스, 기술개발에서 중요한 세계적 네트워크가 존재한다. 모든 소규모 생산단위와 대규모 생산단위에서 유연생산체계가 고도로 발전한다. 국지적 기반은 이러한 유형이 산업지구의 형성을 위한 중요한 토대가 된다. 규모에 상관없이 고도의 기업 간 협력 네트워크를 가지고 있으며, 기업 간 공동 연구개발, 생산과 서비스의 합작투자, 노동력의 공동이용, 전략적 제휴가 자주 이루어진다. 대기업과 소기업이 공존하고 상호 연결되지만, 분명한 계층성은 존재하지 않는다. 산업협회와 지방공공기관은 기업 간 공동작업을 조정하고 사업서비스를 제공하는 데 중요한 역할을 한다. 이러한 첨단기술 산업지구의 대표적인 사례는 캘리포니아의 실리콘 밸리이다. 특히 새로운 기술 중심 기업과 기술집약적 산업을 토대로 한 산업지구들은 이와 같은 선도적 첨단기술 산업지구의 유형으로 변화하는 추세이다. 위와 같은 네 가지 산업지구의 유형은 고정된 형태를 유지하기보다 생산기술과 산업연계를 통해 다른 유형으로 변화하거나 새로운 유형으로 발전할 수 있다. 마샬형 산업지구는 세계적 생산네트워크와 기반을 가진 대기업의 등장으로 '발전된 허브와 스포크형' 산업지구로 발전할 수 있다. 국지적 생산연계, 공동작업, 협력관계에서 발생하는 범위의 경제 때문에 마샬형 산업지구가 경쟁우위를 가질 수 있다. 또한 기업과 산업연계의 변화에 따라 '발전된 허브와 스포크형' 산업지구와 '발전된 위성형' 산업지구가 등장할 수 있다. 그러나 산업지구 형태는 반드시 계속적으로 유지되거나 발전된 형태로 변화되는 것은 아니다. 마샬형 산업지구가 생산력이 저하되고 경쟁우위를 유지하는 구조조정에 실패하면 장기적으로 쇠퇴할 수 있다. 허브와 스포크형 산업지구와 위성형 산업지구도 국지적 네트워크와 성공적인 공동작업이 없으면 변화에 적응하지 못하고 쇠퇴할 수 있다. 그리고 국지적, 세계적 수준의 혁신적인 공동작업과 산업연계가 없으면 선도적 첨단기술형 산업지구로 발전할 수 없다. 산업지구론은 전문화의 혜택을 동일하게 누리는 산업지구들로 세계경제가 구성되어 있다는 낭만적 견해를 갖고 있다. 이런 관점은 일부 성공적인 (첨단 혹은 전통) 산업지구의 설명에 적절하게 적용할 수 있다. 그러나 산업지구론은 유연 전문화와 국지화 논의라는 두 가지 개념으로 공간경제의 발전과정을 지나치게 일반화했다는 비판을 받았다. 또한 유연한 대기업적 형태는 무시한 채 특정 부문의 성공적인 소규모 생산네트워크를 지나치게 과대평가했다는 비판도 받았다. 따라서 대부분을 차지하는 나머지 지역의 현상을 설명하기 위해서는 기업 내, 기업 간, 다른 조직 간에 일어나고 있는 다양한 지역 간 관계의 영향을 설명할 수 있는 보다 풍부한 관점이 필요하다.

(다) 혁신 환경론

학습과 혁신을 강조한 지역경쟁력의 사회학적이며 문화적인 측면을 탐구해야 한다.

혁신환경에서의 성공은 정보수집과 전파(distribution)비용의 하락과 결합한 집합적 학습과정의 역량에서 기인함. 이런 역량은 지역의 주체와 제도를 상승적(synergetic) 네트워크로 결합시켜 주는 공통의 문화적 배경으로부터 유래

이런 네트워크를 통해 얻게 되는 이익은 암묵적 행위정보(code), 복잡한 메시지의 해석(decoding), 그리고 생산품과 기술에 대한 공통의 '재현(representation)'과 광범위하게 공유된 '믿음'이 형성되기에 가능하다.

(라) 클러스터 접근: Porter의 다이아몬드모형에서 비즈니스 클러스터까지

클러스터 접근에서 공간적 근접성으로 인해 고도의 지역화(localized) 과정을 통해서 경쟁우위가 창출되고 유지되기 때문이다.

(마) 지역혁신체제론

혁신체제론적 관점은 제도적 관점을 포용하면서 학습과정에 개입된 개인과 조직의 네트워크와 행위자들이 활동하는 보다 넓은 제도적 환경에 대해 분석한다. 그리고 이를 통해서 혁신의 사회적 기원을 풀어낸다.

지역혁신체제론에서는 기업의 학습 및 혁신능력에 산업의 집적이 어떻게 작용하는지를 고찰하기 위해 제도적 관점을 채택함으로써 공간적 환경에 있어서 행위

자와 네트워크의 역할에 대한 보다 발전된 개념화가 이루어졌다. 그리고 영역적 상황성을 고려해서 일련의 구체적인 제도들과 조직들 간의 사회적 관계와 의사소통관계의 중요성에 주목함으로써, 경제적 수행력과 다이내믹스의 공간적 다양성을 설명할 수 있는 새로운 통찰력이 제공

(바) 학습지역론

고도로 맥락적인 지식(contextual knowledge), 불확실한 지식 등의 지역 간 이전은 제약될 수 있다. 이러한 유형의 지식은 대면적 상호작용과 반복적인 접촉을 통해 가장 잘 전달

니. 지식기반산업 집적이론의 비교

종전의 세계적인 공간분업과 지역적 전문화 등의 논리에 따르면 낮은 임금, 저렴한 지가, 시장의 규모 등이 산업군집의 중요한 요소로 인식되었으나 지식기반산업의 집적이론은 완전히 새로운 논리에서 집적의 논리를 설명

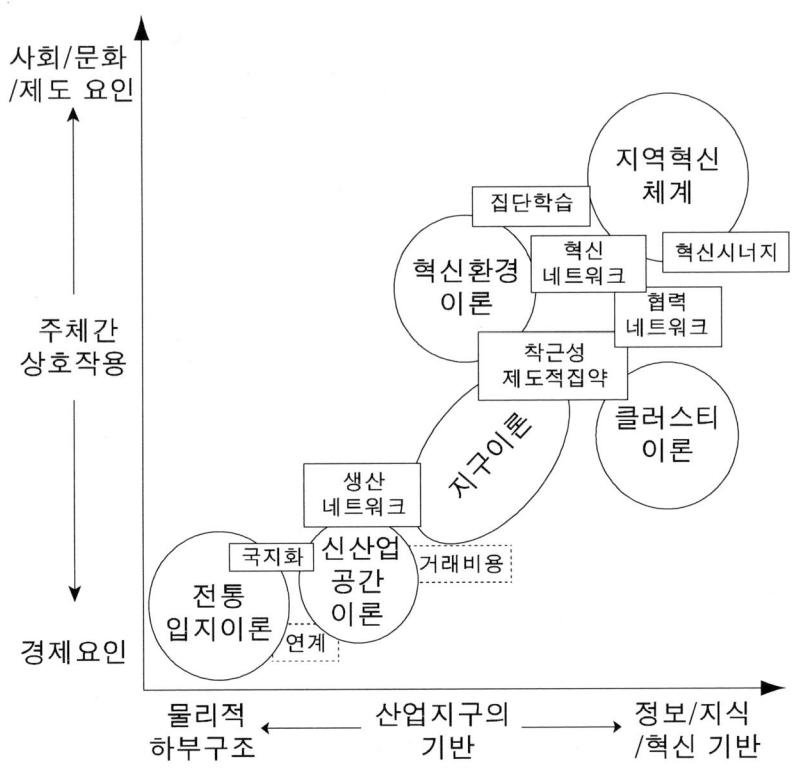

신산업공간이론: 생산체계의 수직적 분화와 이에 따른 거래비용의 개념을 도입함으로써 생산비용에만 치중하였던 신고전입지론의 한계를 극복

地區理論(district theory): 경제적인 요인보다는 생산을 둘러싼 사회·문화적 맥락을 중시하고, 경제발전에 있어 중소기업과 소규모 지역의 중요성을 강조

혁신환경론(milieux innovateur): 학습과 혁신의 중요성을 강조, 지역에 뿌리내린 기업과 유관기관들 간에 형성된 암묵적 행동양식이나 신뢰 등을 의미하는 '혁신네트워크'가 산업지구의 핵심이다.

클러스터 이론(cluster concept): 혁신을 지역경쟁력의 근본원인으로 보며 경제적 측면을 강조한다.

지역혁신체계(regional innovation system)이론: 집적지의 경쟁력을 규정하는 기반과 지구 내에서 활동하는 기업 간 상호작용의 촉발요인인 주체 간 상호작용을 강조

다. 사회적 자본의 중요성

지식기반산업의 집적이 형성되기 위해서는 역사성과 관성(inertia)으로 인한 장소성이 매우 중요한 요소로 부각된다.

지식기반산업의 활성화에 영향을 주는 사회적 자본은 개인과 기업들의 합리적 선택에 의한 사회제도의 생산적 상호작용이다.

라. 지식기반산업 집적지에서의 정보소통

고도의 전문화된 서비스활동은 교통과 통신이 용이한 중심도시에 집적하는 경향이 높으며, 대규모 시장의 존재로 서비스 수요자가 보다 염가로 서비스를 제공받을 수 있을 뿐만 아니라, 인력확보 및 정보구득이 용이하므로 새로운 서비스산업의 창출을 유도, 집적지의 입지적 매력이 증가한다.

(4) 집적 연구에서의 주요 쟁점

산업집적에 대한 새로운 연구들이 동질적인 것은 결코 아니다. 여기서는 집적지역연구에서의 몇 가지 쟁점을 정리하기로 한다.

첫째, 집적을 일으키는 힘의 원천, 집적력(agglomerative forces)의 구성요소에 대한 의견의 불일치가 광범위하게 존재한다.

둘째, 집적력의 영향력이 미치는 공간적 범위에 대해서도 다양한 견해가 존재한다.

셋째, 최근에 제기된 학문적 이슈 중의 하나로서, 집적을 유인하는 외부경제 요소들을 향유하기 위해서 굳이 공간적으로 가까운 곳에 있을 필요가 없다고 주장한다.

넷째, 공간적 근접성 또는 집적이 혁신에 기여한다는 주장에 대해 상당수의 학자들이 반론을 제기한다.

6. 제3세계와 저개발 이해를 통한 경영행정

1) 저개발: Underdevelopment − 개발

개발: 국민들의 물질적 비물질적 욕구가 상당히 충족되고 있는 상황
　　　개발과 저개발의 의미는 상대적인 것임
근본원인: 저개발된 상황에 대한 인식

(1) 제3세계의 정의
빈곤국가의 명칭: 후진국(backward countries), 미개발국(undeveloped countries), 저개발국(underdeveloped countries), 미발전국(less developed countries), 개발도상국(developing countries)
제3세계: the third world
제1세계: 자본주의 국가
제2세계: 사회주의 국가와 공산국가
제3세계: 과거 식민지였던 나라들로서 저개발된 국가

저개발국가: 국민들의 생활수준이 낮으며 식량이 부족하여 영양상태가 양호하지 못하고 생산성이 매우 낮아 경제가 침체된 나라
현대적 의미의 제3세계의 정의: 절대빈곤의 인구가 증가하는 국가

(2) 제3세계의 다양성의 원인
　　　−과거의 식민지 유산과 같은 역사적 과정의 차이
　　　−천연자원의 부존량에 따른 경제적 잠재력의 차이

- 정치체제와 종교, 문화의 차이
- 지정학상의 상대적 입지
- 지형기후, 인구밀도, 도시화정도 등

(3) 제3세계국가의 분류 기준
- 경제구조
- 생활수준
- 상대적 빈곤의 증가 비율
- 인구성장추세

국민소득이 비교적 높은 국가는 분류에 문제기 됨: 한국, 홍콩, 싱가포르 등

(4) 제3세계와 외채위기의 원인
- 원유가격인상,
- 세계시장에서 생산과 수출능력의 저하,
- 높은 이자율, 달러화의 가치평가
- 세계금융시장에서의 자금구입의 기회부족

(5) 제3세계 저개발의 원인
- 급속한 인구증가
- 낮은 노동생산성과 높은 실업
- 부적합한 기후와 자원의 결핍
- 자본과 투자의 부족
- 기술진보의 낙후성
- 문화적 요인
- 정치적 요인
- 악순환에 따른 저개발
- 식민주의에 의한 저개발: 자급자족적 생산방식을 파괴

2) 저개발 이론

사회학적 이론: 저개발이 단순히 경제적인 요인에 의해서만 나타나는 것은 아니고 국민들의 가치관, 성향, 성취동기, 발전의욕 등이 매우 정체적이며 퇴보적이기 때문에 나타남

(1) 제3세계의 발전 저해요인
　　－생산활동을 천시하는 가치관
　　－가족제도
　　－전통사회적 낭비
　　－사회의 이원성
　　－창의성과 진취성의 결여
　　－경제활동을 지배하는 불합리성

3) 저개발에 대한 경제사적 이론: Rostow

(1) 경제성장 단계모델
　　1. 전통사회
　　2. 도약을 위한 준비단계
　　3. 도약단계
　　4. 성숙단계
　　5. 고도의 대중소비단계

(2) 근대화의 확산모델
James는 저개발은 혁신적 사상이 늦게 전파되었기 때문이라고 주장

확산모델: 기술혁신, 새로운 정보와 새로운 삶의 방식이 공간적으로 확산되는 패턴에 따라 개발의 정도가 달라진다는 것

4) 저개발에 대한 종속이론 및 제국주의 이론

(1) 종속이론

기본가설: 저개발국가는 제1차 생산품을 수출하고 선진국의 공산품을 수입한다

설명: 불평등 교환조건으로 인해 국제경제체계에 참여할수록 제3세계의 경제발
전은 점차 둔화

다국적기업의 투자: 저개발국가 내부에 기형적인 공업 구조를 야기, 공해, 자원
고갈, 환경파괴의 문제점을 야기할 수 있음

(2) 비 판

　－지나치게 반자본주의적임
　－저개발의 많은 내재적인 문제점은 선진국에서는 찾아볼 수 없음

(3) 제국주의 이론

일반적으로 국가는 핵심국가와 주변국가, 그리고 한 국가의 내부는 핵심지역과
주변지역으로 분류: 주변은 핵심의 수요에 대한 의존도가 높아져서 불평등한 관계

　※종속이론과 제국주의 이론은 저개발국가에만 국한하는 문제가 아니라 21C 현
　　재에도 종속은 존재한다.
　　경제적 종속, 정치적 종속, 군사적 종속은 존재한다. 다만 그것이 민주적인 마
　　인드에 얼마만큼 가까이 접근하고 있느냐가 중요한 이슈인 것이다.

7. 기업의 경영행정

1) 경영 이념

　가장 존경받는 기업이 되기 위한 윤리경영 실천 현대 해상의 윤리경영은 경영이념인 고객만족정신을 실현하기 위한 모든 경영 활동을 윤리경영의 범위로 규정하고 있다. 구체적 윤리행동 실천지침을 수행해, 정도추구의 기업문화를 구축하고, 회사의 모든 이해관계자에 대한 책임과 의무를 다하는 투명경영·공정경쟁·사회책임 경영을 실천한다. 윤리규범 제정, 준법감시인 제도 시행, 윤리지수 평가체제 운영, 엄격한 상벌과 인센티브제도 운영, 실효성 있는 내부신고제도 등 선진적인 윤리경영 실천 인프라를 갖추고 있다. 특히 준법감시인을 통해 윤리경영 이행실태를 정기적으로 점검·평가하고 윤리실천활동을 윤리지수로 평가해 성과평가에 반영함으로써, 구성원이 자발적으로 실천할 수 있는 체계적 시스템을 갖추고 있다. CEO가 강력한 의지로 구성원의 윤리의식 제고에 나서고 있으며, 다양한 수단과 매체를 활용해 윤리경영이 생활화될 수 있도록 하고 있다. 또한 다양한 사회봉사활동을 전개함으로써 모범적이고 신뢰받는 공기업으로서 역할과 사명을 다하기 위해 혼신의 노력하고 있다.

2) 중소기업 경쟁력 논의 배경

　국가 전체적인 차원에서, 중국의 국제경쟁력 향상과 일본 경제의 부활에 따라 "샌드위치 코리아" 문제가 제기되고, 세계에서 11번째로 수출 3천억 불을 달성하였으나, 대기업과 중소기업 간 경쟁력 격차로 경제의 양극화 현상 심화가 구조적인 문제로 부상하고 있다.

　정부의 중소기업 R & D지원은 2005년도 1조 원에 달하는 등 중소기업의 기술력 향상을 위한 노력은 지속되었으나, 경쟁력제고 효과는 기대에 미치지 못하고 있으며, 향후 경쟁력을 가늠할 수 있는 R & D 투자에 있어서도, 대기업의 투자비중이 큰 소위 킹콩 효과(King-kong effect)가 내재하는 상황이다.

　국가 기간산업의 경쟁력 확보 및 경제 분야 양극화 해소차원에서 중소기업의 경쟁력 제고 방안 마련이 필요하다.

3) 중소기업 경쟁력이 낮은 이유

　일본·중국과의 경쟁 심화로 인한 중소기업 시장의 축소가 영업 이익률 저하를 초래하고, 이로 인한 재투자 여력 부족이 R & D 투자 축소로 이어지는 악순환 현상이 나타나고 있다.

　중소기업의 매출액 대비 R & D 투자비율: ('02) 5.92% → ('05) 4.62%

　정부의 중소기업에 대한 R & D 지원에 있어 ① 양적 확대에 치중, ② 전략적 접근 미흡, ③ R & D성과평가 부실의 문제점을 제기하였다.

　△ 토론쟁점 1: 적정 중소기업 R & D지원규모는?

　'05년 정부의 중소기업 R & D지원사업 규모는 총 8,285억 원으로 중소기업 전체 R & D 2조 6천억 원의 32% 수준이며, 우리보다 재정규모가 큰 일본의 중소기업 R & D지원규모의 2배 이상 수준이다.

　출처: 국가과학기술위원회 조사 분석 평가보고서 자료

　** 일본의 중소기업 R & D지원(SBIR)은 '06년 기준 총 56개 사업, 370억 엔

　R & D지원 규모의 확대에 앞서 R & D정책 전략화, 체계화를 통한 지원방식 효율화 등이 선결되어야 할 중요한 과제이다.

　정부 지원영역의 명확화, 기업에게 선택의 기회를 부여하는 수요자 위주의 R & D로 전환, 성과평가를 통한 효율성 제고 및 성공한 기술의 사업화를 위한 지원을 강화한다.

△ 토론쟁점 2: 선택 집중형인가, 다수 분배형으로 갈 것인가?

중소기업 지원 R & D는 평균 지원단가가 1.7억 원 수준으로 주요 핵심원천 기술 개발이 아닌 단순 기술에 대한 기술개발에 집중되고, 다수기업에 분배하는 형태로 운영 중이다.

* '05년 4,881개 중소기업의 5,606과제에 8,285억 원 지원(국가과학기술위원회 조사 분석평가보고서)

일례로 중기청의 R & D예산 지원단가는 기업당 79백만 원에 불과하여 사실상 기업에 대한 보조금 성격으로 운영된다는 지적이 있다.

R & D를 통한 경쟁력 제고 및 산업 전반에 대한 파급효과를 고려해 다수분배 형에서 소수 집중형으로 전환해 과제당 지원규모를 상향 조정하고, 단순 상용기 술과 함께 소재 분야 등 주요 핵심 원천기술에 대한 지원도 확대할 필요가 있다.

지원방법에 있어서도 R & D의 도덕적 해이 가능성을 완화하기 위해 현행 직 접지원 방식에 대한 보완책으로 출연연구기관 등을 통한 기술지도 및 기술상용화 지원 등 간접지원 방식의 확대도 고려할 필요가 있다.

△ 토론쟁점 3: 재정사업심층평가를 통해 등 R & D 투자의 성과관리 강화

그동안 중소기업 지원 R & D 투자에 대한 성과평가가 이루어지지 않았던 점 을 고려해 산업자원부, 중기청 등의 유사 중복 R & D를 점검하여 역할분담 또 는 통합조정 등을 통해 재정지원의 효과성을 제고하는 방안을 모색하기 위한 심 층평가 실시 계획이다.

예) 산업자원부의 산업혁신 기술개발 사업 중 단기핵심기술개발사업과 중소기 업청의 기술혁신개발사업의 경우 사업목적, 지원대상 및 기간이 유사

재정사업심층평가제도: 평가의 객관성·중립성·전문성 확보를 위해 외부 전문 기관(KDI)을 중심으로 용역을 수행하되 관련부처(기획처, 소관부처)도 함께 사업 평가 수행의 전 과정에 참여한다.

아울러, 개별 R & D 사업 과제에 대한 성과평가 강화를 위해, 「정부의 R & D 사업 운영관리 규정」 개정을 통해 지원기업 및 R & D 과제의 특성 등에 대 한 통계작성 의무화하고, 이를 기초로 지원한 기업에 대한 통계DB 시스템을 구 축할 필요가 있다.

고용 창출의 핵심 분야인 중소기업프랑스는 2006년도에 292억 유로(36.5조 원) 라는 전례 없는 국제무역 수지 적자를 기록했다. 더구나 프랑스 경제를 견인해왔

던 자동차 산업과 항공 산업에 위기가 닥침에 따라, 프랑스 경제계와 정치권에서는 중소기업의 역할에 대한 논의가 활발해지고 있다. 하지만 지금의 중소기업 역할에 대한 프랑스의 관심은 과거와는 다른 양상을 보이고 한 정부 산하 연구기관이 발표한 "프랑스 중소기업 진흥전략"보고서에 의하면, 현재 프랑스는 300명 규모의 중소기업 10,000개가 더 필요하다는 것이다. 즉 중소기업을 통해 일자리 3백만 개를 창출할 수 있다면, 프랑스는 경제, 사회, 재정문제에 있어서 근본적인 해결방안을 찾게 된다는 것이다.

4) 중소기업 성장을 방해하는 요인

최근 4년간 프랑스 중소기업은 고용창출 면에서 주요 유럽국가와 비교해 볼 때 만족스러운 결과를 얻지 못했다. 이렇게 중소기업을 불안정하게 만드는 여러 요인들로 지적되고 있는 것들을 살펴보면, 우선, 중소기업에 부과되는 세 부담이 기업성장을 둔화시키는 부정적 요인으로 꼽혔다. 금융 지원에서도 제약이 심한데 특히 장기 부채에 대한 상환 부담은 중소기업의 수익성을 떨어뜨리는 요인이었다. 프랑스 중소기업의 또 하나의 구조적 문제는 대기업 의존도가 높다는 데 있다. 대기업 하청에만 의존하다 보니 자연히 대기업의 요구 조건이 불리하더라도 순응할 수밖에 없다는 것이다. 그러나 수익률이 취약하고 자금이 부족한 중소기업으로서는 독자적으로 정부 시장이나 민간 시장에 진입하기에는 한계가 있다. 또한, 중소기업 성공사례에 대한 홍보부족으로 투자를 유인하거나 다양한 시장을 개척해나가지 못하고 있다는 것 등이다.

5) 새로운 중소기업 진흥 전략

중소기업 진흥을 위해, 프랑스 정부는 먼저 중소기업 진흥을 위한 특별세 법안을 제정하여 2007년부터 시행하고 있다. 이에 따르면 새로운 인력을 채용하는 중소기업에 대해서 법인세 동결과 함께 새로 고용된 인력에 대한 사회보장세를 일년간 유예시킬 수 있도록 했다. 또 정부는 대기업들의 대금결재기간을 105일에서

90일로 단축시키고, 만약 지불이 늦어지면 벌금을 부과하는 등 중소기업의 자금 운용 향상을 위한 강력한 조치를 취하고 있다.

한편 새로운 기업의 창업지원과 함께, 기존 중소기업 지원을 위한 관련 제도도 정비하고 있다. 구체적으로 중소기업 관련 행정 절차를 간소화해 기업의 관리 효율성을 높이도록 하고, 금융지원 면에서 기업의 자산보증 능력에 따라 금융지원을 해 온 과거 방식보다는 기업의 실제 가치 및 영업조건(외상매출금, 신제품, 신시장) 등을 고려하도록 하고, 반대로 기업은 관련 정보를 은행과 공유하도록 하는 중소기업−은행 협조체제를 갖추도록 권장하고 있다. 또한, 중소기업이 조직적으로 공존할 수 있도록 기업 간 상호 협력 네트워크를 마련토록 행정적 지원을 하고 있다.

또한, 열악한 환경 속에서 성장을 일궈낸 중소기업을 장려하고, 이들의 성공 사례를 적극적으로 홍보하고 있다. 정부는 이러한 중소기업들을 척박한 환경에서도 성장을 잘하는 "산양"(Gazelles)에 비유하여, 타이틀을 명명해 주고 있다. 즉 대기업의 자회사가 아니면서, 지난 2년간 연속적으로 연 15% 성장실적이 있는 기업에게 이 명예와 함께 특권을 준다.

현재까지 2,500개 기업이 "산양"으로 불리고 있으며, 2007년부터 법인세 동결과 신입사원에 대한 사회보장세 일년 보류 외에도 연구비 세금신용에 대한 즉각 환불도 해주고 있다.

6) 고용 창출 효과 분석

프랑스는 수년 동안 10%대를 맴도는 고실업을 해소하기 위해 우수 중소기업에 의한 고용 창출에 기대를 걸고 있다. 중소기업을 통한 고용 효과를 일률적으로 측정할 수는 어렵지만, 지난 1981~2005년간에 종업원 200명 미만의 기업에 의해 창출된 고용인원은 약 3백만 명으로 이 가운데 73%는 50명 미만의 소규모 기업체에 의해 이루어졌다. 창업을 통한 고용비중이 매년 총 고용의 2~3%를 이루고 있다.

하지만 중소기업이 지속적으로 일자리를 만들어가기 위해서는 기본적으로 생산주문이 계속 확보되어야 하며, 기업의 관리비용을 줄이기 위해 노사간의 기업 운영위원회 조건을 완화하고, 저소득 근로자에 대한 세금공제 혜택이 확대 적용되어야 한다는 것이 현장의 목소리이다.

7) 기업규모별 실태

(1) 중소기업 정책 기본방향

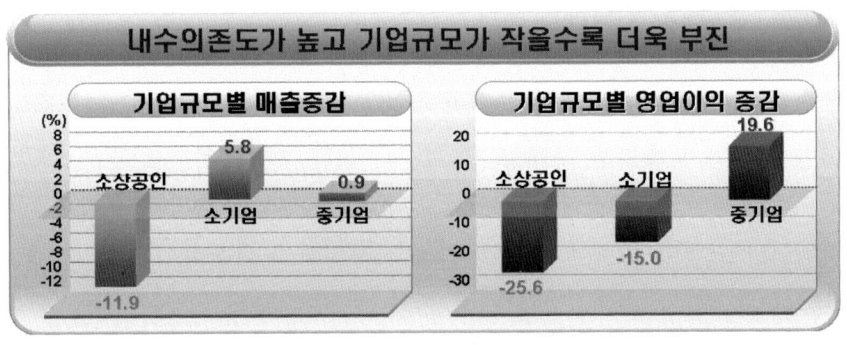

(2) 중소기업 육성전략

◦ 소상공인·소기업 등 기업유형별로 차별화된 대책 추진

◦ 혁신형 중소기업 3만 개를 선도그룹으로 육성. 중소기업 지원관련기관 총력

　　지원체제 확립(행정기관 37개, 2,794명)
　◦지역별 지원기관 협의체 구성: 찾아가는 서비스 구현
　◦중소기업 현장에서의 중기특위 개최 확대(대구, 광주 기개최)
　　⇒ 중소업계의 정책체감도와 정책인지도 제고

(3) 자동차 중소기업 발전가능성

　FTA 협상타결로 미국으로 수출하는 자동차업계의 대미 수출은 크게 증가할 전망이다. 현재 미국 자동차 시장에서 한국산 승용차와 일본산 승용차의 가격이 3% 차이를 보이는 점을 감안하면 상당한 가격 경쟁력을 확보할 수 있다.

　또한 국내 자동차 부품업체의 미국 진출에도 도움이 될 것으로 보인다. 미국 수출가격이 최고 2.5%까지 싸져 원가 절감 효과를 거둘 수 있어 완성차업체의 가격 경쟁력 향상에도 기여하게 된다.

　현재 미국산 자동차에 붙는 현 8%의 관세를 폐지하면 5%대까지 가격 인하 효과가 기대돼 미국차와 미국산 일본차가 값싸게 유입된다. 따라서 국내 자동차 값의 동반 하락까지 유도해 국내 시장 경쟁이 더욱 치열해질 것으로 보인다.

　미국에서 생산된 것이 한국에 수입되고 있는 벤츠와 BMW 등 유럽의 일부 차종은 가격인하 요인이 발생해 이익을 얻을 가능성이 높아졌다.

　하지만 현대·기아 차의 경우 미국 현지 생산이 늘고 있다는 점을 감안하면 그 실익에 대한 회의적인 시각도 있다. 또한 미국산 일본차는 물류·생산비용 등을 감안하면 당장은 수입 가능성이 크지 않을 것으로 평가된다.

　한편 자동차 특소세와 보유세 축소에 대해 정부는 '세제 부담이 감소되어 국내 소비자와 국내 자동차 업계에 세제 개편의 혜택이 돌아갈 것'이라고 전망했지만 대형차 위주인 미국산 자동차의 가격인하 효과를 낳아 한국시장 공략이 더욱 쉬워질 것으로 보인다. 이번 자동차 합의로 인해 국산차와 수입차 간 경쟁이 치열해져 소비자는 더 저렴한 가격에 질 좋고 서비스도 다양한 자동차를 구입할 수 있게 됐다. 특히 2천cc 이상 자동차의 특소세 감소로 중대형 차를 구입하는 고객에게는 더욱 유리해질 전망이다.

8. 조직문화와 경영행정 문화

  새로운 시대의 새로운 경영은 조직구성원 스스로가 자기 위치에서 역량을 발휘하면서 새로운 환경에 적응해가는, 즉 창조를 중시하는 '지식, 인재경영'으로 빠르게 진화하고 있다. 다시 말하면, 조직의 구성원 자체가 조직의 핵심 경쟁력으로 평가되는 시대가 된 것이다. 이러한 새로운 경영 여건하에서는 기업 성과에 직접 영향을 미칠 수 있는 질적으로 뛰어난 우수 인재 확보, 유지 및 그들의 역량을 충분히 살려낼 수 있는 여건 조성이 중요하다. 삼성그룹의 총수가 "한 사람의 유능한 인재가 1,000명의 종업원을 먹여 살리는 시대"라는 말 속에 그러한 의미가 고스란히 담겨져 있다. 이렇게 우수한 인재의 중요성이 부각됨에 따라, 최근 시장 논리에 의해 인재들이 더 좋은 여건을 찾아 회사를 옮기는 '인력의 엑소더스 현상'이 세계적으로 확산되고 있다. 국내의 경우, 우수 인재들이 관료적인 전통 대기업에서 탈피, 자기 역량 발휘가 가능한 벤처기업이나, 금전적, 비금전적 여건이 좋은 외국계 기업으로 이동하는 현상을 뚜렷이 확인할 수 있다. 국가 경쟁력 강화를 위해 미국을 위시한 선진국들마저 특정 분야 인력에 대해 이민 및 외국인 취업 완화를 취하고 있어 '빈익빈 부익부' 현상이 가속화되고 있다. 가히 인재 전쟁 상태에 들어간 것이다.

  단순히 일을 해서 돈을 벌겠다는 것만이 현대 직장인들의 꿈은 아니다. 직장인들은 먹고 자는 시간을 제외하고 하루의 70% 이상을 차지하는 직장생활을 통해 경력을 쌓고 흥미를 개발하며, 그에 따른 만족을 얻고 싶어 한다. 우리가 잡(Job)과 커리어(Career)를 굳이 구분하는 것도 이에 연유한다. 금전적인 것 외에 일이 나에게 미치는 영향을 고려하여 '일'을 선택하는 것, 그리고 능력을 개발해나가는 것이 '경력관리'(Career Management)다. 따라서 경력관리는 전 생애에 걸친 작업이며, 본인의 목표가 분명할 때에만 제대로 해나갈 수 있다. 최근 몇 년간 이런 인식의 확산과 더불어 외국계 회사에 대한 선호도가 높아진 모습을 보이고 있다.

설문지를 통해 알아본 결과는 아래와 같다.

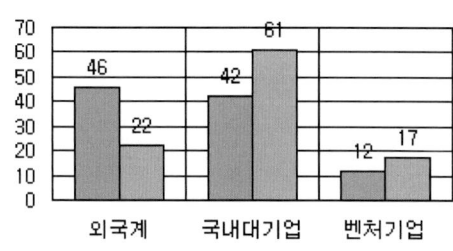

남학생 100명과 여학생 100명으로 구성된 대학생 200명을 대상으로 설문조사를 실시한 결과, 34%의 학생이 외국계 기업 입사를 선호하고 52%의 학생이 국내 대기업 입사를 선호하는 것으로 나왔다. 벤처기업이나 중소기업 입사를 선호하고 있는 학생은 14%밖에 되지 않았다.

여기서 주목해야 할 점은 외국계 기업 선호도 면에서 남학생과 여학생의 인식의 차이가 컸다는 점이다. 남학생은 22% 정도만이 외국계 기업을 선호한다고 답했지만, 여학생은 국내대기업(42%)보다 약간 높은 46%나 외국계 기업을 선호한다고 답한 것이다.

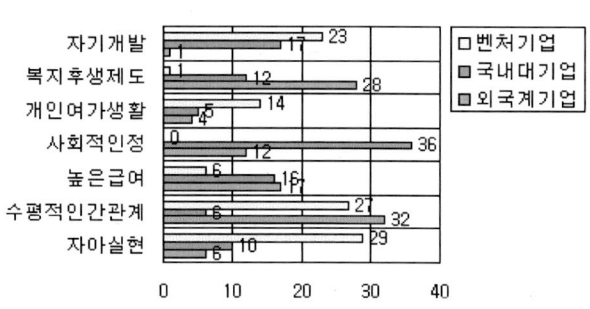

각 기업의 선호이유를 살펴보기 위하여 자기개발(일을 하면서 일을 많이 배우게 될 것이다), 복지후생제도(여러 사내 복지가 잘돼 있을 것이다), 개인여가생활(개인적인 여가를 즐길 여유가 있을 것이다), 사회적 인정(남들이 많이 알아주고 인정해 줄 것이다), 높은 급여(급여가 많을 것이다), 수평적 인간관계(인간관계가 딱딱하지 않을 것이다), 자아실현(내가 하고자 하는 일을 하게 될 것이다) 이렇게 7개의 항목 중에서 외국계 기업, 국내대기업, 벤처기업 각각에 기대하는 사항을 선택하도록 하였다.

그 결과 외국계 기업에 기대하는 것은 수평적 인간관계, 복지후생제도, 높은 급여 순으로 나타났다. 국내대기업에 기대하는 것은 사회적 인정이 압도적으로 많은 가운데 자기개발과 높은 급여가 뒤를 이었다. 벤처기업에 기대하는 것은 자아실현과 수평적 인간관계와 자기개발이 비슷하게 우선순위를 기록하였다. 각 기업마다 기대되는 것이 전혀 다름을 알 수 있었다. 위 설문조사 결과에서 보듯 인재를 끌어당기는 기업들의 특성 중 최근 등장한 가장 중요한 이슈는 바로 '조직문화'이다. 생활수준이 높아지고, 개인의 여가 활동에 대한 수요가 사회 전반적으로 늘어난 시점에서 기업의 핵심 인재들은 더 이상 보상제도와 복리후생에 연연하지 않는다. 자신의 역량을 마음껏 발휘할 수 있고, 팀워크를 발휘하면서 즐겁게 일할 수 있는 곳을 찾는다.

그렇다면, 과연 조직문화란 무엇인가? 그 개념은 학자나 기업마다 달라서 딱히 한 마디로 정의하기 어려우나, 일반적으로 구성원들의 사고와 행동을 지배하는 공유 가치(Shared Value)라고 정의할 수 있다. 구성원들의 공감에 근거하여 이루어진 굳건한 가치나 신념은 구성원들의 태도나 행동, 가치관 형성에 영향을 미치게 된다. 우리 조직에서 무엇이 중요하고, 가치 있는 것인가에 대한 믿음을 줄 수 있기 때문이다. 한 번 설정해 놓으면 외부의 변화에 흔들림 없이 항상 정확히 남과 북을 가리키는 나침반과 같이, 가치와 신념은 기업이라는 큰 함대가 나아갈 길을 안내해 주는 역할을 하게 된다. 이러한 기능을 하는 것이 바로 조직문화이다. 문화 구축의 첫 걸음인 조직의 방향성과 핵심 가치를 정립하기 위해서는 다양한 진단이 필요하다. 이 방법에는 여러 가지가 있는데, 조직 내부 분석, 산업 특성 분석, 선진 사례 분석 등 다각적인 활동을 통해 최종적으로 가치를 정립해야 한다. 예컨대 조직 내부 분석에서 경영진과 임직원들과의 인터뷰나 설문 조사를 통해 향후 조직이 나아갈 방향과 구성원들이 중시하는 가치를 파악하는 문화 진단 활동이 이루어져야 한다. 이 과정에서 특히 유념할 사항은 다양한 워크숍을 통해 구성원들의 의견을 충분히 수렴해야 한다는 점이다. Charles Schwab사의 CEO인 David. S. Pottruck은 가치나 문화는 문서를 만드는 활동이 아니라, 구성원의 몰입을 이끌어 내는 활동이라고 말한 바 있다. 즉 문화를 실현하는 주체인 구성원들이 제대로 이해하고 공감할 수 있는 문화를 만들어가는 노력이 반드시 병행되어야 한다는 의미이다.

1) 한국기업과 외국계 기업의 사례

많은 대학생들이 외국계 회사를 선호하는 것은 우리나라 기업에 비해 보다 복지 제도가 우수하며 일하기 좋은 환경일 것이라는 긍정적인 이미지에서 비롯된 것이라 생각된다. 따라서 한국기업과 외국계 회사의 기업문화의 차이를 알아보기 위해 같은 업종의 회사를 비교해보았다. 크게 두 가지 업종을 선택하였는데 하나는 요즘 취업 선호도가 높은 금융계의 회사이고 또 하나는 여성들과 관련이 많은 미용 생활 부분의 회사이다. 각각 금융계 쪽에서는 현대 해상과 ING생명을, 미용 생활 부문에서는 한국 화장품과 P & G를 선택하여 비교 분석해 보았다.

(1) 금융계 비교: 현대 해상-ING생명

〈현대 해상〉

현대 해상은 '꿈과 희망을 지켜주는 회사' '안심하고 투자할 수 있는 회사' '함께 성장할 수 있는 회사'라는 모토를 가지고 1955년 설립된 보험 회사이다. 현재 고객과 주주를 우선하는 상식과 윤리에 입각한 경영 활동, 회사와 조직원 및 조직원 간의 신뢰를 바탕으로 한 자율과 창의 문화 창출, 수익을 중시한 효율성 있는 업무 추진, 지속적인 성장-발전을 위한 미래 변화에 대한 선제 대응이라는 4대 경영 전략을 가지고 경쟁력 있는 보험 회사로 성장하기 위해 노력하고 있다. 이 회사의 조직구조는 기본적으로 보수적인 형태를 띠고 있다. 보다 자세한 인사 제도에 관해 살펴보겠다. 인사관리의 기본 이념은 개인의 능력이 최대한 발휘될 수 있도록 능력과 연공을 적절히 감안한 공정한 승진제도와 합리적인 평가 제도의 운영 및 이와 병행한 국내 최고의 급여 수준 보장으로 능력에 대한 충분한 보상을 해주는 것으로 삼고 있다.

순환 보직 제도: 동급 동일 직위로서 특정 직무의 장기 수행으로 인한 본인 및 조직의 침체를 방지하고 조직의 활성화와 능동적이고 창의적인 업무 수행을 위한 제도

자기 신고 제도: 매년 2회 (상반기 / 하반기)에 걸쳐 자기신고서 제출을 통해 직무적성 및 만족도, 부서이동 건의 등에 관한 본인의 의사표시 기회 부여

정기 전환 배치: 매년 4월에 전 직원을 대상으로 실시

현대 해상은 이와 같은 제도를 통해 경력 개발을 위한 전환 배치를 실시하고 있다. 또한 회사의 전략적 목표를 달성하기 위해 조직체계와 연계된 객관적인 평가 시스템을 운영하고 있는데 업적과 역량을 평가하여 성과주의에 입각한 연봉제를 실시하고 이다. 고성과자에 대하여 승진, 포상, 교육, 해외 유학 등의 다양한 특전을 부여하기도 한다. 승진제도는 능력과 업무성과에 따라 시행되며 그 내용은 다음과 같다.

커뮤니케이션

상업적 기밀이 지켜지는 범위 내에서 ING그룹은 크게는 사회뿐 아니라 고객과 직원, 그리고 주주들과 개방적이고 투명하게 의사를 교환하는 것을 가장 중요한 것으로 꼽고 있다.

이처럼 ING 생명의 기본 운영방침은 윤리에 근거하여 투명하고 공정한 문화, 다양성을 인정하고 자유롭게 의사소통하며 개인의 능력을 극대화시킬 수 있는 문화, 지역 사회와 환경까지 생각하는 문화를 지향하고 있다.

ING생명의 인재상

ING생명의 인재상으로는 팀워크, 결과 지향성, 적극성, 전문성, 고객서비스 정신을 바탕으로 주도적이고 진취적인 전문인을 요구한다.

승진 정책으로는 직무 성과급 제도에 따른 개인별 승진, 능력 및 공헌에 따른 초고속 승진 기회, 분야별 최고 전문가로서의 명성과 대우, 사내 채용 제도를 활용한 승진 및 전환을 통해 개인의 능력을 우선시한 제도를 택하고 있다.

복리 후생 제도

복리 후생 제도는
- 4대 보험 및 생명 보험
- 신축적 연차 휴가 사용
- 안식 휴가
- 산전후 휴가 및 육아 휴가
- 장기 근속자 포상금 / 여행 기회 부여
- 영어 교육비 지원
- 자녀 교육비 보조
- 경조금 및 경조 휴가

등 다양한 제도가 있으며 근무시간은 토, 일 공휴일을 제외한 주 5일 근무이다.

이와 같이 ING 생명은 휴가를 유동적으로 사용할 수 있는 등 적절한 휴식과 교육을 통해 사원의 만족도를 높여주고 효율성을 높이는 방식을 택하고 있다. 또한 산전후 휴가뿐 아니라 육아 휴가 등을 통해 여성들이 일하기 좋은 환경을 제공해주고 있다.

(2) 미용계 비교: 한국화장품－P & G

〈한국화장품〉

한국 화장품은 1962년 창업 이래 화장품 사업에만 전념해온 회사이다. 품질 제일주의와 고객만족주의라는 모토 아래 끊임없는 연구 개발로 국내 시장뿐 아니라 해외 각국으로도 시장을 개척하고 있다.

한국 화장품은 크게 고객만족, 인간 존중, 미래 창조의 모토를 가지고 인류 복지에 공헌하는 창조적 기업을 추구하고 있다. 한국 화장품의 인사 조직 방침으로는

1. 기업의 전략적 목표를 달성하기 위한 파트너로서의 인사 시스템
2. 환경변화에 유연하고 민첩하게 대응할 수 있는 수평화된 네트웍 조직
3. 핵심 인력의 정예화
4. 조직성과에 대한 전 조직원 성공 공유 메커니즘

을 가지고 창의적 사고와 국제 감각을 겸비한 분야별 전문가, 목표에 대한 확고한 도전 의식을 열정적으로 실천하는 인재상, 상호 신뢰 속에서 자아실현의 공동체 형성을 위해 화합하는 인재를 확보하고자 한다.

사원 3년, 대리 4년, 과장 6년, 부장에 이르는 승진제도를 취하고 있으며 월급도 비교적 고정되어 있다.

복리 후생 제도
 －자녀 학자금 지원
 －주택 자금 융자
 －경조사비 지원 및 경조 휴가 지급
 －사내 동아리 지원
 －생일 선물 지급
 －체육 대회 및 야유회 실시

와 같은 제도들이 시행되고 있다. 또한 새천년의 한국 화장품을 이끌어 갈 창조적 인재 육성의 교육 이념을 실현하기 위하여 교육의 목적을 조직 능력 강화, 성과주의 핵심역량 강화, 조직의 Performance 향상에 두고 직급별 교육, 직무별 교

육, 인성 교육, IT 교육, 각종 외부 위탁 전문 교육 등에 노력을 기울이는 한편 '교육 이수 학점제'를 통한 자발적 참여를 유도하여 인재의 육성에 최우선 가치를 부여하고 있다. 또한 우수한 인력의 확보를 위해 '인재 개발원'을 설립하여 신입사원에서 임원에 이르기까지 계층적 교육을 실시하고 있다. 교육내용은 선택에 의하여 이루어지나 직위에 상관없이 공통적으로 '부문별 조직 활성화 과정'을 이수해야 한다.

이처럼 한국 화장품은 인간 존중과 능력 중시의 경영을 펼치고 있으나 실질적으로 이것이 기업문화로 정착하기까지는 시간이 걸릴 것으로 보인다. 개방적이고 자유로운 조직 환경에서 여러 교육들을 통해 개인의 능력을 극대화시키려 하지만 그 내용은 개인의 능력 신장보다는 조직의 활성화나 단합에 초점을 맞추고 있다. 현내 기업들이 급속하게 변화하는 환경에 적응하기 위하여 끊임없이 다양한 변화와 개혁을 시도하고는 있지만 문화는 한순간에 바뀌는 것이 아닌 만큼 기업들이 내세우는 가치와 그 내용과는 다소 차이가 있다. 한국 화장품도 발 빠르게 움직이는 환경의 변화에 따라 여러 시도들을 단행하고는 있지만 아직 구성원 개개인의 실제적인 현실과 조직 내 분위기에는 크게 영향을 미치지는 못하는 것 같다.

〈P & G〉

한국 P & G는 1989년 국내 사업을 시작하여 현재 프링글스, 아이보리와 페브리즈를 비롯, 팬틴, 비달사순, 위스퍼, 샤민, 코디, 조이 등을 제조 또는 판매하고 있는 기업이다. 미국에 그 뿌리를 두고 있으며 소비자 중심의 경영을 통해 기업의 사회적 책임을 앞서 실천하는 '기업 시민'으로서의 면모를 발전시켜 왔다. Fortune 지가 수차례에 걸쳐 '존경받는 기업'으로 선정되어 왔으며 영국의 파이년셜 타임즈가 1999년과 2000년에 걸쳐 '세계에서 가장 존경받는 50 기업'으로 선정한 P & G는 오랫동안 소비자, 복지 단체 및 지역 사회에 대한 지원과 교류를 통해 삶의 질을 향상시키는 복지 활동에 전념해 왔다. 또한 성별, 국적을 초월한 평등 고용을 통해 1994년 미국 정부로부터 고용 평등 실천 우수 기업상을 수상하기도 하였다. 기업의 모토를 '아름다운 환경을 생각하는 기업'이라 여기고 친환경적 경영을 하기 위해 노력하고 있다.

이러한 기업 이념을 실천하기 위하여 국내에서도 다양한 지역 사회 활동을 벌이고 있다. 지속적인 사회봉사 활동, 장애우의 예술 활동을 지원하는 '장애우 감성 지원 프로그램', '장애우 그림 공모전' 등의 행사를 개최하고 갯벌 체험 캠프, 소아암 어린이 돕기 행사를 하기도 하며 직원들의 참여로 장학금을 지급해 주기도 한다. 또한 환경을 위한 다양한 노력들도 지속적으로 행하고 있다. 환경 정책에 기한 환경 성과를 달성하기 위하여 '과학 기술부(P & G 제품의 사용자에 대한 안전과 환경보호를 책임지고 있는 부서)' '환경 과학부(제품의 구성 성분이나 포장재가 환경에 미치는 영향을 파악하기 위한 연구를 수행하는 부서)' '생산본부 환경부(P & G 공장들의 환경 성과를 위한 측정, 감사, 개선 프로그램의 확인 등을 하는 부서)'와 같은 부서를 조직하여 운영하고 있다. '전 과정 평가'를 실시하여 제조 시스템 내에도 사용되는 물질 및 에너지의 사용을 규명하고 오염 방지 방안들을 찾기도 한다. 또한 '퇴비화'를 통해 폐기물로 부식질 토양과 같은 안정된 제품을 만든다.

이러한 사회 참여 활동과 환경을 생각하는 문화는 사회 공헌뿐 아니라 직원들의 만족도나 질을 향상시켜 주는 결과를 낳기도 하여 결과적으로 기업의 발전에 공헌한다.

-P & G의 인재상

P & G에서 가장 주력하는 것은 인재 확보 및 개발이 있다. 사람들을 최고의 상태에서 최상의 실력을 발휘하게 하기 위하여 다양한 연구와 투자를 아끼지 않았다.

한국 P & G 인력개발본부의 스티브 스코브가드 이사는 "신입사원을 뽑아 키워야 P & G 고유의 기업문화를 유지할 수 있다"고 설명한다. 신입사원을 뽑고 교육하는 과정에 너무 많은 비용이 들지 않느냐고 묻자 그는 "직원은 우리 기업의 자산 1호다. 신입사원 채용과 교육에 투자되는 노력과 돈은 그만큼 가치가 있다"고 답했다.

사원 선발 과정은 까다롭다. 서류 심사와 영어 등 필기시험을 거치고 나면 한 번에 한 시간 이상 걸리는 심층 면접을 세 번 이상 봐야 한다. 한국어. 영어 면접을 따로 본다. 면접을 통과해도 끝이 아니다. 2박3일간의 '비즈니스 스쿨' 프로그램에서 문제 해결 능력을 검증한다. 실제 업무상황을 가정해 토론한다. 이렇게 엄선된 신입사원은 회사에서 또 강도 높은 교육을 받는다. 한 해 교육시간은 200시간(25일)이다.

그러니까 주 5일 근무를 기준으로 계산하면 한 달 이상을 일에서 손을 놓고 공부에 매달려야 한다. 이 회사 교육제도의 특징은 직원들이 서로 가르치고 배우도록 하는 것이다. 부장급 이상의 직원은 자기가 잘하는 분야를 다른 직원들에게 강의한다. 이유는 두 가지다. 우선 직원들끼리 P & G의 경영철학을 공고히 다질 수 있다. 그리고 임원급 직원들에게는 강의를 준비하면서 공부하고 프레젠테이션 실력도 키우도록 한다. 이런 과정을 거쳐 실력을 쌓은 인재들은 세계 주요 회사의 CEO로 일하고 있다. 멕 휘트먼

이베이 사장이나 제프리 이멜트 GE회장, 스티브 발머 마이크로소프트 사장의 첫 직장이 바로 P & G였다. 그래서 P & G는 '인재 사관학교'라고도 불린다. 한국 P & G도 본사 못지않다. 이종석 삼성전자 전무, 한승헌 LG전자 상무 등이 한국 P & G 출신이다. 경력사원을 뽑지 않는 만큼 공석이 생기면 내부에서 발탁해 기용한다. 2년 전에도 대외업무총괄본부의 이사직이 비게 되자 내부 심사를 통해 부장급이었던 최병욱 씨를 선임했다. 내부에 마땅한 사람이 없으면 전세계 P & G에 인터넷 모집공고를 낸다. 지난달 일본 P & G에서 신이치 다카하시(一高橋)가 재경본부 이사로 뽑혀 왔다. 같은 방식으로 한국 P & G의 직원들에게도 해외 근무 기회가 열려 있다. 현재 한국법인 출신의 60여 명이 각국의 해외법인에서 근무하고 있다.

한국 P & G는 실무 능력을 빨리 키울 수 있도록 신입사원에게 중요한 업무를 맡기기도 한다. 능력만 보여주면 근무기간에 상관없이 승진시킨다. 마케팅 부서의 김동현(31)씨는 입사 4년 만에 부장급 브랜드 매니저가 됐다. 초고속 승진이다. 프링글스와 페브리즈의 마케팅을 담당해 눈에 띄는 성과를 냈기 때문이다. 부서 이동도 활발한 편이다. 관심 있는 분야에 빈자리가 있으면 지원할 수 있다.

한편 P & G는 사내 대화를 중시한다. 직원 간의 대화가 업무 효율성을 높인다고 믿고 있다. 지난해 7월 한국법인 인사 담당으로 온 스코브가드 이사는 6개월에 걸쳐 180명의 직원을 일일이 만나 한 시간 이상 대화했다. 직원들이 무엇을 원하고 필요로 하는지를 알고 싶었기 때문이다. 그는 "직원들과 좀더 친밀해지고 싶어서 한국어도 열심히 배우고 있다"고 말했다.

중앙일보 2006 - 03 - 12

위 기사에서 볼 수 있는 것처럼 P & G는 대부분의 외국계 회사가 그렇듯 경력자를 뽑는 것이 아닌 처음부터 신입사원을 채용하여 P & G의 조직문화에서 훈련시켜 4~5년 만에 한 상품을 책임지는 '브랜드 매니저'를 만든다. 한국 P & G 사장 김상현 씨는 인재 양성의 비결을 "직원 모두를 미래의 리더라 생각하며 훈련시키는 것"이라고 요약했다. 이러한 P & G식 인재 관리는 P & G가 보여준 성과로 직결되고 있다.

이러한 인재 관리 방법으로 '내부 승진제도'를 시행하고 있다. 즉 신입사원이 입사 후 능력과 업적 평가에 따른 공정한 승진제도를 통해, 회사 각 부문의 관리자, 나아가 최고 경영자까지 '회사 내부'에서 양성되는 것이다.

*관리자들은 그 후임자를 교육시키고 개발시키지 않고서는 승진할 수 없기 때문에 직무교육(on - the - job training), 집단 교육(classroom training), 온라인 교육 등은 어디서나 이루어지고 있습니다.

*내부 승진제도를 통해서 P & G는 회사의 핵심가치들에 대한 역할 모델을 이행해 왔기 때문에 주인의식, 정직성, 믿음 그리고 승리에 대한 열정과 같은 문화를 지금까지 지켜올 수 있었습니다.

*모든 경쟁은 내부에서 이루어지므로 성장의 가능성은 무한대로 열려 있습니다. 우리의 다음 CEO는 이미 회사 내 어딘가에 있을 것입니다.

*많은 수의 신입사원들이 회사에 남아서 계속 성장해 나갈 것이기 때문에 더욱 협력적인 문화가 형성될 것입니다.

이는 P & G가 교육을 매우 중요하게 생각하고 시행하는 회사라는 것을 의미한다. P & G는 인력을 채용, 양성하는 데 있어 타 기업보다 월등히 우수한 기술을 가지고 있다. 내부직원들의 사기진작을 도모하고 충분한 교육프로그램을 제공하여 내부 인재양성을 최상의 목표로 두고 있다. 이러한 일환으로 주목해야 할 것은 회사 내 CEO 육성제도라고 생각한다. 우리나라의 가족중심의 기업문화를 가진 대부분 기업들이 CEO를 외부에서 채용하는 것과는 대조적으로 이러한 제도는 우리에게 시사점을 준다고 생각한다.

또한 커리어를 높여주기 위한 여러 제도들을 시행하고 있다.

(3) Career development

─조기 책임제

입사초기부터 신입사원에게 중요한 업무를 맡기어 그 업무에 책임을 지게 하는 철저한 실무교육을 한다. 도전적인 프로젝트를 부여함으로써 스스로의 능력을 개발하고 스스로 결정을 내리는 것에 숙달하며 모든 실질적인 지식을 동원하여 획기적인 해결책을 만들어 나갈 수 있는 환경을 조성해 준다. 이것이 "인재 사관학교"로 통하는 p & g의 경쟁력을 창출하는 비결이다.

─교육과 능력개발 제도

인재를 가장 중요한 자산으로 여기고 있는 P & G는 지속적인 교육 프로그램 및 다양한 인재개발 프로그램을 통해 개인이 가지고 있는 능력을 최대한 개발하고자 노력하고 있다.

> "We will maximize the development of individuals through training and coaching on what they are doing well and how they can do better. We will evaluate P & G managers on their record in developing their subordinates."

위와 같은 원칙하에 P & G 교육은 내부 직원들이 직접 진행하고 있다.

P & G 현실에 맞고 실질적으로 개인의 커리어와 업무의 질의 향상을 목표로 한 내용을 자체 개발하고 있다. P & G에서 실시하고 있는 교육은 크게 P & G 에서 성공하기 위한 요소인 SD(Success Drivers)의 7가지 항목을 개발하기 위해 전 사원을 대상으로 실시하고 있는 **Corporate Training**과 부서별 커리어관리 및 전문적인 지식을 위해 진행되는 **Functional Training**으로 나눌 수 있다. 직원 개개인의 교육에 대하여 매년마다 다면평가 방식으로 3인 이상의 피드백을 받아 라인 매니저가 평가한 후 커리어와 관련하여 관심분야나 부족한 부문을 교육받을 수 있도록 계획을 세움으로써 직원 개개인의 경력개발을 돕고 있습니다. 대부분의 교육들은 전세계적으로 표준화되어 있으며 오프라인이나 온라인으로 진행된다.

이렇게 별도의 시간을 투자하여 진행되는 교육 시스템도 존재하지만 입사 초기부터 사원들에게 중요한 업무를 맡기는 등 실무교육을 철저히 함으로써 짧은 시간 안에 다양한 실무경험을 쌓는 동시에 매니저와 동료들로부터 항상 자신을 개발할 수 있는 기회를 찾게 하는 P & G의 교육의 진가는 일상 업무(On-the-Job-Training)에서 이루어지고 있다

─세계적인 근무 환경

P & G가 제공하는 근무환경은 매우 탄력적이며 유동적이다. P & G의 비즈니스는 세계적으로 움직이고 있기 때문에 다른 부서 혹은 다른 비즈니스 조직들과 국내 또는 국제적인 프로젝트들을 맡아서 여러 지역의 다양한 사람들과 함께 일하게 되는 경우가 빈번히 발생한다. 따라서 직원들은 다양하고 흥미로운 환경에서 많은 일들을 경험할 수 있다.

또한 직원들이 다른 나라에서 다양한 경험을 쌓고자 한다면, 외국 지사에서 근무할 수 있는 기회들도 열려 있다. 현재 한국 P & G에서 근무하고 있는 매니저들의 25% 이상이 해외 근무 경험이 있거나 근무 중에 있다.

─내부인력 공모제도

P & G는 Open Job Posting이라는 내부인력 공모제도를 운영하고 있다. P & G 내 어떤 직무에 공석이 발생할 경우, 그 자리를 채울 인력을 사내 인트라넷을 통해 전세계 P & G 직원들 가운데에서 공개 모집하는 제도이다.

회사는 내부인력 공모제도를 통하여 직원들로 하여금 자신의 커리어를 선택해

서 쌓아 갈 재량권을 부여함으로써 업무에 대한 주인의식을 높이고, 자기 개발에 대한 확실한 동기를 부여하고 있다. 직원 스스로가 원하는 직무를 얻기 위해서는 국경을 초월한 다양한 후보자들보다 경쟁우위에 서야 하기 때문이다.

P & G의 내부인력 공모제도는 P & G 내의 직원들뿐만 아니라 조직들 간에도 경쟁을 통해 성장해야 하는 실력본위의 기업문화와 인사제도의 투명성을 보여 주는 대표적인 예라 할 수 있다. P & G는 신입사원으로부터 최고 경영자를 길러 내는 내부 승진제도와 더불어 내부인력 공모제도를 통해 사원들의 주인의식을 높이는 한편, 조직의 경쟁력까지도 강화해 나아가고 있다.

-경쟁력 있는 급여 및 복리 후생 제도

P & G가 가지고 있는 보상(compensation)에 대한 원칙은 '성과에 대한 보상'과 '경쟁력 있는 보상'이다.

'성과에 대한 보상'이란 의미는 성과 외에는 어떠한 차별(성별 차별, 연령 차별 등) 없이 보상을 한다는 의미이다. 또한 '경쟁력 있는 보상'이란 우수한 인재를 채용하여 지속적으로 근무할 수 있도록 하는 보상을 의미한다. 이를 위해서 회사는 우수 국내기업 중에서 가장 경쟁력 있는 보상제도를 가지고 있는 기업들을 조사한 후 보상의 수준을 결정하고 있다.

신입사원의 경우에는 그들에 대한 어떠한 업무성과도 평가되지 않았기 때문에 입사 시에는 동일한 임금으로 책정되나 6개월이 지나면서 신입사원들의 업무성과에 따라서 급여의 조정 시기나 인상률이 개인별로 현저하게 차이가 나게 된다.

'직원은 단순히 한 집단의 구성 요소로서가 아닌 인격과 개성을 지니고 있는 개인으로서 존중되어야 한다'는 인재관을 바탕으로 P & G는 부양가족 지원 프로그램, 전 사원 스톡옵션, 자율 출퇴근제 등 다양한 복리 후생 프로그램을 제공하고 있다.

이러한 여러 제도들을 통하여 P & G에서는 인재들을 양성하고 전문화시켜 나간다. 또한 이들이 자유롭게 능력을 펼칠 수 있는 일할 수 있는 환경을 제공하기도 한다.

(4) 근무 환경

① 혁신적인 사무공간(Energizing Workplace)

P & G Korea의 오피스는 단순한 사무실이 아닌 혁신적인 사무공간이다. 편안하면서도 재미있고 다양한 느낌이 들도록 디자인되어 있어서 어디서 어떻게 일하든 즐거운 마음으로 일할 수 있다.

② 비즈니스 캐주얼 복장(Everyday Business Appropriate Attire)

자율 복장 근무를 통하여 권위적이고 경직된 사고를 배제하고 유연하며 창조적인 사고력을 배양, 나아가 업무의 최적 효율성을 꾀하기 위해 마련된 제도이다. 이 제도는 그때그때의 자신의 업무에 따라 탄력석으로 판단, 석용뇌고 있다. 예를 들어 외부 행사나 회의, 중요 행사 때에는 정장 차림을 할 수 있고 평소 내근의 경우에는 간편한 복장으로 근무하는 등 사원이 자율적으로 근무 복장을 선택하게 된다.

③ 자율 출퇴근 제(Flexible Working Time)

하루 8시간의 근무시간 범위 내에서 오전 8시에서 10시 사이에 자신의 출근시간을 스스로 정할 수 있으며, 이에 따라 퇴근도 5시에서 7시로 탄력적으로 적용 가능하다.

④ 영업사원 재택 근무제(Mobile Office)

영업사원 개인별로 차량, 노트북, 핸드폰과 팩스 등 집에서 업무가 가능하도록 필요한 물품을 지급하고 직원으로 하여금 영업소로 바로 출근하게 하는 제도이다. 이는 과감한 투자를 통하여 업무상의 합리성, 효율성을 꾀함과 동시에 개인의 독창적인 업무 수행을 장려하려는 취지이다.

외국계 기업에서는 조직구성원의 창의력과 업무의 효율성을 높이기 위해 최대한 자유로운 분위기를 연출하고, 자유롭게 일할 수 있는 환경을 마련해 준다. 업무환경과 복장은 개인의 창의력과 생각에 영향을 미치기 때문에 자율성을 허용하여 편안한 분위기에서 자신의 역량을 발휘할 수 있도록 하였다. 또한 자율 출퇴근제, 재택근무제도 조직원의 라이프스타일을 최대한 배려해 준 회사의 제도라고 볼 수 있다. 결과적으로 외국계 기업은 조직보다는 개개인에 포커스를 맞추어 그들이 능력을 최대한 발휘할 수 있는 환경을 제공하고, 그들이 자유로운 분위기 속에서 창의력과 유연성을 발휘할 것을 기대하고 있다. 이것은 조직문화를 강조하는 대기업과 구분되는 외국계 기업만의 조직문화이다.

9. 한국기업과 외국계 기업의 조직문화 특성

1) 한국기업의 조직문화

(1) 공동체저인 조직문화

가족주의를 원형으로 하는 집단주의의 문화적 토양에서는 특히 상부상조를 통해 구성원 모두가 가족적 분위기 속에서 서로 화합하고 협조하는 데에 높은 가치를 부여하게 된다. 더욱이 소유와 경영이 분리되지 않은 소유경영문화 속에서는 가부장적 가족제도와 인화중심의 집단주의가 더욱 중요시된다.

생전에 정주영은 '우리 현대'라는 표현을 즐겨 사용했다. 그는 상호 공생하는 '우리'라는 공동체 의식을 통해 인화를 도모하고 사원들을 이끌어왔다. 이는 유교사상에 뿌리를 둔 가족 집단주의적 공동체의식을 나타낸 것이라 할 수 있다. 또한 현대그룹의 사훈이 창업 당시부터 '근면-검소-친애'로 되어 있는 것도 그의 전통적인 유교적 가족집단주의에 근원을 둔 인화사상의 표출이라고 풀이된다.

장점: 이러한 가족적인 조직문화는 구성원 간의 동질성과 인간관계를 바탕으로 단합이 잘되도록 기여하는 역할을 한다. 조직구조원들의 자발적이고 헌신적인 노력을 이끌어내는 바탕이 되는 것이다. 지난 수십 년간 한국기업들은 이 같은 조직문화를 바탕으로 지금의 한국을 만들어 온 것임이 확실하다. 단일 민족 국가인 한국이기에 가능했던 신화들을 다른 나라에서 부러워하기도 한다.

단점: 우리나라가 이와 같은 가족적인 조직문화를 만들어 내기 위해 지나치게 많은 비용을 투자하고 있다는 지적이 있다. 예를 들어, 5개국에서 근무한 경험이 있는 Novonordisk 제약의 에릭 루츠 사장은 "한국기업만큼 단합대회나 야유회가 많은 조직은 세계 어디에도 없다"면서 한국기업의 이 같은 조직문화가 비효율적

인 측면이 있다고 지적하고 있다.

하지만 이보다 더 심각한 문제는, 이러한 문화 바탕에 깔려 있는 학연·지연주의이다. 우리나라 기업의 가장 큰 문제점 중 하나로 지목되는 연공 위주의 인사행정, 능력보다 정에 이끌려 공정하게 이루어지지 못하는 평가 등이 바로 이러한 문화에 기인한다고 볼 수 있다. 실제로 능력 위주로 인사가 이루어지기는 하지만 인맥으로 좌우되는 경향도 없지 않으며, 급여도 능력에 의한 급여라기보다 자리에 의한 급여 성향이 짙다.

(2) 관료제적인 조직문화(수직적인 조직문화)

한국의 조직문화는 비교적 수직적인 인간관계를 특징으로 한다. 기업주중심의 집권적 경향과 구조화된 직무체계를 특징으로 하며, 대부분 상하간의 권위적 권한관계 때문에 위로부터의 일방적인 의사소통이 이루진다.

이것은 위에서 설명한 전통적 유교문화와 가족제도로부터 많은 부분 기인한다고 볼 수 있다. 1960년대 이후의 급속한 경제발전은 재벌기업 중심의 자본집중과 집권적 경영 형태를 가져왔고, 한국기업처럼 경영과 소유가 매우 밀접한 관계를 갖고 있는 구조에서는 권한이 상위층에 집중되었으며 권위주의적 성향이 더욱 커질 수밖에 없게 된 것이다.

대표적인 예가 현대기업의 정주영이다. 그는 유교적 기업가정신을 갖고 일평생을 한 가족의 번영뿐만 아니라 국가와 국민경제의 발전에 기여하는 경세가로서 살았다. 그리하여 반세기에 걸친 성장 끝에 '글로벌 현대그룹'이 된 이후에도 현대는 창업자인 정주영을 중심으로 하는 중앙 통제형 의사결정구조를 그대로 유지하고 있었다. 그 힘은 절대적이었고 구심점은 아산(峨山)을 정점으로 하는 '정(鄭) 패밀리'의 가족집단으로 구성되어 있었다.

장점: 원래 관료제 조직구조는 구성원의 객관적 기준에 의한 선발을 통하여 연구주의와 정실을 추방하고, 종신고용을 통하여 사용자의 전횡적 권한의 사용을 방지하며, 규칙과 규정을 설정함으로써 의사결정에 책임을 분명히 한다는 특성을 장점으로 한다.

단점: 우리나라의 관료제적인 조직문화는 무사안일과 비능률적인 업무태도를 불러일으켰다. 형식에 사로잡혀 비능률적인 업무가 이루어지는가 하면, 규칙의 경직

적 적용, 책임전가, 변화에 대한 저항 등 관료제의 부정적인 면이 부각된 것이 사실이다. 대표적인 예로, 담당부터 최종 결재권까지 보통 5~6단계의 결재과정을 가지는 동안 책임소재가 모호해지는 것을 들 수 있다. 이러한 관료주의 위기를 극복하기 위해서는 팀워크 개발을 통한 재활성화가 필요하다는 의견도 나오고 있다.

2) 외국 기업의 조직문화

(1) 개인주의적인 조직문화

외국의 기업 환경을 살펴보면 개인주의와 업무 중심의 인간관계가 명확하게 신이 그어서 있는 것을 알 수 있다.

볼보건설기계코리아 사장 에릭 닐슨이 말하는 기업문화는 상당히 개인주의적이다. 개인의 권한과 한계가 명확하고, 그 안에서 자율성이 보장된다. 닐슨은 "우리 회사에는 1500명의 경영자가 있다"며 "모두가 자기 분야와 공정을 자율적으로 관리한다"고 설명한다.

장점: 이렇듯, 업무한계와 책임소재가 명확해지다 보니 업무에 대한 성과가 확연히 들어나게 되고 인사평점을 메길 때에 개고간적인 자료로 이용된다. 해당업무에 대한 담당자의 책임감과 자율권도 높아진다.

단점: 사원 간에 명확한 업무분담은 '네 일은 네 일, 내 일은 내 일'이라는 관념이 깊어져, 이것이 직장생활의 어려움으로 남기도 한다. 서로 간의 '캐주얼'한 관계가 강조되지만 막상 상관없는 업무를 하는 직원들 간에는 대화가 거의 단절되는 경우도 많은 것이다. 한 미국계 기업 직원은 같은 사무실에서도 간단한 인사만 나누고 퇴근하는 경우가 종종 있다고 한다. 실제로, KOFA-net이 1999년 12월 250개 외국기업에서 근무하는 800명의 직장인을 대상으로 한 조사 '외국계 기업에서 근무하면서 겪는 고충은'에서 40%가 '개인주의적 풍토'라고 대답했다고 한다.

〈사례 1〉

－어제의 동료가 오늘은 적:

A기업은 지난해 사업부 도산제를 도입했다. 실적 나쁜 부서는 부도를 내겠다는 것이다. 이에 따라 같은 회사 직원인데도 거래처를 대상으로 가격 덤핑을 하는 등의 경쟁이 벌어지고 있다. 모 업체는 영업부서끼리 이전투구를 벌이다 급기야는 회사가 중재에 나서 사태를 수습하고 말았다.

〈사례 2〉

내 옆자리에 앉은 상사가 또 잘렸다. 통보도 이메일로 왔다. 메일 내용을 보고 소름이 돋았다. '당신은 오늘부로 해직됐으니, 절대 회사기물과 서류에 손대지 말고 개인사물만 챙겨 나가시오.' 더 놀란 것은 직원들의 반응이다. '굿바이－'라고 인사만 하고 보낸다. 국내기업이었다면 환송식이라도 해줄 텐데 말이다. 나도 언제든 잘릴 수 있다. 조심해야겠다. －외국계 회사 C그룹에 입사한 전 모 씨 독백

〈사례 3〉

"민망할 정도로 나의 실적이 낱낱이 공개돼 치열하게 일할 수밖에 없게 만들고, 나만 잘한다고 되는 것이 아니라 회사 동료 3명이 나를 평가하는 항목도 있어 보통 스트레스를 받는 것이 아니에요."

"오늘 모시던 상사가 다음날 경쟁사로 이직하는 경우가 허다하며 사장도 1년에 한 번씩 자주 바뀌어서 새로운 환경에 매일 적응하는 심정이죠."－외국계 유통회사인 G사에 입사한 김 모 씨

→ 위의 사례에서 볼 수 있듯, 자신이 잘하면 자신의 몸값도 상승하고, 개인의 이익으로 돌아오기 때문에 항상 직원들 사이에 경쟁의식이 있고, 능력을 보여주기 위한 경쟁이 치열하다는 점은 단점으로 꼽을 수 있다.

(2) 수평적인 조직문화

철저한 개인주의를 바탕으로 하면서도, 업무적인 면에서만큼은 조직구조가 매우 유동적인 것 또한 외국계 기업의 특징이다. 국내 기업에 비해 조직구성원들 간의 의사소통이 자유롭고 개방적으로 이루어진다. 일반적으로 조직구성원들이 자기 사무실에만 있지 않고 자연스럽게 다른 부서에 다니면서 비공식적인 접촉을

항상 유지하고 있음으로써 구성원 간의 의사소통이 일상 업무에 매우 중요한 부분을 차지하고 있다. 한국다우케미칼의 전상진 차장은 "시스템에 따라 정확하게 업무가 분담되며 해외 법인에서 같은 업무를 맡고 있는 담당자나 상위 담당자와 자주 커뮤니케이션을 할 수밖에 없다"고 설명했다.

이렇다 보니, 직원들 사이에서도 상하관계의 직급보다는 파트너라는 개념이 더욱 강하다. 월마트코리아의 경우 직원들은 직급에 상관없이 서로의 영문 이름을 부르고 있으며 래리 밍 사장의 경우도 모든 직원들이 친근하게 '래리'라고 부르고 있다. 미국계연장보험회사인 에이온워런티코리아의 직원들도 사장의 직함보다는 이름을 더 자주 부른다. 애질런트코리아의 경우도 직원들의 생일에 사장이 직접 이메일로 축하 메시지를 보내주고 직원들과 함께 간식을 먹는 등 격의 없이 지낸다.

(3) 인간 중심의 경영 문화

외국 기업은 국내 기업에 비해 인력자원을 중시하고 조직구성원의 적극적인 참여와 자발적인 동기부여를 통하여 생산성을 향상시키려고 노력한다. 이러한 인간에 대한 가치개념은 기업의 경영이념과 기본방침에서 크게 강조되고 있고 실제 경영에 있어서도 구성원의 고용안정으로부터 시작하여, 우성원의 능력개발과 경영참여 그리고 자율적 행동에 직접적으로 반영되고 있다. 구성원의 참여적 분위기를 조성시키기 위한 능력개발과 조직개발도 활발히 전개되고 있다.

10. 우리나라 기업의 조직문화 VS 외국 기업의 조직문화

1) 근로시간

▶ **우리나라 기업:** 퇴근 시간 후에도 그날 일을 끝내지 못하면 끝까지 마무리해야 하므로 야근이 잦다. 일을 다 마치더라도, 칼퇴근을 하거나 상사보다 일찍 퇴근하는 것은 '눈치' 때문에 매우 힘든 분위기이다. 이러한 분위기에 대해 불만이 많으면서도, "우리나라 실정상 어쩔 수 없다", "승진하려면 잘 보여야 하기 때문에……", "회사 체계상 오래 있는 자가 더 많은 일을 하고 더 상사의 눈에 든다"는 것이 또한 일반적인 인식이다. 주5일 근무제를 실시하는 기업이 늘고 있는 추세이지만, 여전히 휴일까지 반납하고 근무를 해야 하는 실정에 대해 오히려 비효율성만 증가시킨다는 의견이 많다.

▶ **외국 기업:** 정시 퇴근제를 지키고 대부분 주5일제 근무를 실시한다. 한 외국계 유통업체에 입사한 사원은 가장 좋은 점이 "칼퇴근이 용납되고 야근을 해도 모두 수당을 받을 수 있다는 것"이라고 밝혔다. 하지만 반드시 외국계 기업이라고 매일같이 칼퇴근이 가능하다는 환상은 버려야 한다. 많은 한국 회사들처럼 업무 중 개인적 잡무는 절대 볼 수 없으며, 퇴근 시간 후에도 그날 일을 끝내지 못하면 끝까지 마무리해야 하므로 야근도 잦은 편이라고 한다. 다만, 우리나라처럼 '일을 하지 않더라도 오래 붙어 있어야 한다'는 분위기 때문이 아니라, 각자에게 주어진 업무를 제시간 안에 끝마치려는 데에서 근무시간이 길어진다는 점이 다른 것이다.

2) 인사제도

▶ **우리나라 기업:** 우리나라 근로자의 근속연수에 따른 임금 상승률이 주요 선진국보다 높은 것으로 조사 결과가 나타났다. 대한상공회의소가 발표한 '노동시장 유연성과 임금체계 개편' 보고서에서 한 직장에서 20년 이상 계속 근무한 우리나라 근로자의 임금수준은 신입사원 초임(초임)을 100으로 했을 때 175.6으로 조사됐다고 밝혔다. 이는 똑같은 근무 경력의 일본 근로자(172.0)는 물론 프랑스(130.9)·이탈리아(128.2)·독일(118.8) 같은 유럽 주요 선진국 근로자와 비교해도 초임 대비 임금 상승폭이 최고 2~4배 정도 높은 것이다. 엄기웅 대한상의 상무는 "이 같은 경향은 선진국 기업의 경우 호봉제 개념이 없이 직무에 따른 직무급제가 정착돼 있는 반면, 우리나라 기업에는 생산성과 무관하게 근속연수에 따라 임금이 자동 증가하는 연공서열형 임금구조가 지배적이기 때문"이라고 분석했다.

하지만 최근에는 한국기업의 임금체계의 근간을 이루던 연공서열형 자금체계에 대한 비판이 일면서 직무성과급제도, 경영성과배분제도, 임금피크제, 생산성협약 임금제 등의 대안적인 방법을 실시하는 기업이 늘고 있다.

▶ **외국 기업:** 외국 기업의 인사정책 중 가장 핵심적인 점은 "능력에 따라 대우한다"는 것이다. 이들에게 '연공서열'은 의미가 없다. 개인의 능력을 가장 정확하게 판단, 이에 맞춰 급여 및 승진 기회가 주어진다. 각 기업은 직원들이 능력을 최대한 발휘할 수 있도록 여건을 조성하고 불필요한 인력 및 조직을 과감히 잘라낸다. 평가는 임직원들이 공통적으로 납득할 수 있을 과학적인 분석근거와 공평한 잣대를 토대로 이루어진다. 이 같은 능력별 성과급제도가 개인의 경쟁력, 나아가 기업의 경쟁력으로 연결된다.

3) 여성의 근무환경

"예를 들어 발표할 때 여자인 저에게는 '그 정도면 잘했지 뭐'라는 표현을 써요. 반면 남자 직원들에게는 '그 부분은 이렇게'라며 짚어줘요. 여자를 무시한다기보다 고정관념 같은 것이 있나 봐요. 또 국내 기업은 암암리에 비공식 그룹이 있어서 중요한 정보도 공유하고 서로 끌어주고 하거든요. 그 그룹에 여성은 못 들어 가요. 그런 면에선 외국 기업이 좋습니다."(CJ 마케팅리서치센터 고미희 센터장)

"주부들은 특히 아이들이 아파서 늦게 출근할 때가 있는데요. 그럴 땐 외국 기 업이 편해요. 일의 효율을 중시하기 때문에 출근 도장을 찍는 게 중요하진 않거 든요." (한국노바티스 임상의학부 이관숙 과장)

"제가 국내 은행에 근무할 때 남자가 오히려 역차별받는다는 이야기도 많았어 요. 하지만 역시 남자에게 책임과 권한을 줬기 때문이죠. 여성에게는 외국 기업이 나을 것도 같네요." (PCA 투자신탁운용 김대연 과장)

이처럼 여성이 근무하기에는 외국 기업의 문화가 더 좋다는 의견이 특히 여성 사원들 사이에서 지배적이다. 국내 기업의 경우, 여성이 결혼 후 묵시적으로 퇴직 을 강요하는 사례가 빈번하다. 퇴직의 경우까지는 아니더라도, 알란 플럼 롤스-로 이스 한국 사장은 한국사회가 여성에게 가사노동과 육아를 떠맡기고 직장에서 배 척하는 문화를 회의적으로 보며, 출산율 저하로 이어지는 국내 기업들의 여성 사 원들에 대한 대접 소홀을 지적했다.

〈관련 신문 기사〉
다국적 기업 N사의 마케팅 담당 중역인 ㅅ 씨는 원래 국내 대기업에 근무하다 스카우트돼 전직한 경우. 그는 회사를 옮긴 초창기, 외국기업문화가 한국기업문화 와 너무 달라 굉장한 문화적 충격을 느꼈다고 고백한 적이 있다. 출근 첫날부터 문서작성은 물론 커피까지도 스스로 타 마셔야 했다. 처음 하는 일에 '혹시 이 사 람들이 나를 무시하는 건 아닌가?'하는 이유 없는 피해의식마저 있었다고 한다.

그러던 어느 날 N사의 외국인 사장이 그의 방에 들어서면서 "당신 뒤에 걸린 액자가 삐뚤어졌군요"라고 말했다. 그 말과 동시에 그는 습관적으로 총무부로 전 화해 지시를 했다고 한다. 순간 당황해하는 표정의 사장은 "당신 방의 액자가 삐 뚤어졌는데 왜 총무부 직원을 부릅니까? 그 정도는 스스로 할 수 있지 않나요?" 라고 했다.

ㅅ 씨가 N사로 옮기고 1년이 지났을 때 그의 평가서에는 '기획을 잘함. 그러나 기안 자체에 그쳐 실적과 연결되지 않음……' 등의 내용이 적혀 있었다. 국내 기업에서는 기안을 잘하는 사람이 능력 있는 사람으로 평가받으며, 대부분의 실무는 부하직원들이 처리하기 때문에 상사는 실무를 잘 모르는 경향이 있다. 그러나 외국기업에서는 모든 일을 기획한 사람이 직접 처리한다. 국내 기업 시스템에 익숙해져 기안만을 잘하고 실무에 어두운 ㅅ 씨는 모든 일을 용두사미식으로 처리하는 중역으로 평가받을 수밖에 없었다.

그는 자신의 쓰러진 자존심을 세우기 위해 이를 악물고 노력했다고 한다. 열린 마음으로 부하직원들을 대하고 특히 개인적인 일로 직원들을 성가시게 하는 일은 절대 하지 않게 되었다고 한다. 업무 진행에서도 기획만 잘하는 중역이 아닌, 기획도 잘하고 좋은 성과를 내는, 실전에 강한 중역으로 탈바꿈하려 애를 썼다고 한다. "처음 ㅅ 씨가 우리 회사에 오셨을 때 잔심부름도 시키고, 명령조로 이야기하는 바람에 너무 기분이 나빠 회사를 그만둘까 하는 생각도 했어요." 그와 가까워진 부하직원이 나중에 털어놓은 이야기에 그는 몹시 충격적이라 할 말을 잊었다고 한다.

최근 모 컨설팅회사에서 직장인과 취업 준비생을 대상으로 설문 조사한 내용에 따르면 약 80%에 가까운 응답자들이 '외국기업에서의 근무에 관심이 있다'는 답변을 했다고 한다. 외국기업에서의 근무가 국제 감각과 경쟁력을 키울 수 있으며 실적별로 높은 연봉을 받고 자유로운 근무 분위기를 누릴 수 있는 좋은 기회라는 인식이 보편화되고 있다. 승진에 남녀차별이 없고 수준 높은 복지도 큰 장점이다. 반면에 반드시 짚고 넘어가야 할 부분이 있다. 우선 능력과 실적 위주의 경영을 하다 보니 업무 강도가 그만큼 높고 책임소재가 분명하며 냉혹할 정도로 철저한 성과 위주의 평가를 받는다. 동료와 경쟁관계에 놓이기 때문에 깊은 동료애도 기대하기 힘들다. 또한 외국기업에 다니는 사람들 중에는 미래가 불투명하다고 생각하는 사람이 많다. 경기에 따라 언제 철수할지 모르는 불안감이 있는데다 고위직으로 승진하는 데에 한계가 있다고 보는 것이다. 어느 곳에나 허와 실은 있게 마련이다. 외국기업, 정확히 알고 들어가자!

〈유순신 / 유니코써어치 대표(www.unicosearch.com)〉

4) 변하고 있는 우리 기업문화 사례

가족 중심적이고 관료제적인 기업문화는 급속히 변화하는 기업 환경 속에서 변화가 요구된다. 이러한 시대적 흐름에 따라 많은 우리나라 기업들은 새로운 문화들을 적극 개발, 도입, 수용하고 있다. 기업의 문화는 한순간 형성되는 것이 아닌 오랜 세월동안 축적되어 온 것이기 때문에 아직은 많은 기업들이 그 내부까지 완전히 변화한 것은 아니지만 혁신적인 CEO들에 의해서 많은 시도들이 이루어지고 있다. 그 대표적인 사례들을 조사해 보았다.

(1) SK텔레콤의 '수평적 구조의 인사제도'

SK텔레콤이 수직적 상하관계 중심의 기존 직위체계를 전면 폐지했다. 사원에서 대리, 과장, 차장, 부장으로 이어지는 기존 직위체계를 성과 중심으로 변경하는 수평적 구조의 새 인사제도를 도입했다. 이에 따라 본부장, 실장, 팀장 등 직책자를 제외한 팀원 호칭은 모두 '매니저'로 통일했다. 최소 승진연한도 폐지해 성과 중심의 평가 체제를 강화했다. 국내 통신업계에서 직위와 연공서열을 폐지한 인사제도를 도입한 것은 SK텔레콤이 처음이다. SK텔레콤은 글로벌 비즈니스 환경에 빠르게 적응하고 신사업 영역에 진출해 지속성장을 실현할 수 있는 사람(People) 제도(System)·문화(Culture) 혁신을 목표로 인사제도를 이같이 개편했다고 발표했다. 이 회사는 수직적 상하관계인 과거 직위체계와 호칭을 성과 중심으로 변경함으로써 수평적 창의적인 조직문화를 만들고 구성원 역량도 극대화할 것으로 내다보고 있다. 현순엽 SK텔레콤 인력관리실장 상무는 "인사제도 진화와 발전을 통한 긍정적인 조직 변화는 급변하는 경영 환경에서 지속적인 성장과 발전을 위해 반드시 필요한 요소"라고 말했다.

[매일 경제 신문]2006-10-17

(2) 원할머니 보쌈의 '인력 개발을 위한 독서 경영'

원할머니 보쌈의 박천희 사장은 직원들에게 '혁신 경영'을 주창하면서 성과 위주의 조직문화를 정착시키겠다고 선포했다. 박 사장은 "기업이 지속적으로 성장하기 위해서는 변화와 혁신 그리고 깨진 유리창을 보수하고 수리함으로써 가능하다"며 기회가 있을 때마다 직원들에게 개이니 역량 강화를 주문하고 있다. 이를 위해 도입한 것이 독서 경영. 원앤원 직원들은 매달 책 한 권을 읽고 보고서를 제출해야 한다. 또 직원들은 매월 외부의 유명 외식업체를 방문한 뒤 벤치마킹이 가능한 내용에 대해 리포트를 제출한 뒤 평가를 받는다. 원앤원은 올 2월부터 직원들을 대상으로 한 사이버교육을 실시하고 있다. 분기별로 실시되는 사이버교육은 인력자원관리가 외식업체의 경쟁력이라는 박 사장의 평소 지론에 따라 도입됐다. 사이버 교육은 직급별로 진행되고 있는데 자기 계발에 관심이 많은 직원들의 만족도가 높다. 박 사장은 "기업에서 경영 전략보다 중요한 것은 직원 개개인의 역량"이라며 "앞으로 교육 기회를 대폭 확대하는 한편 성과제도를 도입해 직원들의 역량을 계속 높여나갈 것"이라고 말했다. 이 같은 직원들의 역량 강화를 통해 끊임없이 혁신을 추구해야만 기업의 경쟁력을 높이는 동시에 고객만족을 극대화해 글로벌 외식 사업으로 도약할 수 있다는 것이다.

[서울 경제 신문] 2006 - 10 - 15

(3) 홈플러스의 "신바람 문화"

홈플러스의 성공에는 '신바레이션(Synbaration)'과 'CPS 문화'라는 독특한 조직 문화가 큰 원동력이 되고 있다. 신바레이션은 신바람(Synbaram)이라는 한국의 신명나는 정서와 서양의 합리적인 문화인 레이션(Ration)이 결합된 새로운 용어.

CPS 문화는 Customer-Focused culture(고객중시문화), Professional-culture(프로문화), Synbaram-culture(신바람 문화)의 맨 앞 단어를 조합한 말이다. 고객 중시문화는 모든 것을 고객 중심적으로 생각하고 의사결정 판단기준을 고객 감동과 가치에 두는 것이다. 프로페셔널 문화는 모든 직원이 최고 전문가가 되기를 지향하는 문화다. 지구언은 회사의 중요한 고객 중 하나며 일류 인재를 양성하는 것은 회사의 성패를 판가름짓는 중요한 요소라고 판단하기 때문, 주요 의사결정도 전문 회의체를 통해 원스톱 방식으로 진행된다. 매달 한 번씩 외부에서 초청한 명사에게 강의를 들을 수 있는 '모닝 포럼'도 마련하고 있다. 신바람 문화는 모든 직원의 일과 삶이 균형 있고 조화로운 발전을 할 수 있도록 여건을 조성하는 것. 이를 위해 주5일 근무제를 업계 최초로 도입해 직원들에게 여유로운 주말과 재충전 시간을 제공하고 있다. 또 임직원 간 의사소통이 원활하게 이루어질 수 있도록 사내방송, 사보, 등 다양한 채널을 개설해 놓고 있으며 컴패니 콘퍼런스, 타운 미팅 등과 같은 전사회의를 통해 회사의 비전과 경영목표를 공유하고 있다.

[매일 경제 신문]2006 - 10 - 20

(4) 유한킴벌리의 '자율과 책임의 기업문화'

유한킴벌리는 구성원들이 자신이 맡은 일을 스스로 알아서 자신의 책임하에 성공적으로 수행함으로써 개인의 자유의지를 보장하고 조직과의 조화를 스스로 일궈낼 수 있도록 유도하고 있다. 그 예로 유한킴벌리의 한 공장을 들 수 있다. 군포공장에서는 제품 생산라인별로 한 기계당 4~10명 정도의 팀을 구성하고 있다. 작업팀 내에는 감독자가 없고, 공식화된 위계도 존재하지 않으며 팀의 리더는 구성원들에 의해 선출되고 있다. 이러한 작업팀 운영은 집단 구성원들 간의 인간관계를 개선시키고 구성원들의 직무에 대한 주인의식을 향상시켜 변화 욕구를 증진시킬 수 있다.

유한킴벌리에서는 업무에 대한 권한위임(empowerment)을 중요하게 생각하며, 위임된 권한은 철저히 존중되고 있다. 이곳의 조직구조를 살펴보면, 사장 아래의 이사 대우부터 전무까지 직급을 가진 12명의 본부장이 있다. 그러나 본부장끼리는 직급에 관계없이 상하관계가 아닌 수평관계의 구조를 갖추어 본부장의 권한을 보장받으며, 현업에서의 업무 담당자가 기안한 내용은 대부분 부서장이 전결하고, 극히 중요한 사안만 본부장이 결재하도록 하여 맡은 역할에 대한 자유로운 판단과 활동을 보장하는 동시에 책임과 권한을 강하게 부여하고 있다. 또한 사원들이 업무특성 따라 자율적으로 출퇴근 시간, 출근여부, 복장을 선택하는 제도를 시행 중입니다. 이전의 대기업이 모든 사원이 정장을 입도록 의무화한 것에 비하면 유한킴벌리의 이 제도는 매우 놀라운 것이다. 심지어 복장뿐 아니라 출퇴근 시간이나 출근 여부에 대해서는 매우 유동적으로 대처함에 따라 개인의 자유를 최대한 보장하면서 책임과 의무를 요구하는 시스템이다. 제품의 생산의 주도적인 역할을 하는 공장에서도 출퇴근시간 자율 결정할 수 있도록 했다. 또 이전의 기업에서는 찾아 볼 수 없는 4조 2교대를 처음으로 시행하였다. 4조 2교대란 두 조가 12시간씩 근무하고 맞교대하는 동안 나머지 두 조는 휴식을 취하고, 그 다음에는 쉬고 있던 두 조가 작업에 투입되고 이전에 근무한 조는 쉬는 시스템이다. 이를 통해 3조 3교대제를 취하고 있는 공장의 가동일 수가 연간 260일임에 비해 유한킴벌리의 가동일 수는 연간 350일에 달한다. 하루 가동시간도 과거에는 8시간에서 24시간으로 유동적이었지만 4교대제를 통해 하루 24시간 풀가동이 가능해지게 되었다. 이를 통해 생산력이 30% 이상 상승되었다고 분석하고 있다. 뿐만 아니라 영업부에서는 현장 출퇴근제(On field Work System)를 실시해 영업부 사원들이 사

무실로 통근을 해야만 하는 고충을 덜어줌으로써 효율성을 높이며 자율성을 보장
하였다.

[대한민국 희망보고서 – 유한킴벌리]

　지금 우리가 살아가고 있는 이 시대는 기술과 정보, 환경, 문화 등 다양한 변
수들로 돌아가고 있고, 앞으로도 또 다른 새로운 변수가 나타날 가능성을 배제할
수는 없다. 급변하는 다양한 이 사회에서 모든 변수를 다루어야 하는 기업경영은
그야말로 전쟁터의 가운데라 해도 과언이 아닐 것이다. 자칫하면 고유의 특징을
잃어 묻혀버릴 수도 있고, 아니면 각각의 개성이 강한 조직원들의 부조화로 흐트
러질 수도 있는 것이 기업의 조직이다. 이를 막아 조직의 목표에 빠르고 정확하
게 도달할 수 있도록 조직원들을 다루려면 조직문화의 구축이 반드시 필요하다.
조직문화의 필요성을 깨달은 각국의 기업들은 조직문화 창출에 많은 노력을 하고
있고, 우리나라 역시 예외가 아니다. 지금껏 우리가 앞에서 알아본 조직문화는 오
늘날까지 우리나라를 이만큼 성장하게 만들어준 기업들의 문화에 지금의 시대상
을 반영한 좀더 창조적이고 유연한 조직문화들을 알아보았다. 동시에 외국계기업
과의 비교로 단점은 보완하고 장점은 강화시킬 수 있도록 살펴보았다. 개인의 노
력과 능력이 보이는 만큼 보상받고, 직원의 다양한 편의를 위해 잘 마련된 복지
제도의 배경을 가진 외국의 조직문화는 그동안 우리나라 취업자들이 외국계 기업
을 선택하게끔 만든 큰 요인 중에 하나였다. 한국의 주축 문화를 이끄는 유교적
문화가 기업의 조직문화에 반영되는 것은 당연한 일이었고, 취업자들도 이를 알
기에 그들은 유교적 문화의 부정적 모습인 엄격하고 복잡한 위계질서와 학연지연
에 얽매인 인간관계를 꺼려 이를 피했으면 하는 생각이었던 것이다.

　하지만 세상의 모든 것이 그렇듯 어느 쪽이 반드시 좋고 나쁘다는 것은 판단
할 수 없다. 남의 것이 더 좋아 보이듯 기업의 조직문화를 비교하는 관점에서도
외국계기업의 조직문화는 장점이 좀더 크게 보이고, 우리나라 취업자가 대부분
몸담고 있는 우리기업의 조직문화는 단점만 부각하여 보려 했던 사람의 심리가
작용했다 할 수 있다. 개인주의가 강한 외국계에서는 직급과 근속연수가 아닌 성
과, 능력에 따라 인정받고 보상받으며, 활발한 의사소통으로 서로 요구사항을 제
안하고 이에 협상하여 원하는 것을 획득하고 있지만 사적인 부분에서는 민감한
그들의 문화에서 따뜻한 동료애를 느끼기가 어렵고, 본인의 개인 목표에 따라 조

건만 맞는다면 쉽게 이직하기 때문에 높은 이직률로 조직의 입장에서나 조직원의 입장에서 미래가 불투명하기도 하다. 우리나라 또한 위계질서로 인한 수직적 구조와 그로 인해 활발하지 못한 의사소통이 종업원의 의견반영과 그들의 편의를 위한 제도구축, 복지생활에 힘이 되지 못하면서 조직 생활의 불만사항이 되곤 하였다. 그러나 한국 문화의 특성상 우리의 공동체 의식은 끈끈하고 정을 나누는 인간관계는 동료애를 유발하고, 조직에서의 자발적, 헌신적 행동을 이끌어 냈다. 빠르게 변화해가고 다양성의 인정을 중요시하게 된 사회는 상황에 대처하는 유연한 사고와 행동을 하는 기업을 요구하게 되었고, 세계화 추세에 힘입어 전세계가 같이 공유되면서도 자신만의 특징은 고수할 수 있는 기업만이 경쟁력을 높일 수 있게 되었다. 이에 오늘날 우리나라의 많은 기업들도 자사의 효율성 및 효과성을 떨어뜨리는 기존의 조직문화들을 변화시키고 있다. 단순히 부정적 모습을 긍정적으로 바꾸려는 차원을 넘어 좀더 다양한 방법으로 조직의 식구들 및 고객의 만족의 질을 향상시키기 위한 방향으로 조직문화의 변화를 꾀하고 있는 것이다. 앞의 사례 언급한 다양한 시도의 조직문화가 구축되고 있는 가운데 실질적으로 조직문화의 변화를 실행하는 관리자들은 자세는 어떠해야 할까? 무조건적으로 외국계기업의 조직문화를 수용하여 우리의 문화에 적용시키는 것은 옳지 않다. 그들의 장점화된 것을 잘 살리되 우리문화와 잘 어울려 조직원들이 받아들이기 쉽도록 시간을 두고 철저하게 준비한 후, 잘 스며든 '우리'화된 문화로 자리매김할 수 있도록 해야 한다는 것이다. 그리고 우리의 강점이 되는 문화는 잘 고수하고 다듬어 우리나라만의 조직문화 특성을 유지, 계승할 수 있도록 해야 한다. 활발하고 위계질서에 얽매이지 않은 유연한 의사소통은 점차 팀제로 바뀌고 있는 조직구조와 직급이 아닌 호칭제를 시도하는 기업들이 늘어나면서 거기에 우리만의 따뜻하고 화기애애한 분위기를 접목시켜 편안한 장소에서 독특한 방법의 아이디어 회의를 도입함으로써 점차 자리잡고 있다. 물론 학연지연이 아닌 능력에 따라 평가되고 보상하는 문화와 여러 부분의 편의를 도모하는 복지제도, 늘어나는 여성 직원을 위한 배려는 많이 시행되고 있긴 하지만 좀더 시간을 두고 보편화될 수 있도록 꾸준히 노력해야 할 부분이다. 이렇듯 변화하고 있는 우리 기업에 공과 사의 경계는 분명히 하면서 그래도 사람 좋아하고 서로 챙겨주는, 한 번씩 뭉쳐 정도 나누고 의기투합할 수 있는 우리의 따뜻한 공동체, 동료애 문화는 늘 한결같았으면 한다. 다른 나라에서는 단합대회 형식의 우리의 이런 문화를 비효율적으로 보는 시각도 있지만 많은 비용을 들이지 않고도 직무에 방해가 되지 않는 한도 내에서

1년에 한두 번 조직원의 사기도 높이고 결속력도 높여주는 행사는 그들의 직무만족과 직무성과에도 긍정적인 영향을 끌어 줄 것이므로 우리나라에서 꼼꼼히 보완하여 외국계 기업에서도 우리의 조직문화를 벤치마킹할 수 있도록 조직문화보급에도 기여할 수 있었으면 하는 바램이다. 조직문화는 조직을 움직이는 힘이라고 할 수 있다. 경쟁력 있는 우리의 기업들이 속속히 배출되고 있는 이 시점에 잘 발전된 조직문화가 이를 뒷받침해준다면, 국가경쟁력에 긍정적 효과를 미칠 것이다. 물론 정착되기까지 시간도 오래 걸리고 비용도 많이 들겠지만 장기적인 안목에서 기업이 커갈 수 있는 강력한 힘은 조직원을 만족시키며 그들을 하나로 움직이게 할 수 있는 조직문화가 큰 부분을 차지하는 것이 틀림없기에 기업과 국가차원에서 바람직하고 유연한, 그리고 한국고유의 특징을 살린 조직문화를 창출할 수 있도록 머리를 맞대어야 할 것이다.

[즐거운 일터 23]
이화일보 2010－11－21
"이경, 여성들이 취직하고픈 기업 1위 선정!"
'직원만족 직원감동' 문화가 인기이유
다양한 맞춤형 복지제도로 직원배려가 최우선

이경그룹은 최근 갤럽 리서치 조사에서 우리나라 여성들이 가장 가고 싶어 하는 기업 1위로 뽑혀 화제를 모으고 있다. 1위로 뽑힌 가장 큰 이유로 '직원만족 직원감동'을 모티브로 만들어진 신선한 그들의 문화와 직원들에 대한 다양한 복지제도 지원을 꼽았고, 무엇보다 지난해 4대 여성지에서 뽑은 여성에 대한 대우가 좋은 국내기업 1위로 뽑힌 것도 한몫 한 것으로 보이고 있다. 우리나라 뷰티산업의 절반 이상을 끌어가고 있는 이경그룹은 직급을 없애고 호칭 형으로 ×××님이라 부르면서 서로를 존중하는 가운데 활발한 팀 내 수평적 커뮤니케이션을 구축함으로써 다양한 아이디어를 자유롭게 나누고 있다. 또한 부서 간의 벽의 없애기 위해 격주로 부서 간 크로스 미팅을 열어 직접적으로 자주 만나지 못하는 타 부서의 직원들과의 대화를 나눈다.

자유로운 의견교환과 독특한 아이디어 창출을 위해 한 달에 한 번 찜질방에서 3인1조로 반드시 찜질방을 찾은 고객 3명과 동반하여 편안한 분위기 가운데 살아 있는 현장에서 무작위 간담회가 열린다. 간담회라는 형식적인 틀보다는 찜질방에 놀러 와서 수다 떤다는 기분으로 소비자들과 함께 아이디어 회의를 함으로써, 이는 직원들이 회사 밖에서 스트레스도 풀면서 다양한 아이디어를 얻을 수 있는 자리가 되고 있다.

또 연말에는 직원들의 독창성이 돋보이는 이경 컨퍼런스를 개최하는데 이때 선착순으로 지원을 받아 자사제품을 사용하여 메이크업 쇼와 건강 이경인 대회, 이경 머릿결 대회를 개최하는데 1위를 한 팀에게는 미국의 주요 뷰티산업 현장을 돌아볼 수 있는 현장 체험의 기회가 돌아간다.

다양한 맞춤형 복지제도를 시행하고 있는 이경그룹은 체력단련비, 가족의료비, 문화생활비, 자녀교육비를 제공하여 직원들이 필요로 하는 선택하에 적극지원하고 있다. 직원의 능력개발에 대한 끊임없는 교육지원은 물론, 이경그룹에서는 점심시간을 이용한 마스크 팩 시연, 네일케어, 두피마사지 제공, 헤어 스타일링 강연 등 뷰티산업인 만큼 직접 체험하면서 미용적인 혜택을 받을 수 있는 기회를 제공한다. 이에 남성사원들은 부끄러워하면서도 자신의 외모관리를 위해 함께 참여하는 모습을 보이고 있다고 한다. 또한 여성 직원에 대한 배려로 탁아소, 여성전용 휴게실 운영 및 생리휴가를 제공하고, 탄력근무제를 적극 도입하면서 육아와 가사일에 바쁜 여성 직원들이 융통성 있게 시간을 활용할 수 있도록 해주고 있다.

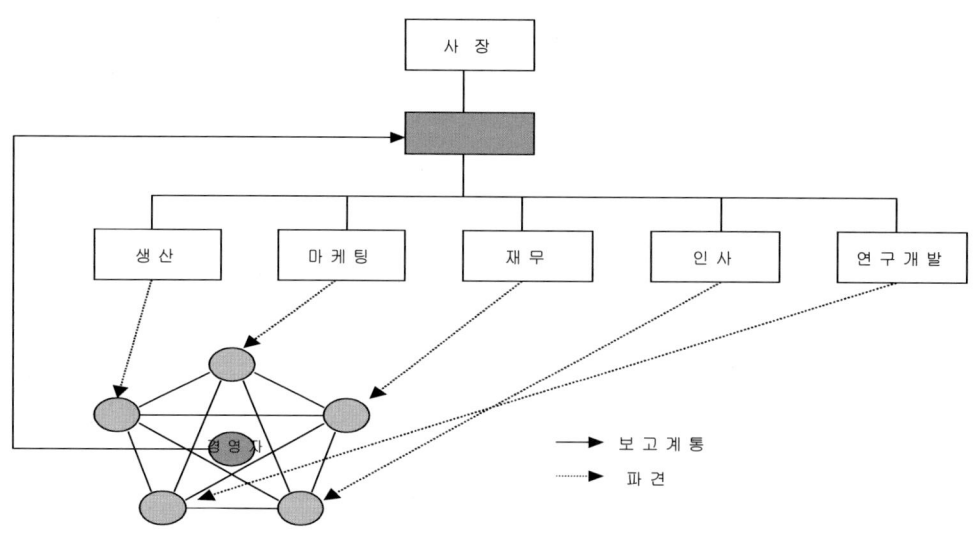

※ 조직과 경영에 대한 거미줄 모형도

참고문헌

C. 햄프든－터너, A. 트롬페나르, 21세기 초일류기업으로 가는 기업문화혁명, 자작나
　　무, 1995.

찰스 L. 데커, P & G power: 원칙중심의 99가지 성공비결, 영언, 2002.

정혜원, 대한민국 희망보고서 유한킴벌리 / KBS일요스페셜 팀 취재: 거름, 2004.

유필화, 신재준, 기업문화가 회사를 말한다, 한언, 2002.

김명언, 박영석, 한국기업문화의 이해, 오롬, 1997.

에드거 H. 샤인, 기업문화 혁신전략, 딜로이트 컨설팅 코리아 일빛, 2006.

〈참고사이트〉

http://www.chosun.com/w21data/html/news/200112/200112160184.html

http://economy.ohmynews.com/articleview/article_view.asp?at_code=314495

http://www.donga.com/docs/magazine/weekly/2005/02/22/200502220500007/200502220500
　　007_2.html

http://www.chungnam.ac.kr/~songkc/%C6%F2%B7%D0/%C7%F6%B4%EB%BC%AE%
　　C0%AF.html

http://kr.blog.yahoo.com/notecbook/2671

http://www.scieng.net/zero/view.php?id=now&no=8488

http://www.lgpress.org/library/book/books14/4.asp

http://www.unicosearch.co.kr/chief/MainContents/NewsDetail.asp?num=345&count=265

http://www.career.co.kr/jobs/vertical/foreign/environment.asp

11. 경영행정 마인드

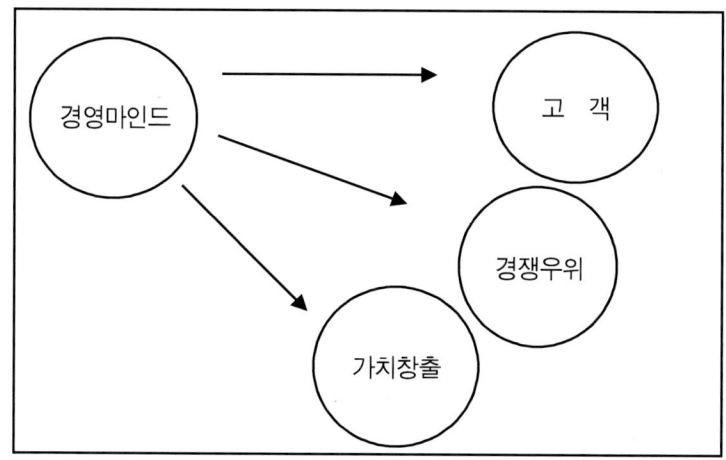

경영행정에서 말하는 경영마인드

세 개의 경영행정 마인드 요소를 살펴볼 필요가 있다. 이를 통해 경영행정을 바로 파악할 수 있기 때문이다.

첫째, 일본의 MK택시는 최고의 서비스로 시장을 장악했다. 그 내막에는 종업원의 엄격한 서비스 교육과 수입의 10%를 예절 교육에 투자하고 영어를 가르치는 그들의 공격적 경영방법을 우리는 알고 있다. 사람들이 택시를 타게 하는 방법에는 여러 가지가 있겠지만 MK의 전략은 고객의 만족을 최우선으로 하는 고객중심의 경영마인드였다. 둘째, 우리가 슈퍼에서 우유 하나를 살 때, 우리는 어떤 판단에 의해서 구입을 할까? 영양가, 우유팩의 디자인, 다이어트, 양, 가격, 광고 등 다양한 선택조건이 있겠지만 대부분의 사람들은 냉장고 안에서 가장 많은 자리를 차지하고 만든 지 얼마 되지 않는 우유를 살 것이다. 우리가 냉장고에서 자리를 많이 잡고 있는 우유들을 살펴보자. 국내에서 시판되는 우유의 종류는 수십 가지가 될 것이다. 그렇지만 정작 냉장고에는 5가지 이내의 우유만이 놓여져 있다. 냉장고 안에 있는 제품들은 적어도 나머지 회사들의 경쟁을 뿌리치고 왔을 것이다. 그 경쟁에는 많은 요소들이 포함되어 있고, 그 방법 또한 다양하다고 생각한다. 이제는 국내의 기업 간의 경쟁을 넘어 국외 기업과 국가와 국가의 경쟁으로 이어지고 있는 실정이다. 기업 또는 국가가 특정제품에 대한 독점적 지위를 가장 낮은 비용으로 생산하여 독보적인 위치를 차지하는 것을 절대 우위라 하고, 한 국가가 다른 국가에 비해 탁월한 기능을 가지고 있는 제품을 탁월하지 못한 제품을 대신하여 서로 간에 유망제품들만 무역을 해 두 국가 모두 이익을 발생시키는 비교우위가 있다. 이렇게 경쟁우위는 기업을 넘어 국가 간에도 이어지고 있다. 얼마나 자사만의 독특한 핵심역량을 가지고 있고, 그것으로 얼마만큼의 가치 있는 활동을 할 수 있느냐가 우위에 놓일 수 있는 관건이 된 것이다. 셋째, 가치의 극대화이다. 미래에 발생하게 될 현금흐름의 현재가치인 주가를 투명성 있는 경영과 공개로 주가를 극대화시킬 수 있으며, 효과적인 브랜드 전략으로 가치를 극대화시킬 수 있다. 효과적인 브랜드 전략이란? 나이키와 운동화, 청량음료와 코카콜라, 국내에선 한메일과 전자메일 등 브랜드는 개성이나 성격과 비슷하다고 생각한다. 소비자는 브랜드가 있음으로 인해 제품이나 서비스의 질에 대해 어느 정도 안심을 하게 되고 모든 제품을 비교해야 하는 번거로움을 피할 수 있다. 이렇게 성공적인 브랜드와 시장장악은 치밀한 작업이 필요하다. 이 물건의 수요자가 누구이며, 그들이 필요와 욕구는 무엇인지를 이해해야 하고, 소비자가 이 제품이나 서비스를 어떻게 인지하기 바라는지를 알아야 한다는 것이다. 바로 소비자 심리를 정확히 파악해 그에 맞는 경영목표와 비전을 설립해야 할 것이다. 이렇게 해서 수업시간에 배웠던 경영마인드에 대해 간략히 요약을 해봤습니다. 경영마인드라는 것을 단순히 몇 자로 정의하기는 매우 힘들다고 생각합니다. 다양한 분야의 경영마인드에 대해 조사해야 할 것이다.

조직문화란 사회를 구성하고 있는 모든 사람들이 공동으로 소유하고 있는 신념과 이념, 관습, 지식과 기술을 포함한 거시적이고 종합적인 개념으로서 사회구성원의 행동에 영향을 주는 요소들이라 말할 수 있다.

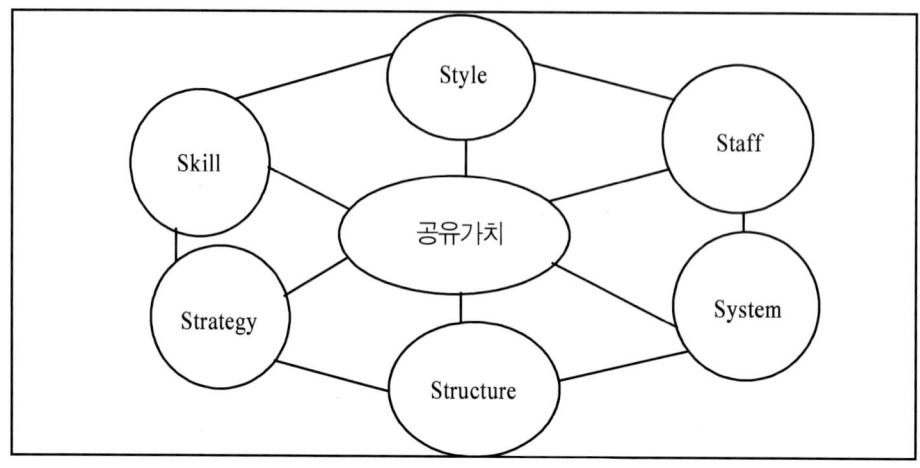

위의 그림은 매킨지의 7S 모델(Mckinsey's 7S Model)이다.

매킨지의 7S모델은 순수한 전략 모델이라기보다도 조직개발 또는 조직 변혁 모델이라 할 수 있다. 이 명칭은 매켄지가 조직개발 측면에서 꼭 필요하다고 생각한 일곱 가지 요인, 즉 전략(Strategy), 기술(Skill), 공유가치(Shared Value), 구조(Structure), 시스템(System), 종업원(Staff), 스타일(Style) 등 7S로 구성되어 조직의 혁신을 기하고자 할 때 사용하는 모델이다.

◆ 전 략

조직의 변혁을 위해서는 먼저 전략을 정해야 한다. 다음으로 그 전략을 실행할 수 있는 어떤 조직이 필요한가? 즉 어떤 기술을 숙련하고 육성하여야 하는가를 명확히 해야 한다. 다음으로 나머지 다섯 가지의 요인을 어떻게 바꾸어야 하는가를 정한다. 전략이란 기업 또는 사업 단위가 그 자원을 어디에 집중할 것이며, 어디에서 경쟁하는가, 경쟁우위를 지속하기에는 어떤 행동의 조정이 필요한가를 서술하는 것이다.

◆ 기 술

기업의 적절한 전략이 수립되면 다음의 행동은 새로운 전략이 요구하는 기술이 무엇인가를 정하는 것이다. 기업이 시장 환경에 어떻게 적응하여 능력을 발휘하는가 하는 것이 전략이라면, 기술은 전략을 어떻게 실행할 것인가 하는 문제이다. 기술은 전략과 새로운 시대와의 연관을 표현하고 있음과 동시에 다른5S, 즉 구조, 시스템, 종업원, 스타일, 공유가치를 어떻게 변혁할 것인가를 가르친다.

◆ 구 조

기업의 구조는 조직 변혁에 관한 콘셉트 중에서는 가장 중요하다. 이것은 사업 분야, 사업 단위를 상호 관련 있는 그룹으로 나누는 방법이다. 구조가 조직 속에서는 가장 눈에 띄는 요인이면서, 조직 변혁은 구조의 변화에서부터 시작해야 한다.

◆ 시스템

시스템이란 많은 종업원이 해야 할 일이나 결정을 내려야 할 주요 문제를 판별하기 위한 양식 또는 과정이라고 정의한다. 시스템은 조직 내에 무엇이 일어나는가에 강한 영향력을 갓고 있으며, 경영자에 대해 조직변혁의 강력한 무기를 제공해 준다.

◆ 종업원

종업원은 기업이 필요로 하는 사람의 유형을 정의하고 있다. 이것은 개개 사원의 능력이라기보다는 조직 내 구성원들이 갖는 전체적 노하우의 문제이다.

◆ 스타일

스타일은 무시되기 쉽지만 중요한 요소이다. 스타일에는 2가지 요소가 있는데, 하나는 행동으로 상징되는 개인의 스타일이고, 다른 하나는 조직의 일원으로서의 스타일을 말한다.

◆ 공유가치

공유가치는 조직을 리드하는 한 가지 또는 그 이상의 것으로, 모든 사원이 특별히 중요하며 조직의 존속과 성공에서 결정적이라고 의식하는 것이다.

그림과 같이 조직문화는 기업의 다양한 요소들을 포함한 기업 내의 또 다른 세상이라고 말할 수 있다.

지금까지 학자들은 조직문화에 대해 어떻게 정의했는지 각각 살펴보자

▣ 사람들이 상호작용할 때 관찰할 수 있는 행동규칙성(Observed Behavioral regularities), 즉 사용되는 언어와 복종을 표현하는 방식 등을 의미한다.

- ◪ 작업집단 내에서 자연발생적으로 생기는 규범이다.
- ◪ 조직이 강조하고 있는 지배적인 가치관으로, 예를 들면 값싸고 품질 좋은 최고의 제품생산을 강조하는 것을 뜻한다.
- ◪ 조직구성원과 고객에 대한 정책수립의 지침이 되는 철학이다.
- ◪ 조직에 적응하는 데 필요한 게임규칙으로 신입사원이 한 조직구성원으로서 인정받기 위해 배워야 하는 요령 같은 것이다.
- ◪ 조직에 흐르고 있는 분위기로 이것은 사무실의 물리적인 배치와 조직구성원이 고객이나 외부인사와 접촉방식 등에 의해 전달된다.

조직문화는 특정한 인간의 고유한 개성을 형성하는 것처럼 조직도 주어진 환경에 적응하는 과정에서 조직고유의 독특한 성격을 형성하는 심리적·행동과학적·사회적·경제적·정치적 등의 다양한 분야에서 나타나는 요소와 가치체계의 일치로 나타나는 결합체라고 정의할 수도 있다.

이러한 조직문화는 기업의 경영체제라든가 여타 요소에 의해 변하는 것을 흔히 볼 수 있다. 과거는 대량 생산을 기본으로 한 '규모의 경제' 즉 많이 뽑아서 원가를 낮추어 그 물건을 더 팔아 이윤을 챙긴다는 말이다. 이렇게 양과 규모에 의한 생산방식으로 조직에서는 한번에 열 개를 만들어 낼 수 있는 인재가 필요했지 좋은 품질의 물건 한 개를 만드는 인재는 필요로 하지 못했던 것이다.

이러한 생산능률을 기본으로 하는 방식은 수직적 구조의 통제로 작업자의 개개인에게는 커다란 권한이 부여되지 못한다.

그러나 새로운 조직문화에서는 전문 경영체제로 품질과 한번에 한 개로 여러 종류를 생산하는 다품종 소량생산 방식이 들어오게 된다. 이러한 방식에서의 조직문화는 어떻게 변할 것인가? 일단 개인의 뛰어난 능력이 필요하므로 조직의 체제도 개방적이고 평등적인 수평적인 문화로 변화될 것이다. 이것의 단적인 예가 부서에서 팀제로의 변화이다. 조직문화라 함은 항상 시장의 변화와 고객의 변화에 의해 유연하게 변하고 변해야 하는 또 하나의 제품인 것이다.

조직문화가 기업경영의 어떤 측면에서 영향을 미치는지 구체적으로 살펴보자

첫째, 기업의 전략수행에 영향을 미친다.

용인대학교를 기업으로 봤을 때 학교에서 지금과 같이 개교50주년 행사를 위해 재정, 마케팅, 행사를 준비하고 전략을 세웠다 하더라도 이것이 반드시 실현되

는 것은 아니다. 왜냐하면 새로운 전략의 수행을 위해서 이것이 학생들과 직원들에게 어떠한 영향을 미칠 것이며, 그들이 이러한 행사에 얼마나 참여하고 호응을 얻을지는 미지수이다. 따라서 용인대학교(기업)는 학생들이 진정으로 원하는 것이 무엇인지 직원들이 생각하는 기념행사가 무엇인지 먼저 그들의 요구하는 문화와 기존 전통에 비추어 발을 맞춰봐야 한다는 것이다.

둘째, 합병 또는 사업의 다각화를 시도하는 경우에는 문화적 요소를 고려해야 한다.(합병에 미치는 영향)
합병이 이루어진 두 기업이 서로 조화될 수 없는 상이한 문화적 특징을 지니고 있으므로 진정한 내부적 통합이 이루어지지 못하고 심각한 어려움을 겪는 사례가 많이 있다. 그런 경우 유능한 사원들이 합병 후 새로운 회사에 적응하지 못하고 기업을 떠나는 등의 부작용이 발생한다. 또한 사업의 확장을 위해 새로운 기술과 생산방식이 도입되어야 하고, 새로운 시장에 활동해야 할 때 목적한 바를 달성하기 위해서는 관리방식도 변화해야 한다. 여기서 가장 중요한 사실을 발견할 수 있다.
조직에서의 저항세력을 어떻게 극복하느냐이다. 정보화 시대로 인해 컴퓨터와 인터넷을 기반으로 한 새로운 경영혁신기법이 등장하고 있고, 상당한 비용절감과 인원감축 효과를 볼 수 있다. 그렇지만 이것을 사용하지 않았던 기업들의 중견직원들은 변화에 질색을 할 것이다. 이런 사람들은 대부분이 정보기술의 부재로 인해 그들의 입지가 좁아지는 것을 원치 않기 때문이다. 쉽게 말해 오랫동안 일을 해 이 일이 이제 쉽고 편하게 돌아가는데 알지 못하는 시스템의 도입은 자신이 처음으로 밑에 사람에게 배워야 하는 결과가 나오기에 저항세력이 생기는 것이다.
이것을 어떻게 해결해야 할 것인가? 기업에선 그 시스템을 도입하기에 앞서 해당직원들에 대한 교육을 시켜야 할 것이다. 그들의 오래된 경영마인드를 시스템의 도입에 불확실한 부분들을 오히려 줄이는 역할로서 역으로 이용해야 할 것이다.

셋째, 조직 내 집단 간의 갈등에 영향을 미친다. (갈등에 미치는 영향)
한 집단이 형성되어 시간이 흐르면 그 집단의 문화도 함께 형성되므로 한 기업 내에서도 집단별로 상이한 문화를 가질 수 있다. 부서별·공장별·계층별에서 또 다른 문화가 존재하는 것은 자연스러운 현상이지만 이런 문화를 통합해주는 기업의 공동문화가 존재하지 않는 경우에는 문화적 차이로 인해 심각한 집단 간 갈등으로 번질 수 있다.

넷째, 의사소통에 영향을 미친다. (의사소통에 미치는 영향)

동일 기업 내에서도 다른 문화적 특성을 지닌 집단의 구성원들 간에는 상황을 해석하는 방식과 지각내용이 달라질 수 있으며, 사용하는 언어의 개념에도 차이가 있게 되므로 상호 간의 효율적인 의사소통이 어려워진다.

다섯째, 생산성에 영향을 미친다.

실제 작업환경에서 근무하는 구성원들이 자신의 성장과 기업의 발전을 일체로 생각하는 경우와 그렇지 않은 경우를 생각해보면 문화적 특성이 생산성에 영향을 미친다는 사실을 알 수 있다. 이러한 경우에는 직원들이 편하게 일할 수 있도록 복지시설을 확충한다든가 포상제와 승진제를 적절히 실시한다면 보다 좋은 생산성을 기대할 수 있을 것이다.

이와 같이 한 기업의 문화는 기업 운영의 모든 면에 영향을 미치면서 기업의 효과성을 결정하는 중요한 요소이다.

리더십(상황이론)

많은 학자들이 리더십을 연구하며 정의한 것을 견해를 달리하는 것들을 요약하여 표로 만들어 보았습니다.

학자별 리더십의 정의

학자별	정의내용
스토그딜	특정 상황에서 목적 달성을 위해 구성원에게 영향을 주는 과정
플레슈만	어떤 목표나 목표달성을 향하도록 커뮤니케이션의 과정을 통해 개인 간에 영향력을 행사하려는 시도
쿤쯔와 오도넬	사람들로 하여금 집단목표를 위하여 자발적으로 노력하도록 그들에게 영향을 주는 기술 또는 과정
탄넨바움 · 웨쉴러 매스릭	주어진 상황에서 구체적 목표의 달성을 통해 행사되는 대인적 영향력으로서 커뮤니케이션 과정을 통해 행사되는 것
햄프힐과 쿤즈	집단의 활동을 고유한 하나의 목표로 집중시키려는 개인의 활동

학자별	정의내용
젠다(Jenda)	일종의 독특한 형태의 권력관계로서 집단의 한 구성원이 자신이 행동패턴을 또 다른 구성원이 규정할 권리를 갖는다고 느낄 때 발생하는 것
슈미츠와 데코티스	영향력 행사과정으로써 O가 P에 영향을 가하여 P의 행위를 변화시켰을 때, P가 O의 영향력 행사를 합당한 것으로 생각하고, 야기된 변화가 P자신의 목표와 일치한다고 여길 때 발생하는 힘
카츠와 칸(Katz & Kahn)	기계적으로 조직의 일상적 명령을 수행하는 것 이상의 결과를 가져올 수 있게 하는 영향력
피터와 오스틴	리더십은 비전이요, 우렁찬 응원가며, 열정이다.
허시와 블랜챠드	주어진 상황에서 목표달성으로 지향하는 개인과 집단활동에 영향력을 행사하는 과정

많은 학자들의 리더십정의를 보면 리더와 집단의 구성원의 관계로 정의하고 있다. 개인적으로 리더십은 피들러의 상황이론이 효과적이라고 생각한다.

상황이론은 상황에 따라서 조직화 전략이 변동되며, 절대적인 최선의 조직 관리 전략이 존재하지 않는다는 것이다. 리더십 이론에서의 상황이론이 리더십에 대한 절대 기준이나 행동 유형이 존재하지 않음을 강조한 것처럼 조직이론에서도 어떤 일방적인 기준이 존재하지 않음을 강조한다.

효과적인 리더십의 유형은 주어진 상황이나 여건에 따라 다르며, 그 주변 상황이 리더를 키워준다는 것을 골자로 하는 상황이론은 모든 상황에서 언제나 바람직한 리더의 특성이나 행동 유형을 찾아내려고 하지 않고 어떤 상황하에서 그 상황이 요구하는 리더의 특성이나 행동 유형을 알아내기 위해 노력한다. 이처럼 상황이론은 '상황이 리더를 필요로 한다.'라는 가정하에 연구되었던 이론으로, 여러 가지 상황에 따라 가장 적합한 리더십의 유형을 찾아내려는 접근방법을 통해 제기되었다.

이렇게 상황이론을 정리하면 어려운 말 같지만 쉽게 풀어서 설명을 해보겠다. 여기서 제가 좋아하는 축구와 연관지어 설명을 해보겠습니다.

2002년 월드컵에서 우리는 4강의 신화를 달성했다. 4강이 있기까지 많은 공로자들이 있지만, 선수들을 지도했던 히딩크 감독의 선수들에 대한 관리와 경기 중 자기 팀을 어떻게 이끌었는지 상황이론을 도입해 설명을 해보겠다.

히딩크 감독이 부임하기 전까지는 우리대표팀의 축구포맨션은 항상 3－5－2였다. 항상 최종 스위퍼에 홍명보 선수를 두고 그를 공격과 수비의 시작과 끝으로 만들고 미드필더의 양 사이드를 통한 스피디한 축구를 구사했었다. 우리의 이런 포멘션은 팀이 상대팀이 어떤 전략을 구사하더라도 이대로 밀고 나갔다.

지금에서 생각하지만 축구는 굉장히 과학적이고 경영학적인 것 같다. 이렇게 3-5-2를 고집하던 우리축구는 4-4-2의 테크닉이 뛰어난 선수들이 오면 무너지게 되어 있다. 미드필더를 두텁게 했지만 한번에 넘어오는 패스를 빠른 발로 넘는다면 1차 저지선을 쉽게 넘게 되고 3백의 한 명이 스위퍼로 내려가 있으므로 역삼각형의 양 사이드는 쉽게 무너진다. 2:2의 혹은 2:3의 패스를 이용한다면 쉽게 공략할 수 있는 포멘션이다.

왜 우리는 그 3-5-2만을 고집했을까? 홍명보 선수라는 걸출한 스타플레이어 때문이다. 홍명보 선수 개인적으로는 뛰어난 선수임에는 틀림없다. 그렇지만 조직 전체가 그를 위한 축구를 해서는 안 된다는 것이다. 히딩크 감독이 부임 후 지금의 코엘류 감독이 구사하는 4-2-3-1 구사했지만 국내선수들은 포백이라는 낯선 환경에 적응하지 못했다. 홍명보 선수를 일반 다른 수비수와 동급으로 가는 이전형은 실패를 거듭했다. 모두가 홍명보 선수를 프리로 나누지 않아서 그렇다고 생각했고 다시 옛 전형으로 돌아가야 한다고 했지만, 히딩크 감독은 나에게는 베스트 11이란 없고 정해진 전형은 없다.

상대팀에 따라 선수와 전형이 변형된다. 그러기 위해서 멀티포지션을 소화하는 선수들을 발굴했던 것이다. 히딩크 감독의 이 말은 기업을 이끌 강력한 리더십보다는 주어진 시장의 환경에 따라 조직의 여건에 따라 그 상황에 따라 적합한 리더십을 해야 한다는 상황이론과 같은 것이다.

그렇지만 피들러가 찾지 못한 상황이론의 단점을 제가 축구를 통해 찾아보겠습니다. 다시 축구이야기로 들어가서 이러한 정해져 있지 않은 베스트 11과 정해져 있지 않은 전형은 효율적일 수 있으나 그 선수들은 항상 긴장을 해야 하고 11명의 선수 안에 못 든 선수들은 또 내가 다음번에는 발탁될 수 있을까 하는 불안감과 자기 포기감을 느낄 수가 있다.

선수들 간에 꾸준히 발을 맞추지 못해 오히려 조직력이 떨어질 수도 있는 것이다. 11명의 베스트멤버를 뽑아 훈련하고 경기를 계속 치른다면 그들의 위기에 처해 있을 때 안정감이 더 극에 달할 수 있을 것이다. 새로운 멤버가 가세했을 경우의 위기대처능력은 서로의 신비감으로 인해 뒤떨어질 수 있다는 말이다.

조직에서도 일관된 리더십의 부재는 구성원들의 혼란을 가져올 수 있고 새로움에 적응을 요구한다면 노조의 반발은 거세질 게 분명하다. 그렇게 된다면 특정

단위별로 힘을 규합해서 또 하나의 세력을 형성할 소지가 많다.

이러한 상황이론을 대처하기 위해서는 상황이론을 이끌 강력한 리더가 필요하다. 그 리더는 당근과 채찍을 적절히 조화시켜 구성원들을 이끌어 가야 할 것이다.

여기서의 리더는 직원들이 무슨 생각을 하고 있고 가고자 하는 길에 얼마만큼의 준비가 되어 있는지 항상 살피고 그것에 맞는 리더십을 발휘해야 할 것이다.

허쉬와 블랜차드의 상황이론과 동일한 것이다. 이들의 상황이론은 하급자의 준비 정도에 따라(follower readiness) 적합한 리더십 유형을 제시하는 이론이다.

여기에 속해 있는 4개의 유형을 살펴보자

- ▣ 지시형: 이것은 리더가 일일이 세부적 사항까지 지시를 하는 것으로써, 철서한 감독을 하는 리더십 유형이다. 단순노무나 생산직, 또는 상관에 복종을 전제로 운영되는 군대와 같은 특수조직에 적합한 형태이다.
- ▣ 지도형: 업무수행과 원만한 인간관계를 위해 많은 노력을 기울이는 리더십 유형이다.
- ▣ 참여형: 업무수행 방향에 대한 종업원들의 의견이 반영되도록 하는 리더십 유형, 현재 노무현 대통령이 이 형태에 속하지 않나 생각합니다. 이 경우는 필요치 않은 의견까지 많이 반영될 수 있어 오히려 그 효과를 떨어뜨릴 수도 있을 것이다. 리더가 종업원들의 말에 너무 자세하게 귀를 기울이다 보면 그들의 불평은 끝이 없는 것이다. 그리고 자신의 결단력이 매우 흐려질 수 있으므로 강력함을 요구할 때는 확실하게 밀고 나가는 힘이 보완되어야 한다고 생각한다.
- ▣ 위임형: 업무와 관련된 의사결정을 대부분 종업원들에게 맡기고 그들과의 인간관계에도 별다른 노력을 기울이지 않는 유형. 이 경우는 직원들이 유능하고 그 일에 대한 책임감에 강할 때 쓸 수 있는 유형이라고 생각한다. 특정직이나 연구직에 적합할 것이다.

이 리더십에 대해 저마다 다른 관점이 있겠지만, 이 리더십을 이렇게 정의하고 싶다. 자기 직원의 특성을 알고 적재적소에 배치를 하며, 그들을 감동시킬 수 있는 마음을 갖는 것입니다. 히딩크 감독은 선수들을 엄하고 냉정하게 다루어 그들의 숨어져 있는 힘을 발휘시켰다고 합니다. 이에 대해 코엘류 감독은 선수들을 칭찬과 자신감을 북돋아 그들에 잠재해 있는 힘을 끌어낸다고 말하고 있습니다.

당연히 후자의 경우처럼 해서 잠재력을 이끌어 내야 올바른 생각이지만 사람은 나태해지고 자신의 일에 책임을 지지 못해 전자의 경우가 효과적이라고 말하는 사람이 있습니다. 그렇지만 칭찬과 자신감을 북돋아 이끌어 내는 힘이야말로 진정한 힘이고 전자를 훨씬 능가할 수 있다고 생각합니다. 리더십이라는 것은 혼자의 힘만으로는 절대로 이루어질 수 없습니다. 그 리더를 받는 사람들과 얼마나 탄력적이고 유연한 관계를 갖느냐가 관건일 것입니다.

연봉제

최근 우리 기업의 연봉제 도입추세는 가히 열풍이라고 부를 만하다. 최근의 조사에 의하면 우리 기업의 30% 정도가 연봉제를 도입하였으며 대기업의 경우에는 그 비율이 더욱 높아서 약 40% 정도가 이미 연봉제를 실시하고 있는 것으로 추산된다. 더욱 주목할 만한 점은 연봉제의 빠른 확산 속도이다. 우리의 기업들이 연봉제에 관심을 갖기 시작한 것은 불과 수년전인 1990년대 초로서 처음에는 진보적인 소수의 기업에서 연봉제가 도입되었으며 지난 수년간 도입기업의 숫자는 완만한 상승곡선을 보이다가 1997년의 IMF 경제위기 이후 이 제도에 대한 기업의 관심이 급격히 고조되었다. 지금 연봉제를 도입한 기업의 대부분이 이 제도를 최근 1∼2년 사이에 도입한 것으로 보인다.

우선, 연봉제에 대한 기본개념을 먼저 살펴보기로 한다. 연봉제는 개인의 업무성과나 능력에 따라 일년 치의 총 급여를 미리 정하는 제도라고 할 수 있다.

연봉제[年俸制]

종업원의 능력 및 실적을 평가하여 계약에 의하여 연간임금액을 결정하고 이를 매월 분할하여 지급하는 능력중시형 임금지급체계로서, 미국에서는 일반화된 형태이다. 종업원이 수행하는 직무의 특성에 따라 임금결정이 달라지는 직무급이나 종업원의 연령 · 성별 · 근속연수 등에 따라 이루어지는 연공급과 달리 종업원이 수행한 성과결과에 의하여 임금이 결정되는 성과급의 일종이며, 개인과 회사 간의 개별계약에 의한 개별성과급을 특징으로 한다. 생산량이나 판매액에 따라 급여가 결정되는 인센티브제도나 시급 · 일급 · 월급과도 구별되며, 직무급이나 연공급과 같이 일정한 기준에 따라 고정적으로 임금수준이 결정되는 것이 아닌 노력한 만큼 대가가 따른다는 기대감을 제공하는 동기부여형 임금체계이다. 국제경쟁력이 강화되고 개인의 창의성 발휘와 가치창조를 통한 기업 성과의 극대화가 요구됨에 따라 최근 공기업과 정부 부문에 도입이 확산되고 있다. 연봉제 도입의 장점으로 ① 능력과 실적이 임금과 직결되어 있으므로 능력주의, 실적주의를 통하여 종업원들에게 동기를 부여하고 의욕을 고취시켜 조직의 활성화와 사기양양을 유도할 수 있으며 ② 국제적 감각을 가진 인재를 확보하기가 쉽고 ③ 연공급의 복잡한 임금체계와 임금지급구조를 단순화시켜 임금관리의 효율성을 증대시키는 효과가 있다. 그러나 평가 결과의 객관성과 공정성에 대한 시비가 제기될 수 있고, 연봉액이 삭감될 경우 사기가 저하될 수 있으며, 종업원 상호 간의 불필요한 경쟁심이나 위화감 조성, 불안감 증대 등의 문제점도 있다. **두산세계대백과사전 경영 인사관리 연봉제 부분 인용**

그러면, 왜 최근 우리의 기업들 간에 연봉제가 급격히 확산되고 있을까? 연봉제를 도입하는 주된 이유는 전통적인 연공서열 임금제도의 여러 문제점들을 보완하기 위해서이다. 우선, 연봉제는 동기 유발형 임금체계로서 실적주의와 능력주의 문화를 고취할 수 있으며, 우수한 직원과 열등한 직원을 구분함으로써 무사안일주의를 타파하는 효과가 있다. 근무연한에 관계없이 고액 연봉을 지급하는 것이 가능해짐에 따라 외부의 우수한 인재를 발굴하는 것이 용이해진다. 또한, 사원의 중·고령화와 인사적체의 문제를 안고 있는 기업에서는 연봉제를 통하여 능력에 따른 임금을 지급함으로써 승진 이외의 동기유발요인을 제공할 수도 있을 것이다. 한편으로는 기본급과 수십 종의 수당 및 상여금으로 구성되어 지나치게 복잡한 현재 우리의 임금체계를 단순화시켰다. 그러나 이러한 말들은 긍정적 측면만을 부각한 것이다. 그럼 연봉제의 도입의 부정적 측면을 보도록 하자. 첫째, 자르기가 편리하다. 보통 1년을 원칙으로 합의를 하지만 사측의 맘에 안 든다면 언제든지 자를 수 있기 때문에 사측에 유리하고 선택사양이 넓어지는 것이다. 둘째, 둘째 급여를 조금 줘도 된다.

극소수의 고액 연봉자를 제외한 대부분의 근로자들이 아이러니 하게도 연봉제이기 때문에 소액의 연봉을 받으면서 근무를 한다. 프로선수같이 연봉협상을 위한 테이블이 있다고는 하지만 그것 또한 신빙성이 떨어지고 일방적일 거라 생각한다. 이건 개인적 생각이지만 아직까지 국내기업에선, 더구나 지금과 같이 인재가 넘쳐나는 상황에서는 연봉협상이 아닌 연봉을 통보해준다는 표현이 옳다고 본다.

이러한 상황이 싫으면 회사를 언제든 관둔다고 생각할 수도 있으나 40대, 50대 인분들이 과연 관둘 수 있을까 하는 생각이다. 여기서 스포츠의 예를 들어보자. 국내에선 프로농구가 출범한 이래로 연봉제를 실시하고 있다. 20대 선수들 중 활약이 좋은 선수들은 몇 억대의 연봉을 갖지만 전년도 성적이 좋지 못한 선수들과 나이가 많은 노장선수들의 연봉은 초라하기 그지없다. 똑같이 대학을 졸업하고 프로에 입단한 용인이와 명지가 있다. 용인이는 성적이 좋고 명지는 성적이 좋지 않아 둘의 연봉은 용인이는 2억을 받고 명지는 3천만 원을 받았다. 실제로 이 정도 액수가 충분히 가능하다. 같은 팀에서 서로를 발견했을 때 그들이 느끼는 심정은 이루 말할 수 없을 것이다. 이런 경우는 나이가 같아 이해가 갈 수도 있지만 훨씬 나이가 많은 사람이 이럴 경우에는 그 문제가 심각해진다. 고액연봉의 젊은 선수들 눈에 비친 저액연봉의 고참선수들은 어떻게 비춰질까? 냉혹한 승부의 세계를 단전으로 보여주는 예이다. 개인적으로 연봉제를 반대하는 이유도 여기에 있다. 우리는 기업경영을 하면서 보다 많이 보다 빨리 보다 싸게 생산을 하기 위해 노력하고 직원들을 이끌어 간다. 기업의 입장에서는 조금이라도 돈을 조금 주고 쓰고 싶겠지만, 우리는 모두가 함께 살아가는 사람이다. 인간적이지 못한 삶을 인간이 만들고 시행한다는 것은 슬픈 현실이다. 물론 이러한 발언에 이의를 제기할 사람이 많을 거라 생각한다. 하지만 연봉제로 인해 기억 속에서 사라지는 사람들을 볼 때 우리는 나 자신의 모습이라고 생각을 해야 한다. 우리는 최소한의 인간적인 삶은 보호를 해야 한다.

그렇다면 기업과 개인을 만족시킬 방법은 무엇인가? 개선된 연봉제를 시행할 필요가 있다. 생산라인에서 매일 핀만 끼우는 사람들한테 연봉제를 시행할 것인가? 그렇다면 외환딜러에게 연 공급을 지급할 것인가? 이러한 기준으로 연봉제의 적용대상을 살펴본다면, 우선 업무상 역할과 책임이 큰 관리직 직원과 개인별 실적이 비교적 분명한 전문직, 기술직, 연구직, 영업직 직원이 연봉제의 우선적 적용대상이 됨을 알 수 있다. 반면, 노동시간과 양이 중요한 생산직 사원이나 하위 사무직 직원에게 연봉제를 실시하는 것은 실시비용이 효과를 초과할 가능성이 크므로 현행대로 노동시간과 양을 따져서 임금을 지급하는 것이 더욱 경제적일 것이다. 또한 입사한 지 몇 년 되지 않은 일반 사원들은 장기고용을 전제로 능력을 육성하는 과정에 있고 업무의 독립성이나 중요도가 낮아서 연봉제를 시행하기에는 적합하지 않은 직급이라고 할 수 있다. 여기서 스포츠의 연봉원리를 생각해 보자. 프로스포츠의 경우 연봉문제의 폐단을 막기 위해 신인선수의 최고연봉제한, 최고 연봉인상폭과 최저 연봉인상폭을 제한해 구단과 선수 간의 마찰을 줄이고자 했다. 이것을 그대로 기업에서 적용하면 어떨지 잠시 생각한다. 개인적으로 연봉제를 좋아하진 않지만, 연 공급에서 연봉제로 넘어가는 과도기적 단계에서는 그것을 폐지하기보단 개선하는 것이 올바른 판단일 것이라는 데는 동감한다. 기업에서 너무 자사의 이익만을 추구하려 급하게 추진하기보다는 일부 직종에 대한 실험실시를 거친 후 직원들의 중의를 수렴하여 점진적으로 확대 적용하는 것이 시행착오를 줄이는 길일 것이다.

12. 경영행정 리더십

1) 기존의 리더십 패러다임

산업화 사회에서 기업은 피라미드형 위계조직과 관료제를 조직구조의 근간으로 한다. 이때 조직 능률의 극대화를 위해 수평적, 수직적으로 과업 배분이 이루어지며, 조직의 권력은 위계의 상층부에 집중되는 집권화 성향을 갖는다. 따라서 조직의 권력은 조직 위계상의 지위에 따라 결정되며, 리더가 조직에서 행사하는 권한은 기본적으로 그의 직위 권력에 의존한다.

집권화된 의사결정구조를 가지는 관료제형 조직에서 리더는 기본적으로 최고경영자를 지칭한다. 그러나 안정된 환경에 따른 기계적 조직에서 조직의 리더는 주어진 목표를 관리하는 관리자의 역할을 충실히 수행하는 경향이 강하다. 그러므로 산업화 시대의 리더가 지향하는 가치는 조직성과 달성과 관계 유지를 준거로 하는 지역적 성향이 강하다. 또한 조직 간 경쟁과 성과 달성이라는 압박으로 인해 과정보다 결과를 중시하는 경영 풍토는 조직 리더의 비윤리적 행위를 유발하게 된다.

관료제의 조직운영은 능률과 통제를 기본 축으로 하기 때문에 톱 다운식 의사결정 체계와 공식화된 규정에 따라 구성원의 행위를 조직이 요구하는 방향으로 통제하는 데 초점을 맞춘다. 그 결과 조직의 상벌 체계에 적절히 동조하는 것이 미덕이 되며, 구성원의 타율적 성향이 체질화된다. 또한 조직 통제에 대한 두려움과 방어적 성향이 만연한다. 산업화 시대의 조직의 주역은 남성이며, 리더와 구성원은 기본적으로 수직적 관계를 기본으로 한다.

2) 21세기 리더십 패러다임

21세기 리더십 패러다임에 리더에게는 세 가지의 역할이 요구된다.

첫째, 21세기 리더는 불확실한 상황에서 조직의 방향제시자의 역할을 해야 한다. 경영의 효율성을 뛰어넘어 인류 복지의 증진과 조직의 이해관계자 전체를 만족시키는 경영 비전과 전략을 제시할 수 있어야 한다.

둘째, 비전과 전략을 경영 관리와 연계시켜 조직 활동을 통합시키고, 변화와 혁신을 관리하는 변혁주도자가 되어야 한다.

셋째, 다가오는 21세기의 리더는 조직구성원의 역량을 동기부여를 통해 최대한으로 끌어올리는 활력고취자로서의 역할이 중요시된다.

▶ 방향 제시적 리더십

우리가 운동경기를 볼 때 같은 선수로 구성된 팀을 어떤 감독이 이끄느냐에 따라 성적이 크게 달라지는 사례를 자주 본다. 즉 유능한 감독은 청사진을 가지고 팀의 비전을 제시하고, 이에 걸맞은 전략을 개발하여 팀이 나갈 방향을 제대로 잡아준다는 두 가지 점에서 능력 차이를 보인다는 것이다. 무한 경쟁과 불확실한 상황에 직면한 21세기 리더에겐 이러한 역할이 요구된다.

▶ 비전 제시적 리더십

개인에게 꿈이 없으면 발전이 없다. 이 점은 조직도 마찬가지다. 조직이 어디로 가는지에 대한 청사진이 없이 구성원의 힘을 결집시킬 수 없기 때문이다.

21세기의 리더는 불확실한 환경변화 속에서 기업이 나갈 방향, 즉 비전을 제시하는 길잡이가 되어야 한다. 비전은 조직이 도달해야 할 이상적 상태를 말한다. 비전제시적 리더는 환경변화의 미세한 부분보다는 그 밑에 흐르는 큰 흐름과 추세를 읽어낼 수 있는 사려 깊은 사색가이어야 하며 시스템적 사고의 소유자이어야 한다. 또한 비전제시적 리더는 환경을 생태적 관점에서 접근하는 자세가 필요하다.

▶ 전략적 리더십

21세기는 조직 내외적 환경변화에 따라 최고 경영층이 전략적 계획을 통해 조직을 올바른 방향으로 이끌고 가는 전략적 리더십이 조직 성패의 관건이 된다.

전략적 리더는 조직의 비교우위 확보를 위해 환경변화에 따라 전략을 신속하게 조정하는 전략적 유연성을 확보하는 것이 무엇보다 중요하다. 그 이유는 최고경영자가 조직의 혁신기에 설정한 경영전략을 이후의 안정기에도 과도하게 집착하다 보면 초기의 성공 전략이 이후 실패로 연결되기도 하기 때문이다.

▶ 변혁 주도적 리더십

조직이 나갈 방향이 제시되면 현재의 위치로부터 바람직한 상태로 가기 위한 방법이 제시되고 추진되어야 한다. 그러므로 조직의 리더는 역동적 환경변화 속에서 조직의 비전과 전략에 걸맞은 조직혁신을 수행해야 한다. 변혁적 리더십이란 리더가 조직의 방향을 설정하고 이 목표를 수행하기 위해 조직구성원들이 몰입할 수 있는 여건을 조성하여 변화를 제도화하고 그 과정을 관리해 나가는 것을 의미한다.
변혁 주도적 리더는 ① 조직구조의 조정, ② 조직문화의 개발, ③ 권력구조의 재편, 그리고 ④ 학습조직의 구축이라는 네 가지 역할을 성공적으로 수행해야 한다.

▶ 활력고취적 리더십

21세기 리더십은 개개인의 자율에 따라 조직에 몰입하고 자신의 결과에 책임을 지는 방향이 되어야 한다. 다시 말해 리더가 조직구성원과 권한과 정보를 공유하고 수직적 관계로부터 수평적 관계로 전환하여 힘을 불어 주어야 한다. 이러한 활력고취는 먼저 자신을 개발하여 동기부여시키고, 부하에게 힘을 실어주고 육성하는 방향으로 전개되어야 한다.

▶ 슈퍼 리더십

21세기 리더는 구성원 각자가 최선을 다할 수 있도록 환경적 여건을 조성하여 구성원 모두가 셀프 리더가 될 수 있도록 하는 리더십, 즉 슈퍼 리더십이 요구된다. 슈퍼 리더십은 조직 개인 각자에 내재된 셀프 리더십 에너지를 촉진시킨다. 슈퍼 리더십의 핵심은 보통 사람들도 비상한 성과를 낼 수 있다는 인간의 무한한 잠재력에 대한 낙관주의에 있다.

▶ 경력개발 리더십

21세기에는 인재를 개발하는 일이야말로 리더가 수행해야 될 가장 중요한 역할 중의 하나이다. 리더는 부하의 능력개발과 경력개발을 위해 지도자로서 역할을 다해야 한다. 리더는 부하의 경력개발을 지도하여 인재를 육성해야 한다. 경력 개발에서 리더의 역할은 부하 자신이 계획하는 경력 경로에 대해 그 타당성과 현실성을 검토하고 지도하여 올바른 길로 갈 수 있도록 지도하는 것이다.

▶ 여성의 리더십

21세기, 여성의 권리·의식이 날로 높아져 가고 있으며, 이에 부합하여 경제적 능력에 바탕을 둔 여성 독신자나 미혼자의 수도 많아지고 있다. 이혼율의 비약적인 증가와 출산율의 저하는 남성 위주의 기성 사회질서나 가정질서에 더 이상 구속되지 않겠다는 여성들의 자의식과 권리에 대한 의식이 높아지고 있다.

그래서 21세기에는 여성들의 리더십을 강조하고 있다. 여성들이 성공적인 리더가 되기 위해서는 기존의 고정적인 역할에서 벗어나 조직의 문제해결과 의사결정, 새로운 문화를 수용하는 데 적극적으로 나서야 한다. 특히 여성들이 남성적 스타일을 모방하거나 이에 따를 것이 아니라 민주적이고 부드러운 스타일로 친밀하고 관계지향적인 리더십을 스스로 개발해야 한다.

21세기 여성 리더의 조건으로

첫째, 진실성이다. 이는 여성들이 조직의 목표가 자신의 가치관이나 신념과 맞지 않을 때 혹은 남성적인 조직 풍토에 맞추기 위해 자신의 여성성을 은폐해야할 때 부딪히는 문제로, 자기 자신에 대해 끊임없이 반성하고 평가하고 행동하며, 스스로에 대한 신념을 내면화해야 한다.

둘째, 관계형성이다. 여성들이 준거집단을 찾지 못하고 고립감 속에서 무기력하게 '유리천장'만을 바라볼 게 아니라 적극적인 활동 속에서 인적 네트워크를 만드는 게 중요하다. 이를 위해 자신이 이룰 인생의 목표에 부합하는 멘토(스승)를 찾고, 공동체 집단을 만들며, 여러 사교단체에 가입하고 여유를 갖고 주변사람들을 관리해야 한다.

셋째, 주체성이다. 주체성이란 자신을 위해 단호하게 행동하는 기질과 자신의 인생을 독립적으로 지배하고자 하는 욕구로, 주체성 있는 여성은 인간관계에 있어 당당하며, 목표를 세우고 조건의 변화에 따라 새롭게 적응하며, 여러 가능성에 대해 항상 열린 자세를 취하고, 경우에 따라서는 적절한 시기에 조직을 떠날 용기도 배제하지 않아야 한다.

넷째, 삶과 일을 통합하고 균형을 찾는 전체성의 중요성이다. '일이 가장 중요하다'는 인생관을 갖도록 강요하는 조직에서 남자들과 같은 스타일로 일중독에 빠지거나 일과 가정, 또는 일과 자신의 꿈을 양립할 수 없다고 쉽게 직장을 포기하는 일 어느 것도 바람직하지 않다. 특히 양자택일보다 다양한 일들을 통해서 업무 이외의 관심사를 개발하고 세상에 대한 전체성을 획득하는 여성들이 새로이 주어지는 업무에 보다 효과적으로 대응할 수 있다.

다섯째, 자아명료성이다. 자신이 무엇을 원하는지, 자신의 재능과 능력이 무엇인지 파악하는 자아명료성은 업무 수행 중에 부딪히는 여러 문제들에 효과적으로 대처하고 주체적으로 문제를 해결할 수 있는 능력을 키워준다.

▶ 감성의 리더십

21세기 조직의 리더들은 조직 내 신바람 운동과 열정적 분위기 조성, 감성에너지를 모으는 팀워크를 구축하여 감성마인드에 의한 감성리더십으로 승화시킴으로써 장기적이고 지속적인 조직성과의 향상으로 연계시키고자 하고 있다. 즉 기업의 내적 에너지를 집결하고 신바람 나는 회사, 구성원 개개인의 발전에 있어 '감성'이 핵심키워드로 자리잡고 있는 것이다. 개성과 경험을 바탕으로 자신만의 창의적인 감성지식으로 무장되어야 한다.

감성지능은 4종류로 나뉜다. 자기인식과 자기관리, 사회적 인식, 관계관리 등으로 노력에 의해, 학습을 통해 얼마든지 발전시켜 나갈 수 있다. 경영자만 참여할게 아니라 직원들도 함께 참여한다면 공통적인 자산으로 키워나갈 수 있다.

감성지능을 갖춘 리더는 언제 사람들과 같이 협력해야 할지, 언제 귀를 기울이고 언제 명령을 내려야 할지를 잘 알고 있다. 인간관계를 중시하며 서로 조화를 이루는 집단 안에서 인간적인 시너지 효과를 창출할 줄도 안다. 감성의 리더십을 통해 열정적이고 유연한 분위기가 만들어지고 그러한 분위기에서 일하는 사람들은 자신들의 최고의 능력을 발휘할 수 있게 된다. 개인의 잠재적 능력을 믿고 칭찬을 통해 능력이 발휘되도록 만들어 주는 것이야말로 진정한 감성리더십이다.

오늘날 우리의 하루하루는 변화로 가득차 있다. 이제 지식이 모든 경제적 부를 창출해내는 핵심적인 열쇠가 됨에 따라, 새로운 권력투쟁은 우리의 정신과 개인 생활의 깊숙한 곳에까지 이르게 될 것이다. 이것은 바로 우리가 21세기에도 살아남을 유일한 제국은 바로 우리의 정신 안에 세워진 제국일 것이라고 믿는 이유이다. 기존의 낡은 기업문화 즉 최단기간 내에 주주들에게 투자 자본을 되돌려 주거나, 대체 가능한 근로자와 임시방편적인 방식, 환경오염·낡은 공장·통합 생산라인, 중앙 집중적 권한, 1대1 관리에서 새로운 기업문화 즉 점증하는 고객의 욕구 충족, 급변하는 세계시장, 최고의 품질과 서비스, 자신들의 업무에 우수성과 가치를 부여하는, 교육받고 헌신적이며 숙달되어 성취를 통해 보상받는 팀, 최장 기간에 걸쳐 주주들에게 투자된 자본을 되돌려 주는 방식으로, 권력의 원천은 자본에서 인간 자원으로, 천연자원에서 지식자원으로, 지위나 직책에서 관계의 과정으로, 주주의 영향력에서 고객의 요구 쪽으로 이동하고 있다. 이에 새로운 근로자의 패러다임도 자율성과 @@@@@권한 위임-최소한의 감독과 최대한의 훈련, 의미 있는 일-사회에 기여하는 환경적으로 안전한 일, 경력-성장과 승진의 기회, 인센티브-성취 기준에 따른 보상, 융통성 있는 일정-가족에 대한 배려와 문화적 욕구의 충족, 팀의 지도자-협력하는 팀 플레이어이면서 탁월한 능력을 가진 사람, 이런 유형으로 변하고 있다. 이러한 사회적 변화를 볼 때 우리는 변화를 지배자로서가 아니라 규칙으로 기꺼이 받아들여야만 한다.-변화를 어떻게 다룰 수 있는가? 변화만이 유일한 규칙인 이때 어떻게 해야 살아남고 성공할 수 있는가? 희생자 대신 승자가 되기 위해 필요한 새로운 전술과 전략은 무엇인가? 우리 생활에 있어서 가장 큰 변화 가운데 하나는 소위 시간기근 현상이다. 단지 현상유지를 위해서조차 엄청난 노력이 필요하다. 오늘날 세계적인 경쟁은 어제의 세계 신기록을 오늘은 경쟁에 참여하기 위한 기본적인 자격 정도로 만들어버리고 있다. 어느 누구도 시간이 충분하지 못한 것처럼 보인다.@@@@@@@

새로운 정신의 제국을 이끌 새로운 리더들은 변화에 저항하기보다는 오히려 그것을 환영한다. 그들은 변화에 저항하기보다는 자신을 위해 어떻게 변화를 만들어낼 것인가를 터득할 것이다. 그리고 그들은 도전으로부터 기회를 창출해낼 수 있게 해주는 독특한 전략과 변화를 개발할 것이다. 우리는 과거에 기대지 말고 과거의 실수로부터 배워야만 한다. 성공에 기대어 살아남은 사회는 없다. 역사상 어떤 제국이나 문명도 전성기에 이른 후 영원히 그 상태에 머문 경우는 없었다. 진정한 리더는 다른 사람들로 하여금 그들이 원하는 것을 얻도록 도와줌으로써 자신들이 원하는 것을 얻을 것이다. 상호의존이 독립을 대신할 것이다. 이제 세계는 리더들이 혼자서 처리하기에는 너무 많은 인구와 부족한 자원, 자연과 기술 사이의 극도로 불안한 균형 등으로 시달리고 있다. 기업들은 자신의 영역과 위계질서를 무너뜨리기 위해 리스트럭쳐링과 리로케이팅, 리엔지니어링을 하고 있다. 따라서 각 개인도 빠른 속도로 전진하는 세계에 적응하기 위해 스스로를 재혁신해야만 한다.

성공적인 리더의 가장 중요한 자질 가운데 하나는 생각과 지식을 자유자재로 표현할 수 있는 능력이다. 지식의 힘은 무한하고, 언어적 기술이야말로 그 문을 여는 열쇠이다. 정보 혁명은 권력에 있어서 혁명이다. 이것은 지식과 지적 능력을 갖춘 사람에 대한 투자가 진행될수록 더욱 심화될 것이다. 우리는 의미 있는 목표와 인생의 전략을 향해 —자신에게 진실해짐으로써— 첫발자국을 내딛어야만 한다.

이러한 명제는 한 발자국 뒤로 물러서서 모든 사람을 바라보면 이해할 수 있다.

지식은 습득과 평생에 걸쳐 이루어지는 경험이지 단순히 사실이나 기술의 집적은 아니다. 대단히 능동적인 사람들은 …… 책임을 인식하고 있다. 그들은 환경이나 조건 또는 그들이 행동하게 되는 상황을 탓하지 않는다. 그들의 행동은 기분에 따르는 상황의 결과라기보다는 오히려 가치에 입각한 자신의 의식적인 선택의 산물이다.

우리는 책임이란 개념이 쇠퇴하고 있는 시대에 살고 있다. 대부분의 사람들이 좋은 일이 일어날 때는 신용을 얻기 위해 기꺼이 싸우지만 그럼에도 불구하고 자신의 행동에 대해 기꺼이 책임지려는 사람들은 점점 줄어들고 있다. 경제적인 제국을 이룩했거나 사회적으로 엄청난 기여를 한, 진정으로 성공적인 지도자들은 진심으로 개인적 책임을 받아들인 사람들이다. 편견이란 사실이 알려지기 전에 도달한 또는 사실이 변한 후에도 유지되는 판단이나 의견을 말한다. 편견에 안주하는 것은 상당히 심각한 문제이다. 그것은 변화에 효과적으로 대응할 수 있는 우리의 능력을 제한하기 때문이다. 리더십을 발휘하는 지도자가 반드시 피해야만 하는 편견이라는 습관은－평균, 전통적 지혜, 집단적 사고라는 습관이다. 보다 나은 리더십을 발휘하기 위해서는 벤치마킹을 세우는 것이 좋다. 벤치마킹이란 원래 참고지점을 가리키는 탐험가의 용어이다. 비즈니스 벤치마킹의 옹호자인 로버트 C.캠프(Robert C. Camp)는 벤치마킹을 "보다 우수한 성과를 이끌어내는 기업의 가장 좋은 업무방식의 탐구로 최고가 되기 위해 최고를 이용하는 아이디어이다."라고 정의한다. 다시 말해서 벤치마킹은 당신이 몸담고 있는 분야에서 최고를 찾아내어 그것을 자신의 사례로 삼아 연구하는 것이다. 벤치마킹은 단순히 다른 회사의 우리와 상대되는 부분에 근거해서는 안 된다. 우리는 그들의 우리보다 '나은 점'과 '부족한 점'에서도 배울 수 있다. 옳은 리더를 목표로 개인적 벤치마킹을 위해서는 새로운 리더십의 철학을 갖춘 리더를 선택하는 것이 중요하다. 벤치마킹의 가장 중요한 약점은 비를 위해 잘못된 경쟁자를 선택하는 것이다. 진정으로 최선을 다하고 싶다면 당신은 당신이 필요로 하는 것이 무엇인지, 그리고 당신이 제공해야만 하는 것이 무엇인지를 끊임없이 재검토해야만 한다. 자신의 성격, 능력, 관심, 강점, 약점, 특성에 대한 지식은 직업의 선택과 변경에 있어 적극적이 되기 위해 필수적이다. 당신의 관심을 평가하는 다음 단계는 현재의 관심에 대해 생각하는 것이다. 나는 우리가 혼자 취미로 하기를 좋아하는 일을 무심하게 떨쳐버리지 말라고 강력하게 제안한다. 당신은 그것을 자신의 평생의 일로 만들 수도 있으며 최소한 당신의 일에 통합시킬 수 있을 것이다. 타고난 능력을 파악하는 것은 직업 선택에서 실망, 좌절, 분노를 피하기 위해서도 중요하다. 적성검사만으로 직업을 선택하라고 권유하는 것은 무책임할 수 있다. 선천적 능력, 후천적인 기술, 역할 모델의 모방, 어렸을 때의 경험, 물론 환경을 포함한 이 모든 요소들이 함께 작용한다. 행동 평가는 개인의 업무능력개발을 위해서도 훌륭한 도구이며 자신이 평생에 걸쳐 배우는 사람이라는 것을 깨닫고 있는 사람에게는 대단히 도움이 된다. 내가 알고 있는 주요 기업에서는 행동 및 성격 평가를 통해 근로자의 개인적 기술과 그들이 성장해 나갈 업무와의 호응도를 파악할 수 있으며, 그들이 가까운 또는 먼 장래에 핵심적인 직책을 맡을 수 있도록 준비하는 것을 도와주는 데 활용하고 있다. 예리한 관찰 능력은 개인적 벤치마킹을 위해서 꼭 필요하다. 중요한 토론에 있어서 간접적인 정보는 어디까지나 간접적인 정보에 불과하다. 어느 누구도 당신의 관찰을 대신할 수 없다. 낯선 사람에게 질문을 던질 때는 주도권을 잡아야만 한다. 그것은 전혀 터무니없는 일이 아니다.

진정한 리더십을 갖추기 위해서는 창조적인 개인의 특성을 갖추는 것이 중요하다. 몇 가지 특징을 들자면,

하나, 미래에 대해 낙관적인 태도를 보여야만 한다.

둘, 호기심이 많고 관찰력이 뛰어나야만 한다.

셋, 다양한 관심사에 대해 대담해야 한다.

넷, 자신의 꿈을 미래에 투사할 줄 알아야만 한다.

다섯, 자신의 머리를 모두 활용하는 독립적인 사고의 소유자가 되어야만 한다.

여섯, 현실에 대해 창조적인 불만을 가지고 생활한다.

일곱, 대안에 대해 개방적이어야만 한다.

여덟, 나쁜 습관을 인정하고 깨뜨려 나가야 한다.

아홉, 새로운 혁신이나 아이디어를 맹목적으로 좋아하지는 않아야 한다.

개인적인 벤치마킹과 관련되는 몇 가지 행동지침을 보자면,

나이에 관계없이 계속 공부고, 책을 읽을 때 항상 사전을 옆에 두고 충분히 이

해하지 못한 단어는 모두 찾아보아야만 한다. 당신이 가장 존경하거나 흠모하는 사람―당신이 가장 되고 싶어 하는 사람일 필요는 없으며 오히려 가장 많이 배울 수 있는 사람―을 모델로 삼아 뒤따르는 것이 좋다.

개인적 도덕과 윤리의 기준인 정직은 당신이 자신을 우연히 발견하게 되는 상황과는 관계가 없으며 편법을 발휘를 요구하지도 않는다. 부족하면 점점 더 부족해진다. 그러나 그것이 없다면 리더십은 겉모습에 불과하다.

겉모습을 통해 보고 배우는 것이 청소년기에서 성인으로의 전환기에 있어서 중요한 발전 단계이다. 정신적 가치를 강화시키는 정직이야말로 인간의 진정한 이익이다. 모든 상황에서 정직한 삶에 참여하는 것이야말로 당신의 말이 보증서보다 훨씬 디 기치기 있다는 것을 증명히는 것이다.

정직과 비슷한 말은 솔직하다, 믿을 수 있음, 명예, 도덕적 기질 등과 같은 말이다. 사소한 일에 있어서의 정직성이야말로 모든 일에 있어서 전혀 사소하지는 않은 중요한 요소이다. 정직에는 정도가 없다. 사전에서는 정직을 건전한 도덕적 특성, 윤리적 원칙을 고수, 부정하지 않은 상태 등의 말로 정의하고 있다. 정직의 원칙 가운데 하나는 엄청난 사회적 압력에 맞서 당신의 신념을 방어하는 것이다. 다른 사람이 당신보다 더 좋은 아이디어를 가지고 있거나 더 나을지도 모른다는 것을 결코 두려워하지 말며 언제나 다른 사람들에게 적절하게 그들의 것이어야 할 믿음을 주어야 한다는 것이다. 원칙은 현재의 진정한 자신에 대해 정직하고 열린 마음이어야 한다는 것이다. 자존심이란 다른 사람과의 비교를 통해서만 생겨날 수 있는 것이다.

주변의 누군가가 어떤 것에 있어서 당신보다 재능이 뛰어나다면 당신의 자존심은 낮아질 수밖에 없다. 자존심이 약한 사람들은 대부분 고통을 피하거나 도피하려는 경향이 있다. 그들은 자신이 성공할 가치가 없다고 생각한다. 그들은 자신들의 삶은 언제나 불행할 것이라고 믿고 있다. 냉정한 태도를 보이거나 경멸하는 태도를 과시하는 것은 대체로 자신의 허약한 이미지를 감추기 위한 시도임에 불명하다.

모든 긍정적인 동기는 자존심에 있다. 다른 기술과 마찬가지로 자존심의 발달도 훈련을 해야 한다. 자신감은 행복하고 성공할 자격이 있다는 깊은 믿음이며 삶의 갖가지 도전을 극복할 수 있는 능력에 대한 신뢰와 확신이다. 우리는 더 잘하면 잘할수록 스스로를 믿게 된다. 그리고 과거의 성공은 동일한 결과를 가져오는 경향이 있다. 과거의 경험은 그 일을 할 수 있다는 믿음을 준다.

자기중심적인 사람은 끊임없이 다른 사람으로부터의 인정과 지배를 추구한다.

당신은 최고로 가치가 있다고 느껴야만 한다. 그러나 다른 사람보다 더 가치 있다고 느끼지는 말아야 한다.

자신감을 신장시키기 위한 몇 가지 행동 비결은 다음과 같다.
1. 자신의 겉모습을 파악하라.
2. 육체적 언어 능력을 향상시켜라.
3. 컴퓨터로든 아니면 종이에 작성하든 하루의 계획을 작성할 때 당신이 얻기를 원하는 성공에 필요한 자질을 정의하거나 써보아라.
4. 감사 리스트를 만들어라.
5. 당신의 힘과 재능을 강조하라.
6. 자신의 무조건적인 수용과 현재의 성취와는 관계없는 중요한 사람과 의견을 나누도록 하라.
7. 편안한 마음으로 비판과 사랑의 표현을 하고 받아들여라.
8. 열린 마음으로 비판을 받아들이고 편안한 태도로 당신의 실수를 인정하라.
9. 도전과 변화를 감당할 수 있는 당신의 능력을 신뢰함으로써 삶의 아이러니와 유머러스한 측면을 즐겨라.
10. 집과 사무실에서 하루의 시작과 끝의 15분을 가장 중요한 시간으로 만들어라.

셀프 리더십의 진정한 이상은 내적인 비전으로, 과거의 경험을 긍정적으로 전환시켜 바람직한 미래를 꿈꿀 수 있게 하는 능력이다. 실패가 반복되어서는 안 되는 경험의 학습으로 이해하고, 과거의 성공을 새로운 실패를 무릅쓰고 자신감을 키우는 데 쓴다. 알지 못함에도 불구하고 미래의 성공을 생생하게 상상한다. 변화만이 유일한 규칙인 세계에서 실패와 불운의 극복은 성공적인 리더십을 위해서 꼭 필요하다. 부정적인 경험을 고쳐야 할 것으로 이해하는 리더들은 언제나 자신과 팀의 동료들을 고무하는 데 도움이 되는 밝은 부분을 재생시킨다. 우수한 전통을 가진 국가, 사회, 기업, 가족은 항상 고참과 신참의 마음에 위대함이라는 이상을 유지하기 위해 현재의 상황과 상관없이 비전을 강화한다. 리더란 남들이 의심할 때도 자신의 꿈에 충실해야만 한다. 가장 통찰력이 뛰어난 사람들조차 때때로 이상이 현재의 상황에 대한 엄청난 도전을 의미할 때는 그것에 눈을 감을 수 있다. 조직은 현재의 상황과 그들이 지향하는 것, 그들은 이루기를 원하는 것, 그리고 그것을 어떻게 달성할 것인가에 대한 이상을 가지고 있어야만 한다. 건설적인 꿈을 가진 리더의 분명한 특징 가운데 하나는 다른 사람이 가지고 있는 의견의 장점을 이해하는 능력이다.

　바람직한 리더십에는 정열이 뒤따라야만 한다. 행동을 이끌어내는 정신적 힘은 외적인 환경에서 나오는 것이 아니라 내부에서 우러나오는 것이다. 최고의 성취도와 리더십을 발휘하고 싶다면 당신은 내부에서 스스로 동기를 유발시켜야 한다. 성공한 사람들에 대한 연구는 우수성과 독립성을 향한 내적 동기야말로 부나 사회적 지휘나 명성에 대한 욕구보다 훨씬 강력하다는 것을 보여준다. 스스로 리더십을 발휘해나가는 팀별 운영 시대에 우리는 모두 독립적인 리더보다는 팀원이 되어야만 한다. 지나치게 경쟁적인 사람은 성공과 그것의 대가를 다른 사람들과 공유하는 것이 대단히 어렵다. 반면에 다른 사람들은 극단적으로 경쟁적인 사람들과 같이 일하기를 주저한다. 그들은 경쟁적인 사람들이 목표를 성취할 수 있도록 그들은 도와주기보다는 필사적으로 앞서기를 원한다는 것을 알고 있기 때문이다. 노력의 성공은 노력 자체보다 오히려 동기에 달려 있다. 대부분의 사람들이 일시적인 방편으로 그들의 직업을 선택하고는 자신들이 진짜 좋아하는 일을 하러 집에 가기 전까지의 시간을 단순히 직업에 할애한다. 리더들은 다르다. 첫째, 그들은 자신들의 잠재력이라는 관점에 가장 보람이 있고 흥미 있는 직업을 구한다. 둘째, 그들은 그 과정에서 새로운 재능을 실험하고 발견하기 위해—그들의 재능을 최대한 발휘할 수 있는 직업을 발견할 때까지—몇 가지 직업을 전전해야만 할지도 모른다는 사실을 받아들인다. 이론이 모든 직업에 언제나 적용되어야 한다. 원하는 일과 가기를 원하는 곳을 아는 정열이야말로 당신으로 하여금 마음속의 제국으로 가는 길을 절반으로 단축시켜 줄 것이다. 목적은 우리 삶의 원동력이다. 그것을 태워 우리를 앞으로 나가게 하는 연료는 사명감이라는 정열이다.

　리더십에는 보이지 않는 권력이 뒤따라야만 한다.

　눈에 보이지 않는 리더십은 전통적인 역할을 변화시키고자 실현하는 것이다.

　정보의 자유로운 흐름에 있어서 가장 중요한 결과는 세계의 빈곤 국가 국민들의 삶의 스타일과 산업화된 국가 국민들의 삶의 스타일 사이의 불균형에 대한 자각이 점점 더 커지게 되었다는 것이다. 지식의 시대에 걸맞은 효과적인 리더십은 개인의 참여와 책임감을 고취하는 것이어야만 하며, 그것은 손가락을 까딱거리거나 다른 사람에게 무엇이 가장 좋은 것인가를 아는 체하는 것만으로는 결코 이루어질 수 없다. 자율성과 권한 위임은 지속적인 훈련과 교육에 의해 지원되어야만 하며, 지식의 시대에서 도전에 대응하는 데 필요한 새로운 기업문화의 가장 핵심적인 측면이 될 것이다. 지식의 시대에 필수 불가결한 요소 가운데 첫 번째는 강력한 참여 훈련이다. 경영자는 원칙적인 리더십을 위한 안내선을 확립해야 한다. 열정적인 팀을 만드는 방법 가운데 하나는 리더십 기술과 강력한 커뮤니케이션 기술을 훈련받고 책임과 성실성을 유지할 수 있는 능력을 갖춘 팀원들을 뽑는 것이다. 남자들도 여성들의 리더십과 우위의 경합을 위해 노력해야 한다. 그들은 제시하기 전에 의견을 귀 기울여 들음으로써, 강요하기보다는 마음을 열고 받아들이고 보다 자주 양보함으로써, 신속하게 자신의 주장을 내세우기보다는 다른 사람들의 편리를 고려하고 권위로 지배하기보다는 권리를 위임함으로써 넓은 의미에서 이익을 얻을 수 있다.

21세기의 고위 경영자들은 보병 부대를 지휘하는 연대장보다는 오케스트라를 지휘하는 지휘자처럼 기술자와 장인, 과학자를 안내해야 할 것이다. 리더의 가장 중요한 기능은 가치, 전략, 목표라는 명확한 이상을 제시함으로써 사람들을 고무하고, 위기 관리자 가운데 진짜 위기 관리자가 되기 위해 업무에 대해 정확하게 아는 것이다. 인간관계를 발전시켜 나갈 때 질과 시간, 에너지와 창의력으로 그것에 투자하라. 당신의 시간을 정말 중요한 사람과 보내라. 인간관계에서도 마찬가지로 성공은 투자를 요구한다.

지식의 시대를 이끌어갈 리더들 가운데 상당수의 여성들이 있다. 그들은 조직과 근로자들을 이끌고 동기를 부여하는 새롭게 혁신적인 방법을 이해함으로써 변화를 다루고 있다. 변화가 규칙인 세계에서는 기업가의 실패는 정상이며 심지어는 성공을 위해 필수적이기조차 하다. 실패는 인생에서 당연한 것이기 때문에 성공은 리더십에 대한 보다 큰 믿음과 확고한 행동 패턴을 요구한다. 그것은 또한 필연적인 실패에 대한 적절한 반응을 필요로 하며, 위험에 대한 감수와 인내의 적절한 조화를 요구한다. 실제로 '미래의' 결정 같은 것은 없다. 오직 미래에 영향을 미치는 현재의 결정만이 있을 뿐이다.

시간은 결코 멈추거나 주저하지 않으며, 앞을 전망하거나 뒤를 돌아보지 않는다. 인생이란 지금, 바로 이 순간 그 자체로 소모되는 천연자원 같은 것이다. 따라서 당신이 시간을 어떻게 보내는가가 당신이 가질 수 있는 어떤 재산이나 어떤 지위보다 중요하다.

당신은 시간을 현명하게 써야만 한다. 결코 시간을 저축해둘 수 없기 때문이다.

시간은 모든 사람에게 평등하게 주어지는 유일한 자원이자 선물이다.

최선의 길을 걸어가는 이들은 심지어 희생을 무릅쓰고라도 다음 세대를 위해 헌신한다. 그들은 모든 사람을 위한 도구로써의 기술의 가치를 알고 있으며 우리를 풍부하게 해주고 수명을 늘려 주는 연구소들이 지원을 받아야만 한다는 것도 알고 있다. 그러나 그들은 기술 자체만을 신뢰하지는 않는다. 우리는 중요한 일을 해야만 한다. 그러나 긴급한 일에 우선순위를 부여해야 한다. 최선의 길을 찾는 것은 어렵지만 또 쉬울 수도 있다. 그 길은 우리 스스로 만드는 길이며 우리 자신의 마음으로 이끄는 길이다. 그리고 어쨌든 우리는 자신이 스스로 민든 길을 걸어가야만 한다. 21세기 도전의 시대에는, 말만으로는 가슴을 채워주거나 마음에 신뢰를 가져다주지 못한다. 사람들이 개인적 행동에 근거해 판단을 내리면 내릴수록 달콤한 수식어에 황홀해할 가능성은 점점 더 줄어들 것이다. 지금까지 위에서 언급했던 내용들은 21세기에 성공하기 위해서, 가장 필요한 바람직한 리더십을 키우기 위한 방법이라 볼 수 있다. 이러한 리더십은 알다시피 그냥 이루어지는 것이 아니다, 이러한 리더십을 키우기 위해서는 무엇보다도 노력이 가장 중요하다. 노력 없이 이룰 수 있는 것은 아무것도 없다. 이제 우리도 급변하는 세계시장 속에서 살아남기 위해서는 바람직한 정신과 바람직한 리더십을 갖추어야만 한다.

곡괭이와 호미로 농사를 짓던 옛날에는 빛나는 졸업장이나 건사한 자격증 하나만 있으면 어디든 가서 먹고 살았다. 배운 졸업장이나 자격증이 오랫동안 위력을 유지하여 준 덕택에 '증'만 있으면 삶의 윤택함과 행복함이 뒤따라 주었다. 그러나 이제 지식정보사회에서는 더 이상 그런 지식의 효력이 통하지 않는다. 내가 얻은 지식이나 '증'의 효력이 유지되는 시간이 개꼬리만큼 짧아졌다는 것이다. 그러면 이제 우리는 어떻게 해야 하는가? 정보를 끌어 모으는 데 최선을 다해야 하고, 그 정보를 나의 삶(일)에 적용하는 능력(연구개발능력)을 키우는 데 힘을 다해야 한다.

3) 정보수집능력

그 정보를 누가 가지고 있는지, 언제쯤 나오는지, 어디에 있는지, 왜 나오는지, 무엇을 위해 나오는지……, 신문, 인터넷, 잡지, 소문, 만남, 국제교류를 통해서 수집한다.

4) 정보적용능력(Analytical / Synthetic Information)

부뚜막에 소금도 집어넣어야 짜다. 아무리 고급정보를 가지고 있어도 적용능력이 없으면 소용없다. 정보란 내가 하는 일에 적용하든지 내가 적용 못하면 주위에 유용한 곳에 주든지 이 모양 저 모양으로 활용하여야 한다. 수많은 정보 중에서 내가 원하는 것을 찾아야 하고 그 다음에는 그것을 적용하는 것이 중요하며 창의력과 적응력이 기억력보다 더 중요하다.

5) 기록하고 부지런히 공부하라

우리나라는 아직도 통밥문화가 많다. 그러나 기록문화에 이제 발길을 옮겨야 한다. 기록은 단순히 안전한 기억도구일 뿐만 아니라 아이디어 재창출과 지식의 공유를 할 수 있는 도구로 사용될 수 있으므로 기록은 정보사회에서 필수다. 부지런히 적어서 자기 고유의 정보를 만들 수 있어야 하며 그렇게 하려면 부지런히 공부하고 갈고 닦아야 한다. 이제 평생공부로 가지 않으면 남에게 뒤질 수밖에 없다.

연구개발에 있어서 리더십은 자신감에서 온다. 자신감이란 지식＋경험에서 생기는 것이다. 지식만 있으면 아이디어가 나오기 어렵고 경험만 있으면 머릿속의 생각을 끄집어내기가 어렵다. 연구란 머릿속에 채우고(Filling) 다시 끄집어내어야(Drawing Out) 한다. 채우는 과정은 여러 과정을 통해서 가능하나 끄집어내는 것은 오로지 연구자 자신에게 있다. 잘 끄집어내려면 우뇌(右腦)를 사용하여야 하며 풍부한 정서를 가져야 한다.

6) 연구리더십과 21세기 연구 활동

실험실에서 비커만 만지면 연구가 되는 시대는 이미 퇴색되었고 점점 사라지고 있다. 정보에 어두우면 아무리 우수한 실험도 기차 맨 끝 칸에 실려 가는 연구에 지나지 않는다. 시대에 따라 연구개발도 변해가고 있다. 오늘의 아이디어가 내일의 아이디어가 될 수가 없다. 지구촌에서 매년 사라지는 지식이 7%가 넘고 있어 이제 연구개발도 '변화'에 더욱 민감하게 되었다.

7) SMART(Specific, Measurable, Attainable, Realistic, Tangible) 목표를 세워라

한 발 앞서 가는 연구가 되기 위해서는 목표를 잘 세우고 추진하여야 한다. 많은 사람들은 목표를 세우는 것에 시간투자를 안 하는 경향이 있다. 목표설정은 아래 다섯 가지를 염두에 두고 세우는 것이 좋다.

(1) 목표는 구체적이어야 한다(Specific)

우선 구체적이지 않으면 나아갈 방향을 잃게 된다. 화살의 방향이 정확해야 한다.

(2) 목표는 측량 가능한 것이어야 한다(Measurable)

어떠한 목표든 측정 가능하지 못하면 목표에 대한 시한을 알 수가 없다. 목표는 측량 가능한 것이라야 한다. 우리의 목표가 셀 수 있는, 또는 양적으로 가늠할 수 있는 것이 아니면 목표가 흔들리기 쉽다. 목표를 세울 때에는 가능하면 수치로 나타낼 수 있는 것이 보다 목표를 이루는 데 효율적이다. 수치화하는 것은 앞으로 이룰 전체목표량을 항상 알 수 있기 때문에 힘을 어떻게 모아야 할지 방향제시를 해준다. 양궁을 하는 사람은 가장 가운데 맞추는 것을 목표를 세울 때 화살을 잘 쏘게 해달라는지, 100m 달리기를 하는 사람은 막연히 가장 빠르게 달리는 것을 목표로 둔다면 그 목표는 측량하기가 곤란하다.

(3) 목표는 달성 가능한 것이라야 한다(Attainable)

만약 여러분이 달성할 수 없다면 목표를 너무 높게 설정한 것이다. 우리는 목표를 세우고 그 목표가 과연 내가 할 수 있는 것인지를 잘 파악하여야 한다. 코끼리가 토끼처럼 잘 달리게 해달라고 하는 것은 모험일 뿐이다.

(4) 목표는 현실적이어야 한다(Realistic)

목표가 현실적이지 못하면 추진력이 약화되고 이루고자 하는 뜨거운 열망이 사라진다. 학생이면 영어나 수학을 잘하게 해달라고 해야 할 것이다. 예를 들면 하루아침에 영어공부를 100점을 맞게 해달라고 하는 것은 현실적이지 못하다. 현재 영어시험이 60점밖에 되지 않으면 거기에 맞는 계획을 현실적으로 세워야 한다. 이렇게 구체적으로 세워나가야 한다. 그래야 내가 얼마나 공부를 했는지 그리고 몇 개의 숙어를 알고 있는지를 파악할 수 있는 것이다. 가능하면 측량 가능한 것이 좋다.

(5) 목표는 시기적절하여야 한다(Tangible)

목표란 구구 만 리 멀리 있으면 안 된다. 2030년에 운전면허증을 따겠다고 하면 목표로는 좀 우스운 얘기다. 내가 지금 대학생인데 20년 뒤에 변호사가 되겠다고 하면 시기적절하지 못하다.

8) 목표는 약속어음

자라는 보리이삭을 쑥쑥 뽑아 올려놓는다고 보리가 자라나는 것은 아니다. 범사에는 기한이 있고 모든 목적에는 시간의 흐름에 이를 때가 있다. 세운 목표가 다 이루어지면 그것은 목표가 아니다. 목표란 어떤 의미에서 보면 목표달성을 방해하는 수많은 장애물을 제거하는 과정이라고 할 수 있다. 그 장애물을 어떻게 효과적으로 뛰어넘느냐는 것이다. 목표는 약속어음과 같은 것이요, 부도의 여부는 오로지 자신에게 달려 있다.

(1) 목표를 분명히 써라

앞에서 지적하였듯이 하나의 꿈이 현실로 나타나기 위해서는 목표를 구체적으로 적어야 한다. 살을 빼기로 마음을 먹었으면 그냥 내 몸을 호리호리하게 만들어야지 하는 것보다 내 생일날까지는 23파운드를 빼겠다고 하는 것이 하나의 분명한 목표인 것이다.

(2) 한 번 목표를 정하면 자신을 거기에 위임하라

옛날 그리스의 어느 장군이 섬에 착륙한 뒤 타고 온 배를 태워버렸다. 그 장군은 싸움을 승리로 이끌기 위하여 군사들로 하여금 돌아갈 유일한 수단인 배를 태워버린 것이다. 그것은 반드시 싸워서 이겨야 한다는 마음을 군사들에게 심어준 것이다. 목표가 분명히 군사들에게 전달되고 패배하면 곧 죽고 만다는 다른 선택이 없다는 것을 군사들은 알았을 것이다.

(3) 목표를 세웠으면 여기저기 다니며 떠벌리라

목표를 정했으면 그 목표를 누구에게든 이야기하라. 살을 빼기로 작정했으면 여기저기 다니며 이야기하라. 남에게 혹은 가까이 있는 사람에게 이야기하면 그 자체가 당신의 목표를 현실로 나타나게 하고 이루게 하는 힘이 나온다.

(4) 목표는 반드시 글로 써라

이것은 가장 오래되고 진부한 말일지 모르나 반드시 목표는 글로 써라. 당신이 원하는 것을 분명하게 써라. 어떻게 그것을 획득할 것인지, 언제 그 목표를 이룰 것인지, 그 목표로부터 당신이 어떤 보상을 얻는 것인지를 상세히 써라.

(5) 매일매일 당신의 목표를 쓰고 바라보라

어디서든 당신의 목표를 볼 수 있게 메모지나 다이어리나 책상머리나 잠잘 때 잘 보이도록 천장에 붙이거나 해라. 그리고 메모지에 쓴 목표는 하루가 지나면 버리고 이튿날 다시 써라. 다이어리나 책상머리에 붙인 것도 주기적으로 다른 모양으로 붙여라. 자꾸 보면 무감각해진다. 매일 아침 1분을 투자하여 당신의 꿈을 이룰 목표를 간단하게 한 번 적어보면 엄청난 힘이 거기서 나올 것이다.

(6) 완벽한 계획서를 가져라

목표에 도달하려면 많은 장애물이 있을 것이다. 목표에 도달하기 위해서는 하나의 완전한 계획서를 작성하라. 그리고 반드시 날짜도 집어넣어라. 그리고 매일매일 행동에 옮겨라. 천 리 길도 한 걸음부터이다. 하나의 소설을 쓰기 위해서는 이번 주에 하나의 장을 써라. 당신이 사업을 시작하려면 비즈니스잡지를 읽어라.

(7) 상 다짐을 하라(Affirmation)

어느 PGA골퍼는 그린에서 공을 홀로 치기 전에 200여 번이나 공을 밀어 넣기 전에 마음속으로 이미 들어가는 모습을 마음속에 그리며 다짐한다고 한다. 다짐은 당신을 성공으로 이끈다. 당신이 이루고자 하는 모습을 미리 상상하고 말로 시인하라.

(8) 당신의 목표를 주기적으로 점검하라

당신의 목표궤도를 주기적으로 살펴보라. 100% 이루어지지 않고 있으면 현재의 목표를 재설정하라. 당신의 가치관이나 선택의 폭이 시간이 흐름에 바뀌었다면 목표도 함께 바꾸어야 한다.

9) 교류는 연구의 징검다리

현대 물리학에서 유명한 "Uncertainty Principle"의 창시자인 베르너 하이젠베르그(Werner Heisenberg)는 다음과 같이 말했다. "과학은 대화에 근거한다. 서로 다른 사람들의 협동은 아주 중요한 과학적 결과를 가져올 것이다." 하이젠베르크는 그러면서 금세기의 전반 50년 동안 전통적인 물리학을 뿌리째 뽑고 재편했던 파울리(Pauli), 아인슈타인, 보어(Bohr) 등 위대한 사람들과의 일생 동안에 걸친 대화를 회상한다. 하이젠베르크의 대화는 협동적 학습의 어마어마한 잠재력을 예증하고 있다. 다른 사람과 협력하면 우리는 혼자서 하는 것보다 더 많은 통찰력을 가질 수 있고 더 지적이 될 수 있다. 팀의 I.Q는 잠재적으로 각 개인들의 I.Q보다 높을 수 있다(피터 센게의 제5경영(The Fifth Discipline).

21세기는 조직중심에서 개인중심으로 흘러갈 것이다. 개인이 중심이 되어가려면 보다 효율적인 교류연습을 하여야 한다. 연구란 끝없이 교류 속에서 이루어지는 것이며 많은 사람을 만나는 가운데 이루어지는 것이다. 동일분야에서 앞서 가는 사람들과의 교류는 중대한 의미를 가지고 있다. 교류는 만남이 기본이다. 좋은 첫 이미지를 남기는 것은 어떤 경우에도 중요하다. 좋은 이미지를 남기는 방법을 아래에 기술한다.

① 명함은 서서 건네고 받은 즉시 바로 주머니에 넣지 말고 천천히 읽어보고 넣는다. 그리고 외국인일 경우 발음하기 어려운 이름일 경우는 그 자리에서 정중히 발음을 물어 본다. 헤어질 때는 그 이름을 외워 두었다가 큰 소리로 불러준다.

② 명함을 줄 때는 별도의 명함지갑에서 꺼내고 줄 때는 두 손으로 정중히 준다. 상대방이 보기 좋게 주어라. 자기를 알리는 정보매개체가 명함이므로 최대의 정성을 쏟아라. 가능하면 약속장소에 10분 먼저 가라. 미리 첫 화두를 무엇을 꺼낼지 연상하고 준비해 두라. 순간순간 최상의 것을 생각하라.

③ 악수를 할 때는 너무 강하게 잡지 말고 손의 따뜻함을 느낄 정도로 잡아라. 너무 세게 잡아 불쾌감을 주어서는 안 된다. 악수란 첫 만남의 종을 울리는 거룩한 장으로 생각하라. 앞으로 수없이 만날 대상일 수도 있고 다시는 안 볼 수도 있으나 최선을 다하라. 특별한 관심을 표하고 싶을 때는 두 손으로 하라. 그러나 너무 굽실거리지 말라. 자신을 지나치게 비하할 필요는 없다.

④ 처음 만날 때는 상대방의 두 눈을 똑바로 쳐다보기보다는 상대방의 코에 초점을 주로 두라.

⑤ 외국인의 경우 상대방의 이름을 금방 외워서 부르기가 쉽지 않다. 앉아서 면담할 때는 명함을 지갑에 넣지 말고 탁자 위에 놓고 가끔씩 보면서 외우고 헤어질 때 이름을 부르면 활용하라. 이름을 불러 주는 것은 그만큼 관심을 가진다는 것이다.

⑥ 상대방이 오래 기억하도록 인상적인 장면을 한두 가지 남겨라. 상대방이 나를 잊지 않고 오래 기억해주는 것이 만남의 중요한 포커스다.

⑦ 처음 만났을 때는 지나친 업무 이야기는 삼가라. 서로가 잘 모르는 가운데서 길게 그리고 깊게 이야기하는 것은 비효율적이다. 처음엔 차를 마시고 그 다음에는 간단한 점심 그리고 다 가까워지면 저녁을 하도록 한다. 만남은 서서히 굳혀가는 것이다. 처음부터 일사천리 달리는 것은 나중에 많은 오해를 낳는다.

⑧ 작별의 인사를 할 때는 악수하고 금방 돌아서지 말고 몇 발자국 갈 때까지 지켜보라. 사람은 대개 돌아가면서 다시 한 번 돌아보기 때문이다. 그때까지 서 가지고 있으면 상대방은 보다 좋은 이미지를 가지고 떠날 것이다.

10) 협상(Negotiation)도 연구의 한몫

누구나 자고 나면 협상하며 산다. 가족, 친구, 직장동료 등 모두가 협상의 대상이다. 국경이 사라져가는 21세기에는 교류와 협상이 더욱 중요한 위치에 있게 될 것이다.

① 가장 먼저 하나의 협상의 핵심표를 하나 만든다. 나 자신과 상대방(협상대상자)에 대하여 협상의 주체를 중요성이 있는 것부터 적는다. 표를 작성하여 눈에 선하게 그리고 가면 협상을 보다 유리하게 이끌 수가 있다. 최근 협상한 일이 있으면 적어 놓은 것을 보고협상에 가는 것도 훌륭한 전략이다.

② 협상으로부터 얻고자 하는 제1의 목표를 설정하라. 대를 위해서는 소를 희생하는 마음을 가지고 가장 큰 목표를 적어라. 목표설정은 협상에서 가장 중요한 위치에 있다는 것을 명심하라

③ 물러설 수 없는 마지막 노선(Bottom Line)을 정하여 놓아라. 그래야 목표를 이룰 수가 있다. 최후의 양보선을 설정하지 않으면 우왕좌왕하게 된다.

④ 협상에 임하기 전에는 반드시 상대방의 힘을 파악하라. 상대방의 장단점을 면밀히 파악한다. 경쟁자를 통하면 상대측의 정보를 많이 알 수가 있다. 때로는 대안을 제시하기도 한다. 자기를 알고 적을 알면 싸움에 지지 않는다(손자병법). 항상 상대방에게 질문을 하고 먼저 제안을 받아내어야 한다.

⑤ 처음에는 상대방이 도망가지 않는 범위에서 요구하라. 거꾸로 상대방이 엄청난 요구를 해 올 때는 헛기침이나 코웃음을 치면서 응수하라.

⑥ 침묵도 협상의 방법 중의 하나이다. 적절한 거리를 두고 시간을 끌 때에도 유리한 협상으로 이끈다. 때로는 Pause Button을 눌러라.

⑦ 물러설 때는 조금씩 양보폭을 줄여가며 한다. 이를테면 금전일 경우 100달러→50달러→25달러로 내려간다. 업무일 경우 이미 적은 표를 연상하며 중요성

이 적은 것부터 하나씩 양보를 해준다. 이때 양보할 때는 조건(String)을 달아라. 상대방으로부터 정보를 얻을 수가 있기 때문이다. 그리고 열심을 다하여 들으라. 상대방이 말할 때 적절히 응수하라. 잘 들으면 우선 관심을 주게 되고 많은 질문을 할 수 있게 되어 귀담아 듣는 것은 협상의 가장 큰 무기가 될 수가 있다.

⑧ 협상이 결렬되어도 다른 선택이 있다는 암시를 주어라. 그러면 상대방은 큰 양보를 요구하지 않는다. 당초의 목표가 이루어지지 않는다면 표로부터 가장 최상의 것이 무엇인지 찾아놓아라. 좀더 여유를 가지고 협상에 임할 수가 있다.

⑨ 협상이 끝나면 내가 알았던 정보를 기록해 놓고 다음에 활용하라.

협상하기 전에 입수한 모든 정보를 적고, 협상이 끝난 다음에 얻은 정보를 다음을 위하여 다 적어라. 적은 것을 보면 얼마나 협상하기 전에 모르고 임했는지 비교가 될 것이다.

11) 발표는 연구의 꽃

적게는 수개월에서 많게는 수년에 걸친 연구를 잘 포장하여 발표하는 작업은 중요하다. 동일한 재료로 누가 요리하느냐에 따라 그 음식의 수준이나 가치가 달라진다. 연구의 발표도 마찬가지이다. 주어진 시간에 모든 것을 보여주어야 한다.

(1) 발표도 예술로 생각하라
발표는 연구의 꽃이다. 무대 위에 올라가 연기한다고 생각하라. 어차피 인생은 광야에서 자신이 감독이면서 주인공이다. 광활한 광야에서 우리의 인생이 펼쳐지는 것이고 다른 모든 사람은 관객이라고 생각하라. 그러면 발표 자체는 엄숙해지며 준비도 부지런히 많이 할 것이다.

(2) 본인의 생각을 가능하면 쉬운 그림으로 나타내라
보는 것은 이야기하는 것보다 보통 10배 빠르다. 때로는 수천 자의 글자보다 한 폭의 그림이 이해를 돕는다. 이 역시 발표는 예술의 연장이라는 데 의미를 갖는다. 대부분의 사람들은 어려운 학술적 그림을 짧은 시간 안에 이해하지 못한다.

어떻게 쉽게 듣는 자에게 이해를 줄 것인가? 거기에 초점을 맞추어야 한다.

(3) 발표 중에 부정적인 표현은 피하라

"불가능이다. 안 된다. 그런 자료는 없다⋯⋯." 이것은 과학자가 할 말이 아니다. 과학이란 어떤 경우든 길이 있다. 과학자는 언제나 이렇게 해야 한다. "그렇게 하면 될 것 같습니다. 좀더 자료가 필요한 것 같습니다⋯⋯."

(4) OHP용 활자는 가장 멀리 있는 사람도 잘 보이게 크게 하라

가장 뒤에 앉는 사람에게까지 잘 보이게 글자크기에 신경을 써라. 글자가 작아서 안 보이면 관객의 시선은 다른 곳으로 간다. 발표자는 의사전달자라는 신분을 잊어서는 안 된다.

(5) 발표자료는 가능하면 컬러로 도색하라

사람의 머리는 컬러를 보면 반응하게 되어 있고 오랫동안 기억을 시키는 역할도 한다. 주위의 시선을 집중시키는 데 때로는 컬러그림은 큰 역할을 한다. 발표란 자신의 존재를 알림과 동시에 새로운 정보를 알리는 것이다.

(6) 본인이 가장 잘 안다고 생각하고 발표하라

자신감은 중요하다. 자신감은 곧 리더십과 연결된다. 발표 전에 많은 연습을 하라. 연습만이 천재를 낳는다. 실험을 한 사람이 가장 많이 아는 것이다. 연습을 많이 할수록 자신감이 생기고 그 과정 중에 아이디어가 생긴다. 발표하기 전에 많은 토의시간을 가져라. 그러면 지식이 생기고 지식이 자라나며 창출될 것이다.

(7) 주어진 시간을 잘 지키고 시간이 되면 결과로 가서 바로 끝내라

시계를 눈에 잘 보이는 곳에 풀어놓고 보면서 하라. 아무리 발표가 훌륭해도 시간이 초과되면 질이 떨어진다. 자신은 재미있지만 듣는 사람은 늘어지면 흥미를 잃어버린다.

(8) 모르는 질문을 받아도 부정적인 대답은 하지 말라

난감한 질문이나 답변하기 어려운 상황에 처해도 "자료를 한 번 찾아보겠습니다. 혹은 미처 거기까지 생각 못했습니다. 보충해서 해결해 보겠습니다. 그 분야는 조금 저와 거리가 있는 것 같습니다. 시간을 가지고 생각해 보겠습니다……" 라고 이야기한다.

(9) 발표에 있어서 프로정신을 가져라

연구를 하는 한 발표의 기회는 끝없이 다가온다. 지나가는 소낙비처럼 생각하지 말고 언제나 비올 것에 대비하여 우산을 준비하듯이 평소에 발표자료를 꾸준히 준비하고 좋은 슬라이드그림은 확보해 두었다가 발표 때 활용하라.

12) 대화는 징보사이를 줄이는 과징

어느 통계에 의하면 하루에 남자는 15,000단어, 여자는 25,000단어를 말한다고 한다. 서양의 통계니까 우리나라로 보면 30~40% 낮추어 본다면 한국의 경우 남자는 약 10,000단어, 여자는 15,000단어 정도로 본다. 대화를 많이 할수록 생각이 정리되고 방향이 설정되어 여러 가지 아이디어들이 나온다. 대화는 한약을 짜면 엑기스가 나오는 것처럼 자꾸 하면 좋은 안이 나온다. 성공적 대화요령을 기술해 보면 다음과 같다.

대화를 성공적으로 이끌기 위해서는 대화의 기술이 필요하다. 대화란 순간적인 것이 아니라 연속적인 것이다. 일생을 통해 만나는 사람은 수없이 많다. 짧으면 수분 길면 수십 년을 함께하면서 서로 대화를 나누는 관계인 만큼 원활한 대화를 위해서는 평소에 자주 대화를 나누는 것이 좋을 것이다.

(1) 정보를 공유하라

정보를 서로 공유하는 것은 대화에 있어서 가장 초보적인 단계로 기본기술에 해당된다. 정보의 공유는 대화의 닻을 올리는 단계이다.

(2) 상대가 대화할 때 경청하라(Reflective Listening)

상대방의 이야기를 사려 깊게 듣는 것은 마치 항아리에 물을 채우는 것 같다. 항아리에 물이 있어야 다시 퍼낼 수 있듯이 이 단계는 말하는 자(화자)와 듣는 자(청자) 사이를 연결해 주는 다리를 연결하는 기술영역에 해당된다(……듣기는 속히 하고 말하기는 더디 하며……. 성경 야고보서 1:19).

(3) 본인의 주장을 펴라(Assertion Setting)

이 대화기술영역은 상당히 신경을 써야 하는 부분이다. 상대방의 입지를 무너뜨릴 수도 있고 비인격적인 행위가 될 수도 있으므로 가장 좋은 방법은 누구도 상처를 주지 않는 범위에서 객관적인 입장을 펴나가는 대화의 기술을 말한다. 다리 저쪽으로 다시 연결하는 단계에 해당된다.

(4) 갈등을 잘 처리하고(Conflict Management), 대화 중 일어난 문제를 프로젝트로 보고 해결하라

대화에서 갈등은 반드시 있다. 갈등이 있다는 것은 대화가 잘되고 있다는 증거이다. 갈등은 쌍방이 적절한 방법으로 타협할 수 있는 것으로 여유를 갖는 대화의 기술영역이다. 일어난 문제는 문제로 생각하지 않고 하나의 해결해야 할 프로젝트로 생각하라. 모순점과 해결의 실마리를 찾기 위해 서로 노력이 필요하다는 것을 인식한다. 이는 문제해결의 대화기술영역에 해당된다.

(5) 말하는 기술을 잘 선택하라(Skill Selection)

의사는 전달하는 방법은 다양하다(말, 자료, 편지, 제삼자 전달……). 어떤 대화 분야에 어떤 대화기술을 사용해야 할지는 많은 경험과 연습이 필요한 부분이다. 때로는 말 대신 자료를 제공하여 할 수도 있고 때로는 한 장의 편지로 대신할 수도 있고 시간을 두고 해야 할 때도 있다. 그것을 잘 판단해야 한다.

(6) 설득은 대안을 마련하고 하라(Reflective Persuading)

설득의 대화는 어려운 대화기술에 해당된다. 고차원의 대화기술에 해당되는 것으로 이 경우는 상대방을 설득에 상응하는 제3의 그 무엇을 제시하거나 주어야 한다. 보상 없이 일방적인 설득은 무리가 따르며 이 다음 대화에 연결이 잘되지 않는다. 이 영역은 대화의 절정에 도달하게 하는 기술영역에 해당된다.

(7) 화자(Speaker)보고 자신의 생각과 의견을 요약하라

상대방이 긴 이야기하는 가운데 분명 핵심의 이야기가 들어 있다. 그 대목에 대해서는 한 번 요약한다. 메아리가 없는 산은 죽은 산이다. 의견이나 생각을 달지 못하면 그 대화는 의미가 없다. 이 영역은 대화를 촉진시키는 기술영역에 해당된다.

(8) 상대방 입장에서 말하라고 끝까지 상대방의 대화를 들어라

어떤 경우든 대화는 자기중심이 되기 쉽다. 일생동안 일어나는 대부분의 대화는 특별한 경우를 제외하고는 자기중심의 대화일 것이다. 상대방의 이야기를 중간 중간에 끊으면 대화는 진전되지 않는다. 듣기 싫은 이야기를 계속하여 듣는다는 것은 사실상 어려운 일이다. 대화의 **중요**성을 감안하여 직질히 중간 중산에 끊을 필요도 있지만 가능하면 들어라.

가. 80% 듣고 20% 말하라

자기의 생각을 효율적으로 의사전달을 하기 위해서는 약 6가지 기준이 있다. 예를 들어 학생과 대화를 나눌 때를 살펴보면 다음과 같다.

첫째, 대화를 잘하는 것도 중요하지만 상대방의 대화를 잘 듣는 것도 훌륭한 대화의 한 방법이다.

둘째, 가능하면 상대방의 배경을 아는 것이 좋다.

셋째, 자신을 노출시키면 서로가 가까워진다.

넷째, 감정조절을 잘하여야 한다. 희로애락 중 특히 분을 잘 조절하여야 한다.

다섯째, 창조적인 말을 주로 하라.

여섯째, 상대방이 말할 때 응수하라.

나. 어떻게 들을 것인가?

다른 사람들의 이야기를 열심히 들을 때 그들이 무엇을 요구하고 있는지 관심사가 무엇이지를 알게 될 것이다. 사랑을 받으려면 먼저 베풀면 되듯이 관심을 끌고 싶으면 먼저 관심을 표명하면 된다. 그것이 경청의 기술이다. 사람은 태어나서 일생동안 듣기, 말하기, 쓰기를 하는데 이 중에서 듣기를 가장 많이 한다. 일생동안 듣는 것은 쓰기의 5배, 말하기의 1.5배 이상이라고 한다. 그만큼 우리는 듣는 일이 많은 것이다.

첫째, 상대방이 이야기할 때 응수하라. 경우에 따라서 상대방이 이야기할 때 응수하라. 이를테면 "응, 그렇지, 그래서 그걸 참았어, 계속 말해봐, 아유 저런……, 나 같으면 가만히 안 있어서……." 이러한 감탄사와 형용사의 사용은 상대방의 이야기에 최대의 관심을 가지는 효과를 가져온다.

둘째, 많은 사람들은 이야기를 할 때 핵심의 이야기를 잘 파악한다. 그들의 언저리에 있는 이야기의 핵심을 잘 파악하는 것은 중요하다.

셋째, 타인의 이야기를 들을 때 뭔가 나에게 적용될 것이 있다는 것을 염두에 두고 들으라. 그러면 경청효과가 상승할 것이다. 상대방의 정보는 나에게 언젠가 도움이 될 거라는 믿음을 가지고 들으면 경청의 효과는 올라갈 것이다.

넷째, 끝까지 듣는다. 배운 사람일수록 남의 이야기를 듣는 것을 회피한다. 그것은 한편으로 보면 교만이고 또 다른 한편으로 보면 정보를 놓치는 처사이다. 항상 나보다 남이 더 좋은 정보를 가지고 있다고 생각하라. 비록 옳지 않은 대화일지라도 끝까지 들어보면 대부분 이해가 가는 것들이기 때문이다.

다섯째, 상대방이 말한 것을 마음속으로 그려보라. 그 사람의 입장이 되면 기억이 보다 쉬울 것이다.

다. 메아리가 없는 산은 죽은 산이다

사람은 받으면 언젠가 다시 주기를 희망한다. 당장은 아니더라도 받으면 언젠가 줄 것이다. 그래서 세상에는 공짜가 없다. 임의의 물음에 대하여 빈칸에 다음과 같은 답을 하였다고 해보자.

1) 10
2) 10.
3) 10.5
4) 모르겠다.
5)

이것이 주는 의미는 다음과 같다.

1) 조사를 해보았더니 10이다. 더 조사할 게 없다.

2) 10 이하 숫자가 더 있는 것 같은데 조사는 하지 않았다.

3) 소수점 첫째수준까지 조사해 보니 10.5이었다.

4) 조사해 본 결과 모르겠더라.

5) 무반응 또는 무성의 또는 물음에 대하여 무시 또는 잊어버리는 것이다.

정보를 받아서 바로 준다는 것은 여러 가지 의미가 있다. 좋은 정보를 수차례 주었는데도 일언의 반응이 없을 경우에는 이 다음에 좋은 정보가 생겼을 때 그 사람은 제외된다. 사람의 마음이란 가는 정 오는 정이다. 그 사람에게 간 정보가 사장된다고 생각하면 아까운 마음이 들기 때문이다. 정보를 받으면 어떠한 경우에도 다시 그 정보를 준 사람에게 메시지를 남겨라. 그러면 좋은 정보를 그 사람으로부터 늘 받을 수가 있을 것이다. 정보를 받으면 반드시 반응하라. 메아리가 없는 산은 죽은 산이다!

13) 기록은 아이디어를 낳는 창고

지난 천 년 동안 가장 빛나는 발명은 구텐베르크가 발명한 인쇄술로 알려졌다. 당시 정보의 흐름이 극히 어려운 시대였으니 생각이 글자로 전환되어 비록 전달 시간이 많이 걸렸지만 지구촌 여기저기에 전달될 수가 있었으니 획기적인 발명으로 꼽히는 것은 당연한 결과였을 것이다.

기록을 남기는 것은 흔적을 남기는 것이다. 우리나라 주부는 가계부를 잘 쓰지 않지만 일본의 주부들은 가계부를 대부분 적는다고 한다. 기록하기 때문에 계획이 서고 지난달에 비해 소비정도를 분석할 수도 있으며 다음달을 계획할 수도 있다. 마라톤선수 황영조의 9년간의 꼼꼼한 훈련일지는 값진 마라톤 노하우일 것이다. 누군가 일본의 문화는 기록문화요, 한국은 아직도 통밥문화라고 할 만큼 우리나라는 기록하는 데 인색하다. 왜 기록을 해야 하는지 아래에 필자의 경험을 정리하였다.

기록은 잊지 않게 기억하게 해주며, 쓰여 있는 것을 보면 자극을 받는다.

기록은 목표를 더 효과적으로 성취하게 한다.

기록하면 아이디어가 생기며, 기록하면 정보가 쌓이고 즐거워진다.

기록은 당신의 발자취를 남긴다. 기록은 청동 위에 끌로 새긴 예술품이다.

기록은 총성 없는 탄알이며, 기록 없는 당신의 인생은 만경창파 피어나는 거품이다.

기록은 당신을 탈선하지 못하게 막아주는 기차의 레일이며, 기록하면 당신은 신지식인이 된다.

영국의 소설가 리턴은 "붓은 칼보다 강하다"라는 말을 남겼다. 기록 그 자체는 힘이 있으며 능력이 있다. 붓은 내 인생을 변화시킨다!

14) 정보의 공유는 샘물을 퍼서 주는 것

정보는 샘물과 같은 것이어서 공유할 가치가 있는 것은 나누어 가지면 좋다. 샘물을 퍼서 남에게 주면 올라오는 물은 언제나 신선하다. 그러나 문제는 너무 아깝다는 것이다. 어떻게 구한 정보인데, 얼마나 힘들게 구한 것인데……, 그것이 공유를 어렵게 만들고 힘들게 만든다. 이 정보를 주면 내가 불리해지는데, 이 정보를 주면 내가 쳐질지도 모르는데……이런저런 생각에 우리는 정보를 홀로 차지하게 되지만 이것을 남에게 주라. 아래 글은 필자의 경험을 적어본 것이다.

나 혼자 가지고 있으면 사장되며, 남에게 주면 다시 이자를 늘여 돌려받는다. 이는 지식을 분양하는 것과 같다.

타인의 인생을 풍요롭게 한다. 정보를 주는 것은 삶의 노하우를 주는 것이다.

교류할 수 있는 기회를 창출하며 좋은 인간관계를 맺는 데 촉매역할을 한다.

더 좋은 아이디어를 그 정보로부터 얻는다. 마치 농부가 봄에 씨앗을 뿌리고 가을에 추수를 거두는 것과 같다.

자료의 공유는 그림 9처럼 한마디로 정보의 차이를 점차적으로 줄여가는 과정이며 정보의 이동이 100% 이루어지면 새로운 정보 전달체가 얻어진다. 농부가 이른 봄에 밭에 나가 씨를 뿌리는 것과 같은 것이다. 뿌린 씨는 자갈밭에 뿌려질 수도 있고 가시넝쿨에 떨어질 수도 있다. 아니면 맨땅에 떨어질 수 있으나 더러는 옥토에 떨어져 수십 배, 수백 배의 열매를 거둘 수가 있다. 자료를 공유하는 방법을 적어보면 다음과 같다.

   자료를 직접 발송하거나(DM 등), 인터넷에 띄워 놓고 홍보하거나 주기적으로 전자메일을 보내라.
   책을 저술하여 공개하거나 매스컴을 이용, 또는 강연이나 세미나에서 지식을 발표하라.
   홍보자료를 만들어 광고하라.
   전문잡지나 해당 잡지에 습득한 신지식이나 정보를 게재하라.

15) 연구시간도둑을 잡아라

   중국 사람은 자고 나면 생기는 것이 시간이라고 할 만큼 시간에 대하여 무디다. 정보화 시대에 이제 시간의 가치는 더욱 중요하게 되었다. 우리의 호주머니 속에 돈을 훔쳐가는 사람은 도둑으로 몰지만 우리의 시간을 훔쳐가는 사람은 대개 도둑으로 생각하지 않는다. 이제 시간을 훔쳐가는 도둑을 잡아야 한다. 그러기 위해서는 시간도둑을 잡는 자신의 고유법령이 필요하다.

   (1) 당신 고유의 연간 목표를 정하라. 남의 목표를 따라가지 말라
   다른 사람의 꿈을 쫓아가지 말라. 당신고유의 목표를 정하고 그것을 성취하도록 하라. 목표란 꿈이 주어진 시간 안에 이루어지는 것이다. 그 목표를 글로 써라. 기차 끝 칸에 실려 가는 인생은 희망이 없다.

   (2) 목표를 세웠으며 체크포인트를 만들어 놓고 확인하는 과정을 확립해
      놓아라
   90이 넘은 사람들에게 "다시 한 번 인생을 살 기회가 주어진다면 당신은 어떻게 인생을 살겠습니까?"라고 질문을 했을 때, 상위 세 가지 답변이 다음과 같이 나왔다고 한다. 즉 "① 이미 한 일에 대하여 반성할 기회를 많이 가지고(Refle-

ction) ② 위험이 있는 일이라도 과감히 추진하고(More Risks) ③ 그리고 중요한 일을 더 많이 하겠다"고 하였다. 지난 일(활동)에 대하여 한 시간 반성할 기회를 가지고 다음주에 다가올 일을 계획하는 삶—그렇게 할 때 리스크를 최소화할 수가 있으며 더 많은 중요한 일을 할 수가 있다.

(3) 연간계획이 들어 있는 다이어리를 항상 몸에 지니고 다니라

가슴에 품고 다니든지 가방에 넣어 어깨에 메고 다니든지 당신의 취향에 따라서 하라. 중요한 것은 항상 그 목표가 적힌 다이어리를 24시간 당신과 함께 있느냐가 중요한 것이다. 그날그날 일에 우선순위를 매기고 추진하라. 오늘 아무리 사소한 일을 할지라도 그것이 모여 당신의 큰 목표를 이루어 내는 것이다.

(4) 80:20법칙을 적용하라

19세기 경제학자 파레토(V. Pareto)는 전체활동을 100%로 보았을 때 그중 20%가 대부분의 결과를 차지한다고 한다. 이를테면 전체고객의 20%가 당신의 매출 대부분인 80%를 차지하고, 매출의 20%가 전체이익의 80%를 차지한다는 원리이다. 당신의 하루 일을 100%로 보았을 때 중요한 20%일에 힘을 집중하고 나머지 80%는 잊어버려라. 하루 100통의 전화를 받으면 대개 20통 정도가 중요한 것이고 나머지는 그냥 흘려버려도 되는 전화이다.

(5) 힘을 한 곳에 집중하고 분산시키지 말라

해야 할 일을 분명히 정했으면 거기에 힘을 모아라. 그 분야에 최고의 위치가 되도록 모든 힘을 집중하라. 여러 가지 방향으로 가면 일에 대한 효과가 떨어진다. 효율(Efficiency: 일의 효율)과 효과(Effectiveness: 일의 효과)를 생각하라. 효율은 좋아도 효과는 낮을 수가 있다. 역으로 효과가 좋으면 효율은 항상 있는 것이다. 24시간 쉬지 않고 일을 해도(효율 100%), 이루어진 것이 없으면 효과는 0%이다. 일을 효과적으로 해야 성공할 수가 있다.

(6) SMART로 시간을 절약하라

목표를 세울 때 글로 써서 구체적으로 잘 세우면 시간을 아끼는 방법 중의 하나다. 아래의 다섯 가지는 목표를 세우고 성취하는 방법이면서 시간을 아끼는 방법이기도 하다.

① **목표는 구체적이어야 한다**(Specific)

목표는 반드시 글로 써야 한다. 마음속 목표는 바람을 잡으려는 것과 같은 것이다. 구체적이어야 시간을 아낄 수 있다.

② **목표는 측정 가능해야 한다**(Measurable)

그냥 살을 빼야겠다고 하지 말고 2000년 내 생일까지는 10kg을 빼겠다고 결심하라. 그래야 목표에 쉽게 도달할 수 있다.

③ **목표는 행동 지향적이라야 한다**(Action-oriented)

살을 빼겠다고 작정을 했으면 "하루에 30분 이상 걷기운동을 한다"라고 하라. 그냥 걷기연습을 할 것이라고 하면 안 된다.

④ **목표는 현실적이라야 한다**(Realistic)

하루에 살을 1kg씩 뺀다고 하면 현실성이 없다. 본인이 할 수 있는 범위에서 하라. 그러나 목표는 반드시 높게 잡아라

⑤ **목표는 시기적절하여야 한다**(Timely)

16) 고객만족중심

이제 대학도 학생에게 맞는 고객만족중심의 강의가 되어야 한다. 구태의연한 복잡한 계산문제나 턱없는 리포트나 학생의 시간을 빼앗는 스타일의 리포트나 시험문제는 지향되어야 한다. 대학은 기업이 원하는 인재를 길러내는 곳이다. 물론 학문의 기초연구도 중요하다. 고객지향적인 위주의 강의가 되려면 대학의 강의방식도 변해야 한다. 연구계, 산업계, 사회에서 요구하는 인재를 키워내려면 시장주도품질(Market Driven Quality) 개념을 도입해야 한다는 것이다.

강의자 위주의 강의가 아니라 학습자 위주(산업체가 요구하는 인재)의 강의가

되어야 한다. 기업은 A형 품질을 원하는데 대학은 B형 품질을 만들어 내면 기업체에서는 다시 재교육시켜 A형으로 바꾸어야 한다. 고객이 원하는 인재를 키워내지 못하면 대학은 도태될 수밖에 없다. 기업이 변하는 속도를 대학이 따라 못하면 기차 간 연결고리가 끊어지는 꼴이 되고 만다.

이제 대학교수도 기업체에 귀를 기울이고 그들이 어떤 형의 인재를 원하는지 알아야 한다. 기업체와 교수 간에 의사소통이 이루어지지 않으면 배워나가는 학생도 손해, 활용하는 기업주도 손해, 나라전체로 보면 비효율적 교육이다. 종일 연구에만 얽매일 것이 아니라 리더십, 교류 등의 강의도 틈틈이 습득하여 가르쳐야 한다. 쓸 만한 인재가 나와야 한다.

지금부터 한 세대가 흘러가면 나라와 나라 간의 구분이 더욱 퇴색될 것이다. 일류대학이라는 의미는 그 자체가 무의미하게 될 것이며, 21세기는 결국 개인중심의 지식정보사회로 바뀌게 될 것이다. 그러한 미래의 유추과정을 본다면 대학 강의방식(크게는 교과과정도 Market Driven Quality에 맞추어 대폭 수정을 해야 한다)도 크게 바뀌어야 할 것이다.

아래에 적은 것은 필자의 다년간 여러 대학의 강의경험과 기업체에 있으면서 느꼈던 인재요구 조건을 생각하면서 적은 것이므로 강의에 참고가 되기를 바란다.

① 중요한 것은 반복하여 듣게 하라. 연습만이 천재를 낳는다. 한 권의 책 안에는 수많은 지식들이 도열하고 있다. 우선순위를 매겨서 학생들에게 주라. 학생들은 무엇이 현실에서 중요한 것인지 잘 모른다.
② 수강자로 하여금 생각하면서 듣게 하라. 강의 도중 자주 문제를 던지고 적정시간을 주고 나름대로 답을 마음속에 그리게 하고 자신의 답을 주라. 그러면 배움의 효과는 2~4배에서 증가한다. 강의자 위주에서 학습자(수강자) 위주로 가야 성공적인 강의가 될 수 있다.
③ 틀에 박힌 리포트를 내지 말고 리포트는 한두 가지 문제를 주어 반드시 본인과 피드백을 할 수 있도록 한다. 일방적으로 계산문제의 리포트만 주고 답안을 매기면 분명한 점수는 나오는데 그 사람의 창조적 생각은 결코 평가할 수 없다. 계산문제는 틀에 따라가지 않으면 답이 나오지 않아 아이디어를 낼 수 없게 하거

나 창조적인 생각을 막기 때문이다. 단순히 정보를 주면 수강자는 정보수집자일 뿐이다. 중요한 것은 준 정보를 활용하는 능력(정보가공능력)을 키워주어야 한다.

④ 한 단원이 끝나면 문제를 스스로 만들어 보라고 하라. 문제를 푸는 것보다 문제를 만들게 하는 것이 더 많은 것을 습득하게 할 수 있다. 문제를 내게 하는 것은 단순히 아는 것을 넘어서 적용하는 능력까지 평가하는 것이다.

⑤ 시험이란 교수가 학생들에게 전달한 정보를 학생들이 얼마나 그들이 추구하는 일(연구)에 적용할 수 있을 것이냐를 간접적으로 평가하는 매개체로 생각해야 한다. 책에 있는 정보(지식)는 원하면 언제든지 볼 수가 있다. 단순히 풀어보고 외워서 답하는 것은 시간낭비이다. 시험이란 정적인 정보(지식, Static Knowledge)를 동적인 지식(Dynamic Knowledge)으로 변화시키는 능력배양의 도구로 생각해야 한다.

⑥ 학점을 짜게 주는 것은 학생들의 창조적인 생각을 막는다. C학점을 받아도 A학점을 받은 학생보다 배운 것을 실제에 더 많이 적용했다면 A학점을 받은 사람은 허수아비 공부를 한 것이다. 최소한 학생들이 학점에 얽매이지 않게 하고 자발적인 동기부여해서 스스로 먼 훗날 그 책을 뒤적거릴 경우 활용의 가치를 넓혀주어야 한다.

17) 광고문안은 가장 훌륭한 보고서

지구촌에서 가장 잘 쓰인 보고서(제안서)는 광고 문안이라는 것을 알고 있는가? 광고문안을 많이 보면 제안서 작성요령이 생길 것이다. 주어진 짧은 시간에 가장 핵심적인 것을 전달하는 광고문안 작성요령을 보고서나 제안서에 적용하면 훌륭한 보고서를 적을 수 있다.

(1) 훌륭한 제목을 달아라
제목은 바다 위에 보이는 돛단배와 같다. 제목은 그 제안서의 60% 이상을 대변해 주는 변호사다. 제목은 구체적으로 분명하게 적는 것이 좋다. 그리고 "……에 관한 연구"는 제목에서 보일 문구가 아니다.

(2) 목표를 분명하게 적고 구체적으로 적어라. 추상적으로 적지 말라

종종 목표를 추상적으로 적는 일이 많은데 연구의 목표는 가능하면 구체적으로 적고 추상적인 표현은 금물이다. 그리고 실현 가능한 것들을 조목조목 적어라. 주어진 시간에 실현 가능한 것들만 적는다.

(3) 평가하는 상대방 위치에서 적어라

본인이 많이 안다고 구구절절 적어도 상대방은 읽기에 핵심을 잡아주지 못하면 안 된다. 상대방이 문외한이라고 생각하고 적어라. 때로는 심의자가 그 분야와 거리가 있을 수도 있기 때문이다. 이 분야에 관한 한 최고라는 이미지를 주어라.

(4) 동일분야에 있는 전문가와 공동으로 제안서를 준비하라

팀의 IQ는 개인의 IQ보다 높다는 것을 인정하라. 큰 힘이 생길 것이다. 그 분야에 최고의 전문가를 끼고 들어가는 것이 제안서로서 가치가 상향된다.

(5) 지나친 학술부분을 피하라

읽고 평가하는 사람은 전체적인 이해가 중요하지 사소한 메커니즘이나 세련된 학술적 표현은 주된 관심사가 아니다. 제안서는 숲보다 산과 달이다. 숲만 그리다 보면 전체 길이 흐려질 수 있다.

(6) 잘 포장하라

포장도 연구의 일부라고 생각하고 포장하라. 평가자로 하여금 포장된 선물을 뜯는 느낌이 들게 하라. 그렇다고 포장만 잘하란 말은 아니다. 상승효과를 준다는 이야기이다. 작은 일에 신경쓰면 큰일도 그만큼 신경쓴다는 이미지를 주는 것이다.

18) 연구리더십

(1) 리더십은 연습이다

리더십은 부지런히 습득하고 배우고 익히고 연습하고 갈고 닦아야 한다. 리더십은 오로지 연습이다. 어느 인생도 리더십을 타고나지 않는다. 어느 누군가 위대한 인물이 태어난 마을에 들러 노인에게, "이 마을에 위대한 인물이 태어난 적이 있습니까?" 그러자 그 노인은 "아니오, 그저 갓난아이가 태어났을 뿐이오"라고 하였다.

리더십은 자라면서 습득되는 것이다. 필자의 소견으로는 리더십이란 자신감이다. 자신감은 자기가 아는 것을 경험할 때 얻어진다. 많은 교육을 받아온 경험으로 미루어 보면 중요한 것은 "그 무엇을 이루고자 하는 뜨거운 열정"이다. 수영선수가 몸에 물기가 마르면 성공하지 못한다.

연구에 있어서 성공적인 리더십을 발휘하려면 아래 열거한 것들을 충실히 이행하여야 한다.

자신의 장점과 단점을 리더입장에서 평가하라.
할 수 있는 능력(Empowerment)을 길러라.
교류방법을 습득하고 범위를 넓혀라.
협상하는 방법을 습득하라(Negotiation Skills).
자발적 동기부여(Self-Motivation)에 힘써라. 그래야 창조력이 자라고 개선에 힘쓴다.
항상 자신을 갱신시키고(Self-Renewal), 부하지원(제자)을 양성하라.
해당분야의 지식과 경험을 서로 연결시켜라(리더십은 지식＋경험이다).
일에 우선을 매기고(Priority Setting) 하나의 일에 매달리라. 그렇게 하면 시간도 절약된다.
기록을 잘하고 하나의 일을 마치고 반드시 평가서를 작성하라.
항상 승리자라는 다짐을 하라.
리더십의 경구들을 묵상하라.
자기만족은 조직의 말기적 증세다. 지금 곧 안락의 지대에서 벗어나라(플라톤).
리더십이란 자기변신이라는 것을 잊지 말라(셰익스피어).
갈등이 존재할 때에는 서로가 무엇을 원하는지 알아내라(마틴 루터 킹 목사).
리더십의 횃불을 받아쥔다는 것은 곧 커다란 고통과 함께 한다(마하트마 간디).

(2) 리더십은 지식＋경험＝자신감

21세기는 좁은 분야에서 가장 앞서 가는 자만이 살아남는 스페셜리스트의 시대가 올 것이다. 조직중심에서 개인중심으로 활발히 움직이는 시대를 대비하는 현실에서 필자는 자기분야(모든 직업, 프리랜서 등)에서 최고가 되는 10원칙을 제시한다.

가. 그 분야에서 누가 최고인지를 먼저 찾아내라

그 사람의 업적들을 구해서 읽고 자기화시켜라. 그러면 이미 50%는 성공의 길로 걸어가고 있는 것이다. 유명한 사람이 이름 있는 제자를 길러내고 이름 있는 선수가 수준급의 선수를 길러내는 것은 결코 우연이 아니다. 아직도 그 사람을 못 찾았다면 그 사람을 먼저 찾으라. 그 사람의 습관을 쫓아가면 이미 당신은 성공의 길에 들어서고 있는 것이다.

나. 자신의 업적을 기록에 남기라

본인의 업적을 시각화시켜라. 기록은 시각화의 가장 큰 밑거름이다. 가능하면 도표화시켜라. 컬러로 도색하고 그것을 보는 뇌가 자극을 받도록 하라.

다. 목표를 이루었을 때 생기는 보상을 다 적어라

광야의 길을 걸어가다 보면 반드시 많은 장애물이 닥쳐올 것이다. 그 누구도 피할 수 없는 장애물을 피하기 위해서는 목표를 이루었을 때 다가오는 모든 보상을 다 적고 매일매일 그것을 바라보라. 힘들 때 보상들을 바라보면 큰 힘이 될 것이다. 적어놓는 것은 독촉장이다.

라. 꼴지에도 의미를 찾아라

운동장에서 달음질하면 일등은 한 사람밖에 없다. 그러나 꼴지에도 의미를 달아라. 승자는 언제나 달리는 도중 행복하다고 생각하는 법이다. 성공인은 달리는 도중 이미 행복하다. 달리는 전 과정에 의미를 두라. 눈이 오면 기다리지 않고 길을 만들어서 가는 것이 승자의 몫이다.

마. 모든 정보는 흘러 보내라

강물이 흘러흘러 구석진 곳까지 메우는 것처럼 정보를 주면 반드시 본인에게 유익이 된다는 것을 믿으라. 샘물은 남에게 퍼서 줄수록 항상 신선한 물을 먹을 수가 있는 것처럼 정보는 흘러 나가지 않으면 사해처럼 썩는다. 본인 스스로가 강물로 생각하고 누구든지 목마른 자는 퍼서 가져가라고 하라.

바. 경쟁자를 만들어라

경쟁자는 나의 동반자다. 경쟁자는 잠 못 들게 하는 걸림돌이면서 한편으로는 무한한 도움을 주는 존재(Helper)라는 것을 믿으라. 가능하면 경쟁자와 서로 정보를 나누라. 그러면 함께 잘되는 길이다. 돛단배는 바람이 불면 맞서서 나아간다는 원리를 이용하라.

사. 최고라는 생각을 버리지 말라

내가 2등이라고 생각하면 남은 나를 보고 꼴찌라고 생각한다. 골이 깊으면 산도 그만큼 높다. 언젠가는 골에서 산꼭대기로 간다는 생각을 버리지 말라. 그리고 성공은 나 자신의 어제와 오늘의 비교로 생각하라. 성공이란 간발의 차이라는 것도 잊지 말라.

아. 가장 잘할 수 있는 분야만 손을 대라

틈새를 찾아서 공략할 전략을 짜라. 21세기는 어느 때보다 전문화된다. 토끼 10마리를 쫓다가 다 놓친다. 옛날에는 (Generalist)가 성공하는 시대였으나 그 시절은 이미 다 지나갔다. 이제 스페셜리스트만이 사는 세상이 되었다. 수영선수가 되려면 몸에 물기가 말라 있으면 안 된다.

자. 주기적으로 정보를 분석하라

반드시 고정적으로 그 분야에서 가장 앞서 가는 세계적인 잡지를 구독하고 시대의 흐름을 놓치지 마라. 도움이 되는 자료는 반드시 오려서 복사해 관리하고 반드시 주기적으로 그것들을 바라보라. 우리의 뇌는 보면 아이디어가 나오게 되어 있다. 동일한 자료를 자기화하는 최고의 방법은 주기적으로 모아놓았다가 바라보는 것이다.

차. 남을 위해 서비스한다고 생각하라

돈을 버는 목적은 두 가지다. 하나는 힘(Power)을 얻기 위함이고 다른 하나는 이웃을 위해 쓰기 위함이다. 전자는 본인에게만 일시적 기쁨을 주나 후자는 본인은 말할 필요가 없고 여러 사람에게 기쁨이나 힘을 주는 것으로 언제나 힘이 솟는다. 그러면 언젠가 그 분야에서 최고가 될 것이다.

19) 패션십(Passionship)을 개발하라

목표를 성취하기 위해서는 스스로 가치 있는 일을 정하고 계획을 세우고 밀고 나가는 것이다. 그런데 추진하다 보면 반드시 장애물이 있게 된다. 그 장애물을 뛰어넘기 위해서는 목표가 나에게 주는 보상을 바라보면 다시 힘이 솟을 것이다. 보상과 장애물 사이에 놓여 있는 인생의 열정(Passionship)은 빼놓을 수 없는 강력한 힘이다. 우리의 열정은 하나의 목표 안에서 성장하게 되며 크고 작은 목표가 이루어질 때마다 성숙한다. 목표를 성취하는 데 있어서 행동은 중요한 것이며 시간관리와 의사전달능력 그리고 기록능력(Documentation)은 빼놓을 수 없는 성취요소다.

목표를 성취하는 데 있어서 동기부여(Self-motivation)는 특히 매우 중요하다. 동기부여는 내가 바라는 것과 노력을 바꾸는 의미가 들어 있다. 자발적 동기부여가 형성되지 않으면 연구는 한갓 연구자체를 위한 연구로 흘러가기 쉽다. 누군가 시켜서 하는 일은 대개 재미가 없고 능률이 올라가지 않는다.

하나의 목표를 이루기 위해서는 나아가 끝없는 다짐이 필요하다. 운동선수들이 시합 전에 모여서 손을 잡고 "화이팅", "이기자"라고 소리치는 것은 다짐이다. 다짐은 그 목표를 이루게 하는 힘이 있다. 따라서 우리가 세운 목표도 그날그날의 다짐을 "나는 그 일을 해 낼 수 있다" 등의 말로서 소리쳐 외치는 것이다.

20) 나쁜 병사는 없다

나쁜 병사는 없다. 나쁜 리더가 있을 뿐이다. 우리는 크고 작은 팀이나 조직 또는 가정 나아가 국가를 이끌어가는 사람이다. 남을 이끌어가는 강력한 힘은 어디서 오는 것일까? 나폴레옹은 "나쁜 병사는 없다. 나쁜 리더가 있을 뿐이다"라고 했다.

1997년 잰드(D.E. Zand)는 그의 책(『리더십의 3요소』)에서 리더십의 핵심 세 요소의 본질을 꼬집었다. 그가 바라본 리더의 세 가지 핵심은 지식(knowledge), 신뢰(trust), 그리고 힘(power)이다.

(1) 지 식

리더는 자기의 지식이든 남의 지식이든 잘 활용하는 사람이다. 본인이 모든 것을 알 필요는 없다. 누가 그 지식을 기지고 있고, 어디서 그 지식을 구할 수가 있으며, 그 지식을 언제 활용해야 하며, 그 지식을 어떻게 사용하느냐를 알면 된다. 필요한 사람을 적시적소에 잘 쓰는 것은 리더의 몫이다. 더불어 리더는 비전을 제시하고 일의 방향을 주는 사람이다.

라퐁텐의 우화집에 보면 동물의 세계에서 전쟁이 났을 때 사자가 총사령관이 되어 지휘를 하는데, 코끼리, 곰, 여우, 당나귀 등 모든 동물들이 집합하였다. 그런데 그들 중에 누군가가 "멍텅구리 당나귀는 돌아가라"고 하는 소리가 터져 나왔다. 그때 사령관은 "모두들 조용히 하라! 당나귀는 나팔수로 쓸 것이고 토끼는 전령으로 쓰겠다"라고 호령하였다. 지도자는 필요한 사람을 잘 골라서 적소에 활용하는 능력을 가지고 있어야 한다.

(2) 신 뢰

믿을 수 있는 사람이 되어야 한다. 쉬우면서 가장 어려운 것이 바로 이 대목이다.

(3) 힘(권력)

힘은 나누어 가져야 한다. 강물이 구석진 곳까지 메워 흘러가듯이 한 나라가 되었던 조직이 되었던 힘은 골고루 나누어 가져야 한다. 혼자 가지고 있으면 힘도 썩는다.

이 세 가지를 지키지 못하여 우리는 많은 것을 잃고 있다. 문자로만 본다면 참으로 간단하고 쉽고 건사하다. 유치원 아이도 하라면 할 수 있는 일이 바로 위의 세 가지이다. 내가 아는 것을 내가 하는 일에 써 먹고, 남을 속이지 아니하고, 얻은 힘을 나누어 주면 되는 원리. 어른들은 이 원리를 알면서도 가시줄에 연줄 걸린 듯 언제나 어렵게 풀어간다. 리더는 이 세 가지를 잘 알 필요가 있다.

21) 제자는 떡잎처럼 키워라

연구에 있어서 제자를 잘 키우는 일은 더없이 중요하다. 제자를 키우는 데 있어서 아래 몇 가지를 참조하기 바란다.

① 가능성을 믿는다. 불가능하다고 단념하지 말고 잠재능력을 이끌어 낸다 (Possiblization). 한번에 포기하지 않는다. 육성은 끈기다. 화를 내지 않고 냉정하게 반복하여 육성한다. 도중에 패배하면 지도자의 패배이다.

② 바쁠 때야말로 육성이 가능하다. 일이 즉 육성이다. 바쁜 직장일수록 능력이 빨리 향상된다.

③ 신뢰해야만 육성할 수가 있다. 신뢰감과 의욕이 함께 있다면 성장은 가속화된다. 자기중심이 되지 마라. 부하는 상사가 이타적이라고 생각하면 마음 놓고 따르게 된다. 이기적이라고 생각하면 경계한다.

④ 우선 남의 장점부터 본다. 장점을 찾아내 칭찬해준다. 일을 잘 해냈을 때나 어려운 일을 해결했을 때에는 솔직하게 "잘했군"라고 말한다. 부하는 그런 말을 들음으로써 일의 보람을 느낀다.

⑤ 부하 쪽에서 하겠다는 말을 꺼내도록 한다. 같은 일을 하더라도 시켜서 하는 것과 자신이 말을 꺼내서 하는 것과는 큰 차이가 있다. 자신이 말을 꺼내서 하는 일은 재미있고 일이 재미있을 때 의욕이 난다. 어떻게 부하의 일을 재미있게 만들 것인가. 부하에게 지시를 가능한 삼가고 상대방이 하겠다는 말을 하도록 한다.

⑥ 스릴 있는 일을 제공한다. 능력이상의 일을 주면 신뢰에 보답하려고 의욕을 낸다. 같은 일을 언제까지고 반복시키지 않는다. 새로운 일을 시키면 불안하므로

겸허해지고 남의 의견을 잘 듣고 공부한다. 성공하면 기뻐하고 실패하면 생각한다. 이때 능력이 향상된다.

⑦ 표현력을 향상시킨다. 말하고, 듣고, 쓰는 능력은 많이 해보는 수밖에 없다. 서툴다면 서툴수록 의식적으로 하도록 하여 경험을 쌓음으로써 표현력을 배우게 한다.

22) 한 건의 프로젝트는 험난한 바다 위의 배

언젠가 때가 되면 연구프로젝트를 이끌어 가게 된다. 크고 작은 프로젝트를 끌고 가기 위해서는 경험과 숙련이 필요하다. 선상이 되어 한 척의 배를 바다 위에서 이끌고 가기 위해서는 경험과 노력이 필요하다. 참고할 만한 몇 가지를 아래에 기술하였다.

① 프로젝트를 추진하는 데 필요한 모든 정보를 언제나 볼 수 있도록 한다. 책임자는 완벽한 정보를 가지고 있도록 힘써야 한다. 관련한 모든 정보를 언제라도 볼 수 있는 도구가 필요하다.(과거의 프로젝트, 스케줄, 프로그램 등)

② 보다 효과적인 교류방법을 배워라. 내부든 외부든 모든 교류가 효과적이 되도록 하라. 연구원을 교류하는 방법을 습득시켜라. 책임자가 없어도 연구가 돌아가야 한다. 위임은 중요하다.

③ 끊임없는 개선과 개발을 하라. 모든 정보는 시간에 따라 변하고 있다. 어떤 조직이든 건설적인 파괴가 일어나도록 하라. 사람은 하루 생활 중에 90%는 습관에 따라 움직인다.

④ 연구원을 교육시켜라. 모든 연구원들에게 교육(Cross-training)시켜라. 교육을 시키되 다양하게 배우도록 하라. 우리나라는 석·박사 과정 중에 지식교육만 하고 리더십교육은 하지 않는다.

⑤ 각 연구원(직원)에게 역할과 책임을 주라. 모든 구성원은 책임과 권한이 균형을 이루도록 하라. 특히 프로젝트 매니저의 의사결정(연구방향 등)은 중요한데, 결정은 대개 3가지의 단계를 요한다. 첫째는 프로젝트총괄책임자와 무관하게 결정하는 권한, 두 번째는 기꺼이 결정을 하려는 의지, 그리고 셋째는 올바른 결정

을 할 수 있는 능력이다. 때로는 연구원에게 다 맡겨보라.

　⑥ 리더십을 키워라. 목표를 세우고 구성원들에게 동기를 부여하고 그들의 잠재력을 끄집어내라. 훌륭한 리더는 부하직원(연구원)의 재능을 잘 활용하는 것이다.

　⑦ 프로젝트 매니저(연구책임자)는 문서작성에 탁월하여야 한다. 문서를 언제 만들고, 어떻게 만들고, 누구에게 복사해서 주어야 하는지 대하여 알아야 한다.

23) 연구비란 아이디어가 옷을 입는 비용

　연구란 개인의 인생이 들어 있는 것이며 누구나 자기만이 앞서 갈 수 있는 분야가 있다. 연구도 개발도 자기만이 주도할 수 있는 일을 만들어야 한다. 연구비란 아이디어가 옷을 입는 비용으로서 아이디어가 있을 때 연구비를 신청할 수 있다. 아래 열 가지는 필자가 오랫동안의 경험으로 느낀 바를 요약한 것이다.

(1) 누가 그 분야에서 최고인지 먼저 찾으라

　그 사람들과 교류하라. 또 학술논문을 적는 것도 중요하지만 알기 쉽게 풀어서 일반관련 기술지에도 논문을 게재하라(학술논문은 대개 이해하기 어렵다). 해당분야 종사자들이 많이 보는 잡지를 통하여 본인의 존재를 알리는 데서부터 자신의 위치를 잡아나가라. 반딧불이 밤에 자기 고유의 빛으로 자신을 알리듯이 자기를 알려야 한다.

(2) 자기분야와 맞는 업체를 찾고 접촉하라

　자기분야를 가장 필요로 하는 업체를 찾아라. 가장 가려운 부분이 무엇인지를 파악하고 시작하라. 가능하면 현장의 직원과 많은 대화를 나누어라. 그들의 머릿속에 무한한 아이디어가 들어 있다는 것을 믿으라. 카운터파트너가 있어야 한다. 평소에 부지런히 관련 잡지에 자기분야를 알리고 중요성을 역설하라. 기회가 되면 발표하도록 힘쓰라. 가만히 있으면 어느 누구도 불러주지 않는다. 적극성을 띄고 여기저기 찾아다니라. 교수란 가르치는 것도 중요하지만 새로운 지식을 만들고 그것들을 우리의 삶에 적용하는 것이 더욱 중요하다.

(3) 연구의 1 / 3은 사람을 만나는 데 보내라

연구비를 주는 것도 사람이고 심사하는 것도 사람이 한다. 많은 교류 속에서 정보의 흐름이 생긴다. 반드시 그런 것은 아니지만 아무리 제안서가 잘되어도 사람은 아는 사람에게 좀더 호감을 가질 수밖에 없다. 비커만 만지면 아무도 알아주지 않는다. 연구의 1 / 3은 사람을 만나는 데 보내라. 정보는 사람의 머릿속에 있지 공간에 떠 있지 않다. 관련학회, 모임, 세미나, 심포지엄에 부지런히 나가야 한다. 연구와 관련된 모임에만 제한하지 말고 관계없는 모임에도 참석하라. 신지식 세미나, 협상의 기술 등은 눈여겨보고 참석할 만한 곳이며 아니면 별도로 교육을 받는 것도 좋다. 연구란 인생의 모든 것이다.

(4) 동일분야에 있는 전공자를 찾아시 공동으로 언구비를 신청하라

이제는 Grouping을 할 때다. 팀의 IQ는 개인의 IQ보다 높다는 것을 인정하라. 함께 연구하는 시대지 홀로 하는 시대가 아니다. 그러며 어려울 때 서로 큰 힘이 되며 잦은 회의로 보다 효율적이고 세련된 연구결과를 낳을 수 있다. 2~3명 정도가 적당하다. 많으면 오히려 의견이 갈리고 분산된다.

(5) 연구비 확보도 연구의 한 일부로 생각하라. 연구제안서 자체를 연구로 생각하고 적어라

제안서는 전쟁터에서의 총알과 같다. 효력 있는 제안서를 적어라. 한 눈에 잘 들어오게 적어라. 아무리 아이디어가 좋아도 상대방에게 의사전달이 안 되면 허사다. 그리고 심사위원에게 주어진 시간은 아주 제한적이다. 주어진 짧은 시간에 어떻게 하면 최대의 이해를 줄 수가 있는지 거기에 초점을 맞추어야 한다.

(6) 초기에는 좀더 앞서 가는 팀에 소속되어 연구비를 확보하라

처음부터 많은 연구비를 확보하려고 하지 말고 자신의 스케일에 맞게 연구비를 확보하라. 조금씩 자신감을 키워나가라. 다른 프로젝트에 소속되어 있으면서 연구비 확보요령을 배워나가라. 그리고 언젠가는 총괄책임자가 되어서 연구비를 확보하다고 생각하라.

24) 한 편의 詩를 읊는 자가 되라

신지식을 창출하려면 풍부한 정서를 가지는 것이 필요하다. 사물을 맹맹하게 바라본다거나 무반응이면 곤란하다. 아름다움을 보고는 감탄할 줄 알고, 슬픔을 보면 슬퍼할 줄 알고, 화가 나면 화낼 줄도 알고, 일을 하다가 성공하기도 하고 실패도 해보고, 넘어지기도 하는가 하면 일어서기도 하고, 참지 못하고 내팽개칠 때도 있고 끝까지 참는 겸손도 있고……그러는 가운데 우리의 뇌는 성장하고 발전하고 아이디어를 많이 낼 수 있는 기초를 닦는 것이다. 달리 말하면 우뇌를 많이 쓰는 자가 되어야 한다. 대개 공부를 많이 한 사람들은 어깨에 힘이 들어가고 자기가 최고라는 생각이 가득차 있는데 그런 사람머리에는 정서가 풍부할 리 만무하다. 가을 벼이삭이 되어야 한다.

① 정서는 생각에서 나오고 생각은 믿음에서 나오고 믿음은 말씀(Words)을 듣고 행함에서 온다. 따라서 정서는 조절할 수 있다.

② 사람들은 실패를 하기 전에 과거의 습성을 바꾸려 하지 않는다. 실패는 변화의 시작이다.

③ 수영은 물 속에서 익혀라. 순간의 베스트는 언제나 있다.

④ 메아리가 없는 산은 죽은 산이다. 사물을 바라보면 무언가 느끼고 말하고 생각하고 반추하라.

⑤ 습관대로 사는 것은 일단은 편하다. 그러나 발전이 없다.

⑥ 저질러라. 용기의 첫걸음이다. 옳은 버릇은 평소에 피나는 노력과 오직 자기훈련뿐이다.

⑦ 자기 자신의 내면의 밑바탕에 깔린 감정에 항상 주의를 기울이고 그 감정을 즉시즉시 그대로 표현하라. 생각을 개방하라.

⑧ 저지르고 실수도 하고 깨닫고 성장하고 즐기고 또 저지르고 실수도 하고 깨닫고 성장하고 즐기기를 계속 반복하라.

⑨ 환난 중에도 즐거워하나니 환난은 인내를 인내는 연단을 연단은 소망을 이루는 줄 앎이로다. 때로는 기다리라.

⑩ 내가 변해야 세상이 산다. 세상이 아무리 빠르게 변해도 내가 빠르다.

25) 신지식인과 구지식인

연구차원에서 신지식인이란 경험이 많고 풍부한 정서를 가진 사람이다. 이론과 경험 그리고 아이디어가 서로 연계될 때 새로운 것이 개발되거나 개선 또는 새로운 발명이 이루어지는 것이다. 연구하는 사람들은 대개 발표작업을 통해 기록, 자료공유 등의 일이 이미 이루어지고 있다.

〈표 1〉 신지식인과 구지식인의 비교

기 준	신지식인	구지식인(지식인)
1. 지식의 양	지식의 양에 구애를 받지 않는다.	많이 알면 지식인으로 쳐준다.
2. 적용능력	아는 것을 접목시키는 데 강하다.	상대적으로 약하다.
3. 이론과 경험	이론적 지식은 약하나 경험이 많다.	이론은 강하나 경험이 약하다.
4. 지식진화능력	항상 부족함을 느끼며 업그레이드시킨다.	한 번 배우면 오래 써먹는다.
5. 지식개념	적용 가능한 지식을 우선시한다.	많은 것을 습득하는 데 초점을 둔다.
6. 평가척도	학력수준에 관계없이 결과를 중요시한다.	학벌에 치중하며 교육과정을 중요시한다(우수대학 자격증 등).
7. 성공개념	지위보다 자기분야에서 앞서 가는 사람(진급에 신경을 안 쓴다)	지위를 중요시한다(높은 자리에 올라가야 성공했다고 생각함).
8. 정보가공능력	뛰어나다. 누구에게 잘 주며 공유하기를 좋아한다.	약하다. 혼자 정보가지기를 좋아한다.
9. 창조력	항상 아이디어를 창출하여 적용한다. 우뇌를 잘 활용한다(골드칼라형).	상대적으로 약하다. 비개방적이며 정서(情緖)가 약하다.
10. 사물에 대한 태도	항상 생산적이고 긍정적이다. 혁신을 좋아하고 변화를 좋아한다	소극적이며 변화를 싫어하며 보수적이다.

(1) 신지식인이란?
① 끝없이 자신과 사물을 변화시켜 나가며 ② 자기고유의 일을 창조해 나가는 사람

그런 과정 속에서 부수적으로
① 자신의 부가가치가 창출되고 ② 자신의 일이 개선, 혁신, 개발된다.

연구는 생각에서부터 출발한다. 정서는 생각에서 나오고 생각은 믿음(신뢰)에서 온다. 이제 21세기에는 우뇌형 골드칼라시대가 빛나는 시대이다. 화이트칼라시대

는 이제 떠나고 없고 이제 골드칼라시대가 밀리니엄시대를 이끌어 갈 것이다. 부지런히 우뇌를 써야 할 때가 온 것이다. 연구리더십을 부지런히 각자가 개발하여 성공적인 연구개발에 박차를 가하여야 할 때이다. 화이트칼라의 일은 이제 대부분 컴퓨터가 알아서 처리하는 시대가 왔으니 이제 사람이 할 일이 무엇인가? 빌 게이츠, 톰왓슨, 헨리포드, 블레어 영국총리……, 이들은 금처럼 반짝이는 아이디어 창출자들로 골드칼라(Gold collar)의 귀재들이다. 이제 인간은 유일한 자산인 '사고'를 극대화시켜 창조적 아이디어를 내어야 인정받을 것이다. 그동안 우리의 우뇌(右腦)는 잠시 쉬게 하였지만 21세기에는 제각기 우뇌를 부지런히 가동시켜야 무한한 경쟁에서 이겨낼 것이다. 골드칼라는 이제가지 누구도 경험하지 못한 일을 미리 생각하고 꿈꾸고 미래의 방향을 미리 조망하는 AQ(Analogy Quotient, 유추지수)를 가진 사람이다. 정서와 감성, 비논리적 직관력, 예술적 감각을 이끌고 이미지에 의존하는 우뇌형(右腦形) 인간을 지칭한다. 마음껏 정서를 키우고, 사물을 바라보고 풍부한 상상력을 동원하여 마음껏 생각하고 상상의 나래를 펴고 아이디어를 내어야 한다. 21세기는 정보와 창조사회가 될 것이다.

골드칼라의 특성 전문분야에서 일하기를 좋아하며 일을 즐기면 자발적으로 한다. 친화력이 있고 상상력이 풍부하여 창의적인 발상을 잘하며 항상 긍정적이고 낙천적인 태도를 취한다. 성취감을 즐기며 업적평가에 대한 보상체계를 선호하며 직업을 자아실현의 장으로 여긴다.

나아가 정보를 확보하는 능력, 그것을 가공하는 능력은 21세기 연구개발에 있어서 필수다. 연구개발리더십이란 어떤 정보를 입수하여 나의 분야에 다른 사람보다 한 발 앞서 적용하여 열매를 맺는 것이다. 박사가 수백 명이 모인 전문연구소나 대학에 골드칼라 사람들이 풍부하다면 수많은 결실을 기대할 수 있을 것이다.

리더십의 스타일에는 여러 가지 종류가 있다. 첫 번째로 창조적, 비전 제시적, 개척자 스타일이 있습니다. 암울한 시대에 의연히 일어서서 새로운 길을 제시하는 리더십입니다. 그 사람만 보면 뭐든지 할 수 있을 것 같고 가슴에 불이 일어납니다. 꿈만 꾸면 공상가일 뿐입니다. 그것을 현실화시킬 사람이 필요한데 그 사람을 '전략가'라고 합니다. 인간은 유한합니다. 따라서 비전을 이루기 위해 우선순위를 정하고 제한된 자원을 배치합니다. 이것이 전략입니다. 비전이 아무리 아름다워도 그것을 정확하게 실천할 수 있는 전략이 필요합니다.

세 번째 스타일은 구조 및 방향 재조정자입니다. 아무리 잘 나가는 회사나 조직이라도 정체되기 마련입니다. 그랬을 때 시대의 흐름을 따라서 새로운 방향을 제시해주는 리더십이 있어야 합니다.

네 번째는 경영, 행정가 스타일이 있습니다. 조직이 새로운 아이디어를 갖고 방향을 바꿔갈 때 전체를 점검하는 경영, 행정가의 리더십이 필요합니다. 이것은 상당한 치밀성과 성실성을 요구합니다. 이와 동시에 목양 리더십이 필요합니다. 행정가 리더십을 가진 사람은 일을 이루되 사람을 다치게 하는 경우가 있습니다. 그래서 상처 입은 사람을 보살피는 목양 리더십을 가진 사람이 함께 있어야 합니다. 이런 리더십은 잘 드러나지 않지만 반드시 필요합니다.

마지막으로 위기 대치형 리더십이 있습니다. 잘 나가던 단체나 교회, 조직도 엄청난 어려움에 처할 때가 있습니다. 평화 시에는 잘 이끌던 사람도 위기가 닥치면 어쩔 줄 몰라 합니다. 주로 경험이 없는 리더들이 위기 앞에서 무너져 버릴 때가 많습니다. 그러나 위기 앞에서 냉정하게 대처하는 리더가 있어야 합니다.

이 여섯 가지 스타일을 보면서 저는 여러분들에게 세 가지 권면을 드리고 싶습니다. 먼저 '나의 리더십 스타일은 뭘까?'를 주관적으로 파악하고 객관적으로 검증을 받아야 합니다. 두 번째는 여러분이 하고 있는 일이 여러분의 리더십 스타일과 어느 정도 일치하는지를 판단하여야 한다.

26) 좋은 리더십의 4대 요소

좋은 리더십이 되기 위해서는 4가지 요소가 있습니다. 먼저 균형감각이 필요합니다. 지성과 감성과 역경지수를 잘 조화시키면 비전 메이커가 될 수 있는 토양이 마련됩니다. 높은 자리에 오르는 것이 문제가 아닙니다. 높은 자리에 올라 무엇을 하느냐가 문제입니다.

인간에게는 육체적 계기판과 영적 계기판과 감정적 계기판이 있는데 이 모든 것이 균형잡혀야 합니다. 스티븐 코비(Steven Covey)라는 미국 경영학 전문가가 인간의 위대성에 대해 말했습니다. "인간의 위대성에는 두 가지가 있다. 하나는 본질적인 위대성(Primary Greatness)이 있고 부수적 위대성(Secondary Greatness)이다. 부수적 위대성은 그 사람의 학벌, 지위, 재산, 외모 등이다. 많은 사람들이 리더를 뽑을 때 부수적 위대성을 보고 결정한다." 그는 수십 년간 성장을 계속하는 기업들의 경영자를 보면 본질적인 위대성 즉 인격의 투명함, 정직, 성실, 자기 절제, 동정심, 이해심 등 위에 부수적 위대성을 갖고 있었다고 말합니다. 제임스 맥그리거(James MacGregor Burns)는 다음과 같이 말합니다. "리더십에는 두 가지 종류가 있다. 상호교환적 관계의 리더십(Transactional Leadership)이 있고 상호 변화적 관계의 리더십(Transformational Leadership)이 있다." 상호 교환적 관계의 리더십은 '왜 이 회사 종업원은 사장을 따르느냐?'에 관한 것입니다. 사장을 존경하지는 않지만 월급을 주기 때문에 리더를 따른다는 것입니다. 이해타산 때문입니다. 그래서 사장도 종업원을 데리고 있습니다. 이것이 세상적인 리더십이고 어떤 면에서는 경영행정의 리더십이기도 합니다.

상호 변화적 관계의 리더십은 이해타산적인 관계를 초월하여 서로가 변해가는 관계를 말합니다. 종업원은 월급이 적고 일하는 환경이 나쁘더라도 리더를 따라가면서 비전을 키우게 되고, 그럴수록 인격이 성숙해져가고 성취감이 생김을 느끼게 됩니다. 이것이야말로 예수 그리스도께서 보여주신 리더십의 원형입니다. 상호 변화적 관계의 리더십은 본질적 위대성을 키워주는 리더십입니다. 반대로 상호 교환적 관계의 리더십은 부수적 위대성을 키워주는 리더십입니다.

리더십에서 제일 중요한 것은 인격입니다. 이 인격을 여러 가지로 구분해서 볼 수 있는데 첫 번째로 배움에 대한 겸손과 열정입니다. 리더는 열심히 배워야 합니다. 히브리 말로 '가르친다'는 동사는 '배운다'라는 동사와 같습니다. 가장 뛰어난 랍비는 가장 뛰어난 학생입니다. 배우기를 포기한 선생은 선생이 되기를 포기한 사람입니다. 인격의 파트너는 정직, 투명함입니다. 리더는 용감해야 합니다. 리더만 용감하다는 뜻이 아닙니다. 이 모든 것이 인격입니다. 이것이 있을 때 능력이 있습니다. 인격과 함께 능력이 있어야 합니다. 리더십들은 가장 잘할 수 있는 것을 집중시켜 주고 다듬어주는 사람입니다.

출처: http://hys3203.hihome.com/111-1-001.htm

오늘날 조직사회에서 급변하는 환경에 적응하기 위해서 많은 노력을 기울이고 있다. 조직 내에서 이러한 적응에 특히 중요한 역할을 맡고 있는 실체가 리더이다. 효과적인 리더의 행위에 관한 많은 연구들이 진행되어 왔다. 이러한 연구의 결과로 최근에 변혁적 리더십과 거래적 리더십이 많이 언급되고 있다. Bass가 말한 것처럼 사람은 누구나 변혁적 리더십과 거래적 리더십을 모두 소유하고 있으며, 이들이 다양한 정도로 발휘되고 있다. 변혁적 리더십과, 거래적 리더십은 Burns(1978)와 Bass(1985)의 이론을 중심으로 관련된 여러 연구들을 조사하며, 임파워먼트에 대한 연구는 개인수준 차원의 심리적 접근방법에 의거 검토하였다. 임파워먼트에 대한 심리적 연구는 Bandura(1982)의 자기효능감(self-efficacy)의 연구를 기반으로 Conger & Kanungo(1988)가 '자기효능감의 동기부여적 측면'으로 개념을 정립하고, Thomas & Velthouse(1990)가 이를 보다 포괄적이고 심리적인 접근을 통해 개념을 정립한 바 있다.

27) 변혁적 리더십과 거래적 리더십

변혁적 리더십(transformational leadership)이라는 명칭이 처음 등장한 것은 Burns(1978)가 그의 저서 「리더십」에서 최초로 이 명칭을 사용하면서부터이다. 정치학자였던 Burns는 부하들과 함께 조직의 목적을 공유하며, 창조적 변화를 위해 권력을 사용하는 리더라는 의미에서 변혁적 리더십이라는 개념을 사용하였다. 이 이론은 다른 리더십 이론들을 리더와 하급자 간의 교환관계(LMX)에 기초한 거래적 리더십(transactional leadership)에 치중되어 있다고 비판하는 데서 출발하였고, 이전의 전통적인 리더십을 거래적 리더십으로 범주화시켜 변혁적 리더십과 상대적인 개념에서 거래적 리더십을 비교하여 설명하였다.(Yukl, 1994) 변혁적 리더는 부하 스스로 업무에 대한 확신감을 가질 수 있도록 동기부여하고 업무결과에 대한 부하의 욕구를 자극하여 부하직원 스스로 추가적인 노력을 통해 기대 이상의 성과를 가져오게 된다.(Bass, 1985) 변혁적 리더는 가능하다고 생각되는 것보다 더 많은 일을 하도록 동기를 유발한다. 변혁적 리더는 가치 있는 결과의 중요성을 높임으로써, 팀 또는 조직을 위해 자신의 이익을 초월하게 한다.(Bass, 1985) **카리스마:** 카리스마는 부하로부터 아주 높은 정도의 존경을 받을 수 있는 특성이나 능력 혹은 자질을 갖고 있는 정도를 말하는 것으로서 주변사람들의 인식으로 인하여 야기되는 현상을 말한다. 이러한 카리스마와 변혁적 리더십에 대해서는 여러 가지 의견이 제시되고 있는데, 카리스마가 변혁적 리더십을 구성하는 구성변수라는 주장도 있고 다른 한편으로는 변혁적 리더십과 카리스마를 동등한 선상에 놓고 평가를 하는 학자들도 있다. **개인적 배려:** 개인적 배려는 변혁적 리더십의 구성변수로서 Bass에 의하면 자신의 소속하에 있는 부하에 대해 각각의 상황에 맞게 리더십을 발휘하는 것을 말한다. 다시 말해 변혁적 리더는 부하에게 의미 있는 어떤 사건의 이해와 감정이입이 나타내는 집중적인 관계를 끊거나 그 관계를 개발하거나 설정한다. 업무위임은 학습을 위한 기회를 제공하게 되고 뒤쳐진 집단 구성원은 개인적인 배려를 받게 되고 모든 부하는 한 개인으로 다루어진다.(Bass, 1985) **지적인 자극:** 지적인 자극은 Bass가 변혁적 리더십 이론을 정립하면서 내세운 구성변수의 하나이며, 리더가 스스로 문제해결능력을 보여주거나 창의적인 아이디어를 제시하면서 부하로 하여금 행동에 자극을 주고 변화를 이끌어 내는 것을 말한다.(Bass, 1985) 한편 Burns에 의하면 거래적 리더십은 개인이 가치 있는 어떤 것을 교환할 목적으로 다른 사람과의 계약에 있어 주도권을 취할 때 발생한다. 거래적 리더는 부하가 바람직한 결과를 달성하게 하기 위하여 해야만 하는 역할을 인식하며, 리더는 이 역할을 명백히 한다. 리더는 부하의 욕구가 무엇인지 인식하고, 부하의 노력과 성과가 어떻게 교환하여 충족될 수 있는지를 명확히 해준다. 거래적 리더십은 리더와 부하의 교환관계이며, 그 자체가 강화전략으로 적합하다. **상황적 보상:** 상황적 보상은 실제로 부하가 노력한 만큼의 보상을 해주는 것을 의미한다.(Avolio & Bass, 1985) 그리고 보상을 받기 위해 필요한 사안이 구체적으로 부하에게 제시되는데 이런 사안은 비교적 긍정적인 내용을 담게 된다.(Bass, 1985)

예외적 관리: 예외적 관리란 부하가 과업수행에 실패하고, 업무 기준으로부터 이탈할 때 리더가 개입하는 행동을 의미한다. 예외적 관리의 목적은 거래적 리더십의 핵심인 통제적, 합리적 그리고 공정한 시스템을 유지하는 데 있다.

28) 임파워먼트

Conger와 Kanungo(1988)는 임파워먼트를 관계구조적인 측면에서 권한, 법적 파

워를 배분하는 과정과 동기부여적 차원에서 '할 수 있다는 믿음이나 판단' 즉 자기
효능감(self-efficacy)을 부여하는 과정으로 보았다. Bandura(1982)는 Conger와
Kanungo(1988)가 지적한 자기효능감을 어떤 개념보다 핵심적인 것으로 간주하고
임파워먼트를 '요구되는 행동을 잘할 수 있다는 믿음이나 판단을 형성해주고, 자신
능력에 대한 신념을 촉진시키는 경험과 기회를 제공해주는 과정'이라고 보았다.

Thomas와 Velthouse(1990)는 임파워먼트로 과업성취에서 자신의 노력이 결과에
미치는 영향, 주어진 직무를 능숙하게 처리할 수 있는 능력, 자신의 목표를 기준
으로 한 직무에 대한 의미감, 스스로 직무를 선택할 수 있는 선택력 등 내적 과
업 동기(intrinsic work motivation)를 조직구성원에게 부여하는 과정이라고 하였다.

Spreitzer(1995)는 Thomas와 Velthouse(1990)의 심리적 임파워먼트, 즉 개인차원
의 인파워먼트외 연구를 발전시켰는데, 그녀에 의하면 심리학적인 임파워먼트는
동기부여적 네 가지 요소인 역할 의미감, 역할수행능력, 자기결정력, 역할영향력
등으로 구분되어 이러한 임파워먼트 요인들이 각 구성원들에게 심리적으로 어떻
게 느껴지는가를 보았다.

의미감(meaning)은 자신의 이상과 기준에 비추어 판단된 작업목표가 얼마나
가치가 있는가를 나타내는 것이다.

역량(competence)은 자신의 능력에 대한 믿음이나 신념을 말하며, 이는 유능감
이 적용되기도 하며, 특히 직무나 자신의 역할상에서의 신념들을 의미한다.

자기결단력(self-determination)은 개인의 능력이 숙달된 상황에서 개인이 행동
을 규제하고 독자적으로 선택할 수 있는 개인의 감각을 의미한다.

영향력(impact)은 각 개인이 직무운영상 결과나 전략수립, 관리상에 영향을 줄
수 있다고 믿는 정도를 말한다. 그녀는 임파워먼트가 단순히 권한의 위양이나 제
도적인 차원에서만 파악되는 것이 아니라 심리적이고 인지적인 변수로서 연속적
인 것이라고 주장하고 있다.

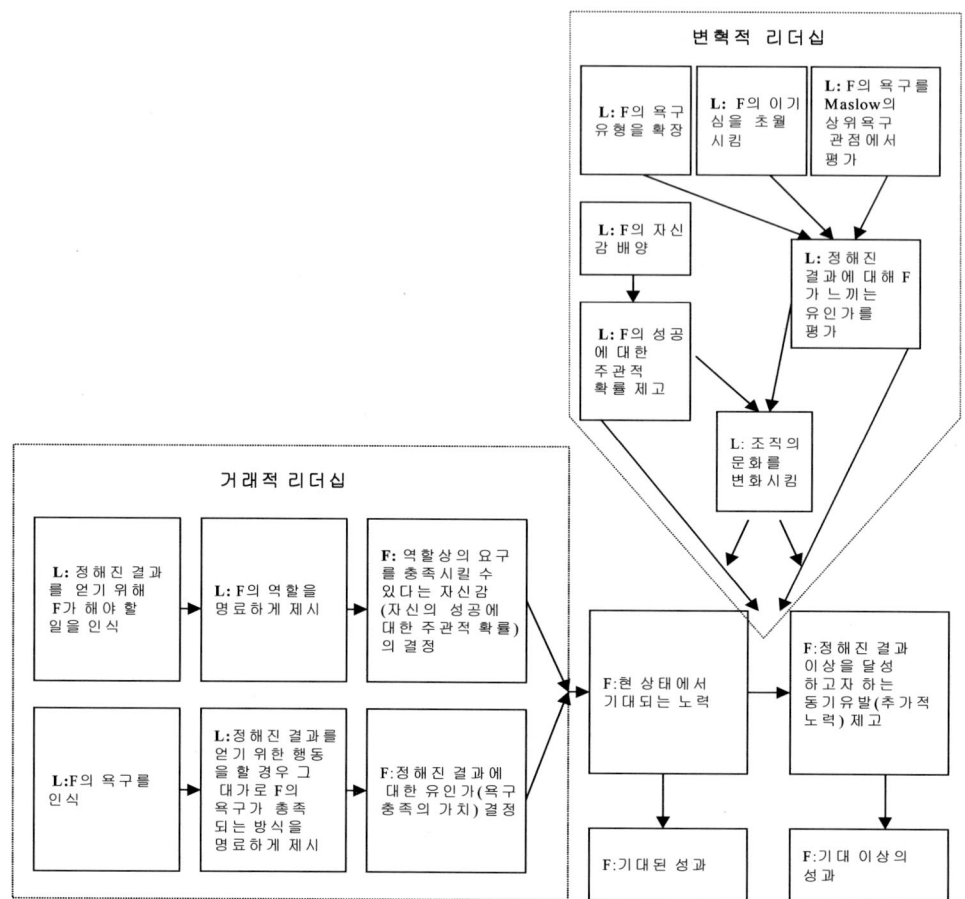

주) L: Leader F: Followers
자료: Avolio, B. J., Bass, B. M.(1988). Transformational Leadership, charisma, and Beyond: In J. G. Hunt, B. R. Baliga, H. P. Dachler, & C. A. Schriesheim(eds.), *Leadership vistas*(p.31). Lexington, Mass: Lexington Books.

[그림] Bass의 변혁적, 거래적 리더십 모형

본 연구에서의 임파워먼트는 Bandura(1978)의 자기효능감을 중심으로 동기부여적 관점에서 정의한 Conger & Kanungo(1988)의 심리적 차원에서의 개인 차원 임파워먼트를 기준으로 하였다. 이를 보다 발전시킨 Thomas & Velthouse(1990)는 임파워먼트를 4개의 하위개념(의미성, 역량, 영향력, 자기결정력)으로 정교화시켰고, Spreitzer(1995, 1996)가 이를 검증하였다.

Conger & Kanungo(1988)는 자신의 연구에서 리더 행동 효과성 측면에서 중요성을 두어 비전제시형의 리더, 즉 변혁적 리더십이 부하를 가장 임파워먼트 시켜준다고 하였고, Behling과 McFillen(1996)도 카리스마, 변혁적 리더십의 통합모델상에서 변혁적 리더의 행위 속성이 구성원의 임파워먼트에 영향을 미친다고 하였다.

House(1996) 또한 신카리스마적(neo-charismatic) 리더십 개념을 강조하면서 이러한 리더십 유형이 구성원들의 임파워먼트를 높인다고 주장하였다. 그 외 변혁적 리더십과 임파워먼트의 긍정적인 관계를 입증한 연구들(Burke, 1986, House, 1988, Block, 1987, Tichy & Devanna, 1986)도 변혁적 리더십이 임파워먼트를 위한 가장 적합한 리더십이라고 서술하고 있다. Keller와 Dansereau(1995)는 사회교환 관계적 입장에서 리더십과 임파워먼트에 대한 연구를 실시한 결과, 사회교환 관계적 차원에서 리더는 집단 내에 속히는 히워지들에게 충성이니 자신이 신호하는 결과를 얻기 위해 부하에게 파워(power)나 자아가치(self-worth) 등을 지원하고, 부하들은 이를 통하여 임파워먼트와 자아가치가 향상되어 정서적으로, 직무차원에서 동기부여된다고 하였다. 이렇게 교환관계적 의미를 거래적 리더십의 의미에 적용시킬 수 있는 점을 고려 시 거래적 리더십 또한 구성원들을 임파워시킴을 알 수 있다. Conger와 Kanungo(1988)도 구성원의 임파워먼트를 위한 조건으로 조건적 보상을 제시한 바 있으며, House(1996)도 21세기에 필요한 리더, 관리자, 작업장 내 감독적 리더상을 제시하면서 구성원을 임파워시키기 위해 리더가 경우에 따라서 지원적 리더십, 경로-목표의 제시 등과 리더의 조건적 보상행위 등이 필요하다고 하였다.

이상의 논의를 중심으로 다음과 같은 가설과 연구모형을 도출하였다.

가설: 리더십 유형에 따라 임파워먼트는 유의미한 차이를 보일 것이다.

가설 I. 변혁적 리더십이 높은 집단은, 변혁적 리더십이 낮은 집단보다 임파워먼트에 좀더 긍정적인 영향을 줄 것이다. [1), 2) 〉 3), 4)]
가설 II. 거래적 리더십이 높은 집단은, 거래적 리더십이 낮은 집단보다 임파워먼트에 좀더 긍정적인 영향을 줄 것이다. [1), 3) 〉 2), 4)]

기업이나 조직에서 리더를 양성하는 데 있어서, 강한 카리스마, 개별적 고려,

지적자극을 줄 수 있는 리더를 양성하고 교육시키는 것이 중요하며, 그와 함께 변혁적 리더는 상황에 알맞은 보상을 제공해 줄 수 있는 리더십을 보여주어야 한다. 특히 앞의 연구 모델에서 거래적 리더십의 경우 상황적 보상만을 고려했을 경우 임파워먼트에 미치는 영향이 좀더 유의함을 알 수 있는데, 이는 리더가 부하를 대함에 있어서, 예외적 관리는 하지 않는 것이 좋으며, 상황적 보상만을 거래적 리더십으로 사용하는 것이 바람직하다고 할 수 있다.

참고문헌

1. 김우택(1996). 「조직구성원의 역량 제고를 위한 임파워먼트 과정에 관한 연구-자기 효능감을 중심으로」, 서강대학교 대학원 경영학과 박사학위 논문.
2. 박원우(1992). "Empowerment: 파워다툼에서 파워증대와 사고전환", 서울대 노사관계연구, Vol.13, pp.197-210.
3. 박원우(1997). "임파워먼트: 개념정립 및 실천방법 모색", 한국경영학회 「경영학 연구」, 26권, 1호. pp.115-138.
4. 박원우(1998). 「임파워먼트 실천 매뉴얼」. 시그마컨설팅그룹.
5. 박창순, 원태연(1995). 「SAS를 이용한 통계자료분석」. 중앙대학교출판부.
6. 임준철(1997). "변화 유도형 리더십이 임파워먼트에 미치는 영향력에 관한 연구", 한국인사관리학회(춘계학술발표대회). pp.61-94.
7. 채서일(1997). 「사회과학 조사방법론(2판)」, 학현사.
8. 최성락(2000). 「개인창의성 지각의 영향요인에 관한 연구」, 서울대학교 대학원 경영학과 석사과정 논문.
9. 최장호(2000). 「집단효능감 지각의 영향요인과 결과에 대한 연구」, 서울대학교 대학원 경영학과 석사과정 논문.
10. Avolio, B. J., & Bass, B. M.(1988). Transformational leadership, charisma, and beyond. In J.G. Hunt, B. R. Baliga, H.P. Dachler, & Schriesheim(Eds.), *Emerging leadership vistas*. Lexington, MA: Lexington Books.
11. Avolio, B. J., & Gibbons, T. C.(1988). Developing transformational leader: A life span approach. In Conger, J. A., Kanungo, R. N., & Associates(eds.), *Charismatic Leadership: The elusive factor in organizational effectiveness. San Francisco,* Cal: Jossey-Bass: 225-235.

12. Avolio, B. J., Waldman, D. A., & Einstein, W. O.(1988). Transformational leadership in a management game simulation. *Group and Organization Studies, 13*: 59−80.

13. Bandura, A.(1982). Self−Efficacy: Mechanism in Human Agency: *American Psychologist, 37,* 122−47.

14. Bass, B. M.(1985). *Leadership and performance beyond expectations.* N.Y.: Free Press.

15. Bass, B. M.(1990). *Bass and Stogdill's Handbook of leadership*: *Theory, research, and managerial applications(3rd ed.).* N.Y.: Free Press.

16. Bass, B. M.(1990). From transactional to transformational leadership: Learning to share the vision. *Organizational Dynamics, 18(3),* 179−189.

17. Bass, D. M., & Avolio, B. J.(1990). The implications of transactional and transformational leadership for individual, team, and organizational development. In W. Pasmore & R. Woodman(Eds.), *Research in Organizational Change and Development, 4,* (pp.231−272). Greenwich, CT: JAI Press.

18. Block, P.(1987). *The empowered manager.* San Francisco: Jossey−Bass. Boal, K. B., & Bryson, J. M.(1988). Charismatic leadership: A phenomenological and structural approach. In J. G. Hunt, B. R. Baliga, H. P. Dachler, & Schriesheim(Eds.), *Emerging leadership vistas.* Lexington, MA: Lexington Books.

19. Burns, J. M.(1978). *Leadership.* New York: Harper & Row. p.20.

20. Carey, M. R.(1992). Transformational leadership and the fundamental option for self−transcendence. *Leadership Quarterly, 3,* pp.217−236.

21. Cashman, J., Dansereau, F., Graen, G., & Haga, W. J.(1976). Organizational understructure and leadership: A longitudinal investigation of the managerial role making process. *Organizational Behavior and Human Performance, 15,* pp.278−296.

22. Conger, J. A.(1991). Inspiring others: Language of leadership. *Academy of Management Executive, 5,* 31−45.

23. Conger, J. A., & Kanungo, R. N.(1988). The empowerment process: Integrating theory and practice. *Academy of Management Review,* Vol.12, pp.634−647.

24. Dansereau, F., Graen, G., & Haga, W.(1975). A Vertical Dyad Linkage Approach to Leadership within Formal Organizations. *Organizational Behavior and Human Performance,* Vol.13, pp.46−78.

25. Downtown, J. V.(1973), *Rebel Leadership: Commitment and charisma in the revolutionary process.* New York: Free Press.

26. Foy, N.(1994). *Empowering People at Work.* Hampshire, England: Gower. pp.3－5.

27. Fulford, M. D., & Enz, C. A.(1995) The impact of empowerment on service employees. *Journal of Managerial Issues,* 7, 161－175.

28. Gibson, J. M., Ivancevich, L. M., & Donnely, J. Jr.(1990). *Organizations.* (7th ed.). Homewood, Ⅱ: Irwin.

29. Griffin, R., Skivington, K., & Moorhead, G.(1987). Symbolic and interactional perspectives on Leadership: An Integrative Framework. *Human Relations*, Vol.40, pp.199－218.

30. Hackman, J. R., & Oldham, G. R.(1975). Development of the job Diagnostic survey. *Journal of Applied Psychology*, 60, pp.159－170.

31. Hackman, J. R., & Oldham, G. R.(1980). *Work Design*. New York: Addison－Wesley.

32. Hater, J. J., & Bass, B. M.(1988). Supervisors' evaluations and subordinates' perceptions of transformational and transactional leadership. *Journal of Applied Psychology,* Vol.73, pp.695－702.

33. Hersey, P., & Blanchard, K. H.(1988). *Management of Organization Behavior.* Englewood Cliffs, NJ: Prentice－hall. p.318.

34. House, R. J.(1977). A 1976 theory of charismatic leadership. In J. G. Hunt & L. L. Larson(Eds.), *Leadership: The cutting edge.* Carbondale, IL: Southern Illinois University Press.

35. House, R. J., & Baetz, M. L.(1979). Leadership: Some empirical generalizations and new research directions. *Research In Organization Behavior,* Vol. pp.341－423.

36. House, R. J., Woycke, J., & Arthur, M. B.(1993). The motivation effect of Charismatic Leadership: A Self－Concept Based Theory. *Organization Science*, Vol.4, p.557.

37. John, M. R.(1995). *Transformational leadership and its role in empowerment productivity and commitment to quality.* University of Illinois Chicago. Phd.

38. Katz, D., & Kahn, R. L.(1978). *Social psychology of organization* (2nd ed.). New York: John Wiley.

39. Keller, T., & Dansereau, F.(1995). Leadership and empowerment: A social exchange perspective. *Human Relations*, *48,* pp.127－146.

40. Koontz, H., & O'Donnel, C.(1976). Management: *A system and contingency analysis of Managerial, Functions*(6th ed.). N. Y.: McGraw－Hill.

41. Koontz, H., & O'Donnel, C.(1980). *Management* (7th ed.). New York: McGraw－Hill. pp.675－676.

42. Kuhnert, K. W., & Lewis, P.(1987). Transactional and transformational leadership: A constructive / developmental analysis. *Academy of Management Review, 12,* pp.648－657.

43. Maslow, A. H.(1954). *Motivation and personality.* New York: Haper. Quinn R. E., & McGrath, M. R.(1985). The transformation of organizational culture: a competing value approach. In P. J. Frost et al. *Organizational Culture*(pp.315－334). Beverley Hills, CA: Sage.

44. Seltzer, J., Numbcrof, R. E., & Bass, B. M.(1989). Transactional Leadership: Is It a source of more or less Burnout or stress? *Academy of management.* New Orleans.

45. Shackleton, V.(1995). *Business Leadership.* London and New York. pp.130－142.

46. Spreitzer, G. M.(1995). Psychological empowerment in the workplace: Dimension, Measurement, and Validation, *Academy of Management Journal, 38,* 1442－1465.

47. Spreitzer, G. M.(1996). Social Structural Characteristics of psychological empowerment. *Academy of Management Journal, Vol.2,* pp.483－504.

48. Stogdill, R. M.(1974). *Handbook of Leadership.* New York: Press.

49. Susan, W. G.(1992). *Feeling of empowerment in relations to leadership approach / transformational leadership, transactional leadership.* Columbia University, Phd.

50. Tannenbaum, R., Weschler, I. R., & Massarik, F.(1961). *Leadership and Organization.* New York: McGraw－Hill.

51. Terry, G. R.(1960). *Principle of Management* (2nd ed.). CA: Home Wood, IL.

52. Thomas, K. W., & Velthouse, B. A.(1990). Cognitive elements of empowerment: An interpretive model of intrinsic task motivation. *Academy of Management Review,* 15, p.666－681.

53. Tichy, N. M., & Devanna, M. A.(1986). *The transformational leadership.* New York: John Wiley.

54. Tracey, J. B., & Hinkin., T. R.(1994). Transformational Leaders in the Hospitality

Industry. *Cornell HRA Quaterly, Vol.35.*

55. Vogot, J. F., & Murrel, K. L.(1990). *Empowerment in Organizations.* San Diego, CA: Pfeffer & Company.

56. Weber, M.(1947). *The Theory of Social Economic and Organizational.* New York: Free Press.

57. Yammarino, F. J., & Bass. B. M.(1990). Long term forecasting of transformational leadership and its effects among naval officers: some preliminary findings. In Clark, K. E. & Clark, M. B.(eds.), *Mesures of leadershi*p(pp.151−169). West Orange, N. J.: Leadership Library of America. pp.151−169.

58. Yukl, G. A.(1989). Managerial leadership: A review of theory and research, *Journal of Management,* **15(2),** 251−289.

59. Yukl, G. A., & Van Fleet.(1982). Cross−situational, Multimethod Research on Military Leader Effectiveness. *Organizational Brhavior and Human Performance*, Vol.30, pp.87−108.

13. 경영행정적 리더십의 특징 및 리더십 이론 분석

리더십(Leadership)의 어원은 고대 영어 Ledan에서 나온 것으로 '함께 간다'는 의미가 있다. 그러므로 리더십이란 '어떤 정해진 목표를 성취하기 위하여 조직구성원들과 함께 공유된 목표를 향하여 나아가게 하는 영향력'이라고 할 수 있다. 즉 어떤 자리나 직분을 취득하는 것이 아니라 목적을 추구하는 것이다.

하지만 일반적으로 리더십에 대한 정의는 그동안 많은 연구가 진행되었음에도 불구하고 아직 합의된 정의가 이루어지지 않고 있다. 일반적으로 리더십은 한 개인이 다른 구성원에게 이미 설정된 목표를 향해 정진하도록 영향력을 행사하는 과정으로 정의하고 있으나, 이러한 활동과 관련된 적극적인 강화(positive reinforcement), 목표설정(goal setting), 집단화 관계관리(managing inter group relation) 등에 관한 실제적이고 효과적인 리더십의 활동을 연구하고 이해하기란 너무나 광범위한 연구분야라 할 수 있을 것이다. 또한 리더십의 정의는 시대와 상황에 따라 변화되는 것도 사실이다. 리더입장뿐만 아니라 구성원의 입장에서도 정의할 수 있으며, 모두가 리더라는 관점의 정의도 필요하다 할 수 있다. 위에서 설명했듯이 리더십은 리더 입장에서 보면 "조직의 리더가 수행해야 할 조직의 목표를 신속하게 달성하기 위하여 구성원의 의지를 자극하고 그들의 업무를 지휘하는 기술"로 정의될 수 있으며, 구성원 중심에서 보면 "집단 구성원들의 욕구와 소망을 조직체의 목표와 일치시키고 목표달성을 위하여 구성원들이 상호 협조하도록 영향을 주는 활동"으로 정의할 수 있을 것이다. 일반적으로 리더는 목표관리, 종업원의 동기부여 및 목표설정 시 조언, 조직구성원들의 지속적인 행동을 이해해야 한다. 리더의 효율성 증대는 이러한 모든 경영 활동을 어떻게 수행하느냐에 달려 있다. 지금까지 리더가 다른 구성원에 비해 무엇이 다른가에 대해 이를 예측하고, 설명하고, 이해하기 위한 많은 연구가 있었는데, 이를 크게 나누어 3가지 유형의 리더십 이론으로 분류할 수 있다. 이 이론은 특성이론(trait theory), 행동이론(behavioral theory),

상황이론(contingency theory) 등이 있다. 이들 각 이론들은 제각기 많은 특징을 갖고 있으며 효율적인 리더십의 규명에 많은 도움을 주었으나 동시에 각 이론이 지니는 한계점도 존재하고 있다. 따라서 앞으로의 이론적 접근 방안도 이러한 제 이론을 통합하는 방향으로 전개되어야 할 것이다.

1) 리더십 이론의 비교

	연 구 모 형	특 징
특성이론 (1930~1950년대)	개인적인 특성 리더와 비리더의 구별	리더와 비리더를 구별할 수 있는 특성이나 특징이 분명히 존재한다.
행동이론 (1950~1960년대)	리더 행동성과 종업원 유지	리더십의 가장 중요한 측면은 리더의 특성이 아니라 리더가 여러 상황에서 실제로 하는 행 동이다. 성공적 리더와 비성공적 리더는 그들 의 리더십 유형에 의해 구별된다.
상황이론 (1970년 이후)	리더 행동성과 만족 기타변수 상황요인 과업 개인적 특성 집단성격	리더의 유효성은 그의 유형뿐만 아니라 리더십 환경을 이루는 상황에 의해서도 결정된다. 상 황에는 리더나 하위자들의 특성, 과업의 성격, 집단의 구조, 강화의 유형들이 포함된다.

2) 리더십의 중요성

왜 리더십에 대하여 의견이 분분한가. 리더십은 경영이나 관리 자체와 동일시할 만큼 매우 중요하다. 경영의 제반 사고가 일과 물질이 아닌 인간 중심으로 전개되고 경영 활동이 인간을 통해서 인간과 함께 조직의 목표를 달성하는 과정으로 조직구성원의 노력을 통합하고 조정해 나가는 것이 리더십이므로 조직의 성패를 가름하는 중요한 변수이기 때문이다. 어떤 조사에 의하면 신설된 100개의 기업 중에서 약 50%, 즉 2분1의 기업이 2년 안에 파산하여 없어졌고, 만 5년이 될 때까지 잔존한 회사의 수는 약 3분의 1에 지나지 않았다고 한다. 그런데 이들 파산된 회사의 실패의 원인은 관리자의 비효과적인 리더십에 기인된 것이라고 한다. 따라서 훌륭한 관리자와 효과적인 리더십이야말로 가장 기본적이고 가장 얻기 어려운 자원이라 할 수 있다.

3) 일류 리더가 되기 위한 조건들

몇백 년 만에 한 사람 나올까 말까 한 불세출의 영웅인 초나라의 항우가 동네 건달 비슷하던 한나라의 유방에게 패한 것이 리더십의 차이 때문임은 모두가 잘 아는 사실이다. 항우는 부하를 거느리는 리더십이 서툴렀다. 자기의 힘만 믿고 부하의 말을 경청하지 않았다. 항우 밑에도 훌륭한 부하가 많았지만 "너 따위가 뭘 알아!"한다든지 계책(아이디어)을 제시해도 듣지 않고 독단적 결정을 내려 실패하곤 했다. 한마디로 독선적 전횡의 표본이었다. 사람들 중에는 독단과 독주와 독선의 전횡을 오해해서 카리스마가 강하다거나 리더십이 있다고 말하기도 한다. 3독의 행사와 카리스마는 전혀 다르다. 한비자가 말했던 유명한 조언이 있다. "三流의 리더는 자기의 능력을 사용하고, 二流의 리더는 남의 힘을 사용하고, 一流의 리더는 남의 지혜를 사용한다." 그래서 부하가 각자의 능력을 발휘하도록 하는 것이 참된 리더십이라고 했다. "닭이 울어 때를 알리고, 개는 도둑을 지키고, 고양이는 쥐를 잡듯이 부하 한 사람 한 사람의 능력을 발휘시키면 위에 선 사람은 스스로 할 일이 없어진다. 위에 선 사람이 능력을 발휘하면 일이 제대로 되지 않는 법이다." 한비자가 말하는 일류 리더란 감정을 드러내지 않고 행동을 적게 하고 침착하고 안정된 자세를 취해야 하며, 조직 관리술을 알고 있으되 겉으로 보이지 말고 부하들의 장점을 살리도록 한다는 것이다.

4) 리더십의 특성이론

리더십 이론 중에서 特性理論은 效率的인 리더는 非效率的인 리더와 명확히 구별되는 몇 가지 특성과 성질을 갖고 있다고 가정하고 있다. 이 이론은 제1차 세계대전 초에 미국심리학협회가 실시한 연구결과에서부터 대두되기 시작하였는데 이 심리학위원회는 육군선발시험이라는 기법을 개발하여 미육군의 선발심사업무를 지원하였다. 전쟁이 끝난 후 산업부문에 이 기법을 적용, 발전시키기에 이르렀다.

　이러한 특성이론은 종래의 리더십 연구의 주류를 이루었다. 이 접근방법의 특징은 선천적이든 후천적이든 리더의 일련의 공통적인 특성을 규명하는 것이었다. 이 이론에 따르면 리더가 고유한 개인적인 특성만 가지고 있으면 그가 처해 있는 상황이나 환경에 관계없이 항상 리더가 될 수 있다는 것이다. 따라서 모든 사람이 리더의 자질을 구비하고 있지 못하기 때문에 그러한 특성을 가진 자만이 리더가 될 수 있다는 것이다. 특성이론가들은 리더가 구비하고 있는 공통적인 특성을 규명하는 데 온갖 노력을 기울여 왔다. 비나드(Chester I.Barnard)는 리더의 자질로써 먼저 안정적 상황하에서 냉정, 침착성이 필요하다고 강조하고, 오늘날과 같이 불안정, 격변, 불확실성 상황하에서는 크게 두 가지 리더십 특성으로 나누고 있는데, 첫째, 기술적인 면으로 체력, 기술, 지각, 지식, 기억력, 상상력 측면에서 개인적 우월성을 가져야 하고, 둘째로 정신적인 측면에서는 결단력, 지구력, 인내력, 용기와 같은 측면에서의 탁월성을 가져야 한다는 것이다.

5) 특성이론 적용상의 문제점

　리더십에 대한 특성이론의 적용에는 다음 4가지의 문제가 있다. 첫째는 리더 選拔方法上의 문제이다. 가장 이상적인 선발방법은 자기 기술서를 작성하고 다른 사람의 성과를 비교하는 등 시험을 실시하는 것이다. 오늘날 리더십 평가의 특성은 주로 리더를 행정적 측면에 치중하여 성과를 측정, 평가하고 있다. 따라서 리더가 조직에 의해서 이미 선발되고 훈련됨으로써 혁신적이고 능력 있는 리더를 찾기 위한 선발방법의 유용성에 대해 의문이 제기되고 있다. 두 번째 문제점은 특성이론 중 성공을 완전히 보장할 수 있는 시험방법이 없다는 것이다. 시제로 한 사람의 리더가 탁월한 자질을 보유하고 있다 하더라도 직무 수행에는 실패했다는 연구결과가 있다. 이는 성공적 측면보다 실패를 예측하는 측면에 더욱 정확성을 갖는다. 그러므로 기셀리의 자기기술서가 리더십의 특성을 나타낸다 하더라도 다른 요소들과의 관계가 리더의 업적에 영향을 미침을 간과해서는 안 될 것이다. 세 번째 문제점은 특성이론가들이 전통적으로 狀況問題를 거론하지 않고 모든 리더들을 동일한 특성으로 특성화하려는 점이다. 모든 기업에서 탁월한 판매관리자, 생산관리자, 연구관리자, 재무관리자는 모두 같은 특성을 가지고 있다는 기셀리의 가정이 복합기업체에서도 광범위하게 적용될지도 의문이다. 네 번째 문제점은 어떠한 상황하에 있어서 활동적인 특성이 다른 상황에서는 비활동적이라는 것이다. 이 문제점을 이해하기 위해서는 인간이 갖고 있는 부끄러움이라는 특성이 단순한 점이 아니라는 것을 먼저 이해해야 한다. 즉 그들은 어떤 상황하에서는 부끄러워하지만 다른 상황하에서는 부끄러움을 느끼지 않는다. 다시 말해 하나의 특성은 인간이 주어진 상황하에서 취하는 하나의 행동양식이라고 할 수 있다. 결과적으로 인간의 퍼스낼리티 특성을 확실하게 측정할 수 있는 기법이 신뢰할 수 있는 단계까지 발달하지 못하고 있는 현상에 있어서 특성이론의 과학적 기초는 빈약하다 하지 않을 수 없다. 제닝스(E.E. Jennings)는 과거 100년간에 걸쳐 특성이론에 관한 많은 연구와 문헌에서도 아직 리더와 비리더를 식별하는 단 하나의 완전한 퍼스낼리티 특성을 확인할 수가 없다고 한다. 결단력 있는 사람으로 특성화된 사람은 일반적으로 결단력이 있다. 따라서 자신이 발견한 상황이 높은 결단력을 필요로 한다면 실제 그렇게 행동할 것이다. 그러나 특성은 단순히 그렇게 서술될 수만은 없다. 즉 개인은 많은 상황하에서 분명히 몇 가지 다른 행동을 취할 것이기 때문이다. 요컨대, 특성이론은 오늘날 리더십 연구의 주류로서는 퇴색하고 있는 추세이다. 즉 특성이론은 퍼스낼리티 側定値에 신속성이 없기 때문에 효과적인 리더의 요건은 무엇보다도 상황적 배경이 중요하다는 것이다.

6) 리더십의 행동이론

리더십의 행동이론은 리더가 무엇을, 어떻게 행동하는가에 초점을 두고 있으며, 여러 가지 면에서 특성이론과 차이가 있다. 행동 이론가들은 개인의 성과 혹은 집단의 성과에 영향을 미치는 리더의 행동이 어떤가를 연구하는 데 관심을 갖고 있다. 반면에 특성이론가들은 리더의 성과에 관련되는 지능 혹은 자신감과 같은 리더의 자질을 어떻게 측정할 수 있는가를 연구하는 데 관심을 두고 있다. 이들 두 이론은 방법과 가정에서 차이가 있다. 왜냐하면 행동 이론가들은 리더의 행동은 성과에 영향을 미치며 관찰 가능한 행동이라고 가정하고 있으나, 특성이론가들은 리더를 효율적으로 만드는 것은 리더의 특성이라 가정하여 리더의 행동에 관한 면을 고려하지 않고 있다. 다시 말하면 행동이론가들은 리더가 성과를 위해 어떻게 활동하는가에 대해 알아야 한다고 주장하는 반면, 특성이론가들은 리더의 행동을 측정할 필요가 없다고 주장하고 있다. 결국, 두 이론 간에는 보다 미묘한 차이가 있다. 특성이론에서 볼 때 리더는 후천적인 것보다는 선천적인 것으로 가정하고 있으며, 행동이론에서는 행동이 변하게 되면 리더는 만들어지거나 개발될 수 있다고 가정하고 있다.

7) 리더십의 유형

화이트와 리피트는 리더십에 실험적 연구를 통해서 의사결정과정에서 나타나는 리더의 행동을 중심으로 권위형, 민주형, 자유방임형 리더십으로 분류하였다.

(1) 권위형 리더십
리더는 그 추종자의 의견을 잘 들으려 하지 않으며, 조직의 목표와 그 운영방침 및 상벌을 리더가 독단적으로 결정하고, 리더 자신이 조직의 기능을 독점하려고 한다.

(2) 민주형 리더십
조직의 계획과 운영방침은 리더의 조언에 따라 집단구성원의 토의를 거쳐 결정하며, 업적이나 상벌은 객관적 자료에 의하여 평가하고 수여한다.

(3) 자유방임형 리더십
리더는 조직의 계획이나 운영상의 결정에 관여하지 않고, 수동적 입장에서 행동하며, 조직구성원들에게 모든 일을 방임해 버린다.

(4) 권위형, 민주형, 자유방임형 리더십의 비교

	권위형 리더십	민주형 리더십	자유방임형 리더십
과업의 계획 목표	과업의 계획 목표는 리더가 정함.	리더의 조언에 따라 집단이 스스로 결정.	계획이건 목표이건 리더는 결정에 불참. 개인적, 집단적으로 결정해도 무방.
과업의 진행 평가	① 그때그때 지휘명령에 따라 진행 ② 과업의 전망이 불확실 ③ 칭찬이나 질책은 리더의 주관적 기준으로 평가	① 지휘, 명령하지 않고 조언. ② 과업의 전망이 확실 ③ 객관적 기준에 따라 평가	① 과업을 제공하지만 설명 안 함. ② 요구하면 지식을 제공하지만 지도는 안 함. ③ 요구하지 않으면 평가를 안 함.
과업의 상대	① 과업의 싱대빙은 리더가 정한다. ② 리더는 일에 적극적으로 참가하지 않음.	① 누구하고 일해도 자유로움. ② 방해되지 않는 한 리더도 집단의 일원이 됨.	리더는 불관여.
사회적 풍토	① 생산적 ② 리더에게 적의를 가진다. ③ 비굴하다. ④ 의탁적이다. ⑤ 덜 창의적. ⑥ 동료들 사이에 있어서 경쟁적이며 덜 친근하다.	① 매우 생산적 ② 리더에게 적의를 가지지 않는다. ③ 비굴하지 않고 복종은 잘한다. ④ 비의타적이다. ⑤ 창의적 ⑥ 동료들이 협력적	매우 비생산적

8) 리더십의 상황이론

리더십의 특성이론이나 행동이론 등의 리더십 유형에 관한 연구들의 일괄된 과제는 모두 어떤 유일한 이상적인 리더십 형태를 발견하려고 하는 것이었다. 그러나 이들 연구들은 모두 유효성이란 측면을 적절히 설명하지 못하였다. 즉 어떤 상황에서는 그러한 유형들이 유효한 것으로 나타나나 그 반대의 연구결과들도 많이 나타나고 있기 때문이다. 따라서 어떤 상황에서나 효과적으로 적용될 수 있는 유일의 리더십 유형이란 존재하지 않는다는 것을 인식하고 리더십의 유효성을 상황과 연결시키려는 상황이론이 등장하게 된 것이다. 탄넨바움과 쉬미트는 효율적인 리더십은 리더, 부하, 상황 그리고 그들 간의 상호관계에 따라 좌우된다고 보고 상황이론에서 고려되고 있는 중요한 상황적 요소들을 다음과 같이 지적하고 있다.

(1) 리더의 행동적 특성

리더의 행동에 작용하는 리더의 성격, 욕구, 동기, 과거의 경험과 강화작용 등을 포함한다.

(2) 부하의 행동적 특성

부하의 행동 패턴에 영향을 주는 성격, 욕구, 동기, 과거의 경험, 그리고 강화작용 등을 말한다.

(3) 과업과 집단구조

과업의 내용과 명백성, 지반의 규범, 구성원 간의 신분서열, 응집성 등 리더의 행동과 효과에 영향을 주는 과업의 성격과 집단요소를 포함한다.

(4) 조직체 요소

리더의 권력기반, 규율과 절차, 준거조직구조, 기술, 의사결정사의 시간적 압박 등 리더의 행동과 효과에 영향을 주는 조직체 요소 등을 말한다.

이들은 리더십 과정에서 작용하는 환경적 요소로서, 상황이론은 주로 이들 요소를 중심으로 리더십 상황을 유형화하고 이들 요소의 역할과 리더십의 유효성을 분석하고 있다. 대체적으로 볼 때 상황이론에서 언급하는 상황의 개선은 하급자(추종자)와 관련된 연구들이 주종을 이루고 있다. 즉 하급자들의 호의성을 높이고, 의사결정과정에 적절히 참여시키고, 하급자들의 목표설정에 길잡이가 되며, 그들의 성숙도를 높일 수 있는 능력을 기르는 것이 바로 리더십의 개발방안의 주요 관심사가 되고 있음을 시사해 준다.

(5) 리더십 과정에 작용하는 상황적 요소

집단요소
집단과업, 목표 집단구조 집단의 단계 발전

조칙체요소
구조, 기술, 권한, 목적, 방칙, 규율, 절차 시간적 압박, 불확실성 등

영향

리더의 특성	결 과	부하의 특성
성격, 욕구, 동기, 지각, 능력, 과거경험, 강화작용 등	생산자, 만족감, 성장, 발전	성격, 욕구, 동기, 지각, 능력, 과거경험, 강화작용

9) 뉴리더십의 특성

과거의 많은 비즈니스 리더들은 군대의 지휘관과 비슷했다. 그들은 방향을 지시하는 리더로 명령을 내리고 사람들에게 할 일을 지시했다. 하지만 이제 오늘날은 여러 사람들의 아이디어가 필요하며 혁신은 필수 조건이다. 성공하려면 뉴 리더십이 필요하며 뉴 리더들은 과거의 명령 통제형 리더와는 다른 다음과 같은 특징을 공유하고 있다.

(1) 정직함

정직은 오늘날 훌륭한 리더들의 가장 눈에 띄는 공통점이다. 뉴 리더는 신뢰의 환경을 만들기 위해 가능한 한 정보를 공개하고 공유해야 한다. 또한 모르는 것이 있거나 실수를 했을 때에는 이를 솔직히 인정해야 한다. 그리고 직장에서 정직을 격려하고 보상해야 한다.

(2) 반 응

뉴 리더는 조성된 환경을 신중하게 반영해야만 한다. 동시에 유연해야 한다. 이를 위해선 항상 직원들의 말에 귀를 기울이고 필요할 경우 즉각 행동을 취해야 한다.

(3) 경계심

새로운 환경을 구축하는 데 성공한 뉴 리더라 하더라도 그것만으로는 부족하다. 지속적인 성공을 이루기 위해서는 모든 사람을 긴장하도록 만드는 경계심이 필요하다. AOL에서 경영진은 매주 운영위원회 회의를 열어 모든 것이 제대로 돌아가고 있는지를 확인한다.

(4) 배우고 다시 배우고자 하는 의지

이제 더 이상 나이가 많은 사람이 가장 많이 아는 시대가 아니다. 당신은 모든 해답을 가지고 있지 않다. 당신이 최고 자리를 유지하기 위해서는 새로운 기술을 배우고 새로운 정보를 확인해야만 한다.

(5) 모험심

뉴 리더들은 스피드의 세계에서 살 수 있는 능력을 공유하고 있으며 이를 즐긴다. 이들은 적은 정보로 신속하게 의사결정을 한다. 질과 실행이라는 애매한 경계선 사이에서 균형을 잘 잡아야 한다. 뉴 리더에게 이러한 스릴은 안전한 현실 안주보다 더 매력적이다.

(6) 비 전

역사상 위대한 리더들은 미래에 대해 확실한 비전을 가지고 있었으며, 이를 추종자들과 함께 공유했다. 그러나 비전을 가진 리더가 사명을 가지고 회사를 위해 일하는 것이 직원들에게 지금처럼 큰 의미가 있던 적은 없다.

(7) 이타주의

오늘날 최고의 뉴 리더들은 세계를 더 나은 곳으로 발전시키고 싶어 하는 강한 공통된 욕구를 가지고 있다. 직원들은 정기적으로 업무 시간을 할애해 지역 사회를 위해 일하고 있으며, 삶의 질을 높여 주는 제품이나 서비스를 개발해 세상에 내놓으려 노력한다.

참고자료

강준민, 『리더십의 법칙』, 비전과 리더십

김대운, 『조직과 리더십』, 형설출판사

민 진(1996), 『조직관리론』, 대영문화사

양창삼, 『리더십과 기업경영』, 경문사

유종해(1995), 『현대조직관리』, 박영사

주삼환 외 공저, 『교육행정 및 교육경영』, 학지사

14. 경영 환경변화

1) 경영 환경의 변화와 리더십의 중요성

21C를 얼마 남겨 두지 않은 오늘날의 사회 · 경영 환경은 다양한 모습으로 묘사되고 있다. 하지만 21C 미래 사회의 키워드가 정보화라는 데 많은 미래학자들이 공통적인 의견을 제시하고 있다. 정보화 사회가 도래함에 따라서 권력의 원천이 정치력이나 군사력 같은 무력에서 경제력과 기술력과 같은 金力으로 이전하였으며, 金力은 다시 정보력 · 창조력과 같은 知力으로 옮겨 오고 있다. 산업사회와는 달리 정보화 사회에서 부의 원천은 바로 정보를 찾아서 가공하고 활용하는 능력에 달려 있다는 말이다. 정보화 사회는 산업사회와는 달리 육체 노동력(brawn power)에 의존하기보다는 뇌력(brain power)에 의존하는 지식 집약적인 사회이다. 피터 드러커는 다가오는 21C 사회는 정보화 사회를 축으로 모든 경제활동이 지식을 매개로 이루어지는 지식경제(knowledge economy) 시대라고 예언했지만 기업활동의 많은 부분이 이미 지식경제시대의 여러 가지 특징적인 측면을 보여주고 있다. 전통적인 생산의 3요소라고 할 수 있는 토지, 노동, 자본 이외에 보다 중요한 지식이 경제활동의 새로운 원천으로 등장하고 있음을 볼 수 있다. 디지털 경제(Digital Economy)라는 책으로 유명해진 Tapscott의 연구결과에 따르면 미국의 경우 이미 전직종의 60%가 지식을 매개로 업무활동을 하는 지식 노동자로 전환되고 있으며, 그중의 약 80% 정도가 지식창출 활동에 직접적으로 관여하는 업종에 종사하고 있다고 한다. 이미 또한 모든 정보가 디지털의 형태로 전환돼서 빛과 같은 속도로 원하는 사람에게 원하는 장소로 전달되며, 전세계 어느 곳에서나 네트워크를 활용하여 원하는 데이터베이스에 접근할 수 있게 되었다. 이러한 맥락에서 21C 사회를 디지털 경제(Digital Economy)라고 한다. 정보화 사회는 디지털 정보혁명에 의해 더욱 가속화될 전망이다. 많은 미래학자들은 다가오는 21C 경영 환경은 현

재의 잣대로는 예측 불가능한 경영 환경이 조성된다고 제시하고 있다. 변화양상도 과거와는 근본적으로 다르게 묘사되고 있다. 과거의 변화양상은 주로 不安定的이지만 어느 정도의 連續性은 보장되어 있었으므로 과거와의 연속선상에서 미래 예측이 가능했다. 따라서 조직은 변화에 적응하기 위해 단일가치를 지향하고 변화에 대한 조직의 內的 整合成을 중시하였다. 그러나 80년대 후반에 접어들면서 환경의 불안정성(unstability)은 불확실성(uncertainty)이라는 새로운 시대로 접어들었다. 시간의 연속적인 연결고리는 끊어지고, 변화는 평면적인 量的인 확장에서 완전히 벗어나 입체적인 '質的 飛躍'의 양상을 보이기 시작하였다. 따라서 조직은 과거와의 연속성이 단절된 視界제로의 환경에서 다원가치를 지향하고 外的 適合性을 중시하는 성향을 보인다. 이러한 맥락에서 매일경제신문(96. 1. 5.) 특집기사는 눈여겨 볼 만하다. "미래의 경영은 예술가아이 대화이다. 예술가의 창의력에서 미래의 상품과 트렌드를 읽는다. 발상의 전환은 한 번으로 족하지 않다. 미래는 끊임없는 자기변신을 요구한다. 미래창출은 공동작업이다." 예술가는 치밀한 계획을 토대로 단계적인 작업을 하기보다는 창의적 상상력과 직관적 판단력을 토대로 하나의 위대한 예술작품을 만들어 낸다. 불확실한 환경변화와 예측이 불가능한 미래 사회에서 경영자에게 필요한 것은 선견력과 통찰력, 이를 토대로 하는 과감하고 정확한 의사결정과 즉각적인 업무추진이다. 계획(plan)자체보다는 계획과정(planning)을 중시한다. 변화무쌍한 경영 환경은 '계획 따로 실행 따로' 현상을 용납하지 않는다. 계획하면서 실행하고 실행하면서 초기계획을 수정할 수밖에 없다. 한마디로 한참 동안 생각을 한 후에 행동할 수 있는 시간적인 여유가 없다. 행동하면서 생각하고 생각하면서 행동을 해야 하는 동시다발적, 병렬적 사고가 요청되는 시기이다. 작금의 경영 환경은 5년에서 10년 정도 앞을 내다보는 중장기 경영전략은 과거보다 빠른 속도로 초기 전략을 수정할 것을 요구하고 있다. 극단적으로 중장기 경영전략이 무의미해질 수 있다. 환경변화의 불확실성과 미래 환경을 예언할 수 없기 때문이다. 이러한 의미에서 '전략경영'의 시대는 가고 지속적인 학습을 통해 환경변화에 유연하게 대응할 것을 요구하는 '전략적 사고의 경영'을 요구하는 시대를 새롭게 요구하고 있는지도 모른다. 이러한 경영 환경변화를 보다 알기 쉽게 설명하면 종래의 경영 환경은 전방이 고정된 상태에서 앞만 보고 열심히 따라가기만 하면 되는 안정적인 포장도로 상황이었다. 포장도로는 승용차를 필요로 했고 승용차 운전수를 필요로 했다. 하지만 작금의 환경변화는 전후방이 트인 상태에서 시시각각으로 변화무쌍하게 전개되는 불확정적인 황량한 들판 길에 비유될 수 있었다.

따라서 황량한 들판 길은 승용차보다는 Jeep차를 필요로 한다. 황량한 들판 길은 당연히 승용차 운전수와는 자질과 역량이 다른 Jeep차 운전수를 필요로 한다. 이러한 경영 환경변화는 과거의 그 어느 때보다도 리더와 리더십의 중요성을 부각시키고 있다. 조직이 비교적 안정적일 때는 뛰어난 관리역량만으로도 조직을 훌륭하게 유지 발전시킬 수 있었다. 전통적으로 관리(management)는 현 상태의 유지와 안정, 그리고 조화를 추구하며, 한정된 자원을 효율적으로 배분하여 주어진 목표 달성을 극대화시키는 데 역점이 있다. 기획과 예산의 편성, 그리고 통제와 조정기능이 강화될 수밖에 없다. 한마디로 내부 살림을 잘하는 어진 어머니와 같은 역할이 절대적으로 필요했던 시기에는 뛰어난 관리역량이야말로 현상유지와 발전에 필요충분조건의 역할을 하였다. 문제는 이러한 관리역량만으로 우리가 직면하고 있는 위기와 난국의 상황, 격변기 또는 지각변동기로 대변되는 최근의 환경변화에 대처하기에는 역부족이라는 자성의 소리가 들리고 있다는 점이다. 변화와 위기가 상존하고 혁신을 일상적으로 추진해야 되는 시대사적 환경변화는 현상 유지적, 내부 지향적 관리역량보다는 조직 전체가 추구해야 될 방향성을 신속하고 정확하게 포착, 조직구성원의 힘을 결집시켜 위기극복과 난국타개에 솔선, 행동하는 리더와 리더십이 절실히 요구되고 있다는 점이다. 잔잔한 바다는 뛰어난 관리역량을 보유하고 있는 항해사만으로도 충분히 항해를 지속할 수 있지만 폭풍우가 몰아치는 격랑의 파도를 헤쳐 나가기 위해서는 시시각각으로 급변하는 파도의 움직임에 따라 빠른 상황판단에 따른 과감한 실천과 행동을 통해 격랑의 파도 속에 침몰되어 가는 배와 선원들을 구조할 리더와 리더십을 필요로 한다. 리더는 적절한 긴장과 건전한 위기의식을 조장하여 지속적인 조직생존과 발전을 도모해야 하는 일차적인 책임을 지고 있다. 안정과 질서, 규칙적이며 합리성만을 추구하는 관리자는 각본에 없는 새로운 변화가 출현하면 적절히 대응하지 못하고 사멸하고 만다. 대부분의 관리자들은 불안정과 무질서, 불규칙적이며 비합리적인 요소가 더 많은 미래의 경영 환경에 대비하는 연습을 할 필요가 없었다. 주어진 자원을 최대한 효율적으로 활용하여 내부적인 안정과 질서를 도모하고 새로운 일을 파괴하는 일 자체를 금기시해왔다. 따라서 대부분의 관리자들은 알려지지 않은 미지의 세계, 불확실한 현실세계에 과감하게 도전하고 창조하는 일에는 익숙하지 못했다. 미래의 리더는 각본에 없는 즉흥연기를 할 수 있어야 하며, 神出鬼沒하는 변화의 역동성과 불확실성, 복잡한 환경변화가 야기하고 있는 혼돈의 세계에 창조적으로 대응할 수 있어야 한다. 바로 이러한 점이 어진 안방마님의 이미지를 보유하고 있는 관리자보다는 엄한 아버지의 모습을 연상시키는 리더를 요구하고 있는 것이다.

2) 리더십에 대한 고정관념의 파괴와 리더십 패러다임의 전환

이러한 경영 환경변화와 리더십의 중요성이 부각하는 시점에서 추진해야 될 중요한 과제 중의 하나는 리더십 개념에 대한 전통적인 고정관념을 혁명적으로 파기할 필요가 있다는 점이다. 리더십하면 떠올랐던 이미지를 송두리째 거부하고 새로운 이미지를 형성할 필요가 있다. 우선 리더십 개념에 대한 전통적인 고정관념의 유형을 생각해볼 필요가 있다. 이러한 고정관념은 리더십을 실제 현장에서 발휘하는 과정뿐만 아니라 리더십 교육이나 개발활동에 설대적인 영향력을 행사하고 있다. 즉 리더십에 대한 고정관념은 리더십에 대한 신화로 고착되어 적어도 리더십 교육이나 리더십 개발활동은 이래야 된다는 식의 일장연설을 자주 늘어놓는 경우를 흔히 목격할 수 있다. 너무도 당연하다고 생각하는 이면에는 그 생각을 뒷받침하고 있는 기존 가정이나 원리가 작금의 상황변화에 적합하지도 않을 뿐만 아니라 극단적으로 역효과를 불러일으킬 수 있다는 점을 모르고 있는 데에 문제의 심각성이 있는 것이다. 우선 리더십은 직급이나 직위가 높은 사람이 낮은 사람에게 발휘하는 것이라고 생각하는 직위·직급중심(Position Power)의 리더십 개념이다. 이 고정관념에 따르면 리더십은 언제나 상위직급의 사람이 하위직급의 사람들을 대상으로 발휘해야 한다는 것이다. 영향력의 원천이 정보력이나 전문성보다는 조직 내에서 오랜 경험을 쌓은 직위나 직급에 있다. 따라서 특정 전문분야에 대한 지식이나 기술의 보유 정도가 리더십에 영향을 미치지 않고 얼마나 직급이나 직위가 높으냐에 따라 리더십을 통한 영향력의 행사 정도나 파급효과가 달라진다는 고정관념이다. 결국 이러한 리더십관에 따르게 되면 수직적 상승 이동을 통한 권위의 확보야말로 리더십을 발휘하기 위한 중요한 목표로 부각된다. 리더십은 직급이나 직위가 높은 사람이 낮은 사람에게 발휘하는 것이라고 생각하는 직위·직급중심(Position Power)의 리더십 개념은 리더십에 대한 두 번째 고정관념을 파생시킨다. 즉 리더십을 발휘하기 위해서는 반드시 부하라는 말도 리더십에 대한 고정관념과 마찬가지로 다른 용어로 대체될 필요가 있다.

즉 부하라는 말의 이면에는 경험뿐만 아니라 직무 전문성측면에서도 항상 상사보다는 뒤쳐진다는 가정을 내포하고 있다. 따라서 부하는 상사의 지시와 통제를 당연히 받아 들여야 된다는 암묵적 합의가 내포되어 있다. 최근 동료 또는 파트너나 팀원이라는 용어가 부하직원이라는 말을 대체하면서 상사에 대한 상대적 개념으로 활용되는 부하라는 말은 명령과 통제, 그리고 내부지향적 안정과 조화를 기조로 효율성을 추구하던 비교적 안정기의 조직운영방식에 적합했던 용어였다. 를 전제로 해야 된다는 고정관념이다. 부하를 전제로 발휘되는 리더십 개념은 상사는 부하보다 경험이 많고 연륜이 높을 뿐만 아니라 해당 직무영역에 대한 전문적 지식과 스킬수준도 높을 것이라고 가정한다. 따라서 리더십 교육은 직위·직급중심의 리더십 개념과 마찬가지로 일방적 교수활동(teaching)이 이루어지는 가운데 리더십 능력이 육성된다. 이러한 리더십 개념에 따르면 부하는 상사보다 모든 경영관리 역량이나 직무영역에서 전문적인 수준이 낮으므로 상사로부터 일방적인 가르침을 받아야 하며, 부하가 상사에게 가르쳐 줄 영역은 없다는 점을 가정하고 있다. 이러한 리더십 고정관념에 따르면 부하가 없는 사람은 리더십을 발휘할 대상이 없으므로 굳이 리더십을 개발할 필요가 없다는 주장으로 발전되기도 한다. 더욱이 하위직급에 있는 부하직원들도 리더십 교육을 받을 필요가 없거나 리더십 개발에 대한 필요성이 제기되지 않는다. 이러한 맥락에서 리더십 교육은 직급이 높은 사람을 중심으로 이루어지며 하위직급의 사람들은 주로 상위직급의 사람들이 발휘하는 리더십에 어떻게 따라갈 것인지에 초점이 맞추어져 있다. 이름만 리더십 교육과 개발활동일 뿐 전통적인 관리(management)라는 말과 확연히 구분되지 않는 난점도 지니고 있다. 부하직원을 전제로 하는 리더십에 대한 고정관념은 리더십은 전지전능한 한 사람으로부터 유래한다는 권위주의적, 일방적 리더십이라는 세 번째 리더십에 대한 고정관념을 동반한다. 리더십, 즉 영향력의 원천이 추진하는 업무과제나 프로젝트에 관계없이 언제나 리더십의 발원지는 한 사람이라는 고정관념이다. 이러한 리더십에 대한 고정관념은 수직적 관료조직을 지원하는 슈퍼컴퓨터와 이에 종속적으로 연계되어 있던 소수 지역컴퓨터(local computer) 간의 관계를 살펴보면 쉽게 이해할 수 있을 것이다. 즉 모든 정보는 슈퍼컴퓨터에 내장되어 있으며, 정보비밀주의 원칙하에 슈퍼컴퓨터에 접근할 수 있는 사람은 소수의 몇 사람으로 엄격히 제한되어 있었다. 마찬가지로 종래의 리더는 모든 정보가 한 사람에게로 집중되어 있었으며, 이를 통해 조직구성원들을 통제 조정할 수 있는 힘의 원천을 확보할 수 있었다. 이 고정관념은 리더의 전지전능성을 가정하고 리더가 갖추어야 될 핵심역량을 추출, 이에 비추어 자신의 부족한 역량을 진단하고 이를 교육을 통해 육성하는 전략을 따른다. 리더십은 교육을 통해 쉽게 변화시킬 수 없는 성격적 특성, 리더십 발휘에 필요한 전문 지식이나 스킬 등이 특정 상황적 맥락을 배경으로 발휘되는 종합적인 경영관리 능력이라고 볼 수 있다. 그런데 문제는 이제까지 많은 리더십 역량을 육성하기 위해 많은 리더십 관련 교육이 이루어져 왔지만 여전히 리더는 특정시기에 일정기간 공식적으로 이루어지는 교육을 통해 습득되기보다는 실제 현장에서 업무활동을 통해 비공식적으로 체득되는 사례가 많다는 사실을 주지할 필요가 있다. 또한 리더십 역량을 한 사람이 모두 갖추어서 특정 과제나 프로젝트가 수행될 때마다 해당 분야의 전문적인 리더십을 발휘하리라고 기대하는 것은 이제 거의 불가능에 가깝다는 인식이 팽배하다. 네 번째 리더십에 대한 고정관념은 리더십은 반드시 얼굴을 맞대고 발휘하는 활동이라고 생각하는 신화적 사고방식이다. 소위 대면직 리더십(Face-to-Face Leadership)이라고 표현할 수 있는 리더십 유형이다. 조직내부에서 이루어지는 각종 회의, 업무지침 전달이나 업무분장, 직무전달 교육이나 OJT(On-the-Job Training) 등을 통해 상사가 평소 생각하고 있는 업무에 대한 철학이나 방향을 직접 부하직원들을 동반한 상태에서 영향력을 행사하는 활동을 리더십이라고 보는 관점이다. 대면적 리더십은 지금까지 언급한 '직위·직급중심의 리더십', 부하를 전제로 하는 '하향식 리더십', 리더십은 전지전능한 한 사람으로부터 유래된다는 '영웅주의적, 일방적 리더십'을 모두 포괄하는 리더십에 대한 고정관념이다. 대면적 리더십 개념은 왜 리더십 교육이 모두 집합 또는 합숙 교육(Off-JT)의 형태로 운영되는지를 설명해주는 개념이라고 볼 수 있다. 또한 대면적 리더십 교육은 디지털과 네트워크화가 촉진되면서 가상공간에서 특정분야의 전문성을 토대로 얼마든지 리더십을 발휘할 수 있다는 발상의 전환을 가로막는 장애요인이라고 볼 수 있다. 리더십이 영향력 행사로 이해될 수 있다면 영향력은 얼굴을 맞대고 행사될 수도 있지만 네트워크를 통해 자신이 보유하고 있는 전문적인 정보를 토대로 직급, 직위, 연륜과 경험을 초월하여 불특정 다수를 대상으로 추종자들의 사고방식과 업무방식은 물론 직무 전문성을 신장시키는 과정에도 얼마든지 영향력을 행사할 수 있다. 그렇다면 리더십에 대한 이러한 고정관념을 파기하고 새로운 리더십 패러다임은 어떤 방향으로 정립될 수 있는가? 이러한 리더십에 대한 고정관념은 리더상과 역할, 리더가 갖추어야 될 바람직한 역량에 영향을 미칠 뿐만 아니라 리더십 개발활동 전반에 영향을 미치고 있다. 일반적으로 환경이 바뀌면 그러한 환경변화를 주도하고 조직을 발전시키는 리더의 역할과 역량이 바뀐다고 볼 수 있는데 21세기를 얼마 남겨두지 않은 지금의 시점에서 리더십에 대한 새로운 개념정립과 패러다임 전환을 과감하게 시도하지 않고 리더십에 대한 종래의 고정관념을 그대로 고수할 경우 이에 따라 이루어지는 리더십 교육은 우리가 기대하는 수준만큼의 성과를 가져올 수 없다. 이러한 관점에서 리더십은 어떠한 방향으로 전환되어야 하는지를 다음과 같은 4가지 관점에서 정리해보고자 한다.

첫째, 직급이나 지위가 높은 사람이 연륜과 경험을 토대로 발휘하는 '직위중심의 리더십'은 부문별 전문능력을 토대로 발휘하는 '전문가적 리더십'으로 전환시킬 필요가 있다. '직위중심의 리더십'관과 '전문가적 리더십'은 부하를 전제로 발휘하는 '하향식 리더십'관과 상사, 부하, 동료를 모두 리더십 발휘 대상으로 생각하는 '전방위적 리더십'관과 각각 밀접한 관계를 맺고 있다. 직급과 직위가 높으면 해당 분야의 연륜과 경험이 축적되어 전문적 지식이나 스킬도 초보자보다 많이 보유하고 있을 확률이 높지만 문제는 직급과 직위가 낮고 연륜이 짧으며, 경험이 천박한 사람보다 모든 분야에 걸쳐서 전문적 수준을 높게 유지하는 것이 가능한가에 있다. 만약 이러한 문제제기가 어느 정도 타당성을 확보한다면 리더십은 반드시 부하를 대상으로 발휘해야 된다는 묵시적 가정도 그 효력을 발휘할 수 없게 된다. 왜냐하면 리더십은 직급이나 직위가 낮은 팀원이 상사를 대상으로 자신이 보유하고 있는 전문성을 바탕으로 얼마든지 리더십을 발휘할 수 있기 때문이다.

'전문가적 리더십'관과 '전방위적 리더십'관은 다음에 논의하게 될 리더의 전지전능성에 대해 높은 비중을 두지 않고 있다. 둘째, 리더의 전지전능성을 전제로 하는 '권위주의적 리더십 패러다임'은 전지전능한 개인에 의해서 주도되는 '영웅주의적 리더십'의 성향이 강했다고 볼 수 있다. 이러한 맥락에서 종래에 이루어졌던 리더십 연구 및 교육과정은 주로 전지전능하고 다재다능한 개인능력 육성 및 개발에 초점을 두었다. 이러한 리더십 패러다임은 리더가 통제해야 될 정보양이 한정적이고, 그것이 가능했던 종래의 수직적 관료주의적 조직운영방식하에서는 어느 정도의 효력을 발휘할 수 있었던 리더십이었다. 그런데 정보가 폭발적으로 증가함에 따라 리더 독자적으로 통제해야 될 정보양도 급증하고 있을 뿐만 아니라 정보기술의 급속한 발전이 어느 특정 리더 개인에게 정보독점을 허용하지 않은 상황이 도래함에 따라 더 이상 효력을 발휘할 수 없는 리더십 관점이 되고 있다. 이러한 리더십 패러다임의 전환의 필연성은 조직구조가 명령과 통제중심의 수직적 관료제에서 팀원의 자율성과 적극적인 참여를 전제로 이루어지는 수평적 팀제로 전환되면서 수직적 관료제를 지휘 통솔하는 전통적인 리더가 수평적 팀제를 이끌고 팀원 개개인의 개성과 독창성, 그리고 창조적 아이디어를 조화시켜 팀 시너지를 창출하는 팀장으로서의 리더로 바뀌고 있다는 사실에서 확보될 수 있다. 특히 팀제가 본격 도입되고 있는 상황에서는 모든 분야에 정통하고, 모든 문제를 혼자서 해결하려는 '똑똑한 사람의 리더'보다는 모든 사람을 자기분야의 리더로 육성할 수 있는 여건창출에 보다 많은 노력을 기울일 필요가 있다. 이러한 맥락에서 팀 리더십은 '한 개인의 전지전능'에서 비롯되는 것이 아니라 팀원들이 보유하고 있는 전문성을 어떻게 발현시킬 것인가의 문제로 귀착된다고 볼 수 있으며, 이들 팀원과의 관계형성을 어떻게 조화롭게 창출하느냐가 리더의 중요한 임무로 부각되고 있음을 알 수 있다. 세 번째로 생각해볼 수 있는 리더십 패러다임은 두 번째 리더십 패러다임의 한계와 무관하지 않다. 즉 리더십의 전지전능성을 전제로 그 힘을 발휘했던 '영웅주의적 리더십'관은 리더십 발원지의 一元化를 기본 가정을 채택했던 리더십이었다. 이제 '권위주의적, 일방적 리더십'에서 '민주적, 다원주의적 리더십'으로 전환될 필요가 있다. 한 사람이 모든 분야에 걸쳐서 팀원보다 전문성의 수준이 뛰어날 필요가 없다. 특히 프로젝트 중심의 업무방식이 본격화되면서 해당 프로젝트에 대한 전문적인 지식이나 스킬을 리더 한 사람이 다른 팀원보다 모든 분야에 걸쳐서 탁월하게 보유한다는 점이 거의 불가능에 가깝기 때문에 해당 프로젝트를 수행할 때마다 해당 분야에 대한 전문성의 수준이 가장 높은 사람이 해당 프로젝트의 리더로 부각될 수 있다는 사실을 인정할 필요가 있다. 리더십은 조직 내에 있는 사람이면 누구나 발휘할 수 있다는 발상의 전환이 필요하다. 해당 분야에 대해 해박한 지식과 구체적인 실무경험을 많이 보유하고 있는 사람이 리더가 된다는 발상이다. 이렇게 되면 리더의 전문성은 추진하려고 하는 프로젝트나 영역에 따라 다수의 리더가 존재한다는 것이며, 결국은 모든 사람이 다 리더가 될 수 있다는 인식의 대전환이 이루어질 필요가 있다. 이러한 리더십 패러다임의 전환은 리더가 갖추어야 될 성격이나 행동특성(characteristics) 중심으로 리더를 구분하기보다는 리더가 어떤 과제를 추진할 수 있느냐에 따라 다분히 직무관련 전문성의 수준에 따라 리더의 성숙도 수준을 다르게 가져간다는 말이 된다. 즉 리더가 갖추어야 될 공통적인 성향이나 행동특성은 기본 전제로 하고 직무영역별 보유하고 있는 전문적인 지식이나 스킬수준에 따라 리더의 영향력이 다르게 나타날 수 있다고 가정하는 것이다. 한 사람이 조직 내에서 일어나고 있는 모든 분야에 통달해서 해박한 지식과 풍부한 경험을 모두 보유하기가 불가능하다면 부문별 전문리더의 전문성 보유여하에 따라 해당과제별 다수의 리더를 상정할 필요가 있다는 것이다. 종래의 리더십에 대한 정의는 다분히 팔방 미인형 리더를 전제하고 있었다. 가장 보편적으로 받아들여지는 리더십 개념은 "종합경영관리능력"이라고 볼 수 있다. 종합경영관리능력의 수준은 다분히 조직경력이 어느 정도 되며, 해당분야의 연륜과 경험을 얼마나 다방면으로 축적했는지에 따라서 결정되는 성향을 띠고 있다고 볼 수 있다. 물론 이러한 리더십도 조직 경쟁력 제고와 성과창출에 없어서는 안 되는 중요한 요인이지만 이와 같이 종합경영관리능력을 보유하고 있느냐에 따라 리더십의 발휘정도가 달라진다는 생각을 고수하는 한 전문가의 의견은 늘 연륜과 경험에 밀려 그 빛을 발할 수 없게 된다. 항상 리더는 모든 분야의 전문가라고 인식되기에 해당분야에 대한 전문적인 식견을 보유하고 있는 사람의 목소리는 종합경영관리능력을 보유하고 있는 리더 앞에서는 항상 그 힘을 발휘하지 못할 수밖에 없다.

네 번째로 리더십의 본질은 정보화 사회가 가속화되면서 새롭게 바뀌고 있음을 엿볼 수 있다. 얼굴을 맞대고 발휘되던 '대면적(Face-to-Face) 리더십'이 다양한 컴퓨터망을 통한 '네트워크 리더십'의 형태로 바뀌고 있다. 이러한 네트워크 리더십은 네트워크라는 가상공간에서 특정 분야의 전문성을 바탕으로 발휘하는 사이버 리더십(Cyber Leadership)이라고 볼 수 있다. 리더십을 기본적으로 타인에 대한 영향력 행사로 정의한다면 대면접촉을 통해서 영향력을 행사하든 가상공간에서 네트워크를 통해 영향력을 행사하든 영향력을 행사하는 방식에 일대 변혁이 몰려오고 있다. 네트워크 리더십은 작은 컴퓨터 뇌(PC에 각종 정보를 입력하고 새로운 지식을 창출하며 이를 공유하는 팀원)가 네트워크로 연결되어 있어서 리더십을 발휘하는 기능과 역량에도 많은 변화가 초래되고 있다. 하나의 거대한 주 컴퓨터(Big Mainframe Computer: Big Brain)가 발휘하는 리더십의 형태에서 많은 작은 개인 컴퓨터(Small Personal Computers: Small Brain)가 발휘하는 리더십의 형태로 발전되고 있다.(Tapscott, 1997) 따라서 리더십은 연륜과 경험이 많은 사람이 그렇지 못한 사람을 대상으로 얼굴을 맞대고 발휘하는 것보다는 네트워크라는 가상공간에서 해당분야에 대한 전문성을 토대로 네트워크에 연결되어 있는 불특정 다수를 대상으로 특정 분야에 대한 영향력을 행사하는 경우가 많아지고 있다. 리더십의 원천이 다양해짐과 동시에 시공간을 초월하는 다양한 리더십을 발휘방식이 부각되고 있는 것이다. 네트워크상에서 특정 아이디어를 내면 그 아이디어는 네트워크에 연결되어 있는 많은 사람들에게 엄청난 영향을 미칠 수 있다. 사람이 사람에게 영향력을 미칠 수 있다는 점이 바로 리더십이라면 네트워크상에서의 리더십은 대상이 고정되어 있지 않다.

리더십 패러다임의 변화

傳統的 리더십	21C型 리더십
○ 연륜과 조직경험을 토대로 발휘하는 **職位중심 리더십(Position Power)**	○ 부문별 전문능력을 토대로 발휘하는 **專門家的 리더십(Expert Power)**
○ 부하를 전제로 발휘하는 下向式 리더십	○ 상사, 부하, 동료를 대상으로 발휘하는 **全防衛的 리더십**
○ 리더십은 全知全能한 한 사람(One Big Brain)으로부터 유래된다, 즉 리더십 원천의 일원화를 지향하는 **英雄主義的, 方的 리더십**	○ 리더십은 전문성을 보유하고 있는 多數(Many Small Brains)로부터 發源한다는 **民主的, 多元主義的 리더십**
○ 얼굴을 맞대고 영향력을 행사하는 **對面的 리더십(Face-to-Face Leadership)**	○ 가상공간에서 네트워크를 통해 자신의 전문성을 토대로 영향력을 행사하는 **사이버 리더십(Cyber Leadership)**

3) 기존 리더십 교육의 문제점

경영 환경이 급변하고 있으며, 이러한 환경변화의 본질과 속성이 과거 환경변화의 그것과 비교할 수 없을 정도의 새로운 본질과 속성을 띠고 있을 뿐만 아니라 리더십 패러다임이 근본적으로 전환되고 있다. 그럼에도 불구하고 위기와 난국을 타개할 리더를 양성한다는 미명하에 아직도 현실과 동떨어진 온실 안에서 리더를 양성하는 어리석음을 반복적으로 범하고 있다는 사실을 비판적으로 성찰할 필요가 있다. 版과 場이 바뀌면 바뀐 版과 場에 적합한 사람이 필요하다. 경기규칙이 바뀌면 경기하는 방식과 경기를 주도하는 코치와 감독의 역할이 근본적으로 바뀌어야 되는 것과 마찬가지로 환경이 종래의 환경과 비교가 안 될 정도로 급변하고 있다면 그러한 환경을 주도할 리더의 역할상과 갖추어야 될 역량도 전면적으로 재조명되어야 할 것이다.

아래에서는 한국기업에서 이루어지고 있는 리더십 교육의 문제점과 한계를 노정시켜 그 대안탐색의 가능성을 타진해보고자 한다. 여기서 제시되는 리더십 교육에 대한 비판적 논의는 다음과 같은 기본적인 전제에서 출발한다.

전제 1: 리더 개인역량 강화와 이상적인 리더십 환경 구축

리더십은 궁극적으로 리더개인의 역량을 육성·개발하는 노력을 통해서 타인에 대한 영향력을 행사하는 과정이다. 문제는 리더가 리더십을 효과적으로 발휘하기 위해서는 리더십 발휘에 영향을 미치는 리더를 둘러싸고 있는 환경적 요인에 대한 고려와 적극적인 개입 노력 없이는 개인의 역량강화에 집중되는 기존의 리더십교육은 실패로 끝날 가능성이 높다.

기존의 리더십 교육은 주로 리더 개인의 역량강화에 역점을 두고 있다. 개인으로서의 리더가 갖추어야 될 역할상과 이에 비추어 본 자질과 역량을 도출하여 자신에게 부족하거나 결핍된 리더십 역량을 단기 집중적인 교육을 통해 이루어진다. 문제는 리더십은 일정한 자질과 역량을 갖춘 리더에 의해서 발휘되는 것이지만 일정한 자질과 역량을 갖추고도 학습된 리더십을 발휘하도록 촉진하거나 방해하는 환경적 메커니즘이나 구조 등을 간과하는 데 있다. 리더십을 통한 영향력 행사와 조직변화가 일어나기 위해서는 리더가 발을 딛고 서 있는 환경적 요인을 복합적으로 고려할 필요가 있다. 아무리 똑똑한 리더가 자신의 리더십 역량을 발휘하려고 해도 고착화된 제도나 시스템으로 인하여 실패하는 사례를 발견할 수 있다. 따라서 리더개인의 자질이나 역량을 단기 집중적으로 육성하는 것도 중요하지만 리더십 발휘과정에 직간접적으로 영향을 미치는 환경적 요인을 규명하고, 어떠한 환경하에서 리더십의 효과가 극대화될 수 있는지에 대한 심층적인 연구와 실천이 동반될 필요가 있다. 조직구성원은 조직에서 그들에게 부여되는 역할에 따라 행동을 결정하기 때문에 조직구성원 각자의 역할과 그 역할을 수행하는 조건들을 변화시키지 않는 한 조직구성원은 물론이고 조직도 바꿀 수 없다.(최동석, 1998) 이러한 관점에서 조직체의 변화는 구성원들의 역할과 그 역할의 조건을 바꾸는 데서부터 시작해야 한다. 리더는 어떤 특성과 자질을 갖추어야 되고, 어떤 행동특성을 갖추어야 되는지를 아무리 가르치더라도 리더가 발을 딛고 서 있는 현실이 여전히 종래의 제도나 시스템으로 운영된다면 리더 개인은 조직적 구조나 제도에 함몰될 수밖에 없다.

전제 2: 리더십 교육대상으로서의 성인학습자의 특성

성인학습자는 학교교육의 대상인 아동 학습자와는 다르다. 이들은 이미 오랜 조직생활과 다양한 직무경험을 통해서 무엇이 옳고 그른지를 판단할 수 있는 가치관과 자신이 어떤 방향으로 삶을 영위할 것인지에 대한 인생관이 정립되어 있는 성숙된 학습자라고 볼 수 있다. 성숙된 학습자를 대상으로 이루어지는 리더십 교육은 타율적 교육/ 훈련중심의 접근방법보다는 성인학습자 스스로 자신의 고정관념을 깨고, 느끼며, 자각하고 체험하는 자율적 학습이 전제되지 않는 한 개인의 변화는 물론 조직의 변화를 기대하기 어렵다.

이미 자기 나름대로의 가치관과 인생관을 확립하고 있는 대부분의 성인학습자들은 모든 것을 실제 현업에서 발생하는 과업에 비추어 학습을 할 것인지 말 것인지, 그리고 그러한 학습결과를 실제로 적용하여 자신은 물론 조직을 변화시키는 데 견인차 역할을 수행할 것인지를 판단하는 성향이 있다. 이러한 판단과정을 통해 모종의 의사결정이 이루어지기 위해서는 현실적인 절박성과 긴급성, 변화추진의 강한 의지와 각오, 철저한 자기반성을 통한 대오각성이 일어날 필요가 있다. 다시 말해서 리더십 관련 특정 지식이나 스킬이 절박하게 필요하거나 지금 자기 스스로 변하지 않으면 심각한 역효과가 자신에게 직접적인 영향을 미쳐 정말로 변해야 되겠다는 철저한 자각이 선행되는 자율적, 자발적 학습활동이 이루어져야 리더십을 통한 자기 및 조직변화를 선도할 수 있는 역량이 체득될 수 있을 것이다. 달걀을 누군가가 깨면 계란 후라이나 기타 계란 관련 반찬을 만드는 데 사용될 수 있다. 하지만 달걀을 스스로 깨고 나오도록 시간을 두고 기다려 준다면 한 마리의 병아리라는 새 생명이 탄생하는 것에서 우리는 자신을 둘러싸고 있는 고정관념이나 변화의 필요성을 스스로 깨고 나올 수 있도록 조장할 수는 있지만 자기 스스로 깨우치지 못하고 남이 깨우쳐 준다면 더 이상 자신의 모습이 아님을 깨달아야 할 것이다.

전제 3: 단기집중적인 Skill 훈련과 장기적인 리더십 개발노력

기존의 리더십 교육은 주로 단기간에 집중적으로 이루어진다. 이러한 단기 집중적인 리더십 교육의 주요 내용은 리더가 바람직한 갖추어야 될 자질이나 역량, 구체적으로 리더십 관련 전문지식이나 스킬 중심으로 편성된다. 이러한 리더십 교육의 저변에 내재되어 있는 전제는 리더십은 리더십이 실제 발휘되는 현장의

복잡한 역동성과는 무관하게 독립적으로 추출된 리더십 관련 지식이나 스킬을 학습하면 현장으로 돌아가 학습된 지식이나 스킬을 적용하여 기대하는 리더의 역할을 발휘할 것이라는 가정에 근거를 두고 있다.

흔히 리더십 교육은 지식이나 스킬 중심으로 이루어진다. 이러한 지식과 스킬 중에서 단기 집중 교육훈련으로는 습득이 거의 불가능한 영역이 있을 수 있다. 예를 들면 선견력, 통찰력, 신속한 의사결정과 판단력을 의미하는 即決即斷 능력 등이 이러한 능력에 해당된다. 이러한 능력이야말로 오랜 기간의 실무체험을 통해서 체득될 수 있는 성질의 것이지 단기 집중교육훈련을 통해서 학습될 수 있는 것은 아니다. 물론 이러한 능력체득에 필요한 지식이나 저변 스킬은 습득될 수 있지만 상황적 맥락과 배경에 따라 각각 다른 차원의 선견력, 통찰력, 即決即斷 능력 등은 기초지식과 저변 스킬, 그리고 상황을 해석하는 리더 자신의 역량이 종합되어 통합적으로 발현되는 능력은 그야말로 장기적으로 반복적인 실전 체험을 통해서만이 體得될 수 있다. 문제는 바람직한 리더가 갖추어야 될 바람직한 성격 또는 행동특성이 단기 집중교육으로 변화시키기 어려운 역량까지도 스킬육성 방식으로 體得될 수 있다고 착각하는 데 있다. 이러한 성격 및 행동특성과 리더십 역량은 교육훈련을 통한 육성전략보다는 실제 현장에서 일상적인 업무활동과 유기적으로 통합된 상태에서 장기적으로 추진되는 리더십 개발활동을 통해서만이 體得될 수 있다. 대부분의 리더십 교육이 단기간에 이루어지는 것도 문제지만 리더십 교육 간 또는 리더십 교육과 현업과의 연계성 부족으로 일회성 교육으로 막을 내리는 경우가 많다는 점도 지적되어야 할 문제라고 볼 수 있다.

전제 4: 리더십교육 상황과 리더십 실천현장 간의 격차

리더십 개발노력은 궁극적으로 리더십이 발휘되는 실전현장에서 업무를 통해 가장 체득될 수 있다. 실제 리더십이 발휘되는 상황은 역동적인 삶의 현장이다. 역동적인 삶의 현장은 리더십 교육이 이루어지는 강의장 상황과 너무도 다른 살아 있는 현장이다. 여기서는 리더십 교육을 통해 습득한 지식이나 기술, 매뉴얼적 처방 등이 일목요연하게 체계적으로 적용되기 어려운 복잡한 상황이며, 시간적 제한과 엄청난 심리적 압박감이 가중되는 고통스러운 상황이다.

Marsick & Watkins(1990)의 연구결과에 따르면 성인학습자가 자신에게 필요한 대부분의 지식과 스킬은 공식적인 교육보다는 일상적인 업무활동을 통해서 비공식적으로 체득하는 경우가 많다고 한다. 따라서 공식적이든, 비공식적이든 리더 자신이 현장에서 리더십을 발휘하면서 자신도 모르는 사이에 리더십 역량을 체득하는 경우가 훨씬 많다는 주장에 귀를 기울일 필요가 있다. 일상적 관리는 업무의 정형화, 매뉴얼화가 가능하기에 자동화된 시스템으로 대체가 가능하다. 따라서 업무현장과 격리된 상태에서 어떻게 하면 매뉴얼을 잘 따라 할 수 있을 것인지, 그리고 자동화된 시스템을 효율적으로 활용할 것인지를 교육시키고 난 이후 현장에 파견해도 소기의 성과를 거둘 수 있었다. 그러나 리더십의 본질은 복잡한 상황분석과 대응전략의 강구, 고뇌에 찬 결단 등이 요구되기에 어떤 특정 프로그램이나 시스템으로도 대체가 불가능하다. "리더의 결단은 답을 찾는 수확이 아니라 답을 만들어 가는 예술"이라는 점을 이해할 필요가 있다.(한창수 외, 1998) 복잡한 현실의 역동성에 근거하지 않는 리더십 교육은 걷는 것을 가르친 다음 실천현장에서 알아서 뛰라는 식의 교육방식은 획기적으로 변화될 필요가 있다.

4) 리더십 개발의 방향과 현실적 대안의 탐색

지금까지 리더십 개념에 내재되어 있는 고정관념과 이를 파괴하고 새로운 리더십 개념으로 재정립하기 위한 리더십 패러다임 전환의 방향을 살펴보고, 현재 리더십 교육이 전제하고 있는 몇 가지 가정에 비추어 리더십 교육의 문제점을 비판적으로 논의해보았다. 여기서는 리더십 패러다임의 전환에 비추어 리더십 교육의 문제점을 극복할 수 있는 방향의 정립 및 현실적인 대안을 탐색하고 이를 위해 인력개발부서가 발휘해야 될 역할에 대해서 살펴보도록 한다.

개발방향	1	존재론적 리더십 ⟶ 관계론적 리더십

우선 '존재론적 리더십'에서 '관계론적 리더십'으로 전환시킬 필요가 있다. 개인의 리더십 역량 제고를 위한 노력에서 리더가 리더십을 발휘할 수 있는 제도적 여건과 환경을 창출하는 쪽으로 리더십 개발전략을 개발해야 된다는 주장이다.

'존재론적 리더십'은 리더 개인에 역점을 두고 개인으로서의 리더가 갖추어야 될 다양한 자질과 역량을 육성하는 데 관심이 있는 반면에 '관계론적 리더십'은 리더십에 영향을 미치는 제도적 여건조성과 이상적인 업무환경을 설정하고 이를 어떻게 조성하느냐에 보다 많은 관심이 있다. 이러한 '관계론적 리더십'은 리더 개인만을 고려하지 않고 리더를 둘러싸고 있는 환경적 변수를 종합적으로 고려하고 이들 변수들 간의 상호 영향력 관계를 중점적으로 고려한다는 점에서 '생태학적 리더십'이라고 볼 수 있다. 관계론적 리더십은 이제까지 주류를 이루어 왔던 리더십 연구뿐만 아니라 리더십 교육 및 개발활동에 새로운 시사점을 제공해줄 것이다. 특히 리더의 역할발휘에 영향을 미치는 업무환경적 제도적 조건을 변화시키고 리더가 향후 몸담게 될 이상적인 일터(workplace)가 갖추어야 될 다양한 요인을 조성하는 작업, 더 나아가 리더와 이러한 일터와의 관계를 고려하여 리더십 개발활동을 전개한다는 점에서 리더십 역량강화를 위한 교육의 역할이 상대적으로 약화된다고 볼 수 있다. '관계론적 리더십'은 리더와 리더의 리더십 발휘여건과의 관계를 고려대상으로 검토하기도 하지만 리더와 팀원과의 관계를 고려하여 그 개념을 이해할 수도 있다. 즉 '관계론적 리더십'은 그동안의 리더십이 주로 개인의 역량을 제고시키는 데 초점을 두어 왔다면 앞으로의 리더십은 팀원과 함께 고려했을 때 발현될 수 있는 협력적 역량, 예를 들면 신뢰구축, 신바람 조성, 자부심 고취 등과 같은 역량중심으로 리더십 역량을 재정의할 수도 있을 것이다. 이러한 역량은 리더 혼자서 발휘할 수 있는 역량이 아니라 리더가 팀원과 함께 힘을 모아 노력할 때 발현될 수 있는 능력이라는 점에서 기존의 리더십을 '개인 리더십'이라고 칭할 수 있는 데 반해 팀원과 함께 할 때 발현될 수 있는 능력을 특별히 '팀 리더십'이라고 칭할 수 있다. 전통적인 리더십의 원천은 한 개인의 독자적인 능력, 자질, 역량에서 유래하지만 '팀 리더십'은 리더십의 원천을 팀원 모두로부터 비롯된다는 전제와 가정을 갖고 있다. '개인 리더십'은 리더 개인이 팀원의 협조와 도움 없이도 발휘할 수 있는 미래에 대한 선견력, 판단력, 다양한 업무추진 능력(갈등관리, 의사결정, 커뮤니케이션, 문제해결) 등과 같은 개인 중심의 스킬을 강조한다. 반면에 '팀 리더십'은 팀원과 함께 하지 않고서는 발휘될 수 없는 리더십 역량, 예컨대 신뢰구축, 신바람 조성, 팀파워 조성 및 일에 대한 자부심 고취 능력에 역점을 둔다.

흔히 리더십 교육하면 단기 집중적인 교육이 일회성으로 끝나는 경우가 많다. 이러한 생각의 저변에는 교육은 중간에 간극이 없이 며칠 또는 몇 달 동안 연속적으로 전개되는 일회성의 의미가 내포되어 있다. 이런 패턴으로 리더십 교육이 전개되면 리더십 교육前, 교육中, 그리고 교육 종료後 실천현장과의 유기적 연계성이 부족하게 되고 결국은 리더십 교육의 결과가 실제 현장에서 발현되지 못하고 교육은 교육대로 이루어지고 현장은 여전히 리더십 부재현상이 발생하게 된다. 교육을 통한 지식과 스킬의 습득이 효과적으로 진행되기 위해서는 교육이 시작되기 이전에 교육생들이 교육목적과 내용에 대한 문제의식이 전제되어야 하며, 이러한 문제의식을 심화시키거나 해결대안을 고민할 수 있도록 교육내용이 체계적으로 구조화돼서 전달되고, 그 결과가 실천현장에서 작용될 수 있도록 사후조치가 동반되어야 한다. 즉 사전학습을 통한 문제의식 고취와 단순 지식정보의 학습 촉진, 그리고 본 과정을 통한 워크숍이나 세미나, 특강 등을 통해 갈등하는 문제에 대한 대안을 함께 모색하거나 궁금한 정보를 습득할 수 있는 기회를 제공하고, 사후 학습 및 적용과정을 통해 자신의 리더십 역량으로 體化시킬 수 있도록 현장의 학습환경을 조성해줄 필요가 있다. 그리고 필요하다면 수시로 다시 모여서 현장에서 직면했던 문제점을 함께 논의하고 해결대안을 공동으로 모색하는 워크숍을 짧게 자주 가질 필요가 있다. 이렇게 되면 소집형 집합 또는 합숙교육이 실천현장과 긴밀한 연계관계를 맺으면서 리더십 교육의 효과성을 극대화시킬 수 있을 뿐만 아니라 실제 리더십이 발휘되는 현장과 연계시켜 리더십 개발활동을 지속적으로 전개할 수 있게 된다. 교육장면에서 이루어지는 리더십 역량강화의 결과 실천현장에서 그 효과를 발휘하기 위해서는 교육장면은 가능하면 리더가 리더십을 발휘하는 실제상황과 가능하면 유사한 상황 속에서 이루어져야 한다. 리더십 역량을 습득하는 교육장면이 실제 리더십을 발휘하는 상황과 여러 가지 측면에서 많은 차이가 난다면 리더가 습득한 다양한 내용과 스킬을 적용하기 어렵게 된다. 이글 전체를 통해서 일관되게 흐르는 기본 가정 중의 하나는 리더십은 학습을 통해서 부단히 개발될 수 있다는 점이다. 전통적인 리더십 교육이 실천현장에서 이루어지는 리더십 개발활동과 함께 유기적으로 통합됨으로써 일회성 리더십 교육이 갖는 한계와 문제점도 어느 정도 극복될 수 있다. 그렇다면 리더십 개발활동이 실천현장에서 구체적으로 일어나기 위해서는 어떠한 조치가 필요한가? 이 문제는 리더십 개발활동의 실천적인 지침을 마련하는 일일 뿐만 아니라 리더십 개발을 지원하는 인력개발팀의 리더십 개발과 관련한 역할변신을 촉구하는 문제이기도 하다.

개발방향	3	단기 집중적 리더십 敎育 ──→ 장기적인 리더십 開發

두 번째 리더십 개발방향이 기존의 소집형 집합 또는 합숙교육과의 연계선상에서 이루어지는 리더십 개발활동이었다면 세 번째 개발방향은 '리더십 교육'에서 '리더십 개발'활동으로 완전히 전환시키는 것이다. 즉 소집형 교육을 전제로 하지 않고 실천현장에서 일상적인 업무활동과 함께 리더십을 개발하는 전략이다. 이러한 개발방향이 성공하기 위해서는 일상적인 업무구조나 과정 속에 학습이 일어날 수 있도록 업무환경을 학습 환경으로 재구축하는 작업이 필요하다. 업무활동과 함께 학습과정이 하나의 통합된 구조로 설계될 필요가 있다는 말이다. 업무활동과 독립적으로 추진되는 별개의 리더십 개발활동은 거창한 계획과 시작, 그리고 요란함만 있을 뿐 아무런 성과도 내지 못하게 될 것이다. 이제까지 무수히 많은 계획과 제도가 수립되었지만 실제로 실행돼서 효과를 거둔 계획과 제도는 그렇게 많지 않은 것은 계획과 제도가 원천적으로 잘못된 것일 수도 있지만 실행상의 추진의지 부족, 조직 전체가 추구하는 전략적 방향과의 연계성 부족, 그렇게 됨으로써 업무추진목표와 추진과제와는 독립적으로 분리되는 별도의 과제로 인식됨으로써 결국은 계획만 거창한 龍頭蛇尾꼴이 되고 마는 경우가 허다하다. 그동안 한국기업에서 OJT(On the Job Training)나 CDP(Career Development Plan)가 성공적으로 정착되지 못하고 거의 매년 거창한 계획만 수립되고 실천은 有耶無耶되는 경우를 보더라도 무엇 때문에 왜 반복적인 잘못을 저지르고 있는지를 이해할 수 있을 것이다. 마찬가지로 실천현장에서 리더십을 개발하는 활동을 구체적으로 명세화시키면 시킬수록 계획의 실현 가능성은 그만큼 희박하다고 볼 수 있다. 많은 부분을 리더십 개발의 주체인 개인에게 맡겨둘 필요가 있다. 여기서 최근 많은 관심을 끌고 있는 멘토링이나 코칭방법을 적용해볼 수 있다. 멘토링이나 코우칭을 통해서 양성한 리더가 조직의 업무성과를 창출하는 데 혁혁한 공헌을 하고 있다면 당연히 멘토링이나 코우칭 과정에 중요한 역할을 담당했던 사람이 조직 내에서 정당한 평가와 인사상의 공정한 대가를 받을 수 있는 여건 조성이 필요하며, 멘토링이나 코우칭이 공식적인 업무로 인정되어야 한다. 부하육성이 간부가 발휘해야 될 중요한 역할임에도 불구하고, 그리고 많은 리더십과정에 단골로 등장하는 메뉴임에도 불구하고 왜 잘 안될까를 생각해볼 필요가 있다. 한 가지 이유로 지적될 수 있는 것은 부하육성은 부하육성을 해야 되는 주체의 일상적

인 업무목록에 우선순위 면에서 다른 일상적인 업무에 비교해 볼 때 최하위를 면치 못하고 있다는 점을 간파할 필요가 있다. 이 얘기는 시간나면 부하육성을 하라는 얘기와 다를 바가 없다는 점이다.

단기 집중적인 '리더십 교육'에서 장기적인 '리더십 개발' 전략으로 전환되기 위해서는 리더십에 영향을 미치는 다양한 요인을 고려할 필요가 있다. 왜냐하면 리더십 개발이 업무가 실질적으로 이루어지는 현장에서 이루어지고, 실천현장은 강의장에서 이루어지는 교육과는 달리 실시간으로 의사결정을 해야 하는 역동적이고 복잡한 현실상황이기 때문이다. 결국 리더십은 리더 자신이 실천현장에서 직접 리더십을 발휘하면서 순간순간 의사결정을 하고 자신의 의사결정의 결과를 비판적으로 성찰하는 실전체험을 통해서 가장 잘 體得되는 것이라면 리더십 개발은 실천현장과 멀리 떨어진 사속의 연수원에서 실시할 것이 이니라 리더십 개발과 관련한 다양한 실험이 전개될 수 있도록 리더십 개발 환경을 조성하는 노력에 우리의 힘과 에너지를 집중하는 전략을 선택하는 방법이 필요하다. 뛰어난 리더의 특성, 자질, 역량을 분석하고 규명해낸 다음 교육을 통해 부족한 역량을 단기 집중적으로 쏟아 넣는 교육이 계속 되는 한 느낌과 머리로 깨달음이 수반되겠지만 복잡하고 역동적인 현실상황에서의 적용력은 현격히 떨어진다고 볼 수 있다. 리더십 교육의 대상은 이미 자기 나름대로의 가치관과 신념체계를 보유하고 있는 성인들이기에 이를 악물고 뼈를 깎는 고통, 그리고 실제로 적용하는 과정이 동반되지 않는 한 자신의 기존 가치관과 신념체계를 변화시킬 의지가 좀처럼 발동하지 않을 뿐만 아니라 리더십 역량이 개발되기 어렵다. 현실적으로 한 가지 사실적 타당성과 적합성이 있는 방법으로 리더가 몸을 담고 있는 이상적인 일터(workplace)를 조성하는 방법을 고려해볼 수 있다. 뛰어난 리더가 갖추어야 될 리더십 역량을 규명하기보다는 바람직한 일터가 갖추어야 될 요건을 규명하고 이를 어떻게 구현시킬 것인지를 고민하는 방법이다. 이 주장은 리더 개인의 역량강화를 위한 다양한 공식적인 교육/훈련을 실시하는 노력도 중요하지만 교육받은 리더가 실제로 리더십을 발휘하게 될 실천현장의 모습, 즉 리더가 리더십을 발휘하게 될 현업의 팀이 과연 어떤 특성을 가져야 되는지를 규명하고 이를 제도적, 시스템적으로 설정하고 경영방식의 변화방향에 비추어 이를 구현하기 위한 다양한 지침을 분명하게 설정하는 노력이 보다 중요하다는 점을 지적하고 있는 것이다. 한마디로 개인을 통한 조직의 변화전략보다는 리더의 역할변화를 일으키는 조건을 변화시켜 이를 통해 리더 개인의 역할변화를 이끌어 내는 전략이다.

개발 방향	4	육성전략 ⟶ 채용전략

그동안 한국기업의 인력개발정책은 모든 영역을 골고루 잘하는 凡材를 채용하여 부분별로 필요한 人材로 탈바꿈시키기 위해 많은 기업교육, 특히 집합·합숙교육(Off JT)에 많은 노력과 관심을 보여 왔다. 더욱이 조직의 발전과 성패를 좌우하는 리더를 양성하기 위해서 장기적으로는 6개월에서 1년 정도의 시간을 투자하는 경우는 있었다. 이러한 리더양성 과정은 경영전반에 대한 기본 지식과 경영자로서 갖추어야 될 德目, 眼目, 識見을 집중 육성하는 교과목을 주축으로 사업전략의 구상 및 경영 환경변화에 적응하여 조직의 생존과 발전을 위해 리더로서 취할 수 있는 다양한 전략적 대응방안 등을 교육시키는 과정이었다. 외국 사람들의 눈에는 이 정도로 리더를 양성하는 한국식 육성전략을 이해할 수 없다는 의견을 피력하기도 한다. 왜 고부가가치의 업무를 수행해야 될 중요한 위치에 있는 사람들을 그렇게 오랫동안 업무에서 완전히 독립시켜 교육을 해야 되는지를 도무지 이해할 수 없다는 것이다. 여기에는 기본적으로 동양과 서양이 인재육성 철학에 근본적인 차이가 내재되어 있음을 이해할 필요가 있다. 서양이 주로 해당 부문별로 필요하고 적합한 인재를 채용하여 활용하는 전략에 치중하는 데 반해 동양은 선발이나 채용전략보다는 조직이 요구하는 인재의 모습으로 육성하는 전략을 중시하고 있다. 또한 한 조직 내에서 오랫동안 몸담아 왔던 사람이 수직 상승 이동하여 그 조직의 리더역할을 수행하는 것이 너무도 당연한 것으로 인정되어 왔던 동양에 비해 서양은 필요하면 언제든지 조직을 발전시킬 수 있는 인재를 외부에서 영입함으로써 의도적으로 조직의 변화를 주도할 수 있도록 전권을 위임하는 경우가 당연한 것으로 인식되어 왔다는 점도 인재육성을 바라보는 동서양의 시각차라고 볼 수 있다.

이제 국제화, 개방화의 파고가 점증되고 있으며, 국경을 초월하여 한 직장 내에서도 얼마든지 다국적 보유자가 함께 일을 하게 되는 사례가 많아지고 있으며, 국제적인 기업흡수와 합병, 전략적 제휴 등이 일상화됨에 따라 기존의 리더양성 및 개발전략에도 많은 변화가 예상되고 있다. 리더 한 사람을 양성하는 데 필요한 시간과 비용, 그리고 나아가 그 효과 면에서 과연 어떤 방법이 현실적으로 타당하고 비용효과적인 방법인가를 따져 보아야 할 것이다. 앞으로는 더욱더 신입사원과 경력사원은 물론 중견간부와 임원, 그리고 경영자까지 해당 부문별로 필요한 자격요건과 역량에 적합한 인재를 수시로 선발하고 채용하는 전략이 보다 보편화·활성화될 것이다. 특히 평생직장 개념이 붕괴되고 평생직업관이 활성화되면서 한 사람이 평생 동안 직장을 자주 옮겨 다니는 일이 비일비재함에 따라 한 사람의 일생을 한 회사에서 어떻게 육성할 것인지를 체계적인 계획을 수립하는 것 자체가 과연 필요한 방법인지도 문제제기를 해 볼 필요가 있다.

5) 또 다른 문제의식의 출발과 인력개발팀의 역할

  결론적으로 이제까지 전개되어 왔던 리더십 교육은 교육 이전에 기대했던 리더의 모습을 실천현장에서 구현시키는 데 많은 시행착오를 겪어 왔다고 볼 수 있다. 특히 리더 개인이 갖추어야 될 이상적인 특성, 핵심적인 자질이나 역량을 규명하여 이를 교육을 통해 육성하려는 노력을 반복적으로 전개해오고 있지만 그 성과는 미미하다고 볼 수 있다. 과연 우리가 기대하는 바람직한 리더가 짧은 교육을 통해서 어느 정도로 양성되어 있는가? 우리는 교육에 너무 많은 기대를 하고 있는 것은 아닐까? 교육의 효과에 대해서도 실제 결과보다도 자의적으로 해석하여 스스로 높은 성과가 있다고 自評하고 있지는 않은가? 교육에 투자하는 일련의 노력과 관심을 다른 부문에 분산시켜 투자한다면 지금의 상황보다는 더 많은 것을 변화시키지 않았을까? 예를 들면 우리가 필요로 하는 리더를 체계적인 양성계획에 따라 모두 조직 내에서 육성하는 전략보다는 글로벌 소식을 통해 선발하는 전략을 모색해보는 전략이 더 효용가치가 높지 않은가? 우리가 이제까지 수립한 리더양성체계와 운영해온 교육과정은 해당기업의 전략과 문화가 붙박여 있지 않고 浮漂하는 수많은 단편적 기법이 亂舞하고 있지는 않은가? 교육부서가 자의적으로 판단하여 필요한 역량을 규명해 놓고 여기에 의도적, 作爲的으로 짜 맞추는 리더십 교육이 이루어지지는 않았는가? 수많은 사람들을 모두 끌어안고 조직차원에서 어떻게 양성할 것인가를 고민하기보다는 이들로 하여금 조직에서 필요로 하는 리더로 성장할 수 있도록 리더상을 설정하고, 갖추어야 될 자격요건과 역량 기술서를 제시하고, 이것이 업무를 통해 習得, 體得, 體化될 수 있는 업무여건을 조성해주는 전략은 모색해보는 것은 어떨까? 다른 여타의 교육도 마찬가지겠지만 리더십 교육이 이루어지는 교육환경은 실제 리더십이 발휘되는 상황과 너무 많은 차이가 존재함으로써 교육장면을 통해서 습득한 리더십 관련 지식이나 스킬을 적용할 수 있는 기회조차 상실하는 경우가 많으며, 적용하려는 노력을 기울인다고 해도 자신이 리더십 역량을 습득할 때의 상황과 너무도 다른 상황이 전개되는 관계로 적용이 쉽지 않은 경우가 많다. 배울 때는 다양한 기법과 절차를 體系的(systematic)으로 배웠지만 실천 현장은 體系的인 분석과 상황판단보다는 총체적, 體制的(systemic) 複雜系(Complex Systems)이고 순간순간 엄청난 심리적 압박감을 느끼는 進退兩難의 상황이기에 體系的인 지식과 스킬이 束手無策인 경우를 반복적으로 경험하게 된다. 하지만 여전히 교육은 모든 것을 體系的으로 구조화시켜 실험실 상황에서 많은 시간적 여유를 주고 너무 편안하게 교육시키고 있지 않은가? 상황의 복잡성은 體制的인데 우리의 사고체계나 문제 상황에 접근하는 방식은 여전히 體系的이라면 體制的인 문제 상황은 體系的인 방법으로 해결되지 않음을 숙지할 필요가 있다. 교육생들의 요구와 기대를 충족시켜 준다는 명목 아래 너무 많은 것을 수용해서 방향성을 잃고 표류하고 있지는 않은가? 왜 우리는 항상 자기 스스로 무엇이 옳고 그르며, 주어진 상황에서 어떤 가치판단과 행동을 해야 되는지를 너무도 잘 알고 있는 성인학습자들에게 너무 지나친 서비스를 제공해주면서 모든 요구사항을 다 받아 주어야 하는가? 교육은 곧 激戰의 현장에서 활용할 수 있는 무기 사용법을 가르쳐 주고 때로는 스스로 학습하게 해서 자신의 것으로 내면화시키는 과정이어야 한다면 교육장면은 왜 그렇게 平穩하고 便安하고 停滯되어 있는가? 이렇게 평온하고 모든 것이 충족되는 실천 현장을 본 적이 없다면, 교육을 통해서 실천현장의 변화를 조금이라도 일으켜야 한다는 작은 기대라도 갖고 있다면 교육은 실천현장의 複寫版이어야 되지 않을까? 제한된 시간과 충분하지 못한 정보를 갖고도 納期에 맞추어서 일정한 수준의 품질을 확보하고 있는 과제를 해결하고 있지 않은가? 그런데 우리 교육은 너무 많은 정보와 지식을 한꺼번에 완벽하게 제공하고, 충분한 시간을 주고 편안하게 문제를 고민하게 하고 있지는 않은가? 이러한 문제제기는 리더를 양성하고 개발하는 과정에 관여하는 인력개발팀의 획기적인 역할변신이 필요함을 시사하고 있다. 물론 기업교육의 본질과 방향전환에 대한 교육생들의 분명한 인식전환도 선결과제이기도 하다. 기업교육, 특히 리더십 교육과 개발에 대한 그동안의 묵시적 합의와 나름대로 보유하고 있는 가정을 혁명적으로 파기할 것을 요구한다. 지금 때가 어느 때인데 아직도 평온했던 시절의 향수에 젖어 그때를 회상하기에 바쁜가? 아무런 문제의식 없이 늘 반복적으로 수행했던 일들을 그냥 또 반복적으로 수행하고 있는 일들을 목록화시켜 놓고 "과연 이런 일들을 함으로써 누가 어떤 혜택을 보게 되는 것일까?"를 생각해보자. 인력개발팀도 이러한 맥락에서 그동안 추진해 온 리더십 관련 교육이나 개발활동에 대하여 가졌던 생각의 틀이나 업무추진방식을 원점에서 재고해볼 필요는 없는가? 특히 앞에서 제기되었던 리더십에 대한 고정관념, 리더십 패러다임의 전환과 리더십 교육의 문제점 및 리더십 개발방향과 관련하여 인력개발팀이 여기에 음으로 양으로 기여해왔던 점은 무엇이며, 바람직한 방향으로 리더십 교육 및 개발활동을 선회시키기 위해서는 무엇을 심각하게 고민해야 되는지를 포착해야 되지 않을까? 日常의 틀을 파기하고자 하는 단호한 의지, 그리고 日常을 깨고 나오는 고통이 수반되지 않고 추진되는 새로움에 대한 갈망은 감성적 구호나 슬로건으로 머무를 수밖에 없음을 명심해야 될 것이다. 리더십 개발과정에서 인력개발팀 또는 기존의 연수부서가 해야 될 과제는 무엇인가? 실천현장에서 리더십을 발휘할 리더를 현장과 철저하게 격리된 강의장으로 불러들여 리더십 관련 지식이나 기술을 농축시킨 교재를 개발하거나 그들에 리더십을 가르치는 역할도 분명 중요한 역할임에 틀림없다. 그런데 향후 보다 강조점을 두고 추진해야 될 부분은 리더가 업무추진과정을 통해서 리더십을 부단히 개발할 수 있는 인프라를 구축해주고 지원활동을 전개하는 것이라고 볼 수 있다. 예를 들면 자신의 리더십 스타일, 성향과 특성 등을 종합적으로 진단해주고, 자신의 리더십 개발에 최적의 학습방법을 다양하게 처방해주는 노력을 경주하는 것이다. 또한 리더십 진단결과에 따라 자신의 리더십 역량 중 부족한 역량을 개발하는 데 최적의 역할모델을 설정, 연계시켜 주고 네트워킹을 통해 리더십 개발활동을 전개할 수 있도록 조력해주는 역할이다. 리더가 리더십을 개발할 수 있는 학습 네트워크를 개발하고 이를 통해 업무활동 도중에 비공식적인 학습을 통한 리더십 개발활동이 자발적으로 형성될 수 있도록 조성하는 역할이다.(Fritts, 1998) 한마디로 리더십 개발과 관련한 '정보 제공자', 리더십 진단을 도와주고 진단결과에 따라 자신의 리더십 역량을 개발할 수 있는 다양한 방법을 처방해주는 '리더십 개발 컨설턴트', 리더십 개발에 필요한 다양한 환경을 조성해주고 리더십 핵심역량별 전문가나 탁월한 업무성과를 내는 사람을 연결시켜 주는 '네트워커' 등의 역할이 보다 중요하다. 이와 같이 리더십이 부단한 자기반성과 지속적인 학습활동을 통해 개발되는 것이라면 리더십 개발에 대한 일차적인 책임소재는 물론 본인에게 있다. 말을 강까지 끌고 갈 수 있지만 물을 먹느냐 마느냐는 전적으로 말에게 달려 있다. 물이 있는 강이 어디에 있으며, 강까지 찾아가는 최적의 방법은 무엇이며, 어떻게 하면 물을 잘 마실 수 있는지는 어느 정도 인력개발팀의 노력에 의해서 제시될 수 있지만 그것도 모든 사람을 만족시키는 완벽한 해답을 제시할 수는 없다. 이렇게 해도 자신의 리더십 개발에 노력을 기울이지 않는다면 전적으로 본인의 책임이다. 이제 자신의 직무영역이 요구하는 전문성 신장이나 경영관리능력을 지속적으로 개발하는 일차적인 책임은 전적으로 본인에게 주어지는 시대가 다가오고 있다. 단순히 경험이 풍부하고, 연공서열로 리더를 임명하지 않는다. 자기분야의 전문가적 역량을 갖고 한 팀을 이끌 수 있는 능력이 부족하다면 리더십 발휘과정에서 많은 한계를 스스로 느끼게 될 것이다.

종국에는 자기에게 가장 적합한 리더십 개발방법을 찾아 스스로 고민하고 실제로 일상적인 업무추진과정에서 작은 스킬이라도 실제로 적용해보는 과정이 필요하다. 머리 속으로 아는 것은 많지만 할 수 있는 것은 몇 가지 안 되는 학습무능력자들(Learned Helpless)이 많다. 앎의 과정은 항상 실천을 전제로 한다. 실천과 행동이 수반되지 않는 앎은 무용하다. 이런 측면에서 리더십은 '앎이 아니라 실천'이라고 볼 수 있다. 아는 바를 실천하여 개인의 변화는 물론 조직의 변화를 이끌어 내야 한다. 리더십은 지식이나 스킬로서 해결될 수 있는 성질의 것이 아니다. 오직 고뇌에 찬 결단, 과감한 실천, 실천과정에서 느끼는 바를 성찰하고 성찰결과를 다음 의사결정과정 또는 실천과정에 되먹임(feedback) 하여 반영하는 일련의 반복적인 과정을 통해 남의 지식과 스킬이 아닌 나의 지식과 스킬로서 體化될 수 있다.

조직의 간부들이 이제까지 교육을 통해서 습득한 수많은 지식과 스킬을 일부분이라도 직접 현장에 적용한다면, 그리고 적용과정을 통해서 자기만의 독특한 노하우를 개발하는 노력을 조금이라도 전개한다면 더 이상의 리더십 관련 지식이나 스킬교육은 필요 없을 수도 있다. 알고 있는 수준도 의문이지만 알고 있는 것을 과연 얼마나 실천했는가? 실천은 안 하면서 늘 새로운 것을 찾아 알려고만 하지 않았는가? 앎에 대한 욕구도 중요하지만 알고 있는 바를 역동적인 삶의 현장을 매개로 실천하면서 자신의 앎의 實現 可能性과 妥當性을 끊임없이 檢證(verification)하고 確證(confirmation)하는 작업을 계속하는 것이 보다 중요하다. 이러한 과정이 반복될 때 자신이 알고 있는 부분 중에 어떤 내용이 實在(reality)를 전혀 반영하지 못하고 있는 虛像이며, 실천현장에 전혀 도움이 되지 못하는 절름발이 지식인지를 분명하게 인식할 수 있을 것이다. 반복되는 내용이지만 내용이 적용되는 상황적 맥락이 바뀌어서 그것을 실천하고 적용하는 방식이 다소 바뀐 경우가 대부분이다.

　이러한 과정에서 인력개발팀이 발휘해야 될 역할이 무엇인가를 고민해보자. 리더십 관련 정보나 지식, 리더 역할을 성공적으로 수행하고 있는 사람의 노하우를 발굴하고 그 사람이 어떤 상황에서 왜 무엇 때문에 탁월한 성과를 내고 있는지를 정리해서 전파하는 역할이 무엇보다도 중요하다. 정보도 결국은 리더 자신이 실제 적용하는 과정을 통해 자신의 지식으로 전환시키는 과정을 거치지 않으면 정보는 정보에 불과하다. 정보에 상황적 맥락자료가 함께 加味되면 정보의 효용가치는 그만큼 높아질 것이다. 흔히 정보는 정보가 어떤 상황에서 어떤 과정을 통해서 생성되었는지를 생략한 채 최종 정리된 결과만 입수된다. 리더십은 어떤 상황에서 발휘되느냐가 중요하다. 동일한 정보를 갖고도 탁월한 적용효과를 볼 수 있는 리더십 정보가 있을 수 있지만 그 반대의 경우도 얼마든지 있을 수 있다. 왜냐하면 리더십이 발휘되는 상황이 다르기 때문이다. 따라서 인력개발팀은 리더십 관련 정보나 지식을 지식공유시스템(Knowledge Management Systems)을 통해서 리더십 개발활동을 지원해줄 수 있지만 리더십 개발활동에 결정적인 도움을 제공하는 살아 있는 정보, 특정 상황적 맥락이 結託된 정보, 특정 개인만이 보유하고 있는 암묵지(Tacit Knowledge), 즉 자기는 분명하게 알고 있지만 쉽게 개념화시켜 상대방에게 표현하기 어려운 지식은 지식공유 시스템을 통해서는 절대로 공유될 수 없다. 이러한 암묵지는 지식공유시스템을 통해서 절대로 공유될 수 없다. 해당 암묵지를 보유하고 있는 사람과의 직접적인 대면적 접촉을 통해서만이 습득될 수 있다. 이러한 맥락에서 리더십 개발에 많은 시사점을 제공해주고 있는 멘토링이나 코우칭방법에 갖는 의의는 크다고 볼 수 있다.

15. 리더십 도입사례: Frederick Douglass School의 Lorraine Monroe 여교장의 리더십

　Monroe 교장이 뉴욕의 빈민가 Harlem 지역의 Frederick Douglass School에 부임하여 왔을 때 이 학교는 학내폭력, 높은 결석률, 그리고 형편없는 학업성취도로 악명이 나 있었다. 5년 후 이 학교는 뉴욕시내에서 강훌륭한 학교로 꼽혔으며 졸업생의 96%가 대학에 진학하였다. Monroe 교장은 진정한 리더십이란 다른 사람들에게 꿈을 심어 주고 그 꿈을 실현할 수 있도록 도와주는 것이라고 믿었다. 그 교장은 그토록 말썽 많은 이 학교를 뉴욕시에서 가장 훌륭한 학교로 바꾸겠다는 비전을 가지고 부임하였다. 선생들과 학생들에게 자신들을 위하여 보다 더 큰 가능성을 꿈꾸며 또 그것을 실현할 수 있다고 믿도록 정신을 고취시켰다. 리더가 되는 것이 왜 중요한가? Monroe 교장에게 그것은 다른 사람들 눈앞에 비젼을 제시하고 그것을 실현하도록 적극 후원하는 인물이 되는 것이다.

1) 리더십의 성격

　무엇이 훌륭한 리더를 만드는가를 알아보기 전에 먼저 리더십이란 무엇을 의미하는 것인가를 살펴보자. 리더십은 고대로부터 수많은 역사가, 철학자들의 관심거리가 되어왔으나 그것에 대한 과학적인 규명이 시작된 것은 20세기를 접어들면서부터였다. 그 이후 학자들과 저술가들은 350여 가지의 '리더십'에 대한 정의를 제시하였다. 그중 한 권위자는 리더십이란 "이 지구상에서 가장 많이 언급되지만 가장 잘못 이해되고 있는 현상"이라고 말하였다. 리더십을 정의한다는 것은 리더십의 성격 자체가 복잡하기 때문에 매우 어렵고 곤란한 문제가 되어왔다. 어떤 이는 리더십이란 앞으로 누군가가 나타나서 강제로 이 문제를 해결해 줄 것이라는 다분히 엉뚱한 맹신에 근거하여 리더십을 단순한 낭만적인 신비에 불과하다라고까지 말하였다. 그러나 최근에는 많은 진보를 가져와 리더십을 조직과 사회에서 실재하는 막강한 영향력으로서 그 근본적인 성격을 이해하게 되었다.

(1) 리더십의 정의

리더십연구는 새로운 학문분야로서 대두되고 있고 리더십의 개념은 계속 발전하고 있는 과정에 있다. 본서의 목적은 리더십과정의 본질적 요소들을 구분하는 단 한 개의 정의: "**리더십**이란 공유목표를 반영하는 실재적 변화를 의도하는 리더와 팔로우어들 간의 영향관계이다."의 내용을 중점적으로 살펴보고자 한다.

리더십은 **영향(influence)** 과정을 의미하고 그 영향 과정이 사람들 사이에서 일어나며, 이들 사람들은 상당한 **변화(change)**를 의도적으로 **갈망(intention)**하며, 그러한 변화는 리더와 **팔로우어(follower)**들 간에 **공유목표(shared purpose)**를 반영하는 것이다. 영향 과정은 사람들 사이의 관계가 수동적이 아니라 당사자의 **사적 책임(personal responsibility)**이 되는 것이다. 오히려 이 정의에 내포된 의미는 영향개념은 상호작용적이며 비강제적이라는 것이다. 북미의 기본적인 문화가치는 리더란 팔로우어들에게 무언가를 하도록 하는 것으로 가장 손쉽게 생각한다. 그러나 리더십이란 상호교환적이다. 대부분의 조직에서 상관은 부하에게 영향력을 행사하지만 부하는 또한 상관에게 영향력을 행사한다. 이러한 관계의 당사자들은 실질적인 변화를 원한다. 리더십은 이러한 변화를 창조하는 것이지 현재상태를 그대로 유지하는 것을 의미하는 것이 아니다. 또한 추구되는 변화는 리더에 의해서 일방적으로 지시되는 것이 아니라 리더와 팔로우어 사이에 공유된 목표를 반영한 변화이다. 즉 그 변화는 리더와 팔로우어 양자 모두가 원하는, 양자 모두를 보다 소망하는 결과에 이르도록 동기를 유발시키는, 바람직한 성과 혹은 공유목표를 실현하는 데 기여하는 변화이다. 따라서 리더십은 소망스런 미래를 실현하기 위하여 사람들 간의 영향력행사과정을 의미한다. 리더십이란 또한 **사람(people)**의 활동이다. 따라서 행정적인 사무작업이나 기획활동과는 구별된다. 리더십은 사람들 **사이**에서 일어난다. 사람들**에게** 일방적으로 행하여지는 그 무엇이 아니다. 리더십이 사람들 사이에서 일어나기 때문에 그것에는 **팔로우어**가 반드시 있게 된다. 과학자, 음악가, 조작가 등처럼 개별 인물로서 위업을 달성하는 사람도 자기 분야에서 리더가 될 수 있으나 본서에서 정의하는 리더십 의미에서 볼 때 팔로우어가 포함되지 않으면 리더가 아니다. 그런 의미에서 팔로우어는 리더 십과정에서 중요한 부분이다. 리더들은 때에 따라 팔로우어들이다. 훌륭한 리더는 훌륭한 활동가일 수 있고 다른 사람들의 모범이 된다. **의도(intention)** 혹은 열망 의 문제는 리더 및 팔로우어인 사람들 사이에 소망스런 미래를 실현하는 원동력 이 된다.

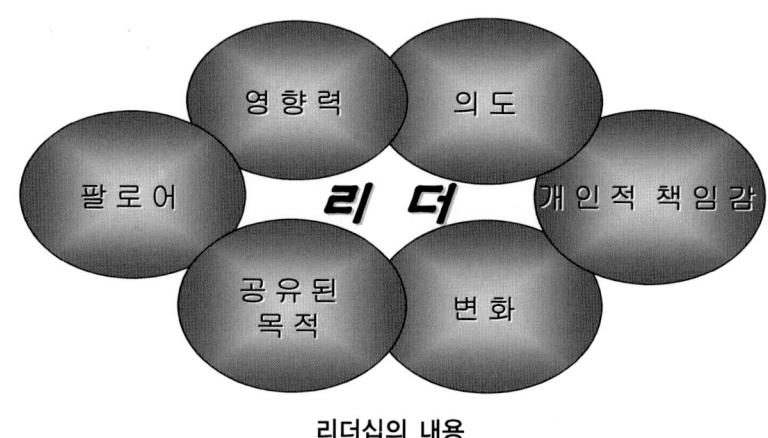

리더십의 내용

기 위한 변화를 추구하는 것을 말한다. 각자 그 소망하는 미래를 성취하는 데 사적인 책임(personal responsibility)을 감수한다.

리더십에 관한 한 가지 고정관념은 리더들은 무엇인가 다른 인물이며 보통사 람들보다 격이 높은 존재로 보는 것이다. 그러나 실재로는 훌륭한 리더가 되는 데 필요한 자질은 훌륭한 팔로우어가 되는 데 필요한 그것과 동일하다. 훌륭한 팔로우어들은 그들 스스로 생각하고 정열과 열정을 가지고 맡은 일을 완수한다. 그들은 그들 자신의 이기적 목적 이외의 무엇인가를 위하여 몰입하며 따라서 그 들이 믿는 바를 관철하기 위하여 앞장서는 용기가 있다. 훌륭한 팔로우어들이란 리더를 무조건 맹목적으로 따르는 '예스 맨'이 아니다. 훌륭한 리더와 훌륭한 팔 로우어는 단지 상황에 따라 다른 역할을 수행하는 때로는 동일인물들일 수 있다. 최상의 리더십이란 리더와 팔로우어 사이에 리더십이 공유되고 모든 사람들이 전 적으로 협심하여 보다 많은 책임을 수용하게 하는 과정이다. 현대의 어떤 팀제 조직에서는 각 팀 구성원이 순서대로 팀장을 맡는다. 그래서 한때 팀장이었던 리더가 보다 훌륭한 팔로우어가 된다. Mary Parker Follet은 근 50여 년 전에 "리더십이란 때에 따라 여기저기에 있을 수 있다는 것을 인정하는 것이 매우 중요하다."라고 기록하였다. 이 말은 그녀의 다른 아이디어들과 함께 당시 1930년대 및 1040년대의 리더들에게 비웃음을 샀지만 오늘날 조직상황에서 점점 더 적절한 지적으로 받아들여진다.

2) 리더십과 일상생활

잠시 여러분들이 사적으로 알고 있는 사람들 예컨대 할아버지, 선생, 아니면 학창생활의 동창들 중에서 당신이 리더라고 생각하는 인물을 머리에 떠올려 보라. 아마 당신 자신을 리더로 생각할 수도 있고 아니면 당신 자신이 리더가 되고 싶다는 생각을 할 수 있을 것이다. 만약 우리가 리더십을 인물의 위대함이나 대중의 지명도라고 보게 된다면 우리가 일상생활에서 대하는 사람들의 리더십을 인정하고 우리가 리더십을 발휘할 기회를 쉽게 찾을 수 있을 것이다. 이처럼 리더들은 각양각색으로 존재하며 수많은 진정한 의미의 리더인물들이 드러나지 않게 무대 뒤에서 활동하고 있다. 엄청난 결과를 가져다준 리더십이라 할지라도 시작은 보잘것없는 사소한 것에서부터 시작한다. 다음에서 그 예들을 살펴보자.

◎ 1990년대 초, 정치권의 국외자인 한 단체가 결연히 미국 워싱톤 디시에 모여 대인지뢰사용을 금지하라는 운동을 시작했다. 이 일반시민단체 운동은 베트남전쟁 시 자신의 다리를 잃게 된 Robert Muller에 의해 시작되어 초기에는 아무에게도 영향을 주지 못할 것 같았다. 그러나 6년 후에는 세계 100여 개국의 정부가 지뢰사용을 금지하고 이미 지뢰를 매설한 국가는 그것을 제거토록 요구하는 조약에 서명하였다. 1997년에는 세계 60여 개국의 현합체인 국제지뢰금지운동조직에 노벨평화상이 수여되었다. ◎ 수년 전 알젠티나의 어느 한 농부마을에서 비무장한 주민들 수백 명이 무리를 지어 지방 경찰서에 몰려들었다. 그것은 미아신고를 하였는데도 경찰이 수색하지 않았던 한 아이가 뒤늦게 주민에 의하여 발견되었는데 이미 그 아이는 강간과 폭행을 당한 후 목을 졸리어진 채 죽은 상태이어서 경찰서에 항의하기 위한 것이었다. 주민들의 경찰서 포위시위는 결국 경찰서 전

원이 교체되고 주민이 경찰서장을 임명하는 요구를 수용함으로써 일단락되었다. 이러한 일은 리더십이 없이는 일어날 수 없었던 일이었다. 하지만 그들 중 누구도 리더를 자처하는 사람이 없었고 또 어느 누가 리더십을 발휘하여 이 일을 주도하였는지를 구체적으로 밝혀줄 수 있는 사람이 아무도 없었다. ◎ Jeff Davis가 테네시주로 이주하여 그곳에서 한 사회봉사단체인 Nashville Human Association에 자원봉사를 하기로 하였을 때 아무도 그의 도움을 요청하는 사람이 없었다. 왜냐하면 그 조직은 일손이 너무 부족하여 자원봉사를 희망할 수 있는 사람들에게 봉사시간을 할애해줄 것을 요청하는 편지를 발송할 형편이 못 되어 있었다. Davis씨는 자원하여 그 일을 맡아 진정한 의미에서 유용한 자원봉사프로그램을 조직화하였다. 그는 먼저 자원봉사를 희망하는 사람들의 인적사항에 대한 기초 자료를 마련하고, 편지서식을 다시 설계하여 만들고, 이 데이터베이스에 기초한 우편물발송 목록을 전산화하고, 자원봉사 훈련프로그램을 개발하고, 심지어 인터넷에 웹페이지를 개설하여 올렸다. 이 단체는 이제 냄새나는 동물 사육장 우리를 청소하는 일에서부터 애완동물을 이용한 노인성치매 치료를 위하여 개들을 양노원에 데려가는 일 까지도 정규적으로 자원봉사자를 통하여 할 수 있게 되었다. ◎ 미국의 세인트루이스시의 한 번화가에 살고 있는 한 대학원생이 어느 일요일 아침에 자동차 충돌사고에 잠을 깨었다. 그곳은 내리막 경사진 길이라 과속을 하기 쉬운 곳이지만 속도제한이나 감속하라는 표지판, 혹은 위험을 알리는 교통신호등이 설치되어 있지 않았고 따라서 교통사고가 빈발할 수밖에 없었다. 수년간 이러한 사고 때문에 사람들은 불평을 해왔다. 그러나 아무도 이러한 사태를 변화시키고자 앞장서서 노력하는 사람이 없었다. 대학원 수업이 빡빡하고 부업을 해야 하는 형편이었지만 그는 틈을 내어 그 지역민을 설득하여 주민운동을 주도하였고 그 결과 일단정지 교통표지판을 가설하여 차량들의 과속을 막고 교통사고를 상당하게 줄일 수 있었다.

우리들 주위에는 우리들이 함께하는 보다 나은 미래를 실현하는 데 영향력과 변화를 필요로 하는 리더십 발휘의 기회가 항상 있다. 리더십이 없이는 우리들의 조직뿐만 아니라 우리들의 가족, 지역사회 등도 제대로 유지될 수 없다. 미래의 조직의 리더들은 리더들이 항상 그러하였듯이 어느 곳에서나 언제든지 나타날 수 있다. 여러분들이 현재의 처지가 어떻든 당장 리더가 될 수 있고, 당신 자신의 생활 속에서 리더십을 발휘할 수 있다. 리더십이란 한 조직 내에서 공식적인 지위나 직위와는 무관하게 일상생활에서 생각하고 활동하는 방식이다. 다음 절에서 논의하겠지만 기업의 리더들은 21세기 세계에서는 더욱더 이러한 리더십의 기조를 좀더 잘 이해하는 것이 필요하다.

3) 현대조직의 새로운 현실

도입사례에서 본 Corsair Communication사의 사례는 두 가지 중요한 주제를 다루고 있다. 첫째, 조직은 끊임없이 변하고 있다는 것이다. 방위산업이 침체하자 그 회사의 기술자들이 자신들이 새로운 업무방식에 적응하였듯이 기업에 몸담고 있는 모든 사람들은 지속적으로 발전하는 기술, 그리고 변화하는 경제적, 사회적, 대정부관계 여건 등에 적응하기 위한 감원(downsizing), 외부조달(outsourcing), 지구화(globalization) 등의 압력을 느낄 수밖에 없다. 둘째, 생존을 위해 이러한 변화를 수행하는 데는 강력한 리더가 요구된다는 것이다. 예를 들면, 켄터키 주 루이빌 시에 있는 LG & E 에너지회사의 Roger Hale 씨, 그리고 아리조나 주의 전력회사인 APS회사의 Mark De Michele 씨는 점차 가속화되는 정부의 규제완화, 급속한 신장세를 보이는 소규모 독립 전력회사들, 치밀한 정부의 강제명령, 고조되는 환경문제의 심각성 등이 확산되는 상황에서 그들의 조직이 경쟁력을 유지하기 위해 안간힘을 쓰고 있다. 전통적으로 정부의 규제하에 보호받아 왔던 환경에서 전력회사들이 운영되어 왔지만 Hale 씨는 원거리 통신 산업에서 현재 볼 수 있는 "상대를 죽여야 내가 산다"는 식의 경쟁적 분위기를 예상한다. 전 산업에서 환경변화가 급속하게 이루어지고 있고 따라서 리더들은 이러한 새로운 현실을 직시하고 조직의 재편을 수행하고 있다. 오늘날 세계는 현대문명의 초기와 500년 전의 과학적 혁명 이후 지금까지 우리가 경험하지 못하였던 엄청나고 광범위한 변화를 겪고 있다. 농업사회에서 산업사회에로의 이동이 돌이킬 수 없는 변화를 초래하였듯이 새로이 발생하는 사건들은 우리의 사적 생활이나 전문직 생활에서 서로 상호작용하는 방식들을 변화시키고 있다. 급속한 환경변화는 조직에 엄청난 충격을 주는 근본적 변혁을 야기하고 있으며 리더십의 새로운 도전이 되고 있다. 이러한 변혁은 전통적 방식을 버리고 도표에서 요약한 것과 같은 새로운 패러다임으로 바꾸어지는 것을 말한다. 패러다임(paradigm)이란 우리가 세계에 대하여 어떻게 생각하고, 지각하며, 그리고 이해하려고 하는 기본적인 방식으로서 하나의 공유된 의식구조를 나타내는 것이다. 다음에서 논의된 변혁들은 우리들이 세상을 어떻게 지각하는가 즉 사람, 사물 및 관계들에 대하여 우리가 갖는 믿음에 대한 핵심을 다룬 것이다. 훌륭한 리더들은 이러한 새로운 현실에 적절하게 대응할 수 있어야 한다.

(1) 안정보다는 변화를 추구

우리는 일상생활에서 안정을 갈망하는 것이 인지상정이다. 중세의 질서에 대한 생각은 우리가 아는 자연스러운 단계존재의 연결로서 여겨왔다. 모든 것에 자리가 있고 모든 것이 그 자리에 있다는 생각은 아주 강력하고도 편리한 생각이었으나 그것이 이제는 현실적으로 맞지 않다. 오늘날 세계는 끊임없이 변하고 있다. 이 세계는 질서보다는 오히려 무질서한 것이 특징이며 따라서 조직들은 안정성을 추구할 때는 어려움을 직면하게 된다. 과거에는 많은 리더들은 아주 안정적으로 운영하기만 하면은 조직은 성공적이다라고 생각하였다. 안정성을 유지한다는 것은 비용을 절약하고 자원을 효율적으로 활용하는 경영이라고 여겼다. 따라서 변화라는 것은 자원을 고갈시키고 경영을 어렵게 만드는 것이라고 여겨졌다. 그러나 오늘날 우리 주위를 돌이켜 보면 모든 것이 변하고 있다. 예컨대 계절의 변화나 조류의 변화, 우리인간의 삶의 자연적인 진보나 이런 것들을 보면 변화가 피할 수 없는 것이라는 것을 안다. 따라서 오히려 이러한 것들을 변하지 않도록 한다는 것은 엄청난 노력과 자원을 필요로 한다. 이러한 새로운 패러다임은 무질서이론분야에서 주장되는 바와 같이 우리들은 불확실하고 불규칙한 그러한 복잡한 환경하에서 살고 있고 그래서 조그마한 사건들이 오히려 엄청나고 광범위한 영향을 끼치게 된다. 예를 들면 수년 전에 언뜻 보기에는 사소한 AT & T에 대한 소송사건이었던 것이 결과적으로는 경쟁회사인 MCI, Sprint, 그리고 다른 장거리 전화회사들이 생겨나서 장거리 통신 분야의 새로운 경쟁관계를 만들어 내었다. 1990년대 중반에는 TV광고에서 "매일매일 예상치 않았던 새로운 것을 보내 드립니다"라는 TV광고에서 끝맺음의 표어가 "AT & T회사는 기업의 불확실한 환경에 확실성을 가져다줍니다"라는 말로 되어 있다. 이러한 불확실한 세계에서는 안정성을 유지하려고 해도 그것은 헛수고이다. 생명체나 혹은 조직체의 체계는 유동적이고 동태적이고 또 자가 재생산적인 잠재능력이 있다. 오늘날의 가장 훌륭한 리더는 이러한 "변화의 흐름을 발맞추어 가는 것"을 항상 배워야 한다. 그래서 끊임없는 변화의 불가피성을 받아들이고 변화 그 자체가 힘의 잠재적인 원천이 된다고 깨달아야 한다. 이러한 리더들은 변화를 보다 나은 어떤 것을 이룰 수 있는 기회로 보고 그래서 안정성보다는 개별 근로자나 조직 그 자체가 지속적으로 발전되는 것을 추구한다. 변화를 수용하기보다는 이러한 리더들은 안정성에서 오는 이득은 불확실하며 변하지 않으면 죽는다는 사실을 깨닫고 오히려 더 나아가 그 변화를 만들어 낸다. 급속한 환경변화는 조직에 근본적인 변화를 요구한다.

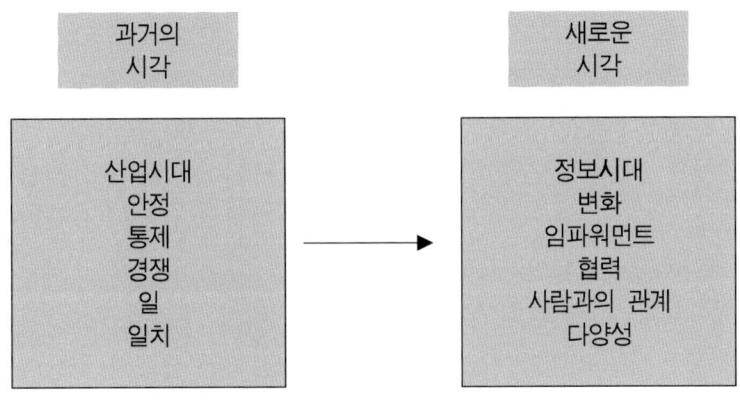

리더십의 새로운 현실

(2) 통제보다는 임파워먼트를 추구

강한 지위에 있는 리더들은 근로자들이 지시를 받아야만 일을 한다고 한때 생각했다. 그들은 엄격한 통제만이 조직이 효율적으로 운영되기 위해서는 필요한 것이라고 믿었다. 조직의 엄격한 계층구조, 표준화된 직무 및 작업절차 그리고 구체적으로 명시된 작업지시 등은 조직의 장이 권력을 가졌으며 조직의 현장에 있는 사람들은 권력이 없다는 것을 말해주는 것이었다. 그러나 오늘날은 권력의 분배에 대한 이러한 가정은 이제는 잘못된 것이다.

임파워먼트가 이제는 세계적으로 보편화되어 있다. 최근 매스컴을 통해서 우리가 볼 수 있듯이 권력은 예전보다 많이 분산되어 있다. 따라서 사람들은 그들의 생활이나 직장에서 참여와 임파워먼트를 요구하고 있고 통제와 경직성에 대한 강조는 이제 더 이상 보다 나은 결과를 가져오게 하는 데에 유용한 동기유발수단이 되지 못한다. 현대의 리더들은 권력을 숨기기보다는 그것을 공유할 필요가 있다.

그렇게 하는 것이 조직 내에 모든 사람으로 하여금 열심을 가지고 업무에 임하게 하며 조직의 창의력을 증가시켜주는 방법으로 활용하게 한다. 이러한 이유 중에 하나는 건물이나 기계가 아니라 이제는 지식이나 정보가 자본의 주요한 형태가 되었기 때문이다. 하루 8시간씩 조직 내에 종업원들이 기계를 돌릴 때는 통제나 명령체계가 일반적으로 통하였지만 그러한 조직은 종업원에 마음을 사지는 못했다. 대학교 학생시절 타이어 제조공장에서 여름 방학 때 아르바이트를 한 Frank Ostroff는 다음과 같이 회고하였다. "하루에 8시간씩 우리는 정신없이 무엇인가를 하면서 지냈다. …… 그리고 나서 우리들은 집으로 가고 그 다음 저녁을 먹고 그리고 주말에는 또 처음부터 자동차를 다시 만들거나 아니면 자원봉사 조직을 운영하였다" 조직은 근로자로 하여금 출퇴근 때 그들의 정신상태를 점검할 수 없다. 회사의 승패는 모든 종업원들의 지적능력에 좌우되고 리더들은 이런 근엄한 사실을 깨달아야 한다. 즉 건물이나 기계는 돈을 주고 살 수 있으나 사람의 마음은 살 수 없다. 새로운 패러다임에서는 리더들이 임파워먼트를 인정하는 것은 영국의 한 경영자문가인 Charles Handy 씨가 말했던 것처럼 그것은 "하나의 도덕적인 명령"이다. 임파워먼트는 높은 지위에 있는 사람이 권력을 아래로 은혜를 베풀 듯이 내려주는 것이라기보다는 권력이란 당연히 모든 근로자에게 속한다고 보는 것이다. 리더에게 있어서 가장 도덕적인 직무의 하나는 근로자들에게 존경심을 가지고 그들을 교육 개발하는 풍토를 조성하고 발전시킴으로써 모든 종업원에게 그들이 자신의 권력을 효율적이고 효과적으로 사용하도록 안내하는 일이다. 권력은 어떤 지위나 정책이나 절차에 있기보다는 오히려 이러한 종업원과의 관계의 질이나 강도에 있다.

(3) 경쟁보다는 협력을 추구

임파워먼트를 중요시하는 이러한 경향은 경쟁과 갈등이 아닌 협력을 강조하는 새로운 작업방식에 부합된다. 어떤 경쟁은 조직에 이로울 수 있지만 경쟁에 성격에 대한 생각이 이제는 변하고 있다. 어떤 다른 사람을 패배시켜 승리한다는 투쟁보다는 조직과 개인은 그들의 경쟁 노력을 이제는 그들이 최선을 다하는 것으로 결집시킨다. 그래서 타협이 연약함을 나타내기보다는 오히려 강함의 표시가 된다. 조직 내에서 자율적 팀과 기타 다른 형태의 수평적 협력형태는 부서 간에 경계를 무너뜨리고 조직 전체에 지식을 확산시키는 데 도움을 준다. 이와 더불어 다른 조직과도 점차 협력을 증대시키고 조직 간 경계를 줄이는 추세가 많이 나타나고 있다. 그래서 회사들은 이제 자신들을 다른 회사와 경쟁하는 자율적 독립체조직으로보다는 공동으로 가치를 창조하는 팀으로 간주한다. 경쟁과 협력은 이와같이 종종 동시에 존재하기도 한다. 예컨대 미국 뉴욕시의 Time Warner사는 Fox사의 24시간 뉴스채널을 자사의 케이블 시스템에 올리는 것을 거절하였다. 그러나 그 두 회사는 소송을 포함한 신문기사에서 서로 전면전을 폈다. 그러나 이러한 양 사의 갈등은 이 두 회사가 서로 상대가 없이는 살아남을 수 없다는 간단한 사실을 드러나지 않게 했다. Fox사와 Time Warner사는 세계적으로 사업상의 다른 거래를 하는 관계에 있었고 따라서 뉴욕에서의 국지적인 경쟁 때문에 세계시장에서의 상호의존관계를 저버릴 수 없었다. 협동을 중시하는 이러한 경향은 기업을 경영하는 리더들에게는 과거의 경쟁개념보다도 더 큰 도전이 되고 있다. 조직 내에서 리더들은 협동과 상호지원을 촉진하는 분위기와 팀워크 환경을 조성할 필요가 있다. 조직을 유동적이고 동태적이고 상호작용하는 시스템의 일부로 이해하는 것과 함께 임파워먼트에 대한 요구가 커짐에 따라 경쟁정신을 자극하는 수단으로서 위협과 사주는 이제는 진부화되고 있다.

리더를 위한 추천도서

Leadership and the New Science by Margaret Weatley

조직과 리더십을 보다 잘 이해하기 위하여 Marget Weatley 여사는 그 답을 과학에서 찾고자 하였다. 뉴톤 물리학에서는 모든 원자는 그 원자에 가해지는 힘에 의해서 결정되는 예측 가능한 독특한 괴도를 따라 움직인다. 따라서 전체를 부분으로 축소시켜 그 부분들에 작용하는 힘을 조심스럽게 조절함으로써 예측과 통제를 행할 수 있다. 조직에 적용시켜 보면 이러한 세계관은 예측 가능한 통제된 성과를 달성하기 위하여 엄격한 수직적 위계구조, 노동의 분리, 과업기술서, 그리고 치밀한 업무절차를 소개하였다. 물리학이 물질의 보다 미세한 요소를 탐구하면서 뉴톤의 법칙들이 와해되었던 것처럼 오늘날 즉각적인 정보체계와 끊임없는 변화와 국제경쟁 상황에서는 과거의 엄격한 통제 지향적 조직은 성공하기 어렵다. 자연과학은 뉴톤 물리학의 실패에 대응하여 양자역학(quantum mechanics)이라는 새로운 패러다임을 제안하였다. Weatley 여사는 그녀의 저서 "Leadership and the New Science"에서 양자역학 세계에서 조직들이 살아남기 위해서 리더들이 어떻게 조직들을 재설계하고 있는지를 탐구한다.

혼돈, 관계, 및 장(場)

양자역학과 혼돈이론에서 질서, 무질서, 그리고 변화를 새롭게 이해할 수 있다. 개인의 행동은 그것이 원자 혹은 사람에 의한 것이라도 쉽게 예측되거나 통제될 수 없다. 그 이유는 다음과 같다.

- 모든 것은 자신 이외의 다른 것과의 관계에서만 존재할 수 있다. 우리가 지각하는 질서정연한 시스템을 주요 결정인자들이 되는 것은 그 자체로 존재하기보다는 그들 사이의 관계들이다. 질서는 한 시스템 전체를 이루는 개별적 부분들의 통제의 결과로서가 아니라 그 부분들 간의 관계들의 연결망에서 생겨나는 것이다.
- 사물들 사이의 빈 공간은 요소들을 연결하는 볼 수 없는 물질인 장(場)들로써 채워져 있다. 조직에서 사람들을 결정시키는 장들은 비전, 공유가치, 문화, 그리고 정보들이다.
- 조직은 다른 모든 개방시스템과 마찬가지로 불균형 상태에 대한 반작용에서 성장하고 변화한다. 그리고 무질서는 다시 새로운 질서의 원천이 될 수 있다.

리더십에 대한 시사점

이러한 새로운 이해를 통하여 우리는 현대조직을 관찰, 이해하고 또 이끌어가는 새로운 방법을 알게 된다. 저자 Weatley 여사는 이러한 새로운 과학이 리더들에게 다음 사항들을 실천하게 하는 데 영향을 미칠 수 있다고 믿는다.

- 뚜렷한 비전과 가치관제시, 인정표현, 정보공유, 그리고 엄격한 규칙이나 통제로부터의 해방을 통해 조직 내 사람들 사이의 관계와 장(場)을 발전시킨다.
- 부분들을 따로 떼어서 보지 않고 전체에 관심을 집중시킨다.
- 조직 내 부서 간의 경계를 줄이고 조직이 새로운 관계의 모양새를 갖추도록 한다.
- 불확실성을 담담하게 수용하고 어떠한 해결도 일시적이고, 그때의 상황만 특별히 맞는 것일 뿐이고 따라서 가람과 환경의 관계에 따라 발전한다는 것을 인정한다.
- 인간과 조직의 건전한 성장의 기회는 안전도니 균형상태에서가 아니라 오히려 불균형 상태에서 찾을 수 있다는 것을 인정한다.

저자 Weatley 여사는 "조직이 의식적인 실체로서 생체시스템의 성질을 많이 가지고 있다는 것을 우리가 인정한다면 변화, 혼돈, 정보과부하, 및 경기변동 등과 같은 흔히 있는 조직의 사건들에서 유발되는 절망감을 떨쳐버릴 수 있다."라고 제안하면서 리더들은 현대의 혼돈스럽고 급속히 변화하는 세계에서 어떻게 리더십을 발휘하여야 하는가에 대한 방법을 이들 새로운 과학들에서 터득할 수 있다고 믿는다.

(4) 물질보다는 관계를 추구

조직내부와 조직 사이에서 협력이 증가하는 추세는 또 하나의 다른 근본적인 변화 즉 물질보다는 관계를 중시하는 것으로의 변화를 반영한다. 조직과 리더십에 관한 우리들의 기존의 사고의 대부분은 세계를 하나의 기계로서 보아서 그 부품을 분해해서 조사할 수 있는 것으로 보는 산업시대의 패러다임에 기초하고 있다. 분해된 부분들은 고정시킬 수 있고 바꾸어 치울 수 있고 그래서 모든 것들이 원활하게 운영된다. 이러한 패러다임은 물질의 집합체로서 조직을 보는 관점이다. 그러나 새로운 패러다임은 양자물리학과 생태학으로부터의 힌트를 얻어 모든 것이 다른 모든 것과 연결되어 있다는 관점에서 조직을 본다. 이러한 관점은 이 세상이 하나의 복잡하고 동태적인 시스템으로서 현실이 각 부분에 있는 것이라기보다는 그 부분들 사이에 관계 속에 있다고 본다. 따라서 새로운 리더들은 전혀 새로운 각도에서 그들의, '현실'을 본다. 긍정과 부정 흑백논리에서 결정하기보다는 그들은 그 중간인 회색지대, 즉 관계 속에 내재하게 마련인 뉘앙스 미묘한 차이, 등의 상황을 대처하는 것을 배운다. 부분에 관심을 기울이기보다는 오히려 전체에 주의를 집중한다. 조직의 두드러진 이미지는 이제는 기계가 아니라 상호작용하는 그물망 생존시스템이다. 리더를 위한 추천도서 난에서는 이러한 새로운 과학이 리더십을 보는 관점을 변화시키고 있다. 우리가 개인적인 생활에 관하여 생각할 때 우리는 상황에 따라 다르게 느끼고 행동하는 것을 쉽게 이해한다. 그러나 이러한 이해를 조직에 적용시킬 때는 미래의 리더들에게 엄청난 도전이 될 수 있을 것이다. 사물은 구체적이고 변화지 않지만 관계는 추상적이고 항상 변하는 것이다. 조직을 하나의 기계로 보고 리더는 그것에 기름만 잘 쳐주면 되는 것으로 생각하는 것은 어쩌면 편리하다. 그러나 현재와 앞으로 21C의 현실은 이보다 훨씬 더 도전적이고 또 흥미로울 것이다.

(5) 획일성보다는 다양성을 추구

오늘날 많은 조직들은 획일성, 세분화, 및 전문화의 효율성에 대한 가정에 기초하였다. 생각이나 행동이 비슷한 사람들을 집단화하여 회계, 제조 부서로 만들어 조직의 다른 나머지들과 구분한다. 동질적인 집단들은 서로 사이좋게 지내고 의사소통하고 이해하기 쉽다. 그러나 그러한 데서 생기는 동질적인 생각은 점차 다국적화되고 다양화하는 세계에서는 큰 재앙이 될 수 있다. 스무 살 조금 넘은 두 명의 경영학과 졸업생은 한 광고 전문회사를 창업하였다. 그들은 열심히 일했고 그 회사는 성장하면서 그들과 같은 신입사원을 더 많이 채용하였다. 2년이 조금 지나 그 회사는 종업원이 20명을 넘게 되었다. 그러나 기대하였던 수익이 실현되지 않았다. 이 두 창업기업가는 무엇이 잘못되었는지를 알 수 없었고 결국 그 회사는 도산하게 되었다. 아이디어는 좋았다는 확신을 가졌기 때문에 그들은 다시 재기하였는데 이때는 그들의 경영철학은 새로운 것이었다. 그들은 신입사원을 채용할 때 연령, 종족, 그리고 경력 등이 다른 지원자들을 다양하게 채용하였다. 사람들의 스타일이 다르지만 조직은 더 잘 운영되는 것 같았다. 사람들의 역할이 다르고 집단의 구성원이 다양한 경험을 가졌기에 그 회사는 독특한 여러 가지 조직적 요구와 구성원의 개인적 욕구상황에 대응을 적절히 할 수 있었다. 그 광고회사는 현재에도 성업 중이고 이제는 흑자를 내고 있다. 세계는 급속히 국가적 및 국제적 수준에서 다양성을 존중하는 방향으로 변하고 있다. 미국에서는 앞으로 수년간 노동력에 신규증원 인력의 약 45%는 유색인이 차지할 것이고 그중 아세아 및 라틴아메리카 출신의 이민 1세대가 절반이 될 것이다. 많은 기업들이 이제는 그들이 국제시장에서 상품이나 용역을 판매하는 것만이 살아남는 길이라고 생각한다. 따라서 그들은 국제경영을 필요로 한다. 훌륭한 인재를 모집하고 국제화 사회에서 살아남기에 충분한 조직관을 개발하기 위하여 조직은 인적 자원의 다양성을 중요시하는 길뿐이다.

4) 경영과 리더십의 비교

리더십패러다임의 전환은 또한 안전성과 통제를 강조하는 전통적, 합리적 경영관리접근에서 변화, 임파워먼트, 그리고 관계성을 중시하는 리더십접근으로 바뀌어져가고 있다. 구식 경영관점에서는 전통적 경영관리 접근방식이 성공했지만 조직의 새로운 현실은 경영자는 동시에 유능한 리더가 되어야 할 것을 요구한다. 다음 리더십 사례에서 보는 것처럼 경영자로서 David Pottruck 공동 사장은 Charles Swab사에서 새로운 조직현실에 적응하는 리더로 전향할 수 있다. 리더십 사례: Charles Swab 금융서비스회사의 David Pottruck 사장 회사 공동 사장으로서 Pottruck 씨는 지난 수년간을 수익성을 높이는 것에만 몰두하였다. 그는 그의 고압적이고 엄격한 경영스타일이 자기 간부들에게 어떻게 받아들여지는가에는 별로 관심을 두지 않았다. 그는 지시를 하면 곧 실행되기를 기대하였고 의문이나 변명의 여지는 없었다. 이 회사의 창립자이자 회장인 Charles Schwab 씨는 그를 조직에 내분을 일으키는 사장이라 평하였고 급기야 변화가 시작되었다. Schwab 회장은 외부 자문가를 고용하여 Pottruck 사장이 다른 사람의 견해를 수용하는 보다 부럽고 협조적인 스타일의 사장이 되도록 도움을 주었다. 결국 Pottruck 사장은 그 자신의 경쟁적 충동을 회사 내 간부나 동료들이 아닌 경쟁회사를 겨냥하도록 하였다. 이러한 변화가 마무리될 즈음에는 회사 전종업원들이 Pottruck 사장을 따르고 회사를 위하여 항상 열심히 종업원을 고취시키는 그의 리더십을 칭찬하였다. 이 사례에서 중요한 것은 Pottruck 사장은 Charles Schwab 회사가 시기적절하게 전자상 거래를 도입 활용할 수 있도록 변화를 이끄는 리더가 되었던 것이다. 그는 자신을 변화시킴으로써 그 회사가 온라인 금융서비스 산업에서 지배적 사업체가 되도록 변신하는 데 도움을 주었던 것이다. Pottruck 사장과 같은 경영자는 새로운 현실을 직시하고 그것을 수용하기 위하여 종래 합리적인 경영기술에 그의 리더십자질을 결합시켰다. 리더십과정과 경영과정을 구별되게 하는 것은 무엇인지를 생각함으로써 리더십에 대한 탐구를 더 깊게 하여보자. 경영(management)은 계획, 조직, 충원, 감독, 및 통제를 행하여 조직의 목적을 효과적이고 효율적으로 달성하는 과정이라고 정의할 수 있다. 경영과 리더십의 차이점에 관하여 최근 수년간 많은 연구가 있었다. 불행하게도 현재 리더십 필요성에 대한 강조 때문에 경영자는 불미스러운 이름을 뜻하게 되었다. 경영자와 리더는 본질적으로 다른 종류의 인간을 뜻하지는 않는다. 많은 경영자들은 이미 오늘날 세계에서 유능한 리더가 되기 위하여 필요한 능력과 자질을 가지고 있다.

리더십이 경영을 완전히 대체할 수는 없다. 오히려 경영에 추가적으로 필요한 것이 리더십이다. General Electric사의 Jack Welch 회장은 2001년 말 퇴임한 인물이지만 훌륭한 경영과 훌륭한 리더십을 동시에 겸비한 최고경영자로서 가장 잘 알려졌다. Welch 회장은 원가통제, 목표 및 계획수립, 조정제공, 그리고 회사 활동과 성과를 감시하는 경영의 좋은 기능을 잘 이해하고 이를 실행하였다. 게다가 또 그는 탁월한 리더로서 변화를 능동적으로 추진하고 비전을 설득하며, 명확한 방향의식을 제공하고, 그리고 종업원들을 활기차게 하고 사명의식을 고취시켰다. 물론 오늘날 그와 같이 명성은 떨치지 못하였지만 훌륭한 리더이면서 동시에 경영자인 인물들이 많이 있다. 그리고 대부분의 사람들은 유능한 리더가 되는 데 필요한 자질을 개발할 수 있다. 경영과 리더십의 비교에서 보면 조직의 수행을 위한 다섯 가지의 매우 중대한 영역 즉 방향 제시, 종업원들의 협력, 관계 형성, 개인적 성향, 그리고 리더 성과측면에서 경영과 리더십을 비교하고 있다.

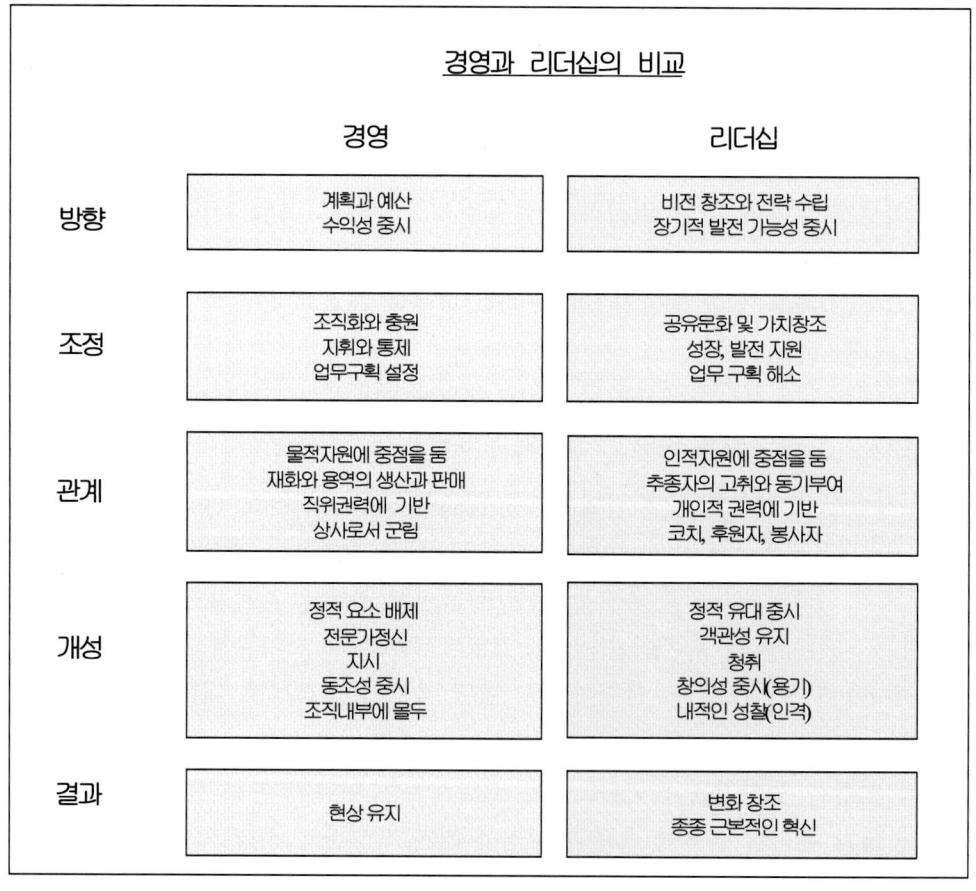

경영과 리더십의 비교

	경영	리더십
방향	계획과 예산 수익성 중시	비전 창조와 전략 수립 장기적 발전 가능성 중시
조정	조직화와 충원 지휘와 통제 업무구획 설정	공유문화 및 가치창조 성장, 발전 지원 업무 구획 해소
관계	물적자원에 중점을 둠 재화와 용역의 생산과 판매 직위권력에 기반 상사로서 군림	인적자원에 중점을 둠 추종자의 고취와 동기부여 개인적 권력에 기반 코치, 후원자, 봉사자
개성	정적 요소 배제 전문가정신 지시 동조성 중시 조직내부에 몰두	정적 유대 중시 객관성 유지 청취 창의성 중시(용기) 내적인 성찰(인격)
결과	현상 유지	변화 창조 종종 근본적인 혁신

경영과 리더십의 비교

(1) 방향의 제시(Providing Direction)

리더십과 경영 둘 다 조직의 방향 제시와 연관되어 있지만, 다른 점이 있다. 경영은 구체적인 성과를 달성하기 위해 세부적인 계획과 스케줄을 세우는 데 초점을 맞추고, 그러고 나서 그 계획을 완수하기 위해 자원을 배분한다. 리더십은 미래의 저항하기 어려운 비전을 창조할 것과, 그 비전을 달성하기 위해 필요한 변화를 만들어 내기 위한 선견지명(先見之明)적인 전략을 개발할 것을 요구한다. 비전은 야심차면서도, 조직 혹은 팀이 미래에 바라마지 않는 그림이다. 그것은 세계에서 첫째가는 회사가 되는 것이라는 Motorola사의 비전만큼 고상할 수도 있고, 한정된 예산을 가진 사람들에게 그에 알맞은 가구를 제공하는 것이라는 스웨덴의 Ikea사의 단순명료한 비전만큼 현실적일 수도 있다. 작은 제과점의 한 소유주는 나를 포함한 이곳에서 일하는 모든 사람들이 자부심을 가지고 "여기가 바로 나의 직장이야"라고 말할 수 있는 유리상자와 같은 회사를 만들기 위한 비전을 가지고 있었다. 팔로워가 저항하기 어려울 때, 비전은 그들이 관계하고 공유할 수 있는 유일한 것이 되어야 한다. 주주를 위해 더 많은 부를 창출하기 위한 비전에 흥미 있어 하는 종업원은 거의 없다. 포춘지가 선정한 미국에서 사업을 하는 100대 기업 연구에 의하면, 많은 기업들에서 반복적으로 나타나는 특성 두 가지는 주주가치를 증가시키는 것을 넘어 강력하고 선견지명이 있는 리더와 목적의식을 가지고 있다는 것이다. 예를 들어, Medtronic의 리더는 환자들을 소생시키는 것이라는 비전을 강조한다. Medtronic의 주주 혹은 의사들, 그리고 종업원들에게 집중하기보다 오히려 실제적으로 회사의 의도를 그들 내부에 불어넣어 왔던 사람들에게 초점을 맞춘다고 말한다. 아픈 사람들을 돕기 위해 영감을 받고 동기부여된 종업원들은 주주들에게 회사의 전체 수익을 또한 많이 안겨줬다.

(2) 협력조정(Alignment)

경영은 계획을 완수하기 위한 구조를 조직화하고 조직에 종업원들을 충원하며 그리고 정책과 절차, 그리고 종업원들을 지휘하는 시스템과 그 계획의 이행을 모니터하는 것이다. 경영자는 사상가이고 노동자는 행동가이다. 대신에 리더십은 비전을 전달하고, 바라는 미래의 상태로 이끌어 갈 수 있는 공유될 수 있는 문화와 핵심가치관을 수립하는 것이다. 따라서 리더십은 모든 사람들이 사상가, 행동가, 그리고 리더로서 자신의 주인의식을 길러주는 것이다. 비전이 목적지를 묘사하는 데 반해, 문화와 가치관은 그곳에 도착하기까지의 여정을 밝히는 데 도움을 준다. 리더십은 모든 사람들이 한 방향으로 정렬하는 데 초점을 둔다. 남편이 일찍 작고한 후 Columbia Sportswear를 맡은 가정주부이자 어머니인 Gertrude Boyle은 매출액을 80만 불에서 거의 375배인 3억 불까지 끌어올리는 확고한 성공적인 기업문화를 창조했다. 그녀는 사업경험이 일천한 상태에서 회사를 맡았지만 "회사 운영도 아이들을 키우는 것과 같다. 당신들 모두 같은 협조적 사고방식을 가져야 한다"라고 말한다.

경영자들은 위계질서와 부서에 의해 구획된 경계를 두고 사람들의 전문성과 기능들을 분리함으로써 조직을 구조화한다. 리더는 경계를 허물어뜨림으로써 사람들은 성과를 달성함에 있어서 다른 사람들이 무엇을 하고 있는지를 쉽게 알고, 협조를 조정할 수 있고, 그리고 팀워크와 동등의식을 느끼게 한다.

종업원들을 지시하고 통제하기보다, 리더십은 그들이 비전을 달성하기 위해 전적으로 기여하도록 하기 위해 사람들이 발전하도록 도와주는 것이다. 경영 의사소통이 일반적으로 답을 제공하고 문제를 해결하는 과정인 반면에, 리더십은 질문을 제기하고, 경청하고, 그리고 다른 사람들을 참여시키는 것을 말한다. 리더십을 위해서는 비전을 이해하고 그것을 지원하는 팀이나 공조체계를 창조하는 데 영향을 미치는 목표방향과 문화적 가치를 언어로써뿐만 아니라 행동으로 전달하는 것이 필요하다.

(3) 관계성(Relationships)

관계성의 측면에서 보면, 경영은 기계나 보고서와 같은 사물과 기업의 제품과 서비스를 생산하는 데 필요로 하는 절차에 초점을 둔다. 반면에 리더십은 사람들을 동기부여하고 격려하는 데 그 주안점을 둔다.

경영관계가 형식적인 권위에 기초하고 있는 것에 반해, 리더십은 인간적인 영향관계에 그 기초를 두고 있다. 공식적인 직위권력은 사람들이 소기의 성과를 달성하기 위해 상위 혹은 하위 역할 둘 중에 어느 하나의 역할행위를 강압적이든 비강압적이든 수용한다는 것을 문서상이나 구두상 혹은 묵시적 계약이 존재한다는 것을 의미한다. 예를 들어 권위적 관계에서는 사람들은 경영자들이 부하들에게 오전 7시 30분에 일하라는 지시를 하거나 혹은 임금이 삭감한다는 결정 둘 다를 수용한다. 반면에 리더십은 덜 강제적인 영향력 행사에 의존한다. 팔로워들은 자기 선에서 많은 의사결정을 하기 위한 권한을 부여받는다. 리더십은 업무를 촉진적이고 도전적이게 만들기 위해 노력하며 목표를 향해 구성원들을 강제하기보다는 유인하는 것을 의미한다. 리더십의 역할은 사람들을 끌어당기고 활력을 불어넣고, 신상필벌(信賞必罰)보다는 오히려 일체감조성을 통해 그들의 동기를 유발하는 것이다. 예를 들어, Jean Kvasnica는 Hewlett-Packard의 리더로서 탁월한 인물이다. 그녀는 부하로부터 직접적인 보고서를 받고 있지 않고, 누군가의 성과를 평가하거나 승진을 추천하지도 않는다. 한 팀의 멤버에 따르면, 그녀는 사람들에게 동기를 부여하는 데 성공하고 있다고 한다. 왜냐하면 그녀는 한 프로젝트의 성공적인 성과를 달성하기 위해 필요한 비전과 그것에 대한 강한 몰입을 가지고 있기 때문이다. 그러나 그것을 성공으로 이끄는 아이디어는 어디서든지 튀어나올 수 있다. 그녀는 그것이 자신만이 할 수 있다고 자만하지 않는다. 조직 내에서 공식적인 권한을 갖는 직위는 경영자 권력의 원천이다. 그러나 리더십 권력은 그 리더의 개인적 특성에서 나온다. 리더십은 한 사람이 공식적인 권한을 갖는 직위를 가질 때에 발휘되는 것이 아니며, 또 많은 사람들이 권한을 갖는 직위들을 담당할 때 리더십이 발휘되는 것이 아니다. 경영자는 종종 그 자신을 보스혹은 감독자라고 생각하는 반면에, 리더는 그 자신을 코치 혹은 촉진자라 여긴다. 리더의 일차적 관심은 자기 자신이 아니라 다른 사람이며 리더의 가장 중요한 임무 중의 하나는 다른 사람들의 성장과 계발을 돕는 것이다. 권력의 다양한 원천은 경영과 리더십을 구별하는 하나의 열쇠이다. 경영자에게서 공식적인 지위를 박탈했을 때에도 사람들이 그를 따를 것을 선택하겠는가? 리더십은 당신의 직위혹은 지위보다는 당신이 진정으로 어떠한 인물인지에 달려 있다.

(4) 개인적 리더십 자질(Personal Leadership Qualities)

리더십은 한 질의 기량 이상의 것이다. 그것은 눈으로 보기는 어렵지만 매우 막강한 여러 가지 미묘한 개인적 자질에 의존하기 때문이다. 이것에는 열정, 인격, 용기, 그리고 겸손 등이 포함된다. 무엇보다도 훌륭한 리더는 일에 대한 순수한 열정과 타인에 대한 순수한 배려에서 나온다. 위대한 리더는 자기가 하는 일을 즐기고 그 즐거움을 다른 사람들과 나누어갖기를 원하는 사람이다. 경영관리 과정은 일반적으로 정서적 거리감을 두는 것을 권장하지만 리더십은 다른 사람들과의 정서적 관계성을 구축하는 것을 의미한다. 리더십이 있는 곳에는 모든 사람들이 공동체의 일부가 되고 그들이 모두 뭣인가 가치 있는 것에 그들이 기여하고 있다고 느낀다. 이 장에서의 실용리더십 사례는 리더가 부하와 정서적으로 유대감을 갖는 것이 얼마나 중요한 것인지를 보여준다.

실용리더십 사례: 리더를 위한 교훈

Colin Powell 장군으로부터의 두 번째 교훈: 부하들이 그들의 문제를 당신에게 가져오지 않는 그날부터 당신은 그들의 리더로서 종치는 날이다. 부하들이 당신을 도울 수 있다는 신뢰를 더 이상 갖지 않거나 당신이 그들에게 더 이상 관심을 두지 않는다고 그들이 결론을 내렸기 때문이리라. 그 어느 것이든 리더십이 실패한 경우이다. 만약 이것이 리더십을 검정하는 기준이라면 오늘날 대부분의 최고경영자들은 리더로서 실패한 사람들이다. 첫째 교훈은 오늘날 최고경영자들은 너무나 상향식 의사소통이 이루어지지 못하도록 장애벽을 높게 구축하여 놓았기 때문에 조직의 하위계층에 있는 부하가 리더에게 도움을 청하기란 정말 우스꽝스러운 것으로 보일 정도이다. 두 번째 교훈은 그들이 형성해온 조직문화는 종종 도움을 구하는 것이 능력이 없거나 실패한 것으로 치부되기 때문에 사람들은 그들의 약점이나 실패를 숨기고 그렇게 되면 결국 조직은 망하게 된다. 진정한 리더는 부하들이 항상 자신을 쉽게 접근할 수 있고 자신의 도움을 활용할 수 있도록 하여야 한다. 그들은 부하가 당면하는 도전과 노력에 관심을 보이고 부하들이 보다 높은 수준을 요구하더라도 그렇게 하여야 한다. 그렇게 되면 결국 문제에 대한 책임을 타인에게 떠넘기는 데 몰두하는 대신에 문제를 분석하고 해결하는 건전한 조직 환경을 창조할 수 있다. 경영은 문제에 대한 해답과 해결을 주는 것을 의미하지만 리더십은 실패와 의혹을 인정해가며, 모험을 감수하고, 타인을 믿고, 그들의 의견을 경청하고, 그들에게서 배우는 용기를 필요로 한다. 정서적 유대를 가지는 것은 위험할 수도 있으나 진정한 리더십이 발휘될 수 있기 위해서는 필요한 것이다. 미 공군 사관학교 졸업생이며 Hewlett-Packard사의 계측기 사업부문의 경영자인 George Sparks 씨는 이러한 교훈을 다음 리더십 사례의 걸스카웃 리더에게서 배웠다고 한다.

리더십 사례: Frances Hesselbein 여사와 걸스카우트 리더십

걸 스카우트의 CEO인 Frances Hesselbein는 과거 불안정한 그 조직을 비영리조직 중에서 가장 활기 넘치는 조직으로 변화시켰다. 그녀는 모든 사람들과 함께 하나의 동아리 모임처럼 같이 일한다. 사람들의 말에 주의를 기울이며, 그들의 조직에 대한 욕구와 개인적 욕구가 동시에 나타나게 하기 위해 그들의 욕구와 기능들을 조화될 수 있게 연결해 준다. 다른 사람들과 같이 일을 하면서 존경과 염려를 가지고 그들을 일관되게 대우한다. 그녀는 "리더십을 달성하기가 매우 힘들고, 고통스러운 것이며 여러 가지 기교와 술책을 부리는 것이 아니다. 리더란 성격과 용기가 남다른 윤리와 도덕관을 가진 약점노출을 기꺼이 감수하는 사람이다"라고 정의했다.

France Hesselbein이 주목한 것처럼, 리더십의 자질을 계발하는 것은 고통스러울 수 있다. Abraham Zaleznik은 리더들이란 "제2의 천성"을 가진 사람들이라 말해 왔는데, 그들은 심리적이고 사회적인 변화를 통하여 그들의 자아의식을 계발시키기 위해 애쓰는 자들이다. 리더십이 계발되기 위해, 리더는 그들이 누구인지, 그리고 그들이 지지하는 것이 무엇인지를 알아야 한다. 그리고 리더는 이것을 지속적으로 유지해서 팔로워들이 그들이 기대하는 것을 알게 한다. 최근의 한 연구는 사람들은 그들과 뜻을 같이 하지는 않지만 그들이 의지할 수 있는 인물을 그들이 뜻을 같이하지만 자기의 관점이나 입장을 빈번하게 바꾸는 인물보다는 더 따르려고 한다는 것을 밝혀냈다. 한 종업원은 다음과 같이 자기가 기꺼이 따르고 싶은 리더의 인물을 다음과 같이 묘사했다. "리더들이란 그들의 중심에 땅에 깊이 뿌리를 내리고 있는 한 막대기를 가지고 있는 인물이다. 나는 그것을 가지고 있는 인물들을 알아 낼 수 있다. 그들은 자기방어를 하지 않고 이기적이지 않다. 그들은 허심탄회하며, 농담을 잘하고, 자기 스스로를 조롱하기도 한다. 그들은 위험하고 변덕스러운 상황을 직면하기도 하며 집중력을 잃지 않는다. 그들은 나의 잠재력을 최대로 발휘토록 하고 같은 방법으로 내가 나 스스로를 다루게 만든다. 나는 그들 세계의 한 부분이 되기를 원한다." 진정한 리더는 자신 안에 있는 미묘한 그러나 막강한 많은 종류의 힘을 활용한다. 예를 들면, 리더는 패쇄적 태도로 새로운 아이디어를 비판하기보다는 개방적 태도로 그것을 환영한다. 리더는 또한 남들과 정서적 거리감을 두기보다는 그들을 배려하고 인간적 가치관을 구축하려고 한다. 리더는 충고나 명령을 하기보다는 다른 사람이 원하는 것을 식별하고 그것에 귀를 기울인다. 리더는 무조건 남에게 동조하기를 싫어한다. 어떤 사안의 결정이 대다수에게 유익한 것이라고 판단되면 다수의견에 반대하고 거절하는 입장을 취하고 모든 사람이 동일한 마음을 가지도록 억지로 강제하지 않고 다른 사람의 반대의견을 수용한다. 리더는 전통적인 경계와 안전지대를 벗어나 모험을 감수하고, 배우고 성장하기 위하여 실수도 저지른다. 더구나 리더는 자신과 남에게 정직한 나머지 신뢰감을 불러일으킨다. 리더는 다른 사람들이 설정한 상대적 기준에 부응하여 대충 넘어가기보다는 자신이 올곧게 행함으로써 높은 절대적 도덕기준을 설정한다. 리더십은 개인에게 조절과 슬픔을 맛보게 한다. 왜냐하면 리더는 다른 사람으로부터 도전을 받기 쉽고 모험을 감수해야 하며 변화를 주도해야 하는데 이러한 것들은 반드시 저항에 부딪히기 때문이다.

(5) 결과(Outcomes)

경영과 리더십의 차이는 경영은 일정 수준의 안정성, 예측가능성, 질서, 그리고 능률을 가져다준다. 이처럼 훌륭한 경영은 조직이 일관되게 단기적 성과를 달성하고 다양한 이해관계자들의 기대를 충족시킨다. 반면 리더십은 변화를 그것도 종종 과도한 정도로 조장한다. 예컨대, Deere사의 사장 Hans Becherer는 회사를 농기계제조회사에서 정보화 시대의 기업으로 변모시키겠다는 자기의 비전을 종업원에게 주입시켜 오고 있다. 그 회사는 현재 농부들에게 그들의 다양한 각 지역의 농지에 기후와 토양조건에 대한 실시간 정보를 제공하는 네트워크를 구축하여 농부들이 소출을 최대화하는 데 기여하고 있다. Becherer 사장의 리더십은 회사의 고객기반을 확충할 뿐만 아니라 전반적인 농업을 개조할 수 있는 것이었다. 리더십은 현재 상황에 대한 의문을 제기하며 새로운 도전을 감당하기 위하여 낡거나 비생산적인 방식을 대체하여 그것을 개선하는 도전을 수행하는 것을 의미한다. 훌륭한 리더십은 새로운 고객을 확보하거나 새로운 시장을 개척하는 데 새로운 제품이나 용역을 등과 같은 매우 귀중한 변화를 이끌어낸다. 이처럼 비록 훌륭한 경영관리가 조직이 현재의 기업운영을 제대로 수행하기 위한 책임을 다하는 데 필요하지만 그 조직을 미래의 새로운 조직으로 발전시키는 데 훌륭한 리더십이 요구되는 것이다.

5) 리더십 부재의 현실

환경이 변화하므로 조직과 리더도 거기에 대응하여 변화하기 시작하고 있다. 그럼에도 우리는 옛것과 새것의 중간의 과도기에서 벗어나지 못하고 있는데 그것이 바로 현재의 '리더십위기'에 관해서 우리가 자주 듣게 되는 이유를 부분적으로 설명해준다. 많은 경영대학원에서 아직도 합리적인 경영방법을 가르치고 있지만 현실 조직에 종사하는 최고경영자들은 그러한 합리적 경영관리 기술과 결합할 수 있는 유능한 리더십 능력을 갖춘 인물들이 필요하다는 것을 잘 알고 있다. 미국 1000대 기업의 최고경영자들을 대상으로 현대 경영자들에게 가장 중요한 속성을 조사한 결과 상위에 뽑힌 속성으로서 리더십능력이 약 50%이었고 의사소통과 대인기술이 37%로 그 뒤를 이었다. 수십 년 전만 하더라도 기업들은 그들의 조직을 번영으로 이끌어 갈 능력을 가진 막강한 리더들을 충분히 보유한 것처럼 보였다. 환경이 안정적일수록 합리적 통제모형이 더욱 생산적일 수 있다. 현대와 같이 환경이 급변하는 상황에서는 그러한 방식은 점점 더 비생산적이 되고 따라서 세계는 이제 새로운 종류의 리더들을 찾고 있다. 경영과 리더십 둘 다 조직에 중요한 것이다. 전통적인 경영은 고객과 주주, 종업원, 기타 이해관계자들에 대한 현행 책임을 감당하기 위하여 필요하다. 그러나 조직은 또 미래를 현재에서 내어다 볼 수 있고, 종업원들을 동기유발하고 고취시키는, 그리고 끊임없이 변하는 환경의 요구에 적응할 수 있는 강력한 리더십을 필요로 한다. 현대조직에 있어서 중요한 문제는 경영자는 많으나 리더십을 가진 경영자는 거의 없고 더욱이 경영과 리더십의 도전을 감당할 수 있는 기량과 자질을 겸비한 인물은 거의 전무하다는 것이다.

한 설문조사에 의하면 응답자의 약 3분의 2 정도가 그들의 조직은 경영은 강하지만 리더십이 약한 사람이 너무 많다고 하였다. 이는 리더십 연구가인 Warren Bennis가 오늘날 기업은 '경영과잉과 리더십결핍'증후에 빠져 있다는 표현을 하기에 이르렀다. 현대조직은 리더십이 부족하고 특히 훌륭한 리더십과 훌륭한 경영을 둘 다 가진 인물이 매우 결여된 상황이다.

6) 리더십과 의식혁명

많은 리더들도 산업시대에 규정된 관행과 원칙에서 탈피하지 못하고 21세기 산업시대 후기에 생성된 새로운 관행과 원칙 사이에서 어쩔 줄 모르고 있다. 조직 내 협력, 임파워먼트(권한위양에 의한 부하의 재량권확대), 및 다양성을 성취하려는 시도들은 종업원들은 물론이고 리더들의 사고방식이 종래 중시되어 온 통제, 안정성 및 동질성을 중시하는 낡은 패러다임에 고착되어 있어서 실패를 하는 경우가 많다. 리더들은 과거에 그들과 조직에게 성공을 가져다주었던 그러한 경영방법이나 관행을 탈피하기는 매우 어려운 것이다. 다음의 Grainger 회사의 리더십 사례에서 보듯이 리더들도 임파워먼트와 협력을 신봉하는 자들이지만 여전히 그들도 구식 경영방법인 명령—통제에 고착되어 기업을 운영하고 있다는 것을 인정하였다.

리더십 사례: Grainger사의 리더십 의식혁명

"리더로서 우리가 자신을 모든 것보다 한 단계 높은 위치에 두게 되면 그것은 바로 종업원들에게 위험한 의미를 전하는 것이 된다."라며 Grainger사의 최고 경영자 팀의 Clark 씨는 말한다. 그 회사는 평등, 임파워먼트, 그리고 참여 등을 항상 부르짖었으나 그들이 지금까지 교육되고 경력과정에서 훈련받은 명령—통제의 관리습관에 여전히 의존하고 있었다. 대규모 장비 수선 부품 도매업을 하는 Grainger사는 업계의 새로운 경쟁을 이겨낼 조직의 유연성과 종업원의 책임성을 강화하기 위한 변화가 필요하였다. 회사 리더십 팀은 이러한 변화를 추진하는 운동의 일환으로 "우리 회사의 미래를 그려내기"라는 상징적인 행사를 기획하였다. 회사 전체 모임에서 거대한 도화지와 물감을 전 종업원들에게 제공하여 그들이 회사의 바람직한 새로운 문화적 가치를 '그려내도록' 주문하였다. 이러한 행사로 그 회사는 새로운 목표와 과정을 설정할 수 있었고 종업원들의 솔선수범의식, 신뢰, 그리고 책임감을 불어넣을 수 있었다. 그 결과 Grainger사는 그 업계의 작은 규모의 공격적인 회사들과 경쟁할 수 있게 되었다.

Grainger사의 리더들은 끊임없이 협력, 정보와 지식의 공유, 그리고 지속적 변화를 권장하기 위한 새로운 방법들을 모색할 것이다. 리더들이라도 구식 습관에 잘못 빠져들 수 있겠으나 종업원들은 이제 리더들이 주장해온 이상과 가치관에 합치하는 행동을 보이지 않을 때 거리낌이 없이 그것을 지적할 수 있게 되었다.

미국 노스캐롤라이나의 그린스보로에 있는 「창의적 리더십 센타」(Center for Creative Leadership)는 이러한 새로운 패러다임을 습득하는 것이 왜 중요한가라는 것에 대한 몇 가지 단서를 제시하였다. 그 센타가 기업의 최고 경영자를 대상으로 실시한 연구결과에 의하면 기업에서 간부경영자로서 성공한 20명과 실패한 21명을 비교하였을 때 실패한 경영자들도 더 성공을 기약할 수 있을 만큼 성공적이었으나 일정 간부직에서 더 이상 승진을 못하고 정체되어 있다가 해고당하거나 강제 조기퇴직을 당한 인물들이었다. 그들은 명석한 머리와 성실한 근무태도 그리고 회계나 기술 분야에서 전문적 과업수행 능력이 뛰어난 인물들이었다.

이들 두 비교집단에 속한 간부들의 두드러진 차이는 새로운 패러다임의 핵심이 되는 인간관계 기술을 사용하는 능력에 있었다. 실패한 간부집단의 25%만이 대인 관계기술이 양호한 편이라고 나타난 반면 최고경영자의 직위에까지 오른 성공한 간부집단의 75%는 훌륭한 인간관계 기술을 가지고 있었다. 간부직 경영자가 최고경영자가 못 되는 실패이유로서 가장 주요한 7가지를 제시하였다. 실패한 경영자는 타인에 대하여 예민하지 못하고, 거칠고, 냉정하며, 오만하고, 신용이 없고, 맹목적이고, 이기적이며, 권한을 위양하거나 팀을 구축하지 못하고, 자신을 위해 일한 적당한 인재를 채용하지 못하였다. 이러한 관리자는 새로운 시대에 접어드는 급속하게 변화하는 조직에서는 제대로 살아남을 수 없다. 예컨대, 중도 퇴직한 간부직 경영자 중 한사람은 기술자로서는 매우 뛰어난 인물이었으나 너무 세밀한 것에만 치중하여 스트레스를 감당하지 못하고 매사에 침착성을 잃었다.

1. 무례, 위협, 강압 스타일

2. 냉담, 무관심, 거만적인 스타일

3. 개인적인 신회의 배반

4. 지나친 야심, 자기중심, 정치적

5. 사업수행상의 구체적인 문제점

6. 팀 구축을 위한 권한 위양을 하지 않음

7. 훌륭한 직원을 선발하지 못함(후계자 양성 못함)

경영자의 7가지 승진 탈락이유

Bill Prince 씨는 그의 Bell South통신회사에서 지금까지 빠른 승진가도에서 완전 정지상태를 맞게 된 것은 그의 대인기술이 부족하였기 때문이라고 한다. 그는 자신이 '무뚝뚝하며 정감이 없는'관리자로서 사람들을 칭찬하는 데는 매우 인색하고 부하를 매정하게 대하며 실수할 경우 공개적으로 모욕감을 주는 그러한 관리자였음을 인정한다. 그러나 요즈음 그는 이전의 동료 한 사람의 충고에 의해 단기 리더십 개발프로그램을 수강 한 덕으로 전혀 새로운 종류의 리더로서 변신하게 되었다. 자신의 회사의 최고경영자로서 Prince 씨는 고객은 물론 종업원들과도 좋은 관계를 구축하고 유지하는 데 중점을 둔다. 그는 이제 어떤 것을 성취하는 데 사람을 한 가지 수단으로 보기보다는 그 사람들의 감정과 욕구를 배려하게 되었고 그것이 그의 회사를 더욱 강하게 만드는 데 도움을 주었다.

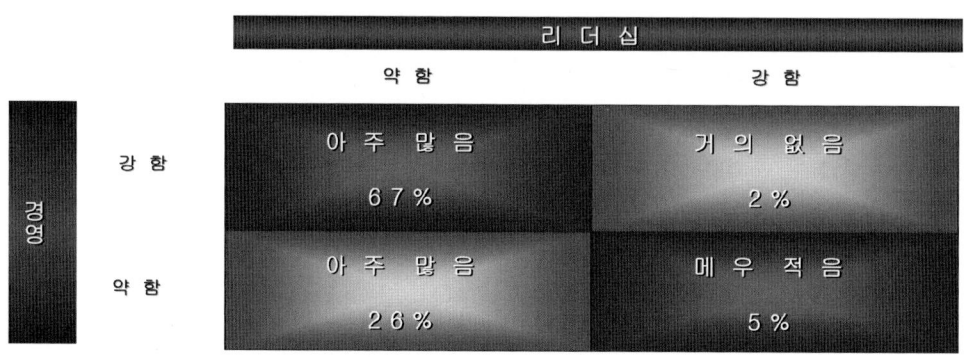

오늘날의 경영과 리더십의 혼합

7) 예술과 과학으로서의 리더십

리더십은 예술과 과학의 양면을 가진다. 리더십 기술이나 자질이 교과서에서 학습할 수는 없기 때문에 그것은 예술이다. 리더십은 실천과 체험을 통해서 얻어진다. 그러나 리더십 연구의 결과들을 이해하는 것은 또 다양한 관점에서 상황을 분석하는 방법과 또 보다 유능한 리더가 될 수 있는 방법을 습득하는 데 도움을 준다. 리더십은 점점 많아지는 이 분야의 지식과 객관적 사실들이 리더십과정과 또 조직의 목표를 달성하기 위하여 리더십 기술을 어떻게 활용할 수 있는가를 설명하고 있는 점에서는 과학이다. 리더십에 대한 한 권의 책이나 교육과정이 리더를 만드는 데 과연 얼마나 도움이 될까? 기업과 사회 양쪽에서의 리더십에 대하여 탐구를 행함으로써 우리들은 리더의 인물이 되기까지 어려움과 도전이 얼마만한지뿐만 아니라 조직의 성공에 있어서 리더십이 얼마나 중요한지를 이해할 수 있다. 리더십에 대한 학습은 우리들이 결코 알지 못하였던 우리가 가지고 있는 능력을 알게 해준다. 미국의 와튼 경영대학원에서의 리더십 세미나에서 그 수업에 수강생들 중에 누가 리더인지를 꼽으라고 하였을 때 그중에서 한 여자원생이 뽑히자 그녀는 놀랐다. 그녀의 리더십은 학생회 간부로서, 자원봉사활동, 혹은 운동선수로서의 리더십을 실행한 경험이 아니라 교실이라는 상황에서 이론적 지식을 중시한 선택이었던 것이다. 리더십 공부를 통하여 우리는 일상생활에서 리더십의 실천을 적용해 볼 수 있는 기술을 알게 된다. 많은 사람들은 리더가 되려고 노력하지도 않는다. 그 이유는 그들이 리더들은 실제로 어떠한 행동을 하는지를 알지 못하기 때문이다. 이 교재에서 다루는 각 장의 내용들은 리더십이 무엇인지를 확실히 이해하는 확고한 지식과 훌륭한 리더를 만드는 기술과 자질에 대하여 상당한 부분을 제공하려고 하였다. 우리들은 매 장 마지막 부분에서 다루는 실습과 사례를 공부하여 그 수업에서 배운 개념들을 다른 사람들과의 관계, 동료나 소속집단, 작업현장, 그리고 자발적 참여 조직에서 적용해 봄으로써 리더십의 예술과 과학의 양면에 능력을 강화할 수 있다. 본 교재가 우리들이 리더십을 개발하는 데 하나의 안내서로서 도움을 주지만 우리들 자신들만이 리더십에 대한 개념과 원리들을 우리의 일상생활에서 적용할 수 있을 것이다. 리더가 되기 위한 학습은 이제 시작되었습니다. 이 도전에 응할 각오는 되었겠지요?

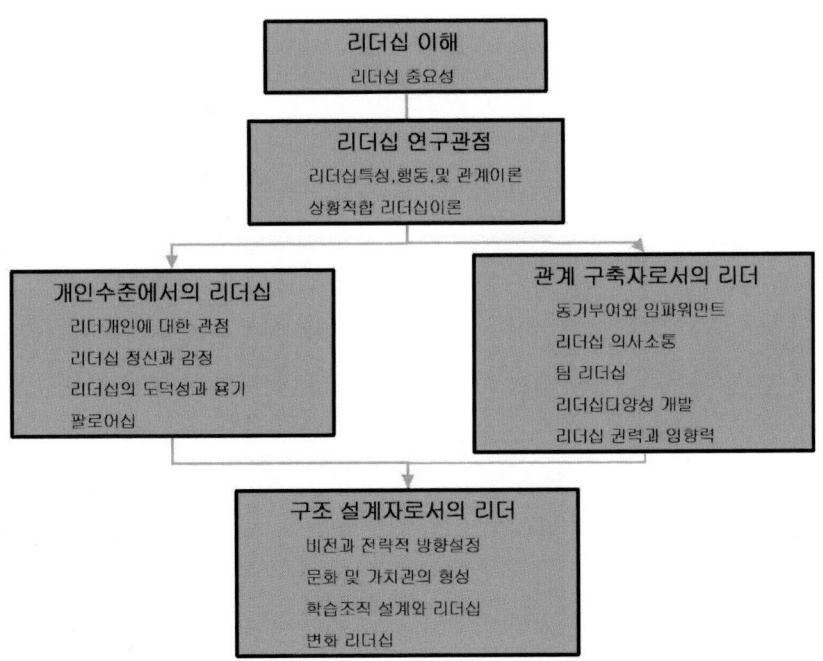

위 표는 리더십의 새로운 패러다임에로 전환을 반영하여 그 구성과 내용체계를 예시하고 있다.

급변하는 세계 환경 속에서 오늘날 리더들이 직면하고 있는 중요한 도전은 리더십의 새로운 패러다임(paradigm: 접근방식)이다. 새로운 현실은 안정보다는 변화, 통제보다는 권력공유, 경쟁보다는 공조관계, 사물보다는 관계, 그리고 동조성보다는 다양성을 중시하는 쪽으로 변하고 있다는 것이다. 리더십을 통제기능으로만 보는 공업화 시대의 통제 리더십철학은 아마 실패할 것이다. 새로운 리더들에 대한 도전은 경직된 경영기술을 보완하는 부드러운 리더십 기술을 개발하여 정보화 시대에 잘 적응하는 것이다. 우리들 대부분은 리더십 기술을 선천적으로 부여하는 것이 아니라 리더십 자질을 의식적으로 학습에 의하여 취득할 수 있는 것이다. 우리는 학습한 리더십 이론을 실제에 적용해 봄으로써 개인적으로 체험을 통한 리더십 역량을 증가시킬 수 있다는 것이다.

16. 행동이론 관점에서 본 리더십 이론들

　우리 사회에 존재하는 모든 조직은 그것이 기업이건 국가이건 또는 군대조직이건 관계없이 상이한 목표를 갖는 세 가지의 요소로 구성되어 있다. 개인(individual), 집단(group), 그리고 조직 그 자체(organizational itself)로 구성되어 있다. 따라서 하나의 조직 내에는 조직이 그 자체로서 추구하는 조직목표(organizational goal)와 조직을 이루고 있는 구성원 개개인이 갖는 개인목표(individual goal)와 구성원의 집합으로서의 집단이 추구하는 집단목표(group goal)라고 하는 서로 상이하며 때로는 상호 배타적인 세 가지 목표가 항상 공존하게 되는 것이다. 또한 모든 조직에서는 당해 조직을 구성하고 있는 개인과 집단 그리고 조직 자체의 상이한 각종 목표를 서로 조절하고 적응시키는 이른바 융합과정(fusion process)을 거치지 않고서는 궁극적 목적을 효율적으로 달성할 수 없게 될 것이다. 마찬가지로 모든 기업경영에 있어서도 여러 집단구성원 상호 간의 이해대립이라는 갈등현상이 나타나게 된다. 따라서 그들의 상호 조건을 통한 종합목표(superordinate goal)의 발견이야말로 기업경영자의 궁극적인 책임이 되고 있으며, 여기에서 리더십(leadership)의 문제가 제기되고 있다. 리더십(leadership)이란 주어진 상황 속에서 일정한 목표의 달성을 위해 리더가 개인 혹은 집단의 활동에 영향을 미치는 권력의 행사를 의미한다. 이 같은 정의는 다음 몇 가지 포괄적인 내용을 안고 있다. 리더십은 본질적으로 권력(power)의 행사를 의미한다. 따라서 리더의 권력은 리더십의 필수 원천으로서 권력이 없는 리더는 타인의 사고나 행동에 영향을 미칠 수 없다. 리더십에서 권력의 행사는 일정한 방향성을 띠게 된다. 그러므로 관리자의 리더십이라고 하면 구성원의 태도나 행동을 기업목표의 실현에 기여하는 방향으로 지도(leading), 지휘(directing)하는 것이 된다. 리더십이 성공적으로 발휘된다는 사실은 리더가 없을 때보다 조직목표가 효과적으로 실현된다는 점을 의미한다. 그리고 리더십은 주어진 상황여건의 영향을 받는다. 이 상황이론은 최근의 리더십의 연구에서 강조되는 내용이다. 리더가 처하고 있는 상황여건이 다를 때는 성 공적 리더십의 유형도 반드시 같을 수 없다. 그러므로 효과적 리더십은 주어진 상황여건과 함께 고려되어야 한다. 이와 같은 리더십은 특성이론, 행동이론, 상황 이론으로 구분하여 단계적으로 연구할 수 있다. 리더십에 대한 초기의 연구에서 는 효과적인 리더에게는 남과 다른 개인적인 특성이 있다고 생각하고 그 특성을 추출하려고 노력하였다. 이를 리더십의 특성이론(trait theory)이라고 한다. 그러나 이러한 특성이론은 리더들의 공통적인 특성을 추출해 내지 못하고, 성공적인 리 더십과 리더의 특성 간에 나타나는 관련성이 별로 발견되지 않아 곧 한계에 부딪 히게 되었다. 특성연구에 실패한 리더십연구는 이번에는 밖으로 드러나는 리더의 행동을 관찰하는 방향으로 진행되었다. 그리하여 성과와 이러한 성과를 내는 리 더의 지속적인 행동양식, 즉 리더십 스타일 간의 관계를 구명하는 연구들이 이루 어지게 되었는데 이러한 연구방향을 리더십의 행동이론(behavioral theory)이라고 부른다. 리더십의 행위이론은 리더가 무엇을, 어떻게 행동하는가에 초점을 두고 있으며, 여러 가지 면에서 특성이론과 차이가 있다. 행동이론가들은 개인의 성과 혹은 집단의 성과에 영향을 미치는 리더의 행동이 어떤 것인가를 연구하는 데 관 심을 갖고 있다. 반면에 특성이론가들은 리더의 성과에 관련되는 지능 혹은 자신 감과 같은 리더의 자질을 어떻게 측정할 수 있는가를 연구하는 데 관심을 두는 것이다. 이들 두 이론은 방법과 가정에서 차이가 있다. 왜냐하면 행동이론가들은 리더의 행동은 성과에 영향을 미치며 관찰 가능한 행동이라고 가정하고 있으나, 특성이론가들은 리더를 효율적으로 만드는 것은 리더의 특성이라 가정하여 리더 의 행동에 관한 면을 고려하지 않고 있다. 다시 말하면, 행동이론가들은 리더가 성과를 위하여 어떻게 행동하는가에 대해 알아야 한다고 주장하는 반면, 특성이론 가는 리더의 행동을 측정할 필요가 없다고 주장하고 있다. 결국, 두 이론 간에는 보다 미묘한 차이가 있다. 특성이론에서 볼 때 리더는 후천적인 것보다는 선천적 인 것으로 가정하고 있으며, 행동이론에서는 행동이 변화하게 되는 리더는 만들어 지거나 개발될 수 있다고 가정하고 있다. 리더십에 있어서 행위이론(behavioral theory)시대는 행동과학의 영향이 컸던 때로 1950∼1960년대에 주종을 이루어왔다. 이 시기는 실존주의에 영향을 받아 민주적 유형에 대한 기대감이 높았던 때이기 도 하다.

행위이론에 따르면 리더십의 가장 중요한 측면은 지도자의 특성이 아니라 지도자 가 여러 상황에서 실제로 하는 행위이며, 성공적 지도자와 비성공적 지도자는 그들의 리더십 유형에 의해 구별된다. 따라서 행위이론가들은 지도자의 어떤 행동, 특히 어떤 유형의 행동이 개인 및 집단의 성과에 어떻게 영향을 미치는가를 연구한다.

그들은 지도자의 성공여부는 그들의 리더십 스타일에 따라 구별된다고 생각하고 효율적 지도자의 행동유형은 무엇인가를 따진다. 이 이론은 지도자의 행위가 생산성과 성원의 만족감에 영향을 주는 주요변수를 가리킨다. 그들은 기본적으로 지도자의 행위가 조직의 성과 및 종업원의 유지, 발전에 영향을 준다고 생각한다.

행위이론은 행위는 관찰 가능한 전제 아래 관찰이 가능한 행위를 중심으로 조사를 한다. 이러한 행위조사는 그 조사행위 자체가 과학성을 띄었음을 의미한다. 이론가들은 또한 행동을 변화시킴으로써 지도자를 만들거나 개발될 수 있다고 봄으로써 선천성보다 후천성을 강조하고 있다.

1) 전제적 리더십(authoritarian leadership)

전제적 리더십 행동의 특징은 다음과 같다.

(1) 모든 목표나 방침이 리더에 의하여 일방적으로 결정된다.
(2) 리더는 추종자의 세부에 걸쳐서 상세하게 명령한다.
(3) 따라서 추정자의 직무내용이 명확지 않아 불확실하다.
(4) 업적평가에 있어서 리더는 개인적, 독재적 평가는 하는 경향이 강하다.
(5) 추종자와의 인간적 접촉이 희박하여 리더는 추종자와 유리된 입장에서 자기를 위치하는 경향이 많다.

이러한 모든 특징을 가진 리더십이 조직에 있어서 적용되는 경우, 추종자에 어떠한 영향을 미치고, 또 추종자는 어떠한 태도와 행동을 하는가는 상황에 따라 그 반응은 여러 가지 있겠으나 보통의 상황에서 일반적인 사람을 대상으로 한다고 볼 때, 대개 다음의 두 가지 반응을 보일 것이다.

즉 하나는 리더에 대하여 의존적, 종속적 태도를 취하고, 리더에 인정받고자 그 면전에서는 시키는 대로 일을 하며, 일을 하는 체하지는 않는다. 그리고 리더 부재 시에는 해방감과 안도감을 느껴 직무의 수행을 태만히 한다.

다른 하나는 리더에 대하여 적의와 대항의식을 품고 리더의 언동에 일일이 반항하게 된다. 리더에 대하여 유언이나 중상을 공연히 퍼뜨리고 리더의 명령 내지 제안은 비록 건설적이고 합리적이라고 이해되어도 거부 내지 무시한다.

추종자는 리더의 전제 때문에 자기가 보유하는 자존의 욕구, 독립의 욕구, 자기실현의 욕구 등을 소외당함으로써 점차로 소외감(소외의식)을 퇴적하여 이윽고, 갈등, 좌절 및 심리적 패배감을 실감하고, 직무의 수행을 회피하거나 직장에서 도피하고자 한다. 직무에 희망과 정열을 지니고 있는 추종하는 주로 두 번째의 입장을 취하고 리더와의 대립에서 조직으로부터 이탈하여 달리 자기의 갈 길을 구하게 된다. 반면에 평균 이하의 사람들(일에 자신이 없는 사람, 용기가 없는 사람, 열의가 없는 사람 등)은 주로 리더의 권한하에 매몰되어 의존 내지 종속적 조직생활에 만족을 보이게 될 것이다.

2) 방임적 리더십(laissez-faire style leadership)

방임적 리더십의 경우—물론, 이러한 형의 리더는 리더로서의 자격을 결여하고 있고, 엄밀히 말하면 리더는 아니며, 따라서 이러한 형의 리더십은 존재하지 않는다.—는 대부분의 추종자는 목표를 인지하고 있다고 하지만 목표달성의 방법과 집단 전체와의 의사소통의 불철저로 인하여 시행착오를 되풀이하고, 리더에 대하여 가끔 오만한 행동을 하며, 이윽고 타성, 무기력, 리더력 부재에 대한 불안과 분노를 일으키게 된다.

집단의 구성원 전원이 목표를 객관적으로 인식하고 또 합리적으로 조직목표를 수행할 만한 의욕을 가지고 있으면, 리더의 필요성은 그다지 인정되지 않는다고 하나(이 경우 공식적 리더가 방임적이면 비공식적 리더가 따로 존재할 것이다.) 이러한 상황은 특수하고, 일반적으로는 무질서하다는 것도 과언이 아닐 것이다.

3) 민주적 리더십(democratic leadership)

민주적 리더십은 자주적, 참가적, 협동적, 종업원 중심적 리더십과 동의어인 것으로서 추정자의 독립이나 자기실현의 욕구를 충족시키는 가장 바람직한 리더십의 유형인 것이다. 민주적 리더십의 특징은 일반적으로 다음과 같이 요약한다.

(1) 리더의 대폭적인 책임과 권한의 위양(delegation of responsibility and authority)
(2) 직무의 수행과정에서 추종자의 자주성과 주체성이 허용된다.
(3) 자기책임감의 증대에 수반하여 자기통제가 필연적으로 행하여진다.
(4) 객관적 사실에 기인한 업적평가에 의하여 추종자에 만족감을 환기시켜 새로운 도전적인 일에 대하여 의욕이 발동된다.

이상과 같은 제 특징에서 나타난 바와 같이 민주적 리더십은 추종자를 중심으로 한, 즉 추종자를 동기부여함으로써 직무의 능률증진을 기대되는 소위 브텀업(bottom up)의 리더십 유형이라고 규정할 수 있을 것이다. 그런데 이러한 민주적 리더십은 모든 조직에 최적한 것이고, 전제적 또는 방임적 리더십은 그렇지 못하다고 간단히 결론을 내릴 수는 없는 것이다. 왜냐하면, 행동을 일으키는 결정요인인 개인의 특성 및 개인을 둘러싸고 있는 환경은 복잡 다양한 변수로부터 성립하고 이들의 상호작용이 결과(행동)로 되어 나타나는 것이므로 특정의 획일적 기준으로서 리더십의 우열을 판정하는 것은 비논리적 불가능한 일이기 때문이다.

결론적으로 전제적 리더십과 민주적 리더십을 비교하면, 전제형에서 모든 정책이 리더에 의하여 결정되고, 민주형에서는 정책은 집단결의(group decision)에 의존한다고 말할 수 있다.

유효성변수 \ 스타일	민주적 변수	전제적 스타일	자유방임적 스타일
1. 리더와 집단의 관계	호의적이다	수동적이다 주의환기를 요한다	리더에 무관심하다
2. 집단행위의 특성	응집력이 크다 안정적이다	노동이동이 많다 냉담, 공격적이 된다	냉담하거나 초조하다
3. 리더부재 시의 구성원 태도	계속 작업을 유지한다	좌절감을 갖는다	불변(불만족)이다
4. 성과(생산성)	우위를 결정하기 힘들다		최악이다

이상과 같은 리더십의 유형을 기준으로 하여 생산성과의 관계를 조사한 결과

라톤(S.C.Latone)은 민주형 리더십이 가장 생산적인 것이라고 보고하고 있으며, 로젠바움(L.L. Rosenbaum)은 위기적 상황에서는 전제형 리더십이 종업원의 사기와 생산성을 더 높여 주었다는 것을 보고하고 있다.

리더십이 무엇인지에 대한 정의는 그것을 정의하는 사람의 수가 많듯이 리더의 행동 범주에 대한 추상화 수준도 학자들마다 차이를 보이고 있다. 이에 따라 리더십 행동 이론들은 수많은 행동 범주를 파악해 내긴 하였지만, 여러 행동범주들을 비교하고 통합시키기란 매우 어려운 작업이 되고 있다.

학자들마다 사실상으로는 동일한 리더십 행동을 상이한 명칭으로 부른 경우도 있었고, 동일한 명칭의 행동을 서로 다르게 정의한 경우도 있었으며, 어떤 학자는 일반적인 범주로 분류한 행동을 다른 학자는 여러 개의 세부적 행동 목록 중 하나로 포함시킨 경우도 있었다. 동일한 행동 범주를 사용한 학자들 간에도 그 범주에 포함시키는 세부 행동 목록에는 차이를 보이는 경우도 많았다. 이러한 차이가 나타난 원인은 다음과 같은 이유 때문이다.

(1) 리더십 행동 범주란 현실 세계의 눈에 보이는 행동을 구체적으로 나타낸 것이라기보다는 특정한 행동 내용을 추상화시킨 것에 불과하여, 리더십 행동 범주가 객관적이고 실재하는 것이라고 볼 수 없기 때문이다. 따라서 리더십을 연구하는 사람의 시각과 목적에 따라 행동 범주 분류 내용은 차이를 보일 수밖에 없으며, 절대적으로 옳은 행동 범주란 존재할 수 없다.

(2) 연구 시각과 목적이 일치하는 학자들 간에도 행동 범주의 분류는 달라질 수밖에 없다. 왜냐하면 추상화 수준이나 일반화 수준이 차이를 보일 수 있기 때문이다. 연구 시각과 목적이 동일하다고 할지라도 폭넓게 정의한 소수의 행동 범주를 사용하는 학자가 있는 반면, 구체적으로 세분화시켜 정의한 다수의 행동범주를 사용하는 학자도 있다. 리더십 행동을 범주를 어느 정도로 추상화 또는 일반화해야 하는가에 대한 정확한 답은 있을 수 없다. 그것은 리더십 행동을 분류하는 목적에 따라 판단되어야 할 사항인 것이다.

(3) 리더십 행동 범주를 분류할 때 어떤 방법을 활용하느냐에 따라서도 행동 범주 분류에 차이가 나타날 수 있다. 리더십 행동 범주를 분류하는 방법으로는 통계적 분석법과 판단에 의한 분류법 그리고 이론적 추론법 등이 활용될 수 있다. 통계적 분석법은 설문조사 등의 측정방법을 통해 수집한 자료를 요인분석이라는 통계기법을 통해 관련성이 높은 항목끼리 묶어내어 범주화시키는

방법으로서, 가장 일반적으로 활용되고 있다. 판단에 의한 분류법은 전문가들에게 비슷한 행동 항목들을 분류하게 한 뒤 결과를 취합하는 방법이며, 이론적 추론법은 일정한 이론적 틀에 맞추어 적절한 행동 범주를 추론해 내는 방법이다. 리더십 행동을 분류하려는 목적이 일치하는 경우에도 행동 범주 분류방법을 달리 적용하면 서로 다른 결과가 나타날 수밖에 없다.

이러한 이유로 인해 이론마다 제시하는 리더십 행동범주는 차이를 보일 수밖에 없다. 하지만 그동안 파악된 리더 행동을 적정수준에서 통합화하는 노력이 이루어지기도 하였다. 그동안 리더십 행동이론에서 파악되었던 행동들을 중범위 수준에서 묶어낸 것으로 14개의 행동 범주가 제시되었는데, 이는 계획수립 및 조직화, 문제해결, 역할 및 목표 명료화, 정보제공, 점검, 동기유발 및 분발고취, 상의 권한위양, 개발 및 멘터링, 갈등관리 및 팀 구축, 네트워크 구축, 인정, 보상 등으로 구성되어 있다.

한편, 가장 일반적 수준에서 리더십 행동 범주는 3개 차원으로 제시되고 있는데, 그것은 과업지향적 행동과 관계지향적 행동 및 변화지향적 행동이다.

과업지향적 행동에는 과업의 완수와 관련된 행동, 인원과 자원을 효율적으로 활용하는 행동, 안정성과 신뢰성 있는 운영이 이루어지도록 유지하는 행동, 품질과 생산성을 점진적으로 개선시키는 행동 등을 말한다. 중요 요소행동으로는 역할명료화, 운영에 필요한 계획수립 및 조직화, 운영에 대한 점검 등이 포함된다. 구조주도는 이러한 범주에 속한다고 볼 수 있다.

관계지향적 행동에는 사람들과의 관계를 개선시키고 사람들을 돕는 것과 관련된 행동, 협력과 팀워크를 증진시키는 행동, 부하의 직무만족을 증가시키는 행동, 조직과의 동일시를 촉진시키는 행동 등이 포함된다. 중요 요소행동으로는 지원, 개발, 인정, 상의, 갈등해소 등이 있다. 이러한 행동 범주는 배려와 비슷하기는 하지만 그보다는 좀더 포괄적이다.

변화지향적 행동에는 전략적 의사결정을 개선시키는 행동, 환경변화에 적응하는 행동, 목표나 프로세스 또는 제품 및 서비스에 주요한 변화를 가져오는 행동, 변화에 대한 전념을 이끌어 내는 행동 등이 포함된다. 중요 요소행동으로는 외부환경에 대한 탐색과 해석, 매력 있는 비전의 표출, 혁신적 전략의 제안, 변화의 필요성에 대한 설득, 실험적 행동의 장려와 촉진, 변화를 지원하고 실행에 옮기는 제휴망 구축 등을 들 수 있다. 리더십 행동이론은 리더들에게 발견될 수 있는 의미 있는 행동 범주를 파악해 내어 이러한 행동이 리더십 유효성(하위자의 성과와 만족 등)과 어떠한 관계가 있는지를 규명하는 데 노력을 집중해왔다. 리더의 행동은 배려와 구조주도, 종업원 중심적 행동과 직무중심적 행동, 관계지향적 행동과 생산지향적 행동 등이 대표적으로 제시되었는데, 이는 주로 일과 사람에 관련된 두 가지 차원으로 설명되었다. 하지만 이러한 행동 범주들은 복잡한 문제에 대해 간단한 해답을 제시하는 데 그치고 있다. 따라서 리더의 행동을 현실성 있게 파악하기 위해서는 좀더 넓은 범위의 행동을 파악하여 그 내용을 구체화시킬 필요가 있다.

예외가 있기는 하지만 리더십 행동 이론에 근거한 대부분의 연구들은 리더의 관찰 가능한 행동을 추출한 다음, 이것을 설문으로 구성하여 리더 자신이나 하위자들에게 배포하고, 설문에 제시된 행동을 리더가 얼마나 자주 하는가를 묻는 방법을 사용하였다. 따라서 실제 행동자료를 활용하기보다는 기본적으로 지각 자료에 의존하고 있다. 설문지를 통한 연구를 비판하는 사람들은 지각 자료에만 의존할 경우 지각자의 편파가 개입되는 한계가 있다고 지적한다. 그러나 설문지법에 대한 대안적 방법으로 구조화된 관찰방법을 활용할 경우, 관찰을 아무리 구조화시킨다고 해도 거기에서 얻어지는 자료는 관찰자의 지각을 바탕으로 파악된 것이기 때문에 지각 자료라고 할 수밖에 없다. 리더십 행동 이론들은 리더의 행동이 하위자의 성과와 만족에 미치는 영향을 설명하는 데 노력을 집중해 왔다. 리더십이 미치는 하위자의 성과와 만족에 영향은 직접적인 영향과 간접적인 영향을 분류될 수 있다. 직접적인 영향은 리더의 행동이나 의사결정이 다른 매개변수의 영향을 받지 않고 곧바로 구성원들의 성과와 만족에 효과를 미치는 것을 말한다. 간접적인 영향은 리더의 행동이나 의사결정이 여러 매개변수들을 거쳐 효과를 미치는 것을 말한다.

행동 이론들은 하위자의 성과와 만족에 리더십이 미치는 직접적인 영향에만 치우친 연구를 했던 경향이 있다. 즉 매개변수에 대한 고려를 하지 않은 경우가 대부분이었다. 리더가 조직의 문화를 변화시킨다든가, 하위자의 장기적인 역량을 개발시킨다든가, 업무를 처리하는 데 활용되는 기술을 변화시킨다든가, 조직의 구조를 변화시킨다든가, 조직의 전략을 변화시킨다든가 하는 방법을 통하여 장기간에 걸쳐 하위자의 성과와 만족에 미치는 영양에 대해서는 충분히 연구를 하지 못했던 것이다.

리더십 행동 이론들은 모든 상황에서 유효하게 작용할 수 있는 리더의 행동을 파악하여 보편타당한 이론을 제시하고자 했으나 그러한 시도는 실효를 거두지 못하였다. 즉 행동 이론들은 모든 리더들이 상황에 관계없이 발휘할 수 있는 유일한 최선책을 찾고자 하였으나, 리더십의 유효성은 상황에 따라 달라진다는 결론에 도달하게 되었다. 이로 인해 리더십의 연구의 패러다임은 상황 이론으로 넘어가게 되었다.

위와 같은 한계에도 불구하고 리더십 행동 이론은 다소 관찰이 어렵고 추상성이 강한 특성에만 의존하여 리더십을 설명하려던 관점에서 벗어나 관찰 가능한 행동 스타일을 파악해 내고 측정할 수 있는 계기를 마련하였다. 행동 이론을 통해 개발된 리더십 행동 범주들은 오늘날에도 지속적으로 연구에 활용되고 있다. 또한 리더십 행동 이론은 효과적인 리더십 행동의 본보기를 파악하여 이를 바탕으로 구성원들을 훈련시킴으로써 리더를 양성하는 리더십 개발의 본격화에 계기가 되었다.

4) 행동이론 관점에서 본 히딩크와 중종의 리더십 스타일

간략하게 두 인물의 선정 배경을 살펴보자면, 우선 히딩크는 우리나라 국가대표 축구팀의 감독을 맡아 2002년 월드컵에서 4강이라는 전례 없는 성과를 이룩해 낸 지도자로서 이미 그 성공적인 리더십을 인정받아 왔다. 그리고 비슷한 시기인 2002년 2월부터 7월까지 여인천하라는 인기 드라마에서 주목받았던 중종은 조선조의 11대 왕으로서 실패한 임금으로 회자되기에 좋은 비교대상이 될 것으로 사료되었다. 스포츠계와 정계라는 상이한 두 분야의 비교대상이지만, 리더십을 발휘하는 데 있어서만큼은 동일하다고 판단되었기에 과감히 선택하게 되었고, 이 두 인물을 각각 성공한 리더와 실패한 리더로 나누어 앞서 다룬 행동이론의 관점에서 비교해 보도록 하겠다.

5) 성공한 리더 – 히딩크의 리더십 스타일

(1) 독재적 – 민주적 – 자유방임적 리더십
초기 히딩크 감독이 대표팀 사령탑을 맡고 나서 선수선발이나, 선수들의 체력,

대표팀을 운영하는 것에 대해서 언론이나 주위 축구협회 기술위원의 충고 등은 무시하고 자기 나름대로 선수들을 운영하였다. 하지만 시간이 지나면서, 히딩크 감독은 선수들 개개인들이 해야 할 것을 알려주고, 자신의 의사보다는 선수 개개인의 의견을 수렴하였으며, 의사결정을 함에 있어서도 축구협회와 코칭 스태프 사이의 의견조율을 통해서 이루어 나갔다.

이처럼 히딩크 감독은 처음 우리나라 대표팀에 부임했을 때에는 독재적인 리더십을 발휘했으나, 선수들이 자신이 생각하는 일정단계에 도달했을 때에는 선수들의 자율적인 행동을 허용하였으며, 의견 조율을 통하여 대표팀을 운영해 나갔다. 즉 자신이 생각하는 일정 궤도까지는 독재적인 리더십으로 이끌었으며, 그 수준에 도달한 때에는 각 구성원들에게 보다 적극적인 참여를 유도하는 민주적인 리더십으로 팀을 이끌어 나가는 모습을 보였다.

(2) 직무중심적-부하중심적 리더십

히딩크 감독은 부임 초기부터 우리나라 감독과는 다른 분위기로 훈련을 해서 큰 화제가 되었다. 즉 과거 선수들의 훈련은 그러한 훈련을 하는 것에 대한 충분한 이해가 없이, 감독의 일방적인 지휘 아래 어쩔 수 없이 하는 수동적인 훈련이었다고 할 수 있다. 그러나 히딩크 감독은 그런 훈련 방식에서 과감히 탈피, 선수들에게 그날 훈련의 성과에 대해서 충분한 설명을 하고, 선수들의 동의하에 훈련을 실시했기 때문에 선수들은 혹독한 훈련을 하면서도 즐기면서 할 수 있었던 것이다. 또한 선수들 간의 엄격한 선·후배 관계를 무너뜨려서, 같은 선수들 간의 편안하고 지속적인 의사소통을 가능하게 하였으며, 모든 개개인의 선수들에 대해 관심을 가지고 있었다. 이러한 점들에서 그는 부하중심적 리더십에 속한다고 본다.

(3) 구조 주도적-고려적 리더십

"한국 선수들은 유럽 선수들과는 달리 감독의 말에 너무 복종적이다. 내가 한 선수에게 1시간 동안 운동장을 뛰라고 하면, 그 선수는 아무 이유도 없이 그것을 그대로 실행한다. 또한 선·후배 간의 위계질서가 너무 엄격하다. 이것은 우리팀의 훈련 성과에 커다란 문제점이다."라고 대표팀 선수들을 평가하고 나서, 히딩크 감독은 감독과 선수뿐만 아니라 선수들 간에 있어서도 수직적인 관계에서 벗어나 팀 전체 간의 조화를 이루려고 노력하였다. 상호 지속적인 의사소통만이 팀 구성원들 간의 친밀감과 단결심을 높여 보다 우수한 성과를 나타낼 수 있다고 생각한 그는 식사시간에 선수들 간의 좌석 배치에 있어서도 이러한 점을 염두에 두었다. 이러한 면에서 그는 고려적 리더십에 속한다고 생각된다.

(4) 관리 그리드

앞에서 설명한 것처럼 히딩크 감독은 선수 개개인의 능력을 확인하고, 그에 맞게 체계적인 훈련 프로그램을 개발, 축구 기술위원과 각종 코칭스태프와 유기적인 관계를 통해서 대표팀을 지휘하였으며, 항상 서로 간의 의사소통을 중요시한 것을 보았을 때 이상형(Team) 리더 스타일이라 본다.

6) 히딩크를 성공한 리더라고 보는 이유

최근 본프레레 감독의 사퇴로 아드보가트라는 네덜란드 감독이 새로 부임하면서 히딩크에 대한 재조명이 있어 왔고, 많은 국민들이 다시금 향수에 젖기도 했다. 대다수의 사람들이 인정하듯, 히딩크 감독이 팀을 이끄는 동안 한국 축구는 변화했다. 그리고 이 변화의 원동력으로 히딩크 감독만의 지도력과 리더십을 꼽았다. 사실 한국 축구는 다른 나라에 비해 환경이 좋지 못할뿐더러 뛰어난 선수들이 많이 있지도 않다. 하지만 100년 한국축구사에서 해결하지 못했던 문전처리 미숙과 수비 조직력의 부재란 문제점을 해결할 수 있었다.

히딩크는 지도자로서 편견이 없었다. 물론 외국인 감독이라는 이유에서 우리나라 선수들에 대한 정보를 모르는 상황에서 판단을 했다는 것이 큰 장점으로 작용했지만, 히딩크는 철저한 실력 위주의 경쟁을 통해서 선수를 선발했으며, 소위 독특한 카리스마로 한국에서 내노라 하던 선수들을 장악했다. 또한 그는 감독이지만, 항상 선·후배, 감독·선수 간의 벽을 허물고 따질 것이 있으면 과감하게 따지고, 무턱대고 몸으로 축구만 하는 선수가 아닌, 머리로 축구를 할 수 있는 창조적인 생각을 선수들에게 심어주었다. 이것은 한 조직을 이끌어 가는 리더들이 배워야 할 점이다.

7) 히딩크의 리더십에 대한 경영학적 접근

축구에는 3가지 원칙이 있다. 첫째는 정확한 예측(Anticipation), 두 번째는 예측에 따른 전술의 변화(Adaptive), 마지막으로 상대방보다 빠르게 행동하는 것(Act Fast)이다. 상대팀에 대해 정확히 분석하고 여기서 나온 데이터를 토대로 그에 맞는 전술을 개발한다. 그리고 상대팀보다 빠르게 공격해야 승리의 기회를 잡을 수 있다. 축구에서 스타플레이어인 공격수와 미드필드·수비수가 모두 자신에게 맡겨진 역할을 충분히 소화해야 하듯이 기업을 경영하는 CEO도 마찬가지이다.

5~10년 뒤의 기업 환경변화를 예측하고, 이에 맞는 빠른 결정을 내리는 것이 CEO의 임무이다. 그리고 생산·재무·연구 개발·마케팅 등 각 부서가 힘을 모아서 조직적으로 움직일 수 있도록 전체적이고 큰 조직도를 관망할 줄 알아야 한다. 이런 점에서 축구 감독과 최고 경영자는 비슷한 면이 많다.

히딩크는 무엇보다도 기본을 충실히 하고, 장기적인 목표관리를 중시하며 철저하게 내부경쟁을 유도해내는 3박자를 갖추었으며, 지연이나 학연 배제하고, 상호 구성원들 간에 지속적인 커뮤니케이션을 갖게 함으로써 조직역량을 최고조로 끌어 올렸다.

또한 강팀과의 평가전을 통해서 우리의 위치가 어디 있는지를 알려 주었으며, 그 강팀과 경쟁을 해서 좋은 성과가 나타났을 때는 무엇보다도 선수들의 사기가 높게 올라갔다. 이처럼 기업경영에서도 약한 기업과 경쟁하는 것보다는 강팀과의 경쟁을 통해서 자신의 기업이 어떤 위치에 있는지, 어떤 경영전략을 사용하여 극복할 수 있는지를 임직원에게 시사해 줄 수 있어야 한다.

또한 그는 감독이지만, 항상 선·후배, 감독·선수 간의 벽을 허물고, 서로를 동등한 위치에서 이름으로 호명하게 하였다. 이는 어떠한 조직에서 가장 이상적인 구조인 '수평적 조직', '수평적 문화'와도 일맥상통한다. 경영학에서는 기업들이 활발한 의사소통을 통해 보다 강력한 경쟁력을 갖출 수 있도록 '수평적' 조직 문화가 이룩되어야 한다고 한다.

이처럼 히딩크 감독은 비록 축구 감독이지만, 경영학적인 관점에서 또한 기업을 경영하는 CEO들이 많은 것을 배우고, 모방할 수 있을 것이다.

8) 실패한 리더 – 중종의 리더십 스타일

(1) 독재적 – 민주적 – 자유방임적 리더십

중종은 자유방임적 리더십 스타일이다. 그 이유는 중종반정 이후 왕위에 올랐을 때, 자신의 소신을 가지고 나라를 다스리지 못하고 반정 공신들의 의견을 따라 나라를 다스렸으며 후에 조광조가 나타났을 때는 공신 세력을 견제하기 위해 신진 사림 세력이자 급진 개혁론자였던 조광조를 끌어들였기 때문이다. 하지만 조광조의 급진적 경향에 염증을 느낀 중종은 조광조를 시샘하던 공신, 훈신, 척신 세력들의 간언을 받아들여 다시 그를 숙청시키고 만다. 이로 인해 중종은 자신을 존경하고 염려하는 소중한 신하를 잃게 된다. 중종이 공신 세력들에 대해 지나치게 자유방임적이 아닌 어느 정도의 독재적인 리더십 혹은 민주적 리더십을 발휘하였더라면 또한 조광조가 나타났을 때 한쪽으로 치우쳐 조광조의 의견만 들으려고 하지 않았더라면 정치적인 혼란의 발생을 어느 정도 막을 수 있지 않았나 생각한다.

(2) 직무중심적 – 부하중심적 리더십

중종은 직무중심적 리더십과 부하중심적 리더십의 중간이라고 판단한다. 그 이유는 중종은 부하 즉 신하들과의 관계를 중요시하여 즉 중종반정 시 그들의 공을 생각하여 그들의 행동에 많은 제재를 가하지는 못하였지만, 그들이 자신에게 너무 무리한 것을 요구하거나 옳지 않다고 판단할 때는 자신의 뜻에 맞는 신하들의 의견을 받아들여 제재를 하였기 때문이다. 또한 그는 쿠데타로 집권한 훈구세력이 실질 권력을 지닌 상황에서 허수아비 왕의 역할만을 담당하고 있었기에 늘 왕권의 부활을 염원하고 있었다. 마침 신권에 의한 정치를 원했지만, 쿠데타로 인한 삐뚤어진 정권의 탄생에 불만을 품었던 조광조를 등용해 그를 파격적으로 승진시키며 정치적 중대사를 그의 의견에만 따랐다. 조광조 또한 중종에게 직언을 아끼지 않고, 신진세력의 핵심으로 자리매김해 중종의 오른팔 역할을 하며 그의 리더십에 많은 영향을 미쳤다. 중종이 조광조가 건의한 직속상관 대사헌의 파직을 수용하고, 현량과를 설치했던 일련의 행동들은 그가 조광조에 매료돼 일련의 제도를 부수고 조직의 질서를 흔들어 댔다는 비판을 받고 있기도 하다.

(3) 구조 주도적 - 고려적 리더십

중종은 고려적 리더십이라고 볼 수 있다. 계속하여 언급되듯이 공신들과의 관계를 거스르지 않고 그들의 의견을 적극적으로 수렴하여 정치를 펴나가는 모습을 종종 찾아볼 수 있기 때문이다. 신하들을 생각하고 그들의 의견을 듣는 중종의 고려적 리더로서의 모습은 존경할 만하지만 왕으로서의 주체적인 굳은 의지를 가지지 못하고 신하들에 의해 조종되는 모습은 리더십의 유약함을 시사하기도 한다.

(4) 관리 그리드

중종은 과업의 능률과 인간적 요소를 절충하여 적당한 수준의 성과를 지향하는 리더 스타일로 보인다. 즉 타협형, 중용적, 비특징적, 편의주의적 성향을 갖고 있는 중도형이다. 그 이유는 신하들의 의견을 반영하면서도 자신의 뜻이나 의지에 어긋난다고 생각되면 이를 단번에 거절했기 때문이다.

그는 조광조 등의 신진세력을 등용하여 그들이 표방하는 왕도정치를 이룩하려 하였다. 실제로 조광조가 제안한 현량과를 통해 인재를 등용하고자 노력하였으며, 향약을 북돋아 백성들의 상조 정신을 고취시키기도 하였다. 하지만 조광조 등 주요 세력의 개혁방법이 지나치게 이상주의적이었고, 또 조급하게 서둘러 시행하고자 했기 때문에 결국에는 그들을 외면하기도 하였다.

9) 중종을 실패한 리더라고 보는 이유

중종을 실패한 리더라고 보는 데 이의를 제기하는 사람도 있을 것이다. 중종은 등극한 뒤 가장 먼저 연산군의 폐정으로 말미암아 문란해진 나라 기강을 바로잡고 정치 수준을 끌어올리는 데 역점을 두었고, 왕의 자문을 담당하던 홍문관의 기능을 강화하고, 경연을 중시하여 정책 논쟁의 강도를 높였으며, 문신의 월과, 춘추과시, 시가독서, 전경 등을 엄중히 시행하여 문벌 세가들을 견제하려 하는 모습을 보였기 때문이다.

하지만 그 모든 것들은 중종반정에 성공한 공신 세력의 힘이 너무 막강한 탓에 거의 실효성을 거두지 못했다. 또한 자신이 가지고 있던 스스로의 포부를 계속하여 밀고 나가지 못한 채 신하들의 영향을 너무나 많이 받는 리더의 모습을 보이기도 하였다. 그리하여 자신의 굳건하지 못한 의지로 인해 한나라의 리더로서 신하들 사이의 갈등을 제대로 중재하지 못하고 신하들의 의견을 지나치게 따르는 우를 범하였다.

중종은 한 나라의 임금으로서 나라를 발전시키고, 성장시켜 나갈 훌륭한 아이디어를 가진 임금이었음에는 틀림없다. 하지만 생각하고 계획한 바를 끝까지 추진해 나가는 저력과 리더십이 뒷받침되지 못한 점이 안타깝다. 결국 이는 궁궐 내 조직뿐만 아니라 한 나라를 다스리는 국정 운영에 있어서도 큰 성과를 이룩하지 못한 리더십의 전형이라 할 수 있다.

만약 중종도 우선적으로 강력한 왕권하의 독재적인 리더십을 어느 정도 발휘한 후 시간이 지남에 따라 자신이 계획한 단계에 다 달았다고 판단했을 때 신하들의 자율적인 행동을 허용하고 의견 조율을 하였다면 실패한 리더가 아닌 성공한 리더로 기록되지 않았을까 한다.

10) 중종의 리더십에 대한 경영학적 접근

한 나라를 운영하는 왕은 한 기업을 이끌어 가는 경영자와 비슷하다. 한 명의 리더로서 구성원들의 의견을 적절히 반영하면서 자신이 옳다는 믿는 바를 밀고 나가는 추진력이 필요하기 때문이다. 그런 면에서 중종은 앞서 언급했듯 충분한 추진력을 갖추고 있지 못했다. 이것이 히딩크와 가장 대별되는 부분이다. 요즘 들어 기업 대부분의 CEO들의 신년인사에는 '혁신'이라는 단어가 빠지지 않고 들어간다. 한 발 앞서 나가기 위한 새로운 도전, 과감한 수용과 변화의 방향은 CEO들이 제시해야 할 기업의 비전과도 같다. 이러한 혁신을 단행하는 데 있어 추진력의 중요성은 없어서는 안 될 기업 리더의 자질이다.

또한 기업의 경영자는 사심을 버리고, 조직의 공동 목표를 달성하는 데 좀더 주안점을 두어야 한다. 중종의 경우는 자신의 미약한 왕권을 회복하기 위하여 많은 인재와 주변인들을 자신의 세력으로 끌어들이고자 노력했다. 그리고 요즘 시대의 언어로 코드가 맞는 인사를 채용한 뒤, 그들이 자신보다 더 큰 세력을 키워나가며 위협의 존재가 될 때는 그간의 공로를 인정하지 않고 바로 방출시키는 경우가 대부분이었다. 공정하고, 객관적인 기준으로 성과를 평가하고, 함께 일하는 사람들과의 인간적인 관계를 적절히 이어가는 것도 중종을 통해 배울 수 있는 경영 리더들의 자질이 아닐까 한다.

히딩크 감독과 중종을 비교 분석하면서 간략하게나마 성공한 리더십, 실패한 리더십에 대해 살펴보았다. 리더십은 조직구성원들의 행동과 그들의 성과에 직접적으로 관련된 만큼 리더의 특성과 행동경향 그리고 그 당시의 조직체가 처해져 있는 상황과 사회, 문화적인 특성에 따라서 모두 다르게 나타날 것이다. 따라서 성공한 리더는 그 당시 조직이 처해져 있는 문제와 이러한 여러 가지 상황적인 요소에 적절하고 능동적으로 대처할 수 있는 리더일 것이다.

앞서 성공사례로 제시된 히딩크의 리더십 모델은 경영학적 측면에서뿐만 아니라 사회의 전반적 성공리더십으로 승화시켜야 한다. 히딩크가 한국 축구의 기적을 창조할 때 발휘한 리더십을 일회적 흥분으로 흘려버리지 않고 다른 분야에서의 성공의 에너지로 살릴 수 있는 나침반이 되게 해야 한다. 그리고 많은 기업에서 팀제를 도입하고 있는 지금, 관계지향적이고 과업지향적인 행동의 균형을 잘 이루어 이상적인 팀형 리더의 표본으로 떠오른 히딩크의 리더적 자질을 본받아 이를 적극 활용할 수 있어야 한다.

히딩크는 행동 특성 중 관계지향적 행동과 과업지향적 행동의 균형을 잘 이루어 가장 이상적인 팀형 리더의 표본이었다. 히딩크는 과업과 관계 양쪽 다 높은 관심을 갖고 있었다. 비록 히딩크는 과업지향적 행동을 우선시했지만 역시 원활한 과업 수행을 위해 관계지향도 중요시한 가장 이상적인 팀형 리더였다. 히딩크가 과업지향적 행동을 우선할 수밖에 없는 이유는 목표달성 기간이 500일로 짧고, 조직의 규모가 23명으로 작고, 군대 조직 못지않은 응집력이 요구되는 스포츠팀이라는 특성상 불가피한 것이고 당연한 것이었다. 결론적으로 말해서 히딩크는 '한국 축구의 선진화'의 원대한 비전과 '월드컵 16강 진입'이라는 명확한 목표달성이라는 과업 성취를 위해 가장 적격한 선수를 선발 훈련 기용하는 데 있어 철저한 능력 원칙주의를 고수하였다. 그 결과 한국민의 기대를 훨씬 뛰어 넘는 '월드컵 4강 진입'이라는 엄청난 성공을 거두었고, 한국축구의 소원을 풀어주었고, 한국축구를 후진축구에서 선진축구의 대열에 합류시켰다.

또한, 히딩크는 외국인임에도 불구하고 의사소통 능력이 탁월했다. 히딩크는 효과적인 의사소통자의 조건 — 고도의 신뢰성, 고도의 정직성, 경청, 상대방의 불안과 모호함의 경감 능력 — 을 잘 갖추고 있었다. 이러한 히딩크의 행동 특성들이 그를 성공한 리더의 한 명으로 자리매김할 수 있게 하고, 많은 연구를 하게 된 배경이라 할 수 있다.

반면 실패한 리더로 꼽은 중종의 사례를 통해서도 이를 거울삼아 그와 같은 실수나 미흡함에 빠지는 일이 없도록 되새기는 노력을 기울이는 계기를 마련할 수 있다. 가령, 중종은 인재를 등용하는 데 이렇다 할 뚜렷한 원칙을 가지고 있지 못했다. 당시 자신의 왕권 기반이 미약했기 때문에 무조건 세력을 확장시키고, 요즘 시대의 표현으로 코드가 맞는 인사를 등용하였기 때문이다. 특히 쿠데타를 통해 실세를 장악한 신진 세력에 자신과 같이 염증을 느끼고 있던 조광조를 기용해 초고속 승진을 시키다가도, 그의 세력이 자신보다 막강해지고, 지나치게 급진적인 개혁을 이루려 하자 그를 시샘하던 세력의 간언을 듣고 그를 숙청하여 충신을 잃기도 하였다. 그리고 중종은 강한 추진력을 갖고 있지 못했다. 중종은 한 나라의 임금으로서 나라를 발전시키고, 성장시켜 나갈 훌륭한 아이디어를 가진 임금이었음에는 틀림없다. 하지만 생각하고 계획한 바를 끝까지 추진해 나가는 저력과 리더십이 뒷받침되지 못한 점이 안타깝다. 결국 이는 궁궐 내 조직뿐만 아니라 한 나라를 다스리는 국정 운영에 있어서도 큰 성과를 이룩하지 못한 리더십의 전형이라 할 수 있다. 만약 중종도 우선적으로 강력한 왕권하의 독재적인 리더십을 어느 정도 발휘한 후 시간이 지남에 따라 자신이 계획한 단계에 다다랐다고 판단했을 때 신하들의 자율적인 행동을 허용하고 의견 조율을 하였다면 실패한 리더가 아닌 성공한 리더로 기록되지 않았을까 한다. 이를 종합해 볼 때, 훌륭한 리더는 함께 일하는 사람들과의 활발한 커뮤니케이션을 통해 수평적인 조직문화를 이루고, 자신이 내세우는 앞으로의 비전과 계획, 전략에 맞게 역량 있는 인재를 구별해 내고, 그들이 자신의 능력을 마음껏 펼쳐 그만큼의 목적과 성과를 달성할 수 있는 제반 환경을 구축할 수 있는 자질이 필요하다. 이것이 바로 관계지향적이고 과업지향적인 행동의 특성이 균형을 이룬 리더의 모습일 것이다.

〈독재적 – 민주적 – 자유방임적 리더십〉

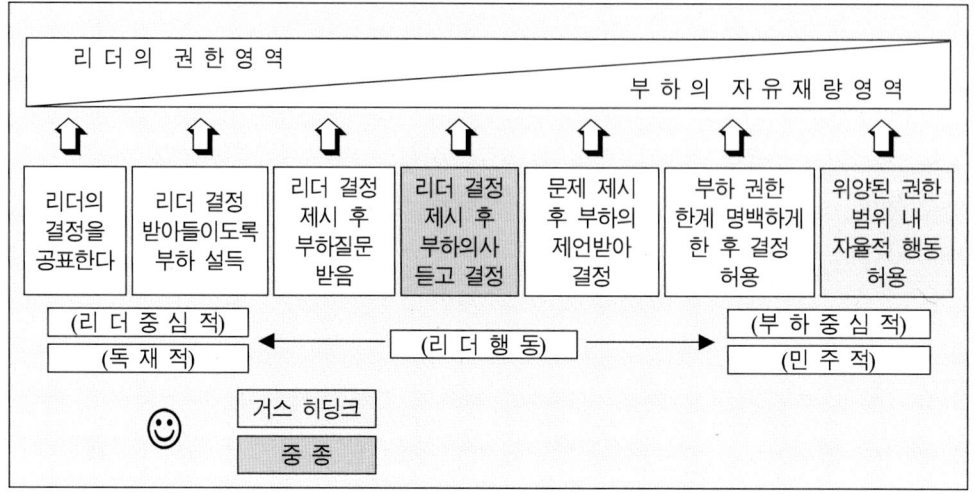

〈구조주도적 – 고려적 리더십〉

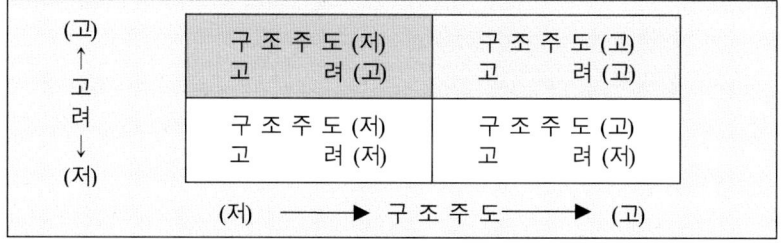

〈관리그리드〉

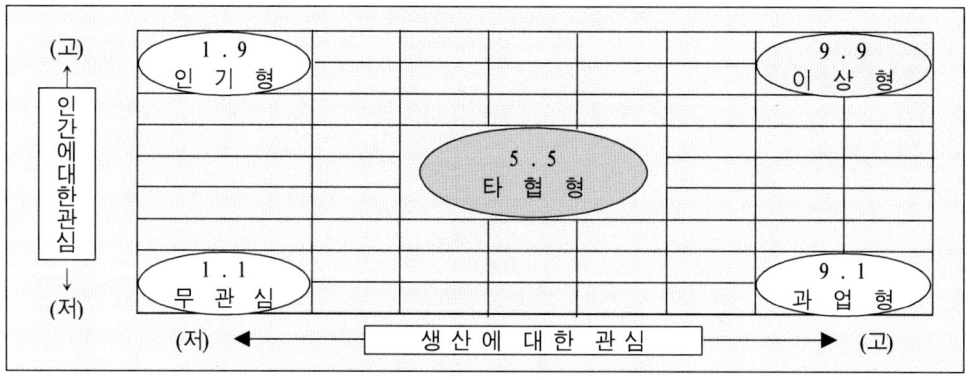

히딩크와 중종의 리더십 비교

리더십은 인류역사에서 가장 오래된 관심거리였다. 리더십이 인간의 큰 관심사가 되어온 이유가 무엇일까? 그것은 인간이 바로 조직생활을 하기 때문이다.

'강한 장수 밑에 약한 졸개 없다'는 말이 있다. 이 말은 조직구성원이 리더의 행동에 따라 큰 영향을 받는다는 것을 단적으로 말해 주는 격언이다. 조직의 목표달성을 위해 구성원의 특성을 잘 살피고 이들을 통합하여 시너지효과를 이끌어내는 리더의 역할이 중요하다는 것은 많은 역사적 사건들이 증명하고 있다. 이순신 장군이 명량해전에서 거북선 12척만을 이끌고 수적으로 우세했던 왜군을 무찌름으로써 수세에 몰려 있던 전황을 완전히 뒤바꿔 놓은 것은 이순신 장군의 리더십을 알지 못하고서는 설명할 수 없는 사건일 것이다. 또한 '난세에 영웅이 나온다.'는 말은 조직 환경이 어려울 때 난국을 전환시킬 수 있는 리더의 리더십이 중요하다는 말이다. 기업조직에 있어서 리더십은 조직의 목표를 달성하는 데 매우 중요한 변수가 되고 있다. 리더십은 조직의 성공뿐만 아니라 가정과 개인의 성공을 위해서도 중요하다. 리더십은 자신의 목표와 방향을 스스로 설정하고 자신의 시간 관리와 인간관계를 원활하게 하여 뜻을 이루게 하는 역할을 하기 때문이다.

현대조직에 있어서 리더십의 중요성이 더해 가는 이유는 무엇일까? 리더십은 가정이나 조직 그리고 기업의 국면전환, 선회전략에 있어서 매우 중요한 요소이며 리더십은 그 가정이나 조직 그리고 기업의 변환과정의 효율성을 나타내는 중요한 지표가 된다. 또한 세상은 계속 변하고 있다. 통제에 의해 움직이던 수동적 시대가 지나고 개인의 자발성이 성과의 동인이 되는 시대가 되는 것이다. 지시와 강제에 의하여 운영되던 모든 조직들이 구성원들의 창의성과 자발성을 전제로 한 자율 조직 형태로 바뀌고 있다. 현대조직은 고객의 욕구 변화에 최대한 능동적으로 반응하려고 하는 등 사회와 세계가 변함에 따라 조직도 변하고 따라서 이러한 조직을 이끄는 리더의 리더십도 변해야 하는 것이다.

현대조직의 리더십을 연구하기 위해 우선 현대조직에 대해서 간단하게 살펴볼 필요가 있다. 청와대 홈페이지를 보게 되면 인터넷 신문고라는 볼 수 있을 것이다. 이것은 국민들은 민원을 신청하고 부정부패의 고발 등을 인터넷 신문고를 통하여 이루어 낼 수 있다는 것이다. 단국대학교 박창화 교수의 '포스트모더니즘 조직에서의 리더십에 관한 연구' 논문을 보게 되면 포스트모더니즘 조직의 특성을 8가지로 분류하고 있다.

(1) 조직내외의 혼돈과 무질서의 수용

국가정보원이 2003년 1월 실시한 '정보보안실태 설문조사'에 따르면 조사대상 300개 국가·공공기관 중 정보보안 업무를 담당하고 있는 전문조직이나 전문 인력을 갖추지 않은 곳이 전체의 81%에 달했다고 한다. 반면 정보보안 업무를 전담하는 조직을 보유한 기관은 전체의 3%에 불과했다. 전담조직은 아니지만 정보보안 전담인원을 보유한 기관은 16%였다고 한다. 이와 관련하여 국정원 보안정책과 관계자는 "지난해 1월 실시한 조사 결과이지만 정부 조직이나 인원보충이 쉽게 바뀌지 않는 것을 보면 지금도 그 당시와 큰 변화는 없을 것"이라며 "예산과 전문 인력의 확충이 시급한 상태"라고 말한 것을 보면 알 수 있듯이 우리나라의 정부조직 자원부족과 그동안 정부 서비스에 있어서 항상 거론되어 왔던 서비스의 질 저하가 혼돈과 무질서를 야기하고 결과적으로 시민참여와 자원봉사자들의 활동이 나타난다는 것이다.

(2) 조직구조의 유연성

조직구조의 유연성은 급변하는 환경의 변화에 대해서 빠르게 대처할 수 있는 능력을 키우기 위하여 제신된 것이라고 볼 수 있다. 즉 조직계층의 수가 작아지면서 조직이 수평적으로 변화하면, 환경변화에 신축적으로 대응할 수 있다고 한다. 특히 수평화된 조직은 고객의 수요를 빠른 시간 내에 감지할 수 있는 이점을 부여한다. 또한 이것은 고객의 대기시간을 현저하게 단축시킬 수 있다.

(3) 고객서비스 체계

대부분의 포스트모더니즘 조직은 고객과의 밀접한 관계를 강화하고 있다. 특히 조직구조의 유연성의 강조로 고객의 시간을 줄이고, 편의를 극대화시키는 노력을 기울여야 하는 것으로 전제하고 있으며 조직의 성공은 고객서비스에 투자하는 노력에 비례한다고 한다. 즉 조직은 고객의 시간과 노력을 감소시키고 편의를 높일 수 있는 경우에 비로소 성공할 수 있다는 것이다. 이것은 컴퓨터 회사인 DEL 회사의 예로 보아 알 수 있을 것이다. DEL 컴퓨터 회사의 경영전략을 마이클 델 회장은 "좋은 제품을 더 싼 값에 공급했기 때문"이라고 말한다. 평범한 이야기이지만 델컴퓨터만의 최대 무기이기도 한 것이다. 미국 텍사스 주 오스틴 북쪽의 라운드 록에 자리잡은 델컴퓨터 공장 고객의 다양한 욕구와 취향에 맞게 개별적으로 컴퓨터를 주문 생산하고 자연스럽게 사양과 용량, 옵션, 소프트웨어의 종류에 따라 설계된 '나만의 제품'이 시시각각 탄생하는 것이다. 또 환제품은 창고에 쌓일 시간도 없이 소비자에게 곧바로 배송된다. 직판모델(direct model)을 통해 유통 과정의 사슬을 모두 없애버린 것이다. 후기 IT(Post IT)를 대비한 마케팅전략이라고도 한다. 이것을 포스트모더니즘의 고객서비스 체계와 접목을 한다면 고객과 시민을 위한 일회방문처리제(One-stop shopping)라고 할 수 있다. 고객의 편의를 극대화시키고 고객서비스에 대한 투자는 정부와 기업을 나누어서 생각할 필요는 없다고 생각한다. 왜냐하면 지금 정부는 많은 정부기관을 민영화시키고 있으며 민영화를 통하여 기업의 장점을 민영화를 통하여 흡수를 하려고 하기 때문이다. 그렇기 때문에 DEL 컴퓨터 회사의 경영전략은 우리 조직의 변화를 나타내는 데 큰 교훈을 준다고 할 수 있다.

(4) 창의성 촉진

환경의 변화에 대해 가장 유연하게 대처할 수 있는 것이 조직구성원들의 창의성을 개발하고 촉진하는 것이다. 이것은 조직의 학습능력을 존중하는 것에서부터 시작한다고 할 수 있는데 고객중심적으로 흘러가고 있는 우리 조직의 특성으로 보아 고객을 직접 대면하는 일선의 전문적이고 창의적인 생각이야말로 환경변화에 발 빠르게 대처할 수 있는 가장 강력한 수단이라고 생각한다.

(5) 동반자적 협력관계

조직의 서비스와 업무를 외부와의 계약을 통해 위탁하는 방법과 다른 조직 또는 고객, 소비자, 공급자, 시민 등과의 협력관계의 형성이 그 예라고 할 수 있을 것이다. 현 정부가 추진한 고위공무원단 제도는 국장(3급) 이상 고위급 공직자들의 부처 간 인사교류와 승진을 중앙인사위원회에서 별도로 관리하는 제도로서 다른 기관 간의 관계에서 서로를 이해할 수 있는 기회가 되어 협력관계를 더욱 높인다는 것이다. 이런 의미에서 우리나라의 조직은 지금 동반자적 협력관계로 나아가고 있으며 더욱 필요할 것이라고 생각한다.

(6) 조직혁신에 대한 장기적 역할

세계적으로 인터넷의 보급으로 많은 것이 변한 것은 누구도 부인할 수 없는 시대적 변화일 것이다. 네트워크에 관한 광고를 TV에서 보게 되면 어디에 있던지, 어느 곳에 있던지 그것은 중요하지 않다는 것을 알 수 있을 것이다. 핸드폰의 계발로 전세계는 지금 하나로 되어 있으며 많은 사람들이 사용하였고 사용 중인 MSN의 채팅 프로그램을 보더라도 아무리 멀리 있는 사람이라도 가까이에 있는 것처럼 그 사람과 대화를 할 수 있다는 것은 그만큼 발달한 통신기술을 의미한다고 볼 수 있다. 즉 통신기술의 발달로 조직, 집단, 개인을 연결시켜줄 수 있고 고객은 언제 어디서나 서비스를 받을 수 있다는 것을 의미한다. 이러한 변화를 볼 때 지금의 현 시대에서는 장기적인 투자가 필요한 것으로 판단된다.

(7) 보상체계의 변화

과거의 연공서열보다는 조직에 공헌하는 개인의 능력을 보상하는 방향으로 나아갈 것으로 전망하고 있다. 이것은 포스트모더니즘 시대의 특징 중 동반자적 협력관계에서도 언급했듯이 능력을 위주로 하는 방향으로 제도가 변화하고 있고 또한 이런 방법이 지금 정부에서 추진 중인 공기업의 민영화라는 큰 물결을 보더라도 보상체계의 변화는 당연한 것이 아닌가 하는 생각이 든다.

(8) 노동자의 행태변화

노동의 행태는 크게 2가지의 노동자 행태변화를 지적했다. 첫 번째는 직업의 안정성보다는 '고용의 안정성'이라는 것이다. 즉 한 조직에 절대적으로 충성하기보다는 많은 조직에 가입하여 자신의 지식과 능력을 발휘한다는 의미로서 개인에게 보다 많은 자율성을 갖게 한다는 형태로 보고 있으며 또한 여성인력의 증가로 조직의 문화가 여성화가 초래될 수 있다는 것을 지적하였다.

11) 공기업·사기업 구분에 따른 리더십

여기서 조직을 크게 공기업과 사기업으로 나누어 각 조직에서의 리더십에 대하여 알아보고자 한다. 본 연구자들이 행정학과이므로 이 부분에서는 공기업에 더 초점을 두었고, 사기업의 경우 각 기업의 특징과 차이가 너무 많아 일괄적인 리더의 유형이 없으므로 몇 가지의 성공적인 사례를 들어 설명하고자 한다.

(1) 공공부문 리더십의 국제적 추세와 요청

리더십이라는 개념은 공공부문에서 새롭거나 독특한 것은 아니다. 이러한 개념은 기업경영이나 논문 등에서와 같이 공공부문에서도 흔히 논의되어 왔다. 그러나 최근에 이르러 공공부문의 리더십 개발이 크게 부상되고 있다. OECD의 보고서에 따르면 독일, 아이스 랜드, 노르웨이, 영국 그리고 미국을 포함한 OECD 회원국 정부에서 지난 2~3년간 우선순위를 가진 논쟁거리가 되어 왔다. 일반적으로 리더십에 대한 관심이 높아지는 이유로는 최소한 다음과 같은 4가지를 들 수 있을 것이다.

① 변화하는 환경이 새로운 리더십의 형태를 요청하고 있다.

OECD 제국들은 다음과 같은 이유들 때문에 리더십을 보다 강조하고 있다.

사람들이 국제적인 동시에 지방적으로 사고하고 행동해야 할 필요성으로 인해 지도자들은 정책의 일관성(coherence)에 더 관심을 갖게 된다. 특히 시민과 정부 간의 권력변화로 인해 공공부문의 리더십의 중요성이 높아지고 관리자의 과제가 더욱 늘어나게 되었다. 많은 OECD 선진국에서 민간영역에서의 업무의 매력과 다른 사회부분들이 공공서비스를 희생해가면서 늘어나고 있으며, 많은 국가들이 여하히 적합한 자질을 가진 지도자들과 관리자를 확보할 것인가에 대한 새로운 관점을 가질 필요성이 증가하였다. 지식집약적인 경제에서 정부는 그들의 활동을 지식에 기반을 두고 지식이 점차 늘어감에 따라 그것을 추적하고 통합해야 할 필요성이 늘어나고 있다. 이러한 상황은 다른 사람들이 지식을 창조하고 공유하도록 고무하는 새로운 유형의 리더십을 요청하고 있다. 마지막으로 외적환경이 빠르게 변화하고 있으며, 공공조직이 계속 유용한 것이 되자면 매우 신중한 적응 노력을 계속하지 않으면 안 된다. 실제로 이러한 상황은 리더십에 대한 수요가 늘어나고 있는데 선출직이거나 임명직을 불문하고 고위관리자뿐만 아니라 모든 공공종사자들에게 해당된다.

② 리더십의 초점이 변하고 있다.

리더와 추종자 간의 관계는 변화하고 있다. 권위는 과거에 그 모습과 같이 더 이상 완전하지 못하며 많은 조직에서 계층은 낮아지고 있으며, 보다 많은 이동과 직업기회 등을 포함한 사회변화가 광범위하므로 오늘날 공공부문의 지도자는 그들의 추종자들로부터 복종이 아닌 헌신을 획득해야만 한다. 그 결과 오늘날의 지도자들은 권위를 넘어서 추종자에게 영향력을 효과적으로 발휘할 수 있는 방법을 찾지 않으면 안 된다.

③ 리더십은 관리와 다르다.

리더십과 관리는 흔히 통용되고 있다. 두 개념은 상당히 중복되는 것이 사실이다. 두 개념은 모두가 제도적 구조와 시스템에 기초하고 있으며, 조직의 보다 큰 성과를 지향하고 있기 때문에 많은 공통적인 특징을 공유하고 있다. 그러나 강조점에서 차이를 보여주고 있다. 브로스나핸(Brosnahan)에 따르면 '리더십은 성실, 비전, 다른사람을 고무하는 능력, 자기에 대한 의식, 혁신에 대한 용기 그리고 판단에 초점을 두는 속성의 개발에 보다 많은 관심을 기울이는 것'을 의미한다. 한편 관리는 공식적 체계, 과정 그리고 보상을 보다 강조하고 있으나 리더십은 비공식적인 영향력에 관한 것으로서 가치와 비전을 통하여 사람들을 어떻게 동원하는가에 관심을 둔다.

④ 새로운 리더십은 모든 계층을 포함한다.

전통적인 리더십 계층의 경우 지도자는 계층 내에 높은 위치를 가진 소수의 사람들로 간주되었다. 그러나 새로운 리더십 모델에서는 리더십은 모든 계층을 포함하며 그 역할은 각기 다른 것이다. 미국 정부는 계층상 3개 형태의 리더십을 전략적 리더십, 팀 리더십, 기술적 리더십으로 구분하고 있다. 리더십이 모든 계층에서 요구된다는 생각은 그 잠재적 영향측면에서 혁명적 발상이며, 공공부문 리더십을 재정의(redefine)하는 방향으로 나아가는 주요한 촉매제가 될 수 있다.

(2) 리더십의 역할

① 변화와 개혁의 주체

전시대에 거쳐 공공부문지도자의 가장 중요한 역할은 특수한 환경에 직면한 문제와 도전이었다. 특히 리더십은 그것이 개혁의 주요한 측면 즉 변화와 사람을 포함하고 있기 때문에 공공부문의 개혁에 주요한 역할을 한다. 리더십은 사람들 간의 관계에서 표출된다. 훌륭한 지도자는 사람들을 고무시킨다. 변화하는 조직이란 실제적으로 사람의 행동을 변화시키는 데 있다. 그러므로 개혁을 추진하려는 조직들은 리더십이 요청된다. 전 조직에 거쳐 퍼져 있는 지도자들이 공공부문의 성공적인 개혁에 필요한 새로운 가치관을 전파하거나 유지하는 데 도움을 준다.

모든 면에서 권력을 가진 권위 있는 인물 대신에 미래의 지도자들은 사람들을 설득하고 공익적 목적에 두고 자신의 노력을 경주해야 할 필요가 있다.

② 조직의 능력과 성과의 제고

리더십은 조직의 성과뿐만 아니라 관리능력을 향상시킬 수 있는 주요하고 결정적인 변수가 된다. 아래 그림에 리더십과 성과(performance) 사이의 가설적인 관계가 잘 제시되어 있다. 특정 조직문화 내에서 어떻게 리더십이 발휘되는가 하는 문제가 관리능력의 수준을 결정짓는데 이는 인력, 예산, 정보 등과 같은 유용한 가용자원의 활용을 통하며, 인적 자원관리, 예산시스템, 제도적인 배치, 기술정보 등에 영향을 미침으로써 가능하다. 그러나 향상된 관리능력이 높은 조직의 성과로 이어진다는 보장은 없다. 관리능력이 조직의 성과를 달성하기 위해서는 그것이 활용되어야 한다. 관리능력이 조직의 성과를 가져오기 위해서는 성과 목표를 추구하게 되는데 이때 지도자의 역할이 매우 중요하다.

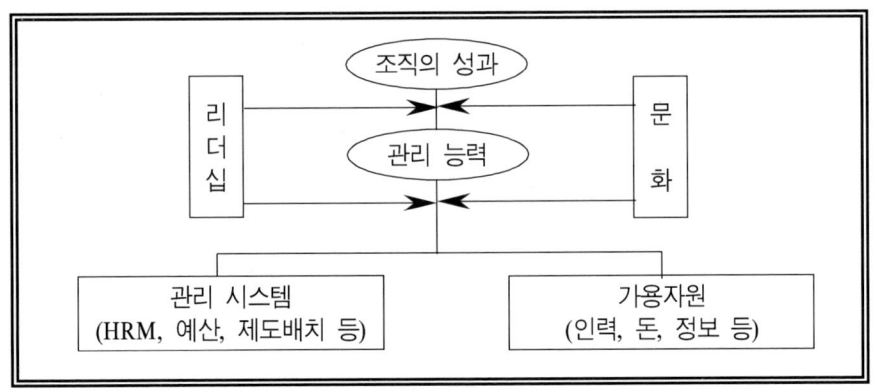

《리더십과 관리능력 / 성과》

③ 다른 인적 자원관리 활동의 통합

리더십은 인적 자원관리의 주요요소를 구성한다. 리더십은 다양한 인적 자원관리 요소 간에 통합적인 기능을 수행한다. 리더십 개발의 최초 그리고 가장 중요한 단계는 리더의 선발이다. 왜냐하면 부적합한 인물이 선발될 때에는 그들을 개발하는 것이 별 도움이 되지 않을 것이기 때문이다. 미래지도자가 가져야 할 기술과 능력을 정의하는 것이 필수적이다. 이것에 기초하여 선발절차는 다른 사람들과 함께 일하기를 바라는 강한 의지와 최적의 역량을 가진 지원자가 임용될 수 있다. 이 점에서 리더십 역량은 철저히 검증될 필요성이 있다. 아래 그림에서 볼 수 있듯이 리더십의 개발은 인사관리 순환에 있어 인적 자원관리 활동과 밀접한 관련을 맺고 있다. 공공부문 리더십과 공공서비스의 윤리는 특별한 관계가 있다. 규범적으로 공공부문의 지도자는 투명성과 책임에 대한 높은 윤리적 표준을 보여주어야 한다. 뿐만 아니라 일반적인 공공서비스의 높은 표준을 촉진시키는 역할은 공공윤리가 대중의 신뢰의 선행조건이며 버팀목이 될 뿐 아니라 훌륭한 국가경영에 시금석이 되기 때문이다.

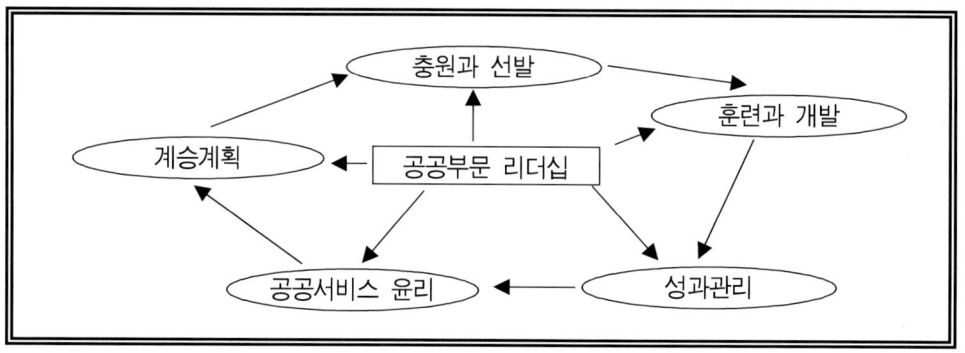

《인적 자원관리 사이클에서의 리더십》

④ 리더십의 역할은 상황맥락에 따라 다르다.

공공부문의 서비스를 개발하는 것이 중요한 정도는 나라마다 상당히 다르다. "1999년 OECD에서 열린 미래 정부에 대한 심포지엄에서 대표들은 리더십의 중요성은 사회의 구성, 조직의 구조 개혁의 형태에 주로 의존한다."고 지적하였다.

- 동질적인 사회보다는 다원화된 사회에서 리더십의 개발이 더 중요하다. 왜냐하면 개혁을 후원하기 위하여 리더는 새로운 가치를 전달하고 차이를 조정하여야 할 요구에 직면하기 때문이다.
- 리더십은 계층적이고 규정중심의 정부보다는 분권화되고 그물망(webbed) 정부에서 더욱 중요시된다.
- 점진적 개혁의 노선을 선택한 나라는 많은 지도자를 동시에 동원하는 것이 쉽지 않을 것이다. 그러나 개혁이 보다 커지고 확산되는 곳에서는 리더십에 부하된 비중이 더 높아진다고 할 수 있다.

(3) OECD 회원국들의 일반 추세

OECD 회원국들의 리더십 개발의 일반적인 추세(trends)는 다음과 같이 요약할 수 있다.

① 포괄적인 전략의 개발

조사결과에 따르면 리더십 개발을 위해 체계적인 전략을 세운 나라는 소수에 불과하다. 예컨대, 영국 정부는 최근에 이르러서 리더십 개발 모델에 관한 작업에 착수하였다. 노르웨이 정부는 공공부문의 변화에 대한 높아진 관심을 반영하기 위하여 공무원의 리더십을 위한 전략적 계획을 재수립(보완)하였다.

② 리더십 개발을 위한 새로운 기관(institute)의 설치

스웨덴이나 미국과 같은 몇몇 국가들의 경우 공공부문에 미래 지도자들을 발굴하여 개발할 수 있는 새로운 기관들을 세웠다. 스웨덴에서는 품질 개발을 위한 국가위원회(National Council for Quality and Development)가 최근에 창설되었는데 그 주된 과제는 잠재적인 지도자들을 발굴(확인)하는 것이다.

③ 기존의 관리훈련과 리더십 개발과의 연계

한편, 여러 나라들은 그들의 기존 관리개발 프로그램을 확대하여 리더십 개발을 포함시키는 경향이 있다. 핀란드의 리더십 프로그램은 과거의 관리프로그램을 재평가한 후 새로운 관리프로그램으로 개발하여 활용하기도 한다. 네덜란드에서는 점차 많은 고위지도자에 대한 요구의 증대에 대처하기 위하여 모든 상위관리자를 고위공직자단에 포함시켜 확대하였다.

(4) 국가사례 연구

① 영국(United Kingdom)

영국의 공직사회(Civil Service)는 1999년 이후 주요한 개혁적 조치를 단행해 오고 있는데 그것은 3년에서 5년 정도 소요될 것으로 전망된다. 수상실(Cabinet Office)은 21세기에 요구되는 기술을 확실히 습득하고 유지시키기 위하여 그러한 리더십 기술을 정의하고 있는 과정에 있다. 이러한 목적을 위하여 2개의 프로젝트가 리더십을 정의할 목적으로 시행되고 있다. 의견을 깊이 있게 검토하고 고위

공무원 리더십 프로젝트의 범위를 설정하기 위하여 대부분 고위 공무원이 참가하는 리더십 세미나와 워크숍이 개최된다.

21세기 고위공무원들은 새로운 기술을 습득하여야 할 필요가 있다. 즉 그들은 보다 통찰력을 지녀야 하며 보다 넓은 비전을 전달할 수 있는 기술을 가져야 하며 직원의 반응을 잘 받아들이며 민감하게 대처하고 변화와 학습을 잘 받아들여야 한다.

② 미국(United States)

미국에서의 리더십 개발 업무는 20여 년 전에 설립된 인사관리처(Office of Personnel Management)가 관장해 오고 있다. 인사관리처 최초의 전략들 중 하나는 고위관리자의 핵심자질(Executive Core Qualification: ECQS)을 명세화하여 작성하는 것이었는데 그것은 지속적으로 점검되고, 당면한 요구사항에 부합되도록 조정된다. 능력을 촉진시키는 훈련계획은 이러한 ECQ들에 기초하여 짜지는데 그러한 훈련계획들은 창조적인 사고, 협상능력을 촉진시키며, 직원들과 관계를 갖고 날로 복잡해지는 정보기술을 다루고 경영감각을 향상시키며, 직원 중 특별한 재능을 개발하는 데 도움이 될 수 있도록 교육계획이 설계된다. 미국 인사관리처(OPM)는 측정프로그램, 훈련세미나, 계속학습 기회를 조성하기 위하여 고위관리자직과 관리개발사무국(Office of Executive and Management Development: OEMD)을 설립하였다. OEMD는 미연방 행정국(Federal Administration) 내의 기관과 부처 직원들에 특수하게 요구되는 리더십 기술의 검토와 향상을 위하여 그 기관과 부처 간의 제휴협력도 맺고 있다. 다른 부서인 자원관리국(The Office of Resource Management) 역시 상호관계의 형성과 의견교환을 위한 리더십을 주제로 한 심포지엄과 세미나를 개설하고 있다.

③ 독일(Germany)

효율적이고 시민 중심적 공공서비스를 제공하기 위하여 독일연방청(German Federal Administration) 내의 모든 내각(ministries)과 부처(departments)는 리더십을 개발하고 향상시킬 수 있는 독자적인 전략을 조직적으로 세우고 있다. 공직사회에 들어온 신규공무원들은 연방공공행정 아카데미(Federal Academy for Public Administration)가 편성한 입문과정과 신규직원 프로그램과정에 의무적으로 참가하여야 한다. 이 아카데미는 1968년에 높은 계층의 공직사회요원을 훈련시켜야 할 명시적인 목표하에 설립되었다. 이 아카데미는 고위직에 임명된 후 3년이 되면 바로 후속적인 훈련에 들어가게 된다. 오늘날 독일의 공공행정 또한 다방면에 두루 지식을 가진 인사(generalists)를 선호하며 점차 유럽문제에 있어 국제적인 기술과 역량(competence)을 가진 지도자를 요구하고 있다. 지도자의 임무조정은 최소한 1년 1회 수행에 대한 의견교환(dialogue), 임명이나 승진에 대한 공식화된 평가, 최근에 도입된 새로운 기법 등에 의해 이루어진다. 즉 소속부서의 직원(staff)에 의한 수행평가를 말한다. 미래의 리더십 프로그램(leadership programs)의 개발과 시행을 관리하기 위하여 연방 정부가 설치한 작업단은 그 새로운 기법을 적극 권장하고 있다.

(5) 미래 지도자(Steps) 개발을 위해 취해진 공통의 조치

OECD 회원국들이 채택하는 전략들과 접근방법들과의 다양하기는 하지만 미래의 지도자를 개발하는 데 일반적이고 공통적인 추세는 회원국가들의 경험에서 개략적으로 도출될 수 있다. 영국과 미국에서 미래지도자 개발을 취해 이루어지는 첫 단계는 미래 지도자의 역량 프로필 열을 규정하는 것이었다. 미래 지도자에게 요구되는 능력은 미래지도자의 책임, 능력 그리고 역할 측면에서 현재의 지도자에게 요구되는 역량과 미래 지도자의 그것과는 차이가 있을 수 있다는 생각이 깔려 있다. 이러한 목적에 부응하여 영국 공직사회(UK Civil Service)는 새로운 고위공무원단의 핵심역량의 틀을 생산했는데 이것은 보다 다양하고 창조적 전략이며 사람이 중심이 되는 조직을 반영코자 시도된 것이다. 이러한 틀의 구조는 아래의 표에 제시되어 있다. 이렇게 개발된 개괄적인 광범위한 조사(survey), 워크숍 그리고 모범적인 실천사례로부터 벤치마킹을 하는 등 방법을 통해 그 타당성이 검토되어 왔다. 핵심역량 틀(framework) 새로운 상위직 공무원의 수행관리와 보상관리체계의 일환으로서 2001년 4월에 시작되었는데, 이것은 훌륭한 성과(performance)나 결과의 전달(delivery of results)에 대한 인센티브의 제공뿐만 아니라 훈련과 개발요구(development needs)에 강조하고 있다.

《결과를 위한 고위공무원 핵심능력 리더십》

목적과 방향 제시 미래의 비전의 창조와 전달(communication)	개인적 영향력 만들기 수범에 의한 지도(loading)	전략적으로 사고하기 목표를 성취하기 위하여 아이 디어와 기회를 평상시 이용
사람으로부터 최상(Base) 얻기 고성과를 성취하기 위하여 사람의 동기부여 및 개발	학습과 개선 결과의 향상을 위하여 경험과 아이디어에 의존	전달에 대한 관심 재정과 결과에 대한 가치 실현

출처: OECD

　미국정부 역시 고위관리자 핵심자질(Executive Core Qualification) 역시 핵심특성(key characteristic)과 리더십 역량(leadership competencies)을 규정하였다. 이러한 고위관리자 핵심자질을 첫째 개인의 발달적 요구(developmental needs)를 규명하고, 둘째 최고위관리자(Senior Executive Service)에 적합한 후보자를 선발하고 보증하며, 셋째 새로이 임명된 지도자들이 복무 첫해에 수행을 측정하는 데 있다.

　핀란드 정부 역시 1997년의 정부의 최고위 공무원을 위한 선발기준을 수정하였다. 수정된 기준의 목표는 고위 공무원의 역할을 변화시켜, 정부의 세계화와 변화추세에 대처토록 하는 것이며, 특히 정부부처의 권한과 책임을 증가시켜 왔던 것을 변화시키는 데 두고 있다. 새로운 선발기준은 법에 정한 자격요건과 일반적 자격을 통하여 최고관리자의 역량 향상을 도모코자 한다. 법적인 자격요건이나 직무의 특수자격요건(job specific qualifications)은 최고 수준의 정부의 최고관리 경험 수준에서 보다 높은 학교의 학위, 적절한 정책 전문성과 증명된 관리능력 등을 포함한다. 일반자격 또는 모든 최고급 공무원들에게 적용되는 규칙(rule)들은 원리, 광범위한 정부경험과 지식, 팀과 더불어 일하는 능력, 발달잠재력과 증명된 대인적 의사소통과 언어기술 등이다.

《ECQ의 27가지 요소》

고위직 핵심자질	요　소(Component)	
변화주도(Leading Change)	• 계속학습 • 창조성과 혁신 • 외부의식 • 유 연 성	• 탄력성(resilience) • 서비스 동기 • 전략적 사고 • 비　전
사람주도(Leading People)	• 갈등관리 • 문화의식	• 성실성 / 정직 • 팀 구축

고위직 핵심자질	요 소(Component)	
결과주도(Result Driven)	• 책무성 • 고객서비스 • 단도성	• 기업가 정신 • 문제해결 • 기술적 신뢰성
경영수완(Business Acumen)	• 구두적 의사소통력	
관계구축 / 의사소통 (Building Coalition / Communication)	• 영향력 / 교섭력 • 대인관계 기술	• 구두적 커뮤니케이션

(6) 이탈리아 Benetton의 베네통 회장

"베네통" – 대중들에게 떠오르는 베네통의 이미지

　　　　　다른 의류브랜드보다 원색적이고 눈부신 색상의 옷

　　　　　가만히 보고 있자면 어딘가 불편한 직선적인 메시지를 담은 광고

대개 이런 것이라고 생각된다. 어딘가 특이하고 튀는 면 이것이 베네통과 베네통 제품들의 이미지이자 베네통의 경영자 루치아노 베네통의 이미지이기도 하다.

어떤 조직을 이끄는 리더들의 영향력은 조직의 종류, 시대, 성격, 또 조직이 존재하는 사회적 문화환경에 따라 차이가 있다. 군대조직에서는 최고사령관의 개인 특징이 많은 영향력을 미치는가 하면 리더 개인의 특징보다는 조직 자체의 시스템 특성에 조직의 향방이 좌우되는 조직도 있다. 그런 면에서 기업의 경영방향과 기업의 리더 사이에는 어느 정도의 상관관계가 성립하는가에 대해서는 논란의 여지가 있다. 그러나 이탈리아 의류업체 베네통의 경우에는 그 상관관계가 매우 크다고 생각된다. 그것은 베네통의 경영진 구성이 다른 세계적 기업과 달리 단출하다는 데에서 그 이유를 찾아볼 수 있다. 30년 전 직물기를 함께 돌렸던 창업동지 줄리아나 베네통(베네통 회장의 여동생)을 비롯한 형제들과 아들이 아직도 경영 전면에서 뛰고 있는 모습이 한국의 '재벌'과 유사하다. 이들의 영향력이 오늘의 베네통을 만들었다.

① 창의력이 대한 비전

흑인 여인의 모유를 먹는 백인 아기를 광고에 등장시킬 정도로 파격적인 창의력이 그의 가장 큰 힘이다. 그는 남들과 다르게 사고할 줄 알았다. 지속적인 관찰과 노력이 뒷받침된 사고, 그리고 쉽게 주저하지 않는 강인한 정신으로 그는 신선한 아이디어를 생산한다. 항상 뭔가를 시도하고, 위험이 따르더라도 그 결과를 받아들이는 일을 그는 "자유"라고 칭한다. 맞수갑을 채운 흑인남자와 백인남

자의 손, 흑인여인의 젖을 빠는 백인 아기, 신부와 수녀가 입 맞추는 광고 등 그의 광고는 기괴하고, 상식을 벗어나 있다. 그의 성공 모티브는 '개성'과 '아이디어'였다. 시대의 변화와 사람들의 욕망을 잡아낼 줄 아는 힘은 바로 루치아노의 아이디어에서 나오는 것이다.

그러나 모든 과업을 혼자만 독단적으로 수행하는 것이 아니라 적절하게 위임하는 balancing도 잘 이루어 냈다. 업무와 관련되지 않은 일을 하라고 권할 정도로 직원들을 신뢰하는 것이 그의 스타일이다.

② 베네통의 감각—신속하고 탄력적인 제품 개발과 생산

베네통은 소규모 기업과도 같은 유연하면서도 빠른 사업 프로세스를 가지고 있다. 즉 베네통의 전 사업 과정이 시장 변화에 맞추어 매우 신속하고 탄력적으로 움직인다. 주문 체제가 잘 확립되어 있고 생산 체제가 매우 유연하며, 세계 최고 수준의 신속한 유통 체제를 갖추고 있다. 베네통은 정보수집 팀의 치밀한 사전 조사 활동 및 디자이너들의 제품 개발에 의하여 한 시즌에 5천여 가지의 디자인을 개발해낸다. 또 색상도 250종에 이른다. 이들 디자인과 색상이 서로 결합되고 여기에 사이즈의 변화까지 감안하면 한 시즌에 무려 280만 점의 다른 옷이 생산된다는 결론에 이른다.

베네통은 이러한 정보 및 제품 개발 능력을 바탕으로 1년에 2회의 컬렉션과 2회의 플래시 컬렉션 등 모두 4차례의 컬렉션을 열고 있다. 메인 컬렉션에서는 각각 1천5백~1천6백 종의 의류가 선보이는데 이때의 반응에 기초하여 출시한 제품의 매출이 약 80%에 이른다고 한다. 하지만 이들이 오늘날처럼 성공할 수 있었던 것은 나머지 20%의 고객을 겨냥한 일련의 과정에 있다. 플래시 컬렉션은 메인 컬렉션에서 예상치 못한 최신 패션 경향이나 소비자 기호 변화를 신속하게 반영하기 위한 것이다.

베네통이 체득한 다양한 노하우는 베네통 의류의 질적인 경쟁력을 높이는 데 기여를 했다. 그중 대표적인 것이 옷감의 가공성을 높인 후염 가공 기술이다. 이는 제품을 완성한 후에 염색을 하기 때문에 처음부터 실을 염색할 필요가 없다. 따라서 원재료가 단순화되어 원재료의 확보와 재고 부담이 적어지는 효과가 있다. 이러한 후염 가공 기술은 종래의 상식을 깨뜨린 혁명적인 발상으로 평가받고 있는데, 고객의 욕구를 먼저 파악하여 그에 맞는 상품을 개발하는 것 그것에 대한 루치아노의 집념은 거의 종교에 가까운 것이라 할 수 있다.

③ 베네통의 전략－세계적 차원의 테마로 회사 이미지를 각인

루치아노의 스타일이 드러나는 가장 좋은 예가 바로 홍보 전략이다. 자유, 인종화합, 환경, 평등, 에이즈, 전쟁, 테러, 베네통의 광고는 지극히 세계적인 차원의 주제들을 다루고 있다. 그만큼 베네통의 광고는 전세계인들에게 화제를 불러일으켰다. 이제까지의 광고에서는 볼 수 없는 충격적이고 대담한 표현이 주를 이루고 있다. 그러나 파격적이지만 단순한 캠페인성의 광고에서 베네통사는 이중, 삼중의 의미를 내포하고 있다.

베네통은 의외로 광고를 많이 하지 않는다. TV광고는 물론 심지어 일 년에 두 차례씩 선보이는 신제품 광고도 없다. 베네통 광고에 있어서 빼놓을 수 없는 사람이 바로 올리베이로토스카니이다. 1980년대 초 이 두 사람의 만남은 인종적인 우애를 주제로 한 훌륭한 광고를 만들어냈다. 'United Colors of Benetton'의 탄생이었다. "1982년 베네통은 의류업계에서 성공을 거뒀지만 고유의 이미지가 없었다. 사실 그것이 하나의 기업을 다른 것들과 차별화하기 위해 가장 필요한 것이었는데도 말이다. 광고가 아니었다면 베네통은 단순한 스웨터 공장 이상이 되지 못했을 것이다."라고 루치아노는 말했다.

루치아노는 광고를 통하여 의류업체인 베네통을 세계적인 이슈로 만들었다. 인종, 전쟁, 출생, 죽음, 폭력과 같은 세계적인 관심사에 관한 한 장의 사진으로 전 세계 사람들에게 충격을 안겨준 후, UNITED COLORS OF BENETTON을 각인시킨 것이다. "베네통만이 지니고 있는 이미지들은 기업이 갖는 지구촌 문제에 대한 관심이라고 할 수 있겠지만 본질적으로는 그렇지 않다. 광고에서는 화려한 이미지일수록 즉각적인 인식이 어려워진다. 인식이 어려워진다는 것은 그 범위가 확장된다고 볼 수 있다. 이러한 때 베네통과 그들의 광고는 비로소 관계를 가지게 되고 이 광고가 하나의 지시 대상적인 의미를 벗어나 하나의 문화적인 상품이 되는 것이다." 의류전문 광고업체의 신주훈 씨는 베네통 광고를 이렇게 분석하고 있다. 루치아노의 광고에 대한 전략은 다음과 같은 인터뷰에서도 찾아 볼 수 있다. "베네통은 가장 적은 예산으로 브랜드를 알리는 회사이다. 물론 이름을 알리기 위해서는 이미지가 필요하다. 하지만 베네통이 세계에서 가장 좋은 스웨터를 생산해냅니다라는 식의 광고는 이미지로서 충분하지가 않다." 저급한 상술이라고 비난받는 이러한 주제들은 결국 베네통만의 독특한 광고 전략인 셈이다.

(7) 마이크로소프트의 빌 게이츠

1994년 277년 된 레오나르도 다빈치의 연구노트가 경매에 부쳐졌다. 그 노트는 익명의 미국인과 이탈리아인의 치열한 경쟁 끝에 약 250억 원에 팔렸다. 그 미국인은 다름 아닌 개인용 컴퓨터(PC)의 황제라고 불리는 윌리엄 빌 게이츠 3세임이 밝혀졌다. IQ 160이 넘는 수재, 하버드대 중퇴, 일벌레, 짠돌이, 까다로운 성품, 그리고 피자광인 빌 게이츠. 빌 게이츠를 다른 성공적인 기업인들과 비교할 때 눈에 띄는 차이점은 그가 일찍이 20세에 사업을 시작했다는 것, 뛰어난 컴퓨터 프로그래머라는 점, 그리고 업종이 1970년대 후반부터 엄청난 붐을 일으킨 PC 산업이라는 정도이다. 성품 면에서는 크게 남다를 것이 없어 보인다. 적극적이며, 경쟁을 좋아하고, 지기를 싫어하는 등의 성품은 성공적인 리더십 자질들로 익히 들어 본 것들이다. 오히려 눈에 띄는 단점도 있다. 대부분의 젊은 수재들이 그렇듯 그도 끈기가 부족해서 성장기 동안이나 사업을 하면서도 끝을 보지 못한 일들이 여러 가지가 있다. 그렇다면 과연 그의 어떠한 리더십 자질이 그로 하여금 마이크로소프트사를 세계 굴지의 기업으로 만들게 하였을까?

① 20대 사장 게이츠

20살에 사업을 시작한 게이츠의 초반 경영철학은 '해서는 안 될 일'은 하지 않는 것이었다고 한다. 어릴 때부터 그 당시 구하기 힘든 컴퓨터를 마음껏 쓰기 위해 여러 컴퓨터 회사에 프로그래밍을 해주면서 그는 컴퓨터에 관한 한 하지 말아야 할 일들을 마음속에 새겨두었던 것이다. 또한 그의 초반 비즈니스 스타일은 IBM의 토머스 왓슨의 경영방식과 유사하다고 하는데, 그는 벤치마킹의 기본인 '창조적 모방'을 누구보다도 일찍 터득한 셈이다.

② 프로그래머 빌 게이츠

빌 게이츠는 오랫동안 밤을 새며 프로그램에 매달렸던 탁월한 프로그래머이다. 그리고 그는 수년간 훈련시킨 브레인 시뮬레이션을 동원해서 '확실한 비전' 설정에 성공한다. 즉 올바른 목표를 정하고 그것을 달성시킬 효과적인 방법을 찾아낸 것이다.

게이츠의 비전은 의외로 간단한 것이었다. 목표는 PC에서 필요한 소프트웨어 시장을 제패하는 것이었고, 방법은 자신과 컴퓨터 수재들의 두뇌를 이용해서 가장 앞서 가는 PC기종을 대상으로 소프트웨어를 개발하고 불법복사를 효과적으로 차단하는 것이었다. 물론, 행운도 따랐다. 엄청난 PC붐이 일어났고 IBM-PC호환 기종에서 시스템 언어로는 MS-DOS가 독점을 하게 되는 상황이 발생했던 것이다. 최근 〈타임〉 지와의 인터뷰에서 빌 게이츠는 "나의 비전은 '전산 및 인공위성을 이용한 정보화 시대'로 방향을 전환하고 있다."고 말했다. 그의 비전 제시 능력을 알려 주는 대목이다. 또한 '비전 만들기'에 브레인 시뮬레이션이 필수 요소임을 확인하게 된다.

③ 빌 게이츠는 무엇이 두려울까

빌 게이츠는 머리가 비상하다. 실제로 천재의 두뇌를 가졌으며 그 자신도 천재들만 모아서 함께 일하고 싶다는 생각을 가지고 있다. 단지 그 뛰어난 두뇌가 이론적인 부분으로 편중되어 있어서 하드웨어 쪽은 약하다는 것이 종종 지적된다. 다시 말해 실제적이지 못하고 머리만 지나치게 큰 것이다. 그래서인지 의외라고 생각할지도 모르겠으나 마이크로소프트는 거의 하드웨어 쪽에는 손대지 않을 뿐 아니라 그것을 오히려 자랑으로 여기는 듯한 면도 없지 않다. 그러나 이제 마이크로소프트사도 경영 패러다임을 변화시켜 가고 있으며 빌 게이츠의 개인적인 특성 때문에 그에게 큰 기대를 걸게 한다. 그것은 바로 게이츠가 비즈니스맨이라기보다는 테크놀로지스트에 가까우며, 테크놀로지스트 게이츠는 아직 보여줄 것이 남아 있다는 것이다. "도대체 빌 게이츠는 무엇이 두려울까?" 하고 묻는다면, "아이디어가 고갈되면 어쩌나 하는 것이다."라고 대답하고 싶다. 이것은 '항상 직접 무엇인가 해야 하고 할 수 있다'고 믿는 테크놀로지스트의 공통된 두려움이다.

④ 끈기로 버틴다.

빌 게이츠는 자만을 가장 경계한다. 그는 졸부들의 주된 몰락 원인인 자기만족을 경계하기 위해 〈마이크로소프트의 대죄〉 라는 비망록을 쓰기도 했다. 이 비망록에 가장 먼저 오른 게 강적 노벨사에 통신망 건설 시장을 빼앗긴 참담한 실패담이다. 또한 그는 부하직원들에 대해서도 예스맨을 가장 싫어하고 자신에 맞서 논쟁을 벌이는 이들을 좋아하는가 하면, 자기 회사를 앞만 보고 달려가는 백미러 없는 초고속 자동차에 비유하는 등 경계태세를 늦추지 않는 치밀함도 보여주고 있다. 자신에 대해서는 자연스러움을 인정하지만 수십만 명의 직원, 또 크게 보면 우리 사회의 큰 부분을 책임지고 있는 기업을 운영하는 면에서는 완벽을 위해 노력하고 경계하는 그의 모습에서 '프로의 모습'이 부각된다.

(8) 맥도널드의 레이 크락[3]

1922년 미국 전지역, 특히 LA를 강타한 로드니 킹(Rodrey King) 사건이 있었다. 백인 경찰들이 흑인 용의자를 체포하는 과정에서 잔인하게 구타하는 장면이 비디오카메라에 잡혀서 만천하에 드러났다. 분노에 찬 흑인들이 재판 결과도 좋지 않자 참지 못하고 폭동을 일으켰던 것이다. 수많은 상점과 시설들이 부서졌으며 우리 교민들도 많은 피해를 당했다고 보도된 바 있다. 그러한 소요 속에서도 모든 가게가 유리창 한 장 깨지지 않은 체인점이 있다. 바로 맥도널드 햄버거 체인점이다. 모든 인종과 계층의 사람들로부터 편안한 곳으로 인정받고 있는 맥도널드라는 세계 최고의 패스트푸드 사업을 일으켜 세운 레이 크락의 외식산업 경영 리더십을 알아본다.

① 푸르면 성장한다.

1954년 크락은 셰이크 믹서를 제조해서 판매하는 중소기업을 운영하고 있었다. 건강상태도 좋지 못했던 50대 초반의 그는 새로운 전환기를 맞는다. 우연한 기회에 맥도널드를 방문한 그는 즉시 그 가게의 영업방법에 매료된다. 그는 맥도널드 현제를 집요하게 설득하여 상호명 및 영업방법을 사용할 수 있는 권한을 확보했다. 그리고 그는 전 재산을 이 사업에 투자해서 맥도널드를 자타가 공인하는 패스트푸드의 선도적인 기업으로 키웠다.

나이 52세에 새로운 사업 분야에 뛰어들기는 쉽지 않다. 게다가 건강도 좋지 않았고 전 재산을 털어서 투자해야 되는 상황이면 더욱 만만치 않을 것이다. 크락이 그러한 열악한 환경에서도 새롭게 사업을 시작할 수 있었던 것은 그의 에버그린(evergreen) 정신에 기인한다. "모든 것이 푸르기만 하면 성장한다. 그리고 익

---

3) 1954년 레이 크락(Ray A Kroc.)이 샌 버나디노에 있는 맥도날드 형제를 방문해 그들이 경영하는 '스피디' 시스템을 보고 매료돼 프랜차이즈 대행인으로 나섰다. 1955년 4월 15일 레이 크락은 그의 첫 번째 맥도날드 프랜차이즈 매장을 일리노이 주 드 플레인(Des Plains)에 세움. 첫날 매상은 $366.12. 1961년 레이 크락이 맥도날드 형제로부터 맥도날드의 모든 권리를 $2.7백만 불에 매입. 햄버거 대학(Hamburger University)이 일리노이 주 엘크 그로브 빌리지(Elk Grove Vilage) 매장 지하실에서 시작하였다. 1963년 10억 개째 햄버거 판매, 맥도날드 마스코트인 로널드 맥도날드(Ronald McDonald) 탄생, 1968년 빅맥(Bog Mac)과 애플파이(Apple Pie)가 새로운 메뉴로 등장하였고, 1969년 레이 크락이 미국 학생들이 가장 되고 싶어 하는 사업가로 선정되었다.

자마자 썩기 시작한다."라는 표현으로 자신의 에버그린 철학을 늘 강조하는 크락은 당시를 훗날 다음과 같이 술회했다. "아직 최고의 시간이 앞에 있다고 생각했다. 나는 아직 푸르고 발전하고 있다는 생각에 추호의 의심도 없었다." 50대에 조기 정년을 맞고 방황하는 많은 사람들에게 그의 지치지 않는 의욕과 비전에 대한 안목은 귀감이 될 만하다.

② 전심전력을 다해서

미국에서 맥도널드의 프랜차이즈를 얻기가 쉽지 않다는 것은 익히 잘 알려진 사실이다. 돈은 많이 들지 않는다. 대신에 맥도널드에서 파트타임으로 2년 동안 무보수로 일을 해야 하고 전업으로 일할 여건을 갖추고 있어야 한다. 다른 일을 하면서 부업으로 맥도널드를 경영하는 것을 프랜차이즈에 결코 기여할 수 없다는 크락의 경영 철학 때문이다. 자신이 전 재산을 팔아서 이 사업을 시작했듯이 모든 가맹점의 주인들도 이 사업에만 전력투구해야만 성공할 수 있다는 계산이다. 그가 그러한 사람들을 찾기 위해서 택한 방법이 돈이 아니라 2년간의 맥도널드에 대한 헌신적인 관심이었다는 점이 배울 만하다.

③ 회장도 화장실 청소를 한다.

크락은 QSCV(품질-Quality, 서비스-Service, 청결-Cleanliness, 가치-Value)를 맥도널드의 기업경영 모토로 세웠다. 많은 맥도널드의 특징들이 이러한 경영 모토와 무관하지 않다. 경쟁자들이 맥도널드가 자신들의 회사보다 우수하다고 인정하는 분야가 바로 효율적이고 혁신적인 공급 시스템이라고 한다.

또한 레이 크락은 청결을 강조하기 위해서 체인점에 들르면 직접 유리창을 닦고 화장실을 청소하기도 했다고 한다. 심지어 주차장을 깨끗하게 유지하지 못하는 가맹점의 소유주나 종업원들을 심하게 꾸중한 일도 여러 번 있었을 정도이다. 기업의 업종에 적절한 전략을 세워서 그것을 완벽하게 지키려는 최고경영자의 의지가 맥도널드처럼 강렬한 기업 이미지를 심는 데 큰 역할을 하는 것이다.

④ 맥도널드가 썩고 있다.

요즘 맥도널드는 80년대에 누렸던 두 자리 숫자의 성장을 누리지는 못하고 있다. 가장 큰 원인은 버거킹, KFC, 타코벨, 웬디스, 그리고 하디스 등 유사한 패스트푸드 체인점의 경쟁이 치열하기 때문이다. 또 다른 이유는 패스트푸드보다는 약간 비싸더라도 영양가 있는 음식을 먹겠다는 방향으로 소비자의 취향이 바뀌고 있기 때문이다. 혹자는 레이 크락의 표현을 빌려 "이제 맥도널드는 익었다. 즉 썩기 시작한 것이다."라고 맥도널드의 부진을 꼬집기도 한다. 그러나 아무도 맥도널드의 앞날을 부정적으로 보지는 않는다. 빨리 저렴하고 편안하게 식사를 할 수 있는 공간을 전세계에 확산시키겠다는 레이 크락의 비전이 현재 거의 70개국의 나라에서 실현되어 가고 있다. 그의 후계자들이 얼마나 완전하게 그의 비전을 달성시킬 것인가 자못 궁금하다. 그들이 추구하고 있는 세 가지 전략은 가맹점 확대, 가맹점별 판매 및 수익성 증대, 그리고 인터내셔널 체인점의 확대이다. 이제 그들은 새롭게 거듭나기 위해서 노력하고 있다.

레이 크락은 1984년도에 세상을 떠났다. 그렇지만 그가 직접 말하는 경영 철학은 오늘날에도 생생한 그의 육성으로 들을 수 있다. 미국 일리노이 주 오크부룩시에 있는 맥도널드 본사에 가면 비디오 스크린을 통해서 그의 모습을 볼 수 있다. 또한 그가 생전에 여러 가지 질문에 대비해서 마련한 그의 경영 및 인생 철학을 질문-응답 형식으로 직접 들을 수 있도록 만들어 놓았다. 창업주의 치밀한 기업 이미지 관리와 자신의 철학을 후대에 전수하려는 노력에 경탄을 금할 수 없게 된다.

12) 서비스 리더십

(1) 서비스 리더십의 구성요소

리더십을 구성하는 3요소로 목표, 영향력, 상호작용을 들 수 있다. 리더는 자신이 가진 영향력을 행사하여 목표를 달성하는데, 그 과정이 리더와 추종자의 상호작용을 통하여 이루어진다. 이러한 과정이 바로 리더십이 발휘되는 일반적인 과정이며, 이 과정의 단계가 바로 리더십이 발휘되는 일반적인 과정이며, 이 과정의 단계가 바로 리더십 구성의 3요소가 되는 것이다. 리더십의 구성 요소 중 하나인 목표는 리더가 정한 목표일 수도 있고, 그 위의 리더로부터 전달받은 목표일 수도 있으며, 팀원과 함께 만든 목표일 수도 있다.

영향력은 파워라고 할 수 있는데, 파워는 직위(Position) 파워와 개인적(Personal) 파워로 나뉜다. 포지션 파워는 리더라는 위치로 인해 획득한 파워이며, 퍼스널

파워는 리더 개인이 가진 능력에서 나오는 파워라고 할 수 있다. 다시 말하면 목표 달성을 위한 리더의 추종자에 대한 파워의 행사 과정이 리더십이라는 설명이 된다.

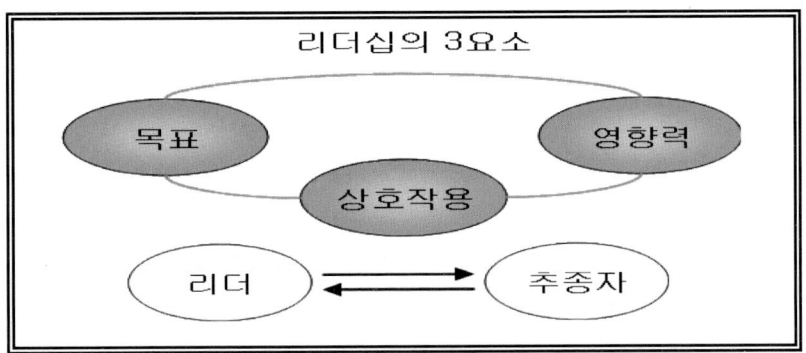

서비스 리더십의 구성요소는 앞에서 설명한 기존의 리더십 구성 요소와는 다르다. 서비스 리더십을 구성하는 3요소는 고객만족, C·M·S 서비스이다.

서비스 리더십에서 말하는 고객만족은 내부고객만족과 외부고객만족을 동시에 이야기한다. 이는 앞에서도 설명을 했던 것처럼 어느 한 가지만으로는 고객만족이 달성되기 어렵기 때문이다.

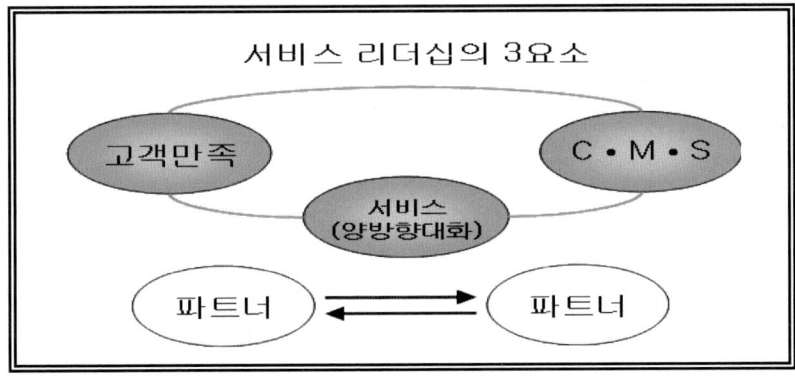

C·M·S는 서비스 리더로서 갖추어야 할 서비스 신념(Comcept), 태도(Mind), 능력(Skill)을 이야기한다.

이는 서비스 리더로서 갖추어야 할 자산, 즉 무엇을 서비스할 것인가를 말한다. 서비스할 내용이 없다면 그 서비스는 공허한 말장난에 지나지 않는다. 즉 서비스 리더는 서비스의 내용이 되는 C·M·S라는 서비스 자산을 갖추고 있어야 한다.

끝으로 서비스 리더십의 3요소 중에서 서비스라는 것은 서비스 리더와 파트너 사이에 서비스의 교환 행위가 끊임없이 존재해야 한다는 것을 의미한다. 서비스 행위를 통하여 리더는 파트너라는 내부고객을 만족시키고 그 파트너는 또 다른 파트너인 외부고객을 만족시키는 선순환의 사이클 관계가 성립됨을 의미한다.

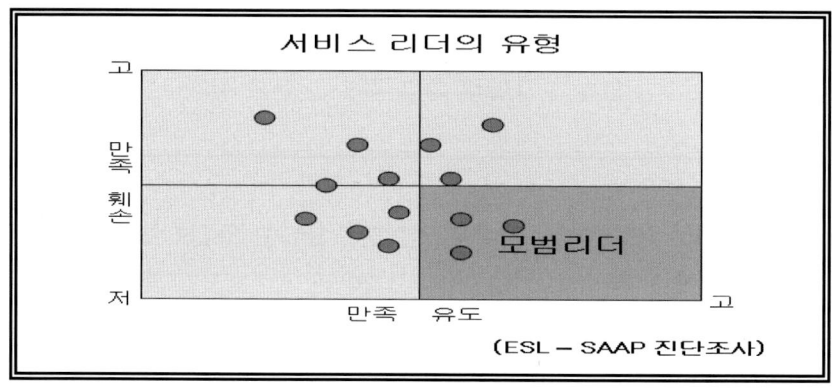

(2) 서비스 리더십의 이론

서비스 리더십의 결과는 만족 유도 행위와 만족 훼손 행위 두 가지로 나타나는데, 서비스 리더십의 잘 발휘된다는 것은 바로 리더가 파트너에게 만족 유도 행위를 많이 한다는 것을 의미하고, 그렇지 않다는 것은 훼손 행위를 많이 한다는 것을 의미한다. 또한 모범적인 서비스 리더가 된다는 것은 바로 만족 유도 행위는 많이 하고 훼손 행위는 적게 하여 고객의 만족도를 높이는 리더가 되는 것을 말한다.

설명은 간단하나 실천은 그리 간단하지 않다. 만족 유도 행위를 하기 위해서 서비스 리더는 C·M·S를 끊임없이 서비스해야 한다. 결과적으로 C·M·S를 제대로 갖추고 있느냐 없느냐가 바로 서비스 리더이냐 아니냐를 결정하는 척도가 되는 것이다. 이러한 이론적 틀을 토대로 만들어진 서비스 리더십 모델은 다음과 같다.

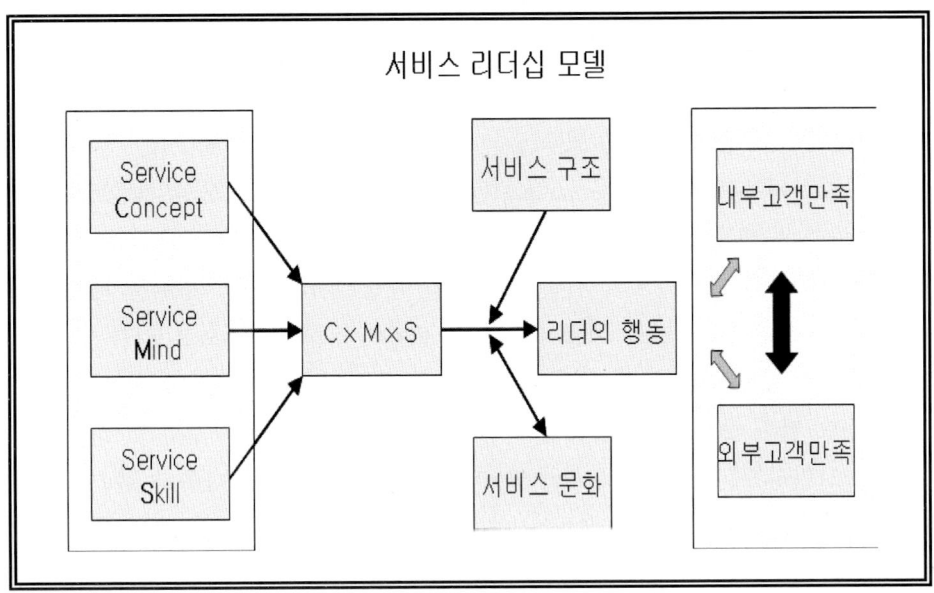

서비스 리더십 모델을 살펴보면 그 핵심은 C·M·S임을 알 수 있다. 서비스 신념, 태도, 능력을 갖추었을 때만이 고객만족을 만들어 내는 서비스 행동을 하게 된다.

그런데 여기서 주의할 것은 C·M·S의 관계가 더하기의 관계가 아니라 곱하기의 관계라는 것이다. 더하기의 관계는 전체의 합만 높으면 되기 때문에 한쪽 영역이 제로가 되어도 다른 영역이 높으면 전체의 합은 높을 수도 있다. 반면 곱하기의 관계는 어느 하나가 제로이면 전체의 곱은 제로가 되기 때문에 신념, 태도, 능력을 고루 갖추고 있어야 한다.

서비스 리더십의 발휘되기 위해서는 C·M·S 이외에 조직구조, 문화 등도 상당히 중요한 요인으로 작용한다. 복잡한 업무 프로세스, 낙후된 시설, 성과를 도외시하는 인사 제도, 제조업 성향이 강한 기업문화 등을 그대로 둔 상태에서 C·M·S만 갖춘다면 그 효과는 반감될 수밖에 없다.

13) 서번트 리더십[4]

(1) 서번트[5] 리더십에 대한 인식

로버트 그린리프(Robert K. Greenleaf)는 1970년도에 [리더로서의 서번트(Servant as Leader)]라는 제목의 에세이집을 출판하였다. 이 책은 전세계에 50만 부 이상 읽혀지고, 그 이후 그린리프의 서번트 리더십 개념은 리더십의 새로운 세계를 열어주는 철학으로 이해되면서 이를 바탕으로 많은 저서들이 나오고 있다. 또한 서번트 리더십에 대한 학자들과 기업의 관심이 집중되면서 이 개념에 바탕을 둔 학위 논문들도 점차 늘어나고 있다.

로버트 그린리프는 서번트(servant)와 리더(leader)에 대하여 다음과 같은 질문으로 자신의 에세이를 시작한다. 이 두 가지의 상반된 역할이 모든 계층 내지는 모든 직업의 사람에게 통합될 수 있는가? 만일 그것이 가능하다면 그런 사람이 현재의 실제 세계에서 생활하는 것이 가능하며 또 생산적일까? 이 두 가지 질문에 대하여 그린리프는 '예스(yes)'라고 답변하면서 서번트 리더십에 대한 자신의 에세이를 시작한다.

그린리프는 모든 인간은 서번트 천성을 갖고 있다고 가정한다. 즉 모두가 서번트의 천성을 갖고 있지만 이러한 천성이 사회 환경, 조직 환경 등에 의하여 퇴색되어 있을 뿐이라고 주장한다. 특히 지시-통제 중심의 관리환경에서 성장하다 보면 서번트의 천성을 잊고 리더란 지시하는 사람, 명령하는 사람으로 왜곡된다. 따라서 그린리프의 철학에서 서번트 천성의 회복은 바로 인간성의 회복이기도 하다. 기업에서 도덕적 해이와 조직에 대한 충성심에 대한 문제를 지적하면서 각 계층의 인성을 회복해야 한다고 할 때, 우리는 인간이 가지고 있는 서번트의 천성에 대하여 다시 고민해야 할 것이다.

---

4) 이관웅. 신뢰경영과 서번트 리더십(2002). (주)엘테크
5) servant [svnt] 【OF 「섬기다」의 뜻에서】 n.
   1. 하인, 종, 머슴, 사용인(opp. master), a female~하녀, an outdoor~바깥 하인, 정원사 ((등)), a ~'s hall 하인방 ((식사나 휴식을 하는)) 2. 부하, 종복, 봉사자, (그리스도예술주의 등에) 충실한 사람; 도움이 되는 것 ((도구기계 등)) 3. 공무원 His[Her] Majesty's ~s=the king's[queen's] ~s 관리, a civil~문관, a public~공무원, 관리 4. 《영》 (철도 회사 등의) 종업원, 사무원, 사원 5. 노예

(2) 서번트 리더십 개념

로버트 그린리프는 서번트 리더십을 다음과 같이 정의하고 있다.

"서번트 리더는 가장 먼저 사진이 서번트라는 생각에서 출발한다. 이것은 사람이란 누구나 다른 사람에게 봉사하고자 하는 인간 본연의 감정을 가지고 있다는 전제에서 비롯된다. 진정한 리더는 먼저 다른 사람에게 봉사하는 가운데 그들을 이끌어 간다. 현재의 리더가 서번트 리더인지를 검증하려면 먼저 리더의 지원을 받고 있는 부하들이 인격적으로 성숙해 가는지, 보다 건전하고 현명해지며, 자유로워지는지, 보다 자율적인 의사결정을 내리게 되는지, 그리고 부하들 스스로 서번트 리더로 성장해 가는지를 분석해 보아야 한다."

이처럼 서번트 리더십은 먼저 다른 사람을 서빙(serving)하는 가운데 그들에게 영향력을 발휘하는 리더십으로 정의할 수 있으며 이러한 관점은 기존의 과업달성과 관계유지라는 이원론적인 시각을 배격하고 과업과 관계를 하나의 틀 안에서 통합하고 있다. 즉 과업의 달성과 관계의 유지를 서로 상반된 개념으로 보지 않고 리더의 서비스 행위에 하나로 통합시킨 개념이 서번트 리더십이다. 서번트 리더는 부하들의 성공과 성장을 지원하는 활동을 통하여 리더십을 발휘해야 한다. 여기서 성공은 과업의 달성을 의미하며, 성장은 하나의 인간으로서의 성숙과 역량의 강화를 의미한다. 서번트 리더십은 바로 이러한 과정을 촉진하는 리더의 서비스 활동을 의미한다. 따라서 서번트 리더는 부하들이 자신의 잠재적 가능성과 가치를 자유롭게 발휘할 수 있도록 격려하면서 코칭과 지원을 강화한다. 리더의 이러한 서비스는 부하들의 개인적 성장을 촉진하는 원동력이 된다. 이런 면에서 서번트 리더는 조직구성원들의 성장과 발전을 지원하는 가운데 조직의 목표를 달성해 간다.

(3) 서번트 리더의 특성

① 서번트 리더는 리더로서 사진을 서번트(servant) 또는 지원자(supporter)로 인식한다.

서번트 리더는 자신의 존재를 다른 사람을 이끄는 사람이 아니라, 다른 사람들이 업무를 잘 추진할 수 있도록 서비스를 제공하거나 지원하는 사람으로 인식한다. 조직의 목적을 달성해야 한다는 인식은 같지만, 부하를 단순히 자신이 지시한 과제를 잘 수행해 주는 사람으로 보지 않는다. 기본적으로 리더는 자신을 서번트로 인식하고 있기 때문에 부하들이 성공할 수 있도록 돕는 사람이 되어야 한다고 생각한다. 따라서 서번트 리더는 목표와 과제를 주는 데 그치지 않고, 부하들이 과제를 수행하는 가운데 성공하고 성장할 수 있도록 자신의 능력과 권한을 사용하여 필요한 모든 조치를 취한다.

② 서번트 리더는 조직에서 가장 가치 있는 자원은 사람이라고 인식한다.

서번트 리더는 사람의 가치를 가장 우선시하기 때문에 부하들이 성공할 수 있도록 모든 노력을 기울인다. 따라서 업무와 관련하여 부하들의 욕구를 먼저 해결해 주기 위하여 노력하며 봉사한다. 이들은 부하들의 미래 가치를 보면서 투자하는 것이 아니라, 지금 이 순간에 그 개인을 소중하고 가치 있는 존재로 인식하기 때문에 이들이 성공하고 성장할 수 있도록 자신의 시간과 노력을 이들에게 투자한다. 또한 구성원들의 신뢰를 획득하기 위하여 업무를 챙기는 감독자나 관리자가 되기보다 구성원들의 잠재적 능력과 자기성장이 지금 이 순간에 일어날 수 있는 환경조성에 더 많은 노력을 기울인다.

③ 서번트 리더는 늘 학습하는 태도를 보인다.

서번트 리더는 조직에서 직위나 직급에 관계없이 누구나 실수할 수 있다는 점을 잘 알고 있다. 그리고 실수는 질책의 단서가 아니라 배움의 기회로 활용할 수 있어야 한다고 생각한다. 그래서 서번트 리더는 자신이 실수를 한 경우, 그것을 인정하며 그 실수를 통해 스스로 학습하는 모습을 조직구성원들에게 보인다. 또한 서번트 리더는 지식과 정보가 빠른 속도로 변해가기 때문에 리더와 조직구성원 모두 서로에게서 무엇을 배울 수 있는지를 주의 깊게 관찰한다. 서번트 리더는 자신을 낮출 때, 자신은 물론 부하들이 더욱 강하게 성장할 수 있음을 믿고 이를 실천한다.

④ 서번트 리더는 먼저 경청한다.

서번트 리더의 특성 중에서 가장 핵심이 되는 것이 경청이다. 경청은 단순히 다른 사람의 이야기를 듣는 것과는 의미가 매우 다르다. 서번트 리더는 다른 사람의 이야기를 들을 때, 그냥 듣지 않는다. 상대방이 무엇을 말하려 하는지 그 사람의 입장에 서서 이해하려고 노력한다. 상대방이 왜 그런 생각을 할까 고민하는 가운데 그 사람의 욕구가 무엇인지를 파악한다. 그리고 상대방의 욕구를 해결해 주기 위하여 노력한다. 따라서 서번트 리더는 상대방의 입장에 서서 들으려 애쓰기 때문에, 안 되는 이유보다 될 수 있는 방법을 더 많이 고민한다. 개인이 나 집단의 의지를 명확하게 알기 위해서 듣는 것은 매우 중요하다. 대부분의 경 우 조직의 문제점들은 다수 구성원들의 이야기를 많이 듣는 가운데 문제의 핵심 과 대안을 명확하게 파악할 수 있다.

⑤ 설득과 대화로 업무를 추진한다.

서번트 리더는 조직구성원들의 공감을 이끌어 내어 그들 스스로 움직일 수 있 게 하기 위하여, 강압적인 시지보다는 설득과 대화를 통해 업무를 추진한다. 설득 과 대화는 권위주의적인 리더십과 서번트 리더십의 차이를 명확하게 보여주는 요 소이다. 즉 조지 내의 경쟁과 우열을 조장하기보다는 모든 구성원들이 동참할 수 있도록 설득함으로써 공감대를 확장시켜 간다. 그리고 서번트 리더는 자신이 설 득하고자 하는 방향이 명확하지, 또 구성원들에게 가치 있는 것이 무엇인지를 깊 이 성찰해야 한다. 또한 리더 스스로 그 방향에 대해 신념을 가지고 있어야 하겠 지만 구성원들의 이견에도 귀를 기울일 수 있어야 한다.

⑥ 서번트 리더는 조직이 커뮤니티(community)를 형성하도록 한다.

커뮤니티란 개인의 목적과 공동의 목적을 달성하기 위하여 구성원들이 상호작 용하며 공통적인 관심을 가지고 있는 집단을 의미한다. 서번트 리더는 이러한 커 뮤니티를 만들기 위하여 노력한다. 서번트 리더는 조직구성원들이 자기에게 주어 진 일만 완수하면 조직에서의 임무가 끝났다고 생각하는 이기심을 갖지 않도록 조직 풍토를 가꾸어 간다. 즉 개인적인 성과보다는 팀의 성과를 더 중요하게 평 가한다. 따라서 조직구성원들이 서로의 관심사항을 공유하며, 공동의 목표를 서로 공유하도록 격려한다. 일반적으로 조직구성원들은 상사의 지시보다 관계의 질에 의해 보다 큰 영향을 받는다. 그렇기 때문에 서번트 리더는 공동의 목표를 수행 하기 위하여 구성원들 간에 배려와 협력을 바탕으로 관계의 질을 높이기 위하여 노력한다.

⑦ 서번트 리더는 권한위임을 통해 리더십을 공유한다.

서번트 리더는 자신의 지위와 권력은 조직의 목적을 달성하기 위한 도구이기 때문에 그것을 부하들과 공유할 의무가 있다고 생각한다. 서번트 리더는 권한을 위임함으로써 부하들과 자신의 리더십을 공유한다. 서번트 리더는 자신의 지위로 인해 얻게 되는 특혜나 특정 권한을 향유하는 것에 저항한다. 왜냐하면 서번트 리더는 먼저 부하들의 욕구를 해결해 주는 서번트의 위치에 서야 하기 때문이다. 서번트 리더는 이를 위해 조직의 비전과 가치를 공유하고, 구성원들이 업무의 효율을 최대로 높일 수 있도록 권한을 위임한다.

17. 현대조직 속의 리더십이 나아갈 방향

21세기의 성공적인 리더십의 모습을 유추하는 데 최근의 이론과 경제난국이 많은 도움이 될 수 있을 것이다. 책임수행에 그치는 리더가 아니라 혁신을 주도하고, 모방과 유지에 매달리기보다는 창조와 개발에 애쓰고 시스템과 주조에 집착하기보다 구성원을 인간 그 자체로 파악, 충실한 부하보다 자유적, 창조적, 성숙인을 더 좋아하는 리더가 21세기에는 성공적일 것이다.

1) 전문성을 지닌 리더

현재의 조직의 상태를 근본적으로 변화시키고자 노력하며, 보다 높은 차원의 비전을 제시하는 것은 리더의 역할이라 판단된다. 또한 부하들의 존경과 구성원들을 일체 시키기 위해서는 무엇보다 21세기라는 시대적 흐름에 맞는 전문적인 지식을 가져야만 한다. 과거의 행정 관료적인 습성을 그대로 유지하고 정보화 시대에 뒤떨어지는 마인드와 전문성은 지역의 발전을 기대할 수 없을 뿐만 아니라 다른 자치단체의 좋은 사례를 제대로 접할 수 없어 많은 문제점을 발생시킬 수 있다.

2) 열정을 지닌 리더

21세기의 리더는 따뜻하고 열린 마인드를 지녀야 한다. 여러 사람의 목소리를 수용하는 자세로 바라본다면 이전에 보지 못하고 느끼지 못했던 많은 것들을 볼 수 있을 것이다. 이는 곧 과거의 행정적, 폐쇄적, 고압적인 자세가 아닌 새로운 시대에 맞는 새로운 자세로 바뀌어야 함을 의미한다. 마음이 닫힌 채로 편견을 갖고 상대를 인식하던 것보다 인간들 간에 상호작용을 열정을 가지고 하는 것은 리더로서의 중요한 자세이며, 이러한 상호작용을 통해 지역의 문제를 정확히 파악하는 데도 열정을 가지고, 이러한 문제를 해결하기 위한 노력에도 열정을 다하는 리더가 되어야 한다.

3) 흔들리지 않는 리더

리더는 모든 사람이 원하고 문제를 해결하는 데 도움이 되는 사업을 추진함에 있어 이익집단이나 정치적인 결정에 의한 압력에 흔들리지 않는 강인함을 가져야 한다. 이는 여러 사람의 의견의 적극적인 지지가 이루어지는 사업에 대하여 가능한 일이기는 하지만 이러한 강인함을 가지지 못하고 작은 충격에도 쉽게 흔들리는 리더가 책임진다면 그곳의 미래는 상당히 어두운 것만은 분명한 일이다. 따라서 이러한 발전의 중요한 역할을 담당하고 있다는 인식에서 출발하여 강인함을 유지하도록 리더는 노력해야겠다.

4) 경영학적 마인드를 지닌 리더

최근에 지방자치단체들은 그 지역의 실정에 맞는 지역문화축제 등을 유치하는 등의 경영마인드를 활용한 사업을 추진하고 있다. 그러나 이러한 사업에 있어서 경영학 마인드가 제대로 정립되지 못한 상태에서의 사업 수행은 많은 물의를 일으키게 된다. 모든 사업이 마찬가지이지만 조직을 이끌어 나가는 리더들의 역량에 따라 그 조직의 성패가 달려 있듯이 경영학의 마인드에 있어서도 조직의 우두머리인 리더가 그 역량이 크지 못하면 지역주민의 경영학 마인드나 행정공무원들의 경영학 마인드까지 사장시킬 수 있다.

미래의 훌륭한 리더는

5) 셀프, 감성, 비전, 카리스마. (피터드러커)[6]

(1) 셀   프

구성원들에게 각자 스스로 리더가 되는 셀프 리더십을 가동한다.

아이젠하워 전 미국 대통령은 "리더십이 당신이 성취하고 싶은 일을 다른 사람이 원해서 하도록 만드는 기술"이라고 말했다. 여기서 중요한 단어는 '원해서'다. 강요나 지시로 이루어진 리더는 언제 무너질지 모르는 사상누각과 같다. 억지로 끌려가기 때문에 리더가 원하는 성과가 나올 리 만무하다. 현대인들은 자신의 가치관과 의지에 따라 움직이는 것을 원한다. 지배당하기보다 스스로 지배하는 것을 선호할 만큼 구성원들의 의식수준이 높아졌다. 내가 주체가 돼야 비로소 움직이고 오래간다. 따라서 사람들의 자발성을 끌어내는 '셀프'야말로 요즘 리더십의 최대 이슈 중 하나다. 셀프 리더십은 자신에게 실행할 수 있는 리더십, 즉 '자신에게 영향을 미치는 지속적인 과정'이다. 셀프 리더십은 자기 자신에게 리더십을 행사하는 일이다. 자기가 어떻게 생각하며 어떤 리더십을 가지느냐에 따라 적신호가 청신호로 될 수 있다는 것이 셀프 리더십의 핵심이다. 미래의 훌륭한 리더는 구성원들에게 각자 스스로 리더가 되는 셀프 리더십을 가동시킨다. 그렇다면 탁월한 셀프 리더가 되는 방법은 없을까? 찰스 민츠와 크리소토퍼 넥은 다음 사항을 제시한다.

① 부정적 힌트를 제거하고 긍정적 힌트를 늘려라. 자신의 행동 가운데 좋아하

---

6) 1909년 11월 19일 오스트리아 빈에서 출생하였다. 빈대학교에서 학위를 받고, 1933년 런던에 이주하여 경영평론가가 되었다. 1937년 영국 신문사의 재미통신원으로 도미하여 학자 겸 경영고문으로 활약하였다. 뉴욕대학교 경영학부 대학원 교수가 되었다. 현대를 대량생산원리에 입각한 고도산업사회로 보고, 그 속에서 기업의 본질과, 이를 바탕으로 한 경영관리의 방법을 전개하였다.

기업은 영리심의 존재와 관계없이 이해할 수 있는 것이며, 이윤은 손실회피·생산액 증대를 위한 2대 지도원리로써 미래의 기업이 존속하기 위한 필요한 비용에 불과하다는 그의 이론은 이윤이나 비용에 대하여 새로운 견해를 보여 주었다. 제도파적 기업관(制度派的企業觀)에서 분권관리(分權管理)나 직장자치를 전개하는 등 미국에서는 크게 체계화된 경영관리론이라고 할 수 있다.

주요저서에 《경제인의 종말 The End of Economic Man》(1939), 《산업인의 미래 The Future of Industrial Man》(1942), 《새로운 사회 The New Society》(1949), 《경영의 실제 The Practice of Management》(1954), 《단절의 시대 The Age of Discontinuity》(1969) 등이 있다.

지 않는 것을 제거하고 싶다면, 원치 않은 행동을 유도하는 실마리를 없애면 된다.

② 긍정적인 셀프 토크를 활용하라. 셀프 토크는 행복과 절망의 차이를 만들며, 자기 확신과 자기 의심의 차이를 결정한다. 이루기 힘들다고 느끼는 어떤 일을 시작할 때, 그 일을 꼭 달성하고 싶다면 지금 즉시, 이룰 수 있을 것이라는 셀프 토크로 바꾸면 된다.

③ 장애를 만드는 생각을 버리고 기회를 만드는 생각을 하라.

(2) 감 성

직원들의 기를 살려 최대한의 능력을 발휘하도록 한다.

EQ개념이 등장하면서 감성지수에 대한 관심이 고조됐다. 현대사회가 획일화된 목표와 객관성 중심의 과거 사회와는 달리 창의와 개성이 중시되는 방향으로 변하기 때문이다. 이러한 구성원의 자질변화는 곧 기업과 사회의 변화로 이어진다. 요즘 경영가의 화두는 뭐니뭐니해도 '감성 경영'이다. 감성 마케팅, 감성 영업, 감성 관리, 여기에 감성 리더십까지 뭐하나 감성이 걸쳐지지 않은 게 없다. 감성 경영의 원리는 인간의 감정을 자극하여 어떠한 행위로 이어지도록 만드는 것이다. '감성'이 이토록 환영받는 까닭은 인간의 감성을 자극해 잠재된 욕구를 촉진시켜 구매 활동을 일으키기도 하고 개인 능력을 다양하게 발휘시킬 수 있게 하기 때문이다. 한 예로 피그말리온 효과(Pygmalion Effect)가 기업 구성원의 감성지능 함양을 위한 방법으로 드러난 것도 매우 새롭다. 핵심 인재들의 감성을 자극해 창의력이 발현되도록 하는 감성 리더십, 직원들의 기(氣)를 살려 최대한의 능력을 발휘하도록 하는 기 리더십, 미래의 변화를 투시하는 직관의 리더십이 사실은 모두 '감성'이라는 코드에 맞춰져 있다. 미래의 경영 코드로 등장하는 유머 경영, 펀 경영, 여성 리더십도 예외가 아니다. 역설적이게도 디지털 세상으로 갈수록 감성 코드는 더욱 강조되고 있다.

추상같은 상명하복, 권위로 똘똘 뭉친 카리스마가 CEO의 요건이던 시대는 지났다. 하드웨어보다는 소프트웨어가 기업의 성패를 좌우하는 시대, 이제 CEO에게는 부드럽고 감성적인 리더십이 필요하다. 끌어안고, 보듬고, 격려하고, 준비시킴으로써 자발적 참여를 이끌어내는 것이 바로 감성 리더십이다.

(3) 비 전

명확하고 구체적인 비전을 제시해야 모든 구성원이 동참한다.

비전은 우리말로 '미래이자 기회'다. 좀더 나은 미래를 구사하고 실천할 수 있도록 직원들에게 다양한 기회를 적극적으로 제시하는 CEO만이 직원들의 자발적 참여를 토대로 회사를 일취월장 키워나갈 수 있다. 경영은 여행이다. 목적지까지 가는 과정에서 수없이 많은 장애물을 만난다. 하지만 왜 목적지에 가는지 그곳에 가면 우리에게 어떤 혜택이 오는지 공유하지 않는다면 어떻게 될까? 장애물이 있을 때마다 고통에 빠지고 그때마다 구성원을 설득해야 한다. 얼마나 소모적인가? 소모전은 둘째치고 목적지까지 갈 수 있을까? 하지만 명확한 비전이 있으면 다르다. 힘든 상황은 그저 비전을 실현하기 위한 과정일 뿐이므로 머물러 허우적댈 시간이 없다고 생각한다.

그저 '열심히 일하지, 모두 잘해야 잘 살 수 있다'와 같이 흐리멍덩한 비전으로 구성원을 이끄는 시대는 지났다. 누구를 위해서, 무엇 때문에, 어떻게 가야 하는지 정확한 비전을 리더가 제공하지 않으면 조직은 언제 좌초될지 모른다. 명확하고 구체적인 비전을 제시하고 모든 구성원이 그 비전을 공유하고 동참해야 한 방향으로 나갈 수 있다. 그리고 비전은 모두 구성원이 윈윈 효과를 얻을 수 있어야 한다. 구성원에게 더 나은 기회가 되는 게 불분명한 비전은 기만에 불과하다. 뚜렷한 비전 없이 열심히 일하고 알아서 리더가 제 몫을 챙겨주겠지 생각하는 구성원은 없다. 이제 사람들은 비전이 없으면 일하지 않는다.

(4) 카리스마

자신과 타인에게 모두 유익한 도덕적 카리스마를 가져야 한다.

카리스마가 구닥다리 리더십 코드라고 생각하면 천만의 말씀. 아마도 카리스마라고 하면 억압적이거나 너무 강력해서 구성원의 의지와는 상관없이 불도저식으로 밀어붙이는 것이라고 생각하기 때문일 것이다. 혼란의 시대, 다양성이 있는 시대에는 리더에게 카리스마가 없다면 구성원은 충성을 다하지 않는다. 카리스마는 꼭 짚어 이유를 말할 수 없지만 구성원을 끌어당기고 이끄는 묘한 마력 같은 것을 말한다. 그것이 강력하거나 억압적일 필요는 없다. 부드러운 카리스마가 될 수도 있고, 따뜻한 카리스마가 될 수도 있고, 강력한 카리스마가 될 수도 있다.

'카리스마'는 원래 기독교 용어로 신이 부여하는 은총이나 신성한 위엄이라는 뜻이다. 따라서 소수의 특별한 사람들만 카리스마가 있는 것으로 알려져 왔다. 『카리스마 심리전술』의 저자 데스몬드 길포일은 이런 통념에 강력히 반대했다. 먼저 데스몬드 길포일이 말하는 카리스마에 대한 세 가지 오해부터 살펴보자.

① 카리스마를 타고나는 것이라고 생각한다. 그러나 카리스마는 '만들어지는 것'이다.
② 카리스마는 권력에 근거한다고 생각한다. 그러나 카리스마는 다른 사람들과의 커뮤니케이션 능력에 근거하는 것이다.
③ 카리스마는 외모에서 풍겨져 나온다고 생각한다. 그러나 카리스마는 외모와 내면의 조화에서 풍기는 것이다.

그는 카리스마를 부여하는 것은 자기 자신이며 주변 사람들과의 의사소통을 통해 카리스마를 만들 수 있다고 설명한다. 카리스마를 갖추고 상대방에게 전달하며 어떤 사람들에게 카리스마를 보여줄 것인지를 설명한다. 사람을 사로잡으려면 이기적이고 억압적이며 비윤리적인 카리스마가 아니라 자신과 타인에게 모두 유익한 도덕적 카리스마를 가져야 한다고 역설한다. 시대의 변화에 따라 조직에 있어서 요구되는 리더십의 특성도 변화한다. 현대조직의 특징은 앞서 말한 듯이 종전의 리더만의 재능과 카리스마적 요소만 중시되는 것이 아니라, 서비스 정신과 창의성, 협력관계 등 좀더 다양하고 복합적인 특성이 요구되는 것이다. 사회가 복잡해지고, 사람들의 의식 수준 향상이 그 원인이다. 이는 공기업이나 사기업이나 예외가 있는 것이 아니라 조직의 규모와 특성에 상관없이 리더십은 모든 조직에 있어서 막대한 영향을 끼치는 존재인 것이다. 그렇기 때문에 현대조직에서 리더십을 가지고 조직을 운영하기 위해서는 전문성과 열정을 가지고, 자기 주관이 뚜렷하고, 효율적인 조직운영 마인드를 가져야 한다.

'리더십은 이것이다'라고 특별하게 정의할 수는 없는데다가 학자들과 사람들이 정의하는 리더십의 개념과 어떤 것에 비중을 두고 말하는지가 각각 달라서 뚜렷하게 정의하는 것이 가장 곤란한 점이었다. 그만큼 리더십이란 개념정의 자체가 곤란하고 수많은 특성을 가지고 있기 때문인 것이다. 또 하나의 한계점으로는 아무리 성공한 리더십을 가진 경영진이라고 해도, 그 리더십 자체가 다른 조직에서도 확실한 변화를 준다거나 좋아지지만은 않는다는 점이다. 조직 하나하나가 다 다르듯이 그 조직에서 요구되는 리더십의 특성도 다르다. 그렇기 때문에 어떠한 리더십 유형이 반드시 모든 조직에 좋은 영향을 끼치지는 못한다는 결정적 한계점이 있는 것이다. 결국 모든 조직은 그 조직의 리더가 특성을 파악해서 나름대로의 방법으로 조직을 효율적으로 운영해야 하는 것이다. 앞으로의 연구 방향은 현재의 리더십이 가지고 있는 특성보다는 리더십의 가지고 있을 마인드에 중점을 둬야 한다고 본다. 현재까지의 리더는 조직을 나름대로 운영하는 데 필요한 리더십이 어떤 것인지를 알고 있다. 단지 리더 자신이 그렇게 하지 않거나 내·외적 환경의 영향으로 그렇게 하지 못하는 경우일 것이다. 따라서 이러한 것들이 만족된다면 조직은 발전하겠지만 리더 역시 그것에 안주해서는 안 된다. 앞으로의 리더는 능력 발휘를 넘어선 자기의 조직과 다른 조직 사이의 원만한 네트워크 형성을 위한 마인드가 있어야 한다. 현대 정보화 사회에서 가장 중시되는 것 중 하나가 정보의 네트워크 능력이 얼마나 뛰어나느냐 하는 것이다. 새로운 정보를 누구보다 더 빨리 습득하고, 유용한 정보를 이용해서 조직운영의 신속성을 띠게 된다면 그 조직의 발전 또한 신속하게 이루어질 것이다. 그러기 위해서는 다른 조직과의 원만한 관계를 가지고 네트워크를 형성하고 있어야 하는 것이다. 앞으로는 리더가 네트워크 형성을 얼마나 빠르고 유용하게 사용할 수 있는지, 그것을 이용할 만한 마인드를 가지고 있는지의 연구가 필요하다.

참고문헌

1. 김정일, 『21세기 공공부문 리더십』, 한국노동교육원.
2. 김성기, 『경영학자가 본 경영자 히딩크』, 서울: 백년글사랑. 2002.
3. 김영호(1993), 『사람을 위한 조직관리』.
4. 김효수, 『리더십론』, 순천향 대학교.
5. 데니스 N.T. 퍼킨스(2001), 『섀클턴의 서바이벌 리더십』, 뜨인돌.
6. 박내희, 『현대리더십론 이론과 기법』, 서울: 법문사. 1993.
7. 박내희, 『조직행동론』, 서울: 전영사. 2002.
8. 박연호, 『조직행동론』, 서울: 박영사. 2000.
9. 박운성, 『현대조직행동(제2전정판)』, 서울: 박영사. 1998.
10. 박종주, 『디지털 지식정보사회에서의 바람직한 리더십』.
11. 삼성에버랜드 서비스 아카데미(2001), 『에버랜드 서비스 리더십』, 21세기 북스.

12. 워렌 베니스(2002), 『퓨처리더십』, 생각의 나무.

13. 신완선(1997), 『최고경영자 23인의 리더십을 배우자』, 창현출판사.

14. 신응섭 외, 『리더십』, 서울: 학지사. 1994.

15. 신응섭 외, 『리더십의 이론과 실제』, 서울: 학지사. 1999.

16. 유영옥, 『경영조직론』, 서울: 학문사. 1998.

17. 이강옥, 송경옥, 노언필, 『21세기 리더십의 새로운 패러다임』.

18. 이강옥 외 2인, 『21세기 리더십의 새로운 패러다임』, 서울: 무역경영사. 2001.

19. 이광의(2003), 『지방자치단체장의 리더십-지역발전과 리더십 기술의 연계』, 한국
    정부학회.

20. 이영배, 『HE THINKS』, 서울: 선영사. 2002.

21. 이인석 외, 『히딩크 리더십』, 서울: 리더스클럽. 2002.

22. 이준형, 『리더와 리더십』, 서울: 도서출판 인간사랑. 2002.

23. 정해성, 『히딩크 500일의 기록』, 서울: 컴온스포츠. 2002.

24. 제임스 c.헌터(2002), 『서번트 리더십』, 시대의 창.

25. 조성종(2002), 『서비스지향적 리더십과 인간관계』, 도서출판두남.

26. 존 K. 클레멘스 외, 『고전으로 배우는 리더십』, 서울: 매일경제신문사. 2004.

27. http://mtcha.com.ne.kr/king/sosun/king11.htm

18. 한국에서 요청되는 리더십

1) 서 론

　우리나라는 지금 개발도상에 있는 국가인데, 개발도상에 있는 나라는 국가발전
에 대한 목표를 수립하고 그것을 추진하며 목표를 달성하기 위하여 가장 중요한
변수의 하나가 리더십이라 하겠다.

2) 현대사회의 리더십

　현대사회에 있어서 리더십은 어디서나 그 필요성이 인정되고 있으며, 이에 관
한 현상은 지도, 통솔, 영도, 관리 및 감독 등의 여러 개념 속에서 문제를 제기하
고 있다. 이에 반하여 종래의 행정학에 있어서는 지도의 문제가 거의 관심을 끌
지 못하였으며, 이에 관한 연구도 별로 이루어진 바가 없었다. 그 원인은 크게
두 가지로 나누어 볼 수 있는바, 첫째로, 과학적 관리법이 지배하던 시대의 인간
관, 조직관에서는 인간의 모든 행동은 지시명령에 따라 이성적, 합리적으로 움직
인다고 생각했기 때문이며, 둘째로, 지도의 존립 및 이의 중요성이 인간관계시대
부터 인식되기 시작했으나, 정치행정학도는 이에 대한 관심 및 연구를 의식적으
로 피해 왔기 때문이라고 생각된다.
　최근에 와서 리더십에 관한 경험적 연구가 진전됨에 따라 리더십의 중요성은
더욱 인정을 받게 되었고, 사회의 여러 가지 다른 요소를 사회가 나아가야 할 방
향으로 동원하려면 리더의 역할이 중요하며 더구나 우리와 같은 개도국의 경우
지도자의 역량, 역할이라고 하는 것이 신속한 국가발전에 그 비중이 더 큼을 인

식하게 되어 리더에 관한 가치관, 역할인지, 행태 등을 밝혀내는 것이 조직관리론의 중요한 과제가 되었다.

3) 리더십의 개념

(1) 리더십의 의의

리더십은 행정조직이나 기업조직 혹은 군대조직을 막론하고, 그 조직을 동작화하는 데 있어서 중요한 변수로 작용하고 있음은 말할 나위가 없다. 그럼 여기서 이 리더십에 관한 여러 개념규정에 대하여 살펴보기로 하겠다.

리더십이란 희구되는 목표를 달성하기 위하여 개인 및 집단을 조정하며 동작케 하는 기술을 뜻한다고 볼 수 있겠으며, 집단구성원으로 하여금 규정된 목적을 열성적으로 수행할 수 있도록 설득하는 능력 내지 영향력을 말한다고 본다. 또한 주어진 상황하에서 목표달성을 위해 노력하는 개인 및 집단의 활동에 영향을 주는 과정이다라고 규정할 수도 있다. 이상을 종합하여 리더십이란 조직구성원으로 하여금 바람직한 조직목적에 자발적으로 협조하도록 하는 일종의 기술 및 영향력으로 보며, 리더가 추종자로 하여금 소망스러운 상태로 행동시키는 과정이고, 목표달성에서 목표달성에 이르기까지 이를 위하여 노력하는 조직적 집단활동에 영향을 미치는 행위라고 본다.

여기서 리더십의 특징을 파악하면서 그에 따라 네 가지로 여러 학자들이 정립한 개념을 규정지어 보겠다.

첫째, 리더십의 개념을 리더가 갖는 개성이나 특성에 근거를 두고 설명하려는 것으로, 피고스는 리더십이란 특정한 개성의 소유자가 공통의 문제를 추구하는 데 있어서 그의 의지, 감정 및 통찰력 등으로 타인을 이끌고 다스리는 특성이라고 말한 것이 그 대표적인 예이다.

둘째, 집단목표의 달성이나 집단유지를 위하여 집단구성원의 자발적인 행동을 유도하는 데 리더가 발휘하는 영향력에 중점을 두고 개념 지우려는 학자가 있는데, 그들 중 알포드와 비틀리는 리더십을 집단구성원으로 하여금 자발적이고도 바람직한 행동으로 집단목표에 도달할 수 있게 하는 것이라고 하였다.

셋째, 리더십을 리더와 부하의 행동방향의 공통성과 이해의 일치를 전제로 하는 인간관계와 상호작용의 문제로서 다루려는 것으로, 사전트는 리더십이란 집단의 어떤 특정 개인 및 성원들과의 사회적 상호작용의 형태이고, 리더와 부하와의 역할행동이라고 하였다.

넷째, 집단에 어떤 변화를 가져오는 집단상황을 강조하는 입장에서 규명하는 것으로서, 알포트는 리더는 영향력과 구성원 사이의 인간관계를 중심으로 하여 집단상황에 크게 변화를 가져오는 활동이라고 하였다.

이상과 같이 리더십의 개념을 여러 가지 살펴보았으나, 어느 한 가지 입장만으로 규정짓기가 곤란하다는 것을 알 수 있다.

(2) 리더십 연구의 의의

리더십 연구의 의의는 사회적인 면과 이론적인 면으로 나누어볼 수 있는데, 리더십 연구에 대하여 의도적인 관심을 갖게 된 것은 19세기에 들어와서이다. 산업의 발달과 각국의 근대화 및 제1차 세계대전 후의 정치적 불안정과 경제공황, 정치제도의 발달, 사회의 대규모 및 복잡화 등으로 말미암아 보다 우수한 리더가 요구되었으며, 리더는 조직의 성공을 위한 하나의 필수적 자원으로서 인식되기에 이르렀으며, 이에 따라 리더십 연구의 필요성이 대두되었다.

비단 사회적인 면뿐만 아니라 이론적인 면에서도 발전을 보았는데, 사회학뿐만 아니라 기타 사회과학에서도 인간관계의 개선이나 조정방법을 이론화하고, 이에 따라 사회집단이 갖는 잠재능력을 최대한으로 발휘할 수 있도록 하는 데에 큰 관심이 집중되어 학문적인 면에서도 리더십 연구는 주목할 만한 가치가 인정된 것이다.

(3) 리더십과 헤드십의 구별

리더십과 헤드십은 모두 권위를 근거로 하나, 그 권위가 어디서 나오느냐에 차이가 있다. 한 마디로 말하면 과장 또는 국장이라는 공식적인 계층제적 직위의 권위를 근거로 하는 데 비하여, 리더십은 그러한 직위와는 관계없이 일정한 사람 자체의 권위를 근거로 한다는 데에 차이가 있다.

따라서 헤드십은 일방적, 강제성을 그 본질로 하는 데 비하여, 리더십은 상호성, 자발성을 그 본질로 한다. 또한 헤드십은 조직구성원과의 심리적 유대가 적어 공통감정이 희박한 데 비하여, 리더십은 지도자와 피지도자 사이에 심리적 공감이 있어 구성원 사이의 일체감이 강하다.

(4) 리더십의 정의

리더십에 관한 정의는 학자의 입장이나 관점에 따라 여러 가지로 내려지고 있으나 크게 두 가지 범주로 분류할 수 있는데, 그 하나는 리더를 위주로 하는 입장이고, 다른 하나는 리더와 부하와의 관계에서 보려는 입장이다. 첫 번째 것은 지휘기술성을 강조하는 것과 지배성을 강조하는 것으로 나누어지며, 두 번째 것도 부하에게 주는 영향력이라고 보는 것과 리더와 부하와의 상호관계라고 보는 입장으로 세분된다. 이러한 의미의 리더십은 다음과 같은 공식으로 요약할 수 있다.

$L = f(l, f, s)$[여기에서 L은 리더십, l은 리더, f는 부하, s는 상황의 변수를 가리킨다.

4) 유 형

리더십 연구는 비록 행정학에서만이 아니라 정치학, 경영학, 사회학 등 대부분의 학문분야 관심대상이 되어 있다. 리더십연구는 주로 리더가 되기 위한 자질요건, 행태요건, 상황요건의 경험적 분석에 바탕을 두고, 바람직한 리더는 어떠한 모습인가를 찾는 규범적 탐색으로 이어져 왔다. 바람직한 리더십에 대한 규범적 탐색의 결과가 바로 다양한 리더십모델이다.

- 특성이론(선천설, 40-50): 자질요건 갖춘 사람만(신체, 성격, 지적 능력, 사회적 배경)
- 행태이론(후천설, 50-60): 특별한 행동유형을 나타낸다.
- 의사결정형태(독재적, 민주적, 자유방임적이다.)
- 목표지향성(업무 혹은 인간지향형이다.)
  • Ohio 대학 연구, Michigan 대학 연구
- Blake & Mouton: managerial grid

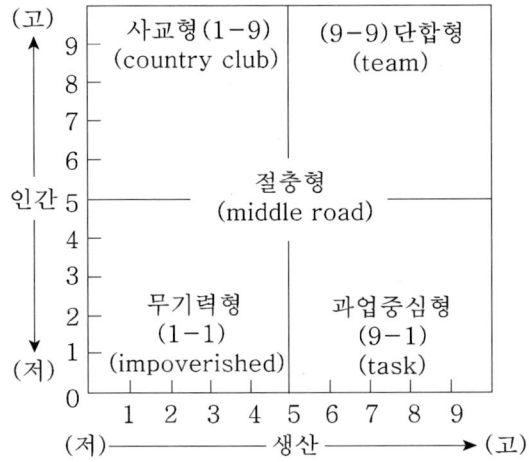

－Fidler의 contingency theory

• 리더에게 상황이 호의적 or 비호의적이냐는 리더－구성원 관계, 과업구조 (직무절차화의 구조화), 직위권력(부하의 인사에 대한 영향력)

• 과업지향적 리더－매우 호의적인 또는 매우 비호의적인 상황에서 성과향상 관계지향적 리더－호의성이 중간인 상황에서 성과향상

• 비판: 부하의 특성 및 리더와 부하의 능력 간과, 단일연속선

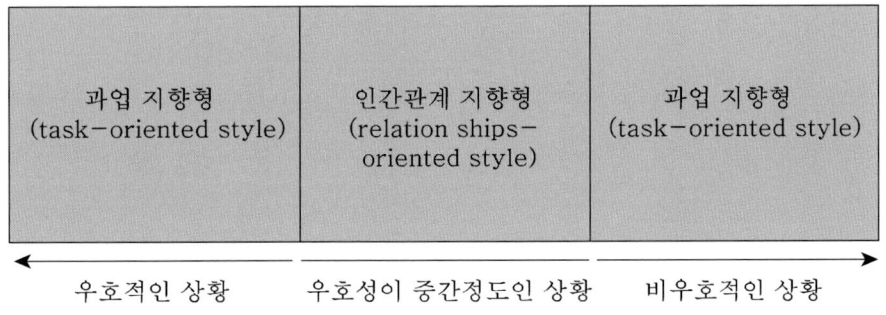

－House의 path－goal theory

• Ohio 대학모형＋동기부여의 기대이론

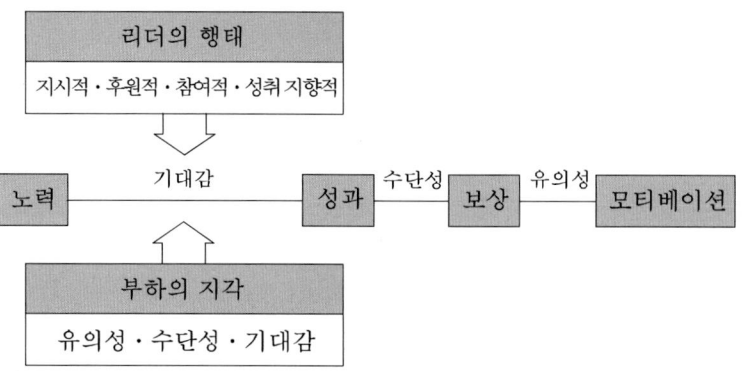

- 효과적인 리더
  1. 구조적 과업환경에서는 후원적 리더 / 비구조적 과업환경에서는 지시적 리더가 좋다.
  2. 동기부여의 요소(유의성, 수단성, 기대)에 대한 지각을 강력하게 한다.
     - Hersey & Blanchard의 3차원 모형
       - O.S.U. + maturity(능력, 지식, 기술, 경험, 숙련도, 업무태도, 의욕 등) 성숙도의 정도에 따라 S1, S2, S3, S4으로 나눌 수 있다.
- 부하들의 성숙한 개인으로서의 자아실현욕구를 충족할 수 있다.

- 리더십의 유형 - 상황에 따라 선택(가변적, 동태적)

Boss-centered	Subordinate-centered
Theory X	Theory Y
Autocratic	Democratic
Close supervision	General supervision
Initiating structure	Consideration
Leader-centered	Group-centered
Production-centered	Employee-centered
Directive	Supportive
Directive	Participative

5) 한국에서 요청되는 리더십

(1) 민주적 리더십

우리나라 행정에 있어서의 리더십으로는 전통적으로 권위적, 강제적 리더십이 지배하여 왔다. 이것은 인격평등주의라는 횡적인 인간관계를 기반으로 하고 있는 서구 사회와는 다른 사회풍토를 반영하며, 인격우열주의에 입각한 종적인 인간관계가 행정조직 내에도 반영되어 은연중 리더십도 권위적, 강제적 경향을 띠게 되었다.

그러나 이제 전통적 사회구조에서 탈피하여 행정의 민주화와 능률화, 그리고 효율성을 높일 수 있는 행정발전을 위해서 행정조직 전체에 깔려 있는 권위적, 강제적 리더십 일변도에 편중된 현실에서 벗어나 민주적인 리더십의 발전이 시급하다.

(2) 쇄신적, 기업가적 리더십

발전도상국가에 있어서 관료제도 및 행정조직의 잘못된 타성의 하나는 쇄신이나 기업가적, 창조적 요소들을 증오 내지 추방해 버리는 것인데, 이러한 현상을 타파하고 쇄신적이고도 기업가적인 창조적 방향으로 행정을 이끌어가야 한다는 점에 리더십의 존재이유가 있는 것이다.

(3) 지속적 변화대응력을 가진 리더십

발전이란 변화대응력의 향상을 의미하는데, 사회변동과 요구에 적절히 응답하여 정책과 목표를 세우고 그것을 구체화할 때에 행정발전은 이룩된다. 사실 환경의 변화에 적절하고도 민감한 반응을 보이는 것은 지도자에게 요구되는 결정적 요건이며, 행정계층제의 경직성에 대한 자극인 것이다. 이러한 지속적인 변화대응력의 근원과 구심력은 그것을 발휘하는 자의 리더십에 달려 있는 것이다.

(4) 발전목표를 창도하고 신념의 추진력을 가진 리더십

행정지도자는 발전목표를 창도하고 그가 현재 주창하고 있는 목표가 보다 큰 국가발전을 이룩할 수 있도록 지속적인 신념을 추구해야 한다. 따라서 그는 미래를 투시하는 통찰력을 가져야 하며, 그에 대한 특별한 신념을 소유해야 한다.

(5) 동원과 상징적 조작력을 가진 리더십

발전목표를 달성하는 데 필요한 자질과 인력을 동원하고 상징조작을 할 수 있는 리더십이 요구된다.

(6) 정보분석 기능을 가진 리더십

행정지도자는 정책결정 및 의사결정자로서 행정의 발전목표를 결정하고 그것을 구체화하는 방법을 선택하는 데 있어서 합리적인 정보관리체제를 활용할 수 있는 능력을 가져야 한다.

(7) 청렴도가 높은 리더십

남을 지도하는 사람은 무엇보다 철저한 윤리관으로 무장하여 청렴, 결백해야 한다. 우리나라의 지도자는 더욱 이점이 강조되어야 한다.

이상에서 리더십의 일반이론, 즉 리더, 부하, 집단 및 상황 등 여러 측면을 살펴본 바와 같이 리더십이 이들 변수의 복합적 상호관계에서 성립됨을 알 수 있었고, 리더십의 역할이 매우 중요하다는 것을 인식했으며, 더욱이 발전도상국인 우리나라의 경우에는 새로운 여러 가지 리더십이 절실히 요청된다.

조직의 목표는 패러다임의 전환을 하나의 과정으로 하고 있다. 사람들이 환경의 변화를 기대하듯이 조직도 변화를 요청한다. 이것은 경영자의 리더십에 하나의 도전과제를 제공하고 있다.

리더십은 조직의 성공과 생존을 결정하는 중요한 요인이다. 어떤 조직에서든지 기술적 지원이 조직의 성패를 좌우하는 중요한 요인이기도 하지만 효과적인 리더십은 때로 기술적인 장비와 지원의 결핍을 보완하기도 한다. 따라서 지도자는 조직의 성공과 실패에 따라 신망을 받거나 비난을 받는다. 학교, 회사 등의 존립여부는 다른 사람들로 하여금 공동의 목적 달성에 동참하게 하는 지도자의 능력에 따라 좌우된다. 이러한 이유에서 조직에서 리더십은 가장 중요한 과제로서 관심을 갖게 되었고 리더십 연구에 많은 노력이 투입되었다. 리더십은 사회심리학 및 산업조직 심리학 중에서는 가장 오랜 연구테마의 하나로 20세기 초기부터 연구되어 현재에 이르고 있으며 연구테마도 몹시 변화하고 있다. 1900~1940년대에는 상황적 적합 모델 연구에, 1980 이후~현재에는 카리스마적 리더십 내지 변혁적 리더십 연구에 초점이 맞추어 있다. 그러면 변혁적 리더십론에 초점이 맞춰진 이유는 무엇인가? 첫째 이유는, 상황적합모델이 당초 기대가 되었던 만큼 이론적 설명력을 갖지 못했다는 것이다. 예를 들면 Fiedler의 리더십 상황적 조건 모델은 리더십 이론 중에서 포괄적인 것이지만 LPC(Least Preferred Co-worker) 척도 등 문제가 많이 지적되고 있고 Vroom의 이론은 적용범위가 너무 좁다는 논의가 있고 또 다른 이론도 실증적인 타당성이 부족한 현상이다. 둘째 이유는, 미국이 안고 있는 경제적인 요인이다. 제2차 대전 이후 계속된 미국의 경제적 번영도 1970년대 이르러 내리막이 보이기 시작했고 특히 강력한 경쟁국인 독일과 일본에 의해 철강업, 전자소재 산업, 자동차 산업 등은 심각한 영향을 받고 있다. 이런 위기를 타개할 수 있는 유능한 경영자의 출현을 고대하게 되므로 카리스마적 리더십의 연구를 촉진하게 되었고(Yukl, 1989) 그와 함께 리더십 과정에 초점을 둔 변혁적 리더십론이 제시되었다. 셋째 이유는, 변화가 심해서 불안정한 환경인 변혁기에 어울리는 변혁적 리더십의 특징 때문이다. 변혁적 리더십의 특징은 이론의 방법론적 포괄성, 다른 연구 영역과의 운동성, 현실에서 직면하는 제계의 문제와의 적합성 등이 주목을 받고 있다.

변혁적 리더십은 본래 정치지도자들에 대한 연구를 통하여 이해가 되었으나 Bass(1985) 등은 변혁적 리더십은 평범한 곳에서도 발견될 수 있고, 훈련될 수 있다. 이러한 논의는 리더십 연구분야에 새로운 패러다임으로 변혁적 리더십 개념이 도입되게 되는 계기를 마련해 주었다. Bassdhl(Bass, 1985, Avolio & Bass, 1987)의 변혁적 리더십 이론은 House의 카리스마적 리더십 이론과 Burns의 리더십의 이론을 통합하고 실증적 연구를 지향한 것이다. 최근의 카리스마 이론에 의하면 카리스마적인 리더십은 유전적이고 성격적인 리더의 특성보다는 리더가 어떤 독특하고 위대한 특징을 타고나면서부터 가지고 있다는 부하들의 지각에 근거하여 정의된다.(Bass, 1985, Conger & Kanungo, 1987) 이러한 지각은 리더십의 상황적 맥락과 부하의 개인적·집단적 욕구에 의해서 영향을 받는다. House(1977)에 따르면 카리스마적 리더십에는 리더의 신념의 정당성에 대한 부하들의 믿음, 리더에 대한 무조건적인 수용, 리더에 대한 애정, 자발적인 복종 등의 특징이 포함된다. 한편 변혁적 리더십은 개인적인 리더라기보다는 조직 내의 여러 수준과 하위조직의 여러 리더들의 행동이 포함된 조직 전체의 리더십 과정을 의미한다.(Burns, 1978)

전통적인 리더십 이론들이 조직의 성과, 집단 성원의 만족, 부하의 인지 등을 종속변수로 본 반면에 변혁적 리더십 이론은 부하의 활동에 관련된 리더의 자극에 대한 감정적 반응(리더에 대한 자부심과 신뢰감)과 주어진 의미 또는 책임 이상으로 수행하려는 부하의 동기부여 정도를 종속변수로 본다. 더욱이 이 이론은 리더행동을 과업지향적-관계지향적 행동으로 분류하는 전통적인 리더십 이론들과 대조적으로 부하의 마음속에 긍정적인 이미지를 형성하여 유지하도록 하고, 부하를 신뢰하고 존중하며 비전을 제시하고 사명감을 강화하는 방법으로 행동하는가에 따라 리더를 분류한다. 그리고 이러한 이론은 리더들을 보다 더 의미 있는 삶을 약속해 주고 미래에 대한 희망을 주는 사람으로 본다. Bass(1977)는 전통적으로 인정되었던 카리스마 리더의 특성과 카리스마적 리더십의 결과 등을 추가하여 House의 이론을 확대시켰다. House(1977)는 신화나 설화보다는 관찰 가능하고 검증할 수 있는 가정을 제시하여 카리스마 리더십을 설명하는 이론을 제시했다. 그의 이론은 다양한 사회과학분야의 연구를 기초로 삼고 있다. 그는 카리스마적인 리더가 어떻게 행동하고 다른 사람과는 어떻게 구별되며 또 그들이 가장 효과적인 경우가 언제인가를 알아내었다. 그의 이론에는 리더의 특성, 행동, 영향력, 상황적 조건 등 모든 요인을 담고 있어서 다른 이론과는 달리 그 시각이 상당히 포괄적이다.

House(1977)는 카리스마를 개인적인 능력에 의해서 부하들에게 특별한 영향을 미칠 수 있는 리더로 기술하고 있다. 즉 카리스마적 리더와 카리스마적 리더십을 거의 동의로 사용하고 있다. Sayles(1979)는 카리스마의 주요한 특징으로써 구축된 신뢰, 신성, 사회적 간격, 리더십, 힘 등을 열거하고 있는데 이는 군대의 영웅적 전사의 이미지가 카리스마와 밀접히 관련된 것으로 보인다. House(1977)의 연구결과, 리더가 카리스마적인가 하는 것은 종래의 사회학·정치학 문헌에서 다음과 같은 특징에 의해서 결정된다고 하였다.

- 리더의 신념의 정당성에 대한 부하의 신뢰
- 리더의 신념과 부하의 유사성
- 리더에 대한 부하들의 절대적인 신뢰
- 리더에 대한 호의적 감정
- 리더에 대한 부하들의 애정
- 리더에 대한 자발적인 복종
- 조직의 임무에 대한 부하들의 감정개입
- 부하들의 자발적인 상향적 수행목표설정
- 조직 임무의 사명달성에 기여할 수 있다는 부하들의 신념

그의 이론에 따르면 카리스마적 리더는 극단적으로 높은 수준의 자기 신뢰성, 지배성에 대한 강한 욕구 그리고 자신의 신념의 도덕적 정당성에 대한 강한 확신 등을 지니고 있다. House는 이런 카리스마 효과를 가져오는 카리스마적 리더의 행동특징에 관해서도 다음과 같이 서술하고 있다.

- 간디처럼 성원의 역할 모델이 된다.
- 부하에게 자신의 유능함을 호소하는 이미지를 형성한다.
- 사상적 의미가 있는 목표를 명확히 제시한다.
- 부하에게 높은 기대치를 제시한다.
- 부하들의 달성 능력에 자신감을 표명한다.
- 미진 성취와 관련된 동기 유발의 행동을 취한다.

House(1977)의 카리스마적 지도자의 행동은 리더십에 있어서 변화 주도자로 관련지을 수 있다. 카리스마적 지도자는 기존의 질서나 조건과는 다른 신념과 가치에 의하여 변화를 가져오는 힘을 가지고 있는 것으로 인식된다.

근래 리더십 연구에서 중점적으로 연구되고 있는 것은 안정형 리더십(리더가 리더십을 취하기 쉬운 상황에서 불확실성이 낮은 업무를 부하보다도 정보 면에서 우위에 서서 지휘하는 방법)보다는 변혁적 리더십(리더가 리더십을 취하기 어려운 상황에서 불확실성이 높은 업무를 반드시 부하보다 가진 정보가 많다고 할 수 없는 상황에서 지휘하는 방법)이다.

카리스마 리더십론은 변혁적 리더십론의 중요한 일각을 이루고 있다. 카리스마 리더십이 출현하기 쉬운 상황은 긴급 시·변혁기 등의 불확실성이 높은 상황이다. 이 같은 상황에서는 새로운 아이디어를 시험하기도 하고 실험하는 것도 쉽기 때문이다. 그러나 Bass 등은 변혁적 리더의 출현은 위기적인 상황, 변화가 심한 상황에서 쉽게 출현하는 것을 인정하면서도 일상의 공식조직에서의 출연, 기업조직 중 여러 가지 지위에서의 출연을 인정하는 등 카리스마적 리더 이상의 일상성을 주장하였다. 카리스마적 리더는 극단적으로 존경을 받고 부하들로 하여금 무조건적으로 신뢰하게 하는 리더인 반면에, 변혁적 리더는 부하로 하여금 자율적·자기지시적·자아실현적이고 이타적이 되도록 하는 리더라고 하였다. 또 Yukl과 Van Fleet는 카리스마적 리더는 최고 관리자가 중심이 되고 보통 1인의 리더가 대상이 되지만 변혁적 리더는 조직의 각 부서, 각 수준(최고, 중간 등)에 복수 존재한다. 변혁적 리더는 권한을 위탁하는 경우가 있지만 카리스마적 리더에게는 그러한 것이 보이지 않고 오히려 부하를 의존적으로 만들어 개인숭배를 조성해 간다고 하였다. 그렇지만 카리스마적 리더십과 변혁적 리더십 간의 구분은 아직 불분명하다. Bass 등은 카리스마적 리더십을 변혁적 리더십의 한 요인으로 보고 있으나 House와 Shamir는 반대로 카리스마적 리더십을 중심개념으로 설정하고 변혁적(transformational)을 그 결과로 생긴 효과라고 생각하고 있다. 또 Conger와 Kanungo는 양자를 같은 형으로 달고 있고 Howell은 카리스마에는 2개의 유형이 있고 그 하나가 변혁적 리더십이라고 하였다. 송원은 Howell의 입장에서 사회적 카리스마를 변혁적 리더로, 이기적 카리스마를 종래의 카리스마로 분류하였다. 이러한 혼란을 피하기 위해 Bryman 등은 New Leadership이라는 개념을 사용하고 있다. 또 변혁적 내지는 카리스마 리더십의 논쟁의 하나는 변혁적 리더나 카리스마 리더를 훈련으로 양성할 수 있는가의 문제이다. Howell과 Frost는 실험실적 연구에서 프로 배우에게 카리스마적 리더의 역할을 연기하게 하였다. 그 결과 카리스마적 리더 아래서의 집단이 성원만족도 및 업적이 가장 높게 나타났다. 이것은 카리스마적 리더의 훈련이 가능함을 시사하고 있다. Bass와 Avolio는 변혁적 리더십의 훈련 프로그램을 제안하고 있다. 이들은 훈련자인 리더들에게 리더십의 유형을 설명 학습하게 한 후 MLQ를 실시하고 피드백을 행했다. 그 다음에 훈련자인 리더들에게 개인적인 목표달성 계획을 작성하게 하고, 훈련자인 다른 리더의 행동을 관찰하게 하고, 카운슬링, 워크숍 참가 등 수개월에 걸친 짧은 훈련과정을 거치게 했는데 그들에 의하면 이 방법은 유효하였다. Conger와 Kanungo도 훈련가능성의 입장을 취한다. 그들은 현재의 상태를 변화시키고 현실적 환경을 평가하고 미래의 비전을 언급하고 부하의 욕구에 민감성을 보이고 그리고 비카리스마적 지도자보다 개별적 위험에 더 많이 처하는 변화대행자(change agents)의 관점에서 가설을 설정한다. 그들은 카리스마적 리더십을 귀인현상(attributional phenomenon)으로 이해하며 이러한 귀인은 리더들에게 관련된 조직에서 일하는 개인에 의해서 이루어진다. 이를 강조하는 관점에서는 카리스마적 지도성 귀인을 가장 유도하기 쉬운 행동유형으로 나타내는 것이 핵심주체이다. 그들은 카리스마적 리더는 다음 5개의 능력을 훈련하는 것에 의해 발달한다고 서술하고 있다.

- 위기 평가와 문제 발견 기술
- 비전 작성 기술

- 커뮤니케이션 기술
- 인상관리 기술
- 부하를 고무(empowering)하는 기술

이상과 같은 지적은 변혁적 리더십의 훈련가능성을 시사하는 것이다. 그렇지만 이런 지적이 있는가 하면 반대로 Bass는 같은 저자로서 훈련의 어려움에 관해서 지적하고 있는 것도 주목된다. Bass는 변혁적 리더의 퍼스넬리티 특성을 말하면서 이들은 인사선발이나 인사이도에서 고려해야 한다고 하였다. 이러한 지적은 변혁적 리더십 훈련이 종래의 리더십 유형의 훈련과 비교할 때 질적으로 곤란한 것을 시사하고 있다. 또 Avolio와 Gibbons의 연구는 변혁적 리더의 훈련은 경력 초기에는 발달의 한계가 있는 것을 나타내고 있다. 또 Conger와 Kanungo는 위의 기술들이 변혁적 리더의 능력이라 할지라도 그 내용으로 보아 개발은 꽤 어려운 것으로 시사된다. Bryman은 New Leadership의 평가 중에서 변혁적 내지는 카리스마적 리더십의 훈련은 가능하다 하더라도 그것은 기존의 훈련프로그램과는 다른 새로운 것이어야 한다고 지적하였다.

6) 가장 위대한 리더십

위대한 리더 앞에서 우리의 마음은 쉽게 움직인다. 그들은 우리의 열정에 불을 붙이고 우리가 가지고 있는 최고의 것을 끄집어낸다. 그 거역할 수 없는 힘의 근원을 설명하라고 하면 대부분의 사람들은 전략이니 비전이니 굳건한 사상이니 하는 것을 들먹이겠지만 그 힘의 실체는 보다 깊은 데 있다. 위대한 리더는 그의 '감성'을 통해 지도력을 행사한다. 리더들이 다른 모든 것을 제대로 한다 하더라도 감성을 올바른 방향으로 이끄는 가장 기본적인 역할을 외면한다면 그들은 당위와 가능성은 고사하고 그 어떤 일도 제대로 할 수 없다.

영국의 거대 미디어 그룹 BBC의 뉴스국이 과거 직면했던 위기의 순간을 예로 들어보자. 경영진이 뉴스국을 폐쇄하기로 결정하고 이를 뉴스국에 전달하기 위해 회사 간부가 파견되는데, 그는 경쟁사는 잘한다는 둥, 자신은 멋진 외국여행 경험이 있다는 둥 도움되지 않는 소리만 했다. 좋지 않은 갑작스런 소식에 그 간부의 태도로 인해 뉴스국 사람들은 그 간부뿐 아니라 경영진의 결정에도 격분했다. 하지만 다음날 파견된 다른 간부는 언론의 영향력이 얼마나 중요한가를 언급하면서 언론인의 위치는 세계경제의 불황과 함께 신분 보장은커녕 보수조차 최저 수준으로 곤두박질쳤다면서 그곳에 사람 중 어느 누구도 부를 축적하기 위해 언론계에 뛰어들지는 않았음을 상기시켰다. 그의 이야기는 뉴스국 직원들에게 언론의 공익성을 향한 열정과 헌신의 마음까지도 불러일으켰다. 간부가 이야기를 끝내자 직원들은 환호를 보냈다. 이 두 명의 간부는 경영진의 의사를 전달하는 과정에서 감정과 어조에 큰 차이가 있었고, 그로 인해 반응도 상반됐다. 이 일화는 리더십에 있어서 '드러나지 않은 매우 중요한 차원'을 보여준다. 그것은 바로 리더의 언행이 감성에 미치는 영향력을 말한다.

일터에서 감정이 발휘하는 강력한 영향력을 이해한다면 업무성과나 재능과 같이 눈에 보이는 부분뿐만 아니라 높은 도덕 의식과 동기, 실행력 등 눈에 보이지 않는 부분에 있어서도 최고의 리더와 그렇지 못한 리더를 구별할 수 있다.

(1) 리더십의 기본.

감성을 다루어야 하는 리더의 과업은 그야말로 '기본적'이면서도 가장 '중요한' 것이다. 동서 고금을 막론하고 어떤 집단에서든 모름지기 리더란 자는 불안하거나 위협적인 상황에서, 혹은 수행해야 할 과업이 있을 때 사람들에게 확신과 명쾌함을 주는 존재들이었다. 리더란 집단의 감성을 이끌고 가는 존재다.

현대조직 사회에서도 감성을 다루는 일은—비록 눈에 잘 띄지는 않지만—여전히 리더가 해야 할 일 가운데 가장 중요한 것이다. 리더는 사람들의 감성을 긍정적인 방향으로 이끌고 해로운 감정이 야기한 오염 물질을 제거해야 한다. 이는 회의실에서부터 매장에 이르기까지 모든 곳에서의 리더십에 적용되는 것이다.

한마디로 말해 어떤 집단에서든 리더는 모든 사람들의 감성을 좌우할 수 있는 최상의 힘을 갖추고 있어야 하는 존재다. 사람들의 감성을 열정의 바다로 이끌어 갈 수 있는 리더라면 최상의 성과를 얻을 수 있지만 사람들의 감성을 증오와 불안의 상태로 끌고 간다면 엉뚱한 결과를 자초할 수밖에 없을 것이다.

리더가 갖추어야 할 또 다른 중요한 측면이 있다. 위대한 리더가 발휘하는 탁월한 리더십의 영향력은 단순히 일이 잘 되리라는 확신의 수준을 넘어서는 것이다. 사람들은 그들의 리더에게서 서로에게 공감할 수 있는 관계를 원하는 것이다. 모든 리더십에는 어느 정도씩은 이와 같은 기본적인 요소가 포함되어 있게 마련이다.

따라서 모든 사람을 이롭게 하는 위대한 리더십을 발휘할 수 있는 열쇠는 '감성지능'을 바탕으로 한 리더의 지도력이라고 할 수 있다. 리더가 자신과 자신이 맺고 있는 관계를 통제하는 능력에 달렸다는 말이다. 위대한 리더십을 갖추고 있는 리더는 그를 따르는 사람들이 감성을 올바른 방향으로 잘 이끌고 나간다.

(2) 감정은 전염된다.

리더의 태도—'무엇을'이 아니라 '어떻게'에 해당하는 태도—가 중요한 이유는 인간의 뇌 구조에서 찾아볼 수 있다. 학자들은 우리 뇌 구조의 특징을 일컬어 감성중추인 대뇌변연계의 '열린 고리(open-loop)' 속성이라고 부르고 있다. 열린 고리 체계는 자신을 조절하는 데 있어 외부에 크게 의존한다. 다시 말해서 우리가 우리 자신의 감성적 안정을 유지하기 위해서는 다른 사람들과의 관계에 의지한다. 첨단 시대의 화려함에도 불구하고 열린 고리 구조의 기능은 여전히 지속되고 있다. 중환자실 담당자들을 대상으로 한 어느 연구결과에 의하면 위안을 주는 주변 사람의 모습을 보면 환자의 혈압이 정상으로 내려오고, 지방산의 분비가 억제된다고 한다. 이러한 열린 고리를 '대인적 변연조절'이라고 부르기도 한다.

사회생활의 다른 모든 부분에서도 인간의 생리적 현상은 서로 뒤섞이며 한 사람의 감성이 그 사람과 관계를 맺고 있는 다른 사람의 영역으로 자동적으로 이행된다. 변연계의 열린 고리 구조가 시사하는 바는 다른 사람이 우리의 생리적 현상과 감성을 변화시킬 수 있다는 것이다. 함께 일을 하는 특정 집단 내의 사람들은 질투와 시기에서부터 불안감과 행복감에 이르기까지 주위 사람의 시시콜콜한 온갖 감정에 '걸려들게' 된다. 그리고 집단이 결속력이 클수록 서로의 기분과 감정, 심지어 마음속 깊이 간직하고 있는 생각 등을 공유하는 정도도 커진다.

(3) 리더는 사람들의 기분을 좌우한다.

비즈니스 세계에서는 모든 이가 그들의 '보스'를 주목한다는 것은 불변의 진리이다. 사람들은 자신들의 감정의 실마리를 자신들의 리더에게서 찾는다. 리더를 접하기가 쉽지 않더라도—맨 위 층의 굳게 닫힌 사무실에서 일하는 CEO를 생각해 보라—리더의 감정은 그가 부하직원에게 지시하는 어조에 영향을 미치고 그것은 다시 도미노 파장을 일으켜 회사 전체의 감정적 기류에 영향을 미친다.

현재 활동 중인 업무 집단을 자세히 관찰해보면 조직의 리더가 직원들 사이에서 공유되는 감정을 결정하는 데에는 몇 가지 방식이 있다는 것을 알 수 있다.

일반적으로 대부분의 리더는 다른 사람들보다 말을 많이 한다. 그리고 사람들은 다른 누구보다도 리더의 말에 더욱 귀 기울인다. 대개의 경우 특정 사안에 대해 제일 먼저 말을 꺼내는 사람도 리더다. 그리고 사람들은 다른 누구의 말보다 그들의 리더가 한 말을 기준으로 하여 사고하고 이야기한다. 리더가 사물을 보는 방식에도 각별한 무게가 실리기 때문에 리더는 집단 내 구성원들이 주어진 상황을 제대로 해석하고 그것에 대해 감정적인 반응을 할 수 있도록 그들을 위해 '자신이 의도하는 바를 다듬어 표현'한다.

하지만 사람들의 감정에 미치는 리더의 영향력은 그가 말을 하느냐 안 하느냐의 차원을 넘어서는 것이다. 리더가 아무 말도 하지 않고 있다 해도 사람들은 그를 눈여겨보고 있다. 집단 전체를 향해 어떤 문제가 제기되는 경우에도 그들은 오로지 리더의 입만 주시한다. 어떻게 보면 리더가 감정의 기준을 설정한다고도 할 수 있다.

하지만 현재 '이른바' 리더라고 불리는 사람들이 모두 감성적 리더인 것은 아니다. 리더로 임명된 사람이 어떤 이유로든 신뢰를 받지 못한다면 사람들은 자신들이 믿고 존경하며 자신들의 감성을 이끌어줄 다른 사람을 리더로서 따르게 된다. 그렇게 되면 사실상의 리더라고 할 수 있는 후자가 사람들의 감정적 반응에 커다란 영향을 미친다.

(4) 우리의 마음을 끄는 리더.

감성지능을 갖춘 리더는 번연계 부분에 '매력이 넘치는 사람'으로 행동할 수 있는 능력을 갖추고 있다. 즉 그는 감정을 주관하는 주변 사람들의 뇌에 영향력을 행사할 수 있다. 리더가 자신의 감정을 전달하는 능력이 뛰어날수록 집단 내부에 그의 감정이 퍼지는 강도도 커진다. 물론 그와 같은 감정의 전달을 억지로 꾸며서 할 수는 없다. 대부분의 사람들은 리더를 예의 주시하고 있으므로 제아무리 미묘한 감정의 표현일지라도 쉽게 영향을 미칠 수 있기 때문이다. 그러므로 리더가 열린 사람일수록—자신의 열의를 잘 표현하는 사람일수록—다른 사람이 그의 열정에 감염될 여지는 커진다.

그러한 재능을 갖춘 리더에게는 감성적으로 사람을 끄는 힘이 있다고 할 수 있다. 사람들은 자연스럽게 그에게 끌리게 마련이다. 사람들이 함께 일하고 싶어하는 리더는 바로 사람들 사이에 즐거운 기분을 자아내는 리더이다. 그렇기 때문에 재능 있는 사람들은 즐거움을 만끽하며 일하기 위해 감성지능이 높은 리더에게 몰려드는 것이다.

(5) 기분이 일의 결과에 미치는 영향.

한순간 격렬하게 생겼다 없어져 종종 업무진행에 혼란을 야기하는 감정에 비해, 기분은 덜 격렬하면서 더 오래 지속되는 느낌으로서 직접적으로 일을 방해하지 않는다. 그리고 어떤 감정을 유발하는 일이 생기면 그에 상응하는 기분의 여운이 남게 마련이다. 다시 말해서 특정 집단 내에 드러나지는 않지만 지속적으로 흐르는 기분이 있다는 것이다.

일을 수행하는 차원에서는 감정과 기분이 하찮게 보일지 모르지만 실제로 일을 마무리하는 데 있어서는 매우 중요하다. 예를 들어 리더가 걱정하는 모습을 살짝 비추기만 해도 그것은 뭔가 더 주의를 기울이고 심사숙고해야 긴장감을 유발하는 식으로 말이다.

가벼운 걱정(예를 들어 납품 기한이 임박한 것 같은)은 주의력과 에너지를 더 집중할 수 있게 해주는 반면, 지속되는 고민은 정보를 처리하고 효과적으로 대처할 수 있는 뇌의 기능을 약화시킴으로써 리더의 인간관계를 뒤흔들고 일처리를 어렵게 만든다. 하지만 기분 좋은 웃음을 지을 수 있거나 즐거운 기분을 유지할 수 있다면 일을 제대로 수행하는 데 필요한 신경 활동을 증진시킬 여지는 훨씬 많아진다. 즉 기분이 좋으면 사람들은 상황을 긍정적으로 바라보게 되고 그 상황에서 좋은 부분을 끄집어낼 수 있다. 하지만 기분이 나쁘면 사람들은 자꾸 안 좋은 쪽만 바라보게 된다. 따라서 긍정적인 사람과 함께 하고 싶은 것은 인지상정이다. 그런 사람은 무엇보다도 마음을 편안하게 해주기 때문이다.

(6) 감정의 하이잭.

부정적인 감정—특히 지속적인 노여움, 불안감, 경박감—은 우리의 주의를 눈앞의 일에서 다른 데로 전환시킴으로써 일을 방해한다. 걱정과 근심이 적정 수준 이상을 넘어서면 정신 활동이 저하된다는 것은 심리학의 고전적 법칙 가운데 하나다.

마음이 불편하면 정신 활동이 위축될 뿐만 아니라 감성지능도 떨어진다. 내 감정이 격한 상태에 있으면 다른 사람의 감정을 정확히 읽어낼 수 없다. 결국 다른 사람의 마음에 공감할 수 있는 기본 능력이 저하되고 사회적 관계에 필요한 능력도 약화된다.

또 업무 만족도에 관한 새로운 연구결과에 의하면, 사람들이 일을 하는 과정에서 느끼는 감정이 업무 환경의 질을 가장 직접적으로 반영한다고 한다. 이런 의미에서 보면 직원들에게 불편한 마음을 갖게 하는 리더는 사업에서도 결코 부진을 면할 수 없다. 반대로 직원들의 마음이 편하면 리더가 사업을 성공으로 이끄는 데 큰 도움이 된다.

(7) 기분이 좋으면 일도 잘 된다.

기분이 좋으면 최선을 다해 일에 집중할 수 있다. 즐거운 기분은 윤활유와 같아서 정신 활동의 능률을 높이고 정보 판단을 잘할 수 있게 해주며, 사고의 유연성 증가, 복잡한 판단을 내릴 때 중요한 원칙들을 제대로 활용할 수 있게 해준다. 뿐만 아니라, 일과 유머의 관계를 조사한 바에 따르면 적절한 타이밍의 유머와 농담은 창의력을 자극하고 의사소통의 길을 열며, 유대와 신뢰감을 강화시킴으로써 일을 더욱 즐겁게 만든다고 한다. 재미있는 농담은 협상의 자리에서 이권을 확보할 수 있는 가능성을 제공하기도 한다. 따라서 감성지능을 갖춘 리더의 필수 조건 가운데 하나가 농담이라는 것은 그리 놀라운 사실도 아니다.

팀 단위의 활동에서는 즐거운 기분이 특히 더 중요하다는 것이 확인되었다. 리더가 팀의 분위기를 열정적이고 협조적으로 만들 수 있느냐 없느냐에 성공의 여부가 달려 있다. 집단 내에서 정서적 갈등이 일어나 각자가 맡은 바 일에 집중할 수 없게 되면 업무의 처리는 난항을 거듭할 수밖에 없다.

따라서 '집단의 IQ', 즉 모든 사람들이 최대한 발휘하는 재능의 합은 그 집단의 감성지능에 의해 좌우된다. 상호 협력을 잘 이끌어내는 리더는 사람들 간의 화합을 최고 수준으로 유지하며 그 집단에서 내린 결정이 좋은 성과를 낼 수 있도록 만든다. 그는 자신이 이끌고 있는 집단이 주어진 일에 집중할 수 있도록 하는 한편 구성원들끼리의 인간관계에도 신경을 쓰는 균형잡힌 모습을 보여준다. 위대한 리더는 모든 사람의 사기를 북돋는, 다정하면서도 효율적인 분위기를 조성할 줄 아는 사람이다.

(8) '분위기'도 측정할 수 있다.

직원들의 기분이 좋으면 고객만족을 위해 더 노력할 것이고, 따라서 회사의 매출액도 증가하게 된다는 것은 당연한 말이다. 실제로 연구결과 고객 봉사의 수준이 1% 향상되면 수입은 2% 늘어난다. 그러므로 업무분위기와 노동조건(임금 등)의 개선과 더불어 직원들의 공감을 이끌어내는 리더의 역할이 중요하다. 리더는 직원들의 마음을 헤아리고 그들을 따뜻하게 대함으로써 직원들로부터 고객을 만족시키고자 하는 마음을 이끌어내야 한다.

분위기가 사업 실적에 영향을 미친다고 할 때 그렇다면 그 분위기를 이끌어내는 것은 과연 무엇일까? 직원들이 자신들이 몸담고 있는 조직의 분위기를 파악하는 방식의 50~70% 정도는 리더 한 사람의 행위를 쫓는 데서 비롯된다. 다른 누구보다도 그 집단의 리더가 조성하는 분위기가 사람들이 제대로 일을 할 수 있을지를 직접적으로 좌우하는 것이다.

결론적으로 말하자면 리더의 감성과 행동이 그를 따르는 사람들의 감정과 행동에 그대로 영향을 미친다는 것이다. 리더가 자신의 감정을 잘 다스리고 다른 사람의 감정에 긍정적인 영향을 주는 것은 단순히 개인의 문제가 아니라 사업의 성공여부를 좌우하는 요인으로 작용한다.

그리고 이러한 모든 사실은 우리로 하여금 우리의 감정을 좌우하는 뇌가 위대한 리더십을 발휘하는 데 과연 어떤 작용을 하는 것인지 진지하게 생각해보도록 한다.

7) 마음을 움직이는 리더

리더가 사람들의 처지를 이해하지 못하고 그들의 감정을 헤아리지 않으면 괜히 사람들 사이에 불화만 조장하고 급기야 불필요한 자극만 하게 된다. 그렇게 해서 집단 내부에 생겨난 직원들의 불만은 선입견을 자아내 리더의 말과 임무에 더 이상 주의를 기울일 수 없게 만든다. 결국 균형을 유지하기 어렵게 된 사람들의 업무 수행 능력은 점차 떨어질 수밖에 없다.

두 사람 사이의 감정의 파장이 일치할 때—그들이 동시에 뭔가를 느낄 때—그들은 '공감'하고 있다고 할 수 있다. 그처럼 동시에 일어나는 감정의 반향은 긍정적인 감정을 지속시킨다. 사람들이 리더의 유쾌하고 열정적인 에너지에 부응하여 함께 움직이는 것은 공감을 불러일으키는 리더십의 좋은 예다. 탁월한 리더는 그의 감성적 영향력을 자신이 불러일으키는 공감을 통해 증폭하고 연장시키는 데 뛰어나다. 사람들이 서로 더 많이 공감할수록 그들 사이의 상호작용은 더욱 활발해진다. 다시 말해서 공감은 특정체제 내의 잡음을 줄여준다.

리더가 사람들의 감정을 잘 다스리고 목표를 성취할 수 있도록 이끌어 나가기 위해서는 그의 감성지능이 중요하다. 공감은 감성지능이 높은 리더에게서 자연스럽게 흘러나오는 것이다. 리더의 열정과 정력은 그룹 전체에 반향을 불러일으키기 때문이다. 감성지능이 높은 리더의 지휘 아래서 사람들은 서로를 격려하고 있다는 느낌을 갖게 된다. 그들은 생각을 나누고 서로에게서 배우며 함께 결정을 내리고 일을 처리한다. 그들이 맺은 정서적 유대감은 제아무리 급격한 변화를 수반한 불확실한 상황 속에서도 중심을 잃지 않게 만들어준다. 그리고 보다 중요한 사실은 정서적 차원에서 구성원이 서로 연결될 때 그들의 일은 더욱더 의미 있는 것이 된다는 점이다. 한편 리더가 공감의 분위기를 조성하지 못한다면 그 리더 밑에 있는 사람들은 일하는 시늉은 하겠지만 최선을 다하지 않고 적당히 하게 된다. 마음에서부터 우러나는 건전한 영향력을 발휘하지 못하는 리더는 관리자일 뿐이지 진정한 리더가 아니다.

(1) 불협화음을 만드는 리더.

인격적 차원에 있어서의 불협화음은 조화가 깨진 상태를 의미한다. 불협화음을 만드는ㅡ공감의 분위기를 만들지 못하는ㅡ리더가 있다면 그 집단은 감성적으로 뭔가 조화를 이루고 있지 못하다는 느낌을 준다. 그렇게 되면 집단 내 구성원들은 뭔가 계속 겉도는 느낌을 가질 수밖에 없다. 웃음이 일을 하는 현장에서의 공감대의 정도를 가늠할 수 있는 척도라면 분노, 두려움, 무관심은 그 반대의 상태를 가늠하는 척도다. 그렇다면 불협화음에서 비롯되는 신체적 피해는 어느 정도인지를 생각해 보자. 사람들의 불평이 분노를 동반하게 되면 그것이 설령 직원들 사이에 만연해 있는 솔직한 불평의 소리를 표면화시켜 분위기를 쇄신하거나 공감의 정서를 이끌어내는 계기가 된다 해도, 그렇게 일단 한 번 갈등이 폭발하고 나면 감정의 독이 퍼지게 마련이다. 특히 다른 사람에게 상처를 주는 혐오감과 모욕을 담은 말을 하는 것이 배우자나 직장상사로부터 행해지는 것이라면 그 공격은 과녁이 된 사람을 향한 부정적인 감정의 하이잭이라고 볼 수 있다. 감정이 범람하게 되면 다른 사람의 말을 왜곡해서 듣게 되고 온전한 정신으로 반응할 수 없다. 사고 작용이 뒤죽박죽되어서 거의 모든 반응 상황을 빨리 끝낼 수 있는 것이라면 무엇이든지 다 표현하는 반응이 유치할 정도로 즉각적이 된다. 결국 다른 사람과 감성적 혹은 물리적 거리를 둠으로써 더 이상 다른 사람을 신경쓰지 않으려 하거나 상대하지 않으려는 지경에 이르게 된다. 한마디로 다른 사람의 마음에 공감하지 못하는 리더의 불협화음은 사람들의 기를 꺾고 해야 할 말을 못하게 하거나 심할 경우에는 회사를 그만두게 만든다. 그리고 그러한 불협화음으로 인해 치러야 하는 대가에는 사적인 것도 포함되어 있다. 즉 그처럼 독기가 가득한 환경에서 일하는 사람들은 그 독기를 집으로 고스란히 가져간다는 것이다. 불만에 쌓인 하루를 보내는 동안 분비됐던 스트레스 호르몬이 일을 마치고 귀가한 뒤에도 한참 동안 그 사람의 몸을 휘감고 있기 때문이다.

(2) 여러 가지 형태의 불협화음.

불협화음을 자아내는 리더의 모습은 헤아릴 수 없이 다양하다. 기본적으로 그들은 다른 사람들의 마음에 공감할 줄도 모르고, 사람들로부터 반향되는 감정의 흐름을 자주 부정적인 영역으로 몰아 버린다. 하지만 대부분의 경우 이런 유의 리더들이 일부러 불협화음을 조장하는 것은 아니다. 그들에게는 단지 직원들과 공감하면서 그들을 이끌고자 하는 중요한 감성지능이 결여되어 있을 뿐이다. 어떤 스타일이건 간에 불협화음을 조장하는 리더들은 자신의 주변에서 평화, 희망 또는 행복 등의 씨를 완전히 말려 버리는 존재다. 그들은 비참하기 그지없는 업무환경을 조장한다. 그럼에도 그들은 그것이 얼마나 파괴적인 행동인가를 자각하지 못한다. 혹은 별로 대수롭지 않다고 생각해 버린다. 그런데 불협화음을 조장하는 리더들 가운데 겉으로 볼 때는 정체를 쉽게 알아차리기 어려운 이들이 있다. 그들은 겉으로는 부드러운 표정과 품위 있는 태도를 취하고 있지만 사람들을 엉뚱한 방식으로 몰아대거나 음흉하게 다룬다. 이렇게 직원의 마음을 헤아리기보다 자신의 이익만을 추구하려는 리더와 함께 일하는 사람들이 그 리더에게서 불성실한 태도를 보게 되면 그때부터 조금씩 리더와의 관계는 냉소와 불신의 양상을 띠기 시작한다. 이따금 근시안적인 차원에서 불협화음을 조장하는 리더들이 한동안 잘 나가는 경우도 있다. 가령 상사에게 아부하거나 잘 보여서 승진하는 등, 원하는 것을 쉽게 손에 넣는 것처럼 보일 때도 있다. 하지만 그들이 사람들 사이에 뿌려놓은 독기는 겉으로 잘 나가는 성공과 마찰을 일으키게 된다. 이러한 리더들은 자신의—주로 정신을 좀먹는—감정만을 강요하려 할 뿐 다른 사람의 감정은 전혀 받아들이려 하지 않는다. 즉 그들은 다른 사람의 말에는 귀도 기울이지 않고 아예 무시해 버린다. 그와는 대조적으로 감성지능이 높은 리더들은 긍정적인 공감을 통해 확실히 동기부여를 할 수 있는 길을 택한다. 그들은 추구할 가치가 있는 목표를 중심으로 사람들을 규합한다.

그리고 우리가 '대책 없는 부류'라고 부르는 리더들도 있다. 그들은 긍정적인 방향으로 공감을 유도하려고는 하지만 자신의 집단 구성원들을 부정적인 감정상태로 내모는 바람직하지 못한 현실에 대해서는 일체 관여하려 들지 않는 이들이다. 구성원들은 조직체의 실상에 불만을 표시하고 불안을 느끼고 행복해하지 않는데, 리더 혼자서 그 사실을 깨닫지 못하고 아무도 동조해주지 않는 이야기를 혼자서 신나게 떠벌이는 상황이다. 하지만 감성지능이 높은 리더는 사람들의 감정—특히 자신과 다른 사람들의 감정—의 파장에 주파수를 맞춰 공감을 자아내고 사람들을 올바른 방향으로 이끌어나간다. 우리가 감성지능을 갖춘 리더십을 발휘하고 더 나아가 공감을 자아내는 메커니즘을 이해하려면 뇌 연구에서 밝혀진 새로운 사실들을 눈여겨볼 필요가 있다.

(3) 감성지능의 네 가지 핵심 영역.

감성지능은 자기인식, 자기관리, 사회적 인식, 관계관리라는 네 가지 영역으로 나뉘는데 모두 사람들과 공감하는 리더십을 발휘하기 위한 중요한 능력이다. 물론 이들은 서로 역동적인 관계를 유지하며 밀접하게 얽혀 있다.

자기인식은 감정을 공유하는 능력과 자기관리를 용이하게 만들어주며, 이 두 가지가 함께 어우러질 때 효과적인 관계관리가 가능하다. 따라서 감성지능 리더십은 자기인식의 바탕 위에서 형성되는 것이라고 할 수 있다. 자신의 감정을 제대로 파악하지 못하면 그것을 다스릴 수가 없으며 다른 사람들의 감정을 헤아리기도 어렵다. 자기인식이 가능한 리더는 자신의 내면에서 우러나오는 신호에 주파수를 맞출 줄 안다. 자신의 감정이 어떻게 자신과 자신이 하는 일에 영향을 미치는지 알고 있는 것이다. 한편 감정에 대한 자기인식이 결여된 리더는 화를 억누를 수 없고 왜 그런 감정이 자신을 몰아대는지도 이해할 수 없다. 그 밖에도 자기인식은 다른 사람의 감정을 공유하거나 다른 사람이 상황을 어떻게 바라보는지를 이해하는 것에 있어서도 중요한 역할을 한다. 그러므로 리더가 자신의 감정을 잘 감지하지 못한다면 그는 다른 사람이 느끼는 것을 공감할 수 없다.

사회적 인식은 특히 다른 사람의 감정을 헤아려 그들의 공감을 이끌어내야 하는 리더의 과업을 수행할 수 있도록 만들어준다. 사람들이 느끼고 있는 바를 공감할 수 있다면 리더는 상황에 적절한 말과 행동을 할 수 있다. 그것은 곧 사람들의 두려움을 가라앉히는 것일 수도 있고, 기분을 좋게 만드는 것일 수도 있다. 사람들의 마음을 헤아릴 줄 아는 리더는 조직을 끌고 나갈 수 있는 공동의 가치관과 최우선 과제가 무엇인지를 안다. 같은 이유로 사람들의 마음을 헤아리지 못하는 리더는 부지불식간에 파행을 저지르거나 부정적 반향을 유발하는 말과 행동을 하게 된다.

결국 리더가 자신의 비전과 가치관을 이해하고 집단의 감성을 파악할 수 있게 되면 리더의 관계관리 능력은 공감을 촉진시키는 쪽으로 나아가게 된다. 하지만 집단의 감성적 기조를 이끌어나가기 위해서는 리더가 먼저 자신이 나아가고자 하는 방향과 우선 과제를 분명히 해야 할 필요가 있다. 여기서 다시 자기인식의 중요성이 부각되는 것이다. 이상과 같은 네 가지 감성지능 영역들의 역동적인 관계는 이론이 아닌 실천적 중요성을 갖고 있다. 그것들은 사람의 마음을 헤아릴 줄 아는 위대한 리더십을 제대로 수행하기 위해 필요한 기본적 요소들이다.

8) 감성과 리더십

공감이란 뇌의 기능 면에서 볼 때 사람들의 정서 중추가 일제히 긍정적인 방향으로 작동하는 것을 의미한다. 그리고 뇌와 뇌 사이의 이러한 공감의 관계를 만들어내는 가장 강력하고도 직접적인 방법 가운데 하나가 바로 웃음이다.

이제까지 살펴본 바와 같이 유머를 적절히 잘 구사한다는 것은 유능한 리더십의 대표적인 특징이다. 그것이 곧 반박이나 논쟁 자체를 아예 회피하라는 것을 뜻하지는 않지만 유능한 리더는 분명 시간을 내서 문제점을 일일이 지적하는 것이 필요할 때와 필요하지 않을 때를 판단할 줄 아는 감각이 있어야 한다. 그렇다고 적절한 유머를 구사하기 위해 굳이 타이밍 감각과 화려한 레퍼토리를 가진 코미디언이 되어야 할 필요는 없다. 별 볼 일 없어 보이는 사소한 농담이 긴장된 상황에서 촌철살인(한 치의 쇠붙이로 살인한다는 뜻으로, 날카로운 경구로 상대편의 급소를 찌름을 비유하여 이르는 말.—by. naver)의 정서적 힘을 발휘하여 팽팽한 긴장을 해소시키는 수도 있는 법이다. 그로 인해 폭소가 터지든 그저 미소만 짓게 만들든 간에 말이다. 결국 가장 유능한 리더는 심지어 긴장감이 도는 상황에서도 자유자제로 유머를 구사하면서 사람들의 정서적 기조를 바꾸는 긍정적 메시지를 전달한다는 사실이 밝혀졌다. 비록 리더가 하는 말이 계약서나 사업계획서 같은 딱딱한 내용을 담고 있다 하더라도 단 한 번의 웃음이 가져다주는 유쾌한 기분은 그가 친화력 있는 인간관계를 유지할 수 있도록 한다.

(1) 차세대 리더의 조건

감성지능을 갖춘 리더의 역할이 제아무리 중요하다고 해도 우리가 조직이나 국가의 성패가 오로지 카리스마 있는 한 사람의 리더에 의해 좌우된다는 근거 없는 주장을 하려는 것은 아니다. 사회학자 막스 베버(Max Weber)의 주장처럼 특정 체제가 지속적으로 발전할 수 있는 것은 지도자 한 사람의 카리스마 때문이 아니라 체제가 자신의 체제 안에서 리더십을 개발했기 때문이다.

뛰어난 리더들의 감성지능 능력은 출신에 관계없이 고른 수준을 보여주었으며, 이러한 능력은 기업의 업무가 진행되는 곳이면 어디에서든 중요하게 인정받는 것이었다.

(2) 감성지능의 네 가지 차원

감성지능의 차원과 그에 수반되는 능력에 대한 우리들의 생각은 새로운 분석자료가 추가됨에 따라 더욱 깊어지고 정교해졌다. 감성지능의 초기모델 단계에서는 다섯 부분으로 나뉘었던 감성지능의 주요 영역을 지금은 좀더 단순화하여 네 부분—자기인식, 자기관리, 사회적 인식, 관계관리—으로 나누었다. 그리고 처음에 25개로 분류했건 종류별 능력도 지금은 18개로 단순화시켰다.

감성과 뇌에 관한 최근의 연구결과를 보면 이러한 능력으로 신경학적 기반을 전제로 하고 있다는 것이 더욱 분명하게 드러난다. 그리고 이러한 연구를 통해 뇌의 역동적 활동에 대한 보다 구체적인 윤곽을 잡을 수 있게 된 것은 물론이고, 리더십을 기르기 위한 실용적 지침을 마련할 수도 있게 되었다. 여기서 한 가지 명심할 것이 있는데 이와 같은 감성지능 능력은 타고나는 것이 아니라 후천적으로 학습된다는 점이다. 각각의 감성지능 능력은 모두 공감을 불러일으키는 유능한 리더가 되기 위해 갖춰야 하는 것이다. 리더가 지니고 있는 감성지능 능력은 그가 이끌고 있는 집단의 수익에도 큰 영향을 미친다. 따라서 조직적 차원에서 리더가 자신의 능력을 스스로 개발할 수 있도록 지원해주는 것이 곧 비즈니스의 최우선 요구 사항에 부응하는 길이라고도 할 수 있다.

결국 감성지능 능력이라는 것은 집단 내에 공감대를 형성하기 위한 여러 가지 다양한 리더십 스타일의 기본원칙이라고 보면 되겠다.

게다가 훌륭한 리더십에는 정해져 있는 일정한 틀이 없다. 다시 말해서 위대한 리더가 되는 길은 여러 갈래이며, 훌륭한 리더일수록 남다른 독특한 스타일을 갖고 있다. 그래도 어쨌든 유능한 리더라면 감성지능의 네 가지 기본 영역들 각각에 대해 적어도 한 가지 이상의 뛰어난 능력을 갖추고 있어야 한다.

(3) 자기인식 능력

자기인식이란 간단히 말해서 자신의 감정, 능력, 한계, 가치, 목적에 대해 깊이 이해하는 것을 말한다. 자기인식이 강한 사람은 현실적 감각—지나치게 자기 비판적이지도 않고, 어리석게 낙관적이지도 않은—이 있는 사람이다. 무엇보다 그들은 자기 자신에 대해 솔직한 사람들이다. 그들은 자신의 결점 때문에 다른 사람들의 놀림감이 되는 한이 있더라도 다른 사람 앞에서 자신에 대해 솔직하다. 그리고 자기인식의 능력을 갖춘 리더는 자신의 가치, 목표, 꿈이 무엇인지 제대로 이해하고 있다. 그들은 자신들이 무엇 때문에 어디를 향해 가고 있는지를 아는 사람들이다. 그들은 자신에게 적절하다고 생각되는 것에 맞춰나갈 수 있는 사람들이다. 반대로 자기인식 능력이 부족한 사람은 원칙을 쉽게 내팽개치고 곧잘 마음의 갈등을 초래하는 결정을 내린다. 자기인식이 투철한 사람들은 자신의 가치관에 부합하는 결정을 내리기 때문에 자신들의 일에 그만큼 열정을 갖고 임하게 된다. 자기인식 능력을 갖추고 있음을 가장 잘 보여주는 것은 자신의 생각을 따져보는 마음과 숙고하는 자세다. 자기인식 능력을 갖춘 사람들은 객관적으로 조용히 따져보는 여유를 갖고 있는 사람들이다. 그렇게 함으로써 그들은 충동적으로 행동하기 전에 몇 번이고 자신의 결정에 대해 생각해 볼 수 있는 것이다. 자기인식 능력을 갖춤으로써 갖게 되는 이러한 특성들 덕분에 리더는 공감대를 형성하는 데 필요한 확신과 진실함을 가지고 행동에 임할 수 있다.

① 최고의 업무 수행 능력을 이끌어내는 방법

감성적 기조란 것은 개인적으로 좋아하는 일과 리더의 위치에서 해야만 하는 일, 그리고 시키는 대로 해야 하는 입장에서 어쩔 수 없이 하는 일 등으로 인해 만들어진다. 그리고 이러한 감정에 힘과 방향이 주어지면 특정 목표가 마음에 드는지 안 드는지를 결정하게 된다. 예를 들어 불우한 환경의 어린이들을 도와준다거나 자신의 분야에서 탁월한 사람과 함께 일을 할 수 있다는 생각에 마음이 설레는 사람은 동기부여가 확실한 사람이다.

소극적이고 부정적인 마음을 제어하고 대신 적극적인 마음을 불러일으키는 전전두엽 회로의 기능이 얼마나 잘 작동하는가에 따라 잘못된 생각으로 쉽게 희망을 잃어버리는 비관주의자와 목적을 달성했을 때 누리게 될 보람을 떠올리며 역경을 견뎌내는 낙관주의자가 나뉘게 되는 것이다. 이런 과학적 사실을 어떻게 리더와 조직에 적용할 수 있을까? 사람들은 일에 대한 동기부여가 너무도 당연하게 이루어지는 것으로 여긴다. 다시 말해 사람들은 자신들이 일에 애착을 갖고 있다고 여긴다. 하지만 실상은 좀 다르다. 자신의 맡은 바 일에 완전히 몰입하는 사람만이 자신의 일에서 진짜 즐거움을 찾을 수 있으며, 그러한 즐거움이야말로 진정한 동기부여의 원천이다. 물론 보너스니 포상이나 하는 것도 어느 정도는 사람들로 하여금 일을 좀더 적극적으로 수행하도록 하는 자극제 역할을 하기도 한다. 하지만 외부로부터 주어지는 동기부여만으로는 사람들이 가지고 있는 최고의 업무 수행 능력을 이끌어낼 수 없다.

② 미래를 내다보는 혜안(날카로운 눈, 사물의 본질이나 이면을 꿰뚫어 보는 눈)

직관력은 업무적 차원에서나 일상의 차원에서나 어떤 중대한 결정을 내려야 할 때 절대적으로 요구되는 리더십 능력이다. 이 능력은 자기인식 능력을 갖춘 리더에게서 자연스럽게 발견되는 능력이기도 하다. 신경학 연구에 따르면 우리가 직관력과 같은 마음의 작용에 귀를 기울이면 우리에게 주어지는 많은 자료들을 제대로 활용할 수 있으며, 따라서 더 나은 사업적 판단을 내릴 수 있다고 한다. 감성은 이성과 다른 것이 아니라 이성의 한 부분이라는 것은 과학적으로도 입증되었다.

예리한 추측 능력은 과거 그 어느 때보다도 중요한 리더의 자질이 되었다. 왜냐하면 오늘날의 리더들은 자신이 가지고 있는 수많은 자료들이 앞으로 어떤 결과를 보여주게 될지 전혀 알 수 없는 상태에서 지속적으로 주어지는 정보의 홍수 속에 살고 있기 때문이다. 오늘날의 리더들은 과거에 집착하지 말고 미래를 창조하면서 자신들의 회사를 키워나가야 하기 때문에 앞을 내다볼 줄 아는 혜안이 그 어느 때보다 중요하다. 그런데 앞을 내다보는 혜안에는 과거의 믿음에서 한 발짝 앞으로 나아가는 도약의 과정이 필요하다. 그것은 곧 주어진 자료를 뛰어넘어 예리한 추측을 할 수 있는 능력을 말하는 것이다. 물론 직관만 가지고 엉뚱한 판단을 하게 되는 경우도 있다. 특히 일종의 동물적 감각에만 의존하여 주어진 자료와는 정반대되는 결정을 내릴 때 리더들은 종종 엉뚱한 판단을 한다. 가령 성공

335 Ⅱ. 경영행정의 제 이론들

한 기업인 중에서 어떤 사업 계획이 주어진 자료에 기초해서 볼 때 타당성이 있는 것이라 할지라도 느낌이 좋지 않으면 그 계획을 유보시키거나 아예 폐기해 버린 경험이 있다고 한다. 그들에게 있어 동물적 직관은 가장 믿을 만한 정보였던 것이다.

아무리 해당 분야의 선두자리에 있는 회사일지라도 리더가 엉뚱한 것을 위해 모험을 하면 자칫 앞날이 위태로워질 수 있다. 사업에서 모험을 시도하는 것은 비전문가가 내일의 날씨를 예측하는 것과 크게 다르지 않다. 우리의 뇌는 시행착오를 통해 교훈을 이끌어낸다. 논리적 지성이 어찌할 바를 모르는 상황에 처해도 사람들은 그 문제의 핵심을 직관적으로 잡아낼 수 있다. 그것은 다시 말해서 감을 제대로 잡는 것이다. 시행착오를 통해 깨달은 사실을 바탕으로 직관에 따라 행동하는 것이다. 노력하는 학생과 같은 성실함을 갖춘 우리의 뇌는 경험을 통해 교훈을 습득하여 다음에 그와 유사한 고비, 난관 혹은 결정의 순간에 처할 때 더 잘 대처하도록 만들어 준다. 리더가 주어진 업무를 수행하는 동안 그의 뇌는 각각의 사건의 바탕이 된 결정의 원칙이나 인간관계의 틀을 자동으로 압축해서 보관한다. 리더는 자신의 일에서 얻은 경험을 바탕으로 노련미를 축적해 나갈 수 있는 것이다. 이러한 노련미는 리더가 새로운 기술을 습득하는 능력이 퇴화되기 시작하는 시점에 도달한 후에도 계속해서 원숙해진다. 결정의 상황에 처할 때마다 우리의 뇌는 그동안의 경험을 은밀하게 적용하여 최상의 판단을 이끌어낸다. 그러나 뇌는 이러한 판단을 우리에게 언어의 형태로 전달하지는 않는다. 전달된 판단 내용은 결국 문자 그대로 복부로부터 우러나오는 본능적 직감을 유발한다. 본능적 직감은 주어진 자료만 가지고 전혀 판단이 서지 않는 복잡한 결정을 내려야 할 때 안내자 역할을 한다.

결론적으로, 감성지능을 갖춘 리더는 직관을 통해 축적된 삶의 지혜를 이용할 수 있다. 그리고 그가 그러한 지혜가 전하는 목소리를 들으려면 자신의 내면의 소리에 귀 기울이게 하는 자기인식 능력이 필요하다.

(4) 자기관리 능력

자기관리 능력은 자기인식 능력 — 자신의 감정을 헤아릴 줄 알고 자신이 무엇을 하고자 하는지 분명히 아는 것 — 에서 비롯된다. 자기관리 능력이란 리더가 목표를 성취하기 위해 갖춰야 할 보다 구체화된 힘이다.

감정이 열정 같은 긍정적인 것일 때는 문제가 없지만 당혹감, 불안, 공포 등과 같은 부정적인 감정에서는 쉽게 벗어나기 어렵다. 더구나 이처럼 부정적인 감정이 밀어닥칠 때는 그 힘이 매우 압도적이다. 부정적 감정이 쇄도하는 것은 뇌가 우리로 하여금 위협을 감지할 수 있도록 하기 위함이다. 따라서 부정적 감정은 뇌의 사고능력을 오로지 현 사안에만 몰입하도록 만든다. 학자들은 전전두엽의 좌측 부위가 편도의 뉴런 활동을 막는 주요 신경회로의 한 부분이며, 따라서 그것은 사람들이 괴로움을 느끼지 않도록 만들어준다고 믿고 있다. 이러한 신경회로의 활동 덕분에 리더는 불안정한 감정을 잠재우고 대신 확실하고 열정적인 감정을 유지할 수 있는 것이다. 따라서 자기관리 능력─꾸준히 자기 자신과 나누는 내면의 대화라고 할 수 있는─은 우리가 감정의 노예가 되지 않도록 만들어주는 감성지능의 한 요소다. 그것은 리더십을 갖추기 위해 필요한 것으로, 우리를 정신적으로 깨어 있게 만들고 우리의 힘을 한 곳으로 모으는 역할을 한다. 그리고 그것은 우리를 혼란시키는 감정이 생길 때 우리가 궤도에서 이탈하지 않도록 지켜주는 역할도 한다. 이처럼 자기통제가 가능한 리더에게는 긍정적인 공감이 가능하도록 만드는 즐거운 마음과 낙관적인 태도 및 열정이 있다. 이 모든 것이 감성지능에는 아주 중요하다. 감정이란 것은 전염성이 매우 강하기 때문에─특히 리더의 감정이 다른 사람들의 감정에 영향을 미친다는 점에서─리더는 무엇보다도 먼저 감정상의 건전한 균형을 잡아야 한다. 즉 자신의 감정을 통제할 수 있어야 한다. 그렇다고 해서 리더는 결코 삶의 애환─이혼, 가족갈등 등─에서 비롯되는 하소연을 해서는 안 된다는 것은 아니다. 중요한 것은 리더의 개인적인 삶의 문제가 그가 업무상 맺고 있는 관계에 영향을 주어서는 안 된다는 것이다. 자신의 분노를 거리낌 없이 표현하고 자신의 괴로움을 닥치는 대로 발산하는 리더는 조직을 최상의 업무를 수행하도록 이끌 수 없다.

또한 자기관리 능력은 남보다 앞서서 중요한 판단을 내리는 데도 유용하다. 오늘날처럼 기업이 끊임없이 생겼다가 사라지고 기술은 현기증이 날 정도로 빠르게 변화하는, 한 치 앞도 제대로 보기 어려운 시대에 자신의 감정을 쉽게 통제하는 리더는 변화에 유연하게 대처할 수 있으며 자신의 조직도 그에 잘 적응하도록 만들 수 있다. 그리고 자기관리 능력은 리더를 솔직할 수 있도록 만든다. 솔직함은 리더십의 덕목일 뿐만 아니라 조직의 힘이 되기도 한다. 즉 리더로서 잊지 말아야 할 가장 중요한 임무는 자신의 마음 상태를 다스리는 것이다. 리더십을 제대로 발휘하기 위해서는 자신의 흔들리는 마음을 다스리고 대신 긍정적인 감정을 표현할 수 있는 능력이 필요하다.

(5) 사회적 인식 능력

자기인식 능력과 감정적 자기관리 능력에 이어, 감성지능이 높은 리더가 갖추어야 할 것은 사회적 인식 능력, 다시 말해서 감정이입의 능력이다. 감정이입의 능력은 편도에 연결된 확장된 신경회로에서 비롯되는 것으로, 다른 사람의 얼굴과 목소리를 통해 그 사람의 감정을 읽어내고 대화 도중에 상대방의 감정에 동조하는 능력을 말한다.

신경학적인 측면에서 과학자들은 이와 같은 동조 현상을 일컬어 '번연계 공명 (limbic resonance)'이라고 한다. 번연계 공명이란 '서로 주고받는 가운데 내적으로 적응되는 조화의 과정'이다. 그것에 의해 두 사람은 서로의 감성 상태를 조화시켜 나간다. 감정이입의 능력이 감성지능이 높은 리더가 갖춰야 할 꼭 필요한 요소 중이 하나임은 분명하지만 리더가 다른 사람들의 마음을 움직이기 위해 자신의 메시지를 잘 표현하는 능력 또한 간과해서는 안 된다. 공감을 불러일으키는 능력은 자신의 감정을 확신을 갖고 표현할 수 있는 리더에게서 나오는 것이다. 사회적 인식 능력, 특히 감정이입의 능력은 공감을 불러일으켜야 하는 리더의 과업에서 매우 중요한 것이다. 특정한 순간에 사람들이 느끼고 있는 것에 동조함으로써 리더가 그에 걸맞은 말과 행동—두려움을 누그러뜨리거나 분노를 달래주거나 유쾌한 기분에 동참하는 등—을 할 수 있는 것이다. 이처럼 집단 구성원들의 감정에 동조하는 리더는 그 집단을 이끌어나갈 수 있는 공동의 가치관과 올바른 일의 순서를 파악할 수 있다. 반대로 감정이입에 서투른 리더는 자기도 모르는 사이에 원칙에서 벗어나 부정적인 반응을 유발하는 말과 행동을 하게 된다. 감성지능의 여러 차원 가운데 사회적 인식 능력은 아마도 가장 파악하기 쉬운 능력일 것이다. 하지만 비즈니스 영역에서는 감정이입의 능력을 특별히 칭찬하거나 포상하는 경우를 거의 볼 수 없다. 감정이입이라는 말은 비즈니스에서는 전혀 어울리지 않는 말로 약육강식의 시장 현실에는 그것이 자리할 공간은 없는 것 같다.

(6) 관계관리 능력

자기인식, 자기관리, 감정이입이라는 세 요소는 감성지능의 마지막 요소인 관계관리 능력에서 결국 하나로 엮인다. 관계관리 능력을 통해 리더십에 있어 가장 가시적인 형태의 도구들이라고 할 수 있는 설득, 갈등관리, 협동 등에 대해 살펴볼 수도 있다. 관계를 노련하게 관리한다는 것은 곧 다른 사람의 감정을 잘 다룬다는 말이다. 이를 위해서도 역시 리더는 자신의 감정을 자각하고 있어야 하며, 감정이입을 통해 자신이 이끄는 사람들의 감성에 파장을 맞출 수 있어야 한다.

관계를 제대로 제어하는 기술은 거짓이 없는 것에서 비롯된다. 즉 자신의 솔직한 감정에 따라 행동해야 하는 것이다. 리더가 자신의 관점과 가치관을 뚜렷하게 인식하고 긍정적인 감성 영역에 확고하게 뿌리를 내린 뒤 집단의 감정에 파장을 맞춘다면 관계관리의 수완은 그들 사이의 교감을 낳아 공감을 불러일으킨다.

사회성이 뛰어난 리더는 다양한 사람들과 두루 공감하기 위해 노력한다. 그런 리더에게는 공통분모를 찾아내고 관계를 맺는 탁월한 능력이 있다. 그렇다고 해서 리더는 계속 사회적 관계만 맺어야 한다는 것은 아니다. 그보다는 혼자서 해낼 수 있는 중요한 일은 없다는 전제하에서 일을 해야 한다는 것을 의미한다. 그러한 리더는 행동을 취해야 할 때 그에 걸맞은 인맥을 갖추고 있는 사람이다.

뛰어난 영감을 지닌 리더는 공동의 목표를 향해 사람들을 이끌어 나갈 수 있다. 그들은 사람들에게 의미 있는 전망을 세우는 데 방해가 되는 눈앞의 이익을 넘어서 궁극의 목표가 무엇인지를 알게 해준다. 결국 리더십의 내용이 점점 복잡해지면서 사람들 사이의 협력을 요구하게 됨에 따라 관계를 다루는 리더의 수완은 더욱 중요해질 수밖에 없다. 관계를 제어하는 능력을 갖춘 리더는 자신의 감성지능을 발휘하여 업무의 효율을 높일 수 있다. 최고의 리더를 평가하는 기준은 그가 자신만의 리더십 유형을 구축하면서 훌륭한 조화를 이뤄냈는지의 여부다.

9) 리더십의 다양한 유형

공감을 불러일으키는 리더의 능력은 바른 것을 할 줄 아는 올바른 성품에서 비롯되는 것이기도 하고, 특정한 리더십 유형을 포괄하는 통합적 활동 전체에서 비롯되는 것이기도 하다. 일반적으로 가장 유능한 최고의 리더는 여러 가지 서로 다른 방법론들 가운데 한 가지 이상에 기초해서 행동하고 여러 유형을 상황에 따라 요령 있게 번갈아 가면서 사용한다. 여섯 가지 리더십 유형 중 네 가지—전망제시형, 코치형, 관계중시형, 민주형—는 사람들의 업무 수행 능력을 향상시키는 분위기를 유발하지만 다른 두 가지—선도형, 지시형—는 특정 상황에서는 유용하기는 하나 매우 주의해야 하는 유형이다. 다른 모든 조건이 동일하다고 할 때, 긍정적인 방향으로 감성적 영향을 미치면서 특정의 리더십 유형을 취한 리더들은 그렇게 하지 않은 리더들보다 확실히 더 많은 수익을 올렸다. 더욱 중요한 사실은 최상의 성과를 얻은 리더들은 한 가지 유형의 리더십만 고집하지 않았다는 것이다. 그보다 그들은 특정 시기의 일이 돌아가는 상황에 따라 여섯 가지 서로 다른 유형―서로 무관하고 별개의 것인―가운데서 몇 가지 방법들을 선택해 사용했다.

리더십의 유형

	공감을 유도하는 방법	분위기에 미치는 효과	효력을 발휘하는 상황
전망 제시형	사람들과 꿈을 공유한다	매우 긍정적	변화에 대한 새로운 전망이 요구될 때나 뚜렷한 방향성이 요구될 때
고지형	개인이 원하는 것을 전체의 목표와 결부시킨다	매우 긍정적	장래를 내다보면서 구성원의 업무 수행력 향상에 도움을 주고자 할 때
관계 중시형	사람들을 서로 엮는 가운데 조화를 일궈낸다	긍정적	어려운 상황에서도 팀의 불화를 해소하기 위해 사람들에게 용기를 심어주거나 유대를 더욱 공고히 하려고 할 때
민주형	사람들의 자발적 행동을 존중하고 참여를 통해 조직에 헌신하도록 한다	긍정적	사람들의 의견을 수용하여 의견의 일치를 얻고자 할 때나 구성원들로부터 가치 있는 자발적 참여를 유도하려고 할 때
선도형	도전할 만한 흥미로운 목표를 제시한다	번번이 제대로 된 성과를 얻지 못할 경우에는 매우 부정적이다	의욕이 넘치고 유능한 팀으로부터 최고의 결과물을 이끌어 내고자 할 때
지시형	비상시에 뚜렷한 방향을 제시해줌으로써 두려움을 누그러뜨린다	잘못 사용하면 매우 부정적이다	위기 상황에서 전환을 꾀하고자 할 때나 문제가 있는 구성원을 다룰 때

10) 불협화음을 일으키는 리더십

화려하게 등장한 세계적인 자료 저장 시스템 개발 회사 EMC는 전통적 기업에서 흔히 볼 수 있는 열정적 경영의 전형을 보여주었다. 수년간 이 회사의 최고경영진은 시장을 선도하기 위해 의도적으로 판촉 경쟁에 나섰다. 실제로 EMC의 최고경영자인 마이클 룻거스는 승부 근성을 기준으로 영업 담당자들을 선발했으며 EMC의 사활을 공격적 영업에 두었다고 말했다. 그러한 고집 덕분에 그 회사는 엄청난 흑자를 기록하게 되었다. 룻거스와 그의 경영진은 선도형 리더에 속한다. 그들은 사람들에게 최고의 역량을 기대하는 리더는 직접 그것을 보여줘야 한다는 것을 실행에 옮겼다. 이런 리더십 유형은 전문가 대상의 기술적 영역이나 EMC처럼 몰아 붙이기식 기업에 잘 들어맞는 방법이다. 특히 선도형은 회사의 경영주기 중 성장만이 최우선 관심사인 단계에서 기업주의 입김이 강할 때 유용한 방법이다.

(1) 선도형 리더십.

선도형 리더십이 제대로 발휘대면 앞서 말한 바대로 뛰어난 성과를 올릴 수 있지만, 그것을 남용해서는 안 되며 반드시 필요한 경우에만 제한적으로 사용해야 한다. 선도형 방법은 일반적인 기업경영의 묘와는 대치되는 것이기 때문이다. 그렇지만 사람들은 일반적으로 선도형 리더십을 훌륭한 방법이라고 보는 것 같다. 그 방법을 통해 리더로서의 높은 업무 수행 능력을 보여줄 수 있기 때문이다.

하지만 선도형 리더십을 오용하거나 남용하게 되면, 혹은 엉뚱한 상황에 사용하게 되면 리더의 섣부른 요구에 직원들이 혹사당할 수 있다. 그리고 선도형 리더는 일정한 원칙을 갖고 있는 경우가 드물기 때문에 — 그저 사람들에게 "자기 할 일만 잘 알아서 하면 된다."고 말한다 — 그를 따르는 사람들은 리더가 원하는 바를 추측할 수밖에 없게 된다. 그렇게 되면 직원들은 리더가 자신들을 너무 몰아친다고 생각하거나 심할 경우에는 자신들의 일 처리 방식을 리더가 미더워하지 않는다고 스스로 단정짓게 되어 사기가 떨어질 수밖에 없다. 게다가 선도형 리더들은 자신들이 설정한 목표에만 온 정신을 집중하고 있기 때문에 그 목표를 달성하기 위해 함께 일해야 하는 사람들에 대해서는 별 신경을 쓰지 않는 것처럼 보일 수 있다. 그렇게 되면 결국 남는 것은 불화밖에 없다.

성과에 집착해서 사람들을 강하게 몰아붙일수록 사람들 사이의 불안감도 더욱 커진다는 것이다. 적당한 압력은 사람들에게 힘을 불어넣어 줄 수 있지만 — 마감일을 맞추려고 하는 경우 — 그러한 몰아붙임이 지속되면 오히려 사람들의 기력을 소진시키는 결과를 가져온다. 리더의 몰아붙임에 의해 사람들의 혁신적 사고는 억압당하고 만다. 선도형 리더가 사람들로부터 동의를 얻어낼 수는 있을지 몰라도 — 그리하여 당장의 효과는 볼 수 있을지 몰라도 — 사람들로부터 온 마음을 다하는 지속적인 업무 수행은 기대할 수 없다는 것을 명심해야 한다.

그러나 그렇다고 해서 선도형 방법이 별 효과가 없다는 것은 아니다. 선도형 리더십에도 나름의 효과가 있다. 하지만 그것은 능력이 아주 뛰어난 직원들이 리더가 일을 지시할 필요도 없이 스스로 일을 찾아서 할 때뿐이다.

(2) 지시형 리더십.

① 실전에서의 지시형 리더

"시키는 대로 해."라는 모토하에 일하는 이런 유형의 리더는 사람들이 명령에 즉각적으로 따라주기를 바랄 뿐이지 그에 대해 일일이 설명하는 일을 귀찮아한다. 만약 부하직원들이 말없이 시키 대로 하지 않으면 지시형 리더들은 협박을 한다. 그리고 사람들에게 알아서 하라고 맡기는 법 없이 모든 상황을 세세히 통제하고 감독한다. 결국 일의 피드백에 있어서도 ― 그런 것이 가능하다면 ― 잘한 것에 초점이 맞춰지는 것이 아니라 못한 것에만 맞춰진다. 한마디로 불화로 나아가는 전형적인 길이다. 우리가 조사한 자료에 따르면 모든 리더십 유형 가운데 지시형 리더십이 거의 모든 상황에서 가장 효과가 나쁜 유형이라는 사실이 밝혀졌다. 감성의 전염은 위에서 아래로 급속히 퍼져나가는 것이라는 사실을 감안한다면 강압적이고 냉정한 리더는 다른 모든 사람의 감성에 악영향을 미치는 것이 당연하다. 따라서 조직의 전체 분위기도 자연히 나빠진다.

칭찬에 인색하고 직원들을 곧잘 비난하는 지시형 리더는 직원들의 사기와 자부심과 일에 대한 보람 ― 업무 수행 능력을 향상시키도록 만드는 ― 을 손상시킨다. 결국 이러한 유형의 리더십은 모든 리더에게 요구되는 중요한 힘을 약화시킨다. 오늘날에는 군대 조직에서조차 지시형 리더십을 팀스프리트 혹은 팀워크와 같은 자발적인 참여를 유도하는 경우에만, 그것도 다른 유형의 리더십과 함께 사용하고 있다.

② 지시형 리더십이 유효한 경우

사람들에게 부정적인 영향을 미침에도 불구하고 지시통제형의 리더십은 현명하게 사용할 경우에는 감성지능을 갖춘 리더의 리더십 유형 가운데서 중요한 위치를 차지할 수도 있다. 가령 급하게 돌아가는 상황에서 위기에 처한 사업을 관리해야 하는 리더에게는 지시형 리더십이 사람들로 하여금 불필요한 사업 관행을 버리고 새로운 방식에 빨리 적응하게 하는 데—특히 초기에는—효과적이다. 마찬가지로 건물 화재나, 부당하게 회사를 넘겨줘야 할 상황에서 지시통제형의 리더는 사람들이 혼란을 잘 이겨 나갈 수 있도록 만들어준다. 게다가 다른 모든 리더십 유형으로 직원들을 다루는 데 실패해도 이 방법으로는 성공을 거두는 경우가 있다.

③ 지시형 리더십에 필요한 요소

지시형 리더십을 효과적으로 발휘하기 위해서는 영향력, 성취능력, 진취적인 태도의 세 가지 감성지능 능력이 필요하다. 그리고 지시형 리더십이 엉뚱한 방향으로 나아가지 않도록 하기 위해서는 선도형 리더십과 마찬가지로 자기인식 능력과 감성적 자기 제어 능력, 그리고 감정이입의 능력이 필요하다.

이런 유형의 리더십을 제대로 발휘하는 데 가장 중요한 것은 감성적인 차원에서 자기제어의 능력을 갖추는 것이다. 자기제어 능력이 있는 리더는 화를 억제하고 인내심을 가질 수 있다.

(3) 최악의 리더

지시형(혹은 선도형) 리더십을 제대로 사용하지 못한다면 치명적인 불화를 초래할지도 모른다는 명백한 사실에도 불구하고, 많은 사람들이 어느 모로 보나 공감의 분위기와는 반대의 모습을 보여주는 거만하고 강력한 최고경영자를 수익 면에서 큰 수확을 거두는 유능한 존재로 생각한다.

리더들 가운데는 간혹 높은 시가총액이나 지나치게 과감한 구조조정과 같은 것으로 '환상에 불과한 성공'을 거두는 이들도 있다. 잠시 동안의 환상으로 유능한 인재들을 무자비하게 교체해버린 사실을 은폐할 수 있을지는 모르지만 그로 인해 그 회사는 언젠가 응분의 대가를 치르게 된다. 그리고 이러한 리더들은 결국엔 악랄한 리더가 되어 자기중심적으로 일을 벌이는 자아도취적인 본색을 드러내는 경우가 많다. 엄청난 몸집의 거인처럼 군림하는 리더들은 눈앞에 보이는 재정적 목표 이외의 것은 일체 신경쓰지 않는다. 장기적인 안목에서 그 일을 위해 사람들과 조직이 치러야 할 대가에 대해서는 눈 하나 깜빡하지 않는다. 아주 높은 성과를 얻기 위해 짧은 시간 동안 사람들을 몰아붙이는 것인데 이는 장기적인 차원에서는 필연적으로 그것을 유지하는 데 필요한 인력이라든가 자본력을 고갈시키는 결과를 낳게 된다.

－누가 최악의 리더와 함께 일하려 할 것인가?

최악의 리더들에 대한 또 다른 공공연한 비밀이 있다. 그들은 인재를 썩히는 일이 많다는 것이다. 남부럽지 않은 최고의 자격과 능력을 갖춘 우수 인력들—뛰어난 업무 능력을 발휘할 잠재력을 가지고 있는 극소수의 인재—에게는 자질이 부족한 보스가 저지르는 과오를 끝없이 참고만 있을 이유가 없다. 따라서 오래지 않아 그들은 다른 일자리를 찾아 떠나게 될 것이다. 사람들이 회사를 그만두는 첫 번째 이유는 바로 보스에 대한 불만이었다. 주어진 일을 더 쉽게 처리하는 능력을 가진 사람이 비합리적인 보스를 만나면 그냥 대충 일하는 사람보다 회사를 그만둘 확률이 네 배나 높다는 조사 결과도 있다.

위와 같은 조사와 자료를 통해 얻을 수 있는 결론은 너무도 명백하다. 즉 이러한 리더들은 바뀌어야 하며 그렇지 않으면 회사를 떠나야 한다는 것이다.

(4) 다양한 리더십을 탄력적으로 활용하라.

감성지능의 역량을 폭넓게 갖출수록 더욱 뛰어난 리더가 될 수 있다. 왜냐하면 폭넓은 감성지능의 역량을 갖추었다 함은 리더가 조직을 운영하는 과정에서 부딪치게 되는 다양한 요구를 처리하는 데 더 유연하게 대처할 수 있다는 것을 의미하기 때문이다. 여섯 가지 리더십 유형은 각각 서로 다른 감성지능의 능력들을 이끌어낸다. 그렇기 때문에 최고의 리더란 적절한 시기에 적절한 방법을 사용할 수 있는 리더이며 필요한 경우에는 자신이 선택한 방법이 아니다 싶을 때 다른 방법으로 순발력 있게 옮겨갈 수도 있는 리더이다. 그런 능력이 없는 사람들은 활용할 수 있는 리더십의 유형이 제한적일 수밖에 없고, 따라서 어떤 상황에는 잘 들어맞지 않는 부적절한 한 가지 유형에만 지나치게 의존하게 된다. 리더가 여섯 가지 이상의 리더십 유형 가운데 되도록 많은 유형을 구사할수록 분위기는 더 좋아진다. 우리가 조사한 바에 의하면 네 개 이상의 유형—특히 공감을 유도하는 유형—을 자유자재로 구사할 수 있는 리더는 최상의 분위기와 최고의 업무 수행능력을 이끌어낼 수 있다. 자신이 어떤 식으로, 왜 사람들을 이끌어야 하는지를 명확히 알고 있는 노련한 리더와 '동물적 직감' 하나로 사람들을 이끈다고 말하는 기업인들은 이처럼 다양한 리더십 유형을 자유자재로 활용하는 사람들이다.

－적절한 도구의 선택. 공감을 가장 크게 불러일으키는 리더는 자신의 리더십 유형을 상황에 기계적으로 맞춰나가는 과정을 초월하여 훨씬 더 유연하게 대처한

다. 그들은 사람들을 개별적으로, 그리고 집단적으로 자세히 관찰해두었다가 적절한 리더십이 요구되는 때를 알아차리고 즉시 필요한 리더십 유형을 적용한다. 이는 곧 훌륭한 리더들은 공감을 불러일으키는 네 가지 리더십뿐만 아니라 상황에 따라 선도형 리더와 지시형―급히 강력한 명령을 내려야 할 때―리더의 긍정적인 면도 적절하게 발휘할 수 있음을 의미한다. 앞으로 리더의 유형은 점점 더 다양해질 것이다. 그러나 리더십의 유형이 아무리 다양해진다 해도 가장 중요한 것은 그 종류가 아니라 주어진 리더십 유형이 제대로 발휘되도록 만드는, 그야말로 모든 리더십의 기본을 이루고 있는 감성지능 능력을 강화하는 것이다. 리더십은 학습 가능한 것이다. 하지만 그것을 얻기 위한 과정은 결코 쉽지가 않다. 거기에는 시간이 필요하고 무엇보다 헌신적 참여가 필요하다. 하지만 잘 발달된 감성지능을 갖춘 리더십은 개인이나 집단 모두에게 가치가 있을 뿐 아니라 기운을 불어넣어 주는 것이기도 하다.

11) 새로운 리더 만들기

(1) 감성 리더가 되는 법―다섯 가지 발견

리더는 감성지능의 능력 가운데 자신에게 부족한 부분이 어떤 것인지를 알아야 한다. 만일 어느 경영진이 헛소문을 퍼뜨리고 다닐 때 그가 내리는 분석은 비록 진실은 아니었을망정 조직 내에 괜한 긴장을 조성할 것이고 결국 사람들은 그의 말을 심각하게 받아들이지 않게 될 것이다. 여기서 우리는 한 가지 역설을 발견할 수 있다. 즉 조직 내에서 리더의 지위가 높아질수록 그는 더욱더 가혹한 피드백을 받아야 한다는 것이다.

① 최고경영자 증후군.

최고경영자 증후군은 직원들이 중요한(그리고 대개의 경우 좋지 않은) 정보를 알고 있는데 리더는 정작 그 정보에 대해 차단된 상태일 때 나타난다. 무엇 때문에 리더들이 중요한 사안에 대해 정보를 차단당하는 것일까? 리더에게 사실을 보고해야 하는 사람이 리더의 노여움을 두려워하는 경우가 종종 있다. 특히 선도형이나 지시형 리더십을 선호하는 리더에게 이런 일이 자주 벌어진다. 그런 리더에게 나쁜 소식을 전해야 할 경우 보고자는 소식을 전했다는 이유만으로 상징적인 의미에서의 처형을 당할 수도 있는 것이다. 그래서 리더에게 듣기 좋은 정보만 전달하는 사람들이 생기는 것이다. 그 동기가 어떻든 간에 리더는 자신의 주변에서 진행되는 일에 대해 단편적인 정보만 얻을 수밖에 없다. 그리고 이러한 증후군은 조직 내에서 전염성을 가지고 확대되기 시작한다. 그 증후군은 최고경영진 사이에만 퍼지는 것이 아니라 대부분의 고위 간부들에게도 퍼진다. 처음에는 단순히 보스를 기쁘게 해주기 위해 시작했지만 결국에는 정보가 위로 전달될수록 차츰 긍정적인 피드백만 해주고 부정적인 것은 제쳐놓게 된다. 연구결과들을 토대로 살펴볼 때 관리자의 지위가 높을수록, 혹은 관리자가 맡은 역할이 복잡할수록 그들의 업무수행에 대한 피드백을 신뢰하기가 점점 어려워지는 것으로 나타났다. 그리고 리더가 여자이거나 소수 민족일 경우 문제는 더 복잡해졌다. 사람들은 이러저러한 이유를 들어 자신과 같은 조직에서 일하는 사람들—상사, 부하 모두—에게 그들의 업무 수행 내용에 대해 솔직한 피드백을 해주지 않는다. 가장 큰 이유는 아무래도 그러한 피드백을 해주는 것이 거북해서다. 사람들은 다른 사람의 감정을 다치게 하거나 기분 나쁘게 만드는 것을 꺼린다는 것이다.

② 감성은 타고나는 것이 아니다.
사람들은 태어날 때 이미 어느 정도의 감정이입의 능력을 가지고 있는 것일까? 아니면 그것은 완전히 후천적인 것일까? 둘 다 맞는 말이다. 분명히 감성지능은 유전적으로 타고나는 것이라고 할 수 있다. 그렇지만 후천적 요인 역시 그만큼 중요하다. 비록 사람마다 타고난 능력이 서로 다르긴 하지만 처음의 출발이야 어떻든 간에 누구나 그 능력을 향상시키는 법을 배울 수 있다. 이미 가지고 있는 능력을 더욱 향상시키는 것이 관건일 때도 있다.
또한 감성지능은 배우고 익힐 수 있을 뿐 아니라 오랫동안 유지할 수도 있다.

③ 자발적인 학습.
제대로 된 리더십 계발에서 중요한 것은 그것이 자발적 학습의 형태를 띠어야 한다는 것이다. 그것은 의도적으로 당신 자신의 모습이나 당신이 되고자 하는 모습, 아니면 그 둘 모두의 모습을 개발하고 키워나가는 것이다. 그러기 위해서는 무엇보다 먼저 자신의 이상적 자아에 대해 뚜렷한 이미지를 갖고 있어야 하고 자신의 현실적 자아, 즉 현대의 정확한 모습을 알고 있어야 한다. 목표를 향해 단

계를 밟아나가는 동안 일어나게 될 변화의 과정을 이해한다면 이와 같은 자발적 학습은 매우 유용할 뿐 아니라 오래 지속되기도 할 것이다.

─ 다섯 가지 발견
  ∵ 첫 번째 발견:
    나의 이상적 자아─나는 어떤 사람이 되고 싶은가?
  ∵ 두 번째 발견:
    나의 현실적 자아─나는 어떤 사람인가? 나의 장점과 단점은 무엇인가?
  ∵ 세 번째 발견:
    나의 학습 계획: 어떻게 나의 장점을 살리고 단점을 줄여나갈 것인가?
  ∵ 네 번째 발견:
    새로 익힌 행동방식, 사고방식, 감정의 방식을 실행에 옮기고 연습을 통해 익히기.
  ∵ 다섯 번째 발견:
    성공적인 변화를 가능하게 만들어주는 든든하고 믿음직한 인간관계를 만들어나가기.

가장 이상적인 경우는 자각과 함께 이래선 안 된다는 절실함을 불러일으키는 불일치의 경험─발견의 순간이기도 하다─을 통해 자발적인 학습 과정이 시작되는 것이다.

(2) 감성 리더로서의 새로운 출발

① 첫 번째 발견: 나는 어떤 사람이 되고 싶은가?

꿈의 추구에는 삶에 대한 열정, 에너지, 설렘 들이 수반된다. 리더들은 그러한 열정을 통해 자신이 이끌고 있는 사람들 사이에 열광적인 분위기를 조성한다. 여기서 중요한 것은 자신의 이상적 자아─자신이 되고 싶은 존재의 모습─를 드러내는 것이다. 이상적 자아에는 자신의 인생과 일에서 원하는 바도 포함되며 이것은 앞장에서 언급했던 자발적 학습 과정에서 '첫 번째 발견'에 해당된다. 이상적 모습을 그려보기 위해서는 자신의 가장 깊은 곳에 있는 밑바닥까지 들어가 봐야 한다.

감성지능을 키워나가거나 혹은 유지하기 위해서는 무엇보다 먼저 자신의 이상적 자아로부터 힘을 끌어와야 한다. 왜냐하면 습관을 바꾼다는 것은 매우 힘든 일이기 때문이다. 특히 팽팽한 긴장감을 느끼거나 책임감이 점점 증가되는 상황에서는 더욱 그렇게 해야 한다. 하지만 변화에 대한 생각에 너무 깊이 몰두하다 보면 하나 둘 눈앞에 모습을 드러내기 시작하는 여러 가지 어려움으로 인해 걱정에 휩싸이게 된다. 사람들은 처음에는 자신의 이상적 미래에 대해 설레는 마음을 가졌다가도 곧 그것을 잃고 혼란스러워 하는 경우 때문이다. 그럴 경우에는 머리 속으로 우리가 어떤 감정을 느낄 때 우리 뇌가 하는 일을 떠올려 보는 것만으로도 도움이 된다. 앞에서 살펴본 것처럼 현재 품고 있는 이상적 목표를 성취하는 그날 얼마나 기쁠지를 미리 마음속으로 그리면서 더욱 큰 동기를 유발하는 희망을 갖게 되는 것은 좌측 전전두엽 피질 부분의 활성화를 통해서다. 그것은 우리로 하여금 그 어떤 역경도 아랑곳하지 않고 목표를 향해 나아가도록 만든다. 하지만 우리가 우리의 이상적 미래가 내뿜는 강력한 이미지가 아닌 현재 주어진 바에만 얽매어 있으면 그때는 우리 뇌의 우측 전전두엽 부위가 활성화된다. 그렇게 되면 우리는 우리의 사기를 꺾는 비관적 전망에 빠져들어 성공할 수 있는 기회를 스스로 져버리게 될 것이다.

② 두 번째 발견: 나는 뜨거운 물 속의 개구리는 아닌가?

끓는 물 속에 집어넣은 개구리는 본능적으로 거기서 빠져 나오려고 버둥거린다. 그러나 개구리를 우선 찬물에 넣은 다음 서서히 수온을 올리면 개구리는 물이 뜨거워지는 것을 알아차리지 못하고 물이 끓을 때까지 아무런 저항도 하지 않고 결국 끓는 물에 익어버리고 만다. 그렇게 뜨거운 물에 들어앉은 개구리의 운명은 판에 박힌 일상을 되풀이하거나 혼자만 편하자고 그것을 관례로 만들어 타성화시킨 리더의 모습과 그리 다르지 않다.

리더로서 좀더 깊이 있는 감성지능을 개발하고 싶다면 이상적 삶에 대한 전망을 갖게 되었을 때 자신의 현실적 자아의 진정한 모습을 드러내야 한다.

－파악하기 어려운 자신의 모습.

자신의 현실적 자아—리더로서의 현재 자신의 모습—를 자세히 살펴보기 위해서는 우선 자신의 재능과 열정들을 하나씩 따져봐야 한다. 이 작업은 겉보기와 달리 그리 쉬운 일이 아니다. 무엇보다도 습관의 누적으로 생긴 무관심의 관성을 극복하기 위해서는 뛰어난 자기인식 능력을 갖춰야만 한다. 일상의 습관은 점진적인 변화를 불러일으키다가 어느 정도 시간이 지나면 굳어버리기 때문에 우리의 현실을 제대로 파악하기란 어려운 일이다.

인간의 정신은 자기인식 능력을 훼손시키는 정보로부터 우리를 지킨다. 이러한 자기방어 기제들은 감성적인 차원에서 우리를 보호하는 것이기 때문에 우리는 이들로 인해 삶을 좀더 수월하게 살 수 있다. 하지만 실제로는 이들이 중요한 정보를 은폐하거나 폐기하기도 한다.

물론 자기방어 기제들에도 나름의 이점은 있다. 예를 들어 직무 수행력이 뛰어난 사람들은 미래에 대한 기대치와 가능성에 있어서 보통 수준의 사람들보다 훨씬 더 낙관적이다. 그들의 장밋빛 전망은 그들이 하는 일에 힘과 열정을 실어준다. 문제는 그러한 방어 기제들이 사람들의 현실적 자아를 균형이 맞지 않게 왜곡시키면서도 도를 넘어설 때다.

극작가인 헨릭 립센(Henrik Ibsen)은 자신의 이러한 자기환상을 일컬어 '치명적인 거짓말'이라고 불렀다. 일단 치명적인 거짓말이 사람들을 현혹하면 사람들은 삶의 이면에 가려진 불순한 현실에 맞서기보다는 그것을 그냥 받아들이고 만다.

(3) 변화하는 리더십.

우리가 리더십 학습 목표와 관련지어서 바라볼 수 있는 삶의 영역의 폭이 넓으면 넓을수록 우리가 리더십을 익힐 수 있는 기회는 더 많아지게 된다. 배움의 기회가 주어졌을 때 거기에 집중한다면, 그리고 새로운 능력을 익힐 겸 그 주어진 기회를 적극적으로 받아들인다면 그 능력들을 더 빨리 향상시킬 수 있다. 삶이란 배움을 위한 실험실과도 같다. 구체적인 행동 목표에만 초점을 맞추는 학습 계획보다는 자신의 이상적 자아와 현실적 자아를 비교한 결과를 바탕으로 세운 학습 계획이 훨씬 더 효과적이라는 사실을 명심해야 한다.

① 세 번째 발견: 나는 무엇을 어떻게 변화시킬 것인가?

리더십 훈련을 '직무 수행력 개선 계획'의 일환으로 치부하는 경우가 너무 많다. 하지만 학습 목표를 달성하기 위해 필요한 것은 더 나은 지도자로 교정하는 기계적인 방법이 아니라 그 사람이 갖고 있는 꿈을 실현시킬 수 있는 계획을 세워 실천하는 것이다.

업무 수행 능력을 향상시키는 것보다 학습 능력을 향상시키기 위한 계획이 훨

b. 연습은 없다

리더가 새로운 습관을 학습하기 위한 관건은 그것에 완전히 숙달될 때까지 연습하는 것이다. 그렇지 않으면 그들은 가시 옛날의 습관으로 되돌아가고 만다. 어느 한 가지 리더십 능력을 완전히 익히려면 낡은 습관을 버리고 새로운 습관을 익히는 방법을 통해 뇌의 환경을 바꿔야 한다. 여기에는 새로운 신경의 통로를 만들고 그것을 강화시킬 수 있는 장기간의 연습이 필요하다. 그처럼 새로운 반응을 오랫동안 — 일주일이나 한 달이 아닌 — 지속할 수 있다면 드디어 새로운 습관이 몸에 밴 것이다. 그렇다면 제대로 된 학습 방법은 어떤 것일까? 우선 처음에는 충동적인 리더십 습관을 극복하는 데 초점을 맞춰야 한다. 그리고 나서 그것을 대신할 새로운 습관에 전적으로 주의를 기울여야 한다. 마침내 자기통제력이 숙달될 때까지 연습하면 한때는 엄청난 노력을 기울여야만 했던 것이 자동적으로 이루어질 것이며 압박감도 사라질 것이다. 이와 같은 확정의 단계에 이르면 새로운 유형의 리더십을 연습하는 데 어떤 거리낌도 없이 자신의 정신적 에너지와 주의를 기울일 수 있다.

c. 정신적 반복 훈련이 갖는 힘

많은 시간을 투자하여 연습할수록 그 성과도 커지게 마련이다. 리더십 능력을 연습할 수 있는 기회를 더 늘릴 수 있는 방법은 바로 정신적 반복 훈련이다. 정신적 반복 훈련은 새로운 능력을 학습하는 데 큰 효과가 있다.

정신적 훈련과 올바른 피드백, 그리고 자신이 하려고 하는 일에 대한 확실한 전망을 갖추면 신체의 특정 부위의 기운이 상승하고 호흡과 심장박동이 안정된다고 한다. 따라서 자신이 이상적인 상태에 도달한 모습을 명확히 그려낼 수 있고 거기에 집중할 수 있는 능력이 있다면 성공적인 리더십을 발휘할 수 있다. 사실 이처럼 머릿속에서 어떤 상태를 그려보는 것에는 또 다른 이점이 있다. 즉 뇌는 우리가 나아가고 있는 곳과 거기에 도달했을 때 우리가 느낄 감정에 대한 상상의 그림을 보여줌으로써 우리에게 어떤 행동을 유발한다.

반복 훈련의 이점은 거기서 그치는 것이 아니다. 뇌의 연구조사 결과 밝혀진 바에 따르면 어떤 것을 아주 구체적으로 머릿속에 그리면 우리의 행동을 주관하는 뇌 세포를 자극할 수도 있다고 한다. 다시 말해서 한 사람이 마음속에서 어떤 과정을 단순히 반복하기만 해도 새로 생긴 뇌 신경회로가 자리를 잡고 그 틀을 굳건히 하게 된다는 것이다. 이는 모험이 뒤따르는 새로운 리더십을 시도하고자 할 때 생기는 두려움을 경감시킬 수 있는 방법이기도 하다. 직장, 혹은 집에서 있음직한 상황을 먼저 머릿속으로 그려보면 새로운 방식을 실행에 옮길 때 훨씬 덜 불안해질 것이다.

③ 다섯 번째 발견: 나를 지탱하는 관계의 힘은 무엇인가?

리더십 계발에 성공한 사람을 보면 그 과정에서 도움을 준 사람들이 얼마나 중요한 존재인지를 잘 알 수 있다. 역설적으로 들릴지 모르겠지만 자발적 학습 과정은 그 과정의 한 단계 한 단계를 다른 사람에게 의존해야만 한다. 다시 말해서 자신의 이상적 자아를 설정하고 다듬고 그것을 현실적 자아와 비교하는 것에서부터 발전의 정도를 가늠해주는 최종 판단에 이르기까지 모두 가른 사람에게 의존한다는 것이다. 우리가 맺은 인간관계는 우리의 리더십 능력이 얼마나 향상되었는가를 파악하고 우리가 학습하는 것의 유용성을 파악할 수 있는 바탕이 된다.

많은 연구를 통해서도 긍정적인 집단은 사람들로 하여금 긍정적인 변화를 일으키도록 만든다는 것을 알 수 있었다. 특히 그들의 인간관계가 솔직함과 신뢰와 심리적 안정을 동반할 경우 긍정적인 변화의 깊이는 더욱 커진다.

－멘토르(mentor: 삶의 조언자 혹은 전문 직업 분야에서 기술적 비법을 전수해주는 사람)와 코치(coach: 멘토르보다 좀더 포괄적인 의미)

많은 간부들은 리더로서의 자신들의 경력을 되돌아보면서 성장 과정에서 겪는 가장 중요한 경험으로 어떤 도전이 주어지는 일－적어도 처음에는－을 꼽았다. 그런데 거기에는 그들에게 그 일을 하도록 권유하고 훼방을 놓는 사람들의 손아귀에서 그들을 보호해주는 멘토르가 있었다고 한다. 멘토르가 쳐주는 보호막은 매우 중요한 것으로 어느 회사에서는 이러한 멘토르의 능력을 다른 사람들에게 '운신의 폭'을 만들어주는 능력이라고 부르기 시작했다. 멘토르는 그 리더들이 새로운 리더십 유형과 힘을 갖춘 채 홀로 설 수 있을 때까지 물심양면으로 도와주었다고 한다. 사실 멘토르가 리더들을 위해 해준 일은 그들의 리더십 능력을 키워준 것 이상이었다고 할 수 있다. 멘토르와 함께 어떤 특정한 리더십 능력을 키우는 것이 당신의 목적이라면 무엇보다도 먼저 그 의도를 분명히 밝히는 것이 중요하다. 당신이 하려고 하는 바를 알고 있으며 당신의 포부와 당신의 학습 일정을 공유하는 멘토르와 작업을 하게 될 경우, 멘토르는 코치의 모습을 띠게 된다.

코치는 다양한 형태로 모습을 드러낸다. 어떤 경우에는 공식적인 간부의 직함을 가진 코치의 모습을 띠기도 하다가 또 다른 경우에는 비공식적인 멘토르의 모습을 띠기도 한다. 그 밖에도 동료나 친구의 모습을 띠기도 한다. 간부의 위치에 있는 코치―오늘날 이런 사람들은 대단히 많다―는 직장 상사나 동료들보다 훨씬 더 허심탄회하게 이야기를 나눌 수 있는 상대다. 코치(혹은 어떤 특정 문제의 해결에 도움이 되는 멘토르)가 곁에 있다면 단순히 리더십 능력을 키우는 것 이상의 많은 도움을 받을 수 있다. 코치는 리더들의 눈과 귀가 되어준다. 그러고 너무도 많은 리더들이 아직 벗어나지 못하고 있는 정보 고립과 소외의 늪에서 빠져나올 수 있는 실마리를 마련해준다. 코치의 도움을 받는 리더는 일상의 우물에서 벗어나 비로소 바깥세상을 볼 수도 있다.

12) 감성 조직 만들기

(1) 팀의 감성적 현실

자신에 대한 성찰과 자기 발견의 과정을 거쳐 나온 결과는 개인적 차원에서 얻었던 자신에 대한 성찰과 자기 발견의 결과와는 반전된 모습을 보인다. 이런 반전은 왜 일어날까? 바로 동기부여 때문이다. 개인의 차원에서 우리는 우리 인생에 대한 꿈과 이상적 전망을 구상할 때 변화에 대한 동기유발이 강하게 일어나는 것을 느낀다. 자신의 미래에 대한 그러한 비전 덕분에 우리는 우리의 행동을 변화시키고자 하는 힘과 헌신적 노력을 갖게 되는 것이다. 하지만 집단의 이상적 전망을 논할 경우 그것은 개인에게는 마치 먼 나라의 이야기처럼 들린다. 따라서 변화를 일으킬 수 있는 충분한 동기유발이 일어나지 않는다. 그에 대한 예로 들 수 있는 것은 기업의 설립취지문 등에서 쉽게 볼 수 있는 지나치게 원대하고 장황한 표현들이다.

집단이 변화를 도모할 수 있는 경우는 집단 스스로가 자신들이 어떻게 기능하고 있는지에 대한 명확한 실태를 파악하고 있을 때뿐이다. 특히 그 집단 내의 개인들이 자신들의 업무 환경이 불협화음을 자아내거나 열악하다는 것을 깨달을 때 비로소 집단의 변화가 일어날 수 있다. 집단 스스로가 감성적 혹은 직감적 차원에서의 실태를 명확히 이해하는 것이 매우 중요하다. 하지만 문제점을 인식하는 것만으로는 변화가 일어날 수 없다. 집단 구성원들은 문제의 원인을 찾아내야만 한다. 이때의 문제의 원인이란 감성적 현실의 차원을 뜻하는 것이다. 문제의 뿌리는 오랜 시간에 걸쳐 형성된 후 조직의 체제에 깊이 각인된, 즉 집단을 지배하는 기본 원칙 혹은 습관에 있는 경우가 많다. 그러한 원칙이나 습관을 일컬어 팀의 차원에서는 '규범'이라고 부르고 그보다 더 큰 조직의 차원에서는 '문화'라고 부른다.

일단 감성적 현실과 팀의 규범, 그리고 조직의 문화에 대한 이해가 충분하다면 그것을 바탕으로 해서 집단의 이상적 전망을 세울 수 있다. 집단의 이상적 전망이 사람들에게 매혹적으로 다가가기 위해서는 개인의 이상적 전망과 조화를 이룰 수 있어야 한다.

① 감성과 규범의 언어

케임브리지 대학에서 진행한 연구에 의하면 제아무리 똑똑한 개인이 많은 집단이라 할지라도 분쟁과 경쟁심 혹은 파워게임 등으로 분위기가 엉망이 된 상태라면 제대로 된 의사결정을 내릴 수 없다고 한다. 요약하자면 집단이 감성지능의 긍정적 능력들을 보여줄 때 그 집단은 뛰어난 개인들보다 유능하고 똑똑하다. 집단의 모든 구성원들은 집단의 전체적인 감성지능 능력에 한몫을 담당한다. 특히 리더는 이 부분에서 아주 특별한 영향력을 미친다. 서로 협조하는 분위기를 만드는데 탁월한 리더는 팀원들 사이의 공감의 정도를 아주 높은 상태로 유지할 수 있으며, 따라서 회의를 통해 집단의 의사결정을 내리는 것이 결코 헛된 노력이 아님을 분명히 보여준다. 그런 리더는 주어진 일에 팀이 하나가 되어 온 힘을 기울이도록 하는 것과 팀 구성원 간의 인간관계에 관심을 두는 것 사이에서 균형을 잡을 줄 안다. 그들은 회의실 안에서 정겹고 협조적인 분위기—미래에 대해 긍정적 전망을 품게 하는—를 자연스럽게 이끌어낸다. 반면 감성지능을 갖추지 못한 리더는 팀의 분위기를 망쳐놓기 일쑤다. 문제의 뿌리는 리더가 귀에는 들리지 않는 감성 및 규범의 언어를 사용하는 방법과 관련이 있다. 우리는 규범이라는 것을 대수롭지 않게 여기지만 그것이 우리에게 미치는 영향은 엄청나다. 규범이 있다는 것은 집단의 차원에서 암시적인 학습 행위가 이루어지고 있음을 보여주는 것이다. 그러한 암묵적 규칙들은 우리가 매일매일 일어나는 상호작용을 흡수하는 가운데 하나씩 배워나가는 것이며, 자동적으로 받아들여 자연스럽게 조화를 이루는 것이다. 사람들이 어떤 상황에서 스스로 '제대로 일을 하고 있다.'는 느낌을 갖는 것은 바로 규범을 따르냐의 여부에 의한 것이다. 결국 규범이 사람들의 행동방식을 지배하는 것이다. 집단의 감성지능은 업무 수행 능력이 뛰어난 팀과 그렇지 않은 팀을 구분하는 기준이라 할 수 있다. 한마디로 감성지능은 긍정적이며 강력한 감정적 현실의 결과물이라고 할 수 있다.

② **감성지능의 극대화**

당연한 말이지만 집단이 높은 감성지능을 갖추기 위해서는 감성적 지능이 뛰어난 개인들이 보여주는 자기인식 능력, 자기관리 능력, 사회적 인식 능력, 관계관리 능력이 필요하다. 집단에도 나름의 정서와 욕구가 있으며 집단적 행동방식이라는 것도 따로 있다. 개인의 경우와 마찬가지로 팀에 있어서도 감성지능의 각 능력은 실제상황 속에서 마치 연쇄 반응을 일으키듯 서로가 서로를 기반 삼아 형성된다. 다시 말해서 팀의 구성원들이 집단의 정서와 욕구에 주목하면서 자기인식 능력을 훈련한다고 할 때, 그들은 감정이입을 통해 서로에게 피드백을 해준다. 서로에게 감정이입을 하는 행위를 통해 팀은 긍정적인 규범을 만들어내고 그것을 지속하며, 그렇게 형성된 구성원 간의 인간관계를 바탕으로 바깥 세계를 좀더 효율적으로 제어할 수 있게 된다. 팀의 차원에서 보면 사회적 인식 능력—그중에서도 감정이입의 능력—은 팀이 다른 조직과의 원활한 관계를 형성하고 유지하는 데 필요한 기반을 마련해준다.

a. 자기인식 능력을 가진 팀

팀의 자기인식 능력은 그 팀 내에 흐르는 공통의 정서뿐 아니라 그 집단 내의 개인들의 정서까지도 진지하게 고려될 때 극대화된다. 다시 말해서 자기인식 능력을 가진 팀의 구성원들은 각자의 마음속에 흐르는 감성 및 팀 전체에 흐르는 감성과 조화를 이룰 수 있다는 것이다. 그러한 집단의 구성원들은 서로에 대한 감정이입이 가능하다. 그리고 그 집단 안에는 서로 조심하고 서로를 이해하고자 하는 규범이 존재한다. 화가 난 구성원의 감정을 팀이나 리더가 잘 헤아리지 못하면 그것은 부정적인 연쇄반응을 일으키게 된다. 반대로 팀 전체가 구성원의 감성을 제대로 파악하고 거기에 효과적으로 대처한다면 한 사람의 부정적인 기분이 팀 전체를 엉뚱한 곳으로 이끄는 일은 없을 것이다.

b. 자기관리 능력을 가진 팀

사람들이 팀의 핵심적인 가치관과 규범을 명확히 알고만 있다면 리더는 팀을 원활하게 이끌어나가기 위해 일일이 모습을 드러낼 필요도 없다. 이것은 전세계에 퍼져 있는 온라인으로 연결된 팀들 혹은 그 구성원들과 일을 하는 수많은 리더들에게는 아주 중요한 부분이다. 팀이 자기관리 능력을 갖추는 것은 구성원 모두의 책임이다. 집단으로 하여금 자기관리 능력을 연마하도록 하기 위해서는 강하면서도 동시에 감성지능이 뛰어난 리더가 필요하다. 특히 그 집단이 감정과 습관을 조절하는 능력이 떨어지는 집단이라면 더욱더 그러한 리더가 필요하다.

c. 감정이입 능력을 가진 팀

감성지능을 갖춘 팀은 모든 종류의 관계 처리 능력의 기본인 감정이입 능력에 해당하는 집단적 능력을 가지고 있다. 그러한 능력을 통해 그들은 자신들의 성공적인 업무 수행에 도움이 될 수 있는 조직 내(혹은 조직 밖) 다른 팀의 존재를 알아본다. 그리고 그 팀들과의 원활한 업무 관계를 유지하기 위해 일관된 행동을 취하게 된다. 조직 내 여러 부서를 관통하고 있는 감정이입은 업무 효율 및 실적을 높일 수 있는 강력한 힘으로 작용한다. 게다가 이런 종류의 감정이입은 팀 자체의 긍정적인 감성적 기조를 만들어낼 뿐만 아니라 조직 전체에도 건전한 감성적 분위기를 조성한다.

③ 집단의 감정을 다스리는 리더

감성지능이 높은 팀을 만들고자 하는 리더는 먼저 팀이 집단적 자기인식 능력을 갖출 수 있도록 도와줘야 한다. 그것이야말로 리더의 진정한 역할이다. 즉 리더의 역할은 팀의 감성적 기조가 어떤 상태인지를 확인하고 팀 구성원들로 하여금 그들에게 어떤 부조화가 존재하는지를 자각하게 해주는 것이다. 팀원들이 자신들의 감성적 현실을 제대로 직시할 때 비로소 변화를 향해 마음이 움직일 것이다.

사실 리더가 팀 내에서 일어나고 있는 일에 제대로 귀를 기울이기만 해도 팀은 변화의 과정을 밟아 나갈 수 있다. 팀 내에서 일어나고 있는 일에 귀를 기울인다는 것은 팀 구성원들의 말과 행동을 주의 깊게 살피고 그들의 감정을 이해한다는 것을 의미한다. 따라서 팀원들이 생산성에 도움이 안 되는 규범의 정체를 파악할 수 있도록 리더가 도와준다면 구성원 모두가 자발적으로 새로운 업무 수행 방식을 따르게 된다. 감성지능이 높은 리더들은 팀원들에게 가능한 많은 정보를 제공하고 그들로 하여금 스스로의 운명을 통제하게 함으로써 그들이 변화의 과정을 잘 헤쳐 나갈 수 있도록 돕는다. 그들은 팀원들의 감정을 눈여겨볼 줄 알고 그것이 중요하다는 것을 안다. 그리고 그들에게 자신들의 감정을 표현할 기회를 준다.

이러한 리더들에 의해 사람들은 감정적 에너지를 소모하지 않고도 변화의 난제를 풀어나갈 수 있고 혹은 그에 맞서 싸울 수 있다. 그들은 한눈팔지 않고 집단의 감성적 기조를 눈여겨봄으로써 긍정적 에너지를 포착하고 부정적 감정을 건설적으로 배출할 방안을 찾아냈다.

④ 감성적 차원에서의 조직의 실상

판에 박힌 방식으로 팀을 구성하는 것은 결과적으로 아무런 도움이 되지 않는다는 것이다. 감성지능의 간극으로 인해 집단 내 구성원들 간의 상호작용에서 비생산적인 관습이 형성된다는 사실만 제대로 자각한다면 그 팀은 무엇을 변화시켜야 할 것인지를 비로소 알게 된다. 그리고 그룹 차원에서의 변화를 꾀하기 위해서는 각각의 팀 구성원들이 우선 개인적인 차원에서의 변화부터 추구해야 함을 깨닫는 것도 매우 중요하다. 이처럼 정확한 실상을 알아야만 팀과 그 각각의 구성원들에게 알맞은 변화의 계획을 마련할 수 있다. 감성적 현실을 이해하기 위한 방법의 하나로 팀이나 조직 내에서 행동을 유발하는 구체적인 습관들을 드러내는 것이 있다. 감성지능이 높은 리더는 그러한 습관과 그것을 지탱해주는 체계가 제대로 잘 돌아가고 있는지를 확인할 수 있는 표식을 찾아낸다. 그는 건전하지 못한 집단의 습관을 찾아낸 다음 그것을 드러냄으로써 보다 효율적인 규범을 만들어낸다. 이 장에서 살펴본 바대로 제아무리 리더가 노력한다 해도 팀의 규범이 발목을 잡고 있으면 공감대가 형성된 팀을 이끌 수 없다. 그리고 리더가 리더로서의 첫 번째 임무—사람들의 감정과 팀의 감성적 현실을 다루는—를 수행하지 않는다면 그는 팀의 규범을 바꿀 수 없다. 이는 규범이 전체 조직의 문화에까지 영향을 준다는 점에서 볼 때 더욱 명확하다. 아무리 용기 있는 사람이라 할지라도 체제 자체에 도전하기는 힘들다. 따라서 새로운 리더십을 갖추기 위한 다음 단계는 좀더 넓은 범위에 속하는 조직의 현실적 모습과 이상적 모습을 따져보는 것이다.

(2) 서로 공감하는 조직의 힘

① 사람들의 말에 귀 기울이지 않는 리더

옳고 그름을 가려내고 조직의 실상을 파악하는 것은 리더로서 해야 할 가장 중요한 제1의 과제다 하지만 그것이 아무리 제1의 과제라 해도 옳고 그름을 제대로 가려낼 수 있는 리더는 별로 많지 않다. 그래서 그들은 최고경영자 증후군의 손쉬운 먹잇감이 되기도 한다. 지시형과 선도형 리더십을 보여주는 고집 센 리더들은 인자함과는 거리가 멀다. 그래서 사람들은 그들에게 진실을 말하려 하지 않는다. 결국 그들은 조직의 실상에 대해 무시하거나 그것을 받아들이려 하지 않는다. 그들은 자신들의 조직에 아무런 문제가 없다고 믿고 있는지도 모른다. 하지만 그와 동시에 그들은 누구도 감히 자극적인 말―특히 나쁜 소식 같은―을 입 밖에 내려고도 하지 않는 위압적인 조직문화를 만들어 버린다. 그와 같은 침묵의 대가는 매우 클 수도 있다.

② 문제가 많은 조직

조직 내에 불화를 조장하는 리더는 결국 많은 문제를 유발할 수밖에 없다. 감성지능이 결여된 조직에서 일하는 느낌은 과연 어떤 것일까? 공감대를 형성하지 못하는 리더와 문제가 많은 조직은 구성원들을 육체적으로 고통스럽게 만들 뿐 아니라 구성원들로 하여금 마치 능력과 자기확신과 창의성을 상실한 것 같은 기분이 들게 만든다. 그 원인은 자명하다. 불화를 조장하는 선도형 리더가 일을 처리하기 위해 위협과 강압을 일삼았기 때문이다. 문제가 많은 조직을 이끌고 있는 리더들은 회사의 문화를 개선시키고자 하는 시도를 아주 체계적으로 방해하고 나선다. 따라서 변화는 더 이상 꿈도 꿀 수 없게 된다.

③ 변화가 시작되는 곳

감성지능을 갖춘 리더가 조직의 일상적인 활동의 바탕이 되는 감성적 현실과 그 문화적 규범을 적극적으로 파헤쳐 나간다면 변화는 가능하다. 공감대를 형성하기 위해서―그리고 그로 인한 어떤 결과물을 얻기 위해서―리더는 겉으로 쉽게 드러나지 않는 차원에 주의를 기울여야 한다. 그것은 바로 사람들의 감정과 조직의 감성적 현실을 좌우하는 흐름, 그리고 그것을 한데 묶는 회사의 조직문화다.

조직 내 불협화음으로 인해 파생되는 가장 안타까운 문제점은 그것이 그 안에서 일하고 있는 개인들에게 영향을 미친다는 것이다. 일에 대한 열정이 식으면 사람들은 자신이 가진 최상의 능력을 발휘하지 못한다. 그런 분위기의 회사에는 탁월한 업무 수행 능력과 자기확신의 능력 대신 허세와 맹목적 추종 혹은 노골적 불만이 존재한다. 어떻게 하면 사람들의 기를 꺾는 부정적인 조직이 사람들에게 원기와 목적의식을 불어넣는 활기찬 일터로 바뀔 수 있을까? 그러한 변화를 이끌어내기 위해서는 조직의 실상에 대한 철저한 이해에서 이상적 전망—개인으로서의 전망과 조직의 일원으로서의 전망—을 갖춘 심도 있는 실천 행위로의 비약이 요구된다.

④ 우리가 하는 일에 대한 우리의 느낌

일단 조직 내 문화의 실상을 드러내고 그것을 자세히 살펴보았다면, 감성지능을 갖춘 조직을 만들기 위한 다음 단계는 구성원들의 꿈과 조화를 이루는 조직의 이상적 전망을 세우는 것이다. 리더는 감성지능에 따라 행동하고 솔선수범을 함으로써 자신의 직원들이 집단의 이상적 전망을 공유하는 것을 도와줄 수 있다.

어떤 특별한 집단의 일원이 되거나 고유한 문화를 지닌 사람들과 함께 지낼 때 느끼는 소속감은 그곳이 바로 즐겁게 일을 할 수 있는 공간임을 나타내는 특징이라 할 수 있다.

⑤ 조직의 감성지능을 향상시키기

감성지능이 우리가 일을 하는 현장에서 매우 중요하다는 사실은 그다지 새삼스러운 것이 아니다. 일터에서 특히 강조되는 감성지능과 공감의 분위기는 예로부터 내려오던 원시 집단—결속력을 갖고 유목 생활을 하던 50~100명 정도의 사람들로 이루어진 집단을 말하는데 이들의 생존은 긴밀한 상호 이해와 협조를 바탕으로 이루어졌다—의 인간 조직의 원칙에서 유래한 것이라고 할 수 있다.

공감대가 형성되어 있는 집단은 사람들이 서로 관계를 맺고 조화를 이루는 데서 의미를 찾는다. 최상의 조직은 그 구성원들이 집단 정체성에 대해 공통된 전망을 갖고 있을 뿐 아니라 특별한 공감대를 바탕으로 서로 맺어져 있다. 그들은 마치 몸에 맞는 옷을 입고 있는 듯한 느낌과 서로 이해하고 이해받는다는 느낌을 갖는다. 그와 같은 조직을 만들어내는 것은 감성지능을 갖춘 리더의 의무다. 그들은 사람들이 자신과 조직의 실상을 제대로 볼 수 있도록 이끈다. 다시 말해서 리더는 자신의 조직에 어떻게 돌아가고 있는지에 대해 정확히 파악하고 있으며 사람들이 조직의 문제를 찾아낼 수 있도록 옆에서 도와줌으로써 조직의 역량을 키워 나간다.

조직체를 대상으로 한 연구 보고를 통해 우리가 제시하는 조직 참여의 원칙들은 공감을 불러일으키고 감성지능이 갖춰진 효율적인 조직문화를 만드는 데 도움이 될 것이다. 연구를 통해 얻어진 세 가지 중요한 사실은 감성적 현실을 아는 것과 이상을 구체화하는 것, 그리고 감성지능을 유지하는 것이다.

(3) 지속적인 변화를 이끌어내기

큰 조직은 조직의 성격과 상관없이 공감의 여지도 있고, 불화의 여지도 있게 마련이다. 우리는 그 공감과 불화의 전체적 비율이 결과적으로 조직의 감성적 기조를 결정하며 조직의 업무 수행 능력에 직결된다고 본다. 그 비율을 바람직한 방향으로 바꾸는 열쇠는 감성지능을 갖춘 리더들을 부서마다 골고루 양성하는 데 있다.

새로운 리더십 유형을 발휘한다는 것은 다른 사람과 더불어 회사를 이끌어가는 방식을 바꾼다는 것을 의미한다. 하지만 조직에서 새로운 것을 익히고자 할 때 부딪칠 수밖에 없는 역설적 상황으로 인해 새로운 것의 학습은 더욱 힘들어진다. 무엇보다 결정적인 이류는 가장 중요한 것을 간과하고 있기 때문이다. 지금까지 대부분의 교육 프로그램은 사람에게만 초점을 맞출 뿐 감성적 현실과 조직의 문화가 발휘하는 영향력을 고려하지 않았기 때문에 조직을 변화시키는 데 별 도움이 되지 못한 것이다.

① 리더십을 변화시키고자 하는 의지

리더십 계발을 성공적으로 이끌기 위해서는 최고 경영진이 직접 리더십 계발의 의지가 윗선에서 나온 것임을 보여 줄 필요가 있다. 안타깝게도 우리가 관찰한 대부분의 회사들은 그와 정반대였다. 대부분의 회사가 리더십 계발을 그저 인사부의 지시 사항쯤으로만 여기고 있었다. 하지만 인사 부서의 사람들은 다른 직원들이 자신들의 업무를 경영상의 혹은 사업상의 문제와 동떨어진 것으로 파악하고 있음을 잘 안다. 이는 결국 고위직에 있는 리더가 리더십 계발 프로그램에 적극적으로 참여하는 것이 조직 전체를 위해서도 매우 중요하다는 것을 보여준다.

대부분의 집단과 조직은 현 상태를 유지하려고 하면서 그것을 위협하는 그 어떤 것과도 맞서려고 하기 때문에 집단과 조직의 차원에서 변화를 이끌어내려면 용기 있는 리더십과 끈기, 그리고 꾸준한 노력이 반드시 필요하다.

※ 리더십 훈련 프로그램이 실패하는 이유

a. 가장 중요한 이유는 대부분의 리더십 계발 프로그램들이 리더의 전인적 상
   태나 변화를 지속시킬 수 있는 요인들－가령 자신의 꿈을 찾고 그것을 키우
   기 위한 노력에 초점을 맞추지 않았다는 것이다.
b. 조직의 실상을 간과한 경우.
c. 사람만 변화시키려고 할 뿐 그들이 몸담고 있는 집단의 규범과 그 집단을
   지배하고 있는 문화를 무시하는 경우.
d. 엉뚱한 곳에서 변화 프로그램을 시작하는 경우.
e. 리더십의 언어(아이디어, 이상 등)를 개발하지 못한 경우.

② 감성적이고 지적인 리더십 계발의 과정

가장 바람직한 리더십 계발 계획은 진정한 변화란 조직의 세 가지 주요차원에
까지 침투해 들어가는 다면적 과정을 통해 일어난다는 이해를 바탕으로 하는 것
이다. 세 가지 주요 차원이랑 조직 내 구성원들과 업무 팀, 그리고 조직의 문화
를 말한다.

또한 가장 바람직한 계발 과정은 다른 문제에 신경쓰지 않고 배움에만 전념할
수 있도록 해준다. 즉 다른 위험 부담 없이 새로 배운 것을 시도해 볼 수 있게
한다는 것이다. 그 밖에도 리더가 진정으로 새로운 것을 배우고자 한다면 기존의
틀을 깨는 체험을 해야 한다. 그 체험의 내용은 사람들의 상상력을 자극할 만큼
색다른 것인 동시에 자신의 배움과 관련된 익숙한 것이어야 한다.

강력한 효과를 거둘 수 있는 리더십 계발 과정들은 감성적이며 지적인 학습에
초점이 맞춰져 있다. 그리고 적극적인 참여를 바탕으로 한다.

③ 감성지능, 새로운 리더십의 조건

감성지능이 높은 리더는 압박을 받는 상황에서도 이내 현실을 직시하면서 명
료한 판단을 내리기 위해 혼란한 자신의 마음을 다스릴 줄 안다. 그들은 가만히
앉아서 위기 상황이 닥치기만을 기다리지 않고, 조직이 요구하는 변화를 이끌어
낸다. 그들은 위기를 맞아 수동적인 자세로 그에 반응하기보다는 새로운 현실에
적응하기 위해 유연하게 대처한다. 거대한 변화가 일어나고 있는 와중에도 그들
은 밝은 미래를 향해 난 길을 볼 수 있으며 사람들의 공감을 불러일으킬 수 있
는 전망을 이야기하고 그 길을 향해 선구적으로 나아간다.

④ **탁월한 리더십에 대한 새로운 정의**

감성지능을 갖춘 리더는 적절한 사람을 대상으로 적절한 방법을 가지고 적절한 시간에 위와 같은 능력을 발휘할 줄 아는 사람이다. 그러한 리더십을 통해 열정적이고 유연한 분위기가 만들어지는데 그러한 분위기에서 일하는 사람들은 자신들을 최고의 능력을 발휘할 수 있는 가장 혁신적인 공간에 있는 듯한 느낌을 받는다. 오늘날의 업무 현실을 고려해볼 때 그러한 업무 환경은 조직의 효율적인 업무 수행에 없어서는 안 될 인간적 요소라는 새로운 가치를 만들어낸다. 그러한 리더들은 낡은 모습을 고집하는 리더들에 비해 훨씬 가치 지향적이고 유연하며 어깨에 힘이 들어가 있지 않고 개방적이며 솔직하다. 그들은 사람들과 그 인맥에 깊게 결속되어 있다. 특히 가장 중요한 것은 그들이 공감대를 형성한다는 것이다. 그들은 자신들이 맡은 바 사명에 진정한 열정을 가지고 있으며 그들의 그러한 열정은 전염성을 가지고 있다. 그들의 의욕과 설렘은 순식간에 퍼져 그들이 이끄는 사람들에게 생기를 불어넣는다. 이렇게 감성지능이라는 것은 리더십에 있어서 가장 중요한 요소다.

참고문헌

박동서, 「비교공무원제도론」, 박영사, 1963.

박동서, 「인사행정론」, 법문사, 1985.

박연호, 「인사행정신론」, 법문사, 1984.

새 행정학, 이종수 외저, 대영문화사(2001).

장지호, 「신인사행정론」, 박영사, 1985.

정부조직구조연구, 한국행정학회, 대영문화사(1999).

한국의 행정, 오석홍, 법문사(2002).

한국의 행정문화, 백완기, 고려대학교 출판부(1987).

한국행정개혁론, 김번웅 외저, 법문사(1997).

행정학, 오석홍, 나남출판(2000).

행정학원론, 황윤원, 형성출판사, 2002.

현대조직관리, 유종해, 박영사, 2002.

19. 감성경영의 필요성

1) 감성경영(Emotional Management)이란?

　-고객이나 직원의 감성에 그들이 좋아하는 자극이나 정보를 전달함으로써 기업 및 제품에 대한 호의적인 반응을 일으키는 경영방식을 말한다.

2) 감성이란?[7]

　-감성이란 외부의 물리적인 자극에서 발생되는 감각 또는 지각으로부터 인간의 내부에서 일어나는 고도의 심리적인 체험으로 보다 적극적인 정서 상태(기쁨이나 즐거움) 또는 소극적인 정서 상태(혐오, 후회, 분노) 등 복합적으로 정의되고 있으며, 일반적으로 마케팅, 상품기획 또는 광고의 연구 분야에서 널리 사용되고 있다.

　인간은 어떤 자극에 대하여 오감을 통해 감지하고 심리적으로 판단하게 되는데, 감성이란, 능력 전반을 가리키는 경우도 있지만 직감적인 능력을 말하는 경우도 있다. 우리가 어떤 옷에 대하여 '멋있다'라는 감성을 갖게 될 때 시각을 통해 옷의 색깔이라든가 스타일을 보고, 그 사람의 문화수준, 생활양식까지도 연관되는 심리적인 센서를 통해 느끼는 것으로 개인마다 판단기준이 다를 수 있다.

　감성은 수동성을 내포한다는 점에서 인간의 한 유한성을 나타내는 반면, 인간과 세계를 잇는 원초적 유대로서 인간 생활이 기본적 영역을 열어 주는 역할을 한다. 이론적 인식에서는 이성적 사고를 위한 감각적 소재를 제공하고, 실천적 도덕적 생활에서는 이성의 지배와 통솔을 받을 감정적 소지를 마련하며, 미적 인식

7) 문승권-한국경영정보연구원 대표 컨설턴트, 경영학사
　(SERI 감성경영포럼 부시삽)

에서는 자신의 순순한 모습을 나타냄으로써 인간적 생이 상징적 징표가 된다. 그러나 오늘날 제반 학문의 발전단계에서는 감성을 감성 아닌 것으로부터 분리한다는 것은 불가능한 일이며, 오히려 감성을 인간의 생의 포괄적인 영위에 있어 가장 기본적인 면으로 보는 것이 일반적인 경향이다.

감성지능(Emotional Intelligence, EI)이란 자신의 심리적, 지적 능력 한계와 가능성을 객관적으로 판단해 자신의 감정을 정확히 판단하고 잘 다스리며, 상대방의 입장에서 그 사람을 진정으로 이해하고, 타인과 원만하고도 좋은 관계를 유지할 수 있는 능력을 이야기한다.

감성지수(EQ)는 위의 능력 등을 지수화한 것이다. 그러나 EQ는 IQ처럼 수치로 정확히 측정할 수 있는 것은 아니고 아직까지는 높고 낮음을 추정해 볼 뿐이다. 하지만 많은 연구가 진행되고 있음으로 향후 정확도가 높은 측정방법이 나올 것으로 전망을 해 볼 수 있다.

이러한 측면들을 경영에 응용한 것이 바로 감성경영이다. 감성경영이란 최상의 품질과 서비스, 최고의 생산성 그리고 일할 맛 나는 직장이 될 수 있도록, 개별 구성원들의 감성지능뿐만 아니라 조직 전반에 걸쳐 감성지능형 조직이 될 수 있도록 리더십, 조직운영 및 인적 자원관리에 이르는 모든 제반 경영 활동에 감성의 중요성을 반영한 것을 의미한다.

최근에 감성의 중요성이 알려지면서 사회적으로 '감성'에 관한 관심과 많은 연구가 진행되고 있다. 선구자적인 CEO들이 감성을 경영에 도입하기 시작함으로써 감성경영은 이제 본격적으로 보급되는 시기를 맞이하고 있으며 마케팅 분야에서는 이미 많은 활용을 하고 있다.

3) 감성경영이 대두되는 이유

(1) 등장 배경[8]

최근 경영 환경이 악화되면서 제2의 외환위기의 위협 속에서 다시 구조조정과 다운사이징이 이슈가 되고 있다. 이러한 상황하에서 기업은 격렬한 생존경쟁에서

---

8) 문승권-한국경영정보연구원 대표 컨설턴트, 경영학사
   (SERI 감성경영포럼 부시샵)

살아나기 위하여 서구적 경영방식인 연봉제, 벤치마킹, 6시그마, TQM 등의 경영 방식을 도입하였다. 이와 같은 경영합리화를 추구하기 위한 각종 경영기법들을 적용해왔고, 종업원들에게는 비합리적인 요인인 감성역량보다 합리적인 성과급제 와 연봉제 도입, 인지력, 기술적 역량을 강조해왔다.

그러나 이와 같은 경영방식은 종업원들 간 과잉경쟁 유발, 기술적 역량을 지나 치게 강조한 결과, 이기적 직장 분위기 형성으로 조직 전체의 경쟁력보다는 개인 의 위상확보와 동료와의 경쟁에서의 승리를 우선시하는 풍토가 조성되었다. 또한, 단기 처방중심의 구호적인 경영혁신에만 그쳐 조직역량을 황폐화시켜 전통적으로 국내 기업들이 추구해 오던 온정주의에 의한 상호 협조, 상호신뢰 등을 상실하게 되었다.

이러한 CEO 사회에 '감성경영'은 새로운 바람을 불어넣고 있다. "한걸음 더 가까이, 인간적인 모습으로 다가서라."라는 구호를 외치면서 특히, 이메일이나 개 인 홈페이지로 직원들과 '1대1 쌍방향 커뮤니케이션'을 나누는 경영자들이 부쩍 늘었다. 시간, 장소에 구애받지 않고 소탈한 모습으로 직원들에게 다가갈 수 있기 때문이다. 이러한 측면들로 인해 총체적인 위기 상황하에서 돌파구로써 감성역량 극대화를 통한 감성경영이 출현하게 된 것이다.

(2) 대두되는 이유[9]

① 감성은 인간의 행동을 유발시키는 강력한 요인

'인간은 이성 20%, 감성 80%로 살아간다'라는 말처럼 인간은 호모사피엔스(Homo Sapiens: 이성의 인간)로서의 이성뿐만 아니라 호모 루덴스(Homo Ludens: 유 희의 인간)로서의 감성을 가진다. 외부의 물리적인 자극으로 인한 지각과정을 통 해 인간 내부에서 발생하는 기쁨이나 즐거움, 혐오, 후회, 분노와 같은 감성이 행 동을 유발시키는 강력한 단서로서 작용한다.

② 현대사회는 감성을 중시하는 美遊潤創(미유윤창)의 시대

감성경영이 대두되는 또 다른 이유는 현대사회가 인터넷 등 정보혁명시대를 거치면서 산업 혁명에 형성된 객관성, 논리성 중심의 합리주의 가치관이 서서히

---

9) 현대경제연구원 연구위원 이철선

변화하고 있기 때문이다. 대중매체와 인터넷, 정보통신의 발달은 산업혁명시대에서 경험하지 못한 풍부하고 다양한 정보들의 유통과 가공, 그리고 저장을 가능케 함으로써 현대사회를 지식의 홍수시대로 이끌고 있다. 이에 사람들은 '대량생산과 대량소비'로 표현되는 산업혁명시대의 획일화된 가치관에서 벗어나 창조적이고 개성중심의 가치관을 습득한다. 동시에 문자(text) 정보보다는 인간의 五感(오감)을 자극하여 유희성(遊)과 정서(潤)를 충족시켜 줄 수 있는 미(美)적 감각과 같은 창조(創)적인 정보들에 대해 보다 많은 관심을 가지게 된다.

③ 한국은 감성중심의 문화

우리나라 문화는 감성중심의 '정의 문화', '한의 문화'이기 때문에 감성경영의 성공 가능성이 서구보다 상대적으로 크다고 볼 수 있다. 실용성과 과학성을 강조하는 서구의 합리주의 중심 문화에 비해 한국문화는 경험적이고 심리적인 요소가 강조되기 때문이다. 그 예로 오랫동안 국내 소비자들에게 사랑을 받아온 제품들 중에는 한국문화의 감성적인 요소를 지속적으로 소구해온 제품들이 많다. (예: 오리온 초코파이(정), 경동보일러(효), 다시다(고향의 맛))

④ 차별적 요소로서 '감성'요소 활용

감성마케팅의 반대개념인 이성마케팅에서의 구매기준은 기능, 가격, 품질 등이었으나 이와 같은 요소들이 제품 생산기술의 발달 등으로 인하여 평준화되고 있는 추세이다. 또한 대부분의 소비재가 시장성숙기에 접어들었기 때문에 완전히 새로운 제품개발은 어려워졌고, 이에 소비자 욕구를 충족시키는 상품특성을 소비자의 감성차원에서 찾는 시도가 나타나기 시작하였다.

4) 연구 방향

감성경영에는 마케팅 영역에서 많이 활용되고 있는 감성경영의 대외적인 경영이 있고, 조직 내에 적용되어 조직원들을 위해 행해지는 대내적인 경영이 있다. 여기서는 주로 대내적인 측면에 초점을 맞추어 살펴보도록 하겠다.

5) 감성경영 접목시키기

(1) 감성경영의 시대

디지털은 속도와 연결성으로 비즈니스 영역에 존재해왔던 많은 경계를 무너뜨렸다. 고객과 기업 간의 경계, 기업과 기업 간의 경계, 국가와 국가 간의 경계 등이 디지털이 등장하면서 사라졌다. 그러므로 디지털의 정도가 확산됨에 따라 세계화는 자동적으로 경영변화를 이끄는 중심에 위치하고 있다. 디지털시대의 발달에 따른 세계화는 여러 가지 외부 환경적 변수를 낳고, 그 변수를 낳는 속도도 또한 지식과 기술이 빠르게 변화하는 만큼 가속화되고 있기 때문에 조직의 경영에 있어서 탄력적이고 유연성이 요구된다. 이렇게 빠른 변화에 대비한 탄력성과 유연성의 요구에 부합되는 경영방식 중의 하나가 감성경영이라고 할 수 있다.

디지털 시대에 기술의 발전에 따른 생활수준과 문화수준의 향상과 세계화에 따른 서구문화와의 자유로운 교류는 개인주의화를 심화시켰다. 조직을 구성하는 조직원들 태도의 과거 공동체 주의에서 개인주의로의 변화는 경영 환경에 있어서 '평생직업'이라는 말은 있지만, '평생직장'이란 말이 존재하기는 어렵게 만들었다. 이처럼 빠른 변화에 따른 신속한 의사결정능력이 요구되어 그에 부합되게 경쟁력을 갖춘 인력들은 자신의 가치를 키워주고 인정해줄 수 있는 직장을 찾아 자유롭게 자신의 능력을 이동시키는 환경이 마련되고 있는 것이다. 이렇게 이직률이 높은 인력 시장에서 조직원들의 마음, 즉 감성에 대해 경영하는 감성경영은 물론 효과적인 경영을 위한 충분조건은 아니지만 필요조건으로써 점점 더 부각되어 가고 있다.

(2) 우리나라의 감성경영

우리나라는 1997년부터 2000년까지 IMF경제 위기를 맞이해 온 기업과 국민이 경제적으로 힘든 시를 겪었다. 이 시기 동안 기업은 기존의 경영방식에 대해 반성과 성찰하는 시간을 가졌다. IMF는 국내 기업들에게 구조조정과 노조의 유연화 그리고 부채 비율의 최소화와 투명성 등의 압박을 가했고, 이에 따라 정부와 금융권, 그리고 국내 기업에서는 구조조정과 노조의 유연화, 그리고 부채비율의 최소화와 투명성 등의 압박을 가했고, 이에 따라 정부와 금융권, 그리고 국내 기업에서는 구조조정과 감량경영, 그리고 성과급제와 연봉제 도입 등의 문화가 보편적으로 자리잡기 시작한 것이다. 이는 자연스럽게 개인 간, 국가 간에 경쟁시스템을 만들어 주었고, 각 주체별로 실적 평가에 의해 퇴출 또한 자연스럽게 이루어졌다. 이러한 분위기는 그동안 한국경제를 이끌어 왔던 한국적 온정주의 기업문화가 붕괴되었다는 것을 의미하며, 또한 높은 이직률과 비정규직 근로자의 비율이 대폭으로 상승하게 된 것도 이 때문이라고 한다. 이러한 문제점들을 통해 기업문화 전체가 과잉 경쟁으로 치닫는다는 점이 있지만 이를 통해 경영혁신의 분위기가 형성되었다고 볼 수 있다. 경영혁신은 비단 구조 조정 등 서구적 경영 방식 도입에만 국한되지는 않고, 비록 아직까지 일부 기업에서의 움직임이기는 하지만 인간 본래의 감성에 호소하며 기업 가치를 증대하는 많은 사례들이 발표되고 있다.

(3) 조직원들의 질적인 욕구 만족

제품 설계에 인간의 특성과 감성을 최대한 반영하는 공학 기술인 감성공학을 다룬 책 '감성공학'의 저자인 일본 히로시마 대학의 나가마찌 마쯔오 교수는 먹을 것이 부족했던 시대에는 배부른 것을 꿈꾸고, 집이 부족했던 시대에는 작은 집이라도 갖는 것을 꿈꾸었으나 현재 기술의 발전에 따른 생활수준의 향상으로 물질적 욕구가 풍요롭게 충족되면서 사람들은 내용적으로 질적인 삶을 갈구하게 된다고 한다. 예로 사람들은 음식의 양보다 음식의 질인 맛이 우선이 되는 식사를 더욱 고급스럽다 여기고, 이런 음식의 질이 소문난 집에서 식사를 하기를 원한다. 여성들이 명품브랜드에 눈을 돌리고, 제품을 구매하는 데 있어서도 브랜드와 디자인을 중시하는 것도 질적인 삶에 대한 욕구라고 할 수 있다. 이런 질적인 삶의 욕구충족은 감성만족으로써 생활수준과 문화가 향상된 현대 사회에 살고 있는 조직원들로 구성된 조직의 경영에도 요구된다.

(4) 첨단산업 발달에 따른 팀워크조직으로의 조직구조 변화에 따른 감성경영의 필요성

조직경영에 있어서 빠른 변화에 따른 신속한 의사결정과 다양하고 창의적인 의사결정이 요구되는 시대가 되면서 조직구조가 팀워크구조로 많이 변화되고 있다. 팀워크 활동이 증가되면서 조직관리를 단순히 기술과 지적 능력 위주로 해오던 방식으로는 시대의 요구에 부합할 수 없다. 이러한 의미에서 필요한 것이 감성지능(정서지능)에 관한 역량을 조직원들에게 키워주는 경영방식이다. 감성지능(정서지능)이란 다른 사람의 내적 상태 즉 동기, 정서, 사고 등을 파악하고 이를 토대로 사람을 대하는 최선의 방법을 찾는 능력인 사회적 지능의 일부이다. 가드너에 의하면 사회적 지능이 감성을 다루는 능력, 즉 정서지능을 내포하고 있음을 시하하며, 개인 내 지능은 즉 자기 내부에 대한 자신의 내적인 감정생활을 살피고, 자기의 여러 정서들을 서열화하고 이런 정서들 간의 차이를 변별하여 명명하고, 여기서 얻은 정보를 자신의 행동을 이해하고 수단으로 활용하는 능력이라고 말했다. 이러한 감정지능의 향상을 위한 경영은 조직원 간의 수평적인 관계로 구조화되는 팀제 구조에서 조직원 간의 긍정적인 대인관계를 유지를 통한 효과적인 생산성 향상을 위해 필요하다. 또한, 감성지능의 향상은 자신과 타인, 그리고 나아가 사회의 상황에 대한 파악을 통해 긍정적인 사고를 가능하게 하므로 불확실하고 변화가 잦은 사회 속에서 조직원들의 안정적인 생산성 향상을 위해서 필요하다.

매우 빠른 속도록 변화하고 있는 글로벌 시장에서 임직원과 기업 간의 의존관계도 변화할 수밖에 없다. 변화의 속도는 최고 경영자들이 통제할 수 없도록 빠르고 복잡하기 때문에 직원들이 기술과 경쟁력, 그리고 교육수준 등에 대한 기업의 의존도가 과거에 비해 급격히 높아졌고, 지식 정보화의 심화·확대로 인간의 지적·정서적 자본이 기업의 수익 창출을 위한 가장 중요한 요소가 되었다. 따라서 기업은 지식 근로자들을 통해 최대한의 성과를 끌어내야만 경쟁 상황에서 생존할 수 있게 된다. 이렇게 지식 근로자들의 최대한의 성과를 이끌기 위해 필요한 것이 또한 감성경영이라고 할 수 있다. 미국의 재정·경제학자인 샐리그먼(seligman)은 보험회사의 신입사원을 대상으로 연구한 결과 낙천적인 사람이 염세적인 사람보다 입사 첫해부터 높은 성과를 올렸고, 그 후 5년 동안 거의 두 배에 가까운 매출 실적을 올렸다고 보고하고 있다.

'Emotional Intelligence'의 저자 다니엘 골먼(Daniel Goleman)의 이론에 의하면, 사람 집단으로 일할 때는 집단원 전체의 기술과 능력이 모두 포함되어 집단 IQ가 나타나는데, 이 집단 IQ는 단순히 IQ의 산술적 평균이 아니라 집단원의 정서지능이 개입된 형태로 나타난다는 것이다. 즉 집단원의 정서지능이 높을 때 집단 전체는 IQ의 평균보다 높은 생산력을 갖지만, 그렇지 못하면 IQ의 평균도 발휘하지 못한다고 하며, 수백 개의 기업을 대상으로 한 다년간의 연구를 통해 업무에서의 성공요소를 파악한 결과, 흔히 똑똑함을 대표하는 IQ요소가 20%임에 반해 감성역량을 의미하는 EQ는 80%를 차지하고 있다고 밝힌 바 있다. 즉 기술과 지식의 객관적인 조직원의 능력도 중요하지만 그 조직원의 객관적인 능력 발휘에 있어서 감성지능은 촉진제와 같은 역할을 한다고 할 수 있다.

(5) 감성경영의 리더십

리더십은 사람들 사이에서 일어나는 상호관계 속에서 나타나 사람의 활동이나 행위, 감정적인 부분을 가지고 있어서 조직원들에게 조직의 목적을 달성하는 쪽으로 움직이도록 영향을 주는 능력이다. 이때 리더는 강제적인 권력을 사용하지 않고 다른 사람의 행위에 영향을 미치고자 노력한다. 리더십을 행사하는 리더는 경영자나 관리자와는 다른 특성을 가지고 있으며, 21세기의 리더는 더욱 그러하다. 베니스(W.G.Bennis)에 따르면, 21세기에 살아남기 위하여 새로운 세대의 리더가 필요하며 그것을 경영자나 관리자와는 다른 리더라고 하여 새로운 리더의 필요성을 역설하고 있다. 이러한 리더와 경영자의 가장 중요한 차이는 경영자는 조직이 직면한 동태적이고 급변하는 애매모호한 환경의 지배를 받는 데 비하여, 리더는 그러한 환경을 지배한다는 것이다. 나아가 그는 리더와 경영자 간의 구체적인 특성을 비교하였다. 경영자는 책임수행, 모방, 유지, 시스템과 구조에 초점, 통제 위주, 단기적, 언제, 어떻게 관심, 수직적 관점, 현 상태 수용, 전통적인 충복, 일을 옳게 함(How)에 중심을 두는 특성을 갖고, 리더는 혁신주도, 창조, 개발, 인간에 초점, 신뢰에 기초, 장기적, 무엇을, 왜에 관심, 수평적 관점, 현 상태에 도전, 독자적 인간, 옳은 일을 함(What)에 중심을 두는 특성을 갖는다고 할 수 있다. 이렇게 볼 때, 사원들의 감성에 호소하거나 감성을 이끌어 내는 경영방식인 감성경영은 조직을 이끌어가는 경영자에게 경영자의 특성보다는 리더십의 특성을 더 부여한다고 볼 수 있다.

감성적 리더십의 행동유형을 리더십 행동이론에 비추어 보면, 아이오와 대학의 연구자들인 르윈과 리피트 그리고 화이트(K.Lewin, R. Lippitt, and R.K. White)가 연구한 이론에서는 민주형 리더, 오하이오 대학의 연구에서는 높은 배려심을 갖는 리더, 매니지리얼 그리드 이론에서는 팀형이라고 살펴볼 수 있었다.

아이오와 대학의 연구자들 인 르윈과 리피트 그리고 화이트(K.Lewin, R. Lippitt, and R.K. White)가 말하는 민주형 리더(denocratic leader)는 의사결정에 집단이 참여하는 것을 권장하며 집단이 스스로 작업의 방법을 결정하게 하고 전반적인 목표를 인지하게 만들며 코치의 수단으로 피드백을 활용하는 것을 말한다. 이런 민주형 리더는 자유롭고 신속하며 혁신적인 의사결정을 필요로 하는 팀제의 조직구조로 갈수록 더욱 필요하다. 그렇기 때문에 팀제의 조직구조의 경영에 있어서 시너지 효과를 가져오는 감성경영은 필요하다.

　오하이오대학의 연구에 있어서 구조구도(initiating structure)는 리더가 과업의 할당, 절차의 구체화, 작업 계획 등의 활동을 통해 그 자신과 부하들의 일을 구조화하는 정도로 정의된다. 여기에는 관련된 일에 우선적인 초점이 두어져 관리자로써의 면모가 더 크다. 배려(consideration)는 리더가 부하들과 상호적인 신뢰를 구축하고 부하들을 존중하며 그들에게 정감적인 관심을 보이는 정도를 의미한다. 두 가지 개념은 상호 독립적인 차원을 가지며, 배려의 정도가 높을수록 종업원의 불평과 이직이 낮아지며, 구조주도의 경우에는 반대의 관계가 있음을 실증연구를 통해 밝혀내었다. 즉 배려지향적인 리더가 종업원의 이직을 낮추는 성공적인 리더인 것이다. 현대 사회의 기업에서 '평생 직업은 있어도 평생직장은 없다'라는 말이 나올 정도로 기업의 목표 달성의 집중에 방해요인으로 작용하는 이직률이 점점 높아지는 것이 사실이다. 감성경영은 조직원들의 경영자에 대한 신뢰를 키워주고, 과업에 대한 만족도를 높여주므로 조직원들의 이직률을 낮추어주는 데 큰 기여를 한다. 그러므로 감성경영을 하는 리더는 배려지향적인 리더십 유형과 닮았다고 할 수 있다.

　매니지리얼 그리드는 과업과 인간에 초점을 둔 리더 행위를 강조한 대표적인 모형으로 블레이크와 무튼(R.R. Blake and J.S.Mouton)에 의하여 개발되었다. 이 접근법은 앞의 이론과는 다르게 리더행동유형에 초점을 두기보다는 리더의 관심과 태도에 초점을 두었다. 이 관심은 인간에 대한 관심㉠과 생산에 대한 관심㉡으로 리더가 이 두 가지에 대해 어느 정도 관심을 가지고 있느냐에 따라 리더의 유형을 나누었다. 무관심형(㉠, ㉡모두 낮음), 과업형(㉠낮고, ㉡높음), 중간형(㉠, ㉡모두 중간), 컨트리클럽형(㉠높고, ㉡낮음), 팀형(㉠, ㉡모두 높음)의 다섯 가지로 유형화하였다. 그중 팀 형은 응집력이 있는 작업집단을 만들고 작업자들 사이의 상호 몰입된 감정을 유발함으로써 이런 리더십을 갖는 리더에게 감성경영은 필요조건이 될 수 있다.

　이처럼, 감성경영에 있어서 리더십은 조직원들을 감성적으로 배려하여 경영자에 대한 신뢰성을 갖게 하여 조직에 대한 충성도를 높이고, 자유로운 의사소통 분위기를 만들어 주어 신속하고 혁신적인 의사결정을 가능하게 한다. 또한, 감성적 리더는 조직원의 열정과 몰입을 유도하고 감성적인 에너지가 폭발할 수 있도록 촉진, 관리하는 것이 리더로서 역할이다.

리더십 전문가인 토마스(Tomas J. Neff)와 제임스(James M. Citrin)가 'Lessons from the Top'이란 책을 통해 시장에서 사업을 1등으로 이끌고 있는 성공 리더 50명의 15가지 공통자질을 제시하고 있다. 그런데 이러한 자질들 중 단지 세 가지만이 지적 혹은 기술적 능력과 관련되었을 뿐, 대부분이 소프트한 차원의 감성지능(Emotional Intelligence)을 기반으로 한 태도나 의지라는 점에 주목할 필요가 있다. 여기서 시사점은 지적 능력 혹은 기술적 능력은 훌륭한 리더가 되기 위한 필요조건이기는 하지만 충분조건은 아니라는 것이다. 감성지능이란 '자신의 한계와 가능성을 객관적으로 판단해 자신의 감정을 잘 다스리며, 상대방의 입장에서 그 사람을 진정으로 이해하고 타인과 좋은 관계를 유지할 수 있는 능력'이다. 경영 환경이 변화하는 속도가 빨라지는 만큼 구성원들의 가치관 또한 너무나 빠르고 다양하게 변화하고 있다. 따라서 리더는 구성원들의 욕구를 충족시키고 만족감을 느끼게 하고, 일에 열정적으로 몰입하게 하기 위해서는 구성원들의 다양한 가치관과 시각을 제대로 이해하고 수용할 수 있어야 하며, 구성원들과 밀접한 상호 관계를 형성해야 하므로 풍부하고 수용력 높은 감성지능을 바탕으로 한 감성적 리더십을 발휘할 수 있어야 한다.

참고문헌

- 신정길, 문성권, 문형남, 감성경영 감성리더십, 넥스비즈(2004)
- 오종석, 조영복, 현대경영학, 삼영사(2006)

6) 국내 감성경영 사례

(1) KTF 조영주 사장의 감성경영 사례

KTF는 고객의 감성을 자극하기에 앞서 직원들의 감성을 북돋움으로써 창의적 업무성과를 끌어내기 위해 '즐거운 일터'만들기에 주력하고 있다. 그 선봉에 선 조영주 사장은 현장 방문을 통해 직원들의 목소리를 직접 듣는 것이 감성경영의 본질이라 주창하고 있다. 실제로 조 사장은 현장 방문이 가장 잦은 최고 경영자 중 한 명이다. 조 사장은 매월 한 번씩 직원들에게 편지를 쓰고, 매월 생일을 맞은 직원들을 위해 패밀리 레스토랑에서 생일 파티를 여는 등 직원들에게 보다 가까이 다가가고 있다.(11월 16일자 매일경제 중 발췌, 요약)

감성경영에서 무엇보다 중요한 것은 경영진의 리더십 발휘이다. 섬김의 리더십(Servant Leadership)으로 현장에서 직원들의 목소리를 경청하고, 이해하여, 문제를 해결하려 노력해야 하며, 누구보다 솔선수범해야 한다. 그리고 조영주 사장은 자칫하면 성의 없어 보이기 쉬운 메일보다 시간이 오래 걸리지만 직원들에게 가까워지기엔 훨씬 효과가 좋은 편지를 택했다.

(2) 63시티 정이만 사장의 감성경영 사례

63시티의 정이만 사장은 매주 월요일 1000여 명의 직원들에게 메일을 보낸다. 63시티를 이용한 주변 사람들에 대한 이야기나, 사장 본인의 어렸을 적 이야기를 함으로써 직원들과의 편안한 분위기 조성을 꾀한다. 정이만 사장의 '월요메일'은 한컴사장일 때 시작되었다. 당시 왕래되었던 이메일을 직원들이 모아 '정이만 꾸뻑'이라는 책을 출간하기도 했다. 이에 대해 정 사장은 "이메일을 통해 직원들과 대화를 하다 보면 회사 분위기가 달라진다. 서비스업의 특성상 직원들의 마음이 편하지 않으면 고객에게 최고의 서비스를 제공할 수 없다. 이런 점에서 이메일 대화는 효과만점이다."라고 설명했다.('매경이코노미'에서 발췌, 요약)

직원들의 감성을 북돋움으로써 보다 나은 업무성과를 이끌어내는 것이 목적인 감성경영. 그의 한 방법인 메일을 통한 직원들과의 의사소통을 꾸준히 해 왔다는 것은 탁월한 선택이었다. 그러나 40여 명에게밖에 답장이 오지 않는다는 점으로 보아 아직 사장과 직원 간의 의사소통이 그리 원활하지는 않다는 것을 알 수 있다. 물론 굳이 답장을 하지 않고 읽기만 하더라도 회사 내 분위기가 많이 부드러워질 수는 있을 것이다. 그렇지만 답을 하지 않았다는 것은 사장으로부터 온 메일을 그저 형식적인 것으로 받아들이고 제대로 읽지 않았다는 것도 될 수 있다. 그러므로 몇몇은 동조해 주고 있는 것 같지만, 회사 전체 직원들의 마음을 움직이려면 메일만으로는 부족한 것 같다.

7) 국외 감성경영의 사례들

(1) 미국의 아메리칸 익스프레스의 재무조언 사업부문[10]

전세계적인 여행 관련 서비스 및 보험업, 국제금융업을 하는 미국 기업인 아메리칸 익스프레스의 재무조언 사업부문(AEFA: American Express Financial Advisors)은 종업원들의 감성역량을 향상시키는 교육훈련을 통해 사업성과를 향상시켰을 뿐만 아니라 종업원 개인의 삶의 안정감을 높였다. 1992년 AEFA는 영업활동을 평가하면서 큰 문제점을 발견했다. 자사의 고객들이 생명보험가입의 필요성은 인정하면서도 생명보험 가입을 권유할 경우 불과 28%만이 가입해 기대에 미치지 못했던 것이다. 그 원인을 조사한 결과, 보험의 보장범위나 보험료보다는 재무조언자들의 신뢰, 자부심 같은 감성적 역량이 가입여부를 결정짓는 중요한 요소로 밝혀졌다. 그러나 AEFA에서는 감성에 대한 교육훈련이 제대로 이루어지지 않고 있었다. 오히려 고객들과 감성적으로 접근하지 말고, 논리적이고 이성적으로 생명보험에 가입해야 하는 이유를 설명하도록 지시되고 교육 훈련되었던 것이다. 하지만 논리적이고 이성적인 설명에 대해 고객들은 강압적이라고 느끼게 되어 반발했고, 대부분의 재무 조언자들은 고객과의 갈등이 커지면서 교육받은 대로 해도 안 되는 자신을 비하하는 상황에 이르게 되었다. 즉 많은 재무 조언자들은 거듭되는 실패로 인해 자신의 역량 수준을 의심하고, 고객을 만나는 것을 두려워하고, 무언가를 숨기고 있다는 인상을 주는 등 감성적 혼란을 겪게 된 것이다. 이러한 문제점을 개선하기 위해 재무 조언자들이 고객의 감성을 이해할 수 있도록 도와주는 훈련 프로그램(FOCUS: Focus On Coping Under Stress)을 설계하기로 결정했다. 먼저 적절한 감성역량 모델을 확인하기 위해 내부의 심리학자와 프로그램 설계자들을 동원하여 자아의식능력, 자기관리능력, 대인관계능력, 타인관리능력, 감정이입능력이 중요한 구성요소임을 확인했다. 모델의 적합성 여부를 검증하기 위하여 유사한 스킬 수준과 배경을 지닌 재무 조언자들을 60여 명 수준으로 구성해, 한 그룹에만 12시간 정도의 감성역량 향상 교육훈련을 실시하였다. 석 달 후 양 그룹의 성과를 측정한 결과, 교육훈련을 받은 그룹이 받지 않은 그룹에 비해 10% 높은 성과를 달성한 것으로 나타났다. 그리고 교육훈련을 받은 종업원들

---

10) LG주간경제 2001. 1. 24. 『위기시대의 기업 감성역량이 높은 종업원을 키워라』 중, 자료: S. Hays, American Express Taps Into The Power Of Emotional Intelligence Workforce, Jul 1999, J. J. Salopek, Train Your Brain, Training & Development, Oct 1998.

의 88%가 직무 성과 향상에 교육훈련이 도움이 되었다고 응답해 그 효과가 검증되었다. 놀라운 것은 이러한 교육훈련이 직무성과뿐 아니라 개인적 삶에도 영향을 미쳐, 교육훈련을 마친 종업원들이 삶 자체에 대해 보다 긍정적인 시각을 보였다는 점이다. 고객의 감성을 받아들이는 스킬을 습득한 재무조언자들은 고객의 신뢰를 얻으면서 신바람나게 일할 수 있었고, 자신의 감성을 다룰 수 있게 되면서 실망스러운 상황에서도 일상적인 평상심으로 빨리 되돌아올 수 있었기 때문이다. 1996년 모든 신입 재무 조언자들은 'AEFA 대학'에서 감성역량 향상교육을 의무적으로 수강하도록 조치되었다. 이 6일짜리 교육은 감성을 어떻게 인식하고, 그에 따라 어떻게 말해야 하는지, 그런 표현이 사람들에게 어떻게 영향을 주는지 등에 대해 교육되고 있다. 1998년 교육훈련 이수자를 대상으로 한 서베이 결과, 90% 이상이 직무향상에 도움이 된다고 응답해, 감성역량 강화를 위한 교육훈련은 성공적으로 운영되고 있는 것으로 나타났다.

(2) 메트로폴리탄 생명보험의 감성경영[11]

미국의 생명보험회사인 '메트로폴리탄 생명보험'(Metro Politan Life Insurance)은 감성역량 요소를 포함하도록 인재 선발기준을 변경해 이직률을 낮추고 사업성과를 향상시키는 데 성공하였다. 1980년대 중반 메트로폴리탄 생명보험은 막대한 고용비용을 들이고도 높은 이직률 때문에 고민하고 있었다. 매년 6만여 명의 응시자를 선별하여 5천여 명의 보험 에이전트를 선발하고 있었는데, 1년 이내에 50%가량이, 4년 이내에 80%가량의 신입 보험 에이전트들이 퇴직해 버렸기 때문이다. 매년 허공으로 날려버리는 고용비용은 무려 7천5백만 달러에 달하는 수준이었다. 더구나 이러한 분위기 속에서 퇴직하지 않고 남아 있는 보험 에이전트들의 사기저하로 인해 성과가 감소되는 것까지 고려할 경우 회사가 휘청거린다는 표현이 맞을 정도였다. 이런 어려움에서 벗어나기 위하여 메트로폴리탄 생명보험은 응시자들을 선별하는 과정을 전면 재검토하기 시작했다. 이 회사에서 사용하는 선별방법은 생명보험연구소에서 만든 경력 프로파일 테스트(Career Profile Test)에 기반을 둔 것이었다. 테스트의 적용결과를 파악한 결과, 이 테스트는 응시자의 30%만이 통과하는 엄정한 기준이었다. 그러나 보험 에이전트들이 계속되는 고객

11) LG주간경제 2001. 1. 24. 『위기시대의 기업 감성역량이 높은 종업원을 키워라』 중, 자료: M. N. Martinez, 『The Smarts That Count』, HR Magazine, Nov 1997.

의 거절을 극복하는 데는 낙관적 사고가 필요했지만, 낙관적 사고는 측정되고 있지 않았다. 낙관적 사고의 영향력을 검증하기 위해 적성—동기유발—낙관적 사고 테스트(Aptitude—Motivation—Optimism Test)를 설계하여 적용해 본 결과, 보험 에이전트에게는 낙관적 사고가 중요한 성공 역량임이 밝혀지게 되었다. 이러한 결과에 의거해 메트로폴리탄 생명보험은 낙관적 사고를 보험 에이전트 선발의 중요한 평가기준으로 도입했다. 2년이 채 되지 못했을 때, 그 결과는 놀라울 정도로 바뀌었다. 보험 에이전트의 이직률이 현격하게 줄어들면서 1만 2천 명의 탁월한 인재를 보유하게 되었을 뿐 아니라, 개인보험 시장에서의 시장 점유율이 50% 증가했던 것이다. 메트로 생명은 지난 80년대 감성역량 요소를 포함하도록 인재 선발기준을 변경해 이직률을 낮추고 사업성과를 향상시키는 데 성공했다. 당시 매년 5000여 명의 보험 설계사(에이전트)를 선발했지만 1년 이내에 50%, 4년 이내에 80% 정도의 신입직원이 퇴직했다. 이런 어려움을 극복하기 위해 메트로 생명은 응시자 선별과정을 전면 재검토, 생명보험연구소에서 작성한 '경력 프로필 테스트제'를 활용했다. 이 테스트 결과, 보험 에이전트가 계속되는 고객의 거절을 극복하기 위해서는 '낙관적인 사고'가 중요한 성공 역량임이 밝혀졌다. 이때부터 메트로 생명은 낙관적 사고를 보험 에이전트 선발의 중요한 평가기준으로 도입했다. 이후 2년 정도가 지나자 보험 에이전트의 이직률이 현저하게 줄어들었고 1만 2000명의 탁월한 인재를 보유하게 됐을 뿐만 아니라 개인보험시장 점유율도 50%나 증가했다.

8) 밀착탐구, 두산중공업

(1) 두산중공업 소개

발전설비와 담수플랜트, 산업설비, 전기계장, 주단조, 운반설비, 건설업 등을 주요 사업으로 하는 한국의 대표적인 중공업 회사이다.

대한민국을 대표하는 발전설비 전문업체인 두산중공업은 기초소재에서부터 완제품에 이르기까지 일관 생산·공급체제를 갖추고 있다. 특히 한국 표준형 화력발전소를 비롯해, 원자력 증기발생기 및 원자로 등 원자력 핵심설비를 국산화함으로써 발전 설비 분야에서 세계적 수준의 경쟁력을 키워나가고 있다. 또한 중국 및 미국 등 해외 원자력 시장에도 진출, 한국의 원전설비 수출 시대를 열기도 했다.

북한 경수로 사업에서도 두산중공업은 주기기 계약자로 선정되어 원자로 등 1,000 MW급 한국 표준형 원자력 발전소의 주요설비를 제작, 공급하였다.

지난해 두산중공업은 신고리 1·2호기 원전용 핵심설비, 미국 GE 발전설비, 대만 호핑 화력발전소 등 대형 프로젝트를 수주함으로써 국내외 발전설비 시장에서의 위상을 높이고 있다. 두산중공업은 발전설비와 함께 해수 담수화 플랜트를 비롯해 환경설비, 운반하역설비 등 국가 기간산업의 원동력인 산업설비 분야에서도 세계 최고 수준의 기술을 확보하고 있다.

두산중공업은 세계 제1위의 해수 담수화 플랜트 공급업체로서 90년 이후 MSF(다단계증발방식) 분야에서 25% 이상의 세계시장 점유율을 확보하고 있으며 하루 1억 갤런 이상의 깨끗한 물을 생산할 수 있는 사우디아라비아 알쇼 아이바를 비롯해, 아랍에미리트 알따윌라, 움알나르, 쿠웨이트 아즈주르 등의 대형 해수 담수화 플랜트를 수주해 공급한 바 있다. 특히 2002년에는 아랍에미리트에서 8억 달러 상당의 후자이라 발전·담수 플랜트를 수주했다.

두산중공업 플랜트 산업의 기초는 소재라는 인식으로 소재개발에도 투자를 아끼지 않고 있고 고도의 기술사양을 요구하는 발전설비 소재에서부터 CD, 브라운관 등을 찍어내는 금형공구강 등 특수강에 이르기까지 각종 소재를 생산해 국내외에 공급하고 있다.

이 밖에도 두산중공업은 도로, 항만, 공항, 전철 등 각종 SOC 사업과 플랜트 건설 분야에서 일괄도급방식으로 수행할 수 있는 세계적인 종합건설업체로서 기술과 시공능력을 갖추고 있다. 대만의 고속전철(High Speed Rail Project), 북한 경수로 건설, 그리고 서울과 제주 2002 월드컵 경기장 건설 등에 두산중공업의 건설부문이 참여하였다.

(2) 두산중공업의 감성경영 사례

사례① 〈두산중공업의 가족현장체험 – 가족사랑 확인, 산업현장 체험 일석이조〉

최근 두산중공업에서 시행하고 있는 "아빠, 사랑해요."라는 가족 현장체험이 인기를 끌고 있다. 이 프로그램은 직원 가족들을 회사로 초청해 아빠 회사의 발전상을 보여줌으로써 자긍심을 가질 수 있도록 하는 취지에서 2005년 6월에 시작됐다. 방문 가족들은 회사의 역사와 활약상을 소개받고, 원자력공장, 주단조 공장 등 주요 플랜트 생산공정을 체험하게 된다. 2005년 6월에 시작해 4개월간 진행된 이 프로그램은 2000여 명의 가족들의 참석을 이끌어 낼 만큼 많은 호응을 얻었다. 올 6월에 다시 재개된 2006년 프로그램에도 한 달 동안 140여 명이 참가했으며, 참가하기를 기다리는 가족도 700여 명에 다다른다. 이처럼 가족 현장체험이 인기를 끄는 것은 아빠 회사를 직접 경험함으로써 가족 사랑을 다시 한 번 확인할 수 있을 뿐 아니라, 자녀들에게는 산업현장 체험이라는 일석이조의 효과를 올릴 수 있기 때문이다. 특히 자녀를 둔 가정은 체험학습 신청서를 발급받아 학교에 제출하면 출석으로 인정받을 수 있다. 발전BG 권일준 부장의 부인인 김숙임 씨는 "이번 프로그램에 아이들은 물론, 시부모님과 조카들까지 참가했다"며, "내 남편, 우리 아빠가 회사에서 어떤 일을 하는지 보면서 아빠에 대한 고마움과 회사에 대한 자부심을 가지게 됐다"고 말했다. 두산중공업은 가족 현장체험이 가족들로부터 호응이 좋아 감성경영 차원에서 지속적으로 추진할 예정이며, 보다 다양한 프로그램을 개발해 나간다는 계획이다.

(출처: http://www.doosan.com/ 2006.07.18.)

사례② 〈두산중공업의 직원자녀 영어캠프 –
원어민강사 10여 명 초빙, 체험 위주 프로그램 진행〉

두산중공업은 여름방학 기간 동안 직원 자녀들을 위해 경남 합천 연수원에서 '두산영어마을(Doosan English Village)'이라는 영어캠프를 열었다. 올해 처음 시작하는 이 영어캠프는 초등학교 4학년에서부터 중학교 3학년 사이의 직원자녀는 누구나 참여가 가능하며, 2박3일의 숙박생활을 통해 영어실력과 다양한 경험을 쌓게 된다. 지난 8월 3일 시작한 첫 수업에는 모두 130여 명의 어린이들이 참여했으며, 오는 25일까지 총 8차례에 걸쳐 모두 1,200여 명이 참가할 계획이다. 특히 이번 영어캠프는 미국, 캐나다 등을 국적으로 하는 원어민 강사 10여 명을 초빙해 병원, 공항, 은행 등 실제상황에서 외국인과 대화할 수 있는 능력을 키울 수 있도록 한 서바이벌 잉글리시 방식의 프로그램을 도입했다. 또한 도전 골든벨, 수영장, 캠프파이어 등 다양한 이벤트와 야외활동 프로그램을 접목시킴으로써 참가 학생들의 흥미도를 높였다. 두산중공업은 이와 함께 영어캠프 이후에도 교사와 학생들이 교류를 통해 영어실력을 지속적으로 향상시킬 수 있도록 전용 홈페이지인 두산캠프(http://www.doosancamp.net)도 개설해 운용 중이다. 두산중공업 지원부문장 임상갑 전무는 "이번 영어캠프는 놀이와 체험학습을 통해 쉽고 재미있게 영어를 접할 수 있도록 프로그램을 구성한 것이 특징이며, 영어캠프를 통해 '나도 잘할 수 있다'는 자신감을 느끼는 계기가 되기를 바란다."고 말했다.

(출처: http://www.doosan.com/ 2006.08.07.)

* 영어캠프 참가자들의 소감

매년 회사 캠프에 참석하면서 여름방학이 되면 캠프가 기다려졌는데, 올해는 영어 캠프란 생각 때문에 막상 가려니 떨렸습니다. 영어를 잘 못하는데 못 알아들으면 어쩌나 하고 고민을 했는데 2박3일 후에는 자신감이 생기더군요. 말을 못하면 단어와 손발을 사용하여 외국인과 대화를 했습니다. 나중에는 귀에 익숙해지니 말도 잘되고 기억에도 많이 남았어요.

－반나희(창원 반송여자중학교 1학년, 발전BG 변화추진팀 반종규 과장 딸)

올해 처음 가 보는 캠프여서 설렘과 긴장으로 걱정도 됐는데 프로그램을 하나하나씩 체험해 보니 적응도 빨리 됐고, 외국인 선생님과 대화를 하니 그 어렵다는 영어도 즐길 수 있게 되었다. 이전엔 영어에 대한 불안감과 어려움이 많았는데 이번 캠프를 갔다 오고 나니 "나도 영어를 잘할 수 있다"라는 자신감이 생겼다. 지금 중3이라 내년엔 갈 수 없다는 것이 못내 아쉽긴 하지만 원없이 즐기고 왔기 때문에 올해로도 만족한다.

▲ 두산중공업 이남두 사장(맨 왼쪽)이 두산가족 전용 상영관 개관식에서 행운권 추첨을 하고 있다.

사례③ 〈두산중공업의 두산가족영화관－직원 및 가족 주말 여가활동 지원〉

두산중공업은 직원 및 가족들의 주말 여가 활동 지원을 위해 창원 시내에 '두산가족 전용 영화관'을 마련하고, 2일 이남두 사장을 비롯하여

약 500여 명의 직원과 가족들이 개봉영화인 슈퍼맨 리턴즈를 관람했다고 밝혔다. 이 두산가족 전용 상용관은 약 250여 명을 수용할 수 있는 메가라인의 1개 상영관을 빌려 매우 일요일 오후 두 차례 직원들이 무료로 영화를 관람할 수 있게 한 것이다.

두산중공업은 일요일 지정 시간 외에도 개별적으로 영화관을 이용할 경우 별도의 할인 혜택을 받을 수 있도록 했으며, 구내매점을 이용하거나, 영화관 근처의 패밀리 레스토랑, 식당 등 편의시설을 이용할 경우에도 추가 할인혜택을 받을 수 있다. 두산중공업 임상갑 지원부문장은 "가족단위 주말 여가활동을 지원하기 위해 이번 두산가족 영화관을 운영하게 됐다"고 말하고, "앞으로 문화센터 개설 등 직원들을 위한 다양한 복리후생 프로그램을 지속적으로 개발해나갈 것"이라고 설명했다.

(출처: http://www.doosan.com/ 2006.07.03.)

어느 회사나 마찬가지겠지만 전체적으로 경영의 목적은 회사의 생산성 증가에 초점을 맞추고 있습니다. 우리 회사도 그런 목적으로 감성경영을 하고 있는 것이구요. 그리고 우리 회사에서는 하는 것은 감성경영이라기보다, 부사장님께서 6월에 부임하시면서 하신 말씀이 '현장경영'을 하겠다는 거였습니다. 그 말을 기자들이 감성경영이라고 이름을 붙인 것 같네요. 아무튼 부사장님께서 말씀하신 것처럼 현장경영을 하게 되었고 그것의 일환으로 아까 말씀하신 가족영화관, 영어캠프, 편지쓰기 등을 하고 있는 것입니다. 현재 사장님께서는 일주일에 한 번씩 전직원에게 편지를 쓰시는데 최고층과 직원들 간의 커뮤니케이션을 통해 직원들의 고충이나 불만들을 해소하고 직원들에게 바라는 점을 말씀하시기 위한 거라 보면 됩니다.

현재 감성경영 프로그램이 시행되고 있지 않다고 밝힌 561개 사를 대상으로 그 이유에 대해 조사한 결과 23.7%가 '회사 지원 부족'이라고 응답해 가장 많았다.

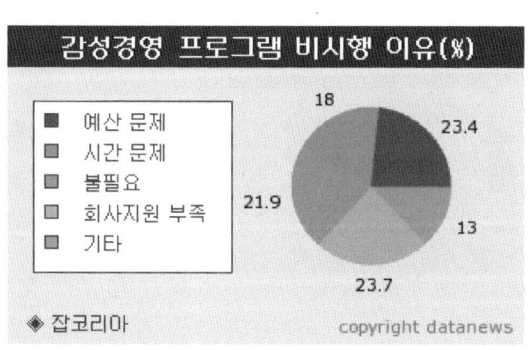

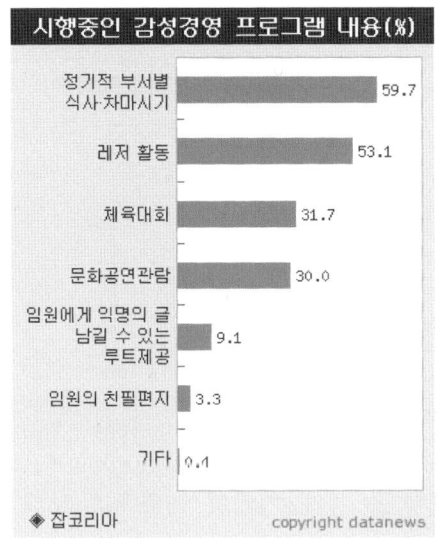

"현재 시행 중인 감성경영프로그램은 어떤 것인가(복수응답)"라는 질문에 대해서는 '일정한 시간을 정해놓고 부서별로 식사 및 차 마시기'가 59.7%, 등산이나 마라톤·스키 등과 같은 '각종 레저활동'이 53.1%를 차지해 가장 많았다.

9) 결 론

(1) 감성경영의 도입 효과[12]

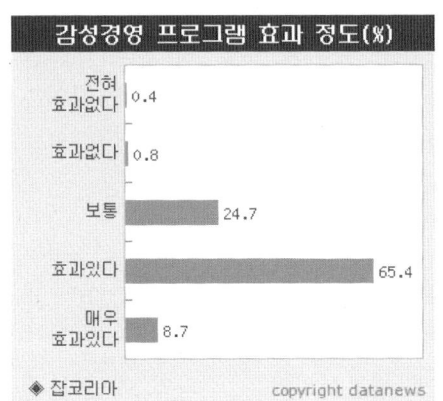

"감성경영 프로그램 시행 후의 효과"에 대해서는 '효과가 있다'는 응답자가 65.4%로 반수 이상을 차지했다.

---

12) 현대경제연구원 연구위원 이철선

현재 감성경영 프로그램을 실행 중인 243개 사를 대상으로 "현재 시행되고 있는 감성경영프로그램의 효과는 무엇이라고 생각하십니까?(복수응답)"라는 질문을 한 결과 '결속력 증진'이라는 응답이 91.8%로 가장 많았다. 이어 '업무수행능력 향상(54.3%)', '이직률 감소(45.7%)' 등의 순이었다.

1) 대외적인 차원에서 감성경영은 '감성마케팅'을 통해 기업의 매출액과 브랜드 가치의 상승이라는 효과를 도출한다.

그 예로 삼성전자의 애니콜은 노키아 등의 경쟁사 대비 인지도 부족을 미적 디자인의 고급화와 패션 스타일 등을 통해 극복하였으며, 스타벅스는 1999년 한국 시장에 진출한 이후, 100개 이상의 매장을 운영하고 있다.

2) 대내적인 차원에서의 감성경영은 '감성리더십'을 통해 피그말리온 효과(Pygmalion Effect)를 극대화시킴으로써 임직원의 기업 충성도 강화와 핵심 인재 양성을 촉진시킨다. 즉 상사의 칭찬이 직원의 잠재력을 발휘하도록 하는 데 중요하게 작용한다는 것으로 호프 데이 모임에 CEO가 참석해 직원들을 격려하거나 직원들에게 CEO가 편지를 보내 격려하는 것도 피그말리온 효과를 이끌어내고자 하는 감성 리더십의 한 예라고 할 수 있다.

* 피그말리온(Pygmalion): 그리스 신화에 나오는 조각가로 자기가 만든 상아상, 갈라테아를 연모한 키프로스의 왕의 이름
* 피그말리온 효과(Pygmalion Effect): '어떻게 행동하리라는 주의의 예언이 행위자에게 영향을 주어 그렇게 만든다.'는 이론을 '자기 충족 예언'이라 하고 이를 다른 말로 '피그말리온 효과'라고 한다.

(2) 현재 감성경영의 취약성
형식화, 비효율성

감성경영의 목적에는 조직구성원들의 만족도를 높이기 위한 것, 의사소통의 원활함, 조직문화의 변화 등 여러 가지가 있을 수 있다. 그중에서 조직 내 수직적이고 관료화된 구조의 단점을 보완하고 구성원 간의 소통을 활발히 함으로 해서 창의성과 유연화된 사고를 끌어내기 위해 기업에서는 사원들에게 메일과 편지를 보내거나, 직접적인 접촉을 하는 등의 여러 가지 방법을 사용하고 있다. 하지만 메일을 보내도 확인을 하지 않거나, 답장을 하지 않는 경우처럼 적극적인 사원들의 호응이 없거나 무관심으로 대하는 경우가 있다. 또한 사원들이 적극적으로 낸 의견들이 실질적으로 반영되지 않거나, 편지의 내용이 매번 비슷한 형식적인 인사치레에 그치는 경우가 있어 그러한 감성경영은 형식적인 수준에 그칠 수 있다는 우려가 있다. 이런 식으로 되풀이되다 보면 감성경영을 위한 투자는 계속 이루어지나, 실질적인 효과를 거두기가 힘들어 그저 소모적이거나 형식적인 행사에 그칠 수 있어 비효율적인 경영의 결과를 초래할 수 있다.

(3) 감성경영 극대화를 위한 방법[13]

감성조직으로 거듭나는 데 있어서 가장 중요한 것은 경영진의 감성 리더십 발휘이다. 경영진은 직원들의 목소리를 현장에서 직접 듣고, 그들의 고충을 이해함과 동시에 문제해결을 위해 솔선수범하는 열정과 의지를 보여 주어야 한다.

조직 차원에서는 구성원들이 서로를 이해할 수 있도록 분위기를 만들어 주고 리더(중간간부들)는 이들을 지도 및 지원해 주고, 자신의 감정을 통제할 수 있게 해줌으로써 신뢰로 가득한 조직 분위기와 강한 조직문화를 구축하여야 한다.

인적 자원관리 차원에서는 감성의 중요성을 강조한 인재 관리를 수행하여 인재의 이직률을 낮추고, 매력적인 직장의 이미지를 창출해 나감으로써 우수 인재를 조직으로 유입시킬 가능성을 높게 하여야 한다.

－개인 차원에서는 직원들로 하여금 감성지능을 향상시키는 데 초점을 두고, 구성원들이 위기나 스트레스를 잘 관리하고, 타인과 신뢰성 있는 좋은 관계를 맺을 수 있는 능력을 키워주는 교육과 훈련을 꾸준히 그리고 반복적으로 실시한다.

∴ 환경이 급변하는 시대에 기업과 조직원과의 관계 또한 급변하고 있고, 그러한 환경에 발맞춰 따라가기 위해 구성원들을 동기 유발하고 역량을 끌어내기 위

---

13) http://blog.naver.com/logihong?Redirect=Log&logNo=80009918206

한 새로운 전략이 필요하다. 감성경영은 인간의 감성을 자극하여 조직 내의 분위기를 좀더 인간적이고 유연하게 만들며 좀더 활발한 의사소통을 가능하게 하는 등의 효과를 내고 있다. 아직 도입 단계에 있는 만큼 형식적인 차원에서 그칠 수도 있고 원하는 만큼의 효과를 거두지 못하는 경우도 있지만, 시행착오를 통한 보완과 수정이 이루어지고 있다. 감성경영은 단기적인 전략으로 행해진다기보다는 기업경영에 있어 기본적으로 깔려 있는 경영이라 할 수 있으므로 시간을 두고 꾸준히 행해져야 할 것이며 앞으로도 계속적으로 각광받을 경영이라고 할 수 있다.

20. 경영윤리

경영윤리문제는 그 자체가 가치판단을 내포하고 있기 때문에 어떠한 가치전제를 갖는가가 문제에 대한 인식과 판단에 결정적인 영향을 미치게 된다. 가치전제는 기업이나 집단이 가지고 있는 일련의 가치체계를 비탕으로 하며 사회적 현상을 바라보는 기본적인 관점을 형성하게 된다. 여기에서는 오늘날 경영윤리의 문제를 인류의 역사를 통하여 내려온 근본적인 논점인 사익과 공익의 조화라는 문제가 현대 자본주의적 산업사회의 사회적 맥락(social context)에서 노정된 것으로 본다. 인간의 사회체제를 공익과 사익의 대립적인 관점에서 본다면 공익을 사익에 우선하여 강조하는 집단주의적 사회체제와 사익의 중요성을 강조하는 개인주의적 사회체제 사이에서 시계추처럼 역사의 흐름에 따라 양 방향으로 움직여 왔다. 공익과 사익의 조화를 통한 사회발전이라는 주제가 본격적으로 논의된 것은 근대 시민사회의 형성과정에서라 볼 수 있다. 개인의 자리심(自利心)과 사적이윤 추구를 인정하면서 동시에 사회조화와 발전을 가능하게 하는 이론의 탐구에서 서구 자본주의의 고전적 이론이 출발되었던 것이다. 자본주의 경제학의 비조이자 근대 시민사회의 이론적 건설자인 아담 스미스(Adam Smith)는 이러한 주제에 대해 자신의 견해를 피력하였다. 그는 인간사회를 조화롭게 유지하기 위해서는 자기통제(Self-command), 인애심(仁愛心: benevolence), 신려(神慮: prudence), 정의(justice) 등의 네 가지 덕에 대한 사회 구성원들의 상당한 수준의 경의심이 있어야 된다고 보았다. 그는 이러한 일반규칙을 상당할 정도로 준수하는 인간의 터전 위에서 사회의 조화가 가능하다고 보았다. 이를 오늘날 경영윤리에 적용시켜 본다면, 기업이 이 네 가지 덕을 어느 정도까지 갖추려고 노력하고 있는가가 그 기업의 윤리성에 대한 척도가 될 것이다. 아담 스미스는 완전한 자기통제나 인애심은 보편적으로 적용될 수 있는 덕목은 아니라고 보았다. 그의 주장에 따른다면 다수의 기업이 윤리성을 높이기 위하여 갖추어야 할 덕목은 신려의 덕과 정의의 문제이다.

신려의 덕이란 정의를 전제하고 그 안에서 사적 이익을 신중하게 추구하는 행위이다. 신려의 덕은 자이심에 통제를 가할 때 형성되기 때문에, 기업윤리는 바로 기업 스스로 자이심의 추구에 어떻게 적절한 자기통제를 가할 수 있는가의 문제라고 보겠다. 이러한 이론을 바탕으로 하여 기업윤리에 대한 계몽된 사적 이익(enlightened self-interest)의 관점이 형성되게 되었다.

계몽된 사적 이익의 관점에서 보는 경영윤리에 대한 고전적인 사례가 있다. 어느 상인이 곡식을 가득 실은 여러 대의 마차를 끌고 어느 지방을 지나가게 되었다. 그런데 마침 그 지방에 흉년이 들어서 사람들이 굶주리고 있어서 상인에게 그 곡식을 팔아 줄 것을 요청하였다. 상대방이 궁핍한 상황에 있기 때문에 얼마든지 높은 값을 부를 수가 있는 상황에서 상인이 어느 정도의 값을 불러야 하겠는가의 문제이다. 이는 상대방의 곤경으로 인한 협상력(bargaining power)의 현저한 차이에서 상인의 계량권의 사용에 관한 것이다. 또한, 이 상인이 자기보다도 많은 곡식을 사고자 하는 다른 상인이 있는 것을 알고 있었다면 이 정보를 자기에게 곡식을 사고자 하는 사람들에게 알려주어야 하는가의 문제이다. 이는 독점적 정보에 의한 일방적 협상력의 자기규제에 관한 문제라고 볼 수 있다. 이는 하나의 고전적인 사례이지만 오늘날도 산업화 과정에서 독과점적 시장구조가 형성되어 기업의 일방적 협상력이 증가하게 되는 경우 이와 유사한 상황이 나타날 수 있다. 서구의 경우 근대 시민사회의 형성과 산업화가 진행되면서 기업의 사적 이윤추구에 대한 사회적 통제 수단이 오랜 기간에 걸쳐 발전되었다. 또한, 기업도 사회와 조화를 이룰 수 있는 자발적인 노력을 기울이게 됨으로써 기업에 대한 사회적 비판의 완화를 기하게 되었던 것이다. 한국의 경우 점진적 산업화에 따른 전통사회의 변화가 이루어진 것이 아니라, 식민지와 전쟁을 겪으면서 전통사회 기반이 무너진 상황에서 급속한 산업화가 이루어져 왔다. 이에 따라 시민사회 형성에 필요한 윤리규범이 미처 형성되지 못한데서 기업의 지나친 사적 이윤추구로 인하여 기업윤리문제가 심각하게 노정된 것으로 보인다. 즉 공익과 사익의 조화라는 문제에 대한 사회적 학습이 결핍된 상태에서 단기간에 막강한 사회적 권력을 지닌 재벌이라 불리는 기업진단이 출현함으로 인하여 경영윤리의 문제가 더욱 심각한 사회적 이슈가 된 것이다. 따라서 한국사회가 겪고 있는 경영윤리의 문제는 근대 산업사회의 성숙화 과정에서 공익과 사익의 조화를 위한 사회적 규범형성의 관점에서 접근될 필요가 있다. 개인이나 기업의 윤리에 대한 논의를 하다 보면 도덕적 완벽주의의 논리에 따지는 경향이 있다. 인간과 사회의 근본적인 윤리의 문제를 깊이 논의하다 보면 인간과 사회가 결국은 도덕적인 기준을 준수하는 데 한계가 있을 수밖에 없다는 결론에 이르게 된다. 이러한 결론은 몇 가지 극단적인 논리와 행동으로 이끌게 할 수 있다. 하나는 인간이 지나친 자기이익을 추구하는 근본원인은 사적 소유를 인정하는 사회 구조에서 나오는 것이기 때문에 소유 자체를 부정하여 자기이익을 추구할 수 있는 기회를 원천적으로 봉쇄하자는 견해가 있다. 이는 사회구조의 근본적인 개혁을 통한 윤리와 도덕의 수준을 높이고자 하는 입장이다. 이와는 정반대의 입장에서 인간사회에 완전한 도덕적 상태란 있을 수 없고 인간과 사회가 이러한 한계를 극복할 수 없기 때문에 이에 대해 지나치게 생각하지 말고 각자의 소견대로 행하는 것이 좋다는 도덕적 방임주의를 옹호하는 견해도 있다. 그러나 인간이 도덕적 방임상태에서 자이심을 추구하다 보면 만인에 의한 만인의 투쟁상태기 됨으로 이를 제한할 수 있는 것은 강력한 권력밖에 없기 때문에, 이를 형성하여 이러한 권력을 가지는 주체를 통하여 개별주체의 비도덕적 행동을 통제하자는 견해도 있다. 역사적으로 볼 때, 이러한 견해의 차이에 따라 각각 다른 사회경제 체제가 형성되어 왔다. 그러나 역사적 경험을 통해서 알 수 있는 것은 각각의 접근방법이 나름대로의 심각한 문제점들을 내포하고 있기 때문에 이러한 접근방법에 대한 적절한 대안이 요구되는 것이다. 도덕적 완벽주의는 윤리를 지나치게 구조적인 문제로 파악하는 데서 나온 것이라 볼 수 있다. 구조적으로 완전하지 않은 상태에서 개별주체의 윤리는 상대적일 수밖에 없다. 따라서 윤리문제의 해결을 구조개혁에 초점을 맞추어 논의하는 관점이 설득력을 가질 수 있다. 그러나 역사적 경험에 의하면 인간의 본성을 무시한 구조개혁에 의한 윤리성의 향상은 항구적인 것이 될 수 없으며, 오히려 갖가지 부작용을 유발하여 왔다.

기업의 윤리성을 높이기 위해서는 구조개선의 문제와 함께 기업 스스로의 자발적인 노력이 강조되어야 한다. 이는 기업윤리문제의 해결에 있어서 구조개선과 동시에 방향성을 고려하여야 한다는 뜻이다. 기업 스스로 윤리적으로 보다 나은 상태가 되기 위하여 부단히 노력하는 것이다. 즉 현재 얼마나 윤리적인 상태에 있느냐도 중요하지만 보다 윤리적이 되고자 노력하는 과정을 중시하는 것이 방향성의 문제이다. 기업윤리에 대한 완벽주의적인 접근은 그 의도에도 불구하고 비현실적인 대안을 가져올 우려가 있다. 따라서 완전한 윤리적 상태 및 완벽한 윤리실천이 현실적으로 불가능한 경우에 항상 차선책을 찾고자 하는 노력을 게을리해서는 안 된다. 차선책은 도덕적 상대주의나 타협주의와는 다른 차원에서 윤리의 일반원칙을 시대적 상황에 적합하게 해석하고 이를 실천에 옮길 수 있는 현실적 타당성이 높은 대안을 모색하고자 하는 것이다. 도덕적 완벽주의가 갖는 위협과 마찬가지로 도덕적 상대주의가 갖는 여러 가지 문제점들이 있다. 윤리에 대한 문제를 논할 때, 가장 근본적인 논점은 윤리적 판단의 기준이 무엇이냐에 관한 것이다. 일반적으로 볼 때, 절대적인 윤리기준과 원칙이 있다고 보며 이를 엄격하게 적용할 것을 주장하는 입장과 윤리성에 대한 판단은 특정 시대와 사회의 도덕규범에 근거한다고 보며 윤리적 판단의 상황성을 강조하는 견해로 대별된다. 전자는 특정 사회의 종교적·문화적 전통과 관련이 있는 것으로 윤리규범을 고정 분별하는 것으로 본다. 예를 들면, 종교적인 교리에 입각한 윤리규범과 같은 것이다. 도덕적 상대주의는 윤리적 이슈에 대해 상황적이며 개인적인 입장을 중시한다. 이러한 관점은 나름대로의 타당성이 있지만, 이러한 접근방법 자체는 지나치게 상황을 강조하거나 윤리를 주관적인 것으로 간주하게 되는 문제점이 있다. 상황이나 주관적 판단이 지나치게 강조되면 도덕적 판단기준이 애매모호해진다. 극단적으로 가면 모든 도덕적 판단은 개인적인 것이어서 기업윤리란 개인의 도덕적 판단에 달려 있다는 견해도 나올 수 있다. 이러한 입장을 취하게 되면 기업의 의사결정에서 도덕적 판단을 배제하는 견해로 흐르거나 자기 기만적 합리화에 빠지는 경향이 있다. 기업윤리에 대한 사회적 관심이 고조되고 있는 데 반하여 실천적인 면에서는 여러 가지 복잡하고 어려운 문제들이 내제되어 있다. 본 절에서는 논하고자 하는 기업의 전략책정과 수행의 과정에서 윤리성이 결여되기 쉬운 이유를 다음과 같은 몇 가지 근거에서 찾아볼 수 있다.

첫째, 윤리와 전략이 상호 배타적인 것으로 인식되는 경향이 있다는 점이다. 일반적으로 전략이란 경쟁에 이기기 위한 수단으로서 간주되기 때문에 윤리를 지킨다는 것은 경쟁에서 사용할 수 있는 수단의 제약을 가져오게 되고, 그 결과 경쟁에서 패배하게 되지 않는가 하는 의구심을 갖게 되는 점이다. 특히 사회전반적인 윤리수준이 저하되고 있고 기업 간 경쟁에 있어서 규칙이 지켜지고 있지 않는 상황에서 윤리적이 된다는 것은 경쟁에서 탈락할 우려가 높으며, 기업 간 경쟁에 있어서 윤리를 강조하는 것은 약자의 논리로서 인식되는 경향이 있다는 점이다. 이러한 경향은 게임이론의 초보적인 문제인 죄수의 곤경(prisoner's dilemma)의 현상에서도 찾아볼 수 있다. 모든 사람이 동시에 양심적이 되면 모두 다 보다 나은 상태에 이를 수 있다. 그러나 다른 사람들이 비양심적인 상태에서 혼자만 양심적이 되고자 하는 경우 혼자서만 손해를 보게 된다. 따라서 양심적으로 기업을 운영해보고자 하는 사람이 없는 것은 아니지만, 혼자 손해 볼 수는 없는 상황에서 법적인 처벌은 피해가면서 적당히 비윤리적인 상태를 유지하게 됨으로 인하여 기업윤리의 하향평준화 현상이 나타나게 되는 것이다. 둘째, 마키아벨리적인 기업철학의 만연이다. 수단은 목적에 종속되어야 한다는 관점에서 기업가는 이윤이라는 목적 달성을 위하여 어떠한 방법이라도 쓰는 것을 정당화하는 것이다. 사람들에게는 비윤리적인 행위를 저지르면서도 어느 정도는 자신을 정당화하고자 하는 심리가 있다. 이러한 경우 자기위안을 삼을 수 있는 논리는 모두가 도둑놈이라는 말이다. 특히 구조적인 부조리가 만연되어 있는 사회에서는 이러한 주장이 설득력 있게 들리며, 윤리를 주장하는 사람이 오히려 비정상적으로 보일 수도 있다. 셋째, 사회진화론(social darwinism)적인 관점이다. 적자생존의 원리에 의하여 환경에 적합한 자만이 살아남는다는 관점에서 기업 간 경쟁에서 부자비한 경쟁자 압살을 자연선택의 과정(process of natural selection)으로 보는 것이다. 적자생존의 게임 룰이 지켜진다면 우수한 능력을 가진 존재만이 생존하게 되어 사회가 더욱 발전하여 최대다수의 최대선이 가능하다고 보는 사회적 가치관이 이러한 주장의 근저에 깔려 있다. 이는 강좌의 윤리로서 사회적 부와 권력을 획득한 사람들을 정당화하고자 하는 기업철학이다. 이러한 기업철학이 만연된 사회에서 윤리적인 기업경영은 대단히 비현실적이라는 비판을 받게 될 우려가 있다. 이와 같이 일반론적인 관점에서 기업전략은 윤리성을 결여하기 쉬운 이유 외에도 한국적인 상황에서의 전략경영의 윤리적인 딜레마가 있다. 한국의 상황에 있어서 전략경영의 윤리적 문제에 대한 보다 현실적인 접근을 위해서는 한국기업의 성장과정에 대한 역사적 이해가 필요하다. 오늘날 기업윤리문제가 심각한 사회적 이슈가 된 것은 기업 전체적인 문제도 있지만 특히 재벌기업에 있어서 기업권력의 집중과 남용에서 비롯된 것이다. 따라서 한국사회에서의 기업윤리문제의 초점은 재벌기업의 형성과 행태(行態)에 대한 심층적 이해의 바탕 위에 논의되어야 한다고 본다. 첫째 한국사회에 있어서 기업윤리의 문제는 정치사회시스템과 연관되어 분석되고 설명되어야 한다. 기업전략에 있어서 가장 중요한 의사결정이 사업 영역의 확보와 필요자원의 획득이다. 한국은 1960년대 산업화 초기에 정부가 이 두 가지 측면에서 절대적인 통제력을 행사하였기 때문에 기업은 정부와의 관계를 통하여 사업 영역의 확보기회를 포착하고 필요자원의 획득에 있어서 유리한 입장을 견지하고자 하였던 것이다. 따라서 한국기업의 전략은 정부와의 수직적 관계 속에서 상향유착적인 행태를 보이게 되었던 것이다. 이러한 과정에서 대기업의 전략적 의사결정이 분석적이고 합리적이라기보다는 사회정치적 특성이 강하였다. 기업가의 능력이 정치적인 협상을 통하여 배타적인 사회기회를 획득해 내는 데 있는 것으로 평가되며, 이렇게 하여 얻어진 사회기회는 독과점적 시장구조에서 기업의 안정적 수익과 성장이 보장되었던 것이다. 물론 사업 영역의 선택에 있어서 불확실성이 없었던 것은 아니었지만 기간산업 및 수출산업에 있어서 정부의 강력한 지원은 이를 상쇄할 수 있었다. 1970년대에 들어서도 정부의 산업구조 개편과정에 있어서 기업은 한 차례 사업 영역의 조정을 겪게 된다. 전자, 화학, 기계, 조선, 정유 등의 중화학 산업으로의 진출은 재계의 판도를 바꿀 정도로 기업의 사업 영역에 있어서의 근본적인 변화를 가져왔다. 기업은 이러한 과정에서 합리적인 의사결정 이전에 영역선택에 있어서 정부와의 밀착적 관계를 유지하지 않을 수 없었다. 수출시장에서 국제경쟁이 기업전략의 합리성을 높이는 데 부분적으로 기여했지만 보호된 내수시장이 수출에 대한 손실보전 기능을 해왔으며 정부의 수출기업에 대한 금융특혜는 기업의 전략이 계속적으로 정경유착적인 기업행태를 유지하지 않을 수 없게끔 하였다. 기업전략의 핵심이 환경변화에 대응하여 자신에게 유리한 여건을 형성해 나간다는 관점에서 볼 때, 그간 한국기업의 발전과정에서 가장 중요한 기업환경은 권력구조 및 정부였다. 따라서 정부가 기업의 전략적 의사결정에 있어서 첫 번째 준거의 틀이 될 수밖에 없었고, 이 점이 정부와 상향유착적 관계를 형성하게 된 것이다. 이러한 관점에서 본다면 한국기업의 윤리적 행태가 왜곡되게 된 가장 큰 원인은 정치시스템과의 관계에서 찾아져야 한다. 그러나 모든 책임을 정치시스템에 들릴 수는 없고 기업이 환경적응의 과정에서 이러한 정치시스템을 자신에게 유리하게 이용해 왔다는 점에 있어서 함께 책임을 지지 않을 수 없는 것이다. 따라서 근본적인 불공정이 심화되어 오는 가운데 다른 윤리적 문제는 상대적으로 사소한 것이 될 수밖에 없었다. 둘째, 기업윤리를 논하는 데 있어서 기업윤리는 사회윤리와 별개로서 인식될 수 없다는 점이다. 한국사회는 식민지와 전쟁을 겪으면서 기존의 사회체제와 윤리체제의 붕괴를 경험하였다. 1960년대 이래 산업화 과정을 겪어오면서 전통사회적 가치관은 전면 붕괴되고 이를 대체할 만한 사회윤리가 형성되지 않는 가운데 고도의 경제성장을 추진해 오는 동안 사회적 부의 1축적이라는 국가목표가 모든 수단을 정당화하는 사회풍토가 형성되게 되었다. 기업은 이러한 사회풍토 가운데 영위되고 있으며, 이를 조장하고 강화시키는 역할을 담당해 왔던 것이다. 절대적 빈곤상황을 벗어나 보려는 국민적 열망이 물질적 성취에 대한 강한 충동을 불러 일으켰고, 사회·정치적 환경은 이를 장려하고 보장하였던 것이다. 이러한 과정을 거쳐 부의 축적을 이루는 데는 어느 정도 성공했지만 지나친 이기주의, 물질주의는 각종 사회문제를 야기하게 된 것이다. 또한, 이러한 가운데서 도덕성이 결여된 정부는 사회의 윤리기강을 세우는 데 있어서 무능력함을 보임에 따라 기업이 윤리적이 될 수 있는 사회환경의 형성에 실패를 거듭해 온 상황이다. 사회 전반적으로 구조적 부조리가 만연된 상태에서 기업이 전략적 의사결정과정에 윤리적 요소를 고려한다는 것이 어떤 의미를 지니겠는가? 산업화 30년간에 걸쳐서 형성된 사회풍토, 정치행태, 기업관행이라는 사회적 환경에서 윤리성을 제고할 수 있는 기업전략과정을 정착시킨다는 것은 실로 어려운 과제이다. 생산관리윤리(production management ethics)라 함은 기업 내지 경영에 있어서 직접적 생산활동인 제조활동을 능률화하고 생산력이 최고도로 발휘될 수 있도록 하기 이해 이루어지는 일련의 계획적·체계적 내지 윤리적 관리활동을 의미한다. 이것의 주요내용에는 공정관리윤리, 자제관리윤리, 품질관리윤리, 재고관리윤리, 원가관리윤리 등과 같은 광범위한 활동윤리를 총칭하며, 생산관리윤리 문제는 ① 물리적 측면의 윤리, ② 인간적 측면의 윤리, ③ 경제적 측면의 윤리의 세 가지 측면을 가지고 있다. 유형의 재화를 생산하든 또는 무형의 서비스를 생산하든 하나의 투입－산출과정의 윤리적 운영을 도모하는 것이 생산관리윤리라고 볼 수 있다. 기업의 조직구성원 중에서 생산분야의 윤리문제에 가장 직접적으로 관계되는 계층은 경영자나 관리자보다는 직접 생산활동을 담당하는 작업자 또는 종업원일 것이다. 이들은 오늘날 우리 경제가 이 정도로 발전하는 데 있어서 일선에서 가장 핵심적으로 기여하였으며 그 공로는 누구나가 인정하고 있다. 그러나 최근 들어 민주화 과정을 겪으면서 근로자들의 작업정신이 많이 해이해졌을 뿐만 아니라 작업에 대한 가치관마저 흔들려 급여나 작업조건에 따라 철새처럼 몰려다니거나 쉽게 이직함으로써 일부 업종에서는 심한 노동력 부족현상이 나타나고 있다. 즉 힘들여 일하는 것보다 쉽게 돈 버는 곳을 선호하여 서비스 직종으로 노동자들이 몰리고 있는 것이다. 다른 한편으로는 노동자들의 임금수준이 생산성 증가율을 훨씬 웃도는 높은 증가율을 보이고 있음에도 불구하고 저생산성은 물론 품질마저 떨어져 불량률이 증가하고 수출품의 클레임이 증가하는 등 작업자들의 작업에 대한 윤리의식이 오늘날 우리 기업 현실에 있어 하나의 커다란 경영문제 내지 사회문제로 제기되고 있다. 오늘날 일본이 세계경제의 선두 주자로 군림하게 된 이유를 여러 측면에서 볼 수 있겠으나 가장 근본적인 이유 중에 하나로서 '장인정신'을 들 수 있다. "낙숫물이 돌을 뚫는다"

는 일본속담에 맞게 한 가지 일에 정통하는 일인일능주의로서 그곳 다 세계 최고
의 제품을 추구하는 장인정신, 자기가 한번 만든 것은 누구에 의해서도 다시 손
댈 필요가 없도록 하려는 철저한 작업정신이 오늘날의 일본제품을 낳았고, 세계
최대의 채권국, 무역흑자국이 되게 하였다. 이에 비추어 볼 때, 우리의 작업자들
은 최근 철저한 작업정신이 부족하고 직업적 양심이 결여되어 있음을 지적할 수
있겠다. 직업적 양심이란 책임감을 전제로 한다. 이는 맡은 일에 성심성의를 다하
여 게으름을 피우지 않고 근면하게 일을 처리하며 그 결과 사회에 어떠한 영향을
미치게 되는가를 자각하여 신뢰를 얻으려고 한다. 또한, 직업적 양심의 본질은 약
속에 대한 충실성이다. 어떤 때는 이 약속이 표면에 나타나지 않더라도 역시 현
실로는 있는 것으로 관례에 따라 재화와 물건을 생산하거나 제공하려고 한다. 이
것은 다른 말로 직업윤리라고 표현할 수 있으며 기업가 정신과 함께 자본주의의
형성원리로 볼 수 있다. 최근 우리 작업자들은 이와 같은 직업 윤리 및 작업정신
이 해이해지고 있다. 자기 직무에 최선을 다하는 즉 일에 끝장을 보겠다는 전문
가정신(professionalism)이 퇴색하고 있을 뿐 아니라 일 벌레로 평가받던 근변정신
마저 사라지고 있다. 최근 문제가 되고 있는 주 5일 근무제가 수년 내에 실시될
예정이다. 그렇지 않아도 지금 우리 근로자들은 초과 수당을 준다 하더라도 잔업
은 하지 않으려고 하고 있다. 만약 주 5일 근무제가 실시된다면 이는 미국, 일본,
EU 등 선진국보다 휴일 수가 더 많아져 앞으로 기업들의 생산 계획량 달성에도
어려움이 따를 것으로 예상된다. 지금 우리 기업에 절실히 요청되는 것은 이와
같은 직업윤리 내지 작업윤리를 제고함으로써 흐트러진 작업정신과 실종된 개미
정신을 다시 찾으려는 일이다. 이를 위해서는 물론 먼저 기업 측에서 충분한 보
상과 근로의욕이 넘치는 작업여건을 갖추어야 할 것이지만, 작업자 스스로도 자
기 직무에 대한 책임을 다함으로써 직무를 통해 삶의 보람을 찾으려는 의식 혁신
이 이루어져야 한다.

　생산활동의 시작은 기술개발이므로 이 과정에서 여러 가지 윤리적인 문제가
생긴다. 기업에서 기술을 습득하는 방법은 도용, 모방, 개량, 라이센싱, 창조의 다
섯 가지 방법이 있는데 이 중에서도 도용과 모방이 윤리적 문제를 일으킨다.

　아래의 그림에서 (1)의 경우는 회사도 알고 있는 기술이고 업계도 다 아는 기
술이므로 윤리문제가 생기지 않는다. 그리고 (9)의 경우는 업계에 아직 없는 신기
술인데 회사에서 새로 개발하는 경우이므로 이것은 전혀 새로운 기술이고 ‘창조’
에 속하며 따라서 윤리문제가 생기지 않는다. 세계적으로 새로운 특허를 따는 기

술은 다 여기에 속한다. 그러나 이러한 '신발명'에 가까운 기술은 개발하기가 쉽지 않다. 그러기 때문에 라이센싱 계약을 통해서 정당한 대가를 지불하고 기술을 전수받는 방법을 흔히 취한다. 대부분의 기술개발은 (5)의 경우인데 회사에서 노력하여 현재 업계에 나와 있는 기술을 개량하는 방식이다. 이 방식에 의한 기술개량으로서는 업계기술의 최첨단을 가지는 못해도 특히 중소기업의 경우 비용을 많이 들이지 않고 '적절한' 개량된 기술을 습득하는 효과적인 방법이다. 이 과정에서 다른 회사의 기술을 과도히 모방하여 윤리적으로 자주 문제가 되고, 심하게 모방하면 범죄행위로까지 규정된다. 가장 문제가 되는 것은 (4)의 경우인데 개량된 기술이나 새로운 기술이 없는 회사가 순전히 남의 기술을 '도용' 또는 그대로 '모방'하는 경우이다. 그 방법에는 다른 회사의 제품을 분석하여 기술을 모방한다든지, 또는 '산업스파이'를 시켜서 비밀을 알아내어 모방한다든지 한다. (4) 이외에도 (5), (7), (8)의 경우에도 그런 문제가 생길 수 있다. 그러나 이런 도용행위는 윤리차원을 넘어서 범죄행위에 속한다. 다른 회사에서 개발된 기술은 그 회사의 자산이고 이것을 도용하는 것은 당연히 범죄행위이다. 그래서 그러한 신기술개발에 종사했던 중심인물을 스카우트해 오는 경우가 있다. 이것도 마찬가지로 그 기술자가 전 회사의 직원으로 있으면서 그 회사의 시설과 비용을 써서 개발한 기술이면 그 기술은 그 회사의 기술이지 개발자 개인의 것은 아니다. 따라서 그 기술을 새로운 회사에서 이용하는 것은 정당하지 못하다. 21세기 지식경영기업은 정도경영주의 경영이념을 표방하고 실천하는 경영기법을 경영정책과 전략으로 가진 기업이 되어야 한다.

지식 경영의 정도경영은 바른 마음, 투명한 경영, 정경유착 없는 경영을 의미한다. 특히 21세기 경영자는 정행사상(征行思想)으로 시작한 정심(正心)으로, 정각(正覺)하여, 정도(正道)로서 정행(正行)하는 기업경영원리를 실천해야 한다.

이 기업경영원리는 불교사상에서 유래하고 있으나 비윤리적이고 부패적 요소를 제거하는 훌륭한 기업경영의 기법이 되는 것이다. 정도경영은 고객과 인간을 신앙으로 여기며, 약속과 책임을 제일주의로 하는 경영, 기업윤리헌장을 준수하는 기업, 신용과 정직을 으뜸으로 하는 기업경영을 지적하고 싶다. 경제적 가치창출로서 경제적 성과는 이익을 극대화할 수 있으며, 사회적 가치창출로서 사회성과를 동시에 창출하는 기업, 노사 공존공영기법으로 사용자와 종업원의 책임이 이익으로 이룩되고, 사회성과로서 사회적 책임이 수반되는 그러한 사회에서는 존경받는 기업이 되어야 한다. 정도기업은 합리적 이익창출의 건전한 지배구조를 가진 기업이 되어야 한다. 지식경영시대는 자본시장에서 자본조달의 평가가 큰 영향을 미칠 것이다. 소수의 지배주주나 경영층이 자기들의 이익을 위하여 경영정책을 결정하는 기업은 투자자의 유치와 자본조달이 어려워지고, 국제적 신용등급이 저하되어 국제적 자본조달이 힘들게 될 것이다. 소수의 지배주주나 경영진이 기어 운영을 독점할 수 없는 기업지배 체제가 되어야 한다. 그리하여 소액주주의 이익이 보장되고, 기업의 재무상태가 공개되며, 사외이사수와 권한이 강화되고 임명이 독립적이어야 한다. 그리고 이해관계자의 합리적 이익이 존중되어야 한다. 21세기 지식경영시대에 대응한 경영이념을 창출하여야 한다. ① 고객가치 창조주의, ② 인간존중 경영주의, ③ 자율경영주의, ④ 세계화 주의, ⑤ 사업보국주의 등의 경영이념을 명시하고 경영목표의 표명과 경영정책을 수립하여야 한다. 그리고 착한 기업으로서 전사적 윤리(全社的倫理)의 개념이 실현되어야 한다. 전사적 윤리개념은 최고경영자로부터 중간관리자 및 종업원에 이르기까지 전 구성원이 공식적으로 문서화하고 기업윤리 행동강령을 규정하여 이해와 참여를 통해서 실천하는 것을 전사적 기업윤리라고 한다.

부패한 기업, 비윤리적인 기업이 아니고 깨끗한 기업, 윤리적 기업으로 전 국민으로부터 사랑받는 기업이 전사적 윤리기업으로서 인정받게 될 것이다.

지식경영시대 착한 기업으로서 전사적 윤리기업으로 규정되기 위해서는 ① 탈세하지 않는 기업, ② 외화도피하지 않는 기업, ③ 비자금 조성으로 정경유착하지 않는 기업, ④ 뇌물수수하지 않는 기업, ⑤ 사기 및 횡령하지 않는 기업, ⑥ 허위·과대광고하지 않는 기업, ⑦ 가격조작 및 주가조작하지 않는 기업, ⑧ 체불임금 및 저임금 착취하지 않는 기업, ⑨ 부동산투기를 하지 않는 기업, ⑩ 부당노동행위하지 않는 기업, ⑪ 부당한 금융관행을 하지 않는 기업, ⑫ 공해배출과 환경파괴를 하지 않는 기업으로 판정받아야 한다. 그리고 전사적 윤리기업이 되기 위해서는 기업 내부의 비리가 없어야 하며, 고객과의 관계, 투자자와의 관계, 지역사회와의 관계, 외국정보 및 기업과의 관계, 환경과의 관계 등에서 투명하고 깨끗하여야 한다.

시대의 변화에 따라서 사회의 가치관이 변화되고 기업을 보는 사회의 눈이 달라지고 있기 때문에 업계의 관행과 사회적 가치관에 틈이 생기고 있다. 그리고 급속히 '세계화'되어 가고 있어서 각국 간의 기업활동의 관행의 차이 때문에 마찰도 생기고 있다. 따라서 이러한 환경변화로 인해 경영자는 기업윤리에 많은 관심을 두지 않으면 안 되고 또한 기업윤리의 내용도 달라지고 있다.

　기업윤리의 실천시스템 구축은 두 가지 측면에서 이루어져야 한다. 첫째는 효율적인 조직의 구축이고, 둘째는 관리운영이다. 기업윤리강령이 이미 제정되어 있으나 새로이 개정, 보완하는 기업, 그리고 신규로 제정되는 기업체는 기업윤리강령을 도입·운영하기 위해서 조직을 구축하고 개선하며, 이에 적합한 관리·운영을 잘해야 한다. 신조직을 형성하기 위해서는 기업윤리 담당부서의 조직을 특성에 따라 기업윤리위원회 설치, 기업윤리실이나 기업윤리과 신설, 윤리담당 임원 및 윤리담당 직원임명 등 기업윤리 담당부서의 필요성이 크게 요청되고 있다. 그리고 기업윤리실천의 내부제도개선에는 비윤리 문제의 제보자 및 내부고발자의 보호제도와 내부고발자의 입증책임 및 처벌 면제 등 제도적 장치도 구축되어야 한다.

　기업윤리 실천프로그램 관리·운영체계도 모형을 만들어 ① 최고경영자의 확신, ② 윤리방침, 기업윤리정채이 공식적 표명, ③ 기업윤리 담당부서의 관리·운영방침결정, ④ 기업윤리 사내교육의 활성화, ⑤ 기업윤리보급의 실천운동 전개, ⑥ 기업윤리 핫라인 설치, ⑦ 기업윤리 프로그램의 평가, 통제 등이 이룩되어야 한다.

　기업윤리 교육은 기존의 연수원 교육프로그램의 틀에 추가하여 기업윤리관련 과목을 추가하는 방법과 신규 기업윤리교육 프로그램을 구축하는 방법 등 기업윤리 교육 프로그램을 만들어 윤리교육을 실시하는 방법이 있다.

　예를 들면 경영자 및 관리자들의 교육에 ① 국제경쟁력과 기업윤리, ② 부패와 기업윤리, ③ 국제투명성과 Good Company, ④ 21세기 경영관리자의 자격과 조건, ⑤ 사회적 책임과 기업성장의 좌표 등 윤리교육과목을 설치하여 주기적 또는 상·하반기 교육시키는 방법을 모색해야 한다.

　이런 경영윤리교육은 전사적으로 실시하되 경영자, 관리자, 기술자, 기능공 등 전종업원을 대상으로 실시하는 것이 바람직하다.[14]

　경영윤리는 한마디로 운영윤리라고도 할 수 있으며 기업윤리라고도 할 수 있다. 윤리적으로 바로 서야만 기업의 100년 대게가 될 것이다.

---

14) 인터넷 자료를 강의를 위해 편집, 삭제, 재기술하였음.

21. 신나게 하는 리더

어려운 시기일수록 구성원의 사기를 높이는 일은 중요하다. 이를 위해서는 리더들이 부하직원의 의견에 귀를 기울이고 용기를 북돋워 주어야 한다. 아울러 과제 수행을 지원하되 자율적으로 수행하게끔 믿고 맡기는 것이 바람직하다. 최근 유가 인상이나 불확실한 국내외 경기 전망 등으로 인해 기업들마다 투자 규모를 줄이고 가능한 한 내실 경영에 주력하는 모습이 나타나고 있다. 일례로 국내 대표적인 기업의 하나인 A사의 경우, 지난해에 137%이던 부채비율이 올해에는 75%로 줄어들 것으로 예상되고 있다. 이는 기업이 올해 벌어들인 이익을 새로운 사업에 투자하기보다는 미래 불확실성에 대비하여 차입금을 상환하는 데 쓰고 있음을 의미한다.

그러나 외부 경영 환경의 불확실성 증대에 대응하여 내실 경영을 하는 것만으로 어려움을 극복할 수 있을지는 미지수다. 오히려 위기를 기회로 활용하여 선두 경쟁사와의 격차를 좁히거나 반전시킬 수 있는 계기로 만드는 지혜가 필요하다고 하겠다.

이를 위해서는 최고경영자를 비롯한 경영진이 조직의 목표를 보다 분명히 하고, 아울러 구성원과 목표를 공유하여 조직 내부의 결속을 다지면서 이를 차근차근 실행해 나가야 한다. 특히, 경쟁사보다 한 발 앞서 내다보고 한 발 먼저 실행할 수 있도록 구성원들의 열정과 노력을 이끌어 내는 것이 필수적으로 요구된다.

구성원들의 열정을 이끌어 내고 신바람 나게 일하게끔 만들기 위해서는 먼저 구성원의 의견에 귀를 기울이고(Listen) 용기를 북돋우는(Encourage) 것이 필요하다. 또한 과제 수행을 지원하되(Assist), 이를 자신의 책임하에 자율적으로 수행할 수 있도록 믿고 맡기는(Delegate) 모습이 바람직하다.

1) 잘 들어라(Listen) 경청

경청(傾聽)이란, 단순히 상대의 말을 '듣는다(hear)'는 것이 아니라 '귀를 기울여 주의해서 듣는다'는 것을 의미한다. 개그맨들이 가장 대하기 힘든 대중은 자신들의 개그에 웃지 않고 반응을 보이지 않는 청중이라고 한다. 이는 비단 남을 즐겁게 하는 일을 하는 사람들에게만 해당하는 것이 아니다. 대부분의 사람들은 자신의 이야기를 잘 들어주는 사람을 만났을 때 가장 신명이 나는 반면, 그렇지 않은 사람을 만났을 때에는 의욕을 상실하게 된다.

천하를 통일한 한고조 유방에게 장량, 한신, 소하와 같은 유능한 인재가 있었고, 그 경쟁자인 초패왕 항우에게도 범증이라는 천하를 떠받칠 인재가 있었다. 그러나 항우는 한때 유방을 물리쳐 변방의 외진 곳으로 패퇴시켰음에도 기회에 다시 세력을 회복할 수 없도록 끝까지 공격하자는 범증의 제안을 듣지 않고 무시한 탓에 천하를 제패할 기회를 놓치고 말았다. 즉 항우는 많은 병사와 넓은 영토를 가지고 있을 때의 유방도 물리친 자신감이 있었기 때문에 외진 곳으로 쫓겨난 유방을 가볍게 생각해서 뒷날의 화근을 없애자는 범증의 건의를 무시했던 것이다. 문제는 이로 인해 자신의 의견이 받아들여지지 않는 것에 실망한 범증이 끝내 항우를 떠나 산 속으로 숨어 버렸다는 것이다. 즉 인재 유지(retention)에 실패를 한 것이다. 물론 항우 자신도 훗날 범증의 우려대로 권토중래한 유방의 공격을 받아 참담한 패배를 겪게 되었다. 사실 기업경영에 있어 가장 중요한 정보는 대부분 현장에 있는 법이고, 또한 이를 가장 잘 알고 있는 사람도 현장에 있는 일선 직원이다. 따라서 이들의 의견을 듣고 경영에 반영하는 것이 구성원을 신나게 하는 것이면서, 동시에 기업의 성과를 제고시킬 수 있는 바람직한 모습일 것이다.

2) 격려하라(Encourage)

부하의 의견을 귀 기울여 듣는 것 다음으로 필요한 것은, 부하 스스로 자신의 생각을 실행하게끔 격려하고 성공을 거둘 경우에는 칭찬을 아끼지 말아야 한다는 점이다. 우리는 주변에서 잘못에 대한 질책은 많이 하지만 칭찬에는 인색한 리더들을 흔히 볼 수 있다. 치열한 경쟁에서 살아남기 위해서 달리는 말에 채찍을 더 하는 것처럼 보다 더 열심히 하라는 뜻으로 이해할 수도 있지만, 보통은 부하직원의 사기를 떨어뜨리는 경우가 많고 심하면 그들의 열정에 찬 물을 끼얹는 셈이 될 수도 있다. 레이건 전 대통령의 연설 원고 담당이었던 페기 누난(Peggy Noonan)은 자신의 원고 초안에 "매우 훌륭함"이라는 메시지가 적혀 돌아오자, 이를 오려 가슴에 붙이고 다녔다고 한다. 이처럼 비록 작은 것일지라도 부하직원이 노력한 결과에 대해 인정하고 칭찬을 해 주는 것은 상대를 즐겁고 신나게 만들 수 있는 중요한 계기가 될 수 있다. 그리고 칭찬과 더불어 실수에 대한 관대한 포용도 그에 못지않게 중요하다. 옛날 초(楚)나라의 장왕은 반란을 평정하고 돌아와 이를 축하하기 위해 여러 신하들을 초청하여 연회를 베풀었다. 그런데 연회 도중에 갑자기 거센 바람이 불어 모든 촛불이 일시에 꺼지는 일이 발생했다. 이 와중에 한 장수가 장왕이 사랑하는 허희(許姬)의 소매를 끌자, 허희는 그의 관끈을 잡아당겨 끊고 장왕에게 이 사실을 고했다. 그러자 장왕은 오히려 자신이 연회를 밤늦게까지 이어지게 한 탓이라 대답하고, 모든 이의 관끈을 끊고 다시 불을 켜게 함으로써 그 장수의 잘못을 덮어 주었다. 훗날 이 장수는 진(晉)나라와의 전쟁에서 목숨을 내던져 장왕을 구함으로써 은혜를 갚았다. 지나치게 잘잘못을 따짐으로써 도전적 풍토를 해치는 사례가 있다면 이 절영회(絶纓會)의 고사를 곱씹어 볼 필요가 있을 것이다. 이 점에 대해서는 IBM의 최고경영자(CEO)였던 토마스 와튼의 일화도 우리가 눈여겨 볼 만한 사례라고 할 수 있다. 회사에 큰 손실을 끼친 부하직원이 와튼의 호출을 받자, 회사를 그만두라는 소리를 들을 것을 예상하고 침울한 마음으로 그의 방으로 찾아갔다. 그러나 와튼은 "너무 상심말게. 자네의 교육 비용으로 천만 달러를 쓴 거야"라는 말을 들려주면서 오히려 그를 격려해 주었다. 이 일은 그 부하직원을 더욱 노력하게 만든 것은 물론, 조직 전체에 새로운 도전을 두려워하지 않도록 만드는 풍토를 정착시키는 계기가 되었다. 이처럼 실수에 대한 관용과 성공에 대한 인정은 구성원의 열의와 진취적인 자세를 이끌어 내는 핵심 요인의 하나라고 할 수 있다.

3) 도와주라(Assist)

실패를 두려워하지 않고 도전하게끔 격려하는 것으로 리더의 역할이 끝나는 것은 아니다. 실제 실행 과정에서 발생하는 문제를 해결하게끔 지원해 주는 노력이 필요하기 때문이다. 때로 리더들은 지원의 중요성을 간과하여 부하가 봉착한 난관을 모르고 지나치거나, 반대로 자신이 직접 나서서 지시를 하는 모습을 보이는 경우가 있다. 그러나 이것은 부하의 능력개발 기회를 없애고 장기적으로 조직의 경쟁력을 약화시키는 결과를 초래하게 된다. 러버메이드(Rubbermaid)사의 최고경영자였던 스탠리 골트는 10년간 연속해서 수익이 상승하는 기록을 남길 만큼 탁월한 경영자였다. 그러나 그는 '폭군'이라는 별명이 붙을 만큼 자기중심적인 인물이기도 했다. 즉 임원들조차도 그들 스스로 일을 주도적으로 할 수 있게끔 맡기고 자신은 지원만 하기보다, 오히려 자신의 지시와 명령에 따르는 수동적인 위치로 전락시켰다. 그 결과, 러버메이드는 그가 퇴임하고 나자 불과 5년 만에 뉴웰(Newell)에 인수당하는 신세가 되고 말았다. 굳이 이와 같은 사례가 아니더라도, 우리는 주변에서 지나치게 독선적이거나 관리 통제를 리더십이라고 오해하여 장기적인 조직의 건강을 해치는 잘못된 리더에 관한 사례를 쉽게 찾아볼 수 있다. 반면에 최근 비즈니스위크에 이어 타임지에서도 성공적인 경영혁신을 이끈 경영자로 소개되었던 한 회사의 최고경영자의 경우, 신제품 개발이나 제품 혁신 담당자들과 현장에서 직접 토론하고 즉석에서 해결안을 제시하는 등 현장의 개선 프로젝트를 세심하게 지원해 줌으로써 지난해 18%의 매출 신장과 33%의 순이익 성장률을 기록하는 등 놀라운 성과를 달성하였다. 지금의 경영 환경은 과거와 같이 조정 경기에 비유할 수 있었던 안정적인 상황이 아니라, 래프팅에 비유할 수 있을 정도로 급변하고 있다. 그에 따라 리더십 스타일도 책상에 앉아 과제를 지시하고 보고서를 검토하는 방식에서 벗어나 직접 모범을 보이고 문제를 해결할 수 있도록 격려하고 지원하는 모습으로 바꿔 나가야 한다. 예를 들어, 과거 농구 팀의 리더는 작전 지시를 하고 선수를 적절한 타이밍에 교체를 하는 의사결정을 하는 사람이 전부였다. 그러나 최근에는 시카고 불스의 마이클 조던이나 TG 삼보의 허재처럼, 다른 선수들과 같이 호흡하면서 경기를 이끌어가는 플레잉 코치를 어렵지 않게 볼 수 있다. 따라서 앞으로 바람직한 리더의 모습은 의사결정만을 내리는 상사가 아니라, 부하의 문제나 고민을 듣고 해결 방안에 대한 지원과 격려를 하는 것이 될 것이다.

4) 믿고 맡겨라(Delegate)

어려운 문제가 생겼을 때 지원을 해 주되, 지나친 간섭이나 관여는 구성원의 자율성을 저해하는 결과를 초래한다는 점 또한 잊어서는 안 된다. 옛날 위(魏)나라 문후가 악양이라는 장수에게 군사를 주고 중산(中山)이라는 나라를 정벌하게 했다. 악양이 3년 만에 전쟁에서 승리하고 돌아와 그간의 공로를 말하자, 문후는 큼지막한 상자 하나를 악양에게 보여주었다. 그 상자에는 악양을 비방하는 상소문들이 가득 담겨 있었다. 이에 악양은 벌떡 일어나 문후에게 절하며 "이번 승리는 대왕께서 하신 일이지 신에게는 공이 없습니다"라고 말했다. 이처럼 한 번 부여한 과제에 대해서는 부하가 스스로 결정을 내리고 추진할 수 있도록 끝까지 믿고 맡겨줘야 한다.

특히 최근의 기업경영은 과거에 비해 훨씬 많은 일들이 동시에 발생하고 있고, 지리적으로도 국내는 물론 해외의 사업장에서 여러 가지 일들이 수행되는 경우가 많아지고 있다. 따라서 안정적인 상황에서 소규모의 조직을 운영하는 경우와 같이, 리더 한 사람이 모든 것을 결정하고 그 결과를 챙기는 것이 사실 불가능하고 또한 바람직하지도 않다. 만약 사소한 일 하나하나마다 리더의 결정을 따라야 한다면 개인의 상상력과 다양성은 사라지고 마는 결과를 초래하게 된다. 따라서 리더는 일일이 관리 통제하기보다 부하직원들이 스스로 자신의 일에 대해 책임감을 가지고 최선을 다하도록 만드는 것이 바람직하다. 물론 이를 위해서는 리더 스스로가 부하직원들의 모델이 될 수 있도록 솔선수범하는 것이 필요할 것이다.

5) 리더와 부하의 관계는 신뢰가 기본

리더에 대한 신뢰는 상사가 부하의 이야기를 귀 기울여 듣고, 부하의 문제를 해결해 주려는 노력을 기울이면서 부하의 약점이 드러나지 않도록 배려해 주는 것에서부터 형성되기 시작한다. 리더와 부하 간의 신뢰는 일에 대한 몰입도를 높임과 동시에 평가 결과에 대한 납득성을 높이고 보상에 대한 불만을 최소화시키는 역할을 함으로써 궁극적으로 기업의 성과에 긍정적인 영향을 끼치게 된다. 따라서 향후 인사 부서를 중심으로 미래 리더의 개발과 육성에 있어서 신뢰 형성을 위한 리더십 행동 개발 프로그램을 반영해 나가는 것이 요구되며, 이와 함께 리더 자신의 적극적인 자기 개발 노력도 더욱더 필요하다고 하겠다.

참고문헌

최동석(1998). 똑똑한 자들의 멍청한 짓: 한국 관료조직의 개혁을 위한 진단과 처방. 서울: 비봉출판사.

한창수 외(1998). 격변기 CEO의 고뇌와 결단. CEO Information. 삼성 경제연구소.

Fritts, P. J.(1988). *The new managerial mentor: Becoming a learning leader to build communities of purposes*. Palo Alto, CA: Davies-Black Publishing.

Marsick, V. J., & Watkins, K. E.(1990). *Informal and incidental learning in the workplace*. London: Routledge.

Topscott, D.(1996). *Digital economy: Promise and perils in the age of networked intelligence*. New York, NY:McGraw-Hill.

22. 기업운영 관리

1) 네트워크형 산업의 경쟁구조

고객들이 귀사의 네트워크에서 무엇을 중요하게 생각하는지 당신은 진정으로 아는가라는 질문을 던졌을 때 우리는 그 기업의 네트워크를 파악할 수 있어야 한다.

(1) 네트워크를 기반으로 하는 기업의 특징
전세계 기업들은 다수의 지점에서 다수의 다른 지점으로 인력, 상품, 정보를 이동
네트워크를 기반으로 하는 기업: 원격통신회사, 운송회사, 금융기관 등
기업 규제 해제에서 극심한 경쟁으로 전환
네트워크를 기반으로 하는 사업의 경제상태는 어려움에 처해 있음
대부분의 트랜스포테이션 사업에서 장기수익은 줄어들고 있음
트랜스포테이션 효과
네트워크 진입점에서 원하는 출구로의 연결에 따르는 본원적 가치
고객 각각의 네트워크 사용 패턴
경영자는 고객이 네트워크 전부를 균등하게 사용하고 모든 링크를 어느 정도 비슷하게 가치평가 한다고 가정
오늘날 경영자들은 새로운 자료처리능력과 견고한 매핑 소프트웨어를 사용해 고객들이 네트워크를 실제로 어떻게 사용하는가를 측정 가능하게 됐음

(2) 고객의 네트워크 사용패턴 3가지 발견
고객들이 모든 네트워크 링크를 똑같이 중요하게 생각
어떤 경우에는 네트워크 오직 한 부분만을 중요
오직 특정한 링크(레인, 경로)만을 중요시

〈의사결정이 중요한 네트워크에 사용될 수 있다〉

아울렛을 개점할 것인지 폐쇄할 것인지

그들의 네트워크를 다른 네트워크에 연결할 것인지 아닌지

네트워크 구조에 영향을 미치는 사업단위를 어떻게 조직할 것인지.

네트워크를 기반으로 하는 기업의 주요한 특성

인력, 상품, 정보를 단지 그들 자신의 수송목적을 위해서가 아닌 고객을 위해서 이동시킴

트랜스포테이션 효과가 고객들에게 상당한 부분의 가치를 부여하는 한 이러한 기업은 네트워크를 기반으로 하는 기업으로 보고 있음

네트워크를 기반으로 하는 기업들의 스펙트럼

고객에 대한 가치는 점점 더 많이 네트워크 연결에 의존한나

고객에 대한 가치는 점점 더 많이 개별출구 서비스에 의존한다

소매체인점 은행지점 항공사 / 철도회사 원격통신회사 / 인터넷회사

네트워크 산업의 특성 → 공유성 문제

네트워크 기업에서 비용과 가치 사이의 전략적 관계를 이해하기 어렵게 만드는 요인은 경쟁자들이 하부구조를 많은 경우에 실제로 공유하기 때문

예) 전화서비스 제공자는 접근회선을 경쟁자에게 제공

각 경쟁자들이 상대방 네트워크의 능력을 이용, 하부구조를 공유하는 것은 대규모

네트워크 소유자들의 규모의 경제성을 감소시키는 문제점이 있음

서로 다른 고객들은 동일한 네트워크를 다양한 방법으로 사용

오직 은행의 한 지점만을 이용하고 중요하게 여길 수 있다 → 경로 집중

어떤 지점이든지 사용하는 그 순간에 가장 편리한 지점을 중요하게 여길 것이다.

집 근처나 직장 근처에 있는 은행 지점을 이용하듯이 출구의 일부분만 집중해 이용할 것이다. → 구역집중

(3) 서비스 전문 인력 양성을 위한 투자: 피텔리티사의 사례

피텔리티사의 소개

개인 투자자와 기업, 비영리 기관 assist

천5백만 이상의 고객과 운영자산 1조 달러 이상을 보유한 "세계 최대 투신 운영사"

- 고객서비스 만점의 call center
- 전문가는 내부에서 키운다
- 세계화 SDU(Service Development University)

서비스 향상을 위한 기업 내부의 가상의 근로자 교육기관
5개의 단과 과정으로 종업원으로 하여금 고객에게 최상의 서비스를 제공하도록 훈련
핵심과정의 목표: 근로자들에게 기술적 규정과 산업정보를 제공해줌으로써 그들이 보다 잘 일할 수 있도록 하는 것.

도입배경
1993년 회사 조직, 업무처리절차 개편
→ 긍정적 결과(운영비용 절감, 영업장소 정비) 그러나 고객만족도 향상은 실패
이에 대한 대응 방안으로 "서비스는 곧 이익"이라는 개념 도입 이의 실현을 위한 새로운

강력한 방법으로 SDU 설치
과정: 고객서비스 대학, 운영관리 대학, 리스크 관리 대학, 판촉 대학, 리더십 및 경영 기술개발 대학

모든 훈련 기관이 다 잘되어 있는 것은 아니다.
서비스는 전문적인 것이며 따라서 전문성을 살리는 교육이어야 한다.
전문성을 개발하기 위한 주요 책임은 일선 관리자에게 주어져야 한다.
"훌륭한 훈련은 비즈니스와 연결됨."
회사의 전략과 재정적인 면＋고객의 만족
⇒ 이를 위해 SDU는 피델리티사의 비즈니스 목적에 맞춰 훈련
- 표준적인 고객서비스 정착, 연간 두 자리 숫자의 성장률 달성,
모든 사업 분야의 지속적인 이익 창출
고객의 요구와 회사의 이익 사이의 균형 유지
고객 요구 단계 파악(우선적 배려): 정확성, 적시성 → 유용도, 책임감, 신용도, 파트너십

"종업원들에 의한 서비스는 곧 이익"이라는 생각이 궁극적으로 고객유치 및 성장과 이익으로 귀결.

2) Want to perfect your company's service?
Use Behavioral Science

행동과학에서 배우는 서비스 경영의 노하우
시간이 경과함에 따라 고객의 경험이 어떻게 달라지는가를 알 수 있다.
어떤 사건에 대해 고객이 어떻게 해석하는가를 알 수 있다.
사람들은 중요한 순산 넻 컷으로 그 경험을 기억하고 전반적인 평가를 내린다.
평가 기준: 경험의 경향성, 경향의 고점과 저점, 결말(특히 결말이 엄청난 영향력 미침)

(1) 맥도날드 사례
전통적인 특징
제한된 메뉴: 10가지의 초기 메뉴
저가격 정책: 셀프서비스, 15센트 햄버거
신속한 서비스: 정확한 제품명세서, 고객화된 설비
⇒ 균일성과 일관성 확보

(2) 가치혁신: 고성장의 전략적 논리
생산성 향상이나 부가가치는 비용을 줄이고 기능을 향상시킴으로써 높아진다는 원리에 바탕을 둔 기업의 원가 절감기법
최소의 경비로 최대의 기능을 얻도록 하는 생산현장의 혁신적이고 창조적인 활동을 찾아내 적용하는 방식
가치혁신은 가치분석에서 출발, 가치공학을 거쳐 발전된 최신 원가절감기법

전통적 논리와 가치 혁신 논리 비교

	전통적 논리	가치혁신 논리
산업에 대한 가정	산업조건을 주어진 것으로 받아들임	시장공간을 창출하기 위해 산업조건을 만들어감
전략의 초점	경쟁자를 이기거나 동등한 위치에 오르는 것 전략 우위를 달성하는 것	시장창출 및 지배를 위해 가치도약 실현 경쟁자는 벤치마크가 될 수 없음
자산과 용량	기존의 자산 용량의 최대한 활용	새로운 영역을 찾아냄: 무에서 유를 창출한다는 생각으로 접근
고객	시장세분화, 특화된 상품을 통해 고객 층확보 또는 확대	고객의 차이가 아닌 고객이 가치를 두는 것의 공통점에 초점을 맞춤(시장의 핵심세력 상대)
상품과 서비스 제공	산업의 전통적 울타리 안에서 회사가 제공할 서비스 결정	산업이 규정하는 울타리 한계를 무너뜨림

자신의 업종에서 당연하게 받아들이고 있는 요소 중 제거되어야 할 것이 무엇인가?

어떤 요소가 업종표준 이하로 감소되어야 하는가?

어떤 요소가 업종표준 이상으로 올라가야 하는가?

그 업종에서 결코 제시한 적이 없는 요소 중 어느 것이 창출되어야 하는가?

-상 품: 물리적인 제품

-서비스: 유지, 고객서비스, 보증, 도소매상인 훈련

-배 달: 물류와 경로관리

성장가능성 검증

개척자: 가치혁신을 실현한 사람

이주자: 가치증대를 실현한 사람

안주자: 유사제품과 서비스를 제공하는 사람

3) The Coming Battle for Customer Information

고객 정보의 정의와 기능

고객 표적화, 고객욕구부응, 고객만족, 신제품 및 서비스 개발기회
개인사생활 침해 문제: 힘의 균형이 기업에서 소비자로 이전
정보 중개인 등장: 고객 정보의 관리자, 고객 개인권 보호

(1) 새로운 시장영역을 창출하는 방안

전략 초점의 전환(치열한 경쟁에서 새로운 시장공간의 창출로)

	치열한 경쟁	새로운 시장 공간의 창출
산 업	산업 내 경쟁자 초점	대체산업을 살펴봄
전략집단	경쟁적 위치에 초점	산업의 전략집단을 살펴봄
구매자집단	구매집단에 보다 잘 서빙하는 데 초점	산업의 구매자 집단 재정의
제품과 서비스 제공 범위	산업 내 세품 및 서비스 제공가치 극대화	산업 외 보완 제품 및 서비스
산업의 기능적, 감성적 지향	기능적, 감성적 조화를 이룬 가격성과 향상	산업의 기능적, 감성적 지향 재고
시 간	외적 추세에의 적응	시간의 흐름에 따른 외적 추세의 구현에 참여

가치 혁신을 위한 체계적인 접근
대체 산업 간의 공간은 가치 혁신을 위한 기회 제공
전략 집단을 관찰함으로써 새로운 시장 영역 발견
구매자 사슬을 고찰함으로써 새로운 시장 영역 창출
자체 산업의 기능적, 감성적 지향성에 도전
보완적인 제품과 서비스 제공을 살펴봄으로써 새로운 가치곡선 창출
시장의 현재 전달하는 가치로부터 미래에 전달할 가치까지 시간을 살핌
→ 자신의 미래 구체화, 새로운 시장 공간 획득
동종 산업뿐 아니라 대체 상품에 대한 다른 기업과도 경쟁
→ 대체 산업 사이의 공간은 가치 혁신의 기회 제공
전략 집단: 비슷한 전략을 추구하는 산업 내 기업의 집단
새로운 시장 공간 창출 위한 열쇠
한 집단에서 다른 집단으로 옮기는 구매자 의사를 결정짓는 요인 이해
새로운 시장 영역의 창출과 재창출

사업을 시작하는 기업 및 대기업의 지속적인 번영과 생존을 위해 필요

창조적 전략의 지속적 요구

21C에는 수요부족의 경제시대가 도래하여 기업 간 경쟁이 더욱 치열할 것으로 전망

(2) 기업운영에 대한 단어들

1. control chart(관리도) 관리 상한선과 관리 하한선을 가진 도표로 표본의 평균들이 주기적으로 표시되어 공정이 통제되니 못한 경우를 시각적으로 보여줌

2. poka-yoke 실패 방지 기법, 종업원들로 하여금 실수를 피하도록 하는 점검표

3. quality function deployment 품질의 집을 사용하는 방법으로 고객의 요구를 서비스 공정 설계에 포함시키는 방법

4. service recovery 불만족한 고객을 충성 고객으로 만드는 것

5. servqual 고객 조사 기법으로 서비스 품질 차이(gap)를 측정하는 데 사용되는 도구

6. statistical process control 관리도를 사용하여 공정성과를 측정할 때, 중재가 필요한 경우에 신호를 감시하는 방법

7. taguchi methods 서비스 공정 설계의 한 방법으로 엄격한 상황에서도 잘 작동할 수 있는 capacity를 의미

8. unconditional service guarantee 회사의 초점을 고객에게 두는 서비스 보증

9. cross-impact analysis(상호 영향 분석) 어떤 미래의 사건이 추정된 확률로 이전 사건과 관련되어 있다고 가정하는 기술적인 예측 방법

10. delphi method 먼 미래에 관한 합의를 이끌어내기 위해 전문가 그룹을 활용하는 기술적인 예측 방법

11. exponential smoothing(지수평활모형) 예측 오차의 비율을 feedback함으로써 이전의 예측치를 조정하는 개념에 근거를 둔 시계열 예측

12. forecast error 실제 관찰값과 예측값과의 차이

13. MAD 평균 절대 예측 오차로서 계산된 예측 정확도에 대한 측도

14. moving average forecast(이동평균 오차) 가장 최근의 자료를 모두 더하여 관찰 기간의 수로 나누어 얻게 되는 단순 시계열 예측

15. balk(장애) 도착한 고객이 긴 대기 행렬을 보고 서비스를 받지 않으려는 결

정을 할 때 발생

16. calling population 모집단: 시장으로부터의 서비스 고객 원천

17. exponential distribution 고착 간격 시간 혹은 서비스 시간을 설명하는 연속 분포

18. jockeying(줄바꾸기) 복수 대기 행렬 시스템에서 하나의 줄에서 떠나 다른 줄에 들어가는 고객의 행태

19. poisson distribution 일정 시간 간격 동안에 서버세게 무작위 도착 혹은 출발을 설명하는 이산 분포

20. queue discipline 대기 행렬에서 다음 고객의 선택 규칙

21. reneging(떠나기) 대기 중의 고객이 서비스를 받기 전에 떠날 때 발생

22. A / B / C classification of queuing models A는 도칙 분포, B는 서비스 시간 분포, C는 병렬 서버를 갖는 대기 행렬 모형에서 서버의 수 의미

23. finite queue 물리적으로 제한된 대기 행렬

24. steady state 대기 행렬 내 고객의 수 등의 시스템 특성치의 분포가 시간에 대해 안정적일 때의 시스템 상태, 즉 통계적 균형에 도달한 상태

25. overbooking 예약한 고객이 나타나지 않을 경우(no-show)를 예상하여 활용 가능한 서비스 능력을 초과하여 예약을 받는 것

26. yield management 예약 시스템, 초과 예약, 수요 분할 등을 활용하여 공급 능력이 제한되어 있는 서비스의 수익을 최대화하기 위한 종합적인 시스템

27. backorder 재고가 현재 없어 공급이 불가하지만 고객이 기꺼이 기다릴 수 있다고 한 경우 나중에 주문물량이 도착하면 배달하기로 한 수요

28. critical fractile(임계치) 한계 이익이 한계 비용을 초과하는 재고 수준보다 수요가 적을 확률의 누적값

29. EOQ(경제적 주문량) 주문 비용과 보유 비용의 증분 비용을 최소로 하는 재주문량 4. EDI(전자 문서 교환) 종이로 된 서류를 대신하여 조직들 간의 전자화된 데이터 교환

30. inventory turns(재고 회전) 특정 기간 동안 재고가 다 판매되는 횟수로서, 특정 기간을 일 년으로 할 때, 연간 수요를 평균 재고량으로 나눔으로써 해를 구할 수 있다.

31. POS(point of sale) 판매에 따른 거래 정보를 중앙 컴퓨터로 보냄으로써 판매 상황, 재고, 가격 정보를 지속적으로 갱신하는 장치

32. ROP(재주문점) 고정량의 재주문이 이뤄졌을 때 현재 보유하고 있는 재고량과 주문량의 합계

33. replenishment lead time 주문을 발주할 이후 물품이 도착할 때까지의 기간

34. safety stock 원하는 서비스 수준을 만족시키기 위해 조달기간 동안 예상되는 수요를 초과하여 보유하는 재고

35. service level 보충 조달 기간 동안 보유 재고로서 수요를 충족할 수 있는 확률

36. bidirectional optimization 서비스 제공자와 고객이 서로 서비스를 제공해야 할 시점에 동의하고, 쌍방의 needs가 동시에 고려할 경우 '양방향 최적화'가 달성됨

37. bullwhip effect 고객의 demand가 최종 서비스 제공자의 수요 예측 단계에 있어 실제 demand보다 크게 확대되는 현상을 의미

38. embellishment 생산적인 capacity를 증가시키기 위해 고객으로 하여금 self service를 하도록 함

39. perishability 서비스 산업에서 서비스 제공자의 capacity를 저장시켜 둘 수 없음으로써 서비스 제공자가 수행해야 할 업무가 없을 때 잃게 되는 capacity를 의미함

40. productive capacity 고객에게 서비스를 제공할 수 있는 서비스 제공자의 작업 가능 시간으로 측정됨.(transfer, replacement, embelishment로서 productive capacity를 증가시킴)

41. product postponement generic이나 미완성품 단계에서 제조품을 보관해두었다가 최종 단계에서 고객의 주문을 접수받고 완성하는 생산 전략 의미

42. replacement 서비스 제공자에 의한 개별적인 attention 수행하는 대신 고객의 힘을 빌려 셀프 서비스로 대체하는 전략 의미

43. transfer 최소 비용으로서 고객들로 하여금 정보에 접속할 수 있도록 함.

44. benchmarking 한 기업의 성과를 업계에서 최고라고 인정되는 회사와 비교하는 것

45. cause and effect analysis 인과분석 혹은 fish-bone 그래프로 불림. 서비스 품질의 문제와 원인을 찾는 도구

46. data envelopment analysis(DEA) 다양한 조직의 서비스 운영에서 효율적, 비효율적 부서를 파악하기 위해 사용되는 선형 프로그램 모델

47. JIT 운영에서 최소한의 재고를 강조하고 결과적으로 품질에 힘쓰는 생산 프로세스

48. kanban 제품 조립과정에서 상위 혹은 주요 작업대의 원료나 부품의 세부 사항을 전달하는 데 사용되는 카드

49. pareto chart 빈번하게 나타나는 원인들을 조명하기 위해서 발생 빈도를 기준으로 내림차순으로 문제 원인들을 정렬한 도표

50. walk through audit 고객들과 경영자로 하여금 고객의 서비스 경험 시각을 평가하는 방법으로 프로세스 중심적인 설문지 형식을 띄고 있음.

23. 서비스 운영(기업, 행정, 경영)

1) 서비스 품질 정의

(1) 서비스 품질의 5가지 차원들(dimensions)

구성 차원		내 용
유형성	tangibles	물리적 시설, 장비, 종업원 외모 〈appearance & physical〉
신뢰성	reliability	정확하고도 믿음직함. 약속한 서비스를 수행하는 능력 〈dependably & accurately〉
반응성	responsiveness	신속한 서비스 제공. 고객을 돕고자 하는 의도 〈willingness to help & prompt service〉
보증성	assurance	종업원의 지식, 예절, 믿음과 신뢰성을 고취할 종업원의 자질 〈trust & confidence〉
공감성	empathy	회사가 고객에게 제공하는 배려, 개인적인 관심 정도 〈caring & individual attention〉

(2) 서비스 품질에서 언급되는 GAP 내용

gap 종류	내 용
gap1	(customer expectation) -(perception of the management of customer's expectation)
gap2	(perception of the management of customer's expectation) -(translation of perceptions into service quality specification)
gap3	(translation of perceptions into service quality specification) -(service delivery)
gap4	(service delivery) -(external communications to consumers)
gap5	(customer expectation) -(customer perception)

2) 서비스 품질 측정

(1) SERVQUAL
- 서비스 품질의 5가지 차원을 가지고 조작적 정의에 의해 설문 문항 개발
- 각각 고객의 기대를 묻는 설문 22개 문항과 고객이 받은 서비스에 대한 인지를 묻는 설문 22개 문항으로 구성됨
- 기대와 인지를 묻는 설문은 1번부터 22번까지 각각 동일한 서비스 품질 차원들에 대한 설문이 이뤄짐으로써 이들의 차이가 곧 gap5가 된다.

(2) 서비스 품질의 범주(scope)

3) 디자인 단계에서 서비스 품질 고려하기

(1) incorporation of quality in the service package
① supporting facility 외관 보수
② facilitating goods 소모품 즉시즉시 보충하기
③ explicit services 명시적 서비스를 위해 schedule 할 것
④ implicit services 보안 및 편안한 분위기 연출을 위해 schedule 할 것

(2) 다구치 방법
- 겐이치 다구치 씨에 의해 제시된 제품 설계 시 강조되는 'robust design'을 서비스업에 활용
- 고객이 인지하는 제품의 견고함은 일반적인 상황 이외 고객이 일반적으로 간주하는 제품의 견고함을 초월할 때 확증되곤 한다는 것이 robust design의 철학임.(휴대 전화기를 내동댕이쳤을 때도 끄떡없으면 감동하겠죠······)
- 다구치 씨는 design specification을 지속적으로 충족시킬 때 제품 품질이 달성된다고 주장함.

(3) 포카-요케(failsafing)

-poka-yoke: 종업원이 빈번하게 유발하는 실수를 방지하는 목적으로 개발된 check list나 manual의미

① service provider의 error

3 catagories	내 용
task	목적에 벗어나는 error 방지. 즉 감자튀김 scoop의 경우 일정량의 감자튀김을 봉지 안에 넣는 역할 수행 error 방지
treatments	업무 수행과정에서 벗어나는 error 방지. 즉 미 은행 teller는 고객과 거래 시 data에 고객 눈동자 색깔을 입력하도록 되어 있음. 따라서 고객과의 eye contact이 강조되면 자연히 data 입력 miss를 방지할 수 있음.
tangibles	유형성에서 벗어나는 error 방지. 즉 종업원 휴게실에 거울을 달아놓음으로써 서비스 품질의 유형성을 달성할 수 있음.

② customer의 error(서비스 제공 시 고객은 service delivery과정에서 적극적으로 참여한다)

3 catagories	내 용
preparation	고객 스스로 사전 준비를 통해 받게 될 서비스를 error없이 받게 함.
encounter	고객 스스로 비교/대조를 통해 받게 될 서비스가 자신에게 부합하는지 사전 점검. (놀이동산에서 자신의 키가 얼마나 되는지 확인해주는 기린자가 기억나는지.)
resolution	고객이 service delivery에 참여하고 종료하는 데 error없도록 함.(패스트푸드점에서 출구에 가까운 곳에 쟁반을 두고 가도록 하는 것)

(4) QFD(품질기능전개)

-품질의 집 내용과 동일(중간시험 범위)

4) 서비스 품질을 이루기 위한 방법

(1) cost of quality
① prevention cost: 예방 비용
② detection cost: 불량품 탐색 비용
③ internal failure cost: 내부 실패 비용
④ external failure cost: 외부 실패 비용
∴ 일단 service가 fail되면 그 여파는 일파 만파됨. 사전 예방에 대한 강조는
당연.

(2) service process control
－일종의 feedback system. 서비스 개념에 부합하는 measurement를 설정하고
　서비스 process를 모니터하고 수정사항을 해당 종업원에게 통보함.

(3) statistical process control
－품질 통제 의사결정에 따른 risk
－control chart

true state of service	quality control decision	
	take corrective action	do nothing
process in control	type1 error(producer's risk)	옳은 결정
process out of control	옳은 결정	type2 error(consumer's risk)

① $\overline{X}$ chart: (평균을 사용) variable control chart
1) $UCL = \overline{X} + A2\,\overline{R}$
2) $LCL = \overline{X} - A2\,\overline{R}$

　　　　R chart: (분산을 사용)
3) $UCL = D4\,\overline{R}$
4) $LCL = D3\,\overline{R}$

1. D4 =UCL value for sample size n

2. D3 =LCL value for sample size n

② p chart: (빈도만 사용됨) attribute control chart

5) $UCL = \overline{P} + 3\sqrt{\dfrac{\overline{P}(1-\overline{P})}{n}}$

6) $LCL = \overline{P} - 3\sqrt{\dfrac{\overline{P}(1-\overline{P})}{n}}$

1. $3\sqrt{\dfrac{\overline{P}(1-\overline{P})}{n}}$ =standard error of percentage

2. $\overline{P}$=estimate of population percentage

3. n =sample size

(4) unconditional service guarantee

－service guarantee가 조직을 효과적으로 이끄는 이유 5가지

① focuses on customers

② sets clear standards

③ guarantees feedback

④ promotes an understanding of the service system

⑤ builds customer loyalty

5) 서비스 회복(service recovery)

－4가지 approach들

① case by case approach

② systematic response approach

③ an early intervention approach

④ substitute service recovery

6) stages in quality development

－service quality ladder

① QFD

② quality service by design

③ unconditional service guarantee

④ cost of quality

⑤ quality training programs

⑥ statistical process control

⑦ inspection

7) Forecasting Demand for Services

방법론	요구되는 자료	상대적 가격	예측 범위	적용 분야
subjective models				
Delphi method	survey results	high	long term	technological forecasting
cross－impact analysis	correlation between events	high	long term	technological forecasting
historical analogy	several years of data for a similar situation	high	medium to long term	life cycle demand projection
causal models				
regression	all past data for all variables	moderate	medium term	demand forecasting
econometric	all past data for all variables	moderate to high	medium to long term	economic conditions
time series models				
moving average	주로 3개월간 term 관측 결과 사용됨	very low	short term	demand forecasting
exponential smoothing	과거 자료와 최근 자료가 동시에 사용됨	very low	short term	demand forecasting

(1) subjective models

① Delphi Method(델파이 기법): 미래에 관한 합의에 도달하기 위해 전문가 group을 활용하는 예측법

② Cross-Impact Analysis(상호 영향 분석): 어떤 미래의 사건이 추정된 확률로 이전 사건과 관련되어 있다고 가정하는 기술적인 예측방법

③ Historical Analogy(역사적 유추법): 새로운 서비스 진입과 성장 패턴이 과거 유사 서비스의 진입과 성장 패턴을 모방할 것으로 가정함. 흔히 새로운 서비스의 시장 진입이나 수명 주기 예측을 위해 사용됨

(2) casual models

① regression models: 종속변수와 독립변수 간 관계를 보여줌.

② econometric models: 계량 경제 모형은 연립 방정식을 포함하는 회귀 모형의 한 형태임. 방정식들은 상호 연관되어 있고 계수들은 단순 선형 모형으로 정해짐.

(3) time series models

① N period moving average

$$moving\ average = \frac{A_t + A_{t-1} + A_{t-2}}{3}$$

장점: 계산식이 평이함.

(4) queuing systems

-queue 정의: 하나 또는 그 이상의 서비스 제공자로부터 서비스를 제공받길 원하는 고객들이 대기하는 행렬.

-In any service system, a queue forms whenever current demand exceeds the existing capacity to serve.

(5) the inevitability of waiting

-소비자가 고정 간격으로 도착하고 서비스받는 시간이 일정할 경우에만 waiting이 존재하지 않을 것

  (A complete absence of waiting only would be possible in a situation where consumers are asked to arrive at fixed intervals and service times are deterministic.)

−waiting＝function (fluctuations in arrival rates, variability in service times)

(6) the psychology of waiting

*law of service (Maister)

① 고객의 기대와 인지(기대〈인지하게 되면 제공받은 서비스에 대한 만족이 이뤄짐. trickle−down effect(구전효과)가 발생함.)

② 서비스를 제공받는 사람들의 서비스 전반에 대한 첫인상이 무척 중요하다. (첫인상이 잔여 서비스 경험에 영향을 미침.)

   a. that old empty feeling

     −people dislike "empty time"

   b. a foot in the door

     −기다리는 고객에게 서비스가 시작되었다는 것을 연상하게 하는 행동할 것.(고객에게 메뉴판을 주거나 환자에게 진찰 기록서를 주는 행위가 그러한 것의 예)

     −사람들은 그냥 기다리는 것보다 자신에게 서비스가 시작되었음을 알게 되었을 때 보다 편안하게 기다리는 경향이 있다.

     (*pre−process waits seem longer than in−process waits)

   c. the light at the end of the tunnel

     −고객의 존재를 종업원이 수시로 확인해주거나, 고객이 얼마나 기다려야 할지 종업원이 알려줌으로써 고객은 충분한 안도감을 지니게 된다.

   d. excuse me, but I was next

     −자신보다 늦게 온 고객이 먼저 서비스를 제공받게 되는 것을 보면 일반적으로 사람들은 불공정한 태도에 쉽게 분노를 느끼게 된다.

     −First come first served 대기 행렬 정책은

       ① 번호표를 배부함으로써 달성될 수 있음.

       ② 단일 대기 행렬(single queue)을 사용함으로써 달성됨.

     −모든 서비스에 First come first served 대기 행렬 정책을 사용할 수 있는 것은 아님(경찰 업무, 병원의 응급환자 혹은 아예 고객별 차별화된

서비스를 제공하고 싶은 service provider의 경우)

e. they also serve, who sit and wait

 -Management must remember that one of the most important parts of its service package is <u>attention</u> to <u>the needs of its customers during the waiting process</u>.

(7) the economics of waiting

*economic cost of waiting

① 기업 입장에선 내부 고객인 종업원을 업무에 활용하지 못하고 기다리게 함에 따른 대기 비용은 비생산적 임금으로 계산된다.

② 외부 고객 입장에서는 기다리는 동안 고객이 할 수 있었던 다른 대안에 대한 가치로 계산된다.

+지루함, 초조함 등과 같은 정신적 고통도 함께 계산되어야만 한다.

-the trade-off between the cost of waiting and the cost of providing service seldom is made explicit, yet service providers must consider the physical, behavioral and economic aspects of the consumer waiting experience in their decision making.

(8) essential features of queuing systems

① calling population

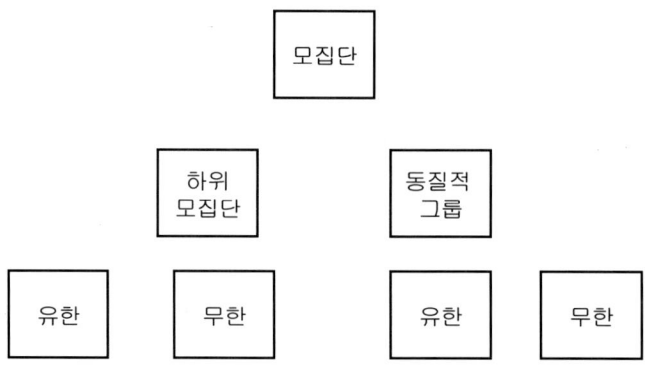

- 모집단이 동질적일 필요는 없다. 다양한 하위 모집단(sub-population)으로도 모집단은 구성된다. sub-population은 유한과 무한으로 다시 나뉜다.

② arrival process

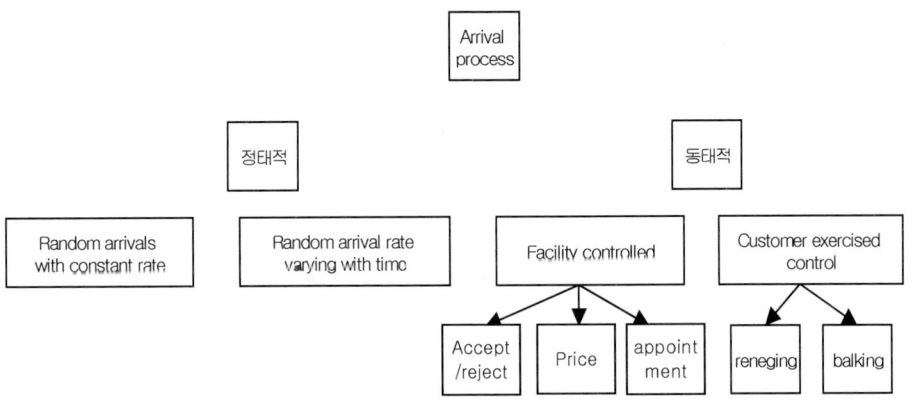

- 고객들의 inter-arrival time은 <u>지수분포</u>를 이룬다.
  a. 지수분포: inter-arrival time
  b. 포아송 분포: number of arrivals per hour

③ queue configuration

▫ multiple queues
a. 제공되는 서비스가 차별될 수 있다.(express lane vs ordinary lane in supermarket)
b. 노동 분화가 가능하다.(특정 lane에서는 특정 서비스만 공급하도록 함)
c. 고객은 자신이 선호하는 서비스 제공자를 선택할 수 있다.
d. balking 행동을 막을 수 있다.

▫ single queues
a. first come first served 법칙이 적용됨. 공정성에 시비 없음.
b. 단일 대기 행렬이므로 다른 줄이 자신보다 빠르게 진행되는 것에 배 아플 필요 없음.

c. 대기 행렬이 일렬이기 때문에 끼어들기나 반칙 행위가 어렵다.

d. privacy가 향상됨.

e 대기 행렬에서 대기하는 평균 시간이 줄어든다는 면에서 가장 효율적임.

□ take a number

- 형식적인 줄이 불필요

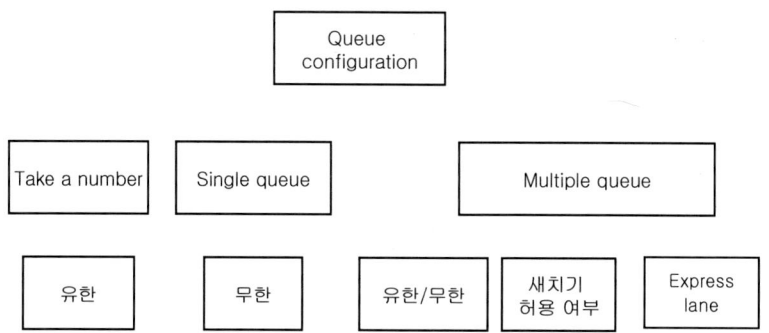

- 단점: 고객은 자신의 번호가 불리는 것을 주의해서 듣지 않으면 서비스 순서를 놓치게 될 우려 있음(the need for the customer to be vigilant)

④ queue discipline

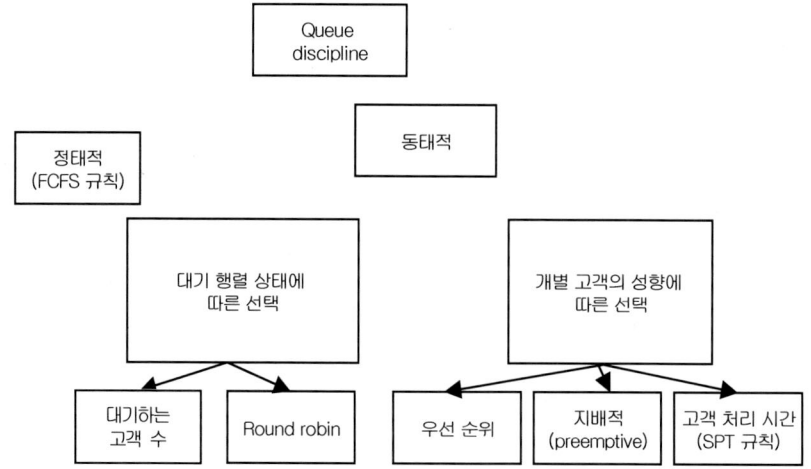

- 정태적 대기 규칙: FCFS. 모든 고객은 동등하게 취급됨
- 동태적 대기 규칙: 고객의 속성이나 기다리는 줄의 상태에 근거함.

   a. shortest processing time(SPT) rule: 고객이 system 안에서 소모하는 평균 시간을 최소화하는 중요 특징 지님.

   b. preemptive priority rule: 현재 서비스가 진행 중이더라도 더 높은 우선순위를 지니는 고객이 도착하면 그 사람을 위해 현재 진행 중인 서비스는 중단됨.(응급실 안에서 발목 삔 사람과 심장병 환자 간 우선순위를 생각해볼 것)

   c. round robin 개념: in these systems, a customer is given partial service and then the server moves on to the next waiting customer.

⑤ service process

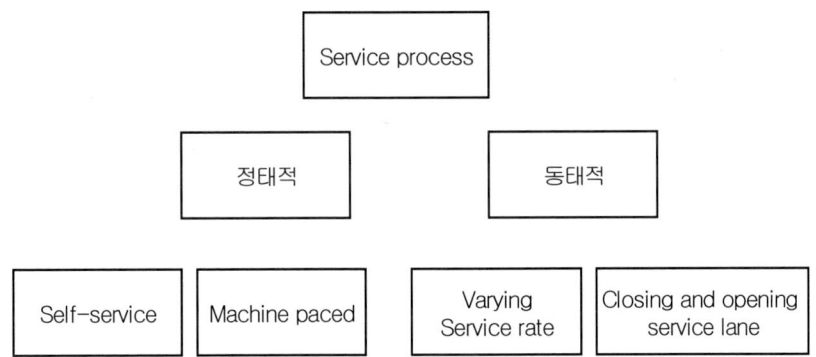

- 정태적 서비스 프로세스
- 동태적 서비스 프로세스(서비스 수요 변화에 따른 유연성)
→ 서비스 라인 개설 / 폐쇄를 통한 효율적인 서비스 capacity 조절하기
△ the behavior of service personnel to customers is critical to the success of the organization.(서두르라는 압력은 고객 처리율은 높이지만 품질이 희생될 수 있음을 알아야 한다.)

수요와 공급을 matching시킴으로써 capacity utilization 증가시키는 방법 모색

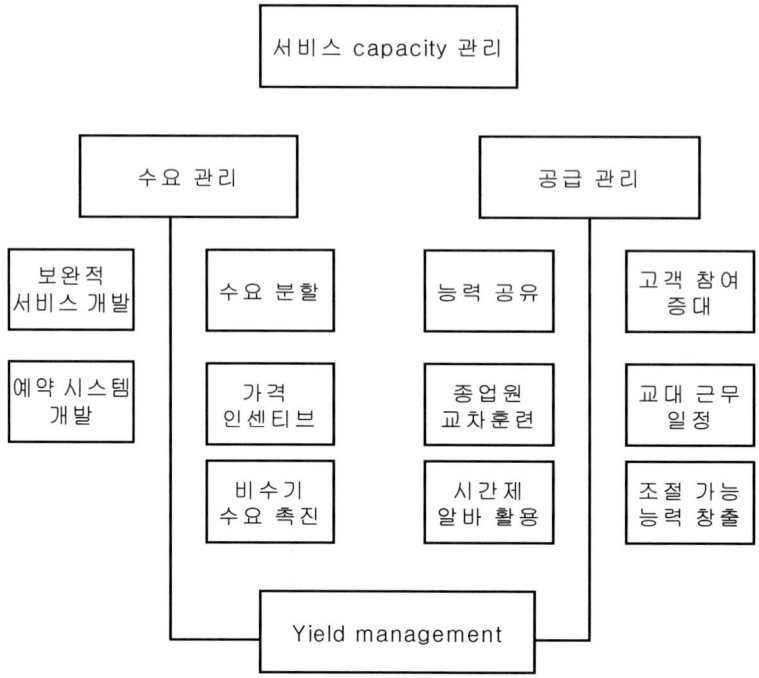

(9) Strategies for Managing Demand
-smoothing demand를 형성함으로써 fluctuation을 줄이는 것이 관건.

① 수요 분할(partitioning demand)
-통제할 수 있는 수요와 그렇지 아니한 수요를 구별하여 수요를 고르게 만드는 것이 key
② 가격 인센티브(offering price incentives)
-차별된 가격 사이에서 차익을 노리는 경우를 감시해야 함.
③ 비수기 수요 촉진(promoting off-peak demand)
-비수기 서비스 capacity를 창의적으로 사용함으로써 기존 수요 외 다른 원천을 찾을 수 있음.
④ 보완적 서비스 개발(developing complementary services)
-기존 서비스 기능 외 추가적인 서비스 영역을 찾아 보완적인 서비스를 제공함으로써 시장 확대를 가능하게 함

⑤ 예약 시스템 개발(using reservation systems and handling the over-booking problem)

−예약을 받음으로써 미래 제공될 서비스에 대한 수요를 미리 확보할 수 있음.

−no-show에 대비해서 over-booking 전략이 사용되기도 함

(바람직한 over-booking 전략은 expected opportunity cost of idle service capacity와 expected cost of turning away reservation을 최소화하는 것임.)

(10) Strategies for Managing Supply

① using daily workshift scheduling

  a. forecast demand

    −일일 수요는 30분 단위로 예측을 구할 수 있음. 주중과 주말의 변화뿐만 아니라 계절적인 변화도 고려해서 예측해야 함.

  b. convert to operator requirements

    −일일 통화 수요의 예측치와 통화 수요 분포를 바탕으로 30분 단위의 교환원 demand를 산출함. 30분 단위별로 요구되는 교환원의 수는 일반적인 대기 행렬 모형을 사용하여 산출할 수 있음.

  c. schedule shifts

−n개의 30분 단위 기간에 대해 요구되는 교환원수와 배치된 교화원수 차이의 절댓값의 합이 최소가 되도록 교대 일정을 선정함.

minimize $\sum_{i=1}^{n} |R_i - W_i|$

Ri: 기간 i에 요구되는 교환원 수

Wi: 기간 i에 배치된 교환원 수

  d. assign operators to shift

② using weekly workshift scheduling with days-off constraint

−정수 계획법(integer linear programming)으로 작성됨

−제약 조건들이 변수로 고려되어야 함. 정수해를 얻을 수 있으나 best solution 아님에 유의

③ 고객 참여 증대(increasing customer participation)
- 고객이 참여함으로써 생산 capacity가 증대되어 서비스 제공이 필요한 적시에 서비스가 제공될 수 있게 됨.

④ 조절 가능 능력 창출(creating adjustable capacity)
- 좌석 등급별 승객수의 비율 변화에 대처하기 위해 일등석과 일반석 사이 분리대가 자유롭게 조절됨.

⑤ 능력 공유(sharing capacity)
⑥ 교차 훈련(cross-training employees)
⑦ 시간제 알바 활용(using part-time employees)

(11) Yield Management

① yield management application
*yield management 정의: 예약시스템, 초과 예약, 수요 분할을 통해 공급 능력이 제한되어 있는 서비스 산업의 수익을 최대화하기 위한 종합적인 시스템

yield management는 다음 특성들을 지닌 서비스 기업의 경우 적용되기 쉽다.
가) 상대적으로 고정된 서비스 제공 능력을 지닌 경우(relatively fixed capacity)
나) 시장 세분화 가능성이 많이 있는 경우(ability to segment market)
다) 소멸되기 쉬운 재고가 거래되는 경우(perishable inventory)
라) 사전 판매가 가능한 제품(product sold in advance)
마) 수요 변동이 심한 경우(fluctuating demand)
바) 낮은 marginal 판매비용 및 높은 marginal capacity 변경 비용이 가능한 경우(low marginal sales costs and high marginal capacity change costs)

(12) inventory theory

① role of inventory in services 6가지
가) decoupling inventory
-제품 분배과정 단계 간 완충 작용(decoupling the stages in the distribution cycle)
-buffer 역할
나) seasonal inventory
-수요의 계절성에 대한 보완(accommodating a heavy seasonal demand)
다) speculative inventory
-가격 변동에 대한 헤지(maintaining a supply of materials as a hedge)
-forward buying
라) cyclical inventory
마) in-transit inventory
-현재 이동 중인 재고
바) 안전 재고(safety stock)
-예상치 못한 변동에 대비하기 위해 현재 필요한 수준보다 과도한 재고를 유지함. 필요 수준 초과분을 안전 재고라 함.

② characteristics of inventory systems
-재고 시스템을 설계, 구축 그리고 관리하기 위하여, 보관되는 제품의 특성과 재고 시스템과 관련된 특성 등을 고려해야 함.
가) 고객의 수요 형태(types of customer demand)
-독립수요(independent demand): ex. 자동차 1대
-종속수요(dependent demand): ex. 자동차 1대를 생산하기 위해 요구되는 타이어 4개(이때 타이어가 자동차에 대한 종속 수요가 됨)
나) 재고 보유를 위한 time horizon이 명확해야 함(planning time horizon)
다) 재고 보충에 소요되는 시간(replenishment lead time)
라) 재고 관련 비용 및 제약 조건들을 알아야 함.(constraints and relevant inventory costs)

③ relevant costs of an inventory system

가) 주문 비용(ordering cost)

나) 재고 유지 및 보수 비용(holding cost)

－tax, insurance, opportunity cost of capital, theft or pilferage (nego price는 답 아님)

다) 제품 구매 비용(set up cost)

라) 품절로 인한 손실(lost sales cost)

(13) order quantity models

① EOQ

총비용＝주문비용＋평균 유지 비용

$$EOQ = \sqrt{\frac{2DS}{H}}$$

D: 연간 수요

S: 일회 setup cost

H: 연간 재고 단위 하나 유지 비용

② inventory model with quantity discounts

총비용＝주문비용＋평균 유지 비용＋구매 비용

$TCqd = CD + S(D/Q) + I(CQ/2)$

$$EOQ = \sqrt{\frac{2DS}{IC}}$$

D: 연간 수요

S: 일회 setup cost

I: 단위당 구매 원가의 일정 비율로 표시되는 연간 재고 유지 비용

C: 화폐 단위로 표시되는 단위당 구매 원가

$(I*C = H)$

가) 위에 제시된 EOQ공식에 의거 optimal Q값 구하기

나) 위에서 구한 EOQ가 단위당 가격 할인이 가능한 범위를 초과하는 경우에는, 그 다음 낮은 가격으로 다시 EOQ를 계산할 것. 단위당 가격 할인이

가능한 수량 범위 내에 EOQ가 존재할 때까지 순차적으로 계산할 것

다) 총비용 중에서 최솟값을 가지는 Q가 가장 경제적인 주문량이 됨.

③ inventory model with planned shortages

－TCb＝ordering cost＋holding cost＋back order cost

－parameter B 즉 backorder cost가 ∞가 되면 일반 EOQ 공식과 동일해짐

(14) inventory management under uncertainty

(15) 재고 통제 시스템(inventory control systems)

① continuous review systems

$$EOQ = \sqrt{\frac{2DS}{H}}$$

ROP(재주문점)＝안전 재고＋μlead time

안전 재고＝Zrσ√리드타임

② periodic review system

review period＝EOQ/μ

target inventory level＝안전 재고＋μ(review period＋lead time)

안전 재고＝Zrσ√리드타임＋리뷰피어리드(*RP*)

③ the ABC of inventory control

－파레토 법칙(80: 20 rule): 화폐 가치상 80%에 해당되는 재고 물품 20%에 대하여 A급 재고 관리를 함.

(16) customer value equation

value＝(results produced for the customer＋process quality) / (price to the customer＋costs of acquiring the service)

① results produced for the customer
- 고객이 얻고자 하는 needs를 충족시키는 결과물

② process quality
- 결과물 이외 서비스가 전달되는 방식(the way a service is delivered) 역시 중요

③ price to the customer
- 서비스 품질을 높일수록 결국 서비스를 제공하는 cost를 줄일 수 있게 됨.
- 고객이 서비스 제공과정에 함께 참여함으로써 서비스 제공자의 cost를 줄이게 됨.

④ cost of acquiring the service
- 인터넷을 통해 해당 서비스를 주문할 때 소요되는 비용이 off-line으로 주문할 때 소요되는 비용을 초과하게 되면 사람들은 주문을 꺼리게 될 것임.

(17) stages in service firm competitiveness

① 서비스 제공 가능한 단계(available for service)
- 서비스 운영 방식은 최소 경비로 수행해야 함.
- 근본적으로 비경쟁적

② 일류는 아니지만 어느 정도 솜씨를 지닌 기업 단계(journeyman)
- available for service 단계를 벗어난 단계

③ 탁월한 경쟁력 달성 단계(distinctive competence achieved)
- CEO들이 고객 가치 창출의 원동력에 대한 비전 제시
- VOC 경청

④ 세계적 수준의 서비스 제공 단계(world-class service delivery)
- 타 경쟁사들의 추종을 불허하는 수준으로 고객의 기대를 상승시킴.

- 신기술은 쉽게 모방될 수 없는 경쟁 우위로 사용됨.
- 종업원들은 자발적으로 기업의 목표와 일체감을 지니게 됨.

(18) making continual improvement a competitive strategy

① 재고와 대기 행렬의 유사성(inventory and waiting line analogy)
- 재고는 waste임. 서비스 부문에서 waste는 idle staff나 customer waiting line임.

특 징	재 고	대기 행렬
costs	opportunity cost of capital	opportunity cost of time
space	창 고	waiting area
quality	저품질 의미가 내포됨	부정적인 인상 내포됨
decoupling	생산 단계별 independence 보장	분업과 특화 허용
utilization	WIP 단계로서 생산 기계를 바쁘게 유지시킴	대기 손님들을 통해 서비스제공자를 바쁘게 만듦
coordination	빡빡한 계획 회피	공급과 수요의 일치 회피

② continual improvement as part of the service organization culture

③ 실무진에게 주는 시사점(management implications)
- cross-training 강조
- improved employee relation 강조
- pull system 강조

(19) walk-through audit
정의: customer-focused survey to uncover areas for improvement
- 경영자나 운영자가 간과하기 쉬운 부문에 대한 빌미를 제공함으로써 고객의 시각에서 service experience를 재평가할 수 있음.

(20) the walk through audit as a diagnostic instrument

(21) quality and productivity improvement process

① foundations of continuous improvement 3가지

가) 고객만족(customer satisfaction): 전체 프로그램은 고객의 needs를 만족시키는 데 초점.

나) 사실에 근거한 경영(management by fact): 객관적인 data가 사전에 수집되어야 함.

다) 종업원에 대해 존경심을 지니고 대할 것(respect for people): 모든 종업원들이 스스로 동기부여가 되어야 함.

② PDCA cycle

→ plan → do → check → act → 〈순환됨!!!〉

(22) quality tools for analysis and problem solving

① check sheet

② run chart

③ histogram

④ pareto chart

⑤ flowchart

⑥ cause and effect diagram

⑦ scatter diagram

⑧ control chart

(23) programs for organizational quality improvement

① personnel programs for quality assurance

② quality−improvement program to achieve zero defects

③ Deming's 14 point program

④ Malcom Baldridge National Quality Award

⑤ ISO 9000
⑥ Benchmarking

8) service

◆ 정 의
time－perishable, intangible experience performed for a customer acting in the role of co－producer(Fitzsimmons)

◆ Clark－Fisher hypothesis
경제의 분류를 대다수 노동력의 활동에 따라 전개하는 가설
→ 한 sector에서의 생산성 향상은 다른 sector로 노동력을 이동시킨다.
* 5stages of economic activity 중에서 service 산업의 등장은 3단계부터이다.
* stages of economic development(Daniel Bell)

		주된 activity	standard of living	technology
pre－industrial society	game against nature	agriculture mining		
industrial society	game against fabricated nature	production of goods	quantity	machine
post－industrial society	game among persons	services	quality	info

9) new experience economy 특징들

◆ 단순 service transaction에서 experience로의 전환
→ experiences create added value by engaging and connecting with the customer in a personal and memorable way.
(고객 체험은 부가가치를 생성함)

		고객 참여도	
		수동적(passive)	능동적(active)
주변 환경과의 관계	단순 흡수 (absorption)	entertainment(movie)	education(language)
	흡수＋동감 (immersion)	estheticism(tourist)	escapism(skydyving)

10) service manager들의 역할들

(1) innovation
① push theory of innovation: 과학 기술과 엔지니어링으로부터 비롯되는 제품 혁신
② pull theory of innovation: 고객의 니즈에 의해서 이뤄지는 서비스 혁신

(2) social trends
① 고령화 인구
② double income
③ 미혼 인구의 증가

(3) management challenges
① economics of scope: 각 상품을 서로 다른 기업이 생산하는 것보다 한 기업이 여러 가지 상품을 동시에 생산하는 것이 비용의 측면에서 더 유리할 때 생산 기술에 범위의 경제가 있다고 말한다.
② economics of scale: 생산의 규모가 커짐으로써 생산 단가가 낮을 경우 달성됨.
③ 복잡성
④ 영역 교류
⑤ 세계적 경쟁

11) service process matrix

노동집약도의 정도		고객화의 정도	
		low	high
	low	service factory	service shop
	high	mass service	professional service

12) service package

◆ 정 의

기본시설, 보조용품, 명시적 서비스, 묵시적 서비스로 기술한 서비스

◆ 구성요소

① supporting package(기본시설): 서비스가 제공되기 전에 반드시 있어야 하는 물적 자원 cf. 골프장, 병원 건물, 여객기

② facilitating goods(보조용품): 구매자들에 의해 소비되거나 구매되는 물품 혹은 고객에 의해 제공되는 물건 cf. food, 골프채

③ explicit services(명시적 서비스): senses에 의하여 즉시 관찰될 수 있는 필수적이거나 내재적인 특성 cf. on-time departure, quality of meal

④ implicit services(묵시적 서비스): 고객이 희미하게 느끼는 심리적인 혜택이나 서비스의 외관적인 특색 cf. security of a well-lighted parking lot, privacy of a loan office

13) 제조업과 다른 서비스 산업만의 특성

① customer participation in the service process

② simultaneity: 서비스는 재고로 담아둘 수 없다. 서비스는 생성되자마자 곧 소비된다.

③ time－perishable capacity(시간 소멸적인 서비스): 어느 기간 동안 사용되지 않고 있는 서비스로서 영원히 상실됨.

④ intangibility: service 자체는 물리적인 특성을 지니지 아니한다.

⑤ heterogeneity: 다양한 input이 존재하게 됨으로써 결과도 다양하게 나타날 가능성이 높다.

14) Mc.Porter의 competitive advantage

(1) overall cost leadership
① 저비용 대량 생산(generic product)
② low cost에 대한 수요가 전제되어야 함.
③ standardization
④ service delivery과정에서 종업원의 개별 특성으로 인한 오차 줄이기
⑤ off－line service operation

(2) differentiation
① standardized goods를 customizing하기
② service delivery과정에서 종업원의 개별 특성으로 인한 오차 줄이기
③ intangible한 서비스 속성을 가급적 tangible한 형태로 고객에게 선보이기

(3) focus strategy

◆ 대 상
① buyer group에 따른 구분
② 제공되는 service가 무엇이냐에 따른 구분(탈장환자 전문 service)
③ 지역에 따른 구분

◆ 용어 정리
① service qualifier: 서비스 상품이 시장성을 지니기 위한 당연 조건

② service winner: 서비스 상품이 시장에서 고객들을 집중하게 하는 성공요인
③ service loser: 서비스 상품이 시장에서 고객들을 이탈하게 하는 실패요인

15) service development process

제품생산 개발 단계에서의 R & D와 동일개념. service package에서 기술된 서비스가 고객에게 전달 가능하다(deliverable)는 전제가 요구됨.

enabler	people, product, technology, systems (4개)
organization context	people, technology
teams	people, systems
tools	technology, systems

◆ steps
① design 단계
② analysis 단계
③ development 단계
④ full launch 단계

◆ service innovation의 종류들

		standardization of service offering	
industria - lization level	Face to face delivery	current service	incremental innovation
	Telephone or courier delivery	technology driven service innovation	radical innovation
	Technology based self service		

16) service blueprint(Shostack)

◆ 정 의

서비스 활동, 흐름, 실수 가능점, 고객 대기, 가시선을 나타내는 서비스 프로세스 도표(map or flow chart of all transactions constituting the service delivery process)

◆ 중요 개념

① line of visibility(가시선): 서비스 블루 프린팅에서 front office와 back office 를 구분하는 선.

② fail point & foolproof(poka yoke): 관리자는 service delivery process 중 fail point 즉 서비스 품질 달성에 애로점이 쉽게 발견되는 점에 check list 등의 poka yoke를 사용하여 높은 서비스 품질을 유지할 수 있음.

◆ 유용성

① 실제 service 구현하기 앞서 service delivery system에 대한 명확한 정의를 내림.

② fail point와 고객의 서비스 지각을 높이는 기회들을 부각함으로써 service delivery상 도출되는 문제 해결과 창의적인 발상을 구현함.

17) divergence and complexity의 차원들을 사용해서 service process structure를 설명하기

◆ 중요 개념

① 복잡성(complexity) 공정을 구성하는 단계의 수와 순서의 많고 적음

② 다양성(divergence) 공정을 구성하는 단계와 순서의 변동폭

→ low divergence: 표준화된 service

high divergence: 고객화된 service

다양성	복잡성	
	의료, 법률, 컨설팅	교 사
	호텔, 전화	

◆ customer contact

① no customer contact

② indirect customer contact

③ direct customer contact: self service와 고객과 종업원 간 상호 관계된 서비스로 나뉨.

18) service system design을 하기 위한 일반적인 방법들

(1) product-line approach

◆ 정의: 표준화된 서비스와 비숙련 노동자 그리고 통제 시스템을 특징으로 하는 대량 생산 체제와 유사한 서비스 디자인을 제공함으로써 서비스 대량 생산을 가능하게 하는 방법 제시

① 종업원의 의사결정 판단 기회를 줄일 것
   (limited discretionary action of personnel)

② 직무 분할(division of labor)

③ 종업원을 대체하는 기계나 기술 도입(substitution of technology for people)

④ 서비스 표준화(service standardization)

(2) active customer participation

◆ 정의: service delivery process 중 고객 참여를 유도함으로써 고객화(customization)를 증대시키고 서비스 제공자의 노동력을 증대시키는 방법 제시

① 고객을 서비스 제공자의 노동력으로 치환
   (substitution of customer labor for provider labor)

② 서비스 수요의 분산을 줄여서 평활하게 함(smoothing service demand)

(3) information empowerment

① employee empowerment: relational DB

② customer empowerment: internet Web site

19) service automation

◆ automation category

① fixed sequence−predetermined sequence

② variable sequence−fixed sequence but easily changeable

③ playback−memory 기능

④ numerical controlled−follow sequence by the stored instruction which can be easily reprogrammed

⑤ intelligent−sensory perception device

⑥ expert system−knowledge base & inference engine

⑦ totally automated system−physical & intellectual tasks performed

20) servicescape

◆ 정 의

고객들과 종업원들에게 서비스에 대한 지각과 행동에 영향을 주는 서비스 facility가 지니는 물리적 환경(physical environment of a service facility that influences the behavior and perceptions of the service for both the customers and the workers)

−servicescape is designed to invoke social interaction between and among customers and employees

◆ environmental dimensions of servicescapes

① 편안한 환경(ambient conditions)

② 공간 배치 & 기능별 배치(spatial layout and functionality)

③ 기호나 심볼 그리고 인공품들(signs, symbols, and artifacts)

◆ servicescape는 서비스 산업에서 다음과 같은 전략적인 역할들을 수행함.

① 조직에서 제공하는 서비스에 대한 <u>시각적 암시(visual metaphor)</u>를 제공함

② 고객들과 종업원이 각자 목표한 행동들을 수행하는 데 있어 servicescape가 도움을 줌으로써 service delivery를 손쉽게 함.(<u>facilitating the service delivery</u>)

③ <u>시장 구별자(market differentiator)</u> 역할

21) service supporting facility를 design 하는 데 있어 반드시 고려해야 할 특성들 - 5가지

① the nature and objectives of the service organization

② land availability and space requirements(zoning restriction)

③ flexibility(미래 확장 가능성)

④ aesthetic factors(심미적인 요인)

⑤ community and environment

22) facility layout

(1) product layout과 line - balancing문제

◆ 정 의

① product layout: 고정된 순서를 거치는 표준화된 서비스(a standardized service performed in a fixed sequence of steps)

② line balancing problem: bottleneck 정의하고 supply와 demand를 balancing하기.

③ bottleneck: 실행하는 데 가장 많은 시간이 소요되고 따라서 전체 흐름에서

최대 흐름을 정의하는 제품별 배치(하나의 병목을 해결해도 제2의 제3의 병목들이 연이어서 발생된다)

(2) process layout과 relative location 문제

◆ 정 의

① process layout: 고객들이 자신의 활동 순서를 결정하기 때문에 고객화가 허용되는 서비스(a service permitting customization because customers determine their own sequence of activities)

② relative location problem: <u>operations sequence analysis</u> 즉 부서별 상대적 위치를 조절함으로써 process layout에서의 flow distance를 효율적으로 개선하는 방법

→ CRAFT(Computerized Relative Allocation of facilities technique)

공정별 배치의 상대적 위치 문제를 풀기 위한 운영 순서 분석의 부서별 교환 논리를 이용하는 컴퓨터 프로그램

(a computer program that uses the departmental exchange logic of operations sequence analysis to solve the relative location problem of process layouts)

23) process flow chart

◆ 정 의

기호와 이동한 시간 그리고 거리로 유형별 활동을 표시하여 서비스 운영을 일련의 활동으로 나타낸 표

(a table listing the sequence of activities for a service operation noting the type of activity with a symbol and the <u>time</u> and <u>distance</u> traveled.)

24) competitive role of service facility location

① flexibility: future economic changes and portfolio approach

② competitive positioning: prime location can be barrier to entry

③ demand management: diverse set of market generators

④ focus: cookie-cutter expansion and cannibalization

◆ location considerations

• service facility location

① geographic representation

② number of facilities

③ optimization criteria

• geographic representation

① network: 네트워크상 node로 제한된 solution space를 가지고 문제 풀이

② plane: metropolitan metric(정방형 도시), euclidian metric

가) metropolitan metric 직각 치환을 가정한 이동 거리척도

나) euclidian metirc 한 점에서 다른 점까지 벡터 이동을 가정한 이동거리 척도

→metropolitan이거나 euclidian을 사용하는 경우 이동거리(distance traveled)를 시간(time)으로 전환하기 위해 평균 속도 추정치(estimate of the average speed)를 적용해야 함.

• number of facilities

① one

② many: service capacity, level of service, area served(3가지)

→geographic representation의 결과 얻게 되는 해답만으로는 optimal solution을 찾기 어려움. 그러므로 service capacity, level of service, area served를 고려해야 함.

• multiple facilities일 경우 두 가지 문제 접근방법이 존재한다.

① location set covering problem

얼마 만의 한정된 최소한의 시설로서 특정 지역의 최대 이동 거리 이내 발생하는 모든 수요 point들을 포괄할 수 있는가에 관한 의사결정

(minimum number and location of facilities that will serve all demand points within some specified maximal service distance)

② maximal covering location problem

서비스가 제공 가능한 이동 거리 선상에 놓인 <u>고객들을 극대화</u>하는 것과 관련된 의사결정

(maximizing the population covered within a desired service distance)

• optimization criteria

① public sector

② private sector

◆ location을 확정짓는 기준들과 의사결정(p175)

① maximize utilization

② minimize distance per capita

③ minimize distance per visit

→ 결국 distance와 utilization rate와의 상관관계임

◆ 지역별 수요 추정

4 steps

① target population 설정

② unit of area 설정

③ geographic demand 추정(회귀방정식)

④ geographic demand를 도표화하기

25) cross－median approach

단일 시설의 입지 결정 기법으로써 전체 가중된 이동 거리를 최소화하는 메트로폴리탄 거리 척도를 이용함.

26) Huff model

수익 극대화를 목적으로 하는 소매점의 입지 선정법

일종의 gravity model임(중력은 거리와 반비례하고 질량과 비례함)

attractiveness of a facility: $A_{ij} = \dfrac{S_j}{T_{ij}{}^{\lambda}}$

A_{ij}=고객 i 가 소매점 j 에 지니는 호감도

S_j=소매점 j 의 크기

T_{ij}=고객 i 가 소매점 j 에 이르는 데 사용되는 이동 시간

λ=상점 내에서 쇼핑하는 데 소요되는 시간 대비 효과를 반영하는 경험적 모수 추정치

(Kim's club인 경우 λ가 2, 편의점인 경우 λ가 10이거나 그 이상, 시간과 효과는 반비례함. 시간이 적게 걸릴수록 만족을 느끼는 고객만을 한정)

27) non-traditional location strategies

① competitive clustering(경쟁적 군집): 고객들이 비교 쇼핑을 하기 편하게 경쟁자들이 주위에 몰려 있는 것
② saturation marketing(포화 마케팅): 고객의 주의를 끌기 위해 같은 회사의 매장들이 한 지역에 집중적으로 입지하는 마케팅 전략
③ marketing intermediaries(마케팅 중간재): 서비스 공급자와 최종 소비자를 연결하는 유통 경로에 있는 매개물 혹은 중개자 cf. 은행에서 신용카드회사와 연계하여 고객의 신용을 연장함
④ substitution of electric media for transportation: internet site를 통해 구매

28) the Service Encounter

◆ moment of truth: Richard Norman에 의해 정의된 진실의 순간은 서비스 제

공자와 고객 간의 짧은 접촉을 의미한다. 따라서 고객은 진실의 순간을 통해 제공된 서비스를 평가하며 동시에 서비스 품질에 관한 결론을 내리곤 한다. 즉 오랜 망설임 없이 한 번 내리게 된 의사결정으로 고객은 그에게 제공된 서비스를 평가하며 그 인상을 오랜 기간 간직하게 되는 것이다.

(brief encounter between service provider and customer is a moment in time when the customer is evaluating the service and forming an opinion of its quality.)

(1) service encounter triad

◆ 구성요소
① service organization
② contact personnel
③ customer

◆ 요소 주도에 따른 관계
① encounter dominated by the service organization
저가 정책을 실현하기 위해 모든 process를 표준화한 조직인 경우를 지칭. cf. 맥도날드

② contact personnel dominated encounter
서비스 종사자에게 상당부분 자율권이 보장되고 의사결정을 주도할 수 있는 경우를 지칭. cf. 의사와 환자 간 관계

③ customer dominated encounter
표준화가 잘 정의되어 있으며 또한 고객화된 서비스 기회가 고객들에게 주어질 경우, 고객이 서비스 delivery process를 통제하는 경우를 지칭.
cf. 완전 자동화된 주유기는 고객의 참여가 전제되어야 매출이 일어나게 된다.

→ 구성 요소 3자의 balancing이 중요 관건. 적정 수준의 교육이 완료된 고객

접촉 종업원과 고객의 기대와 서비스 전달 과정에서의 고객의 역할에 대한 고객과 종업원 간의 의사소통(communication)이 제대로 전개되어야 함.

(2) service organization
① culture
② empowerment

(3) contact personnel

◆ 선발 방법
① abstract questioning: an open ended question used to screen potential employee by revealing a candidate's ability to adapt and use interpersonal skills.
② situational vignette: a service encounter situation that can test a candidate's ability to "think on her or his feet" and to use good judgment
③ role playing

(4) customer

◆ 속 성
① economic customer: 시간, 비용 대비 고객의 지출에 대한 효과를 극대화하는 고객을 지칭
② ethical customer: 도덕적 의무감으로 구매하는 고객
③ personalizing customer: 서비스 제공자와의 친밀함이나 인간관계를 중시하는 고객
④ convenience customer: 고객이 편안함만을 추구하는 경우를 일컫는다. 편안함을 위해서라면 고객은 기꺼이 지불하려 한다.

◆ customer as coproducer
service delivery process 과정에서 고객을 서비스 제공자의 보조 노동력으로 사용될 수 있다는 시각. 이에 따라 고객은 특정 역할을 담당하거나 지시사항들을

준수해야 한다.

(5) service profit chain

◆ 전 제
→ happy is productive behavior model이 전제됨.
① 내부 시스템이 견고할수록 종업원 만족은 증가함
② 종업원의 만족이 증가되면 직장 이전은 감소되고 생산성은 증가된다.
③ 직장 이전이 감소되고 생산성이 증가되면 서비스 가치는 증가된다.
④ 서비스 가치가 증가되면 고객의 만족은 증가된다.
⑤ 고객의 만족이 증가되면 고객 충성도는 증가된다.
⑥ 고객 충성도가 높을수록 기업의 수익과 성장성은 증가한다.

29) 서비스 전략

(1) 서비스 기업의 고객 이탈 제로화 전략
◆ 고객 이탈률을 감소시키면(고객 충성도를 증가시키면) 기업의 profitability가
증대된다.
① 고객 이탈률 감소를 통해 미래 기업의 수익률을 증가시킨다.
② 고객의 생애현금흐름 최대화를 지향하는 CRM을 사용해야 한다.
③ 고객 충성도를 극대화하는 조직구조 혁신 및 문화가 전제되어야 한다.

(2) 가치혁신: 고성장의 전략적 논리
① 타 기업이 하는 방식으로 기업 운영하면 1등 기업만 생존, 나머지는 원가
   절감에 급급
② 산업의 전통적인 울타리 한계를 벗어난 시각의 다양화가 요구됨
③ No more kaisen strategy
④ 만 개의 기업에 만 개의 전략이 있음을 강조

30) 신상품 개발과 공정 설계

(1) 새로운 시장 영역을 창출하는 방안
◆ 6가지 새로운 시장 창출 부문인 대체 산업 / 산업 내 전략집단 / 구매자 집단 / 보완적인 제품과 서비스 제공 범위 / 구매자의 기능적 – 감성적인 매력 / 시간의 고려를 통해서 가치 혁신 전략을 세울 수 있음을 강조함
① 새로운 시장 영역의 창출과 재창출
② 창조적 전략의 지속적 요구

31) 서비스 시설 입지 선정

(1) 네트워크형 산업의 경쟁구조
◆ 네트워크를 기반으로 하는 기업들은 네트워크 사용자의 패턴에 따라 사업 단위 전략을 구성해야 한다.
→ 네트워크의 사용 패턴 3가지
① 제로 집중: 고객들은 네트워크를 무작위로 사용
② 구역 집중: 고객들이 네트워크의 일부 혹은 부분을 집중적으로 사용
③ 경로 집중: 고객들이 네트워크에 있는 개별 링크를 중점적으로 사용

(2) 서비스 전문 인력 양성을 위한 투자: Fidelity사의 사례
◆ 전문화 교육을 통한 종업원의 직무만족을 통해 고객만족을 이끌고 나아가 기업의 수익성을 높일 수 있다는 가정
• SDU(Service Development Univ.)
① 종업원의 서비스 향상 목적
② 기업 내부의 종업원을 대상으로 하는 가상의 교육 기관
→ SDU 원칙들
가) 전문성을 살릴 수 있는 교육이 주됨
나) 일선 관리자에게 책임과 권한이 위임되어야 함

32) 서비스 접촉 및 인터넷 서비스

(1) Want to perfect your company's service?

◆ 서비스 경영의 원칙
① 끝마무리에 대해 강조할 것
② 불쾌한 경험을 우선 경험하고 좋은 경험으로 끝마무리할 수 있도록 할 것
③ 유쾌한 경험은 단편적으로 여러 번 경험하게 하고 고통스러운 경험은 한 번
   으로 묶어서 경험하게 할 것
④ 한정되나마 고객의 선택을 통해서 고객의 의사결정에 대한 만족을 느끼도
   록 할 것
⑤ 반드시 지켜야만 하는 의식을 만들고 이를 반드시 준수하도록 할 것

(2) 고객 정보 확보 전쟁
◆ 기업의 환경이 변화함에 따라 정보를 지속적으로 획득할 수 있는 경로를 확
보하는 것이 주요함.
→ 개인 사생활 침해 문제 대두로 '정보 중개인'의 등장(고객 정보 관리 및 적
재적소에 고객 정보를 공급)이 바람직.

33) 수요 및 공급 관리, 대기 행렬

(1) 고객의 소리와 제조 시스템 통합 - 품질기능전개
◆ QFD를 통해서 고객의 소리를 설계 단계에 개입시킴으로써 원가 절감 및
궁극적인 고객만족으로 이어질 수 있음.
→ 품질의 집을 꼭 살펴보세요.
① 고객의 소리
② 경쟁력 분석
③ 엔지니어의 소리(현재 가능한 기술적 capacity)
④ 고객의 요구와 기술적 capacity 간 상관관계

⑤ 목표치에 대한 기술적 capacity 비교
⑥ 기술적 특성 간 상관관계

34) 서비스에 대한 용어

1. Clark-Fisher hypothesis: 다수 노동력의 활동에 따라 경제를 분류하는 것.
2. Economies of scale: 기술 고정비를 늘어난 판매량에 할당하는 것(항공 예약 시스템)
3. Economies of scope: 새로운 서비스 상품을 이미 구축된 유통 네트워크를 통해 실현하는 것(편의점에 셀프 주유 서비스를 첨가)
4. Experience economy: 부가가치가 개인적이고 기억될 만한 방식으로 고객에게 접촉되고 관련되어 창출되는 제 진화의 단계
5. Industrial society: 대량 생산 산업에서 공장에서의 작업이 압도적인 사회
6. Post-industrial society: 사람들이 정보 혹은 지적이거나 창의성 집약적인 활동에 관여하는 서비스 사회
7. Pre-industrial society: 농업과 자급자족으로 구성된 농업사회
8. Pull theory of innovation: 고객의 욕구에 의해 이루어지는 서비스 혁신
9. Push theory of innovation: 과학적인 실험실에서 비롯되는 제품 혁신
10. Explicit service: 감각에 의하여 즉시 관찰될 수 있는 필수적이거나 내재적인 특성(정시출발, 음식의 질 등)
11. Facilitating goods: 구매자들에 의해 소비되거나 구매되는 물품 또는 고객에 의해 제공되는 물건(음식, 골프클럽)
12. Implicit service: 고객이 희미하게 느끼는 심리적인 혜택이나 서비스의 외관적인 특색(밝은 주차장의 안전성, 대출 사무실의 사생활 보호 등)
13. Service process matrix: 상호작용 및 고객화의 노동집약 정도에 따라 서비스를 분류하는 것으로 비스 공장, 서비스 숍, 대량 서비스, 전문 서비스 등 네 가지로 분류
14. Supporting facility: 서비스가 제공되기 전에 반드시 있어야 하는 물적 자원(골프코스, 병원건물, 항공기 등)

15. Service package: 기본 시설, 보조용품, 명시적 서비스, 묵시적 서비스 등 네 가지 구성요소로 이루어짐.

16. Time-perishable capacity: 어느 기간 동안 사용되지 않고 있는 서비스로서 영원히 상실됨(비행기의 빈 좌석 등)

17. Data envelopment analysis: 국내 벤치마킹을 위해 효과적인 선도자 결정을 위한 서비스 단위에 대한 측정을 하는 선형 프로그래밍 기법

18. Differentiation: 경쟁 전략의 하나로서 서비스를 독특한 것으로 인식하게 만드는 전략

19. Expert service: 지식 기반과 의사결정 역할을 사용하여 추론을 할 수 있는 컴퓨터 프로그램

20. Focus: 경쟁 전략의 하나로서 표적시장에서 고객의 특별한 욕구에 부응하여 특정 표적시장에 서비스하는 전략

21. Marketspace: 정보의 가상 세계

22. Overall cost leadership: 효율적인 운영, 원가 통제, 그리고 혁신적인 기술에 기반을 둔 경쟁 전략

23. Qualifiers: 고객이 최소한의 성과요구를 충족시키는 서비스 기업의 그룹을 만드는 데 사용하는 기준

24. Service losers: 특정 기대 수준 혹은 그 이상의 서비스 제공에 실패함을 나타내는 기준으로 불만족한 고객을 영원히 잃게 되는 결과를 낳는 요소

25. Service winners: 최소 요건을 가진 경쟁자 중에서 최종 구매의사결정을 하는 데 사용되는 기준

26. Strategic service concept: 제공되는 서비스를 정의하는 여덟 가지 요소로 구조적이고 관리적인 두 개의 범주로 나눈다.

27. Value chain: 고객 가치 창출을 위한 잠재력을 지닌, 처음부터 끝까지 서비스 생산에 필요시되는 단계와 활동

28. Yield managemnet: 시간-소멸적 수용력을 지닌 서비스 수익 극대화를 추구하는 정보 시스템

29. Complexity: 서비스 프로세스에서 단계의 수와 복잡도를 측정하는 서비스 프로세스 구조의 한 측면

30. Coproducer: 서비스 전달 프로세스에서 고객의 생산자 역할을 수행

31. Customer contact: 서비스 시스템에서 고객이 물리적으로 존재한 시간을 총

서비스 시간의 백분율로 측정

32. Divergence: 고객화의 정도 혹은 서비스 제공자에게 허용된 의사결정 수준을 측정하는 서비스 프로세스 구조의 한 측면

33. Line of visibility: 전방업무와 후방업무의 분리를 나타내는 서비스 청사진 위에 그려진 선

34. Production-line approach: 엄격한 통제, 낮은 기술 수준의 노동력 사용, 표준화된 서비스 제공과 같은 제조 시스템과 유사하게 서비스를 설계

35. Service Bluepoint: 서비스 활동, 흐름, 실수 가능점, 고객 대기, 가시선을 나타내는 서비스 프로세스 도표

36. Battleneck: 실행하는 데 가장 많은 시간이 소요되고 따라서 전체 흐름에서 최내 흐름을 정의하는 품별 배지의 활동

37. CRAFT(Computerized Relative Allocation of Facilities Technique): 공정별 배치의 상대적 위치 문제를 풀기 위한 운영 순서 분석의 부서별 교환 논리를 이용하는 컴퓨터 프로그램

38. Operations sequence analysis: 부서의 상대적 위치를 정리하여 공정별 배치에서 이동거리를 효율화하기 위한 절차

39. Process flowchart: 기호와 이동한 시간과 거리로 유형별 활동을 표시하여 서비스 운영을 일련의 활동으로 나타낸 것

40. Process layout: 고객들이 자신의 활동 순서를 결정하기 때문에 고객화가 허용되는 서비스(놀이공원)

41. Product layout: 고정된 순서를 거치는 표준화된 서비스(카페테리아)

42. Servicescape: 고객과 종업원 모두의 서비스에 대한 행동과 인식에 영향을 주는 서비스 시설의 물리적 환경

43. Competitive clustering: 고객들이 비교 쇼핑을 하기 편하게 경쟁자들이 주위에 몰려 있는 것.

44. Cross-median: 단일 시설의 입지 결정 기법으로써 총가중 이동거리를 최소화하는 메트로폴리탄 거리척도를 이용.

45. Euclidian metric: 한 점에서 다른 점까지 벡터 이동을 가정한 이동거리 척도

46. Location set covering: 특정 최대 이동거리 내에서 모든 수요 지점을 만족시켜 줄 최소 시설의 수와 입지를 찾는 접근법

47. Marketing intermediaries: 서비스 공급자와 최종 소비자를 연결하는 유통경

로에 있는 매개물 또는 중개자(은행은 신용카드를 통해 소매상의 신용을 확장해준다.)

48. Metropolitan metric: 직각 치환을 가정한 이동거리 척도(도심에서 남-북, 동-서 이동)

49. Saturation marketing: 고객의 주의를 끌기 위해 같은 회사의 매장들이 한 지역에 집중적으로 입지하는 마케팅 전략

50. Abstract questioning: 대인관계 능력에 대한 지원자의 능력을 파악함으로써 직원을 선발하는 데 사용되는 정답이 없는 질문

51. Coproducer: 서비스 전달 프로세스에서 고객을 생산적인 자원으로 간주하여 전달프로세스에서 고객의 역할이나 다라야 하는 규칙이 요구된다.

52. Culture: 직원들의 의사결정이나 행동을 지도할 수 있는 조직 전체의 공유된 믿음이나 지식

53. Empowerment: 상세한 지도·감독 없이 기업을 위하여 의사결정을 내릴 수 있도록 직원에게 교육이나 정보를 제공하는 것

54. Service encounter triad: 서비스 조직, 접촉 지원, 고객 사이의 목적이 균형을 이루고 있는 삼각형의 모양

55. Situational vignette: 지원자가 자신의 위치에서 생각하여 훌륭한 의사결정을 내릴 수 있는지를 검증할 수 있도록 하는 서비스 접점상황

56. Moment of truth: 아주 짧은 의사결정 순간의 결정의 결과가 지속적으로 행해지는 것. service encounter가 중요한 이유도 서비스를 전달해주는 순간에 고객의 expectation이 결정되므로 전달 순간이 중요하기 때문.

57. Customized markets: 높은 수준의 수요를 추구하는 특정 시장에 초점을 맞춘 니치마켓과 매스마켓의 혼합.

58. Extender markets: 고객화와 제휴 브랜딩으로 넓은 시장에 여러 가지 서비스를 제공하는 것.

59. Joint-alliance service customization: 데이터베이스의 연결을 위해 조직의 경계를 넘고 가장 유연한 기법을 지님.

60. Mass markets: 욕구에 대한 넓은 스펙트럼을 지닌 다수의 고객을 타겟으로 함.

61. Mass service customization: 제품조사, 고객 등록과 향상된 보안시스템 같은 부가가치 서비스를 제공하는 포괄적인 기술적 지원을 지닌 매우 유연한 전자 기술(electronic technology) 사용.

62. Niche markets: 특별한 분야의 관심과 낮은 수요를 지닌 제품이나 서비스 제공.

63. Service kiosk: is a storefront technology that has little or no online flexibility but that allows customers to specify and order offline service

64. Service mart: 고객 선호나 구매 추적 같은 online 고객화를 지원하는 기술 staff에 의해 지원되는 electronic process 사용.

Ⅲ. 경영행정 정책별 이슈

1. 서민 생활안정 정책

　최근 내수회복 지연 등으로 인한 서민·중산층의 어려움을 조속히 극복하기 위하여 서민 생활안정에 특히 긴요한 부동산, 물가, 서민금융, 저소득층 생활 보호, 중소기업, 사교육비, 고용안정 등 몇 개 부분에 중점을 두어 관련 대책을 설명하도록 하겠다.

　① 부동산 시장 안정
　② 서민 생활 물가 안정
　③ 신용불량자 문제 해소와 서민 금융 내실화
　④ 저소득층 생활 보호 강화
　⑤ 중소기업·소상공인 경제활동 활성화
　⑥ 사교육비 부담경감
　⑦ 청년·여성·고령자의 고용안정

　이와 같이 서민·중산층을 중심으로 한 정책을 마련하여 장기화된 경기침체를 극복하겠다는 의지가 돋보인다. 하지만 서민층의 목소리는 다르다.
　한 사이트에 따르면 단기부양책이 아닌 장기부양책을 추구해야 한다고 주장하고 있다. 거품과 군살을 빼고 기업과 행정의 체질을 개선하여 경쟁력을 높일 필요성을 추구하고 있다. 이의 자세한 내용은 한국은행 독립, 금융 실명제 보완, 부도 방지 협약을 들 수가 있다.
　한국은행 독립은 중앙은행으로서의 기능의 독자성을 보장한다는 것이다.
　한국은행 독립은 정권의 단기적인 전략에서가 아니라 장기적인 관점에서 안정적인 금융 정책을 실시하고, 한국은행의 주목적인 통화 가치의 안정, 즉 물가 불안을 근본적으로 해소하는 데 있다고 주장하고 있다.

금융 실명제 보완은 대체 입법 시 비실명예금, 지하자금 자금출처조사보다는 과세 목적에 한정하는 방안을 보완해야 한다고 한다.

또 부도방지 협약은 은행여신 잔액이 2천5백억 원 이상인 기업에 한해서 조치의 대상으로 삼겠다고 한다. 자연스럽게 이번 조치가 대기업들 가운데 특별히 은행부채가 많은 기업들에게만 혜택을 줌으로 형평성에 문제가 있다는 지적을 하고 부도방지 협약은 아쉬운 점이 많이 남는 정책이지만, 과거 특혜금융과는 성격이 다르고 또 연쇄부도를 막기 위해 불가피한 측면도 있다는 점도 있지만 이 부도방지 협약을 한시적으로 운용되어야 한다고 한다.

이에 저는 현재의 유가폭등과 세계 금융시장의 불안정으로 인한 경기침체의 대체 방안을 모색해 보았다.

첫째는 시민들의 에너지 절약에 대한 투철한 절약 정신을 갖는 점이다.

우리는 불필요한 에너지를 소비함으로써 연간 수억 원대의 돈을 낭비하고 있다. 이 낭비되는 돈이 경제시장에 투자가 된다고 하면 쉽게 경기침체에 빠지지 않을 거라 생각한다.

둘째는 노동력의 해외 파견 근무 기회 부여.

우리나라는 현재 취업의 난으로 취업을 하는 것은 하늘의 별 따기보다 어렵다는 말이 있다. 그만큼 나라 안에는 노동력이 풍부하다는 말인데 이 노동력을 국가에서 충당을 못하면 해외의 기관이나 해외의 기업에 근무할 수 있도록 기회를 부여하는 것이 옳다고 생각한다.

셋째는 제3의 대체 에너지 개발.

계속되는 유가 폭등으로 인해 모든 산업이 어려워지고 국가도 점점 어려워지는 가운데 제3의 대체 에너지가 개발되면 산업의 발전과 세계 시장에 수출할 수 있는 여건과 외화를 벌 수 있다고 생각한다.

넷째는 실질적인 민생 경제를 위한 정책방안 모색.

매년 민생 경제를 위한 방안을 떠들고 있지만 정작 시민들은 그것을 잘 모르고 직접 피부로 느끼지는 못한다. 경기는 회복되고 있다지만 실감경기는 오히려 더 어려워지고 있다고 하니 그만큼 생활은 더 어려워진다는 말이라 하겠다. 시민들의 생활이 현실적으로 나아질 수 있는 좀더 구체적이고 현실적인 방안을 모색해야 한다.

　다섯 번째는 여·야가 화합을 이루는 정책을 들 수 있다.

　어려울 때일수록 민중들의 믿음과 신념을 줄 수 있는 정책을 펴야하는데 어떤 한쪽에서 어떠한 정책을 펴면 반대편은 이유를 불문하고 무조건 반대한다. 이 점을 가진 정책이라면 서로가 도와서 나라를 위해야 하지만 시민들에게 보이는 점들은 시민들의 불신만 가지게 한다. 마지막으로 법의 강화를 들 수 있다.

　억압받던 시대에서 갑자기 해방이 되어 그런지 도덕적 개념과 인간의 존엄성이 무시되고 있는 시대가 오고 있다. 학생은 열심히 공부하고, 군인은 나라를 잘 지키고 정치인은 정치를 잘한다면, 맡은 임무에 충실히만 한다면 고구려사 같은 역사적 왜곡은 당하지 않을 것이며 침략만 당하는 나라가 되지 않았을 것이며 독도를 잃을 위기에 닥치지 않았을 것이며 미국에게만 의지하고 미국에 의해 변화하는 그런 나라는 되지 않았을 것이다.

　앞으로의 대한민국은 세계에서 가장 우수하고 가장 존중받고 가장 으뜸의 나라가 될 것을 난 믿어 의심치 않는다.

1) Economic Value Added(EVA)경제적 부가가치 확장

(1) Economic Value Added(EVA) 도입

　기업의 가치의 극대화란 미래의 현금흐름을 현재의 가치로 환산한 것을 의미한다. 쉽게 말하면 현재의 투자 자본에 미래의 경제적 이익을 현재의 가치로 계산해 이를 합한 것이다. 따라서 기업의 가치를 증대시키기 위해서는 현재 가치가 0보다 작다면 현재 투자 자본의 가치는 파괴될 것이다. 반대로 미래 경제적 이익의 현재 가치가 0보다 크다면 현재 투자자본의 가치는 증가할 것이다. 기업 가치의 극대화는 주주의 부를 극대화시키며 결과적으로 기업경영 활동의 효과성을 향상시킨다. 기업의 가치를 극대화하기 위해서는 적절한 평가 방법의 도입이 필요하다. 즉 가치 극대화라는 전략목표를 피드백해 주며, 피드백한 결과를 목표에 반영시켜 전략목표가 올바른 방향으로 진행시키도록 하는 평가방법이 필요하다. 이에 스틴 스튜어트사는 경영자들이 기본적인 두 재무 구조를 의사결정으로 구체화하는 것을 돕기 위해 EVA를 개발해 90년대 초 포천지에 게재하면서 새로운 경영평가 모델로 세계적으로 선풍적인 인기를 모았다. 첫 번째는 어느 회사든지 주주들의 부를 극대화하는 것이 첫 번째 재무 목표여야 한다는 것이고 두 번째는 회사 가치는 투자자들이 기대하는 미래 초과 수익이나 자본 비용의 최소화의 크기에 달렸다는 것이다. EVA는 기존의 회계적 이익을 대변하는 지표들보다 가치 중심의 경영성과를 평가하는 데 적절한 것으로 알려져 있다. EVA는 투자 수익률과 기회비용을 연결함으로써 기업 가치 평가를 기존 회계 장부상의 손익 개념에서 부가가치 개념으로 전환하는 평가 방법이다. EVA를 도입하게 되면 경영 활동의 부가가치와 투자자본의 기회비용을 측정하기 때문에 경영 활동의 성장성과 효율화를 동시에 이룰 수 있는 전략의 가이드라인이 될 수 있다. EVA(경제적 부가가치)란 기업의 순 경제적 이익을 측정하는 다른 어떤 수단보다 더 가깝게 측정하는 재무성과 측정법이며 또한 주주의 부 창출에 가장 직접적으로 연결된 성과 측정법이다.

(2) 경제적 부가 가치＝세후 순 영업이익－자본비용

가장 간단하게 말해서 EVA는 한 기업의 순 영업이익에서 모든 투자자본의 기회비용(세금과 자본비용)을 제외한 것이다. 여기서 자본비용이란 주주, 채권자 등 투자자가 제공한 자본에 대한 비용이며 외부차입에 의한 타인자본비용과 주주 등의 이해관계자가 제공한 자기자본비용의 가중평균값을 말한다. 즉 해당기업이 투자자본과 비용으로 실제 얼마나 이익을 많이 벌었는가를 나타내는 지표이다. 이같이, EVA는 진정한 '경제적' 이익의 평가 또는 초과수익능력을 측정하는 지표이거나 이익이 주주와 채권자가 필적하는 위험의 다른 안전한 투자를 해서 얻을 수 있는 필수 최소한도의 반환율의 미달이며 기업의 가치를 극대화하는 방법, 즉 경영 활동의 목표를 현금흐름의 유입을 기준으로 기존사업의 구조조정, 신규사업의 선택, 업무흐름을 재구축시키는 방법 등을 뜻한다. EVA는 값이 클수록 기업의 투자가치가 높다. EVA가 마이너스라는 것은 기업이 투자하여 최소한 벌어들여야 할 요구수익에 미달한다는 의미이며 EVA가 플러스라는 것은 투하된 자본에 대한 비용을 초과하여 이익을 발생시켰음을 의미한다. 주식투자 기준으로 각광받아 온 투자지표인 PER(주가수익비율)은 해당기업의 주가가 얼마나 저평가 혹은 고평가 되어 있느냐를 나타내는 것인 반면 EVA는 기업의 수익성을 주주의 입장에서 좀더 정확하게 파악할 수 있도록 조정한 개념이다. 보통 타인자본비용은 은행대출 이자율 자기자본비용은 1년 만기 정기 예금 이자율을 기준으로 계산하기 때문에 주주의 입장에서 투자한 돈이 얼마만한 이익을 내는가를 알아볼 수 있다. 결국 EVA가 높은 기업이란 같은 돈을 투자해 은행에 예금하는 것보다 많은 이익을 낸다는 얘기다. 반대로 EVA가 적자라면 주주는 더 나은 투자대안을 찾을 것이다. 예를 들면, 투자자금을 회수하여 정기예금을 할 수도 있는 것이다. 선진국에서는 기업의 재무적 가치와 경영자의 업적을 평가하는 데 있어 순이익이나 경상이익보다 많이 활용되고 있다. 이는 또한 새로운 투자자에 대한 사전검증은 물론 사후 평가까지 할 수 있다는 점에서 기업의 투자나 경영성과를 보다 근본적으로 파악할 수 있는 유용한 판단기준을 제공해 준다. 그러나 자본비용 중에서 자기자본비용은 기회비용의 성격으로 실제로 소요되는 비용이 아니기 때문에 객관적인 산출이 어렵고 EVA가 단순히 재무상태를 정확하게 나타내 줄 뿐 고객만족도나 내부평가, 성장성에 대해서는 알 수 없다는 단점이 있다. 즉 어떤 기업 또는 산업에 속한 기업들의 EVA가 (−)로 산출되었다고 해서 전망이 어둡다고 단순하게 판단하는 것은 무리다. 왜냐하면 기업의 이익창출 능력 이외에도 기업 및 산업이 시장발전단계상 어디에 속해 있는지의 여부 등에 따라서도 EVA의 창출정도와 창출 가능성은 판이하게 달라질 수 있기 때문이다.

2) 경제적 부가가치(EVA)의 배경

(1) 경제적 부가가치(EVA)의 배경

1980년대 이후 기업경영 환경이 회계이익중심에서 가치창조 중심으로 변화함에 따라 미국에서는 사업재편과 M & A, R & D 투자 시 기업 의사결정의 중요성이 부각되었으며, 기업의 투자 및 경영성과를 평가하기 위한 기존의 지표가 한계에 부딪힘에 따라 새로운 지표가 필요하게 되었다. 이에 따라 1980년대 후반에 미국의 경영컨설턴트 회사인 Stern Stewart & Company에 의해 EVA가 개발되었다.

(2) 경제적 부가가치(EVA)의 정의

경제적 부가가치(EVA)란 기업이 경영 활동을 통해 창출한 순 가치의 증가분으로 세후 순 영업이익에서 투하자본에 대한 자본비용을 차감한 잔여이익의 개념이다. 이것은 경영 활동으로 발생된 이익에서 법인세비용을 차감하고 타인자본비용과 자기자본비용을 모두 고려한다는 점에서 전통적 성과측정치인 잔여이익과 개념상 동일하다. 하지만 EVA는 발생주의 회계로 인해 발생되는 투하자본의 과소평가에 따른 자기자본비용의 과소평가 문제를 해결하기 위한 것으로 산출방법에 있어서 잔여이익과 차이가 있다.

3) 유동성 비율

유동성은 보통 기업이 단기부채를 상환할 수 있는 능력이라고 정의하며 엄밀히 말하여 기업이 현금을 동원할 수 있는 능력이라 할 수 있다. 이러한 유동성을 보여주는 비율들을 유동비율이라 하며 유동비율은 기업에 돈을 빌려 준 채권자들이 가장 중요시하는 비율로서 유동비율과 당좌비율이 있다. 유동비율은 대차대조표상에 있는 유동자산을 유동부채로 나눈 것으로 기업의 유동성을 측정할 수 있다.

당좌비율은 유동자산 중에서 재고자산을 뺀 부분을 유동부채로 나눈 것으로 유동자산 중에서 재고자산은 유동성이 가장 낮은 항목일 뿐만 아니라 처분할 때에도 손실을 입을 위험이 크므로 기업이 재고자산을 처분하지 않고서도 단기부채를 갚을 수 있는가가 중요하다.

(1) EVA의 유효성

EVA의 성과평가 유효성을 간단한 예를 들어서 검토해 보자. 표 1은 4개 기업의 영업성과를 제시하고 있다. 일반적으로 기업에 익숙한 이익의 절대액을 기준으로 하면 X사의 경우 가장 좋게 평가된다. 그러나 어느 정도의 투하자본으로 이를 달성했느냐가 보다 중요하기 때문에 평가척도는 이익의 액수이기보다는 이익률이어야 한다. ROIC를 기준으로 하면 W사의 평가가 가장 좋다. 하지만 W사의 높은 ROIC는 동사의 영업자본의 이익성이 높다는 것에 지나지 않는다는 점에 주의할 필요가 있다. ROIC는 단지 영업자본의 수익성을 측정하기 위한 척도이기 때문이다.

기업재무의 목표는 어디까지나 가치창조에 있으므로 ROIC가 자본비용을 상회하는 수준까지 충분히 높은가를 검토하는 것이 본래의미의 성과평가라고 할 수 있다. 이러한 기준에 적합한 척도가 EVA이다. 여기서는 EVA규모로 기준하여 가장 양호한 성과를 거두고 있는 것은 Y사이다. 여기서 Y사와 Z사의 ROIC와 자본비용은 모두 동일 수준이기 때문에 이익이 자본비용을 상회하는 정도도 같다. 그 점에서 양자는 같은 평가를 받아야 하지만 그럼에도 Y사의 경우가 더 좋게 평가되는 이유는 창출된 가치의 금액이 더 크기 때문이다. 주식과 부채의 시가총액합계로 나타나는 기업가치총액의 극대화가 기업재무의 궁극적인 목표이므로 여기에 가장 부합하는 기업은 Y사가 된다. X의 EVA는 마이너스 상태이기 때문에 기업가치를 극대화하려는 시도는 오히려 이를 감소시킬 것이다. EVA모형에서는 총액으로서의 기업가치가 아니라 순수가치 증식 부분인 MVA의 극대화가 기업재무의 궁극적인 과제로 인식된다. 그러나 기업가치의 극대화는 순부가치의 증대와 자본비용의 절약이 전제되어야 하므로 EVA와 V/A 또는 A/IC로 측정된 성과지표는 동일한 결과를 가져온다. 참고로 일본의 산일경제연구소에서 작성한 그림 1은 EVA가 두 평면에 의하여 결정되고 있음을 보여주고 있다. 그림에서 보듯이 투하자본(영업자산)을 가로로, 초과이익률을 세로로 표시하면 EVA는 장방형의 면적으로 나타나게 된다. 비슷하게 그림 2는 EVA와 MVA와의 관계를 도식으로 표시하여 보여주고 있다. 전체기업가치 차원에서 기업가치를 주식시가 총액과 이자부담부채의 합으로 볼 수 있으며 여기에서 순 금융자본을 제외한 것이 순 기업가치이다. 그러므로 투하자본을 실제로 계산할 때는 시가가 확정된 금융자산을 제외하고 영업자산만 계산하는 것이 용이하다. 이를 도표로 표시한 것이 다음의 그림이다.

〈표 1〉 EVA에 의한 성과평가

항 목	X사	Y사	Z사	W사
영업용 투하자본(IC)	25,000	15,000	10,000	8,000
NOPLAT	5,000	3,000	2,000	2,000
ROIC	20.0	20.0	20.0	25.0
자본비용(WACC)	25.0	10.0	10.0	25.0
자본비용액	6,250	1,500	1,000	2,000
EVA	−1,250	1,500	1,000	0
기업가치(V)	20,000	30,000	20,000	8,000
MVA	−5,000	15,000	10,000	0
V / IC = ROIC / WACC	0.8	2.0	2.0	1.0

  과거 기업들은 기업의 경영성과와 가치를 평가하는 데 있어서 전통적 성과측정치인 재무제표를 많이 사용해 왔다. 하지만 최근에 들어 국내외적으로 기업 환경이 급변하고 경쟁이 심화되면서 회계이익이 기업의 진정한 성과와 가치를 제대로 측정하지 못한다는 문제점이 제기되어 왔다. 이러한 문제점을 해결하기 위해서 미국에서는 1980년대 후반에 Stern Stewart & Company에서 EVA라는 성과측정치를 개발하여 상업화하였다. EVA는 기존의 잔여이익과는 개념적으로 동일한 것으로 상업화 과정에서 발생주의 회계의 한계점이 착안된 것이다. 즉 발생주의 회계로 인한 투하자본의 과소평가로 자기자본비용이 과소평가된다는 것이다. 따라서 기존의 잔여이익에 이러한 문제를 추가적으로 조정해 준 것이다. 자기자본비용과 발생주의 회계에 의한 회계적 왜곡을 조정해 준 EVA가 투자자들에게 있어서 유용한 정보를 제공한다고 볼 수 있다. EVA가 (+)인 기업들의 주기는 시장에서 (+)의 초과수익률을 얻을 수 있음을 내포할 뿐만 아니라 자기자본비용과 회계적 왜곡에 대한 조정이 회계이익이 제공하는 정보 이외에 추가적인 정보를 제공하기 때문에 투자자들 입장에서 유용한 정보원천이 될 수 있다는 것이다.

참고문헌

강효석, 이원흠, 조장연, 「기업가치평가론」초판.(홍문사, 1997) pp.183 – 184.

김명균, "경제적 부가이익(EVA)의 개념과 활용사례", 「북악경영연구 제3호」, 국민대학교 경영연구소.(1997)

김응한, 이재경, 김명균, "EVA와 회계이익의 정보내용 분석"(1998)

김철중, "자기자본비용의 재인식과 경제적 부가가치", 홍익대 경영연구 제17호, pp.33 – 46.

윤태순, "새로운 기업분석지표로 부상하고 있는 EVA", (조흥경제)(1996. 7.) pp.70 – 75.

이대선, 최순재, "기업 성과평가를 위한 회계정보의 활용—EVA 산출을 중심으로—" 1997, pp.313 – 334.

2. 경영을 위한 Communication

1) 커뮤니케이션

(1) 커뮤니케이션의 정의
- 송신자와 수신자가 어떤 유형의 정보를 교환하고 공유하려는 과정
- 커뮤니케이션은 사람들 간에 정보, 아이디어, 이해 또는 느낌을 전달하고 교환하는 것
- 의사소통은 송신자(개인, 집단, 조직)가 수신자(개인, 집단, 조직)에게 어떤 유형의 정보를 전달할 뿐만 아니라 정보나 아이디어, 감정 등 어떤 의미를 송신자와 수신자 간에 피드백을 통하여 교환하거나 공유하는 것

(2) 커뮤니케이션의 기능

① 정보전달기능
커뮤니케이션은 개인과 집단 또는 조직에 정보를 전달해 주는 기능을 함으로써 커뮤니케이션의 촉매제 역할을 한다. 의사소통은 여러 가지 대안을 파악하고 평가하는 데 필요한 정보를 제공해 줌으로써 의사결정을 원활히 이루어지게 한다.

② 동기유발기능
커뮤니케이션은 조직구성원들의 동기유발을 촉진시키는 데 사용된다. 조직구성원이 해야 할 일, 직무성과를 개선하고 달성하기 위해서 어떻게 해야 하는지, 다른 구성원들과 어떻게 협동해야 하는 등을 구체적으로 알려주는 매개체 역할을 하는 것이 의사소통이다.

③ 통제기능

커뮤니케이션은 조직구성원의 행동을 조정·통제하는 기능을 한다. 즉 의사소통은 조직구성원들의 행동이 특정한 방향으로 움직이도록 통제하는 기능을 한다.

④ 정서기능

커뮤니케이션은 조직구성원들이 자신의 감정을 표현하고 사회적 욕구를 충족시켜주는 역할을 한다. 성원들은 자신이 속한 집단이나 조직에서 이루어지는 자신의 고충이나 기쁨, 만족감이나 불쾌감 등을 토로하게 된다. 의사소통을 통하여 자신의 심정을 표출하고 다른 사람들과의 교류를 넓혀 나가는 것이다.

2) 신세대와 구세대의 정의 및 특징

(1) 신세대와 구세대의 정의

① 신세대

최근 우리사회에서 흔히 세대차이로 불리고 있는 새로운 문화적 성향이 존재하고 있어서 이를 신세대문화라고 부르고 있다. 대체로 15세에서 29세의 청년층을 규정하고 있으며 사고방식과 생활방식에서 부모와 기성세대 간의 차이를 보이고 있다.

신세대라는 용어는 구세대라는 말과 대치되는 용어의 의미보다 새로운 사회에 쉽게 적응하며 타인에 대해 무관심하지만 주장이 뚜렷하고 분명한 이유가 요구되는 세대라고 보인다. 이러한 세대의 인간관계실상은 수직적인 인간관계나 수평적인 인간관계형태도 아닌 자신주의의 인간관계와 타인의 무관심적 인간관계가 팽배하여지고 있다. 조직의 목표를 우선 생각하는 것보다 개인욕구를 중시하며 책임보다 권리를 더욱 주장하는 경향이 높아지고 있다는 점이다. 이는 서양의 교육과 문화가 변형되어 도입된 경향으로 보기에는 문제가 있다. 인간관계의 수단을 금전으로 생각하는 세태에 서오는 폐단이며 앞으로 진정한 인간관계를 위해서는 인내하고 지속적이며, 관계개선을 위해서 금전적인 측면을 중시하는 것을 뛰어넘어야 할 것이다. 즉 인간관계에 금전이라는 수단을 중시한 결과 인성중시보다 물질중시로 인하여 변형된 개인주의화가 나타나는 것이다. 정(情)의 문화보다 현실적이고 계약적인 점을 중시하는 세대이다 보니 인간관계도 정확하게 균형을 유지해야 한다는 생각이 깊다. 현대의 인간관계의 패턴은 사회의 변혁과 발맞추어서 자신의 책임과 임무를 조절하는 새로운 인간관계의 기틀이 필요하다. 또한 자신의 존중은 타인의 권리를 손상해도 무방하다는 의식은 앞으로 교정되어야 할 숙제이다.

② 구세대

구세대라는 의미를 가족적 종속주의에 따라 아랫사람에게 일방적으로 충과 효를 내세워 복종만을 강요하는 보수적인 세대로 생각하기 쉽다. 그러나 구세대는 한 세대의 골격이며 사회를 이끌어 나가는 세대라는 큰 짐과 책임을 가진 세대라는 점을 인정해야 한다. 이 세대는 자녀들을 통해서 대리만족을 가지려 하여 자녀들의 의지와는 전혀 다른 방향으로 가게 하는 잘못된 자들도 있다. 구세대는 새로운 세대의 행동을 부정적인 입장에서 취급하는 것보다 어느 누구의 의견이라도 중요하게 인식하여 존중할 수 있는 자세가 필요하다.

(2) 신세대와 구세대의 특징

신세대들은 연령층으로만 본다면 1975년 이후로 태어난 세대를 지칭하지만 생물학적인 연령보다는 가치관 행동양식 면에서 기성세대와 문화적으로 차별화된 집단으로 이해하는 것이 바람직하다.

신세대라는 개념이 갖는 단어적 의미를 살펴보겠다. 첫 번째 의미는 '젊은 세대'라는 것이다. 어느 시대에나 젊은 세대는 항상 존재해 왔다는 점에서 이것은 신세대를 과거와의 연속선상에서 파악하여 사용하는 경우이다. 즉 일반명사로서의 신세대라고 할 수 있다. 두 번째 의미는 새로운 세대라는 점이다. 따라서 과거 젊은 세대와의 단절과 그들만의 독특한 양식이 강조되고 있다. 이 경우 신세대는 고유명사로서의 신세대라고 할 수 있다.

이번에는 신세대라는 개념을 좀더 분석적으로 살펴보자. 먼저 신세대라는 개념을 설명하기 위해서는 '세대'라는 개념을 이해하는 것이 필수적이다. 왜냐하면 세대라는 말이 일상생활에서 사람 또는 상황에 따라 매우 다양한 의미로 쓰이기 때문이다. 우리는 세대라는 개념을 생애주기의 어느 단계에 있는 사람들과 어떤 특정한 역사적 경험을 공유한 사람들을 총칭하는 개념으로 사용하겠다.

그러므로 여기에서의 신세대 개념은 일상생활에서 가장 널리 통용되는 구세대 또는 기성세대와 상대되는 개념으로 쓰이지만 역사적으로 지금까지 항상 존재해 왔던 보통명사로서의 신세대가 아니라 그동안의 정치, 경제, 사회, 문화적인 독특한 배경하에 형성된 고유명사로서의 신세대를 의미한다. 다시 말해서 신세대와 구세대는 어느 시대를 막론하고 인간이 사는 곳에서는 항상 존재하여 왔으며 이 두 세대는 서로 대립과 갈등의 관계로서 그들 각각의 심리적 및 신체적 특성을 갖고 있다.

(3) 포괄적 의미
- 경영조직의 내규모화와 복잡화
- 조직의 구성원, 특히 종업원에 대한 인간관계론적인 배려의 요청

① 필요성
- 신뢰와 공감대 형성
- 조직 간 갈등 해소
- 사업장의 실상파악과 현장정보의 신속한 입수
- 경영방침의 철저한 침투 및 이행
- 방침과 업무의 연계성 도모
- 중점사업추진결과의 피드백
- 구성원의 자발적 참여에 의한 일체감 조성

② 방 법
- 다양한 대화경로의 개발
- 마음과 마음의 교류를 위한 활동전개
- 조직 간 정보 교류의 활성화(정보 및 자료 교환)
- 함께 알고, 함께 이야기하고, 함께 일할 수 있는 여건 조성
- 구성원 상호 간의 다양한 팀 활동 전개
- 중요과제 발생 시 부서 간 공동참여 체제 확립

(4) 경영학적 의미
우리가 살고 있는 시대는 기술과 혁신의 시대라 한다. 문득 20여 년 전만 해도

웬만한 회사에는 컴퓨터도 팩스도 없었다. 모든 의사결정이 전화나 직접 만나서 이루어지던 시절이었다. 클라이언트와 만나 상담하는 방법, 프레젠테이션 기법, 기본적인 에티켓 등을 교육받았었다. 이 과정을 통하여 각 회사의 기업문화가 형성되고 표출되었던 것 같다. 이제는 비즈니스에서 e메일의 비중이 가장 크다. 클라이언트와의 업무는 물론이고 사내 커뮤니케이션의 수단으로도 가장 큰 힘을 발휘한다.

어느 100명 규모의 커뮤니케이션 전문기업에서, 내부적으로는 항상 커뮤니케이션이 원활치 못하다는 지적들이 있었다. 사실 이러한 현상은 세계적으로 커뮤니케이션 기업에서 모두 나타나는 공통적인 현상이다. 그런데 좀더 큰 차원에서 볼때, DDB 월드와이드는 전세계 100개국에 200개 이상의 사무실이 있고, 10,000명 규모의 종업원을 두고 있는데 통일된 기업문화를 잘 지켜내고 있다. 참으로 놀라운 일이라 생각된다. 비전, 미션의 공유 등 여러 가지가 있겠지만 LDB 월드와이드의 회장인 키스 라인하드(Keith Reinhard)가 20여 년간 매주 써 보내던 편지가 가장 큰 힘을 발휘한 것이다. 그는 '어느 수요일(Any Wednesday)'이라고 이름 지어진 이 편지에서 다양한 측면을 전세계의 LDB 임직원들과 커뮤니케이션 했던 것이다. 자신의 광고관, 사회 기여 측면, 새로운 경향, 광고인의 자세, 우리가 몸담고 있는 비즈니스 세계에 대한 생각, 어떤 직원이나 작품에 대한 칭찬 등등. 90년대 중반까지 이 '어느 수요일(Any Wednesday)'은 우편물로 전달되었다. 90년대 후반부터는 인터넷 홈페이지에 게재되는 것으로 바뀌었다. 익숙한 편지 대신 정감 없는 인터넷에 거부감도 있었으나 거기에는 또한 큰 장점이 있었다. 내가 내 생각을 회장에게 바로 보낼 수 있다는 것이었다. 쉽게 양 방향 커뮤니케이션이 가능케 되었던 것이다. 회의 때문에 외국에서 각 오피스에서 온 사람들과 만나도 우리는 금방 한 회사에 속해 있다는 인식을 갖게 된다. 왜냐하면 같은 주제로 이야기가 가능하기 때문이다. 이 편지가 지대한 공헌을 했다고 본다. 기업 경쟁력의 출발은 내부 커뮤니케이션이다. 정보와 관점과 경험을 공유할 때 내부의 힘은 극대화된다. 그리고 그것이 대외적으로는 기업의 힘으로 드러나는 것이다.

(5) 기 업

① 정보의 비약적인 증대

최근 기업경영 활동에 유입, 유출되는 정보량은 엄청날 정도로 많아졌다. 이런 환경 속에서 회사의 구성원은 유입된 정보의 정확한 선별과 신속한 활용을 통해 자신의 역할을 수행해야 한다. 정보의 정확한 선별과 신속한 활용은 조직구성원의 커뮤니케이션을 통해 더욱 쉬워질 수 있다.

② 부서 간 분화현상의 가속화

현대 기업에서는 개개인의 직무 범위가 명확히 정해져 있다. 이런 상황은 조직 내의 많은 구성원들을 고립시키게 된다. 이러한 현상들이 빚어내는 장애요소를 제거하려면 조직구성원 상호 간에 의사소통의 길을 어떤 방법으로든지 확보할 필요가 있다.

③ 외사소통의 증대

커뮤니케이션이란 보내는 사람과 받는 사람 간의 상호작용이다. 원활한 커뮤니케이션은 보내는 사람과 받는 사람이 서로 그 책임의 일부를 맡아서 이루어진다. 듣는 사람이 관심을 가지고 있는가, 또는 내용을 완전히 이해했는가를 확인하려는 노력을 게을리 해서는 안 된다.

(6) 공무원 인사

조직 내에 커뮤니케이션이 잘 이루어지려면 그에 맞는 교육이 필요하다. 노무현 대통령의 참여정부가 들어선 이후 가장 크게 달라진 점은 파격적인 인사라 할 수 있다. 특히 서열을 중시하는 검찰 인사에서 서열을 파괴한 것을 두고 우려의 소리와 환영의 소리가 팽팽하게 맞섰다. 커뮤니케이션 측면에서 우려되는 점이 있었다. 상사가 된 후배와 선배가 우호적인 커뮤니케이션을 하기란 거의 불가능해 보였기 때문이다. 후배를 상사로 모셔야 하는 선배들은 위계질서에 따라 후배인 상사의 명령을 수행할 것이다. 하지만 자발적으로 일을 하기는 쉽지 않을 것이며 이러한 태도를 강제로 바꾸기도 어려울 것이다. 행자부 인사에서도 같은 맥락에서 우려의 소리가 나왔다. 서열상 한참 아래인 군수 출신이 장관이 되었는데, 그동안 차관 이하 군수의 상위 직급으로 일하던 공무원들이 과연 장관의 지시를 얼마나 진지하게 받아들일 것인지 의문이다. 커뮤니케이션 측면에서 이런 점도 고려했어야 한다. 물론 아직까지는 별 탈 없이 국정이 운영되고 있는 것처럼 보이지만 보이지 않는 내부의 갈등은 언제 터져 나올지 알 수 없는 응어리로 남아 있을 것이다.

3) 조직 내 커뮤니케이션이 왜 중요한가?

 '조직은 유기체'이고 조직 내 커뮤니케이션은 '혈액'과 같다. 만약 '혈액'이 몸 속을 더 이상 돌지 않게 되거나, 그 속도가 떨어지면 말단의 조직부터 이상이 생기거나 썩어 들어가게 된다. 게다가 '혈액'을 통해 신선한 '산소'들을 공급받지 못한다면, 중추신경을 비롯한 뇌신경에도 장애가 발생하게 된다. 만약 '혈액'을 통해 적절한 자기방어 수단들을 공급받지 못해도 문제가 생긴다. 여기에 커뮤니케이션 왜곡, 정보 독점 현상, 유언비어 등으로 혈관이 막히면 동맥경화증이 된다. 그러므로 조직 내의 커뮤니케이션은 절대적으로 중요한 것이다.

4) 커뮤니케이션의 현황과 문제점

 ① 젊은 세대란 언제나 있기 마련이고 기성세대와 가치관 등에서 차이를 보인 것은 인류역사가 시작된 이래 항시 문제시되어 온 것이다. 고대 중국 또는 이집트에서도 젊은이들의 행동이나 사고방식이 마땅치 않은 어른들의 불만이 적지 않았다. 지난 대선에서 젊은이들과의 차이를 소름끼치도록 절감했다는 5060세대도 불과 40년 전인 4·19혁명 때 기성세대는 물러가라고 목청을 높인 바가 있다. 그뿐만 아니라 삼엄한 냉전시절 '가자 북으로, 오라 남으로'를 외치며 남북한 학생 만남을 요청해 당시 기성세대를 질겁하게 만들었다. 이어 월남전에서 본인의 의사와 관계없이 당시 구세대 질서 속으로 떼밀려 들어가 젊음을 소비하며 전쟁의 참혹함과 민족의 비애를 경험했다. 그보다 어린 나이에 겪었던 한국전쟁에서 그들은 죽음과 굶주림이 무엇을 의미하며, 거기서 벗어나기 위한 본능은 얼마나 치사하고 처절할 수 있는가를 절감했다. 신구세대의 갈등은 역사상 언제나 있어 왔고, 조직의 발전을 이끄는 원동력이 되었다는 점을 내세운다. 타당한 지적이다. 또한 그렇게 진행되어야 한다. 즉 신구의 갈등보다는 그 차이를 생산적으로 이끄는 조화에 역점을 두면 무난히 다음 단계로 발전해 나갈 것이다. 신세대의 패기와 구세대의 노련미, 지혜를 사회를 밀고 나가는 필수불가결의 바퀴로 서로 인정한다면 새로운 차원의 에너지를 창출할 것이다.

② 신세대와 구세대 간의 의사소통 부재에 따른 갈등은 직장, 가정, 학교 등 어떠한 조직을 막론하고 존재하고 있다. 서로에 대해 느끼는 어려운, 그리고 서로 간의 이해, 배려의 부족 등이 의사소통을 하는 데 더욱 큰 어려움이 되고 있다. 이러한 갈등을 풀어주는 가장 좋은 방법은 주기적이고 지속적인 대화뿐일 것이다. 이런 대화는 한 번 그 길을 트는 것이 어려울 뿐 한 번 트인 대화의 물꼬는 조금만 신경쓴다면, 지속적으로 이어질 수 있을 것이다. 그렇게 물꼬를 틀 수 있는 방법에는 무엇이 있을까? 몇년 전 TV 광고에 지친 모습으로 집에 들어온 아들에게 어머니가 온라인 대화 신청을 함으로써 대화의 장을 여는 모습을 보여준 적이 있다. 그런 모습같이 기성세대가 먼저 다가가는 모습도 좋을 것이다. 어떠한 지장에서 간부들을 대상으로 스타크래프트 대회를 열었다는 기사를 얼핏 본 적이 있다. 신세대 직장인들과의 생각의 차이를 좁히기 위한 일환으로 열었었던 것으로 기억한다. 그런 식으로 신세대들이 즐겨하는 게임 등을 같이 즐김으로써 자연스럽게 대화를 이끌어 가는 방법도 있을 것이다. 신세대들 또한 기성세대들과의 차이를 인정하고, 예의 바른 마음가짐으로 접근하고 자신의 생각을 차근차근 이야기할 수 있어야 할 것이다. 제일 처음 제시된 예에서와 같이 진실한 마음으로 직장 상사에게 이야기를 한다면 그러한 진심은 충분히 통할 수 있을 것이다. 서로에 대한 차이를 인정하고 서로가 진실하게 다가서서 대화를 해 나갈 수 있다면 신세대와 구세대 간의 의사소통의 부재로 인한 갈등은 치유될 수 있지 않을까?

5) 원활한 의사소통을 위한 구체적 방안

미국 포천지가 매년 발표하는 "일하기 가장 좋은 포천 100개 기업"(100 Best Companies to Work for in America)의 선정 주관자이자 신뢰경영의 주창자인 로버트 레버링은 훌륭한 회사는 지속적으로 좋은 인재들을 끌어 모을 수 있으며 동시에 경쟁업체에 비해 이직률이 아주 낮고 높은 재무적 성과를 보이고 있다는 특징 외에 훌륭한 일터는 회사 내 커뮤니케이션의 질에서도 차이가 난다는 점을 강조하였다. 지난 3월 26일 한국을 방문한 강연에서 로버트 레버링은 다음과 같이 커뮤니케이션의 중요성에 대해 언급하였다. "평범한 일터는 잘못된 커뮤니케이션으로 악순환의 고리에 빠져드는 경향이 있다. 경영층이 의도하는 변화는 불완전한 정보로 직원에게 전달되고 개개인들은 소외감을 느끼게 된다. 반면 일하기 좋은 일터에서는 경영진과 직원 간 쌍방향 대화가 원활하다. 이는 커뮤니케이션의 선순환을 가져와 조직에 대한 충성심을 높이게 된다. 높은 수익을 내기 위해서는 구성원 간 협동과 팀워크 또한 빼놓을 수 없는 덕목이다." 최근 'LG 주간경제'(672호)에서는 '신뢰 경영의 성공포인트'라는 제목의 기사에서 성공적인 신뢰 경영의 조건 중 하나로 커뮤니케이션의 활성화를 들고 그 방안에 대해서 언급하였는데 참고가 될 만하여 소개하기로 한다. 경영진과 구성원 간 신뢰 수준이 낮으면 조직 내에서 가장 큰 문제점으로 나타나는 것이 커뮤니케이션의 단절 현상이다. 예를 들어, 경영자와 구성원 간 커뮤니케이션의 양은 많지만 질이 떨어져 실제 서로의 입장만을 고수한 채 이야기가 겉돌거나 서로 간의 입장 차이만을 확인하고 마는 경우가 많다. 또한 구성원들 사이에 우리 조직의 팀장이나 경영진에게는 문제 제기를 해 봐야 공연히 면박만 받거나 찍힐 수 있다는 의식이 생겨 커뮤니케이션 시 매우 수동적인 모습을 보이게 된다.

실제로 우리나라 기업의 상당수가 경영진과 구성원 간 커뮤니케이션 수준이 높지 않은 것으로 나타나고 있다. LG경제연구원이 여러 기업을 대상으로 설문 조사한 결과에 따르면 개방적 커뮤니케이션 문화가 정착되어 있다는 의견이 20% 정도에 불과하고, 정착되어 있지 않다는 의견이 40%로 더 높게 나타나고 있다. 또한 중요한 문제를 제기하지 않고 덮어 둔다는 의견도 약 40%로 나타난 반면, 덮어 두지 않는다는 의견이 20%에 불과했다. 경영진과 구성원 간 커뮤니케이션의 단절 현상이 심하게 나타나는 기업의 경우에는 기업이 어떤 변화나 좋은 제도를 도입하려고 해도 강한 저항에 부딪히거나 실패로 끝나는 경우가 많다. 즉 경영진에 의해 변화가 추진되면 경영진과 구성원 간 불완전한 커뮤니케이션으로 인해 변화 추진 의도가 상호 간에 정확하게 전달/공유되지 못한다. 이렇게 되면 구성원 사이에 나쁜 루머나 소문이 돌고 구성원들의 불안감은 높아지며, 담당 업무에 몰입하기가 어려워진다. 이는 경영진에 대한 신뢰 수준을 저하시키는 요소로 작용하고 다시 경영진이 좋은 의도로 변화를 추진하여도 색 안경을 끼고 바라보는 현상이 심화되는 악순환에 빠지게 된다. 조직 진단 컨설팅을 수행했던 한 기업의 예를 들면 경영진과 구성원 간 신뢰 수준이 낮으니까 경영진이 아무리 좋은 의도로 제도를 도입하거나 변화를 추진하려고 해도 구성원들은 색 안경을 끼고 경영진의 말과 행동을 의심의 눈으로 바라보았으며, 결국 커뮤니케이션의 단절 현상이 심화되어 갔다.

6) 조직 내 커뮤니케이션 활성화 방안

그렇다면 조직 내에 커뮤니케이션을 활성화시켜 경영진과 구성원 간 신뢰 수준을 끌어올리기 위해서는 어떻게 해야 하는 것일까?

① 경영진과 구성원 각자가 자신들의 입장이 아닌 역지사지(易地思之)의 관점에서 서로의 진정한 니즈와 필요를 열린 마음으로 받아들이려는 노력이 필요하다. 특히, 경영진이 먼저 열린 모습을 보여야 한다. 경영진의 생각만을 구성원들에게 강요하거나 정당화해서는 안 되며, 한 걸음 뒤로 물러나 구성원 입장에서 문제의 본질을 생각해 보아야 한다.

② 경영진과 구성원 간 상호 커뮤니케이션의 장을 구축하고 활성화하는 노력이 필요하다. 예를 들어 신뢰 수준이 높은 선진기업들의 경우, 다양한 방식으로 커뮤니케이션의 장을 활성화하고 있다. Herman Miller사의 경영진은 구성원들과의 커뮤니케이션 활성화를 위해 Quarterly meeting, Town hall meeting 등 공식/비공식 미팅을 통해 회사의 재무 및 운영 정보를 공유하고 구성원들의 다양한 의견을 파악하여 경영 활동에 반영하고 있다. GE의 경우에는 Work-out Town meeting을 통하여 계층 간, 부서 간 장벽을 제거하고 구성원들의 자발적인 참여를 유도하여 매우 큰 효과를 거둔 바 있다.

③ 경영진과 조직에 대한 구성원들의 의견을 수렴할 수 있는 방법으로 구성원 의식 조사나 리더십(상향) 평가를 정례화하는 것도 매우 좋은 방법이다.

예를 들어 Federal Express사의 경우에는 My opinion counts라는 구성원 설문 조사를 통해 사업 전략, 리더십, 수행 직무 등에 대한 구성원의 의견을 파악하고 이를 조직 운영 및 정책에 적극적으로 반영하여 큰 성과를 거두고 있다. 또한 상향 평가의 경우에는 구성원들이 경영진의 리더십을 정기적으로 평가하고 개선 포인트를 피드백함으로써 리더십의 질을 높이는 데 크게 기여하고 있다.

3. 개인기업의 재정운영 실태

1) 개인기업이란?

소요자본의 전부 또는 대부분을 한 개인이 출자하고, 그 자본운영에 관한 책임을 그 출자자가 전적으로 책임을 지는 기업. 이때 생기는 윤이나 손실은 출자자인 동시에 경영책임자이기도 한 개인이 받아들이고 부담한다.

개인기업은 지휘하는 데 있어서 통일성, 신축성, 비밀유지 등의 좋은 일면을 지니고 있으나 자본규모가 결과적으로 개인자본의 축재에 묶이고, 다른 기업과의 경쟁에 필요한 자본금 지출이 불충분하다는 근본적인 약점이 있다.

여기에서 주목할 일은 개인기업의 기업성이다.

개인기업 가운데에는 자본과 임금노종의 분화가 명확하지 않은 전자본주의적 (前者本主義的) 기업이 포함되어 있기 때문이다.

개인자본가가 직접 노동과정의 중요부문을 담당한다든지, 임금을 지불하지 않아도 좋은 가족노동자가 노동자의 대부분을 차지할 경우에는 엄밀한 의미에서의 기업은 성립될 수 없다고 보아야 한다.

그렇다고 해서 역사적 과도기나 현대 자본주의하에서 존재하는 가내공업이나 영세공업의 중요성을 부정하는 것은 아니다.

(1) 개인기업의 설립절차

1. 개인기업의 설립
개인기업은 사업주 개인이 출자자인 동시에 경영자로서 직접 경영에 참여하는 기업의 형태이다.

개인기업의 창업은 관할세무서에 사업자등록을 함으로써 성립된다.

다만, 인허가가 필요한 업종은 관계기관으로부터 인허가를 받아서 사업자 등록 시 세무서에 함께 제출해야 한다.

2. 관할세무서란 − 개인의 주소지와 관계없이 사업을 하고자 하는 사업장(주사무소, 공장 등)주소지의 관할세무서를 의미한다.

3. 인허가가 필요한 업종이란 − 사업을 하려면 인허가를 받아야 하는 업종으로 출판업등록과 같이 간단히 구청에 신고만으로 얻을 수 있는 것도 있고, 건설업 면허와 같이 까다로운 것도 있다.(석유정제업, 고압가스제조업, 의약품제조업, 식품제조업, 화약제조업, 위생용품제조업, 의료용구제조업, 전기용품제조업 등)

* 처리기간 − 7일

4. 구비서류 − 사업자능록승(세무서 민원실에 비지), 사입인. 허가시본(행당업종에 한함), 주민등록증

(2) 자금을 조달하는 방법

1. 매입채무 − 기업이 구입한 제품, 원료, 장비, 용역 등에 대하여 대금을 지불하지 않음으로써 발생하는 부채, 기업들이 많이 이용.

2. 리스 − 일정한 자산(주로 시설재)을 빌려주고 사용료를 받는 제도, 사업자금을 줄이고 소요자금을 조달하는 효과 발생.

3. 신용보증 − 자금을 직접 지원해 주는 것은 아니지만 타인자본의 동원을 보조하는 기관(신용보증기금, 기술신용보증기금)

4. 은행의 지급보증 − 은행이 거래처의 요청에 따라 거래처가 제3자에게 부담하고 있는 채무나 장래에 발생하게 될지도 모르는 채무에 대하여 그 지급을 보증하는 제도.

5. 팩토링

① 정의 − 은행 등 금융기관이 기업의 외상매출금, 받을 어음 등 매출채권을 매입함으로써 자금을 공급하는 제도

② 이점 − 기업은 이 제도를 이용함으로써 고객에 대한 신용조사, 대금회수 및 채권관리 등의 부담이 경감.

③ 팩토링의 대상이 되는 채권 − 사업자등록증을 소지하고 있는 업체가 상거래에 수반하여 취득한 은행어음이나, 비어음외상매출채권으로서, 매입일로부

터 6개월 이내에 만기가 도래되는 채권

6. 보증보험－담보제공 능력이 부족하여 대출수혜, 입찰참가, 사채발행 등이 곤란한 자에게 보증보험회사에서 보증해주는 제도

7. 은행으로부터의 융자

(3) 사업자금의 원천

1. 개인－창업자가 창업 시 투자하는 자기자본

*자기자본－기업의 총자산에서 부체를 뺀 것을 말한다.

재무제표에서는 자본금, 법정준비금(자본준비금, 이익준비금)과 잉여금을 합계한 것으로 순자산이라고도 부른다.

2. 자기자본비율

자기자본비율은 기업의 자본구성의 건전성을 분석하는 데 중요한 지표다.

기업경영을 하는 데 있어서 타인자본에 의존하지 않을 수 없는 경우가 많지만 설비, 증가 등으로 고정자산의 비출이 놓아지거나 유동자산 중에 장기적으로 고정되는 것이 많아질 것으로 예상될 땐 자기자본구성비율을 높여 자본구성의 건전성을 유해야 한다. 즉 자기자본비율은 높을수록 이상적이다. 발생주의는 기업회계에서 당해 기간에 해당하는 손익만을 구분하여 계산하는 회계로 현금주의회계와 대응된다.

기업회계의 기간손익계산은 기간 내의 수익과 비용을 확정하여 총수익과 총비용의 차액을 산출하는데 현금주의의 경우에는 현금수지에 기초를 두고 기간 중에 실제로 수입 또는 지불된 수익과 비용을 모두 계산한다. 그러나 계속되는 기업의 활동을 기간별로 구분하여 그 기간의 손익을 산정하는 데는 총수지에 의한 현금주의회계로는 부적당한 부분이 많기 때문에 현대에 발생주의회계로 발전된다.

발생주의는 차기의 것을 미리 주거나 받았을 때나 전기의 것을 후에 주고받았을 때 실제로 주고받은 시점에 관계없이 그것이 어느 기간의 손익에 해당하는지를 구분해서 그 기간의 손익으로 처리하는 방법이다. 예를 들면 앞으로의 이자를 미리 지불했을 때 지불된 이자 중에서 당기에 해당하는 부분만 당기비용으로 처리하고 차기 해당부분은 차기손익으로 처리한다. 현대기업회계의 손익은 손익발

생 사실 자체를 기준으로 하는 발생주의에 의하여 계산된다. 그런 것을 처리하는 계정이 바로 선급비용, 선수수익, 비지급비용, 미수이자 등이다.

(4) 세무관계

1. 대표자인건비 세무처리

개인기업의 대표자 인건비는 사업소득금액 계산 시 필요경비에 산입되지 않는다. 그러므로 개인사업장에서 대표자가 인건비로 매월 일정금액을 가져가는 경우 그 금액은 대표자의 출자금에 대한 회수 또는 인출로 처리된다. 결국 개인기업의 대표자에 대한 인건비 상당액은 사업소득에 포함되어 종합소득으로 과세되는 것이다.

대표자에 대한 인건비 상당액이 법인기업의 근로소득으로 과세되느냐 아니면 개인기업의 사업소득으로 과세되느냐 하는 것이 창업주체의 의사결정에 따라 크게 영향을 주는 것은 아닐 것이다. 그러나 소유와 경영이 분리되지 않은 법인즉 한 사람이 회사 주식의 대부분을 소유하면서 그 주주가 회사의 대표자로서 회사를 경영하는 경우 세금부담 측면에 있어서는 소득에 적용되는 세율 구조상 개인기업보다는 법인기업에게 유리하게 작용된다. 왜냐하면 우리나라 소득세율 또는 법인세율 체계는 소득이 많을수록 높은 세율이 적용되는 누진세율 구조로 되어 있어서 소득이 한 사람에게 집중되면 세금부담도 누진적으로 증가하게 되는데, 사업을 해서 벌어들인 소득이 법인의 경우에는 대표자(근로소득)와 법인(법인소득) 두 곳으로 분산되는 데 반해, 개인기업의 경우에는 그 사업을 해서 벌어들인 소득이 사업주 개인(사업소득) 한 사람에게 집중되기 때문이다.

2. 자금관리 및 운영

자금운영상의 측면에서는 개인기업에 비하여 법인기업에게 많은 제약이 따른다. 왜냐하면 법인기업은 법인 그 자체가 독립된 주체로서, 법률상 출자자인 주주나 경영자인 대표자와 그 법인과는 별개의 인격체이기 때문에 법인재산과 개인재산은 엄격히 구분하여 관리되어야 하기 때문이다.

개인기업의 경우에는 사업자금의 투입과 인출 측면에서 상당히 자유로운 편이다. 즉 개인기업의 사업주는 그 사업장의 출자자인 동시에 경영자로서 사업과 관련하여 자금이 필요할 때 즉각적으로 사업주의 개인자금을 사업체에 투입할 수 있고,

투입된 자금을 사업상의 용도 외로 인출하는 경우에도 수입금액 누락이 없고 동 금액을 경비 처리하지 않는 한 원칙적으로 세무상 특별한 불이익을 받지 않는다.

이와 같이 창업주체에 대한 의사결정에 있어서 자금운영상의 측면은 중요한 관점에서 다루어져야 하며, 법인기업을 운영할 때는 회사의 자금운영을 적법하고 투명하게 처리하여야 하고 회사자금과 개인자금은 엄격하게 구분하여 관리되어야 한다.

3. 매출누락 등의 추징세금

사업자가 매출을 누락하거나 가공경비를 비용으로 처리하여 세금신고를 한 경우에는 많은 세금이 추징된다. 사업자가 매출을 누락하였거나 가공경비를 경비 처리하였다는 것은 그만큼 소득을 부당하게 낮추어 신고한 것이므로 소득세 또는 세를 탈루한 것이고, 그 사업자가 부가가치세 과세사업자라면 부가가치세도 내지 않은 것이고 부당환급받은 것이 된다. 그래서 매출누락이나 가공경비 처리사실이 과세당국에 의하여 확인되면 탈루한 소득세와 부가가치세를 추징당하게 되는 것이다.

추징되는 세금의 규모는 개인기업에 비하여 법인기업이 훨씬 많다.

왜냐하면 개인기업의 경우에는 탈루한 소득세와 부가가치세만 내면 되지만, 법인의 경우에는 탈루한 법인세와 부가가치세를 추징당함은 물론 법인의 대표자에게도 소득세가 과세되기 때문이다. 개인사업자에게는 상여처분제도가 없으므로 추징되는 세금 부담은 법인기업에 비하여 상대적으로 덜한 편이다. 그럼에도 불구하고 개인기업에게 추징되는 세금도 만만치 않다.

개인기업의 경우에 추징되는 세금의 규모는 부가가치세 10%, 소득세 최고세율 38.5%(주민세 포함) 총 48.5%가 되고, 여기에 가산세가 추가되면 매출누락금액 또는 가공경비 처리금액에 대하여 70%에 육박하는 세금이 추징될 수 있다.

(5) 기업 이윤의 극대화를 위한 고려사항

1. 기업의 목적

기업이란 생산요소 및 자원을 산출로 전환시키는 조직 내지 그룹이며 생산물 시장에서 기본적인 생산단위이다. 기업의 목적은 이윤을 남기는 데 그 목적이 있고 이윤을 얻지 못하면 그 기업은 시장에서 소멸한다.

2. 기업이 이윤극대화를 위한 고려사항

① 공급량을 얼마만큼 할 것인가(How much)

② 생산방법, 즉 생산에 이용될 수 있는 기술(기법)은 어떻게 사용해서 생산할 것인가(How to produce that output technique to use)

③ 각 투입요소를 얼마로 할 것인가(How much of each input to demand) 등이다.

이러한 요인들에 대한 판단과 의사결정을 위한 정보(basis of decsion)는 시장가격과 기술(maket price and technology)이다.

즉 ① 생산물의 가격, ② 생산요소의 가격, ③ 생산기술 등이다.

이윤이란 간단하게 말해서 수입과 비용의 차이를 말한다.

$$이윤 = 총수입 - 총비용$$

여기서 총수입이란 생산하여 판매한 '판매량(Q)×단위당 판매가격(P)'이고 총비용은 경제적 비용의 개념으로써 정상이윤과 각 생산요소의 기회비용을 합한 것이다.

4. 홍성군 재정운영 계획 샘플

1) 세 입

○ 2007년도 당초예산기준 세입예산의 구성비를 살펴보면, 지방세 및 세외수입 등 자체수입은 17.2% 재정보전금 및 국·도비 보조금 등 의존재원이 82.8%를 차지

○ 최근 3년간 당초예산 평균 증가율을 살펴볼 때 자체수입은 7.8%, 의존재원은 16.4% 증가

○ 전체 세입현황은 2006년을 기점으로 완만해질 것이 예상되어 향후 긴축재정으로 운영해야 할 것임

○ 세입예산 분석

(단위: 백만 원, %)

구 분	2007예산	비 고
합 계	**235,333**	
지방세	21,300	
세외수입	5,417	
순세계잉여금	8,000	
지방교부세	106,131	
조정교부금 및 재정보전금	5,000	
보조금	84,485	
국내차입금	5,000	

2) 세 출

- ○ 2007년도 현재 우리군의 예산규모는 2,353억 원으로 최근 3년간 당초예산
  기준 평균 14.5%의 지속적인 성장
- ○ 세출예산 분석

(단위: 백만 원, %)

구 분		2004년	2005년		2006년		2007년	
			금 액	전년대비	금 액	전년대비	금 액	전년대비
당 초	계	154,800	165,463	6.9	207,712	25.5	연말집계	
	일 반	143,760	155,387	8.1	195,517	25.8		
	특 별	11,040	10,076	△8.7	12,195	21.0		
최 종	계	181,922	197,713	8.7	249,817	26.4		
	일 반	169,678	183,183	7.9	234,995	28.3		
	특 별	12,244	14,530	18.6	14,822	2.0		

3) 분야별 투자계획

(1) 분석총괄

- ○ 상수도 공기업특별회계를 제외한 일반회계 및 기타특별회계를 기준으로 자료분석결과,
- ○ 우리군은 농촌형태의 지역으로 인구가 감소하는 추세에 있는 점을 감안할 때 기업
  유치 및 소득원을 개발하는 데 집중 투자
- ○ 사회복지와 지역개발 분야는 매년 투자비가 증가하고 있는 추세를 보임

① 사회복지 분야

- ○ 2006년도 본예산(일반＋기타특별회계) 대비 16.22%(36,381백만 원)
  0.73% 증가이며,
- ○ 더불어 잘사는 선진복지사회 구현으로 삶의 질 향상을 위해 노력하였으
  며, 저소득층에 대한 사회안전망 확충과 저출산, 고령화 사회에 대비하

는 예산이 증가
  ○ 주요사업으로는
    - 기초생활보장(106억 원), 취약계층, 노인, 청소년 등(258억 원)
    - 복지분야에 364억 원 투자예정.

② 환경보호분야
  ○ 2006년도 본예산의 7.35%(16,491백만 원)으로 내실을 위한 지속적인 지원 필요
  ○ 생활쓰레기 발생에 능동적으로 대처하고, 하천정화 및 깨끗한 상수도공급 등 환경기초시설의 기반 확충에 주력하며, 다양한 쉼터를 제공함으로써 생활환경을 개선하는 방향으로 투자
  ○ 주요사업으로는
    - 폐기물 처리 81억 원 상하수도시설 및 운영 62억 원 등 투자

③ 농림. 해양수산 분야
  ○ 2006년도 본예산의 14.57%(32,682백만 원)으로 전년대비 2.12% 증가되었으며
    - 농업의 고품질화, 자연친화형 축산행정 조성, 산림경영기반확충 등 경쟁력 확보에 주력
  ○ 주요사업으로는
    - 농업·축산분야에 246억, 임업·산촌 가꾸기 사업에 69억 해양수산·어촌에 12억 투자

④ 문화 및 관광분야
  ○ 2006년도 본예산의 4.86%(10,894백만 원)으로 전년대비 0.14% 감소.
  ○ 수준 높은 문화예술과 관광기반시설 구축을 위하여 문화관광시설 확충에 투자하였으며
  ○ 체육기반시설 구축 및 생활체육 활성화를 위하여 지속적으로 투자하였으며
  ○ 주요사업으로는
    - 국민체육센터 건립 50억 원, 광천생활체육공원 조성 17억 원 투자

⑤ 지역 개발 분야

- ○ 2006년도 본예산의 21.21%(47,575백만 원)으로 전년대비 비슷한 수준으로 도청이전과 관련하여 군민이 살기 좋은 미래홍성건설을 위하여 기반시설 확충에 역점
- ○ 주요사업으로는
  - ―소도읍가꾸기 사업 등 420억 원, 산업단지조성 등 56억 원 투자

⑥ 일반 공공 행정 분야

- ○ 2006년도 본예산의 8.97%(20,113백만 원)으로 전년과 비슷한 비율로 인건비 등 경직성 경비가 대부분 차지함

⑦ 공공질서 및 안전 분야

- ○ 2006년도 본예산의 3.6%(8,077백만 원)으로 전년대비 0.76% 증가한 추세이며
- ○ 주요사업으로는
  - ―홍동 금당소방파출소 대기소 신축 2억 원, 광천재해위험지구 정비사업 25억 원 투자

⑧ 보건 분야

- ○ 각 분야별 2006년도 본예산 중 편성비율이 2%(3,972백만 원) 내외로 계상되고 있지만, 사회기반의 안정적인 확보를 위하여 지속적인 관심을 가지고 투자되어야 할 것임
- ○ 고령화 시대로 저소득 노인층에 대한 의료혜택 확대 지원
- ○ 주요사업으로는
  - ―정신질환 시설확충사업 10억 원 투자

4) 대단위사업 총괄

(단위: 백만 원)

시행부서	사업명	사업량	사업비	비 고
계			153,454	
기획관리실	사회단체 보조금	60개 단체	430	
	포괄사업비		1,000	
	예비비		3,000	
민원봉사실	도로명 및 건물번호부여 사업		225	
문화관광과	이응노생가복원 및 기념관건립	1식	350	
	군정홍보 및 축제지원		763	
	문화사적비보수정비		1,326	
	남당관광지구 개발	166,200㎡	300	
	종합스포츠타운(수영장 등)	1식	5,000	
	광천생활체육공원 조성	1식	1,800	
자치행정과	홍성사랑 장학회		500	
	출산장려금		195	
	맞춤형복지제도 시행		420	
	정보화공통기반 구축		356	
	소규모주민숙원 사업		1,000	
	마을회관 신축	3동	180	
	오지종합 개발사업	4건	1,271	
	신청사건립기금		2,000	
재무과	노후 차량 교체		288	
	못자리 제조 상토 지원	9,810ha	920	
친환경농수산과	학교급식 식품지원		655	
	농특산물 직판장 설치		300	
	휴게소 홍보관 설치	1식	210	
	농가벼수매자금 지원		113	
	지역특화품목 육성		300	
	파라솔 철거비		100	
	연안정비사업		950	
	친환경축산 직불제 사업		470	
축산과	긴급방제사업		123	
	발효제 생산시설설치 등		310	
	축산농가지원사업 등		325	
	산업체 다기능기술인력 양성지원(폴리텍)		201	
지역경제과	재래시장활성화 사업	3개소	4,933	
	공공근로, 고용촉진		194	
	조류탐사관 건립		2,400	
	농공단지조성		823	
	기업전망조사용역		100	

시행부서	사업명	사업량	사업비	비 고
사회복지과	장애인복지관 증축		800	
	수급자 각종 급여 지급		8,307	
	장애인 수혜지원	17개 사업	1,772	
	의료보호기금		1,069	
	노인교통수당		2,543	
	경로당 신축		180	
	장수어르신 수당 등		475	
	청소년수련원 보수		750	
건설교통과	용배수로 정비 등		1,580	
	농촌생활용수개발		1,016	
	농어촌도로 및 군도개설		6,790	
	정주권 개발사업		1,217	
	군수입세보조금		4,084	
	신호등관리 등		521	
	기계화 경작로 확포장		4,313	
	문당권역 농촌마을 종합개발		1,481	
	경지정리		529	
재난관리과	재난관리기금		174	
	금마 의용소방대 보수		50	
	광천재해위험지구정비	펌프장외1개소	1,942	
	갈산재해위험지구정비		500	
	남산골 소하천 정비		300	
	하도준설사업	삽교천외2개소	2,677	
	의용소방대지원		732	
	소하천정비사업		730	
	광천교 확장공사		1,150	
환경녹지과	청소대행사업비		1,570	
	소각시설 설치(군비미부담)		2,082	
	비위생매립장정비		188	
	공공재활용기반시설 확충		750	
	사방사업		1,278	
	숲가꾸기사업	750 ㏊	1,132	
	국토공원화사업	2개소	842	
	임도사업		246	
	조림사업		3,509	
	등산로정비 등		215	

시행부서	사업명	사업량	사업비	비고
도시건축과	주거환경개선사업추진		900	
	절전형 가로등 관리		85	
	홍성군 기본계획 및 종합개발지구 용역		500	
	임해관광도로 개설		13,957	
	도시계획시설 매수		2,000	
	역제방죽준설		300	
	도시계획도로(자체)		3,532	
	도시계획도로(보조)		2,000	
수 도 과	마을하수도 신설 및 개량		2,462	
	농어촌상수도신설		2,204	
	하수종말처리장 민간위탁		1,500	
	상수도공기업회계 전출금		2,000	
	마을상수도 신설 및 개량		869	
	지역개발기금 상환		1,404	
도청이전 지 원 단	자산취득 및 경상사업		112	
	도청이전추진 위원회 지원		20	
보 건 소	진료약품구입 등		453	
	정신요양시설 운영비		880	
보 건 소	의료서비스 시설 확충		835	
	예방접종사업		360	
	방역소독 관련		289	
	건강증진관리사업		754	
농업기술센터	농기계보관창고건립		200	
	대여농기계 구입 등		217	
	친환경기술지원		535	
	농업인 건강관리실 설치		600	
공공시설 관리사업소	문화회관 보수		135	
	공성운동장 본부석확장 등		106	
	홍주문화체육센터 화장실 신축 및 내부시설 확충 등		216	
	도서관 기능보강 및 도서구입		62	
환경사업소	TMS(굴뚝배출가스 자동측정기) 설치공사		940	
	축산폐수 오존처리시설 공사		130	
	축산폐수처리장 보수		150	
	위생매립장 복토		65	
	화학동약품 등 구입		526	
	소각로 수선 등		153	
장묘관리 사 업 소	화장장연료비 및 재료비		233	
	화장로 보수 등		45	
읍·면	지역개발 사업		4,650	

ㅇ 지금까지 홍성군의 재정운영 실태와 투자방향 및 계획에 대하여 자료를 나열하였으며 예산확보에 있어 가장 큰 문제는 **'충분한 재원확보'**라고 할 수 있음.

ㅇ 주민복지의 양적·질적 수요증가와 지역개발추진에 따른 재정수요 증가로 많은 재원을 필요로 하고 있으나, 열악한 자주재원으로 군민의 욕구를 충족시키기에는 어려운 실정임.

ㅇ 도청이전을 계기로 공공기관, 대학, 기업, 개인 등의 입주로 홍성군 재정수입이 점진적으로 증가할 것으로 예상됨.

5. 특수조직 경영 활동(군대 경영실태)

1) 특수조직 경영 재정이란?

　－넓게는 개인·가계 등 경제 주체의 재산 및 수지(收支)의 관리를 포함하며, 이를 사재정(私財政)이라고 한다. 이에 반해 국가 및 지방공공단체의 재정을 공재정(公財政)이라고 한다. 18~19세기 자유주의경제하의 '값싼 정부' 시대에는 재정이 국민경제에 미치는 비중이 크지 않았으나, 현재의 혼합경제하에서는 재정이 국민경제에 대하여 매우 큰 역할을 하고 있다.

　재정(공경제)의 특징은 사경제에 비하여 다음과 같은 특질이 있다.

① 반드시 예산의 집행(執行)이라는 형태로서 행해진다. 예산의 핵심은 세입(歲入)과 세출(歲出)에 있는데, 세출이 엄밀하게 예산대로 지출되는 것임에 비하여, 세입은 사전에 작성해 보는 예정액에 지나지 않는다.

② 가계의 경제활동은 효용의 극대화를 기하고, 기업의 경제활동은 이윤의 극대화를 기하려는 것임에 비하여, 재정은 정부가 제공하는 서비스 또는 편익(便益)의 극대화를 목표로 한다.

③ 사경제에서는 급부(給付)와 반대급부(反對給付)가 직접 연결되는 개별보상원칙(個別補償原則)에 의하여 운영되는데, 재정에 있어서는 일반보상원칙(一般補償原則)에 의한다.

④ 가계는 수입이 정해져 있으므로 그 수입 범위 내에서 지출을 억제하는 양입제출(量入制出)이 운영의 원칙이 된다. 그러나 재정에서는 먼저 필요한 지출의 규모를 결정하고, 이에 상응하는 수입의 확보를 기하는 양출제입(量出制入)이 원칙이 된다.

⑤ 사경제는 거래당사자 간의 계약이나 합의에 의한 임의원칙(任意原則)에 의

하는데, 재정은 국가 또는 지방공공단체라는 정치단체의 경제이기 때문에 공권력에 의한 강제력으로 재화나 서비스를 과징(課徵)하는 강제원칙에서 운영된다.

(ㅡ네이버 백과사전)

2) 국방운영 중점

(1) 확고한 국방태세 확립
○ 전방위 군사대비태세 유지
○ 국방 군수지원체제 발전
○ 국방 동원태세 완비
○ 장병 정신교육 강화

(2) 미래지향적 방위역량 강화
○ 한·미 군사동맹의 미래지향적 발전
○ 자주적 방위역량 구축을 위한 핵심전력 확보
○ 대외 군사협력 강화

(3) 선진 국방운영체계 구축
○ 국방업무 체계의 정보화
○ 군 의무발전 추진
○ 국방개혁 추진 본격화

(4) 신뢰받는 국군상 확립
○ 군기강 확립 및 새로운 병영문화 정착
○ 장병 삶의 질 향상
○ 국민을 위한 국방구현 및 세계 평화유지활동 적극 참여

3) 2007년도 정부재정 및 국방예산 규모

(1) 국방비 증가율 추세 및 정부재정, GDP 대비 비율

구 분	'90	'98	'04	'05	'06	'07
국방비 증가율(%)	10.4	0.1	8.1	11.4	6.7	8.8
정부재정 대비(%)	24.2	18.3	15.8	15.61	15.32	15.65
GDP 대비(%)	3.56	2.85	2.43	2.65	2.65	2.70

※ GDP 대비 국방비 비율 및 국민 1인당 국방비 부담액 비교('04년 기준)

한 국	이스라엘	중 국	러시아	미 국	프랑스	싱가포르	일 본
2.4%	8.3	3.7	4.4	3.9	2.6	4.8	1.0
$335	1,545	48	432	1,553	851	1,139	354

* 자료: The Military Balance '05~'06

(2) 2007년도 정부재정 및 국방예산 규모

(조 원)

구 분	'06 예산	'07 예산	증 감	%
정부재정 규모	147.0	156.5	9.5	6.5
국 방 비	22.5	24.5	2.0	8.8
• 대 GDP 비율(%)	2.65	2.70	0.05'	
• 대 재정 비율(%)	15.32	15.65	0.33'	

4) 2007년도 국방예산

(1) 일반회계 세출예산

'07 예산안 규모

(억 원)

구 분	'06 예산 (A)	점유비	'07 예산 (B)	점유비	증 감 (B-A)	%
국방비	22조 5,129	100.0	24조 4,972	100.0	1조 9,843	8.8
• 방위력개선비	5조 8,077	25.8	6조 6,807	27.3	8,730	15.0
• 경상운영비	16조 7,052	74.2	17조 8,165	72.7	1조 1,113	6.7

'07년도 BTL 사업은 총사업비 규모로 0.8조 원 수준임.

(억 원)

구 분	'06	'07	증 감
계	1조 3,178	7,988	△5,190
병영생활관	7,298	1,924	△5,374
(물 량)	(66개 대대+60동)	(15개 대대+30동)	(△51개 대대+△30동)
군인아파트	5,880	3,164	△2,716
(물 량)	(6,000세대)	(3,230세대)	(△2,770세대)
독신자숙소	-	305	305
(물 량)	-	(870실)	(870실)
정보통신망	-	2,595	2,595
(물 량)	-	(4,815㎞)	(4,815㎞)

* 단가: 육군병영생활관(대대) 80.28억 원, 해·공군병영생활관(동) 24억 원
　　　군인아파트(28평 기준, 세대) 0.98억 원, 독신자숙소(10평 기준, 실) 0.4억 원

경상운영비 예산

(억 원)

구 분	'06 예산	'07 예산	증 감	%
계	16조 7,052	17조 8,165	1조 1,113	6.7
○ 병력운영	10조 5,682	11조 1,277	5,595	5.3
• 인건비[1]	9조 1,601	9조 6,961	5,360	5.9

구 분	'06 예산	'07 예산	증 감	%
• 급식 / 피복	1조 4,081	1조 4,316	235	1.7
○ 전력유지	6조 1,370	6조 6,888	5,518	9.0
• 교육훈련	2,550	2,611	61	2.4
• 시설건설 / 유지	1조 5,463	1조 5,136	△327	△2.1
• 부대운영	1조 9,254	2조 609	1,355	7.0
• 장비운영	7,736	9,036	1,300	16.8
• 장비유지	1조 2,592	1조 3,892	1,300	10.3
• 장비획득	1,883	2,384	501	26.6
• 예비전력	930	960	30	3.2
• 연구 / 보조기관	294	260	△34	△11.7
• 주한미군기지이전 특별회계전출금	669	2,000	1,331	199.0

1) 국방비 대비 인건비 비율: ('06)40.7 → ('07)39.6%, △1.1%
   경상운영비 대비 인건비 비율: ('06)54.8 → ('07)54.4%, △0.4%

(2) 사항별 예산안

인건비

편성내역   (억 원)

구 분	'06 예산	'07 예산	증 감	%
계	9조 1,601	9조 6,961	5,360	5.9
• 급여 / 수당	7조 4,420	7조 8,376	3,956	5.3
• 법정 경비	1조 7,181	1조 8,585	1,404	8.2

급식 / 피복

편성내역   (억 원)

구 분	'06 예산	'07 예산	증 감	%
계	1조 4,081	1조 4,316	235	1.7
• 급 식	1조 1,583	1조 1,736	153	1.3
• 피 복	2,498	2,580	82	3.3

교육훈련

편성내역 (억 원)

구 분	'06 예산	'07 예산	증 감	%
계	2,550	2,611	61	2.4
• 과학화 훈련	332	357	25	7.5
• 교육 훈련장	671	690	19	2.8
• 전문화 교육 등	810	804	△6	△0.7
• 교육지원	737	760	23	3.1

※ 교육용탄약, 장비연료, 교육시설 포함 시 교육훈련예산은 1조 335억 원 수준
　(경상운영비 5.8% 점유)

시설건설

편성내역 (억 원)

구 분	'06 예산	'07 예산안	증 감	%
계	1조 5,463	1조 5,136	△327	△2.1
• 시설건설	1조 1,641	1조 957	△684	△5.9
• 시설유지	3,822	4,179	357	9.3

부대운영

편성내역 (억 원)

구 분	'06 예산	'07 예산	증 감	%
계	19,254	20,609	1,355	7.0
○ 부대 활동	7,365	8,046	681	9.2
○ 물자 획득	1,104	1,232	128	11.6
○ 주한미군지원	6,862	7,439	577	8.4
○ 책임운영기관	206	206	-	-
○ 기본사업비	3,717	3,686	△31	△0.8

장비운영

편성내역 (억 원)

구 분	'06 예산	'07 예산	증 감	%
○ 장비운영	7,736	9,036	1,300	16.8
• 교육용탄약	2,118	2,021	△97	△4.6
• 장비운영연료	4,286	5,326	1,040	24.3
• 기타운영물자	177	181	4	2.3
• 취사난방연료	1,155	1,508	353	30.6

장비유지

(억 원)

구 분	'06 예산	'07 예산	증 감	%
계	12,592	13,892	1,300	10.3
• 야전정비	672	704	32	4.8
• 창 정 비	93	96	3	3.2
• 외주정비	3,413	3,673	260	7.6
• 해외정비	1,116	1,183	67	6.0
• 수리부속	7,298	8,236	938	12.9

장비획득

편성내역 (억 원)

구 분	'06 예산	'07 예산	증 감	
계	1,883	2,384	501	26.6
• 편제장비 보강	1,716	1,887	171	10.0
• 레바논파병 장비획득	–	133	133	순증
• 의무장비현대화	167	364	197	118.0

예비전력

편성내역 (억 원)

구 분	'06 예산	'07 예산	증 감	%
계	930	960	30	3.2
• 예비군훈련장	65	65	–	–
• 예비군교육훈련	243	291	48	19.8
• 상근예비역운영	232	212	△20	△8.6
• 보충역기초군사훈련	197	196	△1	△0.5
• 예비군 운영	193	196	3	1.6

연구 / 보조기관 운영

편성내역 (억 원)

구 분	'06 예산	'07 예산	증 감	%
계	294	260	△34	△11.6
• 국방연구원	218	226	8	3.7
• 전쟁기념사업회	67	25	△42	△62.7
• 연구지원경비	9	9	–	–

주한미군기지 이전 전출금

편성내역 (억 원)

구 분	'06 예산	'07 예산	증 감	%
계	669	2,000	1,331	199.0

(3) 일반회계 국고채무부담행위

조달 및 보급지원기간을 고려, 연도 개시 전 계약을 위한 소요

편성내역 (억 원)

사업명	기준(개월)	'06 예산	'07 예산	증 감	%
○ 경상운영비		1조 7,259	1조 8,166	907	5.3
• 급식비	3~4	1,866	1,976	110	5.9
• 피복비	4~6	1,148	1,212	64	5.6
• 연료비	4	1,635	1,981	346	21.2
• 교육용 탄약	9	1,621	1,494	△127	△7.8
• 시설건설		2,936	2,996	60	2.0
• 장비획득		187	157	△30	△16.0
• 장비유지		7,458	8,154	696	9.3
• 장비운영물자 등		408	196	△212	△52.0

(4) 일반회계 명시이월비

해외여건 변동으로 인한 외자장비 도입 지연과 신장비의 개발 지연에 대비하고, 기타 불리한 도입 조건을 배제하기 위하여 회계연도 경과 후에도 집행을 가능하게 하기 위한 경비

편성내역 (억 원)

'06 예산	'07 예산	증 감	%
365	125	△240	△65.8

(5) 일반회계 세입예산

경상활동에 의한 부수적인 수입으로 최근 3년간의 징수실적 고려 책정

편성내용 (억 원)

사항별	'06 예산	'07 예산	증 감	%
계	441	391	△50	△11.3
• 재산수입	32	42	10	31.3
- 토지 및 건물대여료 등	29	39	10	34.5
- 기타 재산수입	3	3	0	0

사항별	'06 예산	'07 예산	증 감	%
• 경상이전 수입	324	243	△81	△25.0
- 벌금 및 몰수금	34	32	△2	△5.9
- 변상금 및 위약금	134	78	△56	△41.8
- 기타 경상이전수입	156	133	△23	△14.7
• 재화 및 용역판매수입	85	106	21	24.7
- 병원 수입	43	51	8	18.6
- 기타 잡수입	42	55	13	31.0

※ 세입예산 증감내역
• 위약금 등 경상이전수입 감소(324 → 243억 원)　　△81억 원
• 재산수입 및 병원수입 등 증가　　　　　　　　　31억 원

(6) 특별회계 세입·세출

가. 책임운영기관 특별회계
국방홍보원의 운영·유지 및 홍보사업 예산

(억 원)

세 입		세 출	
내 역	금 액	내 역	금 액
• 일반회계 전입금	206	• 인건비	97
• 자체수입	36	• 기본사업비	94
- 영업수입	1	- 신문제작	50
- 영업외수입	35	- 방송제작	34
• 전년도이월금	39	- 기본경비 등	10
• 감가상각비 충당금	9	• 주요사업비	90
		- 국군TV방송	70
		- 장비취득	6
		- 위탁사업 등	14
		• 감가상각비	9
'07 예 산	290	'07 예 산	290
'06 예 산	261	'06 예 산	261
증 감('06 대비)(%)	29(11.1)	증 감('06 대비)(%)	29(11.1)

※ 세출예산 증감내역   29억 원
- 인건비 증가   7
- 신문, 라디오 방송제작 등   5
- 국군방송TV제작 및 TV방송장비 유지   19
- 장비획득, 위탁사업 및 감가상각비 등   △2

나. 국방·군사시설 이전 특별회계

도심지의 군용시설을 매각한 재원으로 교외로 이전하기 위한 사업과 군이 점유하고 있는 사유지를 매입하기 위한 예산

(억 원)

내 용	세 입	세 출
○ 군용시설 이전 (24개 사업)	2,466	2,697
• 계속사업 (21개 사업)	2,466	2,697
– 육군(13개 사업)	1,279	1,357
– 해군(1개 사업)	43	45
– 공군(2개 사업)	–	165
– 국직(5개 사업)	1,144	1,046
• 신규사업 (2개 사업)	–	17
–607기무부대 903분견대('07)	–	10
– 어등산 불발탄		7
• 행정지원(1개 사업)	–	67
○ 군사용 사유재산 정리(26.8만 평)	485	254
'07예 산	2,951	2,951
'06예 산	3,114	3,114
증 감(%)	△163(△5.2)	△163(△5.2)

국유재산관리 특별회계 폐지 후 → 국방·군사시설 이전 특별회계로 전환

다. 주한미군기지 이전 특별회계

전국에 산재되어 있는 주한미군기지를 통합하여 평택 등으로 이전하기 위한 예산

(억 원)

세 입		세 출	
내 역	금 액	내 역	금 액
• 재산매각대금	66	• 용산기지 이전	3,029
		- 인건비	17
• 일반회계전입금	2,000	- 기본설계비	1,450
		- 실시설계비	209
• 공공자금관리기금 예수금	2,983	- 시설공사비	984
		- 사업관리비	350
		- 환경오염조사비	5
		- 수용비 · 여비 등	14
		• 연합토지관리계획	1,765
		- 기본설계비	124
		- 시설공사비	564
		- 사업관리비	58
		- 환경오염조사비	110
		- 문화재조사	1
		- 평택 시 지원	906
		- 기타 경비	2
		• 예수금원리금상환	255
'07예 산	**5,049**	'07예 산	**5,049**
'06예 산	**6,264**	'06예 산	**6,264**
증 감(%)	△1,215(△19.4)	증 감(%)	△1,215(△19.4)

　○ 2007년도 국방예산안은 국방개혁을 적극 뒷받침하기 위해 2006년보다 **8.8%** **증액**된 규모임.

(억 원)

구 분	'06 예산 (A)	점유비	'07 예산 (B)	점유비	증 감 (B-A)	%
국방비	**22조 5,129**	**100.0**	**24조 4,972**	**100.0**	**1조 9,843**	**8.8**
• 방위력개선비	5조 8,077	25.8	6조 6,807	27.3	8,730	15.0
• 경상운영비	16조 7,052	74.2	17조 8,165	72.7	1조 1,113	6.7
- 병력운영	10조 5,682	46.9	11조 1,277	45.4	5,595	5.3
- 전력유지	6조 1,370	27.3	6조 6,888	27.3	5,518	9.0

'07 예산안 규모

(억 원)

구 분	'06 예산 (A)	점유비	'07 예산안 (B)	점유비	증 감 (B-A)	%
국 방 비	22조 5,129	100.0	24조 6,967	100.0	2조 1,838	9.7
• 방위력개선비	5조 8,077	25.8	6조 8,243	27.6	1조 166	17.5
• 경상운영비	16조 7,052	74.2	17조 8,724	72.4	1조 1,672	7.0

경상운영비 예산안

(억 원)

구 분	'06 예산	'07 예산안	증 감	%
계	16조 7,052	17조 8,724	1조 1,672	7.0
○ 병 력 운 영	10조 5,682	11조 1,394	5,712	5.4
• 인건비	9조 1,601	9조 7,061	5,460	6.0
• 급식 / 피복	1조 4,081	1조 4,333	252	1.8
○ 전력유지	6조 1,370	6조 7,330	5,960	9.7
• 교육훈련	2,550	2,614	64	2.5
• 시설건설 / 유지	1조 5,463	1조 5,081	△382	△2.5
• 부대운영	1조 9,254	2조 43	789	4.1
• 장비운영	7,736	9,027	1,291	16.7
• 장비유지	1조 2,592	1조 3,594	1,002	8.0
• 장비획득	1,883	2,251	368	19.5
• 예비전력	930	960	30	3.2
• 연구 / 보조기관	294	260	△34	△11.7
• 주한미군기지이전전출금	669	3,500	2,831	423.2

○ 방위력개선비는 전력투자확대로 병력 위주 군구조를 첨단기술군으로 개편하기 위해 핵심전력 및 연구개발 예산에 우선 반영하였으며,

○ 경상운영비는
  장병 사기복지 증진 등 병영문화 개선,
  기존장비의 최적 활용과 교육훈련 강화 및 민원해소 등 필수소요만을 반영하였다.

" 이상의 사료는 경영행정 강의를 위해 기존 샘플링 된 자료를 증감, 삭제, 편집한 것이기에 정확한 자료가 아님을 밝히는 바입니다. 국방상 사실의 자료는 외부유출이 되면 안 되기에 임의로 가상치로 작업한 자료들이니 착오 없기를 바랍니다. "

6. 지방자치단체 재정 경영 실태(예산군)

지방재정이란 지방정부가 그의 기능을 수행하기 위해 필요한 재원을 조달, 지출, 관리하는 것을 뜻한다. 국가재정이 국민경제의 성장, 안정 및 소득배분에 주목을 두고 있다면 지방재정은 지역적 경제개발과 지역주민의 기본적인 욕구충족 및 복리증진에 그 목적을 두고 있다. 지방재정의 특징으로는 재정주체의 복잡성, 지방재정의 다양성, 용익성의 원칙과 제약성을 들 수 있다. 또 지방재정의 기능으로는 소득 재분배기능과 경제의 안정화 기능, 자원 재분배기능이 있다. 이러한 지방재정의 예로 예산군의 경영과 재정 상태를 알아보도록 한다.

1) 예산군 2007년도 재정여건 및 재정운용 방침

(1) 재정여건
◉ 민선 제4기 출범을 맞아 지방재정의 건전한 운용과 책임성이 보다 요구되는 새로운 계기를 마련
◉ 저출산·고령화 등 새로운 행정환경에 부응하기 위한 지방재정의 역할과 책임성 요구
◉ 경제성장률이 둔화되고 부동산정책의 효과가 가시화될 경우 지방세 신장률은 높지 않을 것으로 예측
◉ 세출은 사회복지 지원확대, 지역 경제 활성화, 지역 SOC 투자 등으로 재정부담이 가중될 것으로 전망
◉ 증가하는 세출소요에 합리적으로 대응하기 위하여 건전한 재정운영과 자체재원 확보 노력 강화

(2) 재정운용 방침
◉ 지방재정운영의 건전성 및 계획성 확보
◉ 책임성 제고와 윤리적 재정운용
◉ 효율성 제고와 성과관리 강화
◉ 제정운용상황 공개 및 주민참여 활성화
◉ 합리적 재원배분 및 보조금의 **용도 외** 사용금지
◉ 창의적이고 절약하는 재정운용
◉ 미래사회에 대비한 재정운용

예산군 연도별 예산현황

회계별	2007년 예산	2006년 예산	2005년 예산	2004년 예산	증 간	증간률
계	237,856	217,524	198,694	182,223	16,471	9.0
일반회계	216,462	199,125	180,398	162,423	17,975	11.1
특별회계	21,394	18,399	18,296	19,800	△1,504	△7.6
1. 상수도사업	7,000	3,400	3,100	3,170	△70	△2.2
2. 하수도사업	793	833	655	495	159	32.1
3. 주택사업	162	186	227	335	△108	△32.2
4. 의료보호기금	1,334	1,003	844	765	79	10.3
5. 새마을주민소득 지원기금	746	745	493	515	△22	△4.3
6. 영세민생활안정자금	230	63	63	63	0	0
7. 농공지구조성사업	3,398	6,177	9,527	7,187	△2,340	32.6
8. 토지구획정리사업	0	0	0	871	△871	△100
9. 주차장사업	101	77	81	112	△31	△27.7
10. 덕산온천관광지 2차지구기반조성사업	6,219	4,904	2,300	3,421	△1,121	△32.8
11. 공설묘지조성사업	0	0	0	2,366	△2,366	△100
12. 장기미집행도시 계획시설대지보상	1,011	1,011	1,006	500	506	201.2
13. 기반조성	400	0	0	0		

예산군 세입 예산 총괄표

구 분	2007당초예산액	구성비	2006당초예산액	구성비	증 감 액	증감률
합 계	216,462,392	100.0%	199,125,495	100.0%	17,336,897	8.7%
100 지방세수입	20,940,000	9.7%	16,300,020	8.2%	4,639,980	28.5%
110 지방세	20,940,000	9.7%	16,300,020	8.2%	4,639,980	28.5%
111 보통세	19,400,000	9.0%	15,150,020	7.6%	4,249,980	28.1%
112 목적세	1,290,000	0.6%	950,000	0.5%	340,000	35.8%
113 과년도수입	250,000	0.1%	200,000	0.1%	50,000	25.0%
200 세외수입	12,981,343	6.0%	11,300,051	5.7%	1,681,292	14.9%
210 경상적 세외수입	6,466,986	3.0%	6,353,395	3.2%	113,591	1.8%
211 재산임대수입	128,300	0.1%	85,000	0.0%	43,300	50.9%
212 사용료수입	2,426,730	1.1%	2,648,204	1.3%	△221,474	△8.4%
213 수수료수입	1,578,456	0.7%	1,668,691	0.8%	△90,235	△5.4%
214 사업수입	46,500	0.0%	44,500	0.0%	2,000	4.5%
215 징수교부금수입	662,000	0.3%	482,000	0.2%	180,000	37.3%
216 이자수입	1,625,000	0.8%	1,425,000	0.7%	200,000	14.0%
220 임시적 세외수입	6,514,357	3.0%	4,946,656	2.5%	1,567,701	31.7%
221 재산매각수입	70,000	0.0%	40,000	0.0%	30,000	75.0%
222 순세계잉여금	6,000,000	2.8%	4,567,697	2.3%	1,432,303	31.4%
223 이월금	0	0.0%	0	0.0%	0	0.0%
224 전입금	0	0.0%	0	0.0%	0	0.0%
225 예탁금 및 예수금	0	0.0%	0	0.0%	0	0.0%
226 융자금원금수입	21,000	0.0%	20,759	0.0%	241	1.2%
227 부담금	50,000	0.0%	1,000	0.0%	49,000	4900.0%
228 잡수입	323,357	0.1%	302,200	0.2%	21,157	7.0%
229 과년도수입	50,000	0.0%	15,000	0.0%	35,000	233.3%
300 지방교부세	99,645,623	46.0%	99,408,156	49.9%	237,467	0.2%
310 지방교부세	99,645,623	46.0%	99,408,156	49.9%	237,467	0.2%
400 조정교부금 및 재정보전금	5,670,000	2.6%	4,860,000	2.4%	810,000	16.7%
410 조정교부금	0	0.0%	0	0.0%	0	0.0%
420 재정보전금	5,670,000	2.6%	4,860,000	2.4%	810,000	16.7%
500 보조금	77,225,426	35.7%	67,257,268	33.8%	9,968,158	14.8%
510 국고보조금	56,757,331	26.2%	52,137,078	26.2%	4,620,253	8.9%
520 시·도비보조금	20,468,095	9.5%	15,120,190	7.6%	5,347,905	35.4%
600 지방채	0	0.0%	0	0.0%	0	0.0%
610 국내차입금	0	0.0%	0	0.0%	0	0.0%
611 차입금	0	0.0%	0	0.0%	0	0.0%
612 지방채증권	0	0.0%	0	0.0%	0	0.0%
613 지역개발기금	0	0.0%	0	0.0%	0	0.0%
620 국외차입금	0	0.0%	0	0.0%	0	0.0%

지방세란 지방자치단체가 그 기능을 수행하는 데 소요되는 일반적 경비에 충당하기 위하여 그 구성원인 주민 또는 그 구역 안에서 일정한 행위를 하는 자로부터 직접적인 대상 없이 강제적으로 징수하는 재화를 말하며, 세외수입은 국가·공공단체의 조세와 공채 이외의 수입을 지방교부세는 지방재원의 지역 간 불균형을 시정하기 위하여 국가가 내부세액의 일정비율을 일정한 기준에 따라 각 지방자치단체에 배분하여 교부하는 재화를 말한다. 조정교부금과 재정보전금은 광역시자치단체가 그 관할구역 안의 기초자치단체의 재정을 조정 또는 보전하는 제도이다. 조정교부금은 특별시 및 광역시가 그 관할구역 안의 자치구 사이의 재정을 조정하기 위하여 교부하는 재원으로서, 그 재원은 시의 취득세·등록세의 합산액에 조례가 정하는 일정한 비율을 곱하여 얻은 금액이다. 재정보조금은 광역시 및 도가 그 관할구역 안의 시·군이 징수한 시·도세 수입의 일부의 일정한 기준에 따라 시·군에 배분하는 자원으로서, 그 재원은 시·도세 수입의 27%이다. 국고보조금은 국가가 시책상 또는 자치단체의 재정사정상 필요하다고 인정될 때에 그 자치단체의 업무수행에 소요되는 경비의 일부 또는 전부를 충당하기 위하여 비용용도를 특정하여 교부하는 재화를 말한다.

예산군 세출 목별조서

목 명	부 호	계	일반행정비	사회개발비	경제개발비	민방위비	지원 및 기타경비
합 계		216,462,392	64,457,865	66,186,097	82,294,621	279,878	3,243,931
인 건 비	100	38,442,492	34,045,194	2,624,103	1,773,195	0	0
인건비	101	38,442,492	34,045,194	2,624,103	1,773,195	0	0
기본금	101-01	18,258,655	18,258,655				
수당	101-02	4,867,018	4,270,080	460,220	136,718		
정액지급비	101-03	1,102,920	1,102,920				
교통보조비	101-04	1,069,560	1,069,560				
명절휴가비	101-05	1,696,880	1,696,880				
가계지원비	101-06	2,828,129	2,828,129				
연가보상비	101-07	919,721	712,398	143,623	63,700		
기타직보수	101-08	578,698	578,698				
일용인부임	101-09	3,763,258	2,678,717	787,352	297,584		
일시사역인부임	101-10	3,357,258	849,157	1,232,908	1,275,193		

목 명	부 호	계	일반행정비	사회개발비	경제개발비	민방위비	지원 및 기타경비
물 건 비	200	16,138,233	9,489,157	3,797,609	2,789,782	61,685	0
일반운영비	201	8,942,174	4,970,156	2,501,958	1,413,375	56,685	0
일반운영비	201-01	8,908,374	4,967,656	2,471,658	1,412,375	56,685	
행사운영비	201-02	33,800	2,500	30,300	1,000		
여 비	202	1,573,443	1,043,960	292,470	232,013	5,000	0
국내여비	202-01	943,543	481,160	234,870	222,513	5,000	
월액여비	202-02	464,400	406,800	57,600			
국외여비	202-03	165,500	156,000		9,500		
외빈초청여비	202-04	0					
업무추진비	203	518,380	373,590	63,840	80,950	0	0
기관운영업무 추진비	203-01	163,200	157,200	3,000	3,000		
정원가산업무 추진비	203-02	38,700	31,380	5,720	1,600		
시책추진업무 추진비	203-03	184,000	113,250	25,000	45,750		
부서운영업무 추진비	203-04	132,480	71,760	30,120	30,600		
직무수행경비	204	1,573,860	1,491,060	52,800	30,000	0	0
직책급업무 추진비	204-01	85,200	68,400	8,400	8,400		
직급보조비	204-02	1,158,300	1,158,300				
특정업무수행 활동비	204-03	330,360	264,360	44,400	21,600		
의회비	205	450,700	450,700	0	0	0	0
의정활동비	205-01	145,200	145,200				
회의수당	205-02	131,010	121,010				
국내여비	205-03	19,800	19,800				
국외여비	205-04	19,890	19,890				
의정운영공통 업무추진비	205-05	62,800	62,800				
기관운영업무 추진비	205-06	66,000	66,000				
의장단협의채 부담금	205-07	6,000	6,000				
재료비	206	1,773,900	83,915	834,541	855,444		
연구개발비	207	1,305,776	1,075,776	52,000	178,000	0	0
용역비	207-01	590,000	360,000	52,000	178,000		
전산개발비	207-02	715,776	715,776				
시험연구비	207-03	0					

목 명	부 호	계	일반행정비	사회개발비	경제개발비	민방위비	지원 및 기타경비
이 전 경 비	300	57,583,328	9,091,372	34,203,191	14,090,072	198,693	0
일반보상비	301	31,615,429	2,063,338	18,221,293	11,140,105	190,693	0
사회조장적 수혜금	301-01	16,993,674		16,823,931	169,743		
장학금 및 학자금	301-02	1,031,231	75,500	25,200	894,371	36,160	
의용소방대 지원경비	301-03	382,987	379,987			3,000	
자율방법대원 운영비	301-04	75,888	75,888				
통리반장활동 보상금	301-05	1,056,720	1,056,760				
입영장정지원비	301-06						
민간인구외여비	301-07	60,000	10,000		50,000		
외빈초청여비	301-08	10,000	10,000				
공익근무요원 보상비	301-09	143,500		12,000	500	131,000	
행사실비보상금	301-10	477,723	203,860	38,520	215,110	20,233	
예술단원·운동부 등 보상금	301-11	658,370		658,370			
기타보상금	301-12	10,725,336	251,383	663,272	9,810,381	300	
이주 및 재해보상금	302	2,000	0	0	2,000	0	0
이주보상금	302-01	0					
재해보상금	302-02	2,000			2,000		
포상금	303	1,755,010	1,740,410	14,600			
연금보상금	304	3,493,254	3,493,254	0	0	0	0
연금보담금	304-01	2,871,954	2,871,954				
국민건강보험금	304-02	603,300	603,300				
의원상해부담금	304-03	18,000	18,000				
배상금 등	305	350	350				
출연금	306	207,658	207,658				
민간 이전	307	18,859,973	810,618	15,583,498	2,457,857	8,000	0
의료 및 구료비	307-01	1,518,777		1,508,651	10,126		
민간경상보조	307-02	8,481,126	210,456	7,816,270	454,400		
사회단체보조금	307-03	450,338	450,338				
민간행사 보조·위탁	307-04	1,315,700	25,000	1,085,500	197,200	8,000	
민간위탁금	307-05	5,319,208		5,173,077	146,131		
보험금	307-06	0					
연금지급금	307-07	124,824	124,824				

목 명	부 호	계	일반행정비	사회개발비	경제개발비	민방위비	지원 및 기타경비
이차보전금	307-08	0					
운수업계보조금	307-09	1,650,000			1,650,000		
자치단체 등 이전	308	1,428,854	775,744	163,000	490,110	0	0
자치단체 경산보조금	308-01	0					
징수교부금	308-02	0					
조정교부금	308-03	0					
재정교부금	308-04	0					
자치단체 간 부담금	308-05	3,000	3,000				
교육기관에 대한 보조금	308-06	1,399,236	746,126	163,000	490,110		
예비군육성 지원경산보조	308-07	26,618	26,618				
기타부담금	308-08	0					
공기업특별회계 경상전출금	309	220,800		220,800			
국외 이전	310	0	0	0	0	0	0
해외경상 이전	310-01	0					
국제부담금	310-02	0					
차입금이자	311	0	0	0	0	0	0
시군구지역 개발기금융 자금상환이자	311-01	0					
금융기관차입금 상환이자	311-02	0					
중앙정부차입금 상환이자	311-03	0					
자 본 지 출	400	92,493,489	6,832,142	22,916,545	62,725,302	19,500	0
시설비 및 부대비	401	70,198,988	5,245,297	20,893,438	44,060,253	0	0
시설비	401-01	69,819,264	5,215,569	20,800,430	43,803,265		
감리비	401-02	16,684	2,788	9,354	4,542		
시설부대비	401-03	351,040	26,940	71,654	252,446		
행사관련시설비	401-04	12,000		12,000			
민간자본 이전	402	15,932,330	736,500	920,417	14,275,413	0	0
민간자본보조	402-01	15,761,740	736,500	920,417	14,104,823		
민간대행사 사업비	402-02	170,590			170,590		
자치단체 등 자본이전	403	4,796,800	14,800	855,000	3,927,000	0	0

목 명	부 호	계	일반행정비	사회개발비	경제개발비	민방위비	지원 및 기타경비
자치단체자본보조	403-01	0					
공기관 등에 대한 대행사업비	403-02	4,796,800	14,800	855,000	3,927,000		
예비군육성 지원자본보조	403-03	0					
공기업자본전출금	404	0					
공기업특별회계 자본전출금	404-01	0					
자산취득비	405	1,565,371	835,545	247,690	462,636	19,500	0
자산 및 물품취득비	405-01	1,530,371	830,545	217,690	462,636	19,500	
도서구입비	405-02	35,000	5,000	30,000			
기타자본 이전	406	0					
국외자본 이전	407	0					
융자 및 출자	500	270,000	0	270,000	0	0	0
융자금	501	270,000	0	270,000	0	0	0
민간융자금	501-01	0					
통화금융기관 융자금	501-02	270,000		270,000			
출자금	502	0					
보 전 재 원	600	0	0	0	0	0	0
차입금원금	601	0	0	0	0	0	0
시도지역개발 기금융자금상환	301-01	0					
시군구지역개발 기금융자금상환	601-02	0					
금융기관 차입금상환	601-03	0					
중앙정부차입금 원금상환	601-04	0					
지방채상환	601-05	0					
기타국내 차입금상환	601-06	0					
내부거래	700	8,290,919	5,000,000	2,374,649	916,270	0	0
기타회계전출금	701	2,185,240		2,185,240			
기금전출금	702	6,105,679	5,000,000	189,409	916,270		
교육비특별회계 전출금	703	0					
예탁금	704	0					
예수금원리금 상환	705	0	0	0	0	0	0

목 명	부 호	계	일반행정비	사회개발비	경제개발비	민방위비	지원 및 기타경비
예수금원금상환	705 - 01	0					
예수금이자상환	705 - 02	0					
기타내부거래	706	0	0	0	0	0	0
감가상각비	706 - 01	0					
당기순이익	706 - 02	0					
적립금	706 - 03	0					
예비비 및 기타	800	3,243,931	0	0	0	0	3,243,931
예비비	801	3,177,734					3,177,734
반환금기타	802	66,197	0	0	0	0	66,197
국고보조금 반환금	802 - 01	0					
시도비보조금 반환금	802 - 02	0					
과오납금 등	802 - 03	66,197					66,197
잡손금	802 - 04	0					
조상충용충당금	802 - 05	0					

인건비란 회계학상의 경비 분류의 하나로 노무비라고도 하며, 물건비와 대비된다. 인건비는 노무주비와 노무부비로 구성되며, 전자는 종업원 개인에게 지급되는 급여액으로 임금·급료·수당·상여·퇴직금 등이고, 후자는 종업원의 관리 및 복리후생을 목적으로 하여 기업이 부담하는 비용으로 사회 보험료의 기업부담액·복리시설부담액·후생비·종업원 모집비 및 훈련비 등을 말한다. 또 물건비란 물건을 만들거나 구입하거나 또는 유지하기 위해 지출되는 경비를 말한다. 예비비는 예측할 수 없는 예산지출로 인한 부족을 충당하기 위하여 세입·세출 예산에 계상된 비용을 말한다.

2) 지방재정의 문제점과 해결방안

(1) 지방재정의 문제점

◉ 06년 기준으로 강남구와 강북구의 세수격차가 15.2배에 이르는 등 서울시 자치구 간 세수격차가 심각한 상황이다. 또한, 시·군의 경우에도 재정력이 취약할 뿐만 아니라, 시·군 간 재정력 격차가 크다.

◉ 자치구의 재정력이 근본적으로 취약하다.(광역시 구의 경우 대부분 재정자
  립도가 50% 이하, 재정력 지수가 0.5 이하임)

◉ 저출산・고령화 대책에 범정부적 역량이 집중되면서 복지 부문에 대한 국
  고보조금의 증가로 이에 매칭되는 지방비부담도 급증하고 있으며, 특히 소
  외계층, 고령자 많은 지역의 사회보장비 부담이 증가하고 있다.

◉ 참여정부 출범 이후 총 조세 중에서 지방이 사용하는 비중은 점증하고 있
  음에도 총 조세 중 지방세가 차지하는 비중은 '03년 22.4% →'06년 20.7%
  로 점점 낮아지고 있다.

(2) 지방재정의 해결방안

◉ 세원불균형을 근원적으로 개선하기 위해 서울시 사지구 간 세목재 배분 므
  는 공동세제도 도입, 이원적 세목배분 체계의 다원화를 추진.

◉ 재정력이 취약한 자치구에 재정보전을 위해, 부동산교부세의 배분기준 조정,
  차등 보조율 적용 등 국고보조사업에 대한 제도개선 등을 추진.

◉ 소외계층・고령자가 많은 지역의 증가되는 사회보장비 부담을 해소하기 위
  해 교부세 지원을 대폭 확대한다.

7. 지방자치단체의 경영 재정 실태(보령 시)

　지방재정이란 지방자치단체의 재정 및 회계에 관한 기본원칙을 정하여 지방재정의 건전한 운영과 엄정한 관리를 도모함을 목적으로 하는 지방재정법을 근거로 하여 지방공공단체가 활동에 필요한 수입의 획득 및 지출을 위해서 행하는 행위를 총칭한 것이며, 지방자치의 물질적 기초가 되는 화폐 또는 자금의 활동을 말한다. 따라서 지방재정은 중앙재정, 즉 국가재정처럼 단일한 단체의 재정이 아니라, 다종다양한 지방공공단체의 재정을 총망라한 것이다. 각국의 지방재정은 그 나라의 정치기구에 따라 다른데, 재정을 지방자치단체에 전면적으로 맡겨 지방분권적인 색채가 강한 것과, 모든 재정수입이 일단 중앙에 집중되었다가 다시 지방에 교부되는 것과 같은 중앙집권적인 것으로 크게 나눌 수 있다. 자본주의 경제의 성숙과 더불어 국가활동의 영역이 확대되고 경제 및 재정정책도 전국적인 규모로 광역화되면, 지방재정도 중앙집권화하는 경향이 강해진다.

　중앙재정과 구별되는 특색은 다음과 같다. ① 지방재정은 국가재정과 매우 달라 지역사회의 교육·도로·주민·의료 등 지방주민의 복지 및 후생에 직접 관계가 있는 지출의 비율이 높다. ② 주요 재원(財源)은 국가재정이 차지하고 있기 때문에 지방단체의 수입 중 많은 부분은 중앙재정에 의존하지 않을 수 없다. ③ 지방단체에 따라 재정규모나 그 내용에 큰 격차가 있으므로 재정조정이 필요하다.

　한편 한국의 지방재정의 특색은 다음과 같다. ① 국가행정이 중앙집권적이기 때문에 지방재정에 대한 국가의 법령에 의한 제한 또는 감독이 크다. ② 지방공공단체의 수가 많고, 규모의 크고 작음이 현저하며, 또한 지역격차가 심하다. ③ 자주재원(自主財源)이 빈약하여, 중앙재정으로부터의 교부금과 보조금에 의존하지 않을 수 없다는 점 등을 들 수 있다.

일국의 세제(稅制)에서 지방자치단체의 자주재원인 지방세 수입과 국세 수입과의 비율을 어떻게 할 것인가는 그 나라의 정책에 달려 있다. 그러나 오늘날 대부분의 나라에서는 지방세 수입의 부족분을 지방교부세(금), 국고지출금 또는 보조금, 지방채(地方債) 등에 의존하고 있다. 또 지역격차를 시정하기 위하여 마련된 교부금과 같은 지방재원 조정제도는 인구의 도시집중에 따른 도시구조의 변화와 과밀·과소 등으로 인한 지역격차의 격화로 인해, 지방재원의 중요도를 더욱더 높이고 있다.

최근에 이르러 지방재정은 사회자본의 확충에 따른 지출증가와, 지역경제발전의 불균형성과 불황 등으로 인하여 궁핍화 일로에 있는 데 반하여, 질적·양적면에서 주민생활의 개선과 고차적(高次的)인 생활환경의 조성을 요청하는 주민의 요구에 응하기 위하여 자주재원의 확대를 비롯한 지방재정의 재검토가 요망되고 있다.

재정운영 실태 파악을 위해서는 지방재정에 관한 이론적인 내용들을 기존 연구 논문이나 각종 서적을 통하여 고찰해보고, 이를 바탕으로 하여 예산군 지방재정운영의 실태를 분석하고 문제점을 도출하여 향후 지방자치단체의 재정운영이 효율적으로 이루어질 수 있는 방안들을 제시하면서 본 운영 실태를 정리하고자 한다.

1) 2006년 보령 시 지방재정공시

보령 시 재정공시 제1호 (2006. 8. 30.)   **보령시장**

◆ 우리 시의 '05년 살림규모는 488,087백만 원으로

○ 자체수입(지방세 및 세외수입)은 242,095백만 원 규모로 시민 1인당 2,240,459원입니다.
  ※ 지방채 발행에 의한 수입 5,000백만 원 별도

○ 중앙의 의존재원(교부세, 보조금 등)은 240,992백만 원으로 우리시 살림규모의 49.4%
  입니다.

○ 대천해수욕장 관광지 개발사업 등 추진을 위한 우리시의 채무는 18,306백만 원이 남
  아 있어 시민 1인당 채무액은 169,412원입니다.

○ 공유재산은 '05년 원산도 해수욕장 종합관리사 신축부지 취득 등 1,417건 238,884백
  만 원 취득하고, 소규모 잡종재산 매각 등 1,215건 37,605백만 원을 매각하여 총
  349,076백만 원 상당입니다.

◆ 우리시와 재정규모가 비슷한 동종단체와 살림살이를 비교하여 살펴보면

※ 현 연도(FY'05) 자료는 결산자료 확정 이전, 잠정치 자료임

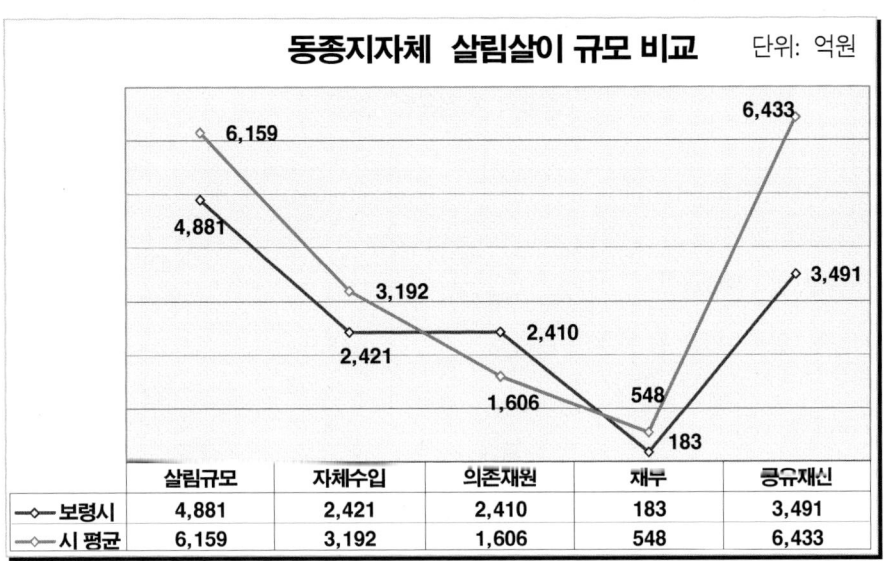

	살림규모	자체수입	의존재원	채무	공유재산
◆ 보령시	4,881	2,421	2,410	183	3,491
◆ 시 평균	6,159	3,192	1,606	548	6,433

◆ 우리 시의 '05년 살림규모는 4,881억 원으로 동종단체 비교 1,278억 원이 적은 규모
입니다.

  ㅇ 자체수입은 2,421억 원으로 동종단체 비교 771억 원이 더 적으며,

  ㅇ 중앙의 의존재원은 2,401억 원으로 동종단체 1,606억 원보다 커서 재정자립도가 낮
은 편입니다.

  ㅇ 총 채무는 동종단체보다 365억 원 적은 183억 원으로 재정운영에 무리가 없습니다.

  ㅇ 공유재산은 동종단체와 비교 2,942억 원이 적은 3,491억 원 규모입니다.

◆ 행사 · 축제경비 집행내역 등 주민관심사항 공시는 별지와 같습니다.

2) 공통공시 총괄

《총량적 재정운영 결과》

(단위: 백만 원, %)

재정운영결과		현 연도 (FY'05)	전년도 (FY'04)	증감률
① FY'05세입·세출결산	징수액	488,087	444,621	9.8%
	지출액	318,932	295,288	8.0%
② 지방채, 일시차입금 등 채무의 현재액		18,306	15,216	20.3%
③ 채권 관리현황(원금+이자기준)		4,578	4,891	△6.4%
④ 기금운용 현황		4,549	4,289	6.1%
⑤ 공유재산 증감 및 현재액	공유재산	349,076	147,796	136%
	물 품	4,784	4,418	8.3%
⑥ 발생주의 복식부기에 의한 재무보고서	자산총계	2008년 제도 도입 이후 공시		
	부채총계			
	비용총계			
⑦ 통합재정정보(예산분야)	재정수지	△35,156	△44,048	20%
	재정수지 (순세계잉여금포함)	11,100	4,680	137%

《재정운영에 관한 중요사항》

(단위: 백만 원, %)

재정운영결과		현 연도 (FY'05)	전년도 (FY'04)	증감률
① 재정분석·진단결과		항목별 공시내용 참조		
② 감사원 등 감사결과		지적사항 없음		
③ 주민주요 관심항목	③-1 업무추진비 집행현황	473	450	5.1%
	③-2 지방채무(실질채무)현황	18,306	15,216	20.3%
	③-3 행사·축제경비 집행현황	2,229	2,309	△3.5%
	③-4 민간단체 등 보조금 지원현황	28,134	21,572	30.4%
	③-5 1,000만 원 이상수의계약 실적	4,491	67,626	△93.4%
	③-6 연말지출 비율	2.9%	3.6%	△0.7%

3) 총량적 재정운영 결과

(1) 세입·세출예산의 집행상황

가. 세입결산

(단위: 백만 원)

회계별 \ 구분	예산현액	징수결정액	실제수납액	%	미수납액 계	불납결손액	미수납이월액
합 계	잘못된계산식	잘못된계산식	잘못된계산식	잘못된계산식	잘못된계산식	잘못된계산식	잘못된계산식
일반회계 소 계	잘못된계산식	잘못된계산식	잘못된계산식	잘못된계산식	잘못된계산식	잘못된계산식	잘못된계산식
지방세	26,003	32,176	27,233	84.6	4,943	197	4,746
세외수입	142,352	150,761	141,945	94.2	8,815	–	8,815
지방교부세	113,731	115,092	115,092	100.0			
재정보전금	7,350	11,313	11,314	100.0			
국고보조금	104,032	101,599	101,599	100.0			
지방채							
특 별 회 계	잘못된계산식	잘못된계산식	잘못된계산식	잘못된계산식	잘못된계산식	–	잘못된계산식
공기업 소 계	잘못된계산식	잘못된계산식	잘못된계산식	잘못된계산식	잘못된계산식	잘못된계산식	잘못된계산식
상수도사업	16,408	15,641	15,467	98.9	174	–	174
대천해수욕장개발	31,425	31,862	31,862	100.0			
소 계	30,326	29,960	29,786	99.4	174		174
하수도사업	17,554	17,153	17,015	99.2	138	–	138
주택사업	481	442	410	92.8	31	–	31
기타 새마을소득사업	1,136	1,111	1,111	100.0			
의료보호기금	1,413	1,418	1,418	100.0			
영세민생활안정기금	226	216	212	98.1	5	–	5
공설공원묘지조성	1,003	1,091	1,091	100.0			
무창포해수욕장관광지	1,328	2,171	2,171	100.0			
남포간척지구농지기금	2,704	2,710	2,710	100.0			
도서전화	2,041	1,560	1,560	100.0			
농공지구조성	2,440	2,088	2,088	100.0			

회 계 별 \ 구 분	예산현액	징 수 결정액	실 제 수납액	%	미 수 납 액		
					계	불 납 결손액	미수납 이월액
보령화력발전소 주변지역지원	1,934	2,063	2,063	100.0	992	–	992
주차장설치	1,574	2,568	1,576	61.4	189	–	189
바다진흙 등을 이용한 경영수익	2,450	2,525	2,336	92.5			
발전소주변지역 지원사업융자	2,808	2,810	2,810	100.0			
장기 미집행 도시계획보상	5,004	5,004	5,004	100.0			

연도별 비교

구 분	연도별 비교(백만 원)				
	2001	2002	2003	2004	2005
세입결산	340,544	344,144	383,830	444,621	488,087

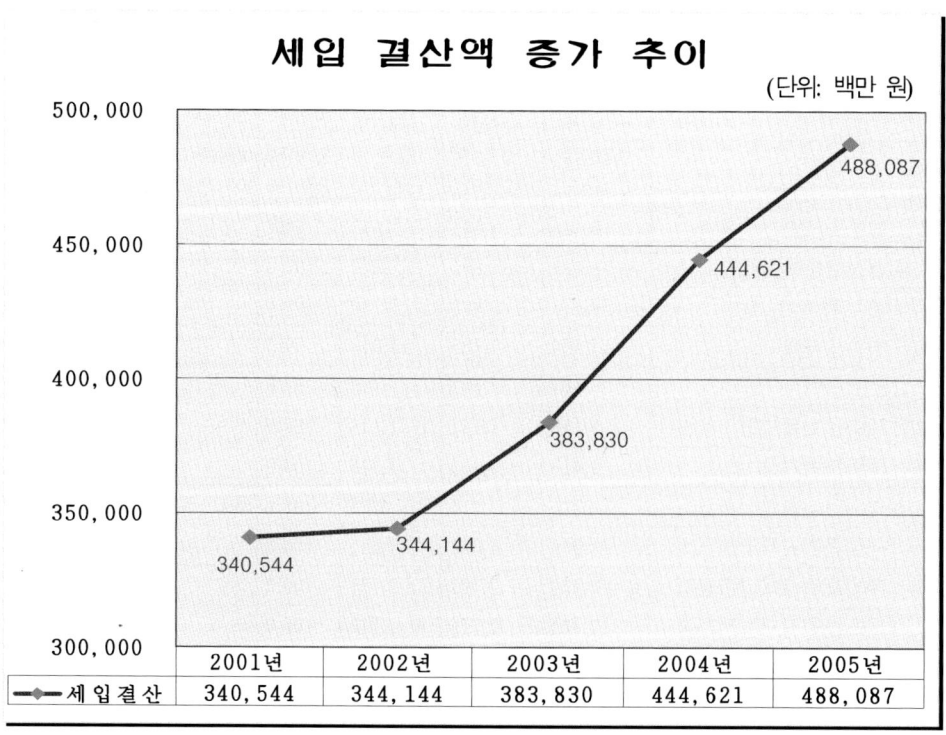

세입 결산액 증가 추이

(단위: 백만 원)

	2001년	2002년	2003년	2004년	2005년
세입결산	340,544	344,144	383,830	444,621	488,087

나. 세출결산

(단위: 백만 원)

회계별 \ 구 분		예산현액	지출원인 행 위 액	지출액	%	다음연도 이 월 액	집 행 잔 액	%
합 계		485,397	354,283	318,932	잘못된 계산식	115,992	50,473	잘못된 계산식
일반회계	소 계	393,468	313,824	281,131	65.7	91,740	20,597	10.4
	일반행정비	53,234	48,828	48,773	71.4	106	4,355	5.2
	사회개발비	191,727	154,987	135,827	91.6	49,757	6,144	8.2
	경제개발비	139,986	107,455	93,977	70.8	41,877	4,131	3.2
	민방위비	790	597	597	67.1		193	3.0
	지원 및 기타경비	7,731	1,957	1,957	75.6		5,774	24.4
특 별 회 계		91,929	40,459	37,801	25.3	24,252	29,876	74.7
공기업	소 계	47,833	19,648	19,648	41.1	15,291	12,894	32.5
	상수도사업	16,408	11,279	11,279	41.1	2,940	2,189	27.0
	대천해수욕장개발	31,425	8,369	8,369	68.7	12,351	10,705	13.3
기타	소 계	44,096	20,811	18,153	26.6	8,961	16,982	34.1
	하수도사업	17,554	9,576	7,015	41.2	8,449	2,090	38.5
	주택사업	482	382	382	40.0		99	11.9
	새마을소득사업	1,136	–	–	79.3		1,136	20.5
	의료보호기금	1,413	1,352	1,352	0.0		61	100.0
	영세민생활안정기금	226	24	24	95.7		202	4.3
	공설공원묘지조성	1,003	95	95	10.6		908	89.4
	무창포해수욕장관광지	1,328	495	495	9.5		833	90.5
	남포간척지구농지기금	2,704	1,815	1,815	37.3		889	62.7
	도서전화	2,041	1,267	1,262	67.1		779	32.9
	농공지구조성	2,440	220	220	61.8	330	1,891	38.2
	보령화력발전소 주변지역지원	1,934	1,672	1,672	9.0	154	108	77.5
	주차장설치	1,574	549	486	86.5		1,088	5.6
	바다진흙 등을 이용한 경영수익	2,450	1,635	1,606	30.9	28	815	69.1
	발전소주변지역 지원사업융자	2,807	35	35	65.6		2,773	33.3
	장기 미집행 도시계획보상	5,004	1,694	1,694	1.2		3,310	98.8

연도별 비교

구 분	연도별 비교(백만 원)				
	2001	2002	2003	2004	2005
세출결산	247,114	220,331	250,737	295,288	318,932

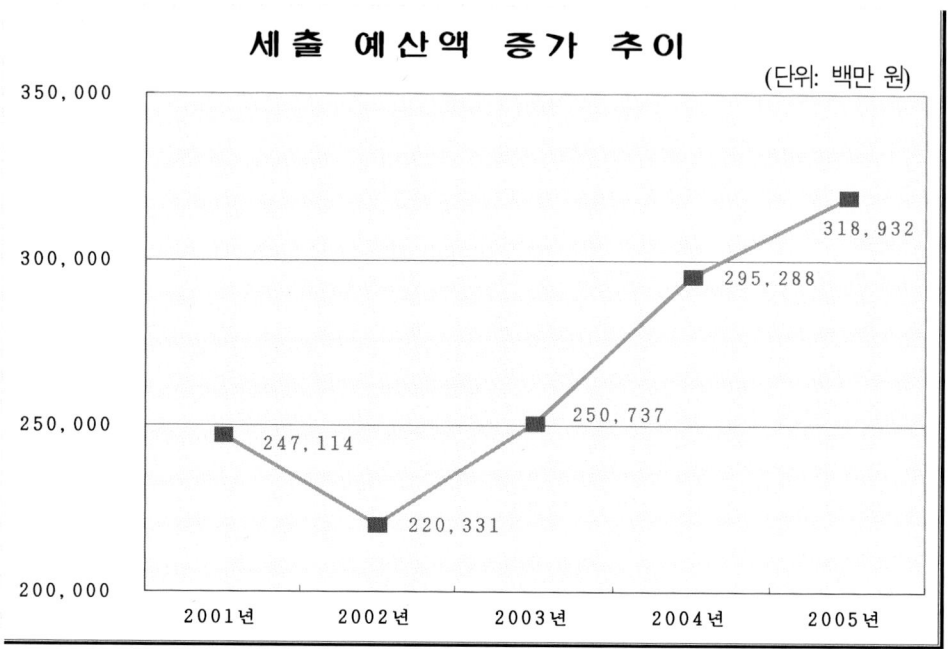

(2) 지방채·일시차입금 등 채무의 현재액

(단위: 백만 원)

구 분		전년도현재액	기준연도현재액	증감	비 고
합 계		15,216	18,306	3,090	원금＋이자기준
일반회계		–	–	–	
특별회계		15,216	18,306	3,090	
공기업	소 계	14,146	17,446	3,300	
	상수도사업	1,894	1,481	△413	
	대천해수욕장개발	12,252	15,965	3,713	
기 타	소 계	1,070	860	△210	
	주택사업	521	343	△178	
	도서전화	549	517	△32	

연도별 비교

구 분	연도별 비교(백만 원)				
	2001	2002	2003	2004	2005
채무현황	26,294	33,735	16,916	15,216	18,306

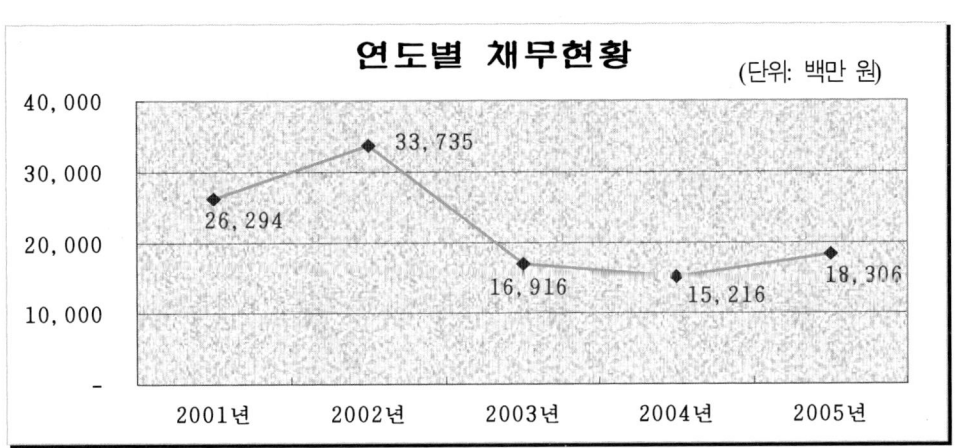

(3) 채권관리 현황

(단위: 백만 원)

구 분		전년도현재액	기준연도현재액	증 감	비 고
합 계		4,891	4,578	△313	원금＋이자기준
일반회계		2,544	2,662	118	
기타특별회계	소 계	2,347	1,916	△431	
	새마을소득사업	432	302	△130	
	영세민생활안정기금	217	203	△14	
	의료보호기금	4	5	1	
	주택사업	355	287	△68	
	발전소주변지역융자기금	1,339	1,119	△220	

연도별 비교

구 분	연도별 비교(백만 원)				
	2001	2002	2003	2004	2005
채권현황	1,998	1,551	1,402	4,891	4,578

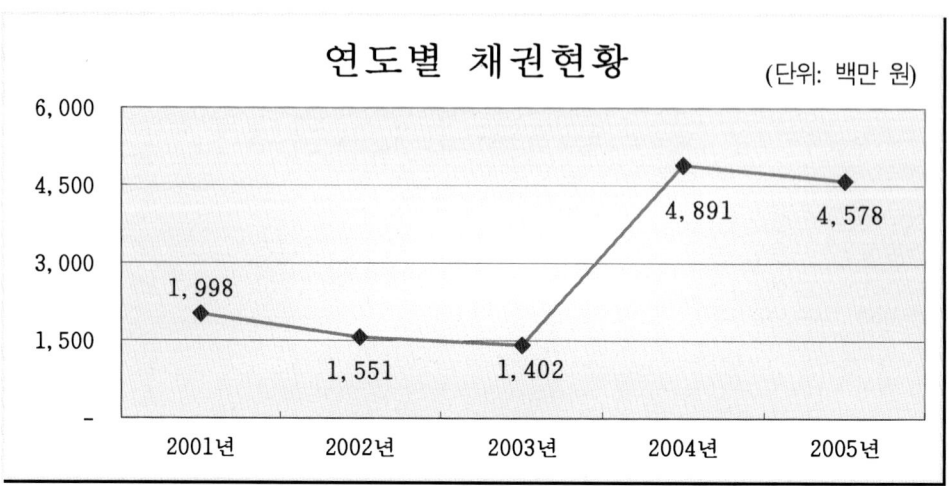

연도별 채권현황 (단위: 백만 원)

(4) 기금운용 현황

(단위: 백만 원)

구 분 종류별	전년도 현재액(A)	증 감 액			기준연도현재액 (E) =(A +B)
		계(B) =(C − D)	수납액(C)	지출액(D)	
합 계	4,289	259	366	107	4,549
기초생활보장기금	173	16	16	−	189
저소득자녀장학기금	300	1	10	9	301
여성발전기금	507	6	6	−	513
노인복지기금	633	14	14	−	647
체육진흥기금	1,100	38	38	−	1,138
재난관리기금	1,128	209	235	26	1,338
중소기업경영안전기금	400	−	17	17	400
식품진흥기금	48	△25	29	54	23

연도별 비교

구 분	연도별 비교(백만 원)				
	2001	2002	2003	2004	2005
기금운용현황	2,282	2,707	3,256	4,289	4,549

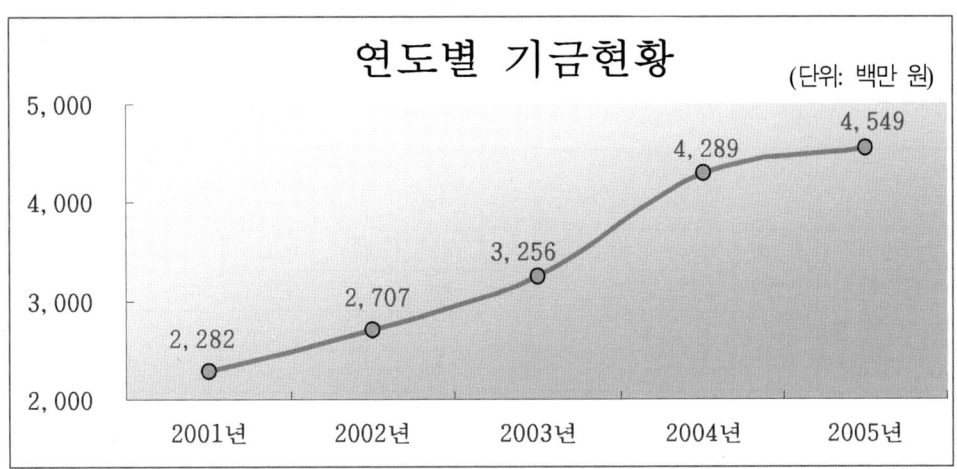

(5) 공유재산의 증감 및 현재액

가. 공유재산

(단위: 필지, 동, 백만 원)

구 분	전년도 현재액		증 가		감 소		기준연도 현재액		비 고
	수 량	금 액	수 량	금 액	수 량	금 액	수 량	금 액	
계	15,178	147,796	1,417	238,884	1,215	37,604	15,380	349,076	
토 지	14,872	133,603	1,378	218,268	1,162	37,525	15,088	314,346	
건 물	304	14,106	39	20,616	53	79	290	34,643	
입 목 죽	-	-							
공 작 물	-	-							
기계 · 기구	-	-							
선 박	2	87					2	87	
항 공 기	-	-							
무체재산권	-	-							
유가증권 (주식 · 출자)	-	-							
용익물건	-	-							

나. 물 품

(단위: 개, 백만 원)

구 분	전년도 현재액		증 가		감 소		기준연도 현재액		비 고
	수 량	금 액	수 량	금 액	수 량	금 액	수 량	금 액	
계	1,224	4,418	142	746	42	380	1,324	4,784	
매 각	1,224	4,418	133	563	40	250	1,317	4,731	
관 리 전 환									
양 여 등 기타			9	183	2	130	7	53	

(6) 지방재정법 제59조의 규정에 의한 통합재정정보

《최종예산 기준》

(단위: 백만 원)

구 분	합 계	일반회계	기타특별회계	기 금	공기업특별회계
1. 세 입	315,891	269,764	23,705	187	22,235
(순세계잉여금 포함)	362,146	299,141	37,980	1,311	23,714
1.1 경상수입	74,060	38,222	13,467	166	22,205
1.1.1 지방세	26,003	26,003	0	0	0
1.1.2 세외수입	48,057	12,219	13,467	166	22,205
1.2 이전수입	235,372	225,112	10,238	22	0
1.2.1 중앙정부	204,364	195,126	9,238	0	0
1.2.2 자치단체	31,008	29,986	1,000	22	0
1.3 자본수입	6,460	6,430	0	0	30
2. 지출 및 순융자	351,046	290,181	42,801	479	17,585
2.1 경상지출	146,237	129,784	13,149	155	3,149
2.1.1 재화 및 용역	76,326	64,650	11,538	138	0
2.1.2 이자지급	68	0	68	0	0
2.1.3 이전경비	69,843	65,134	1,543	17	3,149
2.2 자본지출	202,224	160,192	27,291	304	14,437
2.3 순융자	2,586	205	2,361	20	0
통합재정규모 (지출 및 순융자)	351,046	290,181	42,801	479	17,585
통합재정수지 (세입－지출 및 순융자)	△35,156	△20,417	△19,096	△292	4,649
(순세계잉여금 포함)	11,100	8,960	△4,821	832	6,129

구 분	합 계	일반회계	기타특별회계	기 금	공기업특별회계
3. 보전재원	35,155	28,863	13,903	68	△7,679
3.1 국내보전	35,155	28,863	13,903	68	△7,679
순세계잉여금	46,256	29,377	14,275	1,124	1,480
순세계잉여금	46,256	29,377	14,275	1,124	1,480
적립금	0	0	0	0	0

☞ 순세계잉여금을 세입에 포함했을 경우 재정수지 11,100백만 원
　포함하지 않았을 경우 재정수지 △35,156백만 원

4) 재정운영에 관한 중요사항

(1) 행정자치부로부터 받은 재정분석·진단 결과

분		야	보령 시	전국평균	동종단체평균
Ⅰ. 세입구조	지방세	1. 지방세수안정도(36점)	18.56	18.23	18.00
		2. 지방세징수율(36점)	30.60	27.12	26.02
		3. 지방세징수율증감률(36점)	19.17	18.78	18.22
		4. 지방세체납징수율(36점)	18.21	18.66	18.17
		5. 지방세과오납비율(36점)	30.60	26.45	24.66
		6. 지방세수예측도(36점)	19.80	24.81	23.73
	세외수입	7. 경상세외수입안정도(36점)	11.37	18.48	17.88
		8. 경상세외수입징수율(36점)	30.60	31.88	31.72
		9. 경상세외수입징수율증감률(36점)	16.04	18.49	18.02
		10. 세외수입체납징수율(36점)	16.70	18.76	18.19
		11. 세외수입과오납비율(36점)	34.20	29.28	29.52
Ⅱ. 세출관리		12. 경상경비비율(36점)	20.12	18.73	18.17
		13. 인건비비율(36점)	18.92	18.59	18.06
		14. 행사·축제 경비비율(36점)	17.58	18.47	17.87
		15. 민간이전경비비율(36점)	18.57	18.63	18.03
		16. 투자비비율(36점)	21.46	18.71	18.00
		17. 연말지출비율(36점)	18.88	18.46	17.73
		18. 중기재정계획반영비율(36점)	34.20	31.20	32.38

분	야	보령 시	전국평균	동종단체평균
Ⅲ. 재정관리	19. 체납채권비율(36점)	20.30	18.86	18.00
	20. 추경예산편성비율(36점)	27.97	27.14	26.72
	21. 세입예산반영비율(36점)	34.20	33.77	33.73
	22. 순세계잉여금비율(36점)	15.11	18.57	18.00
Ⅳ. 채무관리	23. 지방채무상환비율(36점)	34.20	32.69	32.24
	24. 지방채이자부담율(36점)	20.68	18.69	18.05
	25. 지방채무잔액지수(36점)	21.17	18.62	17.90
Ⅴ. 재정투명성	26. 재정정보공개의 적정성(35점)	18.00	22.93	23.08
	27. 예산편성운영의 투명성(35점)	14.00	19.40	19.87
Ⅵ. 국가정책이행	28. 재정조기집행 추진상황(10점)	7.68	6.96	6.71
	29. 재산세탄력세율 적용정도(10점)	6.00	7.13	7.26
	30. 사회복지예산증감률(10점)	5.05	5.05	5.00

※ 분석지표별 점수가 높을수록 우수단체

ㅇ 2004년도 재정분석결과 우리시는 총 5등급 중 2등급에 해당되어 재정운영 상태가 양호한 지자체로 분류됨

ㅇ 건전한 재정운영의 지표가 되는 경상경비, 인건비, 민간이전경비, 투자비비율 등이 동종단체에 비해 높은 점수를 받아 생산성이 높은 지방자치단체로 평가되었으며

ㅇ 다만, 각종 사용료 및 임대료 등의 경상세외수입 안정도 및 체납징수율이 낮은 편으로 세외수입의 안정적 관리를 위해 노력하겠음.

(2) 감사원 등으로부터 받은 감사결과

ㅇ 2005 지방자치단체 예산 집행 실태 감사원 감사: 지적사항 없음

(3) 주민 주요관심항목

가. 업무추진비 집행현황

(단위: 백만 원)

구 분	세출결산액(A)	업무추진비(B)	비율(B / A×100%)	비 고
'05년 업무추진비	281,131	473	0.17%	

※ 일반회계 기준(기관운영, 정원가산, 시책추진 업무추진비 총액)

연도별 증감현황

구 분	연도별 비교(백만 원)				
	2001	2002	2003	2004	2005
세출결산액	204,979	187,260	232,594	259,020	281,131
업무추진비	407	439	422	450	473
비 율(%)	0.20%	0.23%	0.18%	0.17%	0.17%

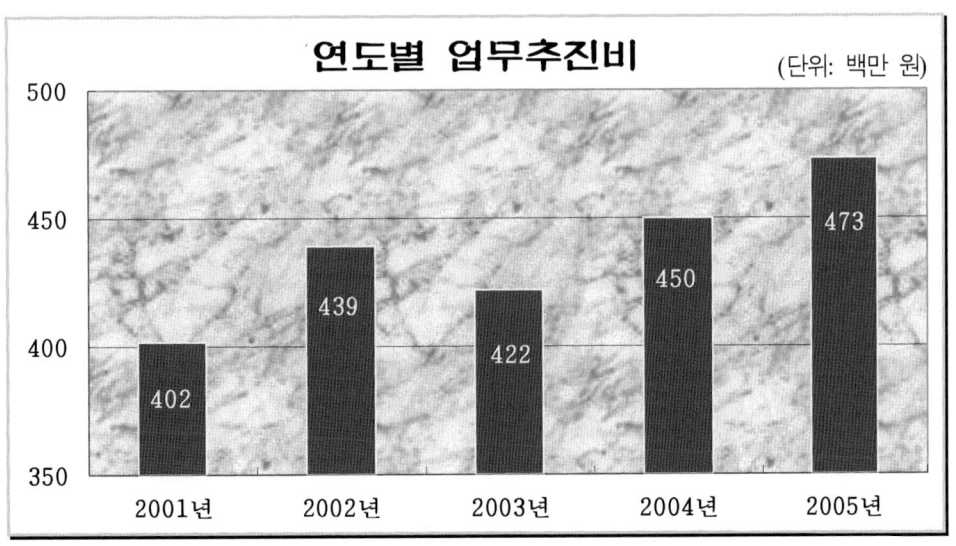

나. 지방채무현황

구 분	인구(명)(A)	당해연도 현재액(B)				1인당 채무액 (만 원)(B / A)
		계(백만 원)	전년도 말 현재액	금년도 발생액	금년도 소멸액	
지방채무현황	108,056	18,306	15,216	5,000	3,169	16.9
실질채무현황	108,056	18,306	15,216	5,000	3,169	16.9

※ 당해연도 현재액은 원금＋이자로 이자부분을 포함

연도별 증감현황

구 분		채무현황	실질채무	인구수	1인당 채무액(만 원)
연도별	2001	26,294	26,294	116,546	22.5
	2002	33,735	33,735	113,720	29.7
	2003	16,916	16,916	110,880	15.2
	2004	15,216	15,216	109,401	13.9
	2005	18,306	18,306	108,056	16.9

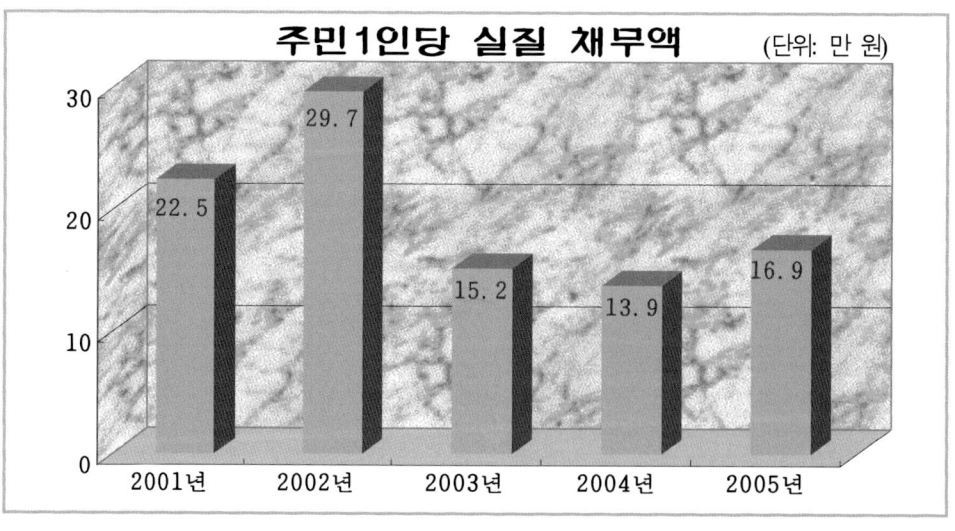

주민1인당 실질 채무액 (단위: 만 원)

다. 행사·축제경비 집행현황

(단위: 백만 원)

구　분	세출결산액(A)	행사·축제경비(B)	비율(B／A×100%)	비　고
'05년 행사·축제경비	281,131	2,229	0.8%	

※ 일반회계 기준(행사실비보상금, 민간행사·보조위탁, 행사지원비, 행사관련시설비 총액)

연도별 증감현황

구　분	연도별 비교(백만 원)		
	2003	2004	2005
행사·축제경비	1,287	2,309	2,229

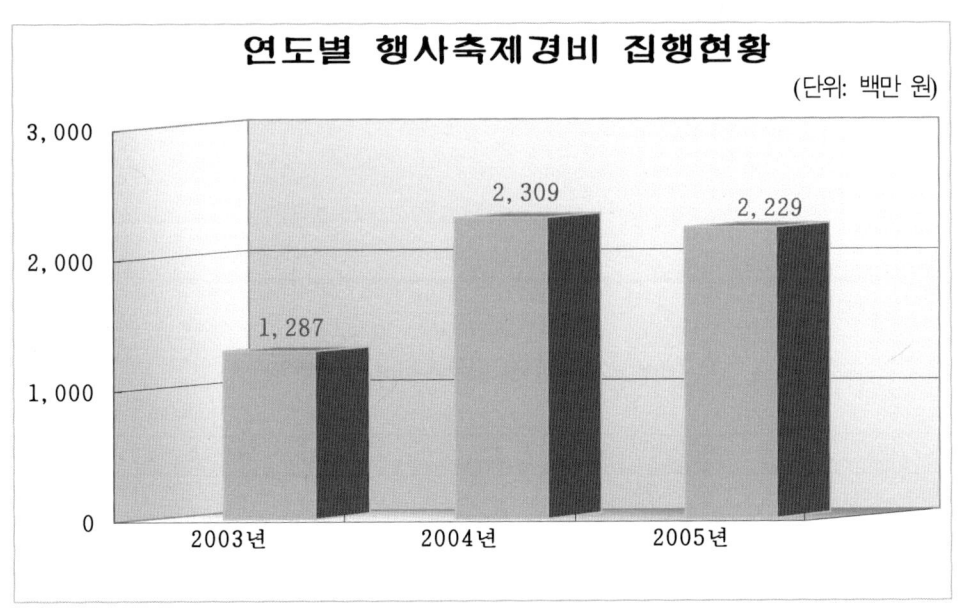

라. 민간단체 등 보조금 지원현황

(단위: 백만 원)

구　분	세출결산액(A)	민간단체보조금(B)	비율(B／A×100%)	비　고
'2005 민간단체 등 보조금	281,131	28,134	10%	

※ 일반회계(민간경상보조, 민간자본보조, 사회단체보조 총 지출액)

연도별 증감현황

구 분	연도별 비교(백만 원)				
	2001	2002	2003	2004	2005
세출결산액	204,979	187,260	232,594	259,020	281,131
민간단체 등 보조금	18,891	17,955	18,750	21,572	28,134
비 율(%)	9.2%	9.6%	8.1%	8.3%	10%

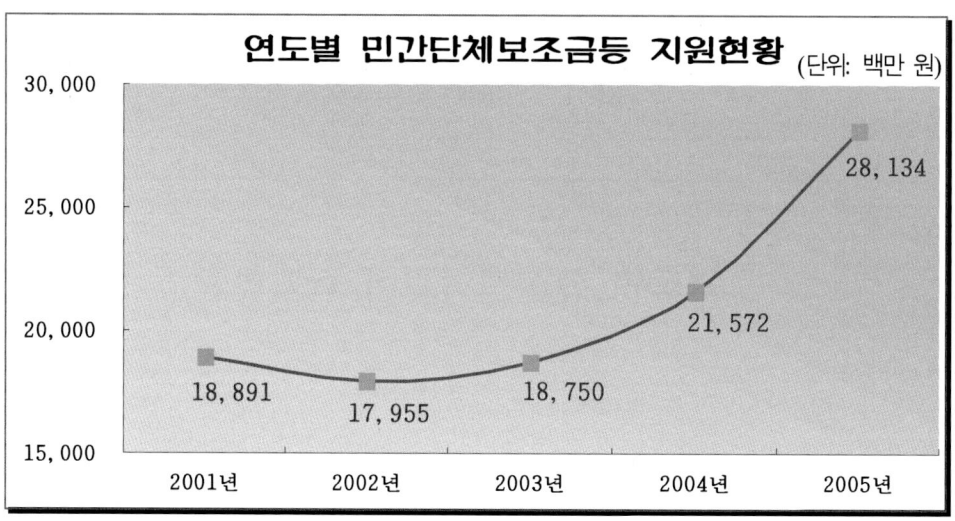

'05년도 시책추진 업무추진비 집행내역

(단위: 백만 원)

집 행 내 역	금 액	비 고
계	224	
○ 의회운영관리 －의정운영업무 추진비	5	의회사무분야
○ 기획관리관련 －국내·외 자매결연도시 관련 업무 추진 －지방재정 실무자 연찬회 －공직기강 확립, 시정평가업무 추진 등	29	기획, 감사, 예산, 교류협력, 의회법제, 균형발전
○ 문화공보 관련 －시정관련 언론 홍보 등	6	문화공보분야

집 행 내 역	금 액	비 고
○ 총무관련	166	총무, 차치정보, 관광, 사회복지, 환경 분야
– 학원폭력예방 등 지역안정 및 여론동향 관리		
– 중증 장애인 행사 등 주요행사 추진		
– 주요사업 지원 협의 등		
○ 산업건설관련	14	지역경제, 건설, 산업, 도로교통, 도시주택
– 기업유치 및 물가안정 시책 추진		
– 산불감시 및 주정차 질서 확립 단속요원격려		
– 폭설재해 및 도로변 제설작업자 격려 등		
○ 보건관련	2	보건 분야
– 공중보건의 직무관련 간담회		
– 건강증진 사업추진 관계자 간담회 등		
○ 농업기술관련	2	농업기술분야
– 제7회 보령사랑 농업사랑 한마당 대회 홍보용 머드구입		
– 05 전문지도 연구회 종합평가회 참석인원머드 제공 등		

'05년도 민간행사보조·위탁금 집행내역

(단위: 백만 원)

월 별	집 행 내 역	금 액	비 고
	총 136건	1,947	
1월	보령시민을 위한 신년음악회 공연 외 1건	33	
2월	외연도 풍어당제 외 3건	123	
3월	춘기 석전대제 외 6건	47	
4월	청소년의 달 행사 외 11건	68	
5월	제83회 어린이날 행사 외 17건	86	
6월	머드축제행사 경비 외 22건	526	
7월	대천 해변 통기타 음악축제 외 8건	281	
8월	제57회 도민체전 참가 외 14건	305	
9월	시민 경축의 밤 행사 외 14건	153	
10월	제7회 만세보령농업인 한마당 외 16건	170	
11월	소방의 날 행사 외 4건	20	
12월	해넘이 행사 외 8건	135	

'05년도 민간경상보조 집행내역

(단위: 백만 원)

월 별	집 행 내 역	금 액	비 고
	계	12,671	
1월	'05 1/4분기 생활체육지도자 배치 외 5건	107	
2월	범죄피해자 지원센터 보조 외 5건	26	
3월	3·1 만세 항일 애국지사 추모기념식 외 3건	10	
4월	'05 청소년 어울 마당 운영보조 외 13건	315	
5월	바르게살기운동, 여성도의교실 운영 외 4건	36	
6월	환경보조형 저농도 비료지원사업 외 14건	1,771	
7월	제2회 보령 국제조각심포지엄 보조 외 19건	364	
8월	꿈나무체육 육성지원 외 7건	49	
9월	청소년 동아리 활동보조 외 7건	127	
10월	사랑의집 고쳐주기 외 14건	334	
11월	지방 4-H 단체육성 보조 외 6건	36	
12월	농촌지도자 보령 시 연합회 활동 보조 외 14건	210	
연중	아동관련 시설 및 복지지원(16개 사업)	4,648	
연중	노인관련 시설 및 복지지원(9개 사업)	546	
연중	장애인 관련 시설 및 복지지원(15개 사업)	3,775	
연중	학교 우유 급식 지원	101	
연중	보령댐 주변지역 지원사업	96	
연중	생활체육 지도자 배치	66	
연중	청소년 공부방 운영	35	
연중	도서 보건진료소 운영비 지급	19	

마. 1,000만 원 이상 수의계약 실적

(단위: 건, 백만 원)

구 분	총계약 실적(A)		1,000만 원 이상 수의계약실적(B)		비 율(B/A)		비 고
	건수	금 액	건수	금 액	건수	금 액	
2005년	636	67,262	59	4,491	9.3%	6.7%	

연도별 증감현황

구 분	연도별 비교(백만 원)	
	2004	2005
수의계약실적	139 / 4,910	59 / 4,491

바. 연말지출 비율

(단위: 건, 백만 원)

구 분	세출결산액(A)	연말 (11~12월) 지출원인행위액(B)	비율(B / A)×100%
연말지출비율	281,131	8,198	2.9%

연도별 증감현황

구 분	연도별 비교(백만 원)	
	2004	2005
연말지출비율	9,451	8,198

8. 글로벌 혁신 기업을 통해 본 혁신

　많은 사람들이 혁신하면 기술혁신을 떠올리지만, 혁신의 영역은 기술에 국한된 것이 아니다. 글로벌 혁신 기업들은 기술, 프로세스, 비즈니스 모델 등 기업경영의 모든 활동에 걸쳐 혁신을 이루어내고 있다. 글로벌 혁신 기업의 특징을 중심으로 여러 혁신의 방식과 실행 포인트에 대해 살펴본다. 최근 전세계 기업의 화두는 '성장'과 '혁신'이다. IT 거품의 붕괴로부터 비롯된 글로벌 경제의 침체는, 선도기업들에게 더 큰 성장과 혁신의 기회를 가져다주었다. 불황기에 착실하게 미래를 준비해온 기업들은 과거보다 더 강력한 시장지배력을 구축하게 되었다. 반면에 경기를 탓하며 기존의 방식에 안주하던 기업들과 혁신 기업들과의 격차는 더욱 크게 벌어지고 있다. 지속적인 혁신을 통해 성장을 거듭하는 기업들과 그렇지 않은 기업들 사이의 양극화가 갈수록 심화되고 있는 것이다.

　보스턴컨설팅그룹의 연구결과에 따르면, 전세계 기업경영자 중 72%가 자사의 3가지 도전 과제 중 하나로 혁신을 꼽고 있다. 하지만 50%가 넘는 경영자들이 혁신의 투자 효과에 대해서는 부정적인 응답을 한 것으로 나타났다. 즉 혁신에 대한 갈망은 있지만 도대체 어디서부터 어떻게 시작해야 할지 모른다는 데 그 원인이 있는 것으로 보인다.

1) 글로벌 혁신 기업의 특징

　애플, 구글, 3M, 도요타, 마이크로소프트. 비즈니스위크가 발표한 2006년 글로벌 혁신 기업(The World's Most Innovative Companies)Top 5로 선정된 기업들이다. 특히, 애플은 2년 연속 세계 최고 혁신 기업으로 선정되는 영예를 안았다. 구글이 지난해 8위에서 2위로, 도요타가 14위에서 4위로 껑충 뛰어 올랐고, 스타벅스도 19위에서 9위로 순위가 상승하는 높은 성장세를 나타냈다. 한국기업 중에서는 삼성전자와 LG전자, SK텔레콤이 글로벌 100대 혁신 기업 리스트에 이름을 올렸다.

글로벌 혁신 기업의 성과는 주주 수익률과 이익 증가율에서도 잘 나타나고 있다. 글로벌 혁신 기업 리스트에 포함된 기업들의 지난 10년간 연 평균 주주 수익률은 14.3%, 이익 증가율은 3.4%로 S & P Global 1200 지수의 연 평균 주주수익률 11.1%와 이익 증가율 0.4%를 압도하고 있다.

2) 전방위적인 혁신의 확산

혁신의 유형은 크게 3가지로 분류할 수 있다. 기술혁신을 기반으로 하는 '제품 혁신', 운영 효율성을 제고하는 '프로세스 혁신', 사업방식의 근본적인 변화를 가져오는 '비즈니스 모델 혁신'이 바로 그것이다. 많은 사람들은 혁신하면 기술 우위를 활용한 제품 혁신이나 원가 절감을 통한 프로세스 혁신을 떠올린다. 기업 간 기술 격차가 컸던 과거에는 기술혁신이 곧 제품혁신과 프로세스 혁신으로 연결되어 그 자체가 차별화 포인트였다. 게다가 제품을 만들기만 하면 팔리던 공급자 시장이었기 때문에 기술의 차이는 곧 시장 지배력의 차이로 이어졌다. 하지만 기업 간 기술 격차가 줄어들고, 소비자가 우위에 있는 시장으로 변화하면서 기술혁신만으로는 과거의 성공을 보장해 줄 수 없게 되었다.

최근 글로벌 혁신 기업의 대표적인 특징은 전방위적인 혁신에 성공하고 있다는 점이다. 경영전략과 혁신 분야의 대가로 꼽히는 다트머스 경영대학의 Govindarajan 교수도 "혁신이 반드시 기술과 관련되는 것은 아니다. 혁신에는 여러 유형이 존재한다."라고 말한 바 있다. 글로벌 혁신 기업으로 성장하기 위해서는 경쟁사보다 빠른 신제품 출시나 좀더 싼 제품만으로는 부족하다. 사업 방식의 근본을 바꾸고 고객이 열광할 수 있는 제품을 출시할 수 있는 비즈니스 모델의 근본적인 혁신이 필요하다. 그렇다면 지속적인 성장을 일궈내는 글로벌 혁신 기업들은 비즈니스 모델을 혁신하기 위해 어떤 노력을 벌이고 있을까?

글로벌 혁신 기업의 특징으로부터 배울 수 있는 교훈은 무엇인가?

(1) 기술 집착증에서 벗어나야 한다.

'화려하게 부활한 애플', '애플'의 개발로 PC 시대를 열었던 애플은 과거에도 혁신의 대명사였다. 하지만 당시 애플은 기술을 맹신한 나머지 소비자의 편의성을 고려하지 않았을 뿐만 아니라, 부품 및 소프트웨어 공급자들에 대한 폐쇄적인 정책으로 일관했다. 결과적으로 애플은 IBM에게 PC 시장의 주도권을 내주고 고작 10% 내외의 시장점유율에 만족해야 했다. 'iPod'의 성공이 높게 평가받고 있는 것은, 애플이 기존의 기술 집착증에서 벗어나 시장 지향적인 혁신에 성공했다는 점이다. 'iPod'나 'iTunes'가 대단한 기술을 바탕으로 애플의 부활을 이끌었다고 평가하는 사람은 많지 않다. 애플'iPod'의 성공 원인이, 차별화된 디자인 및 소비자의 사용 편의성 제고를 통한 제품 혁신에 있었기 때문이다.

게다가 애플은 단순히 제품 혁신에만 머무르지 않았다. 새로운 형태의 온라인 음악 판매 채널인 'iTunes'의 도입을 통해 비즈니스 모델을 혁신하는 데 성공했다. 이처럼 애플의 부활은 기술에 대한 맹목적인 집착을 버리고, 소비자로 시선을 돌린 결과였다.

애플의 성장세는 꾸준히 이어지고 있다. 세계 IT 경기가 주춤하고 있는 2006년 1분기에도 애플의 매출은 전년 동기 대비 35%, 순이익은 41%나 증가하였다.

(2) 부분이 아닌 전체를 혁신하라.

최고의 생산성과 원가 경쟁력을 자랑하는 도요타. 'JIT', 'TPS' 등 수많은 베스트 프랙티스를 만들어내며, 혁신의 대명사로 불려왔다. 하지만 마이클 포터는 운영 효율성은 근본적인 전략이 아니라고 주장하며 도요타를 비롯한 일본 기업들의 혁신 방식을 비판한 바 있다. 포터는 운영 효율성은 근본적인 차별화 포인트가 될 수 없으며 시간이 지날수록 타 기업의 모방으로 그 격차가 줄어들어 수익이 감소할 것이라고 전망했다. 포터의 예상은 대부분 들어맞았다. 운영 효율성에 초점을 맞추었던 많은 일본 기업들의 실적이 악화되었기 때문이다. 그러나 도요타는 예외였다. 도요타는 포터의 지적을 비웃기라도 하듯 매년 1조 원 이상의 비용을 절감하며 미국의 Top 3 자동차 업체인 GM, 포드, 크라이슬러 3사의 순이익을 모두 합친 금액보다도 더 많은 순이익을 창출하고 있다. 도요타는 2005년, 가치 혁신 전략을 발표하고, 제조 중심의 프로세스 혁신에서 벗어나 하이브리드카 개발 등을 통해 신시장 창출에 적극 나서고 있다. 프로세스 혁신 역시 단순히 생산

과정에서 비용을 절감하는 차원이 아닌 전체 비즈니스 시스템 자체를 개선하는
방향으로 바뀌어가고 있다. 제품 개발부터 디자인, 제조, 마케팅까지 가치사슬 전
반을 업그레이드함으로써 성장과 수익의 2마리 토끼를 다 잡겠다는 포석이다. 운
영효율성으로 대표되던 도요타의 혁신 방식이 미래 사업 육성 및 비즈니스 시스
템 개선으로 이동하고 있는 것이다.

(3) 외부 네트워크를 활용하라.

세계 최고의 소비재 기업인 P & G는 'C & D(Con−nect & Develop)'라고 불
리는 외부 네트워크를 활용한 개방형 R & D 모델로 상품화 기간을 단축하여 신
제품 개발에 성공하고 있다.

P & G는 사내 인력 외에 '기술 사업가(Technology Entre−preneurs)'로 불리는
70여 명의 C & D 전문 인력을 두고 있다. C & D 네트워크의 전문 인력들은 공
급자 및 발명가, 과학자 등으로 구성되어 신제품 개발에 필요한 아이디어와 기술
을 제공하고 있다.

2004년, P & G는 '프링글스 프린트'를 출시해 소위 대박을 터뜨렸다. '프링글
스 프린트'는 감자칩 위에 간단한 유머와 상식을 새겨 넣는 기발한 아이디어를
통해 북미 시장에서 선풍적인 인기를 끌고 있다. 음식을 통해 메시지와 정보를
전달하는 새로운 개념이 소비자들로부터 좋은 평가를 받은 것이다. '프링글스 프
린트'의 성공은 신제품 아이디어 및 기술을 제공하는 외부 네트워크의 도움으로
가능한 것이었다. '프링글스 프린트'는 C & D 네트워크의 성과물로 과거 2년이
넘게 걸리던 제품 개발 기간이 1년으로 단축되었다. 또한 북미 시장의 프링글스
사업은 두 자리수 성장을 기록하였다. P & G는 내부 R & D를 통해 신제품을
개발하던 방식에서 벗어나 외부 네트워크를 적극 활용, C & D를 통한 제품 개
발 비중을 2000년 15% 선에서 향후 50% 수준까지 확대할 계획이다.

(4) 제품이 아닌 문화를 팔아라.

최근 미국 증권가에서는 글로벌 커피 체인점 브랜드인 스타벅스가 맥도널드를
제치고 5년 안에 식품 프랜차이즈 분야 세계 1위에 올라설 것이라는 전망이 나
왔다. 스타벅스는 현재 세계적으로 1만여 개의 매장을 갖고 있는 데 반해 맥도널
드는 3만여 개에 가까운 매장을 보유하고 있다. 따라서 5년 안에 스타벅스가 매

장 수에서 맥도널드를 압도할 것이라는 주장은 성급해 보일 수도 있다. 하지만 1992년 스타벅스의 매장 수가 불과 200여 개에 불과했다는 사실을 고려한다면 그리 과장된 전망이 아니다. 현재 스타벅스 매장은 중국에서만 200여 개가 넘는다. 이러한 스타벅스의 고성장 비결은 무엇일까?

하워드 슐츠 스타벅스 회장은 커피를 단순한 일용품으로 보지 않았다. 그는 커피를 하나의 문화로 인식했다. 따라서 스타벅스는 소비자들 마음속에 단순히 커피를 파는 곳이 아닌 '제3의 문화 공간(3rd Place)'으로 자리잡았다. 그 결과 스타벅스는 커피뿐만 아니라 다양한 파트너들과의 제휴를 통해 음악, 영화 등 각종 문화상품을 마케팅하고 있다. 스타벅스 자체가 하나의 문화 아이콘으로 자리잡은 것이다. 이처럼 스타벅스의 성공 비결은 '제품 브랜드'를 넘어 '라이프스타일 브랜드'라는 새로운 영역을 개척한 데 있다.

(5) 구성원들의 창의력을 자극하라.

15% 룰로 유명한 3M. 3M의 15% 룰은 근무시간의 15%를 새로운 아이디어 및 제품 개발에 쓰도록 한 것을 말한다. 하지만 2000년, 새로운 CEO로 취임한 GE 출신의 짐 맥너니가 보기에는 3M이 많은 약점을 가지고 있었다. 조직이 세분화되어 규모의 경제를 추구할 수 없었고, 성과평가와 책임 소재가 체계화되지 않아 나눠먹기식으로 보상이 돌아가고 있었다. 짐 맥너니는 3M의 가장 큰 장점인 혁신 문화를 강화하는 데 초점을 맞췄다. 따라서 기존 방식의 파괴보다는 혁신의 체질화에 중점을 두었고, 그 일환으로 3M의 '가속(Acceleration)' 프로젝트가 시작되었다. '3M 가속(Acceleration)' 프로젝트의 핵심은 구성원들의 창의력을 극대화하여 신제품 개발 프로세스를 가속화하는 것이었다. 당시 3M의 새로운 아이디어 중에서 실제 신제품 개발로 이어지는 아이디어는 10%가 채 되지 않았다. 이에 맥너니는 먼저 개발자가 명확한 인센티브를 가질 수 있도록 보상 시스템을 재설계하였다. 그리고 1년 안에 새로운 아이디어의 수를 2배로 늘리고, 실제로 출시되는 신제품의 수를 3배로 늘린다는 구체적인 목표를 제시했다. 게다가 분산된 조직에 동일한 기준으로 할당되던 자원 배분방식에서 탈피하여 시장 기회를 기준으로 자원 배분을 재조정하였다. 그 결과 높은 시장 기회를 가지고 있던 의료 부문에 보다 많은 연구개발 자원이 할당되었고, 의료 부문의 매출과 수익을 5% 이상 제고할 수 있었다. 전사적으로는 신제품 개발주기가 과거보다 1년 이상 앞당겨졌고, 매출은 10% 이상 향상되었다.

내부 장애물부터 제거해야 앞서 혁신 기업의 성공 비결에 대해 살펴보았지만, 혁신은 내부 장애물을 제거하는 것에서 출발한다. 기존의 사업방식 및 조직구조 하에서 본질적인 변화를 기대하기 어렵기 때문이다.

대부분의 기업들이 혁신에 실패하는 근본 원인은 기존의 게임 룰과 경쟁 구도의 틀 안에서 시장을 바라본다는 것이다. 기존의 사업 방식을 고수하게 되면 신사업 및 신제품 개발 속도가 느려질 수밖에 없다. 당연히 시장 변화 속도에 뒤쳐지게 되며, 새로운 시장을 창출하는 것은 더욱 요원한 일이 된다. 따라서 과거의 성공 방식을 부정하는 노력이 필요하다. 자체적인 변화가 어렵다면 신사업 개발 조직을 신설하여 기존 조직과 거리를 두거나 M & A를 통해 변화에 필요한 역량을 입부에서 수혈할 수도 있다. 사업이 커지면서 세분화된 조직구조 역시 혁신을 방해하기 쉽다. 기업의 조직구조가 개별 사업의 성과를 극대화하는 데 조섬이 맞추어져 있으면 근본적인 변화를 가져오기 어렵기 때문이다.

3) 고객에 대한 이해가 우선

혁신의 궁극적인 목적은 새로운 시장의 창출이다. 그것이 기존 시장에서 다른 기업의 고객을 뺏어오는 것이든, 아니면 근본적으로 새로운 시장, 경쟁이 없는 블루오션을 만드는 것이든 마찬가지다. 새로운 시장의 창출은 고객에 대한 깊은 이해로부터 출발한다. 고객이 원하는 제품과 서비스를 고민하다 보면 자연스럽게 새로운 아이디어와 사업 기회를 발굴할 수 있다. 말로만 고객을 외치고 있는 것은 아닌지, 고객을 잘못 이해하고 있는 것은 아닌지 자신을 둘러볼 시점이다.

Ⅳ. 경영행정이 나아갈 방향

1. 노동시간단축과 경영행정

　독일에서는 1984년 이후 금속노조를 중심으로 주 35 노동시간에 대한 논의가 활발하게 진행되었다. 자본은 개별 노동자의 노동시간 단축의 전제조건으로 기계 작동시간을 연장하여 공장가동시간을 늘릴 것을 요구하였다. 주 40시간으로의 노동시간 단축에, 즉 주 5일 근무를 골격으로 하는 새로운 노동시간의 도입에서도 자본은 노동조합이 노동의 유연화를 수용하는 것이 전제조건으로 내세웠다. 여기서 말하는 노동시간이란 노동자가 자기가 일하는 곳에서 머무르는 시간으로 정의된다. 말하자면 노동시간이란 자본가가 노동자에게서 직접 취할 수 있는 시간을 말한다. 이러한 노동시간 정의에 의하면 일터로 가고 오는 출퇴근 시간과, 휴식시간, 교육시간 그리고 식사시간은 노동시간에서 제외된다. 이러한 노동시간을 지배하기 위한 자본가들은 항시 새로운 경영기법을 발달시켰다.

　오늘 날 존재하는 노동시간구조는 역사적 발전의 결과이다. 자본주의 산업화 이전에 실행된 노동시간은 자연현상과 종교적인 교리에 의존하였고 하루 노동시간의 전개는 일하는 사람이 스스로 결정하였다. 서구 유럽에서 중세의 노동시간은 115일의 휴일과 종교적인 의식을 행하기 위한 52일의 일요일을 제외하여 연 200일로 줄어들었다. 이 당시 노동시간의 길이와 강도는 날씨, 계절, 산업재해 그리고 마스터의 습관에 따라 일정정도 불규칙적으로 실행되었다. 말하자면 이 당시의 노동시간은 보통은 구체적으로 고정되지 않았다. 하지만 이미 13세기에 특정한 섬유산업도시에서는 작업시간과 휴식시간을 알리는 종이 설치되었다. 공장에 설치된 종은 당시의 도제들의 정치적 비중을 상징하는 것이었다. 공장에 설치된 종은 또한 도시 임금노동자의 존재를 상징하는 것이기도 하였다. 공장의 규모가 더욱 커지고 공장주가 될 수 없는 도제들의 수가 급증함에 따라서 일용직 임금노동자의 수가 급증하였고 이들은 일정한 노동시간을 요구하는 투쟁단체로써 형성되었기 때문이다. 위의 예는 산업화 이전의 사회에서도 자기 스스로 결정하지 않는 노동시간에 대한 계기가 존재하였다는 것을 증명한다. 하지만 비로소 급속한 산업화의 과정에서 인간의 행위를 시간을 통하여 통제하려는 엄격한 훈련이 시작되었다. 산업화와 진전과 전등의 발명으로 인공조명이 가능하게 됨으로써 규칙성, 시간훈련으로 표시되는 전체노동자에 대한 획일적인 노동시간 통제가 시작되었다. 시간이 지남에 따라 이러한 노동시간 훈련은 외부로부터 강제되는 것에서 노동자들 스스로가 이러한 규율에 순응, 습관화함으로써 내재화되었다. 노동자 자신이 아닌 외부로부터 정해지는 노동시간에 대한 시간규율과 노동자 스스로 이러한 외적 강제를 인정하는 것이 점차로 일반적으로 되었고, 오늘날 노동시간을 규정하는 본질이 되었다. 자본가가 노동시간을 구획하고 계획하는 데 철도의 발전과 확산이 준 영향은 매우 크다. 철도는 자본가가 노동시간을 계획하고 조정하는 경영기법의 가능성을 열었고, 시간과 공간에 대한 개념이 근본적으로 변화시켰다. 철도의 등장으로 자본가에게 생산의 공간적 제약이 현저하게 축소되었고 — 원료나 노동력의 운반이 가능하게 됨으로써 공장의 위치가 별로 중요하지 않게 됨 — 이제 단지 시간의 제어만이 생산에 있어서 중요한 요인으로 남게 되었다. 여러 가지 기술의 발전과 이의 생산과정으로의 응용이 경영을 연구하는 자들에게 공장조직을 시계의 체제와 유사하게 하려는 사고가 발생하게 되었다. 공장을 조직하는 자는 공장을 소유자가 부재중에도 똑같이 그리고 쉬지 않고 계속 가는 시계와 유사하게 조직하여야 한다는 사고가 만연하기 시작하였다. 자본주의 대공장 시스템의 전 사회적 관철은 개인적으로 이루어지는 노동시간조절의 가능성을 약화하였다. 공장체제는 삶에서 노동을 분리하여, 작업장에서 행하는 순수한 노동시간으로 변화시키는 결과를 가져왔으며, 사회적 시간의 의미와 내용의 다양함을 노동력 이용을 시간적으로 합리화하려는 것으로 축소시키는 과정으로 이끌었다. 이러한 과정은 효율, 경제적 합리성의 범주를 거부하는 모든 요소들에 대한 제거를 의미하는 자본의 권력획득 과정이었다. 노동시간의 측면에서 관찰하면 자본으로의 노동의 형식적 종속은 일정한 노동시간의 지속, 노동시간의 상태 그리고 노동시간의 구조(생산하는 노동시간과 휴식형태의 노동중단)를 자본 임의로 확정하는 권리를 의미하였다. 자본가에 의하여 일방적으로 노동시간이 통제 제어되면서 임금노동자는 두 가지 측면에서 시간에 대한 주권을 점차로 상실하였다. 첫째, 경영상의 생산요구가 점차로 임금노동자가 자신들의 노동력을 제공해야 하는 시점과 노동의 지속을 일방적으로 결정하였다. 둘째, 임금노동자들은 노동과정의 시간적 구조를 자기의 능력에 따라 자기책임하에 짜는 가능성을 점차로 상실하였다. 위의 테제를 역사적으로 살펴보면 매우 흥미롭다. 왜냐하면 오늘날 진행되고 있는 유연화 논쟁에서 유연화가 노동시간에 대한 노동자의 주권을 다시 돌려받는다는 주장이 있기 때문이다. 노동시간 구조의 점차적인 경직화는 분업의 특수한 발전에서 기인한다. 말하자면 개별 노동의 기계로의 결속은 노동자 간의 그리고 각각 기계를 연결하는 축이 운동하는 공장가동 시간과의 시간적인 조화를 필요로 하였다. 전반적인 차원에서 관철된 대공장 체제와 이를 통하여 생겨난 조절과 통제 문제는 노동시간 집단적 규칙화의 경향을 강화하였고 이는 또한 경직된 공장가동 시간과 결부되었다. 기술적인 논리로부터 설명되는 시간규율 이외에도 공장체제가 도입된 초기시기에는 개별노동자의 작업시간과 공장가동시간의 경직된 연결은 노동시간의 과도한 연장을 결과하였다. 개별 노동자의 작업시간과 공장가동시간은 하나로 통일되었으며 노동시간구조는 단지 기계나 장치의 기술적 논리와 임금체제의 경제적 논리에 따라 형성되었다. 이러한 전개는 노동자를 기계의 부품, 또는 단지 원가개념으로 저하시켰으며, 노동자의 육체적 심리적 재생산을 필요성을 전혀 고려하지 않는 노동조건을 만들어내었다. 노동자와 자본가가 계약—생존을 해결하기 위한 임금을 획득하는 조건으로 자본가에게 자신의 노동력의 사용을 일임하는—을 통하여 시작되는 노동의 자본에로의 형식적 종속은 결코 노동자가 자본가에게 실제적으로 종속되었다는 것을 의미하지 않는다. 1800년경에 영국의 섬유산업 분야에서 대공장 체제가 형성되기 시작할 때, 최악의 노동환경에서의 장시간 노동이 노동자에 매우 유해하다는 것을 환기시킨 것은 의사들이었다. 법으로 통제되지 않고 자본가에 의하여 일방적으로 규율되던 아동과 여성 노동 그리고 공장에서의 지나치게 긴 노동시간은 노동가능 인구의 건강을 매우 위협하였다. 하지만 콜레라 전염으로 수많은 희생자가 발생한 후에야 비로소, 노동력이 부족해질 수도 있다는 것을 인지한 영국정부는 아동과 여성 노동시간의 통제를 위한 단초를 도입하였다. 로베르트 오웬은 여성과 아동 노동자들의 노동시간 단축을 최초로 주장한 사람의 하나였다. 섬유 공장주인 오웬은 노동시간 단축을 통하여 착취를 억제하기 위한 목적뿐만 아니라 노동시간과 일상생활 사이의 조화로운 타협을 시도하였다. 이미 1817년에 오웬은 자신의 공장에, 인간은 8시간 노동, 8시간 자유시간 그리고 8시간 수면해야 한다는 취 지하에 일 8시간 노동을 도입하였다. 또한 오웬은 노동시간 단축이 생산을 향상시킬 수 있다고 생각하였고 자신의 생각을 자신의 동료(공장주들)들에게 확신시킬 수가 없어서 노동시간 단축을 관철시키기 위하여 섬유노동자 노동조합을 만들고자 시도하였다. 1830년대에 영국에서 노동자들의 정치권리를 위해 진행된 챠티스트 운동에서 8시간 노동은 많은 지지자들을 얻게 된다. 정치적 권리행사와 노동자가 자기 마음대로 처분 가능한 자유시간 사이의 밀접한 관계가 형성되었다. 즉 정치적 선전 선동에 참여할 수 있는 시간의 확보를 위해서 노동시간 단축이 필수적이었다. 이러한 운동의 궁극적인 목적은 당시 영국에서 위협적으로 퍼지고 있던 실업을 저지하고 일상적인 가족생활을 다시 영위하는 데 있었다. 이러한 활발한 정치적 선전 선동의 결과는 섬유산업에서 아동과 여성 노동자의 노동시간을 10시간으로 제한하고 노동시간에 대한 공장주의 자율적인 결정을 제한한 1848년의 새로운 공장법이었다. 하지만 자본과 국가는 아무런 조건 없이 남성 노동자를 보호하려는 준비가 되어 있지 않았다. 유럽에서만 노동시간 단축을 위한 투쟁이 일어난 것은 아니었다. 미국내전 동안에 8시간 노동 구호는 파업하는 노동자와 군인의 상징이었다. 미국에서 8시간 노동시간을 위해 투쟁하고 노동조합을 통하여 8시간 노동의 필수성을 논의로 끌어온 주체는 유럽과는 달리 섬유노동자가 아닌 좀더 낮은 교육을 받은 기계산업의 노동자들이었다. 마르크스는 이러한 미국 노동자의 노력을 제1차 노동자 인터내셔널에 수용하였다. 1866년 스위스의 제네바에서 열린 첫번째 회의에서 마르크스의 제안은 제1차 인터내셔널이 추구해야 할 기본조항으로 통과되었다. "우리는 노동시간 제한을 위한 투쟁이 노동자 삶의 향상과 해방을 위한 다른 모든 노력들을 성공적으로 이끌 전제조건임을 공표한다. 노동시간 제한은 노동계급, 말하자면 모든 국가의 민중의 건강과 육체적 에네르기를 다시 생성하기 위하여 그리고 노동계급에게 정신적 발전, 사회적 교통 그리고 사회적 정치적 활동을 확실하게 하기 위하여 필요하다. …… 우리는 8시간 노동을 법적인 한계로 할 것을 제안한다. 이러한 8시간 노동시간 제한은 미합중국 노동자들에 의하여 이미 일반적으로 요구되었고, 회의의 결정은 이러한 요구가 전세계 노동계급의 일반적 요구로 끌어올리는 것이다."(K. Marx "Instruktionen fuer die Delegierten des Provisorischen Zentralrats zu den einzelnen Fragen", MEW 16, Berlin 1962, S. 192)

마르크스가 국가의 법과 영향력에 어떤 원칙적인 역할을 부여한 것은 매우 특이하다. 하지만 1848년의 영국의 공장법 조항들은 마르크스에게 매우 깊은 인상을 주었으며, 그는 이 법이 노동자들이 자신의 시간주권을 다시 찾는 수단의 하나로 파악하였다. 제1차 인터내셔널이 실패 후 열린 제2차 인터내셔널에서도 역시 법으로 규정된 8시간 노동은 회의의 안건으로 다시 수용되었다. 이러한 과정을 거쳐 1870년 이후로는 메이데이 행사에서 8시간 노동시간 구호가 주요 구호로 자리잡았다.

여기서 우리는 8시간 노동시간이 근대 공장체제의 전세계적 확산 이전에 노동자들의 주요 요구의 하나임을 확인하여야 한다. 근대 공장체제가 도입되고 전세계적으로 확산되기 이전의 8시간 노동에 대한 요구는 외부로부터 강제되는 노동시간을 제한하려는 정치적 그리고 사회 문화적 목적을 가지고 있었다. 당시 노동운동의 좌파는 8시간 노동에 대한 요구를 통하여 노동자 대중에 대한 커다란 동원력을 획득하였다. 이러한 대중 동원력은 기술의 발전으로 인한 실업에 대한 공포와 그리고 증가하는 노동에서의 부담에 그 근본적인 원인이 있었다. 시간이 지남에 따라 노동시간의 명백한 한계를 요구하는 노력들이 점차로 커지고, 더욱 효력을 지니게 되었다. 이와 동시에 자본가들은 생산과정의 내부 시간구조를 최적화시키고자 하였다. 전문직 노동자들은, 부르주아지 직업품성의 이데올로기 격언인, 시간은 돈, 즉 개별자본가에게는 시간절약＝돈＝자본이라는 기본 행위 지침을, 점차로 의식하기 시작하였다. 8시간 노동시간을 위한 투쟁은 자본에 의하여, 즉 외부로부터 강제되는 시간의 경제화와 합리화에 대한 노동자의 저항이었다. 즉 마르크스가 설명한 것처럼, 절대노동시간을 늘려 필수노동시간의 단축과 이로 인하여 획득된 절약된 노동시간에 의하여 초과로 생산된 잉여노동을 자본의 부분으로 이전하려는 가능성을 여는 새로운 과정에 대한 저항이었다. 이 당시 봉건제적, 전통적인 성향을 가진 노동자들이 아직도 획일적으로 짜인 노동시간에 대항하여 투쟁하고 그리고 과도한 알코올 섭취로 긴 노동시간과 싸우고 있는 반면에, 수공업자의 엄격한 규율과 공장 기계를 다루는 교육에 기초하여 양성된 전문직 수련 노동자들은 당시로는 특별하다고 할 수 있는 노동윤리를 가지고 노동시간을 위하여 싸우고 있었다. 산업화의 진전으로 결과된 점증하는 자본투입과 기계의 복잡함은 기업경영과정의 합리적 조직을 확보하기 위한 노동시간의 규칙성과 노동투입량의 계산 가능성을 요구하였다. 하지만 합리화의 과정과 대공장 체제의 확산 과정은 노동운동의 역사가 충분히 보여주듯이 결코 분쟁 없이 진행된 것이 아니었다. 미국의 기술자인 테일러는 1890년경에 은폐된 자본가계급과 노동자계급 간의 내란을 해결하고자 시도하였다. 그는 조직과 인간의 행위가 자연처럼 실험이나 분석을 통하여 찾아낼 수 있는 법칙성이 내재하고 있다는 과학적인 가정에서 출발하였다. 이러한 조직이나 인간의 행위를 효율적으로 이용하는 것을 보증하는 것이 생산의 최적화로 가는 유일한 올바른 길이었다. 테일러의 생각으로는 자본가(경영자)와 노동자의 정신적 혁명을 동반하는 생산과정의 기술적인 과학화는 이들 간의 새로운 협력과 생산의 가속화를 결과할 수도 있다는 것이었다. 즉 이의 최종결과는 이윤과 임금이 동시에 상승한다는 것이다. 그에 따르면 노동자와 자본가 간의 제로 섬 게임(한쪽이 이익을 보면 다른 쪽은 항상 손해를 본다는)이 드디어 깨지게 되었다는 것이다. 시간과 노동자의 동작연구는 이러한 생산과정의 과학화를 관철시키기 위한 보조수단이었다. 인간 노동의 합리화와 그리고 시간 낭비의 회피를 통하여 생산성의 향상에 도달하기 위하여 대공장에서의 모든 노동과정들과 노동자들의 각각의 손놀림은 정확하게 관측되고 연구되었다. 이러한 연구의 목적은 더 합리적인 노동과정의 조직화, 즉 계획과 실행의 분리를 통하여 시간절약을 하는 것이었다. 너랜드는 "테일러의 이상적인 계획은 단지 노동자의 노동시간 통제 이상의 무엇을 포함한다. 이는 과학적 방식을 조직, 행정, 분배 그리고 진정으로 문제 해결을 위하여 어떠한 체계적인 접근이 유익한 모든 영역에서의 적용을 포함한다"라고 단언하였다. 하지만 현실에서는 테일러주의적 조직원칙은 노동자에게서 노동실행의 제반 조건에 대한 스스로의 책임감을 찬탈하여 경영자의 계획영역으로의 이전을 결과하였다. 이러한 노동과정의 변화는 경영자들에게 기업이나 작업장에서 새로운 지위를 부여하였다. 공장주(자본가)들이 독점적 소유에 기반을 두어 노동시간을 일방적으로 결정할 수 있는 공장에서는 경영자들은 자신들의 지식독점에 기초하여 자신들의 노동과정으로의 침입을 정당화할 수 있었다. 테일러주의에 ― 소위 과학적 경영 ― 심취한 공장주와 경영자들은 성과급제도, 계산가능성, 신뢰성 그리고 정확성을 통하여 노동자들에게 통제 이외에 동기부여하여 생산력을 최대화하려는 목적을 지향하였다. 이러한 노동과정은 가장 최상의 시간의 경제를 보장하였고 노동자는 기계에 대한 직접적인 연결 없이 기계처럼 기능하도록 하게 할 수 있었다. 하지만 테일러는 생산기술의 향상이 노동시간을 단축시킬 수도 있다는 가능성에 대하여는 별로 중요치 않게 생각하였다. 테일러는 1890년대 Simonds Rolling Mashine Company에서 행한 일련의 실험에서 생산과정에서 생산물을 마지막으로 검사하는 여성 노동자의 노동시간이 너무 길다는 것을 인지하였다. 지나치게 긴 노동시간으로 인한 피로감이 생산력을 감소시킨다는 사실을 발견한 것이다. 테일러는 이들의 노동시간을 10시간 30분에서 8시간 30분으로 2시간 단축할 것을 제안하였다. 이후, 테일러는 생산의 증가를 확인할 수 있었다. 이러한 결과가 긍정적인 것이었지만 대부분의 테일러주의자들은 노동시간의 과학적 분석이나 또는 노동관계의 육체적, 사회적 측면에는 관심이 없었다. 노동과정에서 지위를 향상한 숙련기술자들은 작업장에서의 인간적인 요소에 전혀 눈을 돌리지 않았고 1차 세계대전 전까지는 노동조합에 매우 적대적이었다. 당시에는 단지 소수의 기업가들이 임금체계에 있어서의 성과급제도가 노동시간 단축과 노동강도의 상호작용과 잘 조화될 때 자본주의적 시간의 경제가 더욱 효과적으로 작용한다는 사실을 이해하고 있었다. 자동차 공장주인 헨리 포드는 노동조합의 8시간 노동을 요구하는 노동자의 구호가 생산력의 발전에 유용하다는 사실을 일찍 깨달은 몇 안 되는 자본가의 하나였다. 포드는 자신이 경영하는 공장설치의 몇몇 기술적 혁신을 관철시키기 위해서는 노동자들의 각오가 필요하다는 것을 인식하였다. 1914년 포드는 자신의 공장에서 실행되던 9시간 교대 근무를 8시간 3교대제로 바꾸었다. 동시에 일급이 2.3달러에서 5달러로 인상되었다. 하지만 포드가 취한 일련의 조치는 노동자를 인간적으로 위하고자 하는 박애주의가 결코 아니었다. 포드는 1922년 자신이 취한 조치들이 원가를 줄이기 위하여 지금까지 취해진 방법 중 가장 좋은 것이라고 고백하였다. 포드의 목적은 자신의 공장에 컨베이어 벨트를 도입하는 것이었다. 컨베이어 벨트 생산방식은 노동자에게 무자비한 규율과 훈련을 요구하였고 공장 노동자들을 공장 가동 시간과, 기계의 연속성과 율동에 종속되도록 강제하였다. 테일러주의와 포드주의의 가장 커다란 차이는, 이제 경영자가 공장의 계획과 이에 기반을 둔 공장 내의 협력 관계가 어떠한지를 직접 설명할 필요성이 없어지고, 경영자의 역할을 조작된 컨베이어 벨트가 이어 받았다는 데 있다. 이제 공장에서의 집약적인 노동은 완벽하게 컨베이어 벨트에 구체화된 시계와 노동의 동시조작에 따라 진행되었다. 수공업자들이 완전히 개인적인 작업율동, 즉 주체적으로 노동시간과 구조를 정할 수 있던 반면에, 이제 많은 개개 노동자와 여러 조직들이 단지 시계를 통하여야만 보장될 수 있는 객관적이고, 모두에게 적용되는 시간으로의 획일적인 종속이 원활한 생산의 필수가 되었다. 노동자의 행동은 이제 시간적으로 통제되었고 이리하여 노동은 전체의 한 부분으로 질서 지워질 때만 의미를 가지게 되었다. 이제 개별노동자가 무엇을 해야 할 것뿐만 아니라 어떻게, 언제, 그리고 어떤 시점에서 주어진 업무를 수행해야 하는가가 외부로부터 완벽하게 강제적으로 주어지게 되었다. 포드주의의 확산으로 자본주의 공장 생산양식의 새로운 단계로써 기술적이고 관료제적 통제가 발전되었다. 포드주의의 전세계적 확산은 산업분야에서 어떤 새로운 시간배열이 전개된 것과 같은 시점에서 가능하였다. 말하자면, 사회적 그리고 기업과 공장에서의 분업이 확산되고 노동시간 단축을 위한 투쟁이 노동영역과 여가영역 간의 시공간의 양극화를 강화하였다. 이러한 측면에서 보면 일차 세계대전 후의 8시간 노동의 법제화는 이러한 양극화 과정에서 하나의 절정을 이루었다. 거의 모든 유럽국가에서 공장 노동자에게 적용되는 8시간 노동이 동시에 도입되었다. 단지 영국과 미국에서는 하루 8시간 노동이 노동과 자본 간의 단체협약 사항으로 확정되었다. 단체협상의 목적은 단지 노동시간의 단축뿐만 아니라 노동시간의 길이와 상황까지 포함하고 있었다. 8시간 노동과 주 5일 노동을 위한 노동자와 노동자 조직의 투쟁의 원인은 시대에 따라 다양하였다. 하지만 신기술의 도입으로 인한 실업에 대한 두려움은 노동자의 조직적 투쟁에 가장 중요한 원인이 되었다. 노동시간 단축을 통하여 남아 있는 일자리를(새로운 일자리 창출이 아닌) 더 많은 노동자에게 연대적으로 나누어주는 데 목적이 있었다. 특히 새로운 기술이 광범위로 도입된 시점에서는 노동시간 단축이 실업을 줄이는 최상의 방식으로 강조되었다. 포드주의적 생산방식이 주요 산업국가에서 대대적으로 도입된 1930년대에는 노동시간을 주 40시간으로 제한하려는 요구가 활성화되었다. 유럽에서 포드주의 생산 방식이 전면화되던 1950년대에는 노동력의 재생산을 위한 여가시간을 늘린다는 목표하에 주 5일 근무제를 요구하였다. 급속한 경제성장과 완전고용에 가까운 노동시장은 노조에게 30년대에 실패한 주 5일 40시간 노동시간을 성공적으로 관철할 수 있는 좋은 기회를 가져다주었다. 이 당시 노동시간 단축의 요구는 실업의 위험을 나눈다는 것에서 실제적인 여가시간의 확대를 요구하는 것이었다(독일 노조의 구호 중의 하나인 "토요일에는 아빠는 우리 것"이라는 구호가 이를 잘 말해준다). 노동조합과 자본가 연맹의 단체협약으로 결정되어 많은 노동자에게 적용되던 표준노동시간이 전 사회적으로 관철되기 이전에는 기업 간의 경쟁에서 노동시간 자체의 길이와 강도가 매우 중요한 요소로 작용하였다. 하지만 표준노동시간이 법적으로 관철되자 노동시간이 기업 간의 경쟁에서 차지하는 역할이 상당히 축소되었다. 그리고 8시간 노동시간과 5일제 근무의 도입으로 공장가동시간이 일반적으로 제한되기 시작하였다. 노동시간과 공장가동시간과의 밀접한 관계에 대한 연구는 이미 1920년대에 몇몇 학자에 의하여 연구, 분석되었다. 1929년 독일 학자인 하우크는 『노동문제와 산업비용경제』라는 저서에서 개별 노동자의 노동시간의 가장 적당한 길이는 기술적이고 경제적인 조건에 종속받는 공장가동시간과는 일치하지 않다는 사실을 지적하였다. 영국학자인 페르논은 1934년 자신의 저서 "단축된 주간 노동시간"에서 2교대제에 대한 면밀한 연구를 하였다. 1차 세계대전 중에 많은 영국의 여성 노동자가 군수산업에서 8시간 2교대제로 작업을 하였다. 페르논은 위의 사례연구에서 2교대제가 상품이 연속적으로 생산되지 않는 다른 산업분야에서도 경제적으로 엄청나게 효율적일 수 있다는 사실과 더욱이 2교대제가 실업을 줄일 수도 있다고 주장하였다. 사회민주주의 진영에서도 노동시간과 공장가동시간이 경제적 기능상 서로 분리되어 있다는 사실을 인식하였다. 대표적인 사회민주주의자인 카우츠키는 1937년 "개별 노동자의 일일 노동시간과 어떤 공장의 하루 가동시간은 결코 일치하지 않는다. 만약 어떤 공장에서 개별 노동자의 노동시간이 8시간에서 6시간으로 단축된다면, 비록 일급이 이전과 같고 단위당 상품 가격이 상승하지 않아도, 이윤은 상승할 수 있다. 이윤 증가는 2교대제를 도입함으로써 하루 공장가동시간이 지금까지의 8시간에서 12시간으로 늘어남으로써 이룰 수 있다. 위의 경우에는 공장에 투입된 고정자산은 동일한 반면에 하루에 생산되는 상품의 가치는 50% 상승한다"라고 주장하였다. 하지만 이러한 사고는 오랫동안 거의 역할을 하지 못하였다. 예를 들면 1960년대에 유럽에서 토요일 휴일제를 실업자의 고용에 이롭게 다시 포기한다는 것에 대하여 한 번도 토론된 적이 없다. 이 당시에는 새로운 기술의 도입으로 실업이 발생한다는 우려는 비정상적인 것이었다. 이 당시에 정부와 자본의 걱정은 노동력 부족이었으며 수십만 명의 이주 노동자가 유럽으로 유입되었다.

이 당시 자본과 경영자의 관점에서는 노동시간은 단지 원가를 결정하는 요소이었다. 자본의 하수를 받은 수많은 연구 프로젝트들은 노동시간의 길이, 상태 그리고 노동시간의 내부구조가 기업의 원가흐름에 어떠한 영향을 주는가에 집중되었다. 이와 유사한 방식으로 노동은 기술혁신과의 관계에서 단지 생산요소로 파악되었다. 이러한 사고에 대한 대응의 하나로 소위 "인간관계에 기초한 접근(인적 자원관리의 한 형태)" 방법론이 도입되었지만, 이도 결국은 생산력 증가를 위하여 생산요소인 노동을 가능한 한 효과적으로 이용하여야 한다는 것을 강조한다는 면에서는 이전의 연구와 별다른 차이를 보이지 않는다.

이미 위에서 밝힌 대로 기술발전으로 인한 생산의 집약화가 노동시장에 미친 결과에 대한 논의는 이 당시에는 거의 없었다. 1950, 60년대 고성장에 의한 자본주의의 황금기에는 실업은 문제가 되지 않았다. 토요일 휴일제는 단지 여가를 즐기기 위하여 존재하였다. 하지만 노동시간 단축을 기술진보로 인한 실업문제의 해결책으로 생각하는 것이 이미 지났다고 확신하는 사람은 거의 없었다. 1956년 프랑크푸르트 학파의 학자인 프리드리히 폴라크가 『자동화』라는 책을 출간하였다. 이 책은 엄청난 성공을 거두었는데 그는 엄청난 호황과 노동력 부족 상태에서도 당면한 기술진보와 실업의 증가에 대하여 경고하였다. 그는 "얼마 전부터 미국에서는 기술진보 ─ 자주 자동화라도 표현된다 ─ 가 선진 산업분야에서 주 4일 노동의 도입이 멀지 않았다는 것이 머지않은 미래에 결정될 것이라는 사실이 토론되고 있다. 평화 시에 노동력에 대한 수요가 상대적으로 급속히 축소되는 것과 노동력의 계속되는 증가에 직면하여 주 4일 노동을 통한 노동시간 축소만이 규칙적으로 일할 수 있는 가능성을 담보할 수 있다"라고 주장하였다. 하지만 주 4일 노동을 요구하는 미국 노동조합연맹의 제안은 다른 식으로 작용하였다. 말하자면 미국에서는 기업가와 경영자가 주 4일로의 노동시간 단축을 먼저 주장하였다. 60년대 초반에 주 4일과 주 40시간제의 도입을 가속화한 것은 미국의 자본가들이었다. 미국의 자본가들의 의도는 새로운 노동시간 모델을 통하여 이윤을 최대화하려는 데 뿌리를 박고 있었다. 미국 자본가들의 노동시간을 단축하려는 의지에는 생산력의 증가 이외에도 생산계획의 유연화가 매우 중요한 동기를 제공하였다. 하지만 주 4일 근무제가 도입된 많은 미국 기업에서는 한 노동자의 5일도 근무할 수 있다는 가능성을 열어놓았다. 주 4일 40시간 노동은 개별 기업의 특수한 요구뿐만 아니라 그 기업의 노동자나 경영자의 요구에 적응하는 다양한 가능성이 숨겨져 있었다. 즉 공장가동시간에서 개별 노동자가 실제로 일하는 날은 일정하게 정해진 것이 아니고, 주 7일에 걸쳐 다양하게 배치할 수 있게 되어 '노동시간 유연화'가 자본의 새로운 전략적 변수로써 도입될 수 있는 토대가 될 수 있었다. 60년대 후반 실업률이 증가하자 미국의 노동조합은 노동시장을 급진적으로 그리고 효과적으로 완화하기 위하여 노동시간을 주 35시간으로 단축할 것에 역점을 두기 시작하였다. 이 당시 주 4일 40시간(하루 10 노동시간) 노동은 대부분의 노동조합에서는 수용할 수 없는 것이었다. 미국에서의 노동시간 단축을 위한 ─ 특히 8시간 노동을 위한 19세기 후반의 투쟁 ─ 노동자의 투쟁은 매우 장기적이었으며 유혈 낭자한 투쟁이었기 때문에 일 10시간 노동을 도입한 주 4일 40시간 노동시간의 수용은 노동자들의 매우 격렬하고 감정적인 저항을 유발할 수도 있었기에 노동조합에게는 수용할 수 없는 것이었다. 유럽에서는 비로소 80년대에 이르러 심각한 실업률 증가에 따라 노동 유연화와 노동시간 단축에 대한 논의가 시작되었다. 전후 자본주의 황금기를 이끈 급속하고 장기적인 성장이 끝나고 경제 상황은 완전히 뒤바뀌었다. 기업과 공장에서의 자동화의 도입과 확산은 경영자의 기능과 자격조건을 변화시키었다. 이제 컴퓨터의 도움으로 생산은 더욱 효율적으로 되었고, 생산관리 분야에서의 조작연구의 발전은 새로운 경영자 상을 요구하였다. 개별 노동자에게 동일한 노동시간이 구조화된 한에서는 노동시간을 공장이나 기업 차원에서 계획하는 데 전혀 어려움이 없었다. 하지만 노동 유연화의 파고로 공장가동시간뿐만 아니라 노동자의 개인 노동시간 단축의 문제가 다시 중요한 문제로 부각되었다. 게다가 노동자의 '시간주권'에 대한 새로운 방향성이 전개되었다. 비록 자본가들의 입장을 대변하는 주류 경영학 교과서에서 경영자와 자본가에게 경고하는 핵심 내용, 즉 경영자는 노동자보다 기술적으로 더 낮게 무장하여야 한다는 것뿐만 아니라 사회적 변화를 이해하기 위해서 인간적 관계의 만드는 것에 주의를 기울여야 한다는 것이 별로 고려되지 않았다. 1960년 자동화에 대한 또 다른 연구자인 존 디볼트(John Diebold)는 자신의 저서인 "자동화-자동화된 공장의 도래-(Automation-the advent of the automatic factory)"에서 아래의 점을 지적하고 있다: "오늘날 건설되고 있는 경영조직은 특별한 생산공정의 기계화가 노동의 전문화를 결과한 첫 번째 산업혁명의 유산이다. 이제 우리는 우리에게 경영조직의 노동분업적 구조를 관통하고 그리고 이를 앞지르는 정보시스템을 건설할 수 있는 기술을 가지게 되었다." 하지만 70년대에는 기술발전이 가져 올수 있는 부정적인 영향에 대한 여러 가지 충고들이 무시되었다. 선진 자본주의에서 80년대부터 진행된 '유연화' 논쟁에서 이러한 문제들이 실제로 다루어지기 시작하였다. 많은 기업들이 신자유주의 노동시간을 도입을 통하여 개별 노동자의 노동시간과 더 길어진 공장가동시간 사이의 분리, 그리고 시장수요의 변화에 따라 노동력 사용의 유연화를 통하여 생산력을 높여 기업의 경쟁력을 향상시키는 것에 경영의 중점을 두고 있다. 이러한 자본의 입장에서 보면, 기업의 경영에서 노동자의 노동시간을 우선한다는 주장은 단지 제한된 정도에서 적합한 것이다. 왜냐하면 유연화 논쟁에서 노동이 요구한 주 35시간 노동은 노동시간 단축투쟁의 역사적 측면에서 보면 질적인 분기점이다. 40시간 노동을 35시간으로 단축한다는 것은, 비록 중요하지만 주 5일 노동에서 하루 한 시간 적게 일한다는 것만을 의미하는 것은 아니다. 주 35시간 노동시간 요구는 정치적인 상징을 가지고 있다. 독일에서 35시간, 네덜란드에서 주 4일 36시간 노동을 위한 투쟁은 사회적 노동의 체계를 새롭게 조직해야 한다는 것을 논의하는 정치적 의미를 가지는 것이다. 개별 노동자의 노동시간 단축과 노동의 사회적 의미 사이의 제 관계를 다시 설계한다는 것이 어떤 새로운 사회로의 질적인 도약을 의미하지는 않지만, 새로운 사회에 대한 전망을 보여준다. 위의 문제는 오늘날 '노동시간주권'이라는 슬로건에서 구체화된다. 여기서 노동자의 시간주권은 "노동시간이 노동자의 의사와 무관하게 외부로부터 규정되는 것을 철폐하고, 일하는 사람 스스로 자신의 노동시간을 결정하며, 개개 노동자의 노동시간 결정에 있어서 동료들 간의 자유를 확대함에 의하여 노동자로써의 삶을 인간화"한다는 것으로 정의할 수 있다. 우리는 또한 불필요한 집단적 규율과 훈련이 요구되는 노동시간으로부터 점차적으로 해방되어야 한다는 것도 잊어서는 안 된다. 이러한 노동자의 시간주권을 보증하는 발전은 아직도 확인되지 않는다. 하지만 노동자 스스로가 노동시간을 결정하는 권한이 커지면 커질수록 노동자를 소외시키는 억압적 규율은 줄어들게 된다는 것은 명백하다. 이러한 방향으로의 발전은 노동자가 자본에 의하여 일방적으로 계획되고 통제되는 노동시간과 자신의 노동력의 재생산 시간을 철폐하겠다는 각오와 이를 이루어 낼 수 있는 정치적, 조직적 능력에서 출발한다. 노동을 규제하는 시간적 규율은 사회적 또는 자연과 결합된 주기적인 과정에 의하여 방해받는다. 말하자면 육체적 정신적 피로와 이의 회복, 일에 대한 의욕과 혐오는 밤과 낮의 리듬또는 사회적으로 표준화된 의사소통 시간뿐만 아니라 노동력이 지나치게 많은가, 계속 현 상태를 유지해야 하는가, 그리고 해고해야 하는가를 결정해야 하는 공장이나 기업의 계산적이고 단선적인 시간과 마찰한다. 이러한 측면을 테일러주의와 포드주의는 전혀 고려하지 않았다. 또한 인간관계연구도 이러한 측면을 거의 분석하지 않았다. 대부분의 주류 연구에서 이루어진 분석, 즉 노동자의 다양한 욕구의 목록을 작성하고 이를 모델화하고, 노동자들의 순응을 측정하는 주류 경영학의 방법론은, 문제의 해결에 결코 도움을 줄 수 없다. 우리는 어떤 사회에서든지 — 자본주의건 자본주의 이후의 사회에서건 — 노동자가 자신의 노동시간을 스스로 책임질 수 있는 새로운 노동시간모델을 만들어 낼 필요가 있다. 왜냐하면 기술의 혁신은 기술이 가진 잠재성을 경제적으로 최적화하기 위해서 조직성원의 행위영역의 확대를 필수로 하기 때문이다. 이러한 새로운 노동시간형은 단지 기업에 의하여 중앙 집중적으로 주어지는 목표, 결과 그리고 이들의 관계를 미리 파악할 수 있는 통찰력이 있어야 성공할 수 있다. 이것이 뜻하는 바는, 무엇보다도 노동자들이 실행되고 그리고 도입될 기술의 종류와 이에 따른 필수노동시간과 자신의 시간주권 사이의 관계를 함께 의사결정하여야 한다는 것이다. 이러한 과정에서 나타나는 문제는 더 이상 경영자와 자본가의 소유와 경영지식의 독점에 뿌리가 있는 형식적인 공동의사결정권에 기초하여 통제될 수 없다. 이제 우리는 지금까지의 논의의 결론을 이끌기 위해서 새로운 노동시간경영을 위한 기준을 만들어야한다. 새로운 기준은 우선 노동에 참여하는 모든 주체들이 추구하는 척도에 근접하는 능동적이고 상황에 타당한 노동시간의 구획을 추구하여야 한다. 이러한 기준들을 만족하는 새로운 노동시간모델에 대한 결정영역의 범위를 모든 성원이 자각하고, 이들이 모델을 받아들일 수 있게 하기 위해서는 성원들 간의 의사소통과 상호작용의 체계가 필수적이다. 지금까지 개별 노동자의 일상계획에 대한 결정권을 박탈하였던 일반화되고 획일화된 노동시간모형이 사라지게 되면 새로운 계획에 대한 열망은 뚜렷하게 될 것이다. 현존하는 계획-과 조정구조는 단지 노동시간의 집단적 규제만을 다루었다. 조직사회학자인 마르텐스는 개별 노동자가 자신의 상황에 기초하여 노동시간과 여가시간 사이의 선호를 적절하게 결정하기 위해서는 "기업의 의사소통이론(Kommunikationstheorie der Unternehmung)"이 필요함을 항변하였다. 기업이 필수적으로 해야 하는 계획은 단지 돈과 권력이라는 매개체만을 통하여 관철될 수 없다. 성원 상호 간의 이해조정을 지향하는 노동시간모델은 조직적 결정의 승인과정을 촉진해야 한다. 이러한 주장과 관계하여 마르텐스는 아래의 점을 지적하였다.

"어떤 조직시스템의 의사소통은 개별 성원들의 사고가 이미 조직의 의사소통에 관련되어 형성되었을 경우에 한하여 성원들에 의하여 받아들일 준비가 되어 있다. 다른 한편으로는, 어떤 조직에서의 의사결정과 행위를 위하여 갖추고 있어야만 하는 개별 성원들의 재생산은 조직적인 의사소통이 개별 성원의 사고질서로 수용되는 것에 한하여 가능하다. 이러한 전제 조건들은 조직의 의사소통에 사용된 언어적 상징이 개별 성원의 사고의 질서에도 사용될 때 충족된다. 다른 식으로 말하자면, 조직의 의사소통과 개별성원의 사고의 배치와 연결이 동일한 질서틀을 사용할 때 한하여 양 시스템의 교차가 어느 정도 보증될 수 있다." 위의 조건이 만족될 때 신뢰에 기반을 둔, 그리고 일하는 사람들을 옹호하는, 그리고 건설적인 분쟁해결을 보증하는 새로운 조직환경이 도달될 수 있다.

2. 경영행정에 대한 전문상식 필요성

아직 많은 한국기업들은 어떻게 경영행정 혁신을 추진해야 할지 고민하고 있다. 그래서 틈만 나면 선진기업을 기웃거린다. 이는 경영혁신을 나보다 남들이 잘하는 굉장히 특별한 것으로 여기고 있기 때문이다. 이에 경영혁신 상식에 관한 오해를 풀고자 한다. 서양 속담에 "예언자는 마을을 떠나야 존경받는다"라는 말이 있다. 천재를 가까이에 두고 알아보기란 쉽지 않음을 일컫는 말이다. 그래서 우리 주변에 천재가 있어도 그를 알아보기란 어렵다. 사실 우리는 천재를 엄청난 사람으로 오해하고 있지만, 천재는 한 가지 사실에 꾸준한 관심을 가지고 있는 사람이다. 10살도 안 되어 대학에 입학한 아이의 언론 보도나 천재를 다룬 영화를 보고 천재에 대한 막연한 거리감이 생겨서 우리와 다른 종족으로 생각하는 것이지, 그들도 우리와 같은 사람이다. 천재에 대한 신화는 대부분 사람들에 의해 만들어지고 각색된다. 신화를 벗겨보면 천재는 우리와 크게 다르지 않음을 발견하게 된다. 일본 전국시대의 최고 무사로 알려진 미야모토 무사시(1584~1645)는 평생 한 번의 패배도 하지 않은 것으로 유명하다. 13세에 처음 결투를 시작해서 62세로 일기를 마칠 때까지 60번이 넘는 공식적인 결투를 가졌지만 한 번의 패배도 없었다고 한다. 언젠가는 혼자서 100명의 무사와 싸워 이긴 적도 있고, 당대 최고의 무사인 사시키 코지로를 목검으로 무찌른 적도 있다고 한다. 그야말로 미야모토 무사시는 신화이자 전설이다. 그가 오늘날 검도 시합을 한다면 금메달은 당연한 것이리라. 그런데 재미있는 분석이 있다. 일본의 한 TV 프로그램에서 미야모토 무사시의 각종 자료를 입력하여 실력을 측정한 결과, 검도 3단을 넘지 못하는 수준이라는 분석이 나왔다. 과거에 비해 체격 조건이나 검술의 발달로 직접 비교하기가 어렵다고 하지만 신화적인 인물의 실력으로는 너무나도 평범하다. 이처럼 천재나 신화적 인물 역시 한 꺼풀 벗겨보면 우리와 다르지 않음을 알 수 있다. 기업도 마찬가지다. 우리는 선진기업은 대단한 비법을 가지고 있는 것으로 착각한다. 마이크로소프트사의 30%에 가까운 영업이익률이나 도요타의 세계 자동차 시장 석권 등 일류 기업들이 만들어 내는 뉴스에 매일 놀라고 있다. 때문에 우리는 그들의 경영 방식에는 무언가 다른 것이 있다고 생각한다. 그래서 그들의 경영 방식과 경영혁신 기법 등을 배우려고 애쓰고 있다. 모토로라에서 만들어져 GE로 확산되어 성공한 6시그마 기법의 경우 대부분의 한국 대기업에서 받아들이고 있다. 미국에서 성공한 혁신기법이 나오면 2~3년 이내로 우리 기업에 그대로 도입된다. 하지만 선진기업의 경영혁신도 우리와 크게 다르지 않다. 천재 이야기와 마찬가지로, 그들을 정확히 알지도 못한 사람들에 의해 신화가 입혀져서 우리와 다른 엄청난 존재로 각색된 것이다. 그들도 상상 못하는 방법으로 경영혁신을 하고 있는 것이 아니라 매일 매일의 꾸준한 활동이 모여 애플사의 아이포드(i-Pod)와 같은 혁신적인 제품을 만들어 내는 것이다. 실제로 한국기업의 경영혁신은 상당한 수준에 올라와 있다. 올 초 세계적 경영대학원인 인시아드(Insead)에서 국가혁신지수(Global Innovation Index)를 발표했다. 경영혁신을 요구하고 있는 환경에 국가가 얼마나 잘 대응하고 있는지에 대한 척도로 개발한 것이다. 국가의 제도와 정책, 인력, 인프라, 기술력, 시장과 자본, 지식, 경쟁력, 부(富)의 상황 등 8개 항목을 분석, 종합하여 지수를 만들어 낸다. 이 지수는 해당 국가 기업의 경영혁신 수준을 알아보는 지표로 사용할 수도 있다. 한국의 국가혁신지수는 7점 만점에서 3.67점으로 107개국 중 19위를 차지했다. 미국, 독일, 영국, 일본, 프랑스가 각각 1~5위에 위치했다. 19위라고 하면 높은 수준이 아니라고 생각할 수도 있겠으나, 1인당 GDP와 비교하면 상당히 높은 수준이다. GDP는 경제 규모를 측정하는 지표지만 1인당 GDP는 생산성을 대표한다. 경영혁신은 규모보다는 생산성과 더 관련이 있으므로 1인당 GDP 수준과 경영혁신의 수준을 비교해야 한다. IMF에 따르면 우리나라의 1인당 GDP는 2006년 기준으로 세계 34위이다. 우리나라보다 1인당 GDP가 월등히 높은 아이슬란드, 아일랜드, 노르웨이 같은 선진국도 국가혁신지수가 한국보다 떨어진다. 그리고 혁신 수준이 20위 내에 들어 있는 나라 중에서 1인당 GDP가 2만 달러가 안 되는 나라는 이스라엘과 한국밖에 없고, 대부분 3만 달러를 넘는다. 이러한 사실은 한국의 경영혁신 수준이 생산성이나 경제 여건에 비해서 결코 낮지 않음을 말해준다. 이 사실 말고도 경영혁신의 결과물이라 할 수 있는 특허 출원에 있어서도 우리나라는 세계 수준이다. 올해 세계지적재산권기구(WIPO)가 발표한 「2006년 국제특허협력 조약(PCT) 기준 전세계 특허출원 건수」에 따르면 우리나라는 5,935건으로 미국, 일본, 독일에 이어 세계 4위를 차지했다.

프랑스와 영국을 제치고 2005년 6위에서 두 단계 상승했다. 한국기업의 기술혁신 수준이 상당히 높다는 것을 추측할 수 있다. 요컨대 한국기업의 경영혁신은 결코 낮은 단계에 있는 것이 아니라 상당한 수준에 있다고 말할 수 있다.

한국기업의 경영혁신 수준이 이렇게 높음에도 불구하고 우리는 선진기업의 경영혁신을 배워 와야 한다고 생각한다. 이처럼 자꾸만 선진기업의 혁신 사례에 대해 궁금해 하고 벤치마킹에 집착하는 것은 우리의 수준이 낮다고 생각하기 때문이다. 이것은 강대국과 접촉이 많은 역사를 가지고 있어서 항상 우리보다 잘하는 곳을 쳐다보는 습관에서 나타나는 현상이다. 또 최근 우리가 경쟁해야 하는 기업은 대부분 미국이나 일본 등 선진기업이므로 그들에 대해 궁금해하는 것은 당연하다. 그러나 이러한 열등감은 경영혁신의 본질에 대해 오해하고 있기 때문에 나타나는 것이기도 하다. 단적으로 말해서 경영혁신을 하기 어려운 엄청나 것으로 오해하고 있어서 항상 다른 곳을 쳐다보는 것이다. 경영혁신과 관련하여 가장 쉽게 가질 수 있는 오해가 혁신은 무언가 새로운 것이라는 고정관념이다. 우리의 비즈니스는 매일 같은 일을 되풀이하는 것이다. 이러한 과정에서 새로운 것을 찾아내기는 매우 어렵다. 사실 새로운 것에는 두 가지가 있다. 완전히 새로운 것과 기존의 것을 재조합한 것이 그것이다. 無에서 有를 창조하는 것과 불완전한 有를 완전한 有로 바꾸는 것으로 비유할 수 있다. 그런데 우리는 완전히 새로운 것을 만들어 내는 것을 혁신이라고 생각한다. 이러한 생각은 경영혁신에 대해 막연한 거리감을 가지게 한다. 경영혁신이 어려운 것이라고 생각하는 순간, 혁신 활동이 어렵게 되는 것이다. 그러나 인간의 역사에서 일어났던 위대한 혁신 중에 전혀 새로운 것이란 아주 드물다. 최초의 달로켓도 기존 기술의 조합에서 탄생했다. 우주선을 만드는 데 있어 새로운 요소 기술은 좀처럼 사용하지 않는다고 한다. 상상할 수 없을 정도로 잔혹한 우주 환경에서는 최고의 품질과 신뢰성을 검증받은 기술과 부품이 아니면 안 되었기 때문에, 검증되지 않은 새로운 기술을 사용하지 않았다고 한다. 혁신과 관련한 상식 중의 하나가 혁신은 기발한 아이디어나 발명이라는 것이다. 그런데 기발한 아이디어나 발명은 개발 부서에서나 쉽게 생각할 수 있는 것이므로 생산이나 마케팅 조직에서는 멀게 느껴진다. 도요타나 GE처럼 혁신을 잘하는 기업을 보면 개발 부문뿐 아니라 전사적으로 혁신 활동을 펼치고 있다. 그래서 혁신을 발명으로 생각하는 습관은 혁신의 범위를 좁히게 되는 결과를 만들어 낸다. 혁신을 발명으로 생각하는 것은 혁신과 발명을 혼돈하기 때문이다. 유명한 경제학자이자 혁신을 개념화하여 혁신 연구의 개척자로 불리는 슘페터(Joseph A. Schumpeter, 1883~1950)는 혁신과 관련한 개념을 세 가지 종류로 나누었다. 과거와 다른 새로운 것을 창조하는 것은 '발명(Invention)', 발명이 상품화된 경우가 '혁신(Innovation)', 다른 회사의 혁신을 따라 하는 것을 '모방(Imitation)'이라고 했다. 그래서 발명을 평가할 때는 기술적인 잣대(Technical Criteria)로 평가하지만 혁신은 상품화되었느냐(Commercial Criteria)를 살펴봐야 한다는 것이다. 그러니까 혁신은 기발한 아이디어나 발명이 상품화될 때 비로소 완성되는 것이다. 이와 관련하여 하버드 경영대학의 교수였던 테오도르 레빗(Theodore Levitt, 1925~2006)의 말을 들어볼 필요가 있다. 레빗은 "혁신은 과거와 다른 새로운 아이디어로 시작된다"고 했다. 그러나 아이디어는 사용하지 않으면 쓸모없게 된다. 그래서 혁신은 실행으로 이어질 때 비로소 완성된다는 것이다. 혁신에 있어서 실행의 중요성에 대해서 이야기한 말이다. 즉 한 사람의 번뜩임이나 아이디어가 계기가 되었다고 하더라도 조직 차원에서 실행이 되어야 혁신이 완성되는 것이다. 개발 부서에서 신제품을 기획하더라도 생산과 마케팅 역시 실행에 적극적으로 참여해야 혁신이 이루어진다. GE가 80년대 초반 위기에서 벗어나 뛰어난 성과를 달성한 것도 실행 중심의 혁신 활동을 펼쳤기 때문이다. 그리고 반드시 아이디어로 시작이 되어 실행으로 끝맺는 것은 아니다. 실행하다 보면 참신한 아이디어가 생각나기도 한다. 그래서 혁신은 아이디어와 실행의 두 축으로 돌아간다고 보면 된다. 혁신을 이야기할 때 빠질 수 없는 것이 특허이다. 특허는 대부분 기술과 관련이 있기 때문에 혁신은 기술적인 것이라고 생각하기 쉽다. 만약 혁신을 기술적인 것으로 규정하면 기업 전체에서 혁신을 쉽게 받아들이기가 어렵다. 사업에 따라 다르겠지만 많은 수의 기업 구성원들은 기술을 모르는 사람이기 때문이다. 이러한 고정관념을 가지고 있다면, 혁신은 R & D에서나 이루어지는 것이라고 생각하고 마케팅이나 서비스 부문의 사람들은 혁신 활동에서 벗어난 사람들로 생각하게 만든다. 그러나 혁신은 기술에 대해서만 국한되는 것이 아니다. 혁신은 기술혁신이나 제품혁신 말고도 사업하는 방식을 바꾸는 사업모델 혁신, 일하는 절차를 개선하는 프로세스 혁신도 있다. 또 조직혁신이나 문화혁신 역시 매우 중요한 영역이다. 1990년대 초반 위기에 빠진 IBM을 혁신한 루 거스너(Louis V. Gerstner, 1942~)도 결국에는 기업문화혁신이 변화의 중심이 되었다고 했다. 그는 지역과 기술 중심의 전략과 조직을 시장과 고객 중심으로 개편하는 변화를 추진했다. 그러나 이러한 변화 노력이 성공하려면 기업문화가 바뀌어야 한다는 사실을 인지하고 많은 노력을 기울인 결과 IBM을 회생시킬 수 있었다. 혁신에 대해 오해하기 쉬운 또 하나의 상식은 혁신은 커다랗고 장대한 것이란 말이다. 아이포드(i-Pod)나 델의 직접 판매 방식 등 언론에 나오는 혁신적인 제품이나 사업모델에 관한 기사를 접하다 보면 경영혁신은 장대한 것으로 오해하기 쉽다. 그러나 혁신의 예로 들고 있는 철도나 인쇄술 등과 같이 장대한 혁신은 수십 년에 한 번쯤 일어날 수 있는 예외적인 것이다. 사실 혁신은 꾸준히 한 가지에 관심을 가지고 끊임없이 개선한 결과가 모여서 커다란 성과를 이루는 경우가 많다. 세계적인 자동차 기업을 넘어 세계 최고 기업으로 발돋움한 도요타의 성공 비결 역시 꾸준히 개선하고 노력하는 것에 있다. 도요타는 우수한 품질의 제품을 저렴하고 다양하게 공급하는 제품 개발 및 생산 시스템을 운영하고 있다. 그런데 이러한 시스템의 근간은 작은 것도 개선하고자 하는 조직의 철학이다. 품질 향상 및 비용 절감에 집중하여 한눈팔지 않고 작은 문제라도 찾아 끊임없이 개선해 가는 이른바 '개선 편집광'의 자세가 오늘의 도요타를 만들었다. 혁신은 처음부터 커다란 것에 집중하지 않고 작은 것을 끊임없이 시도하는 과정에서 목표를 달성할 수 있게 된다. 전구를 발명한 에디슨(Thomas A. Edison, 1847~1931)은 필라멘트 소재를 발견할 때까지 수천 종류의 소재를 시험했다. 실패에 실패를 거듭한 끝에 마지막으로 시도한 것이 대나무였다. 작은 다양한 시도가 결국 큰 결과를 만든 것이다. 경영학의 대가 드러커(Peter F. Drucker, 1909~2005)도 이야기하기를 "혁신은 작게 시작하고 구체적인 것을 시도하는 것이다"라고 했다. 기업의 활동이 연 단위로 이루어지다 보니 경영혁신도 일상적인 활동과 마찬가지로 1년에 달성할 목표를 세워 두고 실행하는 경우가 많다. 그런데 경영혁신을 이처럼 목적지향적인 것으로만 보면 생각지 못했던 것을 찾아내거나 보다 큰 문제를 해결하지 못하게 된다. 목표로 정해진 것에만 집중하기 때문이다. 그러나 혁신은 우연하게 나타나는 경우가 많다. 3M의 포스트잇, 듀폰(DuPont)의 나일론, 캘로그(Kellogg)의 시리얼, HP의 잉크젯 프린터 등이 우연한 발견을 통해 사업으로 성공한 대표적인 예이다. 인류 최대의 발견이라고 하는 페니실린 역시 우연에 의한 결과였다. 페니실린은 영국의 세균학자 플레밍(Alexander Fleming, 1881~1955)이 우연히 발견하였는데, 1928년 그는 포도상구균 계통의 화농균을 배양하다가 우연히 한 개의 배양접시에서 세균무리가 죽어 있는 것을 발견했다. 이는 배양 접시에 곰팡이가 자라면서 세균이 자라지 못한 결과라는 사실을 깨달았다. 플레밍은 실험 끝에 페니실리움속(屬)에 속하는 곰팡이가 생산하는 물질이 여러 종류의 세균에 대해 항균 작용을 나타냄을 확인하고 이 물질에 페니실린이라는 이름을 붙였다.

이처럼 혁신은 목적이 아니라 꾸준히 노력하는 과정 속에서 탄생하는 경우가 많다. 다양한 시도를 하다 보면 의외의 커다란 결과를 얻을 수 있다는 것이다. 요즘 스포츠계에서 좋은 소식이 들려온다. 그동안 선진국의 아성이라고 생각되던 피겨스케이트, 수영, 골프, 펜싱 등 귀족 스포츠 분야에서 우리나라의 젊은이들이 연일 승전보를 전해주고 있다. 과거 먹고살기 위해 배고픔을 참고 임했던 생계형 체육에서 자기가 좋아하는 것을 즐기는 생활 체육으로 우리 스포츠가 질적인 발전을 한 결과로 볼 수 있다. 이러한 질적인 발전은 경영에서도 나타난다. 과거 서구의 선진기업을 모방하던 단계에서 벗어나 세계 일등 제품을 만들어 내고 혁신을 주도하고 있다. 우리나라가 1위를 지키고 있는 조선업 사례를 살펴보자. 전통적으로 선박을 수리·건조하기 위해서는 조선소에 세워진 도크를 이용했다. 그러나 한국의 조선업체로 주문이 밀리자 도크가 수용할 수 있는 양을 넘어섰다. 그런데 새로운 도크를 건설하는 것도 쉬운 일이 아니었다. 이런 상황에서 우리 조선업체들은 혁신적인 방법을 고안해 낸다. 바로 해상의 바지선에서 건조하는 해상건조와 육지에서 배를 만들어 바다로 띄우는 육상건조 방법을 개발해 냈다. 삼성중공업과 대우조선해양이 사용하고 있는 해상건조 방식의 경우 파도의 흔들림을 이겨내면서 정확성 있게 배를 건조하는 기술이 핵심이고, 현대중공업이 개발한 육상건조 방식은 완성된 어마어마한 크기의 배를 바다로 옮기는 기술이 가장 중요하다. 이러한 문제점들을 끊임없는 고민과 개선으로 해결해 냈다. 이처럼 한국의 경영혁신 수준은 상당히 앞서 있다. 이미 한국의 스포츠와 마찬가지로 한국의 경영혁신도 한 단계 질적인 도약을 한 것이다. 그러나 아직까지도 선진기업을 모방하려고 하고 우리 자신의 가치를 모르고 있다. 하지만 천재도 알고 보면 평범한 사람과 다르지 않다. 에디슨의 말대로 천재는 99%의 노력이 만들어 내는 것이다. 매일 매일의 꾸준한 혁신 노력만이 우리 기업을 혁신 기업으로 탈바꿈시킬 것이다. 그래서 중요한 것은 이것저것 남의 것을 배우기보다는 한 가지라도 꾸준히 실행하는 것이다. 이는 한 가지 사실을 깨닫는 것에서 출발한다. 경영혁신은 그리 특별한 것이 아니다.

경영행정은 단순하게 업무효율성만을 이야기할 수도 없다. 왜냐하면 경영행정은 종합적인 일이기 때문이다. 타 학문과, 타 부서와의 연관성과 벤치마킹이 있어야 할 것이다. 아집과 편협함으로 폐쇄적이 되면 경영행정은 발전할 수 없기 때문이다.

그리고 발전 지향적이며, 지속 가능성이 있어야 한다. 단시일에 끝나거나, 임기응변적인 단순한 면으로 상황을 보면 안 된다. 다원적이며 다각화되어야 할 것이다.

개방적이며 구체적이고 능동적인 것이 되어야 한다.

【저 자 약 력】

◉ 학 력 ◉

1994. U.S.A. Midwest College (M.Div Hon, D)
2002. 고려대학교 (교육정책학 석사 - 수석장학생)
2005. 성균관대학교 대학원 박사Candidate
      (교육행정학 전공)

한만봉

1991. 한국세무신문사 전문취재부 기자
1995. 한국어린이선교원신학교 캠퍼스 분교장
2002. 고려교육정책학회 상임회장(학진 학회검색가능)
2002. 고구려대학교 설립추진위원회 법인이사
2003. 한주신학 학술원 설립이사(교수)
2004. U.S.A. Cohen University 정책학과 cross-appointed professor
2005. U.S.A Holy People University Campus 유학담당 지도교수
2005. PHILIPPINE PRESBYTERIAN THEOLOGICAL COLLEGE 객원교수
2005. 혜전대학 adjunct professor 교수
2005. 지방분권신문사 사장 (대표 이사)

◉ 주요논저 ◉

우리나라의 복지행정제도에 관한 고찰 연구(1988)
Kal Barth 의 신관 연구(1988)
한국 민중문화와 민중 신학 연구(1992)
Rein hold Niebuhr & Marx에 대한 상관관계 연구(1993)
A CHRONOLOGICAL HARMONY OF THE RESURRECTION
    APPEARANCES OF JESUS THE MESSIAH(1994)
북한종교의 변화 전망 연구(2002)
교육위원회와 지방의회간의 갈등 현상에 관한 연구(2001)
조선조 과거시험 방식의 정책적 분석(공동, 2005)
조선의 과거제도에 대한 정책적 연구(공동, 2005)

조선왕조 과거제도 인사정책 연구(공동, 2005)
조선왕조 과거시험주기 정책적 주장 분석연구(공동, 2005)
조선왕조 과거제도가 현대 정책에 주는 의미(공동, 2005)
과거제도 시험주기의 정책 분석연구(공동, 2005)
북한 종교지형 변천 정책 분석연구(공동, 2005)
『대학생활영어 ENGLISH LANGUAGE』(공저)
『행정경제교육』(저술)
『행정정책기획론』(저술)
『의원학』(저술)
『국회의원학』(저술)
『교육정책학 상』(저술)
『교육정책학 하』(저술)
『산학협동교육학』(저술)
『현대교육학실기론』(저술)
『현대환경행정론』(공저)
『행정사무관리론』(공저)
『영재교육심리』(저술)
『인사행정학』(저술)
『행정복지론』(저술)
『조직신학』(공저)
『아다르마 성공비법』(저술)
『교육학과 비서행정』(저술)
『동양환경행정』(저술)
『7만교인 교육론』(저술)
『지방자치 발전론』(저술)
『실기교육 방법론』(저술)
외 다수

⊙ 연락처 ⊙

doctor@skku.edu 010-4432-8561 041-633-8561,
633-5741, 631-2094

경영행정학

- 초판 인쇄   2007년 12월 30일
- 초판 발행   2007년 12월 30일

- 지 은 이   한만봉
- 펴 낸 이   채종준
- 펴 낸 곳   한국학술정보㈜
            경기도 파주시 교하읍 문발리 513-5
            파주출판문화정보산업단지
            전화 031) 908-3181(대표)·팩스 031) 908-3189
            홈페이지 http://www.kstudy.com
            e-mail(출판사업부) publish@kstudy.com
- 등   록   제일산-115호(2000. 6. 19.)
- 가   격   47,000원

ISBN   978-89-534-8017-9 93350 (Paper Book)
        978-89-534-8018-6 98350 (e-Book)